KB068759

고객가치를 담아내는

서비스마케팅

Services Marketing: Creating Customer Value

이명식 저

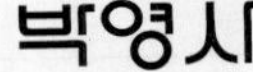

고객가치를 담아내는

서미스마케팅

초판발행 2019년 8월 20일

지은이 이명식
펴낸이 안종만 · 안상준

편 집 전채린
기획/마케팅 오치웅
표지디자인 이미연
제 작 우인도 · 고철민

펴낸곳 (주) 박영사
서울특별시 종로구 새문안로3길 36, 1601
등록 1959. 3. 11. 제300-1959-1호(倫)
전 화 02)733-6771
f a x 02)736-4818
e-mail pys@pybook.co.kr
homepage www.pybook.co.kr
ISBN 979-11-303-0817-3 93320

정 가 32,000원

이 책은 상명대학교 2019년도 교내연구비 지원으로 발간되었습니다.

PREFACE

우리가 살고 있는 세상은 빠르게 변화하고 있다. 이에 따라 기업은 시대에 따른 많은 변화를 요구받고 있으며, 또한 그런 변화의 물결을 받아들여야 하는 시대에 마주하고 있다. 최근에는 '제4차 산업혁명'이 화두가 되고 있다. 일반적으로, 제4차 산업혁명(인더스트리 4.0)은 제3차 산업혁명을 기반으로 한 디지털과 바이오산업, 물리학 등의 경계를 융합하는 기술 혁명이라고 말할 수 있다. 디지털 기술과 제조업의 융합을 일컫는 제4차 산업혁명은 기존의 사업영역을 창조적으로 파괴하며 새로운 비즈니스 영역을 만들어가고 있다. 인공지능, 빅데이터, 블록체인, 3D프린팅, 자동차의 자율 주행기능, IoT, 바이오테크놀로지 등이 제4차 산업혁명의 대표적인 사례라 할 수 있다. 이러한 혁명은 기존에 존재하던 현상과 맞물리면서 현실생활의 각 영역에서 다양한 트렌드로 표출되어 메가트렌드로 바뀌고 있다.

이러한 상황변화에 대응하여 시장에서 소비자의 행동도 빠르게 변모해가고 있다. 소비자는 새로운 것을 지향하고 끊임없이 변화하기 때문이다. 이와 더불어 스마트폰의 보급과 함께 사회의 전(全)영역이 모바일화(化)되면서, 온라인과 오프라인의 구분이 무의미한 시대가 됐다. 온라인이 오프라인으로 갔다고 하는 O2O(Online to Offline)는 우리의 실생활에서 대세로 자리잡아가고 있다. 구체적으로는 길거리 카페나 움직이는 차 안에서 '서비스 · 제품 검색→구매 결정→대금 결제'까지 스마트폰(온라인)으로 처리하고, '소비'만 오프라인에서 하는 사람들이 많아진 것이다. 우리의 생활 도처에서 일어나고 있는 일어나고 있는 이러한 변화로 서비스 분야도 급격하게 바뀌고 있다. 지금까지의 단순하고 추상적인 서비스에 대한 정의는 이제 더욱 확장된 형태로 바뀌고 있는 것이다. 즉, 서비스는 최종 산출물이 물리적인 제품이나 구조물과 같은 형태로 나타나는 것이 아니고, 생산되는 동시에 소비되며, 편의성, 적시성, 즐거움, 안락함, 혹은 건강함 등과 같은 형태로 나타나 부가가치를 제공해 주는 모든 경제활동으로 정의될 수 있는 것이다.

PREFACE

그러나 이렇게 빠르게 변하는 시대에서도 시장에서 변하지 않고 오히려 더욱 강조되는 것이 있으니, 바로 고객 가치(customer value)이다. 이러한 차원에서 보면, 서비스마케팅에서 가장 중요한 목표는 고객 가치를 극대화하는 것이라고 할 수 있다. 어떤 기업에서는 철학적이고 추상적인 의미로 고객 가치를 이야기하는 반면, 또 다른 기업에서는 실무에서 바로 적용하기 위한 구체적인 개념으로서의 고객 가치를 말하기도 한다. 그만큼 고객 가치는 접근하는 것도 쉽지 않고, 다양한 방법으로 정의되어 왔다. 일반적으로 서비스마케팅에서 가치 인식은 다양한 접점상황에서 서비스제공자와 상호작용하게 되는 고객들의 경험에 기반한다. 가치를 간단하게 정의하면 '형편이 나아짐(being better off)'으로 표현할 수 있다. 즉, 고객에게 있어서 가치는 서비스를 제공받기 전보다 받고 나서 기분이 더 좋게 되는 것 정도로 나타낼 수 있다. 모든 종류의 자원들은 서비스로 제공될 수 있으며 고객들에 의해 서비스로 사용될 수 있다. 가치를 창출하는 것은 인간의 건강한 기능에 대한 기본이라고 할 수 있다. 중력의 자연법칙(the natural law of gravity)처럼 가치를 창출하는 것은 증가의 자연법칙이다. 사람들은 본능적으로 자신의 삶에 대한 "증가"를 추구해 왔다. 즉, 가치 창출은 자신의 더 위대하고 충만한 표현이 되고자 하는 내면적인 욕망이라고 할 수 있다.

고객들은 제품이나 서비스 혹은 자원(resources) 그 자체를 구매하는 대신에 자원이 제공해줄 수 있는, 그래서 그 과정에서 가치 창출이 가능해지는 서비스를 구매한다고 할 수 있다. 어떤 관계에서 보면 시간이 지나면서 고객들에게 제공되는 자원들은 오직 가치의 촉진자(facilitators of value)일 따름이다. 서비스제공자들이 고객들과 접촉하면서 자신들의 자원과 고객 간의 상호작용이 발생할 때, 서비스제공자는 고객 과정에 관여하게 되며 고객들에게 영향을 줄 수 있는 기회를 갖게 된다. 결과적으로, 고객을 위한 가치는 고객에 의해서 만들어진 관계, 그리고 부분적으로는 고객과 공급자 혹은 서비스제공자 간의 상호작용에서 만들어진 관계를 통해서 창출되는 것이다. 이 때문에 서비스마케팅에서의 주안점은 제품이나 서비스 같은 자원에 있는 것이 아니라 고객 가치를 담아내는 과정에 맞추어져 있다고 이야기하는 것이다.

이를 위해서 본서는 다음과 같은 점에 중점을 두어 집필하었다.

첫째, 본서는 3부(part)로 구성되어 있다. I부는 서비스마케팅의 개관, II부는 서비스 제공의 평가 및 개선, 그리고 III부는 서비스마케팅의 수행이다. I부에서는 서비스 개념, 서비스와 소비자행동 그리고 서비스마케팅의 기초를 고찰함으로써 서비스마케팅에 대해서 전반적으로 개관하고자 하였다. II부에서는 서비스 품질, 갭분석 모형, 고객 만족, 서비스 실패 및 복구전략, 그리고 고객 유지를 살펴봄으로써 서비스를 제공할 때 평가기준과 개선사항에 대한 이해를 돕는 데 주력하였다. III부에서는 서비스 제공과정, 서비스스케이프 관리, 서비스의 가격결정, 서비스 커뮤니케이션, 그리고 서비스 직원 관리에 대한 주제를 다룸으로써 서비스마케터들이 서비스 개념과 이론을 실제로 현장에서 접목시켜서 서비스마케팅을 수행할 수 있도록 하였다.

둘째, 각 장(chapter)의 서두에 <학습 목표>를 설정하였다. 서비스마케팅에 대한 통찰력은 그 자체로 흥미롭지만, 본서의 궁극적 목표가 이론 및 연구를 토대로 서비스마케터들의 의사결정 능력을 향상시키고 고객들의 가치를 제대로 담아낼 수 있도록 도와주는 데 있다. 이에 따라 <학습 목표>는 각 장의 주안점을 미리 알려주어서 관련된 서비스마케팅 주제를 이해하는 데 공헌하고 있는 것이다.

셋째, 각 장의 기술은 <도입 사례>로 시작하였다. 이러한 <도입 사례>는 각 장에서 취급하게 될 내용과 연계되어 있기 때문에 해당 장에서 논의되는 핵심개념을 보여주기 위해서 실제 기업이나 실제 상황 및 서비스마케터들에 대한 사례를 제시하였다. 이러한 사례는 독자들에게 해당 장에 대한 예고와 더불어 흥미를 유발시키는 역할을 하게 될 뿐만 아니라 서비스마케팅 개념들이 어떻게 경영실무에 적용될 수 있는지를 이해하는 데 공헌하고 있다.

넷째, 각 장마다 <브리핑 사례>를 제시하여 관련된 서비스마케팅 개념들에 대한 이해도를 증진하였다. 또한 기술 과정에서 가능한 많은 사례를 들어 주었으며 그림, 사진, 표 등이 적재적소에 배치되어 독자들에게 실무적 지향성을 제공하였다.

다섯째, 각 장의 끝에는 독자들이 서비스마케팅 개념들을 기억하고 보다 깊게 이해하는 데 도움을 줄 수 있도록 디자인된 일련의 복습 및 토의 질문들을 포함하고 있다. 이는 결과적으로, 독자들에게 주제들에 대해 단순하고 간결한 요약을 제공해 주어서 전체적인 개요를 파악하는데 도움을 주는 훌륭한 복습도구가 되고 있다.

마지막으로, 본서의 대표적 특징인 <Strategic Service Planning Form>을 첨부하여 과제수행을 통해서 서비스마케팅의 관련 이론에 대한 적용능력을 고양시키고자 하였다. 즉, 본서를 이용하여 수업을 하게 된다면, 첫 시간에 학생들을 대상으로 조(組)를 결성(結成)하고 미팅을 통해서 조원별 역할과 책임의 분할 소재를 분명하게 결정하도록 하였다. 다음 수업부터 3시간 기준으로 1시간은 해당 장(chapter)에 대해서 진도를 나가고, 다음 1시간은 학생 개인별로 복습 및 전략분석 실시, 그리고 마지막 1시간은 조별로 모여서 학생 각자의 분석을 토대로 상호토의 및 최적안 도출, 그리고 조별 발표 순서로 진행될 수 있도록 구체적인 방안을 제시하였다. 이러한 <Strategic Service Planning Form>을 이용해서 교수·강사들은 용이하게 학생들을 학습시킬 수 있게 되는 것이다.

우리 삶의 매 순간에, 우리는 서비스의 어느 한 형태를 만나게 된다. 서비스는 어디에나 있을 수 있기 때문에, 서비스마케팅에 대한 연구는 기업, 직원 및 고객 모두에게 중요한 시사점을 가지고 있다. 현대사회는 이전과는 다른 양상으로 변하고 있다. 기술이 비약적으로 발전하고 이를 경험하는 사람들의 가치나 사고방식, 그리고 행동양식도 빠르게 변화하고 있다. 서비스마케팅도 예외는 아니다. 인공지능, 빅데이터, 블록체인, IoT로 대표되는 제4차 산업혁명의 신기술이 점진적으로 적용되면서 새로운 가치를 창출하는 가치사슬의 재구성이 형성되고 있으며 고객 니즈와 기술의 발전에 맞는 새로운 비즈니스 모델의 개발이 계속적으로 이루어지고 있다.

이러한 상황일수록 기업들은 시장에서 고객의 가치를 담아내는 서비스마케팅을 수행하는 데 주력해야 한다.

시장에는 수많은 서비스마케팅 책들이 있다. 중요한 질문은 과연 이러한 책들이 무엇을 제공하고자 했으며 다른 책들과는 무엇이 다른지를 물어보는 데 있다. 본서가 이러한 시대의 변화선상에서 독자들이 서비스마케팅에 대한 기본적이고 중요한 이론 및 실제 적용을 이해하는 데 도움이 될 수 있다면 저자는 더할 나위 없는 보람으로 여길 것이다.

마지막으로 출판 측면에서 전폭적인 지원을 해주신 박영사의 안상준 대표와 마케팅부의 오치웅 대리, 세심하고 성실하게 편집업무를 맡아준 전채린 과장, 그리고 표지 등 책 전반에 걸쳐 깔끔하게 디자인해준 이미연 씨에게 감사의 마음을 전하고 싶다.

2019년 7월

이 명 식

CONTENT

서비스마케팅의 개관

CHAPTER | 01 서비스 개념

01 서비스의 정의 ······ 6
02 서비스와 제품 ······ 8
03 숨겨진 서비스(hidden services) ······ 11
04 서비스의 특성 ······ 13
05 서비스 부문의 경제적 중요성 ······ 17
06 서비스마케팅 삼각형 ······ 28
07 서비스마케팅믹스: 확장된 마케팅믹스 ······ 32
08 서비스 경험: SERVUCTION Model ······ 33

CHAPTER | 02 서비스와 소비자행동

01 소비가치 ······ 43
02 서비스 소비자행동 ······ 46
03 의사결정 단계별 서비스 고려사항 ······ 53
04 고객 가치와 가치 창출 ······ 68

CHAPTER | 03 서비스마케팅의 기초

01 고객 기대 ······ 77
02 서비스 포지셔닝 ······ 85
03 서비스의 수요와 역량관리 ······ 93

PART 02 서비스 제공의 평가 및 개선

CHAPTER | 04 서비스 품질

01 서비스 품질의 개관 ········· 118
02 서비스 품질의 측정 ········· 126
03 고객 인식 ········· 139
04 e-서비스 품질 ········· 146
05 서비스 품질과 이익전략 ········· 152

CHAPTER | 05 갭분석 모형

01 서비스 품질의 개선 과제 ········· 158
02 갭분석 모형 ········· 161

CHAPTER | 06 고객 만족

01 고객 만족의 개관 ········· 183
02 고객 만족의 측정 ········· 191
03 고객 만족 등급의 영향요인 ········· 195
04 고객 만족의 성과 ········· 200

CONTENT

CHAPTER | 07 서비스 실패 및 복구전략

01 개관 ···· 210
02 고객 불평행동의 심리 ···· 212
03 서비스 복구의 의의 ···· 220
04 서비스 복구 관리 프로그램 개발 ···· 233

CHAPTER | 08 고객 유지

01 관계 마케팅 ···· 251
02 고객 유지의 의미 ···· 264
03 고객 유지의 효익 ···· 272
04 고객 유지의 전략 ···· 276
05 서비스 보증 ···· 281

PART 03 서비스마케팅의 수행

CHAPTER | 09 서비스 제공과정

01 서비스 상품과 제공과정 ···· 293
02 서비스 상품 개발 ···· 305
03 서비스 수명 주기 ···· 320
04 서비스를 통한 상품가치 제고 ···· 325

CHAPTER | 10 서비스스케이프 관리

01 물리적 증거와 서비스스케이프 ········· 340
02 서비스스케이프의 역할과 관리 ········· 348
03 서비스스케이프의 설계 ········· 358

CHAPTER | 11 서비스 가격설정

01 가격의 개념 ········· 380
02 가격의 역할 ········· 384
03 가격결정의 요인 ········· 388
04 가격결정 방식 ········· 395
05 기타 가격결정 방식 ········· 410

CHAPTER | 12 서비스 커뮤니케이션

01 커뮤니케이션과 촉진 ········· 418
02 서비스 커뮤니케이션 프로세스 관리 ········· 420
03 서비스 커뮤니케이션 특징 ········· 426
04 서비스 커뮤니케이션 개발 지침 ········· 429
05 서비스 커뮤니케이션 믹스 ········· 435

CHAPTER | 13 서비스 직원 관리

01 개요 ········· 459
02 서비스 직원의 중요성 ········· 461
03 내부 마케팅 ········· 465
04 전략적 직원 관리 ········· 478
05 권한 이양과 능력 배양 ········· 487

고객가치를 담아내는

서비스마케팅

Services Marketing: Creating Customer Value

PART 01

서비스마케팅의 개관

01 서비스마케팅의 개관

1장 서비스 개념
2장 서비스와 소비자행동
3장 서비스마케팅의 기초

02 서비스 제공의 평가 및 개선

4장 서비스 품질
5장 갭분석 모형
6장 고객 만족
7장 서비스 실패 및 복구전략
8장 고객 유지

03 서비스마케팅의 수행

9장 서비스 제공과정
10장 서비스스케이프 관리
11장 서비스 가격결정
12장 서비스 커뮤니케이션
13장 서비스 직원 관리

CHAPTER 01

서비스 개념

학습목표

- 서비스를 정의해 보고, 제품과의 차이를 학습한다.
- 숨겨진 서비스(hidden service)에 대한 인식을 제고시킨다.
- 서비스 부문의 중요성을 알아본다.
- 서비스마케팅 삼각형을 이해한다.
- 서비스마케팅믹스를 이해하고, 서비스 경험을 살펴본다.

도입사례

Online도 Offline도, 경계 없이 뒤엉켜…O2O(Online To Offline) 회오리가 몰려온다.

인터넷쇼핑이 컴퓨터 밖으로 나오고 있다. 스마트폰의 보급과 함께 사회의 전(全)영역이 모바일화(化)되면서, 온라인과 오프라인의 구분이 무의미한 시대가 됐다. 온라인이 오프라인으로 갔다고 'O2O(Online to Offline)'라는 말까지 나왔다. 구체적으로는 길거리 카페나 움직이는 차 안에서 '서비스 · 물품 검색 → 구매 결정 → 대금 결제'까지 스마트폰(온라인)으로 처리하고, '소비'만 오프라인에서 하는 사람이 많아졌다. 대학생 김유선(21)씨는 지난 주말 친구들과 만나기 위해 서울 홍대앞 커피 가게에 갔다. 지하철에서 한 정거장쯤 남았을 때 단골 커피집에 접속해 '아메리카노 커피 세 잔'을 주문하고 결제도 스마트폰으로 끝냈다. 전철에서 내려 커피 가게에 도착하자 따끈따끈한 커피 세 잔이 나와 있었다. 줄을 설 필요도, 카드를 꺼내 결제할 필요도 없었다. 가게는 홍대앞이란 물리적 공간에 있지만, 거래는 모두 온라인에서 이뤄졌다. 스마트폰의 대중화는 이처럼 집 안에 있든, 집 밖에 있든 자기가 현재 있는 곳에서 모든 것을 온라인으로 올려 소비할 수 있는 환경을 만들어 놓았다.

온라인에서 사업 노하우를 익힌 소매업자와 정보통신기술(ICT) 기업들은 오프라인이라는 거대 시장을 노리고 있다. 국내의 크고 작은 매장 300만 곳에서 이뤄지는 연간 소비는 700조 원에 달한다. 반면, PC 등장 이후 시작된 전자상거래 시장의 규모는 50조 원으로 아직 오프라인보다 작다. 이 중 모바일로 이뤄지는 시장의 규모는 15조 원이다. 특히 핀테크(금융과 기술을 결합한 사업) 열풍과 카카오페이의 등장 등 모바일 결제 시장이 확대되는 것도 'O2O 시장' 확대의 기대감을 키워주고 있다. 작년 4분기 우리나라 스마트폰 가입자의 43%가 모바일 쇼핑을 이용한 경험을 갖고 있을 정도로 우리 국민은 모바일 환경에 적응이 빠르다.

◎ 오프라인 노리는 온라인, 온라인화(化)하는 오프라인

병원 · 호텔 · 로드숍 등 전통적 오프라인 업종은 NFC(초근거리통신) 태그, 비컨(Beacon · 근거리송신장치) 등 위치기반 기술을 이용해 이런 변화에 대응하고 있다. 오프라인 매장 주변을 지나는 고객들의 스마트폰에 할인 쿠폰을 발송하거나 유용한 정보를 띄워줘 잠재 고객을 유치하는 식이다. SK플래닛은 올해 전국 5만개의 가맹점에 고객의 스마트폰 위치를 파악해 각종 할인 쿠폰이나 이벤트 정보를 보내주는 비컨을 깔 계획이다.

유명 백화점 체인 노드스트롬은 20~30대 사이에서 인기를 끌고 있는 온라인 의류업체 보노보즈(Bonobos) 매장을 백화점에 입점시키기도 했다. 온라인이 주는 신선함을 전통적인 매장과 결합한 것이다. 국내 일부 백화점도 온라인의 유명 브랜드를 점포에 입점시키기도 했다. 맛집 평가에 기반한 음식점 추천 서비스 '핫플레이스 식신'을 운영하는 안병익 씨온 대표는 "온라인은 오프라인의 이점을, 오프라인은 온라인의 이점을 활용하는 식으로 서비스가 진화(進化)하고 있다"며 "O2O는 결국 오프라인의 마케팅과 온라인의 네트워크가 결합해 새로운 가치를 만들어내는 것을 뜻한다"고 말했다.

◎ 약자(弱者)들의 생존 기반을 위협할 우려도

우버(Uber)나 에어비엔비(Airbnb) 등은 최근 '공유 경제(sharing economy)'라는 가치를 앞세워 시장을 키워가고 있다. 그러나 일각에선 이 서비스가 자동차 공유나 홈스테이 등 오프라인 기반 사업을 온라인으로 확대해 기존 시장을 잠식하는 측면이 크다는 지적도 나오고 있다. 실제로 이 서비스가 커지면서 예상치 못했던 부작용이 나타나고 있다. 우버는 저소득층 택시 운전자들의 생계를 위협하고, 에어비엔비 역시 중소 자영업자라고 할 수 있는 지역 숙박업자들의 생존 기반을 흔들고 있다는 것이다. 스마트폰의 대중화를 기반으로 새로운 부가가치를 창출하기보다 정보기술과 대규모 자본으로 무장한 기업들이 기존에 존재하던 시장을 잠식하는 것이 본질이라는 지적이 나온다. 그리고 그 희생양은 기존 오프라인의 강자(强者)라고 할 수 있는 대기업이 아니라 약자인 중소 자영업자들이라는 것이다. 국내에서도 배달앱 서비스과 중소 배달 음식 전문점이 마찰을 빚기도 한다.

O2O 기업들이 수집하는 소비자들의 소비 패턴이나 위치 정보 등 사적인 정보를 토대로 개인의 취향이나 예상 동선 등 새로운 정보를 만들어 제2, 제3의 새로운 사업을 벌일 경우 프라이버시 침해 문제를 일으킬 수도 있다. 길거리를 걸어갈 때마다 스마트폰에 각종 할인 · 이벤트 정보가 무시로 쏟아져 들어오는 불편이 생길 수도 있는 것이다.

〈출처〉 조선일보(2015년 2월 13일)

01 서비스의 정의

서비스(services)란 무엇인가? 서비스의 사전적 정의는 '행위, 과정, 그리고 성과(deeds, processes, and performance)'이다. 우리 주변에서 발생하고 있는 많은 행위들, 예를 들면, 새로운 세상을 여행하는 것, 병원에 가서 의사의 진료를 받는 것, 호텔에 투숙하는 것, 은행에서 돈을 맡기고 찾는 것, 좋아하는 레스토랑에 가서 식사하는 것, 그리고 영화관에 가서 영화를 보는 것 등은 주로 고객들을 위한 행위이며 과정이자 성과라고 볼 수 있다. 서비스는 이처럼 도처에서 일어나고 있다. 흔히들 서비스의 5대 주요 산업은 호텔, 여행사, 레스토랑, 컨벤션 등과 같은 환대 서비스(hospitality services), 은행, 증권, 보험, 신용카드 등과 같은 금융서비스(financial service), 병원, 건강센터, 요양원과 같은 건강관리 서비스(healthcare services), 학교, 학원, 평생교육원 및 컨설팅 회사 같은 교육 컨설팅 서비스(education and consulting services), 그리고 웹기반 서비스, 이동통신 서비스, 네트워크 기반 서비스 등과 같은 정보통신기술 서비스(information communication technology services)를 들고 있다. 그러나 이와 같은 '서비스(services)'는 비단 서비스 부문에서만 발생하는 것만은 아니며 많은 제조업 부문에서도 종합적인 형태로 제공되고 있다. 예를 들어서, 컴퓨터 회사들은 판매 시 품질 보증서를 제공하고 24시간 제공되는 애프터서비스도 강조하고 있다. 고객들이 원할 경우에는 집에서도 원격조정 서비스를 받을 수 있게 해주고 있다. 많은 가전제품 회사들도 가전제품 그 자체의 품질 못지않게 애프터서비스 활동에도 많은 신경을 쓰고 있다. 가전제품 대리점에서 에어컨 등 가전제품을 구매하면 무상으로 배달해 주고 설치까지 해 준다. 많은 자동차 회사들은 일정 수준의 무상보증서비스를 제공, 구매 시 저리의 할부금융 제공, 그리고 고객이 원할 경우에는 집이나 직장에서 공장까지 셔틀(shuttle) 서비스를 무상으로 제공하고 있다. 제조업 회사들은 이러한 서비스 제공을 차별화하여 경쟁우위의 기반으로 삼고 있다. 이와 같이 제조업 부문에서 나타나고 있는 서비스들 또한 행위, 과정, 그리고 성과라고 할 수 있다. 따라서 이와 같은 상황을 감안해 본다면, 상기의 단순하고 추상적인 서비스에 대한 정의는 좀 더 확장된 형태로 바뀔 수 있다. 즉, 서비스는 '최종 산출물이 물리적인 제품이나 구조물과 같은 형태로 나타나는 것이 아니고, 생산되는 동시에 소비되며, 편의성, 적시성, 즐거움, 안락함, 혹은 건강함 등과 같은 형태로 나타나 부가가치를 제공해 주는 모든 경제활동'으로 정의될 수 있는 것이다.

그림 1-1 서로 맞물려 돌아가고 있는 온라인과 오프라인 서비스

02 서비스와 제품

많은 국가들에서 서비스 부문은 더 이상 제조업의 주변에 있는 영역이 아니라는 사실이 분명해지고 있다. 서비스가 경제적 부(wealth)의 상당 부분을 차지하고 있으며 고용 및 수출의 중요한 원천이 되고 있다. 현재 글로벌 시장에서 수익성 제고와 성장을 위해 경영에서 서비스를 필수적으로 사용하는 기업들은 셀 수 없을 정도로 많아지고 있다. 제품(goods)과 서비스의 구분이 언제나 완벽하게 이루어지는 것은 아니다. 사실, 100% 순수한 제품 혹은 100% 순수한 서비스의 사례를 제공하는 것은 불가능할 정도로 어려운 일이다. 여기서 말하는 100% 순수한 제품의 경우는 소비자가 제공받은 혜택은 서비스에 의해서 제공되는 어떠한 요소도 포함되지 않아야 된다는 것을 의미한다. 마찬가지로, 100% 순수한 서비스란 제품의 어떠한 요소도 포함하고 있지 않아야 한다. 사실, 많은 서비스들은 어느 정도의 제품 요소들은 포함하고 있다. 예를 들면, 고급 레스토랑에서의 메뉴판, 은행 서비스에서의 금융실적 관련 서류, 혹은 놀이공원에서의 첨단 설비들을 생각할 수 있다. 또한 대부분의 제품들은 최소한 배송 서비스를 제공하고 있다. 예를 들어, 슈퍼마켓에서 판매되고 있는 모든 제품들은 배송된 것이며, 소비자들이 구매 시 지불할 경우에도 경쟁자들과 차별화하기 위해서 첨단 지불결제 서비스시스템을 도입하고 있다.

양자의 경계를 허무는 사업들이 지속적으로 등장하면서 제품과 서비스의 구분은 더욱더 애매모호해지고 있다. 예를 들어, 대표적인 제조업인 자동차 산업의 경우에도 수익의 상당 부분을 할부금융 및 보험 사업에서 발생시키고 있다. 즉, 대부분의 사람들이 생각하는 것처럼 강판, 타이어, 혹은 유리 부품 공급자들이 아니라 오토론(auto loan)과 자동차 보험을 제공하고 있는 캐피탈(capital) 사업자들이 자동차 제조업의 최대 공급자가 되고 있다. 세계 최대의 놀이 공원인 디즈니랜드(Disney Land) 또한 제공되는 대부분의 서비스가 첨단 기술이 장착된 제품인 놀이 시설에 의해 이루어지고 있다. 훌륭한 제조업자에서 서비스제공자로의 변신은 많은 산업 영역들에서 다양하게 발견되고 있다. 1980년대 세계 최대의 컴퓨터 제조업체였던 IBM은 현재는 소프트웨어 및 시설보수 등 솔루션을 제공하는 업체로 거듭나 이 분야에서 막강한 경재우위를 가진 업체로 거듭나고 있다.

이러한 혼란에도 불구하고 다음의 정의는 제품과 서비스의 차이를 이해하는 데 출발점이 될 수 있을 것이다. 일반적으로 제품(goods)은 대상물(objects), 장치(devices), 혹은 사물(things)로 정의되고 있는 반면에 서비스(services)는 행위(deeds), 과정(processes), 성과(performances)로 정의되고 있다. 일반적으로 생산물(product)은 제품 혹은 상품으로 번역되지만 본질적으로 제품이나 서비스를 공통적으로 지칭하고 있는 것이다. 궁극적으로 고객에게 제공되는 제공물(offering)이 서비스인지 여부에 대한 핵심적인 결정인자는 바로 무형성(intangibility)이라고 할 수 있다. 현실적으로 100% 완전하게 무형적이거나 아니면 100% 순수하게 유형적인 제품은 거의 없게 된다. 대신에, 서비스는 제품보다는 상대적으로 보다 더 무형적이며, 반대로 제품(goods: manufactured products)은 서비스에 비해서 보다 유형적인 경향이 있게 된다. 이러한 점에서 제품과 서비스의 핵심적 차이는 고객들이 어떤 유형적 요소의 소유권 획득 없이 서비스로부터 보통 가치를 얻게 된다는 사실에 있다고 하겠다. 많은 경우에 서비스마케터는 고객들에게 자동차나 호텔방과 같은 물리적 대상물의 사용권한을 빌려 준다거나 단기간 동안에 기술이나 전문성을 지닌 인력을 채용하는 기회를 제공해 준다. 비록 고객들의 관심은 최종결과에 주로 쏠리겠지만 서비스가 제공되는 동안에 그들이 어떤 대우를 받는지도 고객 만족에 대단히 중요한 영향을 미치고 있다. 대부분의 서비스들은 다차원적이며 매우 복합적이다. 이는 서비스가 다양한 요소들로 구성되어 있기 때문이다. 예를 들어서, 패스트푸드 산업의 경우 서비스로 분류되지만 음식물, 포장 등과 같은 유형적인 요소들도 많이 가지고 있다. 자동차의 경우, 제조업으로 분류되지만 운송 등과 같은 무형적 요소도 갖고 있다. Shostack(1977)은 이러한 현상을 유형성 스펙트럼(tangibility spectrum)이라는 개념을 이용해서 설명하고 있다. 즉, 제품과 서비스는 유형성이 우세한(tangibility dominant) 한 끝에서 무형성이 우세한(intangibility dominant) 다른 한 끝까지의 스펙트럼을 이용해서 순위가 매겨질 수 있다는 것이다.

그림 1-2 유형성 스펙트럼

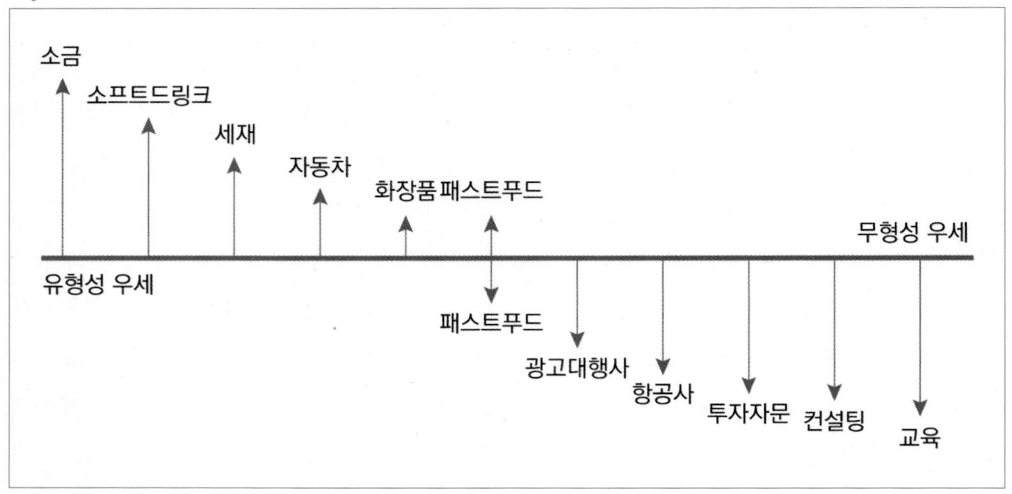

자료: Shostack, G. Lynn(1977), "Breaking Free from Product Marketing," *Journal of Marketing*, 41(April), p.77.

유형성이 우세한 상품의 핵심 혜택은 물리적으로 소유하면서 낮은 수준의 서비스 요소를 포함하고 있다는 점이다. 예를 들면, 자동차는 운송을 제공하는 유형성이 우세한 상품이다. 상품이 보다 더 유형성이 우세해질수록 서비스 양상은 그만큼 희미해진다. 반대로, 무형성이 우세한 상품은 물리적으로 소유할 수 없기 때문에 단지 체험만 할 수 있게 된다. 자동차의 경우와 마찬가지로, 항공사 또한 운송을 제공하고 있지만 고객은 비행기를 물리적으로 소유하지 않는다. 항공사 고객은 비행을 체험만 할 뿐이다. 결과적으로 서비스는 상품의 핵심 혜택에서 우세함을 보이고 있으며, 유형적 요소는 낮은 수준으로 존재한다. 그에 비해, 패스트푸드는 제품 요소와 서비스 요소를 함께 포함하고 있기 때문에 스펙트럼 연속선(spectrum continuum)의 중간 정도에 위치하게 된다.

03 숨겨진 서비스(hidden services)

기업들이 시장에 성공적으로 서비스 상품을 제공하기 위해서는 다음과 같은 두 가지의 서비스의 요소를 관찰할 필요가 있다: 보이는 서비스(recognized services)와 숨겨진 서비스(hidden service). '보이는 서비스'는 호텔, 금융 및 컨설팅과 같이 경영진에 의해서 서비스 활동으로 간주되고 있고 당연히 비용이 청구되고 있다. '숨겨진 서비스'도 항상 그렇지는 않지만 때때로 서비스를 제공받는 당사자들에게 비용이 청구될 수 있으며, 이는 가격이 설정될 수 있음을 의미한다. 그러나 현실적으로 이렇게 비용 청구가 가능한 서비스들은 고객들에게 제공되는 서비스의 극히 일부분에 지나지 않는다. 개인 고객이나 기업 등과 같은 조직 고객들이 인식하고 있는 많은 서비스들은 '숨겨진 서비스'이다. 예를 들면, 청구서 발송, 품질문제, 실수 및 서비스실패 관리, 불평처리, 상품 및 서비스 사용을 위한 서류 및 안내서 제공, 기계, 설비 및 소프트웨어 사용법에 대한 고객 훈련, 고객질문에 대한 답변 제공, 이메일 발송, 고객 및 고객의 특별 요청 사항에 주의 기울이기, 약속사항 이행하기 등 겉으로 드러나지는 않지만 고객들이 자신이 서비스제공자의 고객임을 인식하는 데 영향을 주는 많은 활동들이 이에 속한다. 실제로, 청구서 발송을 신속하게 처리할 때나 고객 불만을 야기시키는 문제를 해결하는 과정에서 비용이 발생되고 있다. 이러한 '숨겨진 서비스들'은 고객들이 지속적으로 재구매하는 데 공헌하거나 고객들이 이탈하는 것을 방지하는 역할도 한다. 청구서 발송, 고객 불만 처리, 고객 훈련, 서류제공 등과 같은 '숨겨진 서비스'의 결정적 문제는 경영진들조차 이를 서비스라고 거의 인식하지 않는 데 있다. 이러한 서비스는 '공인된 서비스'라기보다는 귀찮지만 할 수밖에 없는 활동(nuisances) 정도로 인식되고 있다. 따라서 이러한 '숨겨진 서비스'는 거의 대부분 고객들을 위한 가치지원 서비스(value-supporting service)로 설계되거나 관리되지 않고 있는 실정이다. 대신 내부 효율성 기준과 비용 고려사항을 주요 지침으로 하여 관리, 법률 또는 운영 절차로 통제되고 있다. 결과적으로 고객들은 이러한 '숨겨진 서비스'를 자신들의 가치를 높여주는 활동으로 인식하지 않고 있다. 그러나 사실 소비자 마케팅이나 산업 마케팅의 고객 관계에서 '숨겨진 서비스'의 활용은 경쟁자들을 따돌리고 지속적인 경쟁우위(sustainable competitive advantage)를 유지할 수 있는 아주 강력한 방법이라고 할 수 있다.

브리핑사례 ‘종이통장’이 사라진다…내년 9월 유료화

종이통장이 사라지고 있다. 은행에서 발급하는 종이통장은 사상 최저 규모로 줄었다. 내년 9월 종이통장 발급이 유료화되면 ‘퇴장 속도’는 더 빨라질 전망이다. 31일 은행권에 따르면 신한 · 국민 · KEB하나 · 우리 · 농협 등 5대 은행의 종이통장 발급량은 지난해 총 2,865만 5,157개로 사상 처음 3,000만 개 밑으로 떨어졌다. 2012년 5대 은행 체제가 시작된 이래 가장 낮은 수준이다. 5대 은행의 종이통장 발급량은 2016년 3,257만 5,772개, 2017년 3,005만 1,470개 등으로 해마다 줄고 있다. 통상 예 · 적금 상품 가입이 가장 활발한 1분기를 놓고 비교해도 마찬가지다. 올해 1분기에는 5대 은행 종이통장 발급량이 723만 5,433개에 그쳤다. 전년 동기(823만 7,540개)에 비해 10% 이상 감소해 역대 최저치를 기록했다. 요즘엔 은행 창구에서도 고객이 먼저 요청하지 않으면 종이통장을 내주지 않는다. 통장과 신분증을 함께 제출해야 창구 업무를 볼 수 있던 풍경은 이제 옛일이 됐다.

금융감독원은 내년 9월부터 종이통장 발급 때 고객에게 일정 비용을 부담하게 할 방침이다. 금융권 안팎에선 의견이 분분하다. 디지털 금융 시대에 종이통장은 불필요하다는 의견과 디지털 소외 계층의 고립이 심해질지 모른다는 우려가 대립하고 있다. 시중은행 관계자는 “모바일과 인터넷을 통한 거래가 확산됐기 때문에 종이통장이 없어져도 당장 금융거래에 큰 혼란은 없을 것”이라고 말했다. “적금통장 새로 만들게요. 종이통장도 발급해주세요.”, “종이통장 발급 비용은 2,000원입니다. 만드시겠어요?” 내년 9월 국내 은행 점포에서 보게 될 장면이다. 종이통장을 받으려면 고객이 돈을 내야 한다. 금융상품 가입 시 ‘확인증’처럼 딸려오던 종이통장을 더는 보기 어렵게 됐다. 빈자리는 디지털 금융이 채우고 있다. 종이통장의 수명이 얼마 남지 않았다는 관측이 나온다.

요즘 은행에선 신규 계좌를 개설할 때 종이통장 미발행을 원칙으로 삼고 있다. 고객이 60세 이상이 아니면 종이통장을 ‘자동으로’ 발급해주는 일은 없다. 직원은 종이통장 발급 의사를 묻고, 발급을 원할 때만 종이통장을 준다. 신한 · 국민 · KEB하나 · 우리 · 농협 등 5대 은행의 종이통장 발급량이 지난해 처음 3,000만 개 밑으로 떨어진 이유다. 금융감독원은 내년 9월부터 종이통장을 원하는 사람에게 원가의 일부를 부담시킬 계획이다. 종이통장의 개당 제작원가는 231~300원이다. 여기에 인지세, 인건비 등을 더한 발행 원가는 5,000~1만 8,000원 정도다. 물론 다 청구할 순 없다. 은행권에선 종이통장 발급 비용을 2,000~3,000원 수준으로 잡고 있다. 이 방안이 시행되면 종이통장은 희귀품이 될 전망이다.

〈출처〉 한국경제신문(2019년 5월 31일)

04 서비스의 특성

서비스마케팅에 대한 연구는 1982년에 이르러서야 본격적으로 시작되었다. 그 전까지 대다수 마케팅 학자들은 서비스에 대한 마케팅은 제품에 대한 마케팅과 별반 차이가 없다고 느껴서 별로 관심을 기울이지 않았다. 그러나 현실적으로 서비스 시장 또한 세분화될 필요가 있고 표적시장이 탐색되어야 하며 이에 적합한 마케팅믹스가 개발되어야 했다. 이 과정에서 제품과 서비스의 차이에 대한 연구들이 상당히 진행되었고 이에 부합하는 마케팅 시사점들도 도출되었다. 연구 결과, 대다수 이러한 차이점들은 근본적으로 서비스의 네 가지 특성인 무형성(intangibility), 소멸성(perishability), 비분리성(inseparability), 이질성(heterogeneity)에서 기인하고 있음이 밝혀졌다. 이러한 네 가지 특성에 대해서 구체적으로 살펴보도록 하자.

1) 무형성

서비스는 대상물이기보다는 과정이자 성과이기 때문에 무형적이라고 일컬어지고 있다. 무형성(intangibility)은 서비스의 특성 중 가장 대표적인 특성이다. 이는 구매 전 보거나 만지거나 냄새를 맡을 수 있는 유형적 대상이 결여되어 있어서 실체를 객관적으로 느낄 수 없다는 특성을 말하고 있다. 따라서 체험이 이루어져야 하고 소비자들의 판단은 객관적이기보다는 주관적인 성향을 띠고 있다. 영화, 스포츠 관람, 혹은 강습 등과 같은 서비스는 상당히 무형적이라고 할 수 있다. 그러나 비록 이와 같이 서비스들이 무형적이라 하더라도 각 서비스들은 그 서비스들이 제공될 때 사용되는 유형적 단서들이 있게 마련이다. 예를 들면, 영화의 경우 극장이나 벽에 걸린 포스터가 유형적 단서로 사용될 수 있고, 스포츠 관람은 운동경기장이나 연습 중인 운동선수들을 통해서 고객들이 제공되는 서비스를 느끼게 되며 강습은 강의실, 교재, 혹은 강의도구 등을 통해서 제공되는 서비스를 기대하고 인식할 수 있게 된다. 그러나 이와 같은 모든 상황에서도 실제 서비스에 대한 결과는 서비스가 수행되거나 그 이벤트가 발생하기 전까지는 알 수가 없다. 서비스의 무형성에 따른 문제점은 다음과 같다.

- 저장이 불가능하다.
- 특허로 서비스를 보호할 수 없다.
- 서비스를 쉽게 진열하거나 커뮤니케이션을 할 수 없다.
- 가격설정의 기준이 애매모호하다.
- 표본추출이 어렵다.

따라서 이러한 무형성에 따른 문제점을 극복하기 위해서 서비스에 대한 마케팅전략은 다음과 같은 사항에 초점을 맞추어야 한다.

- 유형적인 단서(tangibility cues)를 강조한다.
- 비(非)인적 원천보다는 인적 원천(personal sources)을 사용한다.
- 구전 커뮤니케이션(word-of-mouth communication)을 활성화시킨다.
- 강력한 기업이미지를 창출한다.
- 직원들로 하여금 고객들과 직접 접촉하도록 권장한다.
- 제공되는 효익을 강조한다.
- 구매 후에도 고객들과 지속적인 커뮤니케이션을 갖는다.

2) 소멸성

서비스의 두 번째 특성이 소멸성(perishability)이다. 서비스의 소멸성은 제품과는 달리 향후 수요에 대비해서 저장할 수 없다는 것을 의미한다. 만약 옷이나 약품 같은 소비재나 가전제품이나 가구 같은 내구재 등은 오늘 못 팔더라도 재고품으로 저장되어 미래의 어느 시점에서 판매될 수 가 있다. 그러나 오늘 오후 3시에 출발하는 어느 항공사의 비행기가 전체 250석 좌석 중에서 오직 100석만 판매하였다고 하면 3시 이후 나머지 150개의 빈 좌석에 대한 매출은 영원히 잃어버리고 만다. 음악 연주회나 스포츠 이벤트 또한 정해진 장소에서 이루어지는 것이기 때문에 복수의 공연이나 시합이 있지 않는 한 고객들은 관람시간 및 장소에 대해서는 다른 선택을 할 수가 없게 된다. 따라서 빈 좌석이 공연장이나 운동 경기장에서 발생하게 되면 그 서비스가 저장되어 후에 판매될 수 있는 것이 아니기 때문에 그 빈 좌석분에 해당하는 매출은 잃어버리고 마는 것이다. 따라서 매출을 극대화시키기 위해서 항공사는 비행기 내의 모든 좌석을 채우고 싶어 하며 이는 음악 연주회나 스포츠 이벤트에도 그대로 적용되고 있다.

서비스의 소멸성은 그 반대상황도 발생시킬 수 있다. 즉, 수요가 공급을 초과하게 되는 것이다. 이 경우에는 항공사는 탑승을 원하는 모든 고객들에게 비행기 티켓을 판매할 수 없게 되며, 엔니오 모리꼬네(Ennio Morricone) 같은 세계적인 작곡가의 음악 연주회나 프로야구 코리안 시리즈나 월드컵 축구경기 같은 스포츠 이벤트에서도 연주회장이나 운동장의 고객 수용능력 때문에 잠재적인 매출을 잃어버리게 된다.

서비스의 소멸성에 따른 문제점은 다음과 같다.

- 서비스는 저장되거나 재판매될 수 없다.
- 서비스에 대한 수요와 공급을 맞추기가 상당히 어렵다.

따라서 소멸성의 어려움을 해소하기 위한 마케팅전략은 다음과 같다.

- 수요, 공급 및 서비스 제공능력에서의 동시조절을 통해서 수요변동을 극복해야 한다.
- 수요 감퇴기에 가격인하, 촉진활동 강화 등 수요변동에 대비하여야 한다.

3) 비분리성

서비스의 비(非)분리성(inseparability)은 서비스의 생산과정에서 소비가 동시에 이루어지는 것을 의미한다. 제품은 먼저 생산되고 그 다음에 판매될 수 있다. 그러나 서비스는 그럴 수 없다. 따라서 서비스는 서비스 생산과정에서 서비스제공자가 존재해야 하며 아울러 서비스를 제공받는 고객은 이발소에 가서 이발사가 머리를 깎는 동안 지정좌석에 있어 주어야 한다. 병원에 가서 진료를 받는 경우에도 고객은 직접 병원으로 방문해서 의사가 제대로 진단하고 처방을 내릴 수 있도록 협조해야 한다. 서비스는 제공되는 순간과 동시에 소비되어야 하기 때문에 서비스의 품질은 서비스제공자의 능력뿐만 아니라 서비스제공자와 고객과의 상호작용의 질에 따라 상당히 달라질 수가 있다. 따라서 비분리성의 정도가 높은 서비스를 제공하는 기업일수록 인적 요소에 대한 관리가 기업성공에 절대적이라 할 수 있다.

서비스의 비분리성으로 인한 마케팅상의 문제점은 다음과 같다.

- 서비스제공자가 반드시 서비스와 물리적으로 연결되어야 한다.
- 서비스 생산에 있어 고객의 참여가 필수적이다.
- 간접판매는 안 되고 직접 판매만이 가능하다.
- 집중화된 대규모 생산이 곤란하다.

이러한 비분리성에 따른 문제점을 해소하기 위해서는 다음과 같은 내용에 주안점을 둔 마케팅전략수립이 바람직하다.

- 서비스제공자의 선발 및 교육에 세심한 배려가 있어야 한다.
- 기계 및 컴퓨터를 이용한 서비스 제공의 자동화를 강화해야 한다.
- 안락한 대기, 서비스 단계별 정보제공 등 세심한 고객관리가 필요하다.
- 복수점포입지(multiple site)전략을 사용한다.

4) 이질성

이질성(heterogeneity)은 소비자가 어떤 서비스를 선호해서 그 서비스를 구매할 때 제공되는 서비스의 품질 수준이 항상 일정할 수 없음을 나타내고 있다. 따라서 서비스 성과는 거래가 이루어지는 경우에 매번 바뀔 가능성이 있다. 어느 경우에 고객들은 전혀 원하지 않았거나 임의적인 수준의 서비스를 제공받게 된다. 이와 같은 이질성은 비록 기계의 오작동이나 성능불량 등으로 인해서 야기될 수도 있지만 주로 인적 요소에 의해서 발생한다고 보아야 할 것이다. 서비스직원들은 성격, 능력, 솜씨 혹은 훈련 정도가 다양하기 때문에 동일한 서비스를 차이가 나게 제공할 수 있으며 심지어 동일한 직원이 서비스를 제공하더라도 시간에 따라 제공되는 서비스가 차이가 날 수 있다. 예를 들어서, 동일한 레스토랑에서 같은 음식을 주문하더라도 서비스직원이 누구냐에 따라서 고객들이 느끼는 서비스 품질은 달라질 수 있다. 이질성에 따른 가장 대표적인 문제점은 제공되는 서비스의 표준화 및 품질에 대한 통제가 곤란하다는 것이다. 따라서 이와 같은 문제점을 극복하기 위해서는 다음과 같은 방안들이 적극적으로 활용되어야 한다.

- 서비스 표준이 설계되고 수행되어야 한다.
- 고객들이 구매 전에 인식할 수 있는 패키지 서비스를 제공한다.
- 품질관리를 위한 기계화 및 시스템화를 강화한다.
- 개별고객에 맞는 맞춤화(customization) 서비스를 시행한다.

표 1-1 서비스의 특성, 문제점 및 마케팅 주안점

서비스	제품	문제점	마케팅 주안점
무형성	유형성	• 저장이 불가능 • 특허를 통한 서비스 보호 불가능 • 진열 및 커뮤니케이션 불가능 • 가격설정 기준이 모호함 • 표본추출이 곤란	• 유형적 단서 강조 • 인적 원천을 정보제공에 사용 • 구전 커뮤니케이션 활성화 • 강력한 기업이미지 창출 • 대고객 접촉빈도 제고 • 제공되는 효익 강조 • 구매 후에도 커뮤니케이션 지속
소멸성	비소멸성	• 저장 및 재판매 불가능 • 수요 및 공급의 균형 문제	• 수요 및 제공능력의 동시조절 • 비수기의 수요변동에 대한 대비
비분리성	분리성	• 서비스와 서비스제공자의 물리적 연결 • 서비스 생산과정에 고객참여 • 직접판매만 가능 • 집중화된 대규모 생산 곤란	• 직원 선발 및 교육에 치중 • 서비스 제공의 자동화 강화 • 세심한 고객관리 필요 • 복수점포 입지전략 사용
이질성	동질성	• 표준화 및 품질통제가 곤란	• 서비스 표준의 설계 및 수행 • 패키지 서비스 제공 • 서비스의 기계화/시스템화 강화 • 서비스 맞춤화 확산

05 서비스 부문의 경제적 중요성

경제 패러다임이 바뀌면서 경영을 둘러싼 환경은 급격히 변화하고 있다. 과거 하드웨어였던 것이 지금은 소프트웨어가 되고 있으며 이에 따라 과거 제조업이었던 것도 점차 서비스업과 유사해지고 있다. 제조업과 서비스업의 구분이 애매모호해져 가고 있는 것이다. 더 나아가서 제조업과 서비스업은 상호보완적인 관계로 변하고 있다.

이동통신과 운전은 서비스산업으로 분류될 수 있다. 이에 비해서 휴대폰 제조 및 버스 제조는 제조업으로 분류된다. 만일 이동통신을 사용하는 사람이 없다면 휴대폰 제조가 필요 없다. 또한 버스 운전기사나 승객이 없다면 버스 제조도 필요 없게 된다. 다시 말해서 제조업과 서비스업의 단순한 이분법적인 구분은 이제 의미가 없다는 이야기이다. 엥겔 계수(Engels Coefficient)가 소득이 증가할수록 전체 소득에서 음식비에 대한 지출 비중이 낮아진다는 것을 알려 준다면, 프레드릭 테일러(Fredrick Taylor)에 의해 창시된 테일러 계수(Taylor Coefficient)는 경제발전 수준이 어느 정도 단계에 이른 후에는 제조업 제품에 대한 수요는 줄어드는 반면에 서비스에 대한 수요가 늘어난다는 것을 보여 주고 있다. 이미 검증된 사실이지만 경제가 성숙될수록 제품에 대한 소비자들의 신규 구매량은 적어지게 된다. 소비자들이 일단 자동차, TV, 냉장고, 세탁기 등의 내구 소비재를 구입한 뒤 기존 제품을 대체할 때까지는 수요가 급격하게 많았던 덕분에 급속하게 성장하였다. 그러나 이러한 제품들에 대해서 일단 구매가 이루어지면 이들 소비자들은 몇 년이 지나야 재구매를 하게 된다. 제조업 생산품은 대체시장 역할만을 하게 된다. 자연히 판매는 감소하고 성장은 둔화된다. 따라서 소득 수준이 어느 정도 단계에 도달한 후에는 생산은 궁극적으로 서비스 수요에 의존하게 된다. 세계가 더욱더 좁아지면서 세계경제는 소비자들에게 무엇을 소비하고 어떻게 소비할 것인지에 대해 더 많은 선택수단을 제공하고 있다. 이는 서비스를 통해서 새로운 부가가치를 창출할 수 있는 잠재적 영역이 그만큼 많아지고 있음을 의미하고 있다.

1) 서비스 경제의 성장

전 세계적인 경제발전은 서비스 부문의 성장을 촉진시켰다. 이는 기업들이나 공공기관, 혹은 개인들은 자신들이 시간을 소비해서 직접 수행하기보다는 시간을 절약하기 위해서 돈을 지불하고 기꺼이 서비스를 구매하는 경향이 상당히 증가했음을 의미하는 것이다. 신기술은 기존 서비스 및 새로운 서비스의 개발의 많은 부분에서 상당한 변화를 가져왔다. 아울러 가처분 소득의 증가는 개인 서비스의 팽창을 이끌어왔다. 결국 서비스 부문의 성장은 서비스의 전체적인 양적인 측면에서 뿐만 아니라 다양성 측면에서도 괄목하게 이루어졌다. 신기술의 변화 중 가장 급속하고 강력한 변화요인은 컴퓨터 및 스마트폰과 정보통신기술의 통합에서 찾아야 할 것이다. 특히 이러한 기술의 변화는 금융 서비스 등과 같은 특정기업군에만 영향을 미치고 있는 것이 아니라 항공산업, 호텔산업, 그리고 소매업 분야에 이르기까지 많은 형태의 다양한 서비스산업에 막대한 영향을 주고 있다. 정보에 입각한 서비스를 제공하는 기업들은, 인터넷을 포함하여 전국적이며 전 세계적으로 연결할 수 있는 네트워크를 통하여 그들 기업들의 성격 및 영업 범위를 완전히 바꾸어 놓고 있다. 또한 이러한 기술은 새롭거나 개선된 서비스 창출을 활성화시키고 주문접수 및 지불 등과 같은 활동을 새롭게 처리할 수 있도록 해주고 있으며 기업으로 하여금 중앙 집중 시스템을 통해서 보다 일관된 서비스 제공표준을 유지할 수 있도록 해주고 반복 작업에 대해서는 인적 활동을 기계로 대체시켜 주며 셀프서비스 등을 통해서 서비스 제공에 고객의 참여를 보다 더 확대시킬 수 있도록 해주고 있다. 향후 인공지능, 빅데이터, 블록체인 등 4차 산업혁명을 기반으로 하는 신기술의 발달은 많은 서비스기업들의 영업방식에 급격한 변화를 초래할 것으로 전망되고 있다.

그림 1-3 우리 앞에 이미 도래한 4차 산업혁명

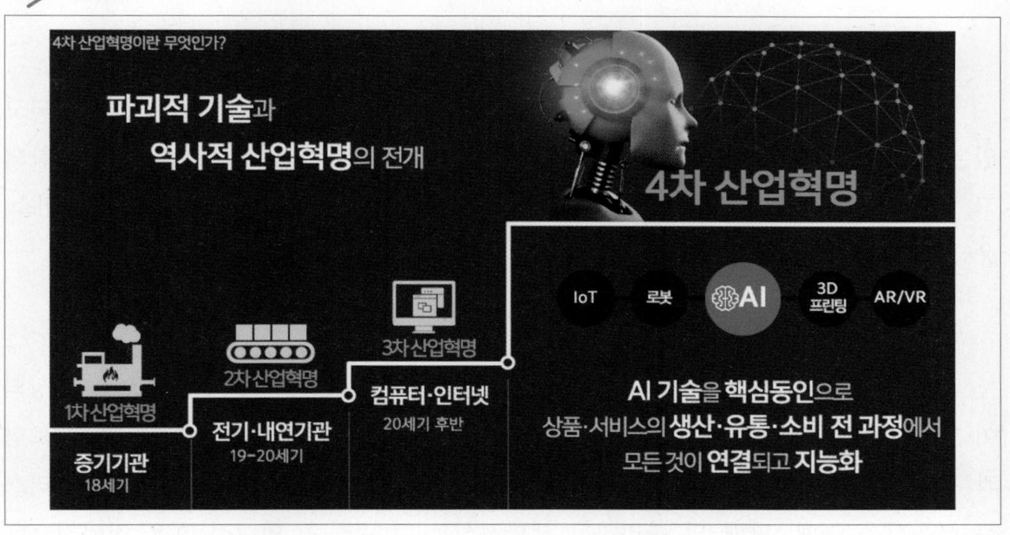

일반적으로, 서비스 경제라 함은 다음과 같은 주요 산업들로 이루어진 경제의 연성 부분(soft parts)을 포함한다: 휴식 및 환대(leisure and hospitality) 서비스, 교육(education) 서비스, 건강(health) 서비스, 금융활동(financial activities) 서비스, 정보통신(information communication) 서비스, 운송 및 공익사업(transportation and utility) 서비스, 정부(government) 서비스, 도소매 거래(wholesale and retail trade) 서비스. 이 중에서도 5대 주요 서비스산업이라 할 수 있는 휴식 및 환대 서비스, 교육 서비스, 건강 서비스, 금융 서비스, 정보통신 서비스에 대해서 좀 더 살펴보기로 하자.

✔ 휴식 및 환대 서비스

이 부문은 예술, 연예, 오락 등의 하위 부문과 숙박, 음식 서비스 등의 하위부문으로 구성되어 있다. 먼저 예술, 연예, 오락 부문은 ① 공개시청을 목적으로 하는 실황 공연, 이벤트, 혹은 전시회를 제작하고 촉진하거나 참여하고, ② 역사적, 문화적, 교육적으로 관심이 있는 장소나 대상물을 보존하고 전시하는, 그리고 ③ 놀이, 취미, 휴식시간 등을 제공하는 설비를 운영하는 기관들을 포함하고 있다. 한편 숙박 및 음식 서비스 부문은 즉시 소비를 위해서 숙소 및 음식, 스낵 혹은 음료 준비를 할 수 있는 기관을 말한다. 구체적으로 호텔, 레스토랑, 주점 등이 이 부문에 포함된다.

✔ 교육 서비스

이 부문은 초등학교에서 대학교까지의 교육기관, 평생교육센터, 그리고 학원 등 연수기관 등이 포함된다. 공적 및 사적 기관들이 존재한다.

✔ 건강 서비스

이 부문은 보통 의료 및 사회지원(healthcare and social assistance)으로 구성되고 있는바, 의료지원에는 종합병원, 간호시설, 개업의사, 가정 의료 서비스 등이 포함되고, 사회지원에는 개인 및 가족 서비스, 직업 재활 서비스, 지역 음식 및 주거 서비스, 응급 구조 서비스 등이 포함된다.

✔ 금융활동 서비스

이 부문은 금융 및 보험 하위부문과 부동산, 렌탈 및 리스 하위부문으로 구성되어 있다. 금융 및 보험 부문은 주로 은행, 저축은행, 신용카드, 증권, 선물거래 및 보험과 같은 금융거래에 관계하는 기관들로 구성되어 있다. 반면에, 부동산, 렌탈 및 리스는 부동산을 구매, 판매 및 관리하고 생활시설 및 비품들을 일시적 혹은 정기적으로 사용할 수 있도록 알선하고 관리하는 기관들로 구성되어 있다.

2) 서비스 경제의 핵심 요인

몇 가지 핵심요인들은 서비스 경제의 성장에 지속적으로 영향을 미치고 있다. e-서비스의 등장, 고령화 추세에 따른 사회문화적 요인, 많은 서비스의 해외 업무 위탁, 아웃소싱 및 자동화를 포함하고 있는 '아웃서비싱(outservicing)'의 경쟁력 등이 여기에 속하고 있다.

e-서비스의 등장

서비스 경제의 성장을 촉진하고 서비스를 제공하는 방식을 변화시킨 가장 강력한 힘은 기술발전, 특히 인터넷 기술의 발전을 꼽을 수 있다. 1996년부터 본격적으로 시작된 인터넷 활성화는 기업, 직원, 고객들의 상호작용을 온라인으로 가능하게 만들면서 수많은 사업을 창출해 놓았고(e-business), 결과적으로 점점 더 많은 고객들이 온라인으로 연결되면서 엄청난 규모의 시장을 형성하였다. 온라인 거래가 반복되면서 온라인 비즈니스에 대한 고객의 신뢰는 급격하게 높아졌으며 네트워크 또한 수익창출과 경제성장에 핵심적인 역할을 하게 되었다(e-commerce). e-서비스는 '네트워크를 통해 과제를 완수하고 문제를 해결하며 거래를 실행시키는 전자적 서비스'로 정의되고 있다(www. e-service.hp.com). e-서비스는 사람, 기업, 다른 e-서비스에 의해 사용될 수 있으며 광범위한 정보기술 시스템을 통해서 접근이 가능하다. 인터넷쇼핑, 은행 업무, 택배 서비스, 증권투자 업무 등 우리의 생활 주변에서 다양한 형태로 제공되고 있다. 원론적으로, e-서비스는 새로운 효율성과 새로운 수익 흐름을 창출해내는 네트워크를 통해서 만들어지는 모든 자산(asset)을 의미한다. 인터넷이나 모바일의 경우, 자산(asset)은 네트워크에 위치해서 마우스 클릭이나 손가락 터치로 모든 거래를 가능하게 만드는 모든 소프트웨어 애플리케이션을 포함할 수 있다. 가장 일반적인 형태의 e-서비스는 application-on-tap으로서 '제3의 회사가 인터넷을 통해 임대하여 관리하는 소프트웨어 애플리케이션'을 의미한다. application-on-tap(줄여서 apps-on-tap)을 제공하는 기업은 ASPs(Application Service Providers)로 알려져 있다. e-서비스의 가장 흥미로운 측면 중 하나는 전통적으로 서비스마케터가 직면했던 무형성, 비분리성, 이질성, 소멸성 등의 문제를 상당 부분 극복하고 있다는 점이다.

첫째, e-서비스에서 무형성은 웹사이트 사용을 통해서 서비스 증거를 제시함으로써 상당 부분 극복되고 있다. 예를 들면, 호텔닷컴(Hotel.com)의 e-서비스는 각 지역에 있는 많은 호텔들의 건물, 객실 모습 및 인테리어, 서비스 제공과정 및 순서, 레스토랑 및 부대시설 등에 대해서 실제 사진 및 동영상, 정보 업데이트의 빈도, 정보의 정확성, 서비스의 제공 속도, 정보탐색의 용이성 등과 같은 추가적인 증거를 제공함으로써 무형성 문제를 완화시키고 있다. 둘째, e-서비스에서 비분리성은 한 장소에서 제기된 고객의 요구를 다른 장소에 있는 서비스제공자가 받아들이고 처리하거나, 아니면 소비자가 가정에서나 사무실에서 거래 서비스를 시작하고 소비하면서 더 이상 해당 서비스를 다른 고객들과 공유할 필요를 없게 만들어 주면서 극복되고 있다. 예를 들면, 멜론이나 유튜브에서 음원이나 동영상을 다운로드하기를 원하는 소비자들은 어느 때나 원하는 대로 그렇게 할 수 있다. 셋째, e-서비스에서 이질성은 전자적 기반의 시스템을 통해서 한 고객으로부터 다음 고객으로 제공되는 서비스 품질의 차이를 최소화함으로써 극복되고 있다. 예를 들면, 항공사의 웹사이트를 통한 서비스, 은행의 ATM이나 인터넷뱅킹 서비스를 통한 금융 서비스, 신용카드사의 자동전화응답 시스템은 어느 때나 동일한 수준의 일관된 서비스를 제공하고 있다. 마지막으로, e-서비스는 시간에 구애받지 않고 언제나 가능하기 때문에 소멸성 또한 대부분 문제가 되지 않고 있다. 즉, 소멸성은 서비스를 재고로 쌓아둘 수 없기 때문에 생기는 문제인데 스마트폰 어플과 같은 e-서비스는 어느 한 시점에서 판매가 되지 않더라도 그 다음에는 판매가 가능하기 때문이다.

사회문화적 요인

서비스 경제의 성장에 영향을 미친 두 번째 핵심 트렌드는 전 세계적으로 발생하고 있는 많은 인구통계적 변화라고 할 수 있다. 이는 필연적으로 서비스 부문의 성장을 촉진시키는 여러 가지 형태의 연쇄반응을 촉발시키고 있다. 소비자들은 그 어느 때보다도 다양한 역할을 수행해야 하지만 여유로운 시간을 가지기는 힘들어지고 있다. 시간에 쫓기는 소비자들의 수가 증가하는 가운데 음식점, 가사대행 서비스, 세탁 서비스, 미용실, 세금 납부 서비스 등 시간절약형 서비스는 더욱 번창하고 있다. 이러한 서비스 사용을 통해서 소비자들은 절약되는 시간을 오락, 여행, 그리고 취미활동에 투자하고 있다. 전 세계적으로 이렇게 지속되는 서비스 부문의 성장은 각 지역의 인구통계적 요소에 의해서 영향을 받게 될 것이다. 우리나라의 경우만 보더라도 고령시대에 접어들면서 급격하게 증가한 노년인구는 건강관리 서비스 부문의 성장을 촉진시키고 있으며 이러한 노년인구는 마케터들에게 중요한 표적시장이 되어가고 있다. 고령화 현상은 직접적으로 건강관리 서비스의 수요를 증가시킬 뿐만 아니라 다른 서비스 부문의 성장에도 영향을 미치고 있다. 예를 들어, 많은 숫자의 부유한 노년층(woofs: well-off older folks)은 다운에이징(down aging)에 상당히 많은 관심을 보이고 있다. 처음에는 자신의 나이보다 어려 보이는 외모를 원하는 소비자들이 기능성 화장품을 선호하는 현상을 지칭했던 말로 쓰였지만, 2013년경부터 젊고 아름답게 살기 위해 시간과 비용의 투자를 아끼지 않는 '젊은 중년' 소비자들이 증가하면서 이들의 소비 행태 전반을 이르는 말로 쓰이고 있다. 다운에이징 현상으로 주름살 제거 수술이나 젊은 피부로 가꿔주는 기능성 화장품, 연령대를 파괴한 패션 등이 인기를 얻고 있다. 이뿐 아니라 오락 및 취미활동 서비스는 가장 빠르게 성장하는 서비스 부문이 되어가고 있다. 온라인 시장에서는 패션 스타일링을 어려워하는 중장년층 고객들을 위해 전체 착장(着裝)이 가능한 상의, 하의, 잡화 등 3개 이상의 아이템을 묶어서 판매하고 있다. 또한 소비자들은 스마트폰 앱을 통해서도 빗소리, 숲 소리, 파도 소리, 악기 소리, 동물 소리 등을 테마별로 구성해 효과적인 휴식을 도와주는 '자연의 소리: 10분간 휴식!', 집에서 혼자 요가를 하는 방법과 과정을 상세하게 소개한 '홈다이어트요가' 등의 서비스를 제공받을 수 있게 되었다.

✔ 아웃서비싱의 경쟁력

서비스 부문의 성장은 해외 업무 위탁, 아웃소싱, 그리고 자동화 등을 포함하고 있는 아웃서비싱(outservicing)의 영향을 받고 있다. 원래 제조업에서 낮은 생산비용 때문에 선진국에서 후진국으로 이전되는 현상을 지칭하는 해외 업무 위탁(offshoring)은 이제 서비스산업에도 적용되고 있다. 즉, 낮은 인건비 때문에 선진국의 많은 서비스 일자리가 후진국으로 흘러가고 있다. 예를 들면, 미국, 영국, 독일, 호주, 스웨덴 등과 같은 선진국의 콜센터 서비스기업들은 인도, 파키스탄 등과 개발도상국가들로 이전하고 있다. 이는 인도와 파키스탄은 이들 선진국들과 같은 영어권 경제(English-speaking economies)이면서 저임금이라는 경쟁우위를 지니고 있기 때문이다. 이러한 현상은 영어를 제외한 다른 언어권 국가들에서는 동일하게 적용되지는 않는다. 스페인 언어권은 전 세계적으로 많은 인구를 포함하고 있지만 국가들 간의 소득분포가 유사하게 이루어지고 있기 때문에 영어권 경제의 사례처럼 급격한 일자리 이동이 발생하지는 않고 있다. 서비스산업에서의 고용감소는 국내 아웃소싱 및 서비스의 자동화 같은 요인들에 의해서 더욱 가속화되고 있다. 아웃소싱(outsourcing) 때문에 기업 내에서 제공되고 있는 많은 중간 단계의 서비스 일자리들이 외부에 있는 전문 계약회사들로 이전되고 있다. 비록 이러한 현상은 전문직종 서비스 부문의 성장을 이끌고 있지만 기업 내부에 있는 서비스 제공 직원들의 임금 수준을 낮추게 하고 있다. 기술의 발전은 많은 서비스들을 자동화시키고 있으며 서비스 제공 직원들의 역할을 대체하고 있다. 특히 정보 기반 서비스들은 자동화의 위험에 가장 많이 노출되어 있다. 서비스 부문에서는 이미 자료 입력 및 신용카드 처리업무 등과 같은 단순 서비스로부터 마케팅 리서치, 세금 환급, 청구서 발송, 고객 서비스 등과 같은 복잡한 서비스에 이르기까지 자동화를 경험하고 있다. 이제 4차 산업혁명의 시대가 도래하면서 공학, 경영, 출판, 금융서비스, 교육 등의 자동화도 머지않아 이루어질 것이다. 많은 전문가들은 전 세계적으로 약 1천만 개의 서비스 일자리들이 해외 업무 위탁, 아웃소싱, 그리고 자동화 때문에 사라질 것으로 전망하고 있다. 그러나 이러한 현상 때문에 모든 서비스 일자리들이 위기에 처하는 것은 아니다. 서비스직원과 고객이 물리적 접점을 가져야 하는 간호, 건설작업, 머리손질, 레스토랑 및 호텔 서비스 등과 같은 물리적 서비스 직종은 오히려 보호받는 것으로 예측되고 있다.

3) 서비스 경제의 성공 요인

서비스 부문의 성장 사례들을 살펴보았을 때, 다음과 같이 몇 가지 공통적인 성공 요인들이 분명하게 드러나고 있다.

- 첫째, 많은 성공기업들은 니치 마케팅(niche marketing)에서 탁월함을 보이고 있다는 점이다. 니치(niche)란 빈 틈 혹은 틈새라는 뜻으로 니치 마케팅전략은 소비자의 기호와 개성에 따라 시장을 세분화하여 소규모의 소비자를 대상으로 판매목표를 설정하는 것을 말한다. 즉, 니치 마케팅전략은 특정 소비자 집단을 겨냥해서 이미 타 기업이 점유하고 있는 시장 이외의 빠진 곳을 찾아서 경영자원을 집중적으로 투하하는 마케팅전략을 의미한다.

- 둘째, 많은 성공요인이 기술변화를 수행할 수 있는 기업의 역량과 관련되어 있다는 점이다. 첨단 기술이 전 세계시장의 서비스산업에 미치는 영향은 부인할 수 없게 되었다. 기술을 혁신 자원으로 보는 기업들은 특히 성공적이다. 기술 향상은 서비스기업들로 하여금 고객들과의 커뮤니케이션에서 성공적으로 새로운 지평을 열도록 만들어 주었다. 많은 기술 혁신들은 고객처리 비용을 줄임과 동시에 보다 편리한 서비스를 고객들에게 제공할 수 있도록 만들어 주는 등 서비스 제공 과정에서 보다 많은 고객 참여를 이끌어내며 서비스 수준을 향상시키고 있다. 은행 서비스에서 이용되고 있는 현금자동입출금기(ATM)와 다양한 온라인 서비스들이 대표적 사례라 할 수 있다.
- 셋째, 성공하는 서비스기업들은 고객 서비스에서 탁월함을 보이고 있고 고객들에게 설득력 있는 서비스 체험을 제공하고 있다는 점이다. 서비스의 대표적인

특성인 무형성 때문에 서비스기업이 성공하기 위해서는 유형적으로 차별적인 고객 서비스 제공 시스템에 관심을 가져야 한다. 여기서 리츠(Ritz) 호텔의 창설자인 캐사르 리츠(Caesar Ritz)의 사례를 고찰해 볼 필요가 있다. 1898년에 리츠는 경영난에 시달리고 있는 런던 소재 사보이(Savoy) 호텔의 지배인이 되었는데, 그는 남녀 고객들의 투숙행동, 그리고 그들의 예쁘고 아름다운 호텔 외관 및 인테리어에 대한 열망을 이해하게 되었다. 그는 고객들이 원하는 분위기를 이루기 위해 많은 노력을 했다. 먼저, 그는 사보이 호텔을 문화 활동의 중심 공간으로 탈바꿈시키기 위하여 오케스트라 연주를 호텔 레스토랑에서 하도록 하였으며 식사시간도 연장시켰다. 저녁에는 모든 고객들이 정장을 착용하도록 하였으며, 동반 남성이 없는 여성들은 호텔 레스토랑으로 입장할 수 없도록 하였다. 리츠는 또한 고객들의 로맨스에 대한 니즈도 이해하였다. 얼마 지나지 않아 레스토랑 밑으로 베니스 스타일의 수로(Venetian waterway)를 건설하였고 그 위로 많은 곤돌라들이 다니게 하였으며 곤돌라를 젓는 뱃사공들한테는 이탈리아 가곡을 부르게 하였다. 업종을 불문하고 성공하는 서비스기업들을 관통하는 공통적인 사항은 탁월한 서비스와 고객들에게 정중하고 전문적이며 공감할 수 있는 서비스를 지속적으로 제공할 수 있는 능력이라고 할 수 있다.

그림 1-4 Hotel The Ritz London

✔ 넷째, 성공하는 서비스기업들은 고객 유지(customer retention)의 가치를 이해하고 있다는 점이다. 고객 유지란, 기존 고객층을 향한 마케팅 노력에 초점을 맞추는 것을 말한다. 성공적인 서비스기업들은 다음과 같이 기존 고객을 유지하는 여러 가지 효익을 이해하고 있다: ① 고객 유지와 관련한 마케팅 비용은 신규 고객 창출을 위한 마케팅 비용보다 훨씬 적게 들고 있다. ② 기존 고객들은 더욱 많이, 그리고 더욱 자주 구매하는 경향이 있다. ③ 기존 고객들은 직원과 서비스 제공절차에 더욱 익숙해져 있어서 서비스 거래에 있어서 보다 효율적이다. ④ 고객 이탈률(customer defections)을 5% 정도 감소시킬 경우에 수익성은 최대 50% 정도 증가하는 것으로 나타나고 있다. 보통 기업들은 5년마다 50% 정도의 고객들을 잃고 있는 것으로 조사되고 있다.[1] 결과적으로, 고객 유지에 탁월하지 않은 기업들은 동일한 실수를 계속 반복하게 되는 것이다.

브리핑사례 **韓 OTT 골든타임 놓칠라**

동영상 시청 점유율에서 압도적인 구글 유튜브와 유료방송 사업자를 중심으로 넷플릭스가 세를 키우고 있는 것. 하반기 훌루를 인수한 디즈니까지 가세, 경쟁은 더욱 가열될 전망이다. 이에 대응할 자체 서비스 경쟁력 확보가 시급하다는 지적도 나온다. 자칫 해외 사업자에 국내 유료방송시장이 잠식당할 수 있다는 위기의식도 고개를 들고 있다. 실제로 국내는 K콘텐츠를 앞세운 CJ계열의 '티빙'과 왓챠플레이가 있으나 점유율이 미미한 상태. KT의 '올레tv 모바일'과 LG유플러스의 U+모바일tv 역시 OTT라 하기보다는 IPTV의 모바일 부가상품 수준이다. 그나마 지상파3사의 콘텐츠 연합플랫폼 '푹(Pooq)'과 SK브로드밴드 '옥수수'를 통합한 토종 OTT 연합플랫폼이 대항마로 떠오르고 있으나 이도 공정거래위원회에 기업결합에 발이 묶여있는 상태다.

영향력 확대하는 해외 OTT 사업자 … 잠식 우려 커진다.

국내 유료방송 시장은 해외 OTT 사업자로 인해 시장 잠식 위기감이 고조되고 있다. 구글 유튜브의 경우 이미 국내 동영상 시장에서 압도적인 점유율을 기록하고 있다. 모바일 앱 분석업체 와이즈앱에 따르면 올해 상반기 유튜브 인터넷 동영상 플랫폼 이용시간 비중은 85.6%에 달한다. 게다가 동영상을 넘어 포털 검색까지 잠식하고 있는 상태다.

---

1 Reichheld, Frederick F.(1996), "Learning from Customer Defections," *Harvard Business Review*, March-April, 56–69.

넷플릭스는 지난 2016년 케이블TV사업자인 딜라이브와 손잡은 뒤 CJ헬로에 이어 IPTV 사업자인 LG유플러스까지 제휴를 확대, 가파른 성장세를 보여주고 있다. 닐슨코리안클릭 4월 통계에 따르면 유튜브는 모바일 영상 카테고리 내 순방문자 수 순위에서 약 2천 580만명으로 압도적 1위를 유지하고 있다. 뒤를 이어 네이버와 옥수수, LG유플러스 등이 자리하고 있다. 넷플릭스는 약 133만명 수준으로 약 134만명의 KT와 근소한 격차를 유지하고 있다. 특히 넷플릭스 가입자가 더 적다는 점을 감안하면 이 같은 순위는 언제든 뒤바뀔 가능성도 상당하다.

하반기 넷플릭스 대항마 격인 '디즈니 플러스'의 한국 진출도 가시화되고 있는 상태. 넷플릭스보다 저렴한 가격인 월 6.99달러(한화 약 8천원) 수준의 요금제를 앞세워 오는 11월 12일 출시를 공식 선언했다. 디즈니는 국내서도 인기 많은 픽사, 마블, 루카스필름, 21세기 폭스 등을 거느리고 있어 콘텐츠 경쟁력에서 우위를 차지하고 있다. 넷플릭스에 제공하던 마블 등의 계약을 종료, 디즈니 플러스에 안착시킬 계획이다. 넷플릭스 가입자들이 디즈니와 워너미디어, NBC유니버설 3사 콘텐츠 시청 비중이 약 40%에 달했기 때문에 벌써부터 디즈니 플러스의 성공이 예견되고 있는 상황. 디즈니는 최근 경쟁OTT '훌루'까지 인수, 세를 더 키운 상태다. '훌루'는 넷플릭스에 위협을 느낀 미국 지상파 NBC와 폭스엔터테인먼트, ABC 등이 연합해 지난 2008년 설립한 미국 시장 2위 OTT다. 미국과 일본에서 서비스를 운영 중으로 약 900만명의 가입자를 보유하고 있다.

유튜브와 넷플릭스에 디즈니까지 한국 시장에 진출하게 된다면 국내 미디어 시장은 해외 미디어 공룡들의 놀이터가 될 여지도 충분하다. 특히 국내 OTT 시장은 이 같은 해외 사업자들 공세에도 정작 이를 규율할 법제도도 미비한 상태. 새로운 형태의 서비스로 법의 사각지대에 놓여 있다. 학계에서는 서비스 혁신 등을 저해할 수 있다는 측면에서 OTT를 방송과 같은 규제틀로 바라봐서는 안 된다는 주장이다. 아직은 기존 유료방송서비스를 대신하는 이른바 '코드커팅' 현상이 발생하고 있지 않다는 이유에서다. 그러나 유료방송업계는 해외사업자에 시장 잠식이나 코드커팅 현상이 현실화될 수 있다고 지적한다. 방송업계 전문가는 "미국 컴캐스트가 영국 스카이를 인수하고, AT&T가 타임워너를 인수하는 등 전세계적으로 수평적 수식적 합병이 지속적으로 발생하고 있다"며, "시장 변화에 대응하고자 자체적인 OTT 역량을 키우고 있어 국내 시장도 이에 대한 대응이 필요하다"고 진단했다.

오범(OVUM) 보고서에 따르면 오는 2022년 이후 전세계 OTT 가입자 수는 유료방송 가입자 수를 넘어설 것으로 전망됐다. 미국의 경우 지난 2017년 말 넷플릭스가 케이블 가입자 수를 추월하기도 했다.

〈출처〉 아이뉴스24(2019년 5월 19일) 기사에서 발췌

그림 1-5 '언제 어디서나 자유롭게'를 표방하고 있는 NETFLIX

06 서비스마케팅 삼각형

서비스마케팅의 경우 제품마케팅에 비해서 그 범위와 내용이 더욱 복잡하다. 제품의 경우에는 사전 제작되기(pre-produced) 때문에 고객은 자신이 찾고 있는 기능을 갖춘 제품을 탐색할 수 있으나, 서비스의 경우에는 생산 프로세스의 시작 부분이 상세히 알려지지 않아서 결과적으로 어떤 자원이 필요한지 그리고 어느 구성에서 사용해야 하는지 부분적으로 불분명하기 때문이다. 서비스는 본질적으로 관계적(relational)이기 때문에 고객 관계가 종종 실제 상품보다 더 많은 요소를 포함할 수 있다. 예를 들어, 은행을 방문한 고객들은 창구 직원들과 대화를 하는 등 상호작용 과정에서 실제로 자신의 필요가 무엇인지 보다 잘 깨달을 수 있게 된다. 일반적으로 서비스기업이 고객 관계를 지속시키는 데 핵심이 되는 것은 고객들을 향한 약속(promises) 관리라 할 수 있다. 서비스마케팅 삼각형(service marketing triangle)은 약속을 기반으로 서비스를 제공하는 다양한 서비스접점 직원과 이러한 서비스를 사용하는 고객 사이의 관계를 강조하고 있다. <그림 1-6>은 서비스마케팅 삼각형(service marketing triangle)을 나타내고 있으며, 기업과 서비스접점 직원 및 고객 사이에 존재하는 모든 관계를 요약하고 있다. 서비스마케팅 삼각형에서 약속에 대한 관리는 다음과 같은 3가지 필수적인 활동을 내포하고 있다: 외부 마케팅과 약속 정하기, 내부 마케팅과 약속 가능하게 만들기, 상호작용 마케팅과 약속 지키기

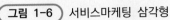

그림 1-6 서비스마케팅 삼각형

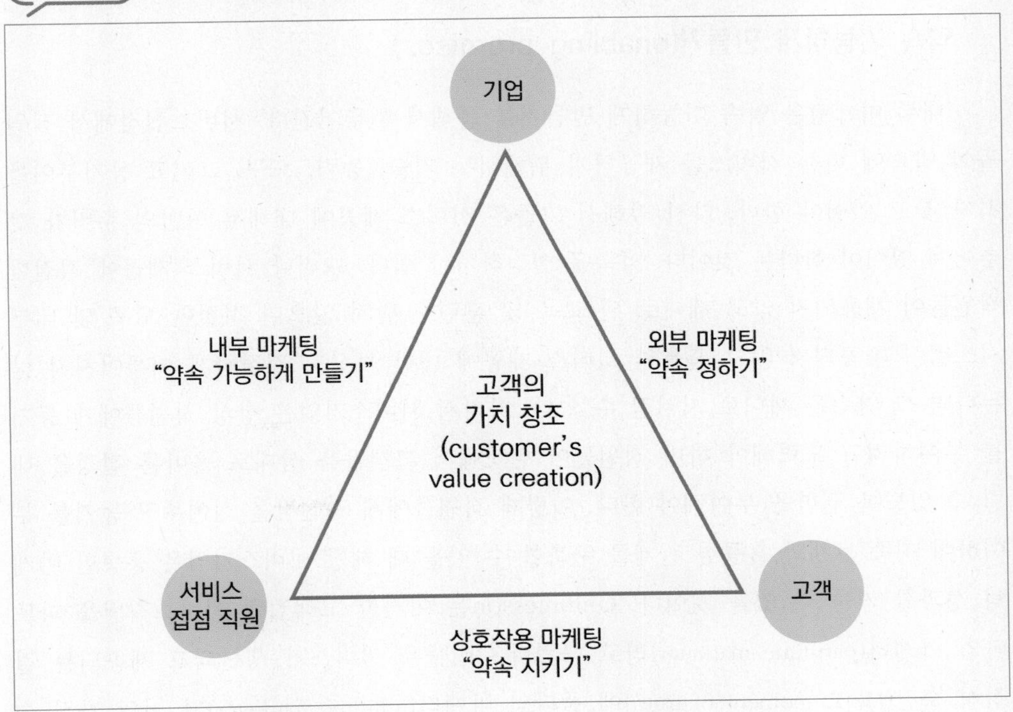

1) 외부 마케팅(external marketing): 약속 정하기(making promises)

외부 마케팅을 통해서 서비스기업은 고객들이 무엇을 기대할 수 있으며 그 서비스가 어떻게 제공될 것인지에 대해서 약속을 하게 된다. 전통적으로는 제조업 부문에서는 광고, 판매, 가격, 특별촉진활동을 통해서 이러한 형태의 마케팅을 활성화시켜왔다. 이는 고객이 시장에서 접하는 가장 흔한 유형의 마케팅이라 할 수 있다. 그러나

서비스 부문에서는 광고, 판매 촉진, 홍보, 직접 마케팅 또는 인터넷 마케팅뿐만 아니라 다른 요인들도 병행되어 고객들과 소통하며 약속을 정하고 있다. 예를 들어서 서비스접점 직원, 시설 디자인이나 인테리어, 그리고 서비스 제공과정 그 자체도 고객의 기대를 설정하는 데 도움을 줄 수 있다. 또한 제공되는 서비스에 대한 약속이 효과적으로 전달되는 수단으로서 서비스 품질보증 및 쌍방향 커뮤니케이션도 생각해 볼 수 있다.

2) 내부 마케팅(internal marketing): 약속 가능하게 만들기(enabling promises)

내부 마케팅은 약속 가능하게 만들기를 통해서 이루어진다. 서비스접점에서 직원들이 약속에 따른 서비스를 제공하기 위해서는 기술, 능력, 도구, 그리고 동기부여를 각자 갖고 있어야 한다. 다시 말해서 그들은 서비스 제공에 대해서 만반의 준비가 갖추어져 있어야 한다는 것이다. 약속을 설정하기란 쉽다. 그러나 서비스 제공에 적절한 직원들이 채용되지 않고 제대로 된 교육 및 훈련도 받지 않으며 적절한 도구 및 내부 시스템이 제공되지 않고 훌륭한 서비스 제공에 대한 보상도 적절하게 이루어지지 않는다면 그 약속은 제대로 지켜질 수 없다. 따라서 서비스기업은 항상 직원들에게 동기를 부여하려고 노력해야 하며 직원들이 현장에서 고객들을 상대로 올바른 결정을 내릴 수 있도록 권한을 부여해야 한다. 이렇게 직원들에게 자신감을 심어주고 동기를 부여하여 최종 고객과 훌륭한 관계를 구축할 수 있을 때 해당 서비스기업은 훌륭한 마케팅 성과를 거둘 수 있을 것이다. Gummesson은 이러한 고객접촉 서비스직원을 파트타임 마케터(part-time marketer)라고 불렀다.[2] 이들은 서비스가 생산되고 제공되는 결정적 순간(MOT: moment of truth)에 풀타임 마케터(full-time marketer)가 거의 가질 수 없는 고객 접촉을 경험하고 있으며 많은 서비스기업들에서는 풀타임 마케터(full-time marketer)보다 숫자적으로 많은 고객접촉 서비스직원을 고용하고 있다. 내부 마케팅은 파트타임 마케터로 대표되고 있지만 그 외에도 다른 유형의 자원들이 고객이 인식하는 품질과 가치에 영향을 미치고 있다. 즉, 기술(technology), 서비스접점 직원들이 가지고 있어 기술적 솔루션에 사용되고 있는 제품(goods) 및 지식(knowledge), 이러한

2 Gummesson, E.(1999), *Total Relationship Marketing. Rethinking Marketing Management: From 4Ps to 30Rs*, London: Butterworth-Heinemann.

모든 요소들을 통합하여 서비스 제공을 가능케 하는 시스템(system) 등이며 서비스접점 직원을 포함하여 광의로 가치 지원 자원들(value-supporting resources)로 지칭되고 있다. 이러한 자원들은 고객의 가치를 창조하는데(customer's value creation) 활용되고 있다.

3) 상호작용 마케팅(interactive marketing): 약속 지키기(keeping promises)

서비스마케팅에서 약속 지키기는 약속과 관련된 세 번째 마케팅 활동이며 고객의 관점에서 보았을 때 가장 중요한 부분이라고 할 수 있다. 서비스 제공에 대한 약속은 서비스접점 직원들이나 다른 가치 지원 자원들(예를 들면, ATM을 통한 은행서비스, 온라인 컴퓨터 서비스를 통한 정보제공 등)에 의해서 지켜지기도 하고 깨지기도 한다. 고객들과의 상호작용 과정에서 이러한 자원들이 관리되고 수행되는 방식이 바로 상호작용 마케팅이다. 고객들과의 관계구축에 가장 중요한 역할을 하는 마케팅인 셈이다. 다시 말해서 고객이 서비스기업과 상호작용하며 서비스가 생산됨과 동시에 소비되는, '결정적 순간(MOT: moment of truth)'에 발생하는 마케팅이라고 할 수 있다. 상호작용 마케팅은 비단 서비스접점에서 파트타임 마케터 등 서비스직원들에 의해서 개인적으로 이루어지는 서비스 제공뿐만 아니라 소셜미디어 또는 기타 상호작용 플랫폼에서 다양한 형태로 이루어지고 있다. 따라서 상호작용 마케팅은 외부 마케팅에서 정한 약속이 내부 마케팅의 약속 가능하게 만들기 과정을 통해서 통합적으로 약속이 수행되어 고객의 가치를 창출하는 과정인 셈이다. 결국 서비스마케팅 삼각형은 서비스 분야 내에서 일어나는 모든 상호작용을 훌륭하게 표현한 것이며, 따라서 발생하는 상호작용에 기초하여 다양한 형태의 마케팅이 어떻게 사용될 수 있는지를 보여준다.

07 서비스마케팅믹스: 확장된 마케팅믹스

전통적 마케팅믹스는 제품(product), 가격(price), 유통(place: distribution), 그리고 촉진(promotion) 등의 4P's라 할 수 있다. 여기서 믹스(mix)의 개념은 4P의 모든 변수들이 상호 관련되며 어느 정도까지 서로 영향을 주고받으며 결합됨을 의미한다. 더 나아가서 마케팅믹스가 사용된다는 것은 특정 시점에 특정 표적시장에 대해서는 최적의 4P 믹스(optimal mix of 4P)가 존재함을 의미한다. 그러나 서비스는 제공과정 중에 서비스접점 직원과 고객들 간에 끊임없는 상호작용을 하면서 접점(contact point)을 이루게 된다. 또한 소멸성 등 고유의 특성 때문에 고객들은 서비스 생산과정에 직접 참여하여 서비스제공자와 상호작용을 하게 되며 실제로는 서비스 생산과정의 일부분이 된다. 그리고 서비스의 무형성 때문에 고객들은 그들이 경험하게 되는 서비스의 특성을 이해하기 위해서 무엇이 되었든지 간에 유형적인 단서를 원하게 된다. 이러한 사실은 서비스마케터로 하여금 고객들과 커뮤니케이션을 보다 잘 수행하고 그들을 만족시키기 위하여 추가적인 커뮤니케이션 변수가 필요하다는 사실을 인식하게 만들어 주었다. 결국 서비스마케팅에서는 기존의 4P 외에 추가적으로 3P-사람(people), 물리적 증거(physical evidence), 그리고 과정(process)-가 필요하게 되어 마케팅믹스의 확장이 이루어지게 된다. 다섯 번째 P로서 사람(people)은 서비스 제공 및 구매자의 서비스 에 대한 인식에 영향을 주는 접점 직원, 해당 고객 및 그 서비스 환경에서의 다른 고객들 등 모든 사람을 말한다. 물리적 증거(physical evidence)는 여섯 번째 P로서 서비스가 제공되고 서비스기업과 고객이 상호작용을 벌이는 환경 혹은 서비스 커뮤니케이션이나 성과를 촉진시키기 위한 모든 유형적 요소들을 일컫는다. 일곱 번째 P로서 과정(process)은 서비스를 제공하는 데 필요한 절차, 작동구조, 그리고 활동의 흐름을 말한다. 즉, 서비스 제공 및 생산 시스템인 셈이다.

표 1-2 서비스마케팅믹스(7P)

〈전통적 믹스〉

제품(product)	유통(place)	촉진(promotion)	가격(price)
• 물리적 제품 특성 • 품질수준 • 액세서리 • 포장 • 품질보증 • 제품계열 • 브랜드	• 유통경로 형태 • 노출 • 중간상 • 유통점포입지 • 운송 • 보관 • 유통관리	• 인적 판매 • 광고 • 판매촉진 • 홍보	• 유연성 • 가격수준 • 기간 • 차별화 • 할인 • 무료

〈추가적 믹스〉

사람(people)	물리적 증거(physical evidence)	과정(process)
• 접점 직원 (고용 · 훈련 · 보상 동기부여 · 팀워크) • 고객(교육 · 훈련) • 문화 및 가치에 대한 커뮤니케이션 • 직원조사	• 시설 디자인 (탐미성 · 기능성 · 분위기) • 장비 • 유니폼 • 기타 유형물 (보고서 · 명함 · 소개책자 · 품질 보증서)	• 서비스 활동흐름 (표준화 · 맞춤화) • 단계(단순 · 복잡) • 고객 참여수준(높다 · 낮다)

08 서비스 경험: SERVUCTION Model

서비스의 무형적 특성 때문에, 서비스에 대한 지식은 제품에 대한 지식과는 다르게 습득된다. 예를 들어서, 소비자들은 소프트드링크나 쿠키 등과 같은 유형성이 가장 큰 특징인 제품은 구매 전에 나름대로 샘플을 채취할 수 있다. 반대로, 머리 손질이나 외과 수술, 혹은 컨설팅 서비스 등과 같은 무형성이 가장 큰 특징인 상품은 구매 전에 샘플을 채취할 수 없는 것이다. 따라서 서비스 지식은 실제 수행되는 서비스 그 자체를 제공받는 경험을 통해서만 얻어질 수 있다. 궁극적으로, 소비자들이 서비스를 구매할 때, 그들은 실제 경험을 구매하게 되는 것이다. 제품(goods)이든 서비스(services)든

간에 모든 상품들(products)은 소비자에게 많은 효익들을 전달한다. 효익 개념(benefit concept)은 소비자의 마음에 있는 이러한 유형적이고 무형적인 효익의 요약이라고 할 수 있다. 예를 들어서, 어떤 소비자에게는 무궁화 빨랫비누와 같은 유형성이 강한 제품의 핵심 효익 개념은 단순히 세탁일 수 있다. 그러나 다른 소비자들에게는 이 빨랫비누가 단지 가루나 액체 등의 문제가 아닌, 이를 뛰어넘는 깨끗함, 순백, 집안 분위기 등의 속성들을 포함할 수도 있는 것이다. 많은 효익을 구성하고 있는 것의 결정은 마케팅의 핵심이며 모든 제품이나 서비스에도 그대로 적용되고 있다. 제품과는 달리 서비스는 소비자를 위해서 창출되고 있는 경험을 통해서 많은 효익을 전달하고 있다. 예를 들어, 무궁화 빨랫비누를 이용하고 있는 대다수의 소비자들은 제품이 생산되고 있는 제조공장의 내부를 볼 수 없다. 이들은 빨랫비누를 생산하고 있는 공장 근로자들과 상호작용할 가능성도 없거니와 근로자를 감독하고 있는 관리자들과도 접촉할 일이 없다. 이들은 또한 일반적으로 다른 사람들의 직장에서 무궁화 빨랫비누를 사용할 일이 없을 것이다. 반면에, 레스토랑 고객들은 음식이 만들어지고 있는 '공장(factory)'에 육체적으로 존재하고 있으며 음식을 준비하고 나르는 직원들뿐만 아니라 관리하고 경영하는 관리자들과도 상호작용하고 있다. 더욱이 레스토랑 고객들은 상대방의 서비스 경험에 영향을 줄 수 있는 다른 고객들이 있는 곳에서 서비스를 소비하고 있다.

이와 같은 상황에서 서비스 경험에 영향을 미치는 요인들을 나타내고 있는 단순하지만 강력한 모델이 <그림 1-7>과 같은 SERVUCTION 모델이다. SERVUCTION은 'Service와 Production의 합성어'이다. 서비스를 제공할 때는 서비스제공자와 서비스 고객 간의 공통의 가치 창조(value co-creation)가 핵심인데, 이를 위해서는 서비스 제공자와 서비스 고객 간의 직접적 상호작용을 위한 공통 창조 플랫폼(co-creation platform)이 필요하다. 이러한 플랫폼에서 고객의 가치 창조에 영향을 미칠 수 있는 요소는 서비스접점 직원만이 아니다. 관련된 제품이나 물리적 환경 등 다른 요소들도 영향을 미칠 수 있는 것이다. 고객은 서비스제공자에게 대가로 가격을 지불하는 것 외에도 다른 형태의 가치 지원 서비스(value-supporting service)를 돌려줄 수 있다. 예를 들면, 어떻게 서비스기업의 시스템이 작동할 수 있는지에 대한 피드백, 혹은 보다 경쟁력을 높이기 위해서 어떻게 그 시스템을 향상시킬 수 있느냐에 대한 정보 등이 이에 해당될 수 있다. 서비스 생산 및 제공과정에서 고객의 가치 창조(customer's value creation)에 초점을 맞출 때 가장 효과적인 모델이 SERVUCTION 모델이다. 이 모델은 소비자의 서비스 경험에 직접적으로 영향을 미치는 다음과 같은 4가지 요인들로 구성

되어 있다: 서비스스케이프, 접점 직원(서비스제공자), 다른 고객들, 조직 및 시스템. 여기서 처음 3가지 요인들은 고객들에게 가시적(visible)이다. 반면에, 비록 고객의 경험에 막대한 영향을 미치고 있지만 마지막 요인인 조직 및 시스템은 전형적으로 고객들에게 안 보이는 비(非)가시적(invisible) 요소이다.

그림 1-7 SERVUCTION 모델

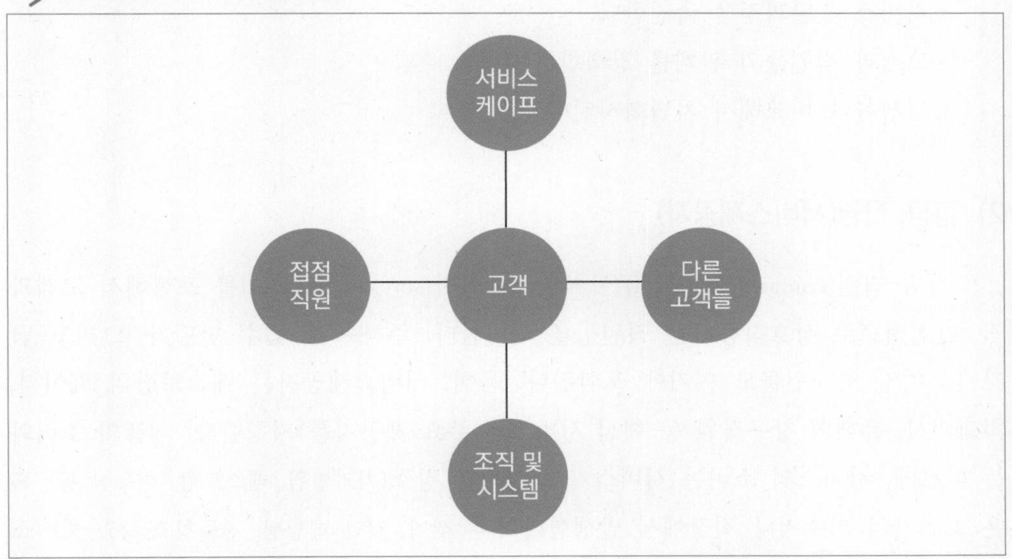

1) 서비스스케이프

서비스스케이프(servicescape)란 용어는 서비스 환경을 디자인하기 위해서 물리적 증거(physical evidence)를 사용하는 것을 말한다. 서비스의 무형성 특성 때문에, 고객들은 종종 서비스 품질을 객관적으로 평가하는 데 곤란을 겪는다. 결과적으로 소비자들은 평가를 하는 데 도움을 얻기 위해서 해당 서비스를 둘러싸고 있는 물리적 증거에 의존하게 된다. 따라서 서비스스케이프는 실내 온도나 음악과 같은 주변적 조건(ambient conditions), 가구나 사업장비와 같이 기업이 과업을 완수하는 데 도움을 주는 사물(objects)과 싸인, 심볼, 개인적 유물과 같은 다른 물리적 증거(other physical evidence) 등으로 구성되어 있다. 물리적 증거의 사용은 서비스기업의 유형에 따라 달라진다. 병원, 리조트 호텔, 아동보호 센터와 같은 서비스기업들은 설비 및 서비스와 관련된 다른 유형적 제품들을 디자인할 때 물리적 증거를 광범위하게 사용하는 경향이 있다. 반면에, 보험대리점이나 택배회사와 같은 서비스기업들은 물리적 증거를 제한된 범위 내에서 사용한다. 그러나 다음과 같은 이유로 사용의 정도에 관계없이 모든 서비스기업들은 서비스스케이프의 관리 중요성을 인식할 필요가 있다.

즉, 서비스스케이프는

- 서비스를 포장한다.
- 서비스 전달과정을 촉진한다.
- 고객과 직원들의 관계를 강화한다.
- 경쟁사와 비교해서 차별화시킨다.

2) 접점 직원(서비스제공자)

접점 직원(conract personnel)은 서비스제공자(service provider)를 포함해서 고객과 직·간접적으로 상호작용하는 직원들을 의미한다. 주차요원, 접수 담당자, 그리고 남자 및 여자 안내원들도 여기에 포함된다. 특히, 서비스제공자는 레스토랑의 웨이터, 치과의사, 은행의 창구직원 등 핵심 서비스의 주요 제공자를 지칭한다. 제품의 소비와는 다르게, 서비스의 소비는 서비스가 생산되는 장소(치과병원, 레스토랑, 미용실 등) 혹은 소비자의 거주지나 직장에서 발생한다(잔디 깎기, 집안 페인팅, 건물청소 등). 서비스 제공 위치와 관계없이, 소비자와 접점 직원(서비스제공자) 사이의 상호작용은 상시적으로 일어나고 있다. 결과적으로, 서비스제공자는 소비자들이 하고 있는 서비스 경험에 상당한 영향을 끼치고 있다. 서비스직원은 고객들과 상호작용하고 내부적으로는 윗선의 상사에게 보고해야 하는 등의 이중의 기능을 수행하고 있다. 전략적으로 서비스직원은 서비스 상품의 차별화시킬 수 있는 중요한 자원이다. 일반적으로 제공 효익과 전달 시스템에서 서비스기업이 자사를 경쟁기업들과 차별화시키는 것은 핵심적인 경쟁우위전략이다. 예를 들어서, 많은 항공사들은 유사한 혜택, 유사한 기종을 이용해서 동일한 출발 공항과 동일한 도착 공항 스케줄을 가지고 있는 항공 서비스 프로그램을 운영하고 있다. 그러므로, 경쟁우위를 점할 수 있는 강력한 희망은 서비스가 수행되는 방식인 서비스 수준에서 비롯된다고 해도 과언이 아니다. 따라서 한 항공사를 다른 항공사와 확실하게 구별시켜줄 수 있는 요인은 바로 서비스제공자의 균형감각과 태도라고 할 수 있다. 예를 들어서. 싱가포르 항공사(Singapore Airlines)는 승무원의 우아함과 아름다움 때문에 발생하는 탁월한 명성 덕분에 상당 부분 경쟁우위를 지니고 있다. 이

외에도 접점 직원에 근거해서 차별적인 경쟁우위를 보이고 있는 대표적인 사례로서는 리츠 칼튼(Ritz Carlton)호텔, IBM, 디즈니 엔터프라이즈(Disney Enterprises) 등을 꼽을 수 있다. 서비스제공자를 포함해서 접점 직원들의 중요성은 채용, 연수 및 권한이양 등의 부분에서 더욱 두드러지고 있다.

3) 다른 고객들

궁극적으로, 대다수 서비스접점의 성공은 서비스기업이 얼마나 효과적으로 단골 고객들을 관리하느냐에 달려 있다. 레스토랑, 호텔, 항공사, 병원 등 많은 종류의 서비스 시설들은 다수의 고객들에게 동시에 서비스를 제공하고 있다. 따라서 같은 서비스를 제공받고 있는 다른 고객들(other customers)은 개인 고객의 서비스 경험에 막대한 영향을 미칠 수 있다. 많은 연구들에서 다른 고객의 존재가 개인의 서비스 경험을 긍정적으로 제고시키거나 부정적으로 손상시킬 수 있음을 밝혀내고 있다.[3] 다른 고객들의 영향력은 능동적일 수도 있고 수동적일 수도 있다. 예를 들어 다른 사람의 서비스 경험을 능동적으로 망치는 다른 고객들의 사례는 레스토랑이나 나이트클럽에서 무례하게 행동하는 고객들, 실내에서 울거나 소리를 지르는 아이들, 혹은 영화관에서 상영중인 상태에서 핸드폰으로 통화하는 관객 등을 포함하고 있다. 수동적 사례로서는 관광여행에서 약속시간에 지각하는 고객들, 이로 인해 다른 약속이 지연되게 만드는 고객, 영화관에서 뒷좌석의 고객을 고려하지 않고 높게 앉아 있는 앞좌석 고객, 강의실에서 군중의 일원이 되어 소란행위에 일조하고 있는 고객 등을 생각해 볼 수 있다. 비록 서비스 경험을 높이거나 손상을 가하는 많은 고객 행동들은 예측하기 쉽지 않지만, 서비스 기관들은 고객들이 상호 평화롭게 공존할 수 있도록 고객행동을 관리할 수 있다. 예를 들어서, 서비스기업들은 다른 사람들보다 일찍 도착한 고객들에게 서비스 제공에서 우선권을 부여하여 대기시간을 관리할 수 있으며, 젊은 고객들과 나이 많은 고객들 간의 갈등을 최소화하기 위해서 확실하게 특정 연령 집단을 표적시장으로 삼을 수 있고, 흡연고객이나 아동을 동반한 고객들을 위해서 별도의 저녁식사 공간을 마련

---

3 Martin, Charles L.(1996), "Consumer-to-Consumer Relationships: Satisfaction with Other Consumers' Public Behavior," *Journal of Consumer Affairs*, 30(1), 146－148: Grove, Stephen J. and Raymond P. Fisk(1997), "The Impact of Other Consumers on Service Experiences: A Critical Incident Examination of Getting Along," *Journal of Retailing*, 73(1), 63－85.

할 수도 있다.

4) 조직 및 시스템

지금까지, SERVUCTION 모델은 서비스를 제공받는 고객의 효익은 서비스스케이프, 접점 직원, 그리고 다른 고객들과 벌이는 상호작용에 의해서 영향을 받고 있음을 보여주고 있다. 그러므로 효익은 서비스 경험을 통해서 발생되는 상호작용 과정(interactive process)에서 파생되고 있는 것이다. 물론 서비스기업의 가시적 요소들은 떨어져서 존재할 수 없으며 눈에 보이지 않는 어떤 요소들에 의해서 지원받아야 한다. 예를 들어서, 페덱스(FedEx) 같은 택배회사들의 성공적인 서비스 성과는 체계적인 물류 시스템, 자동화된 기계 및 사람에 의한 재분류, 고객물류 정보 및 배송추적을 위한 방대한 데이터처리 시스템 등 고객들의 눈에 보이지는 않지만 서비스 제공을 위한 후방 서비스 생산 시스템이 뒷받침되어야 하는 것이다. 이와 같은 첨단적인 후방(back end) 시스템을 기반으로 페덱스는 '하루만에 배송(Overnight Package Delivery)', '제시간에 전 세계 도착(The World On Time)', '무슨 수를 써서라도(Whatever It Takes)', '반드시 도착(Make Sure It Gets There)'과 같은 슬로건을 통해 신속성을 강조하고 '고객이 원하면 무슨 수를 써서라도 배달한다', '아무리 작은 선물이라도 소중하게 배달한다' 등의 메시지(message)를 지속적으로 전달하고 있다. 고객들에게 안 보이는 비(非)가시적(invisible) 요소인 조직과 시스템(organization and systems)은 조직이 근거해야 하는 법칙, 규정 및 과정을 나타내고 있다. 결과적으로 비록 고객들에게 보이지는 않더라도 고객의 서비스 경험에 막대한 영향을 끼치고 있다. 비가시적인 조직과 시스템은 고객들에 의해서 완성되는 정보 형태, 주어진 시간에 현장에서 일하고 있는 직원들의 숫자, 그리고 서비스 제공과정에서 발생되는 작업에 대한 조직의 정책 등과 같은 요인들을 결정한다.

SERVUCTION 모델의 4가지 요소들은 서비스 제공과정에서 얻게 될 고객들의 경험을 만들어 내기 위해서 다양한 조합으로 결합되며, 소비자들을 위한 많은 혜택들을 창출해내고 있다. 대다수의 서비스기업들, 특히 호텔이나 테마파크 같은 환대산업(hospitality industry)의 기업들은 영업과정에서 이러한 경험 창조에 초점을 맞추고 있다. 결국 서비스기업들이 대면하고 있는 질문은 어떻게 자신들의 영업활동을 고객들을 위해서 길이 기억되는 경험으로 전환할 것이냐에서 해답을 찾아야 할 것이다. 예를 들어서, 대표적인 서비스기업인 월트 디즈니(Walt Disney)에서는 서비스 제공을 '공연'으로 간주해서 디즈니월드나 디즈니랜드에서 이루어지는 영업활동을 묘사할 때 '출연진', '무대', '쇼' 등과 같은 쇼 비즈니스(show business) 용어들을 구사한다. 따라서 고객들에게 제공될 서비스에 대한 수행은 드라마로 생각될 수 있다. 즉, 서비스접점 직원은 '배우', 서비스 고객은 '청중', 서비스의 물리적 환경은 '무대', 그리고 서비스 제공과정은 '공연'이라고 할 수 있다. 더 나아가서 서비스의 효과는 접점 직원의 선택(배우 오디션), 접점 직원에 대한 훈련(리허설), 직원 각자 역할의 명확한 정의(대본), 서비스의 물리적 환경(무대 세트), 그리고 고객의 전방(무대 위) 및 고객의 후방(무대 뒤)에서 행해지는 서비스 수행에 따라서 달라진다. 즉, 월트 디즈니의 티켓을 구매할 때 고객들은 서비스 자체만을 구매하는 것이 아니라 쇼 공연에서 발생될 수 있는 모든 경험을 구매하는 셈이다. 따라서 SERVUCTION 모델의 가장 중요한 시사점은 고객이 서비스 제공과정의 필수적인 부분임을 나타내고 있다는 점이다. 비록 고객들의 참여가 능동적일 수도 있고 수동적일 수도 있지만 고객은 서비스 전달과정에는 항상 관련되어 있다. 이는 서비스마케팅 과업의 성격에 상당한 영향을 미치고 있으며, 제품과는 다르게 수많은 도전 과제를 제공하고 있다.

생각해봅시다

01 서비스란 무엇인가?

02 서비스 부문이 경제적으로 중요해지는 이유는 무엇인가?

03 제품과 구분되는 서비스의 특성은 무엇인가?

04 숨겨진 서비스(hidden services)는 무엇이며, 어떻게 활용할 수 있을까?

05 e-서비스의 등장은 서비스산업을 어떻게 바꾸고 있는가?

06 서비스마케팅 삼각형은 무엇인가?

07 서비스마케팅믹스(7P)에 대해서 고찰해 보라.

08 SERVUCTION 모델은 무엇인가?

CHAPTER 02

서비스와 소비자행동

학습목표

- 서비스와 관련된 소비 가치를 알아본다.
- 단계별 소비자행동이 어떻게 이루어지는지 살펴본다.
- 의사결정 단계별 소비자 고려사항에 대해서 학습한다.
- 고객 가치를 정의해보고 개념을 살펴본다.
- 서비스마케팅에서 가치가 어떻게 창출되는지 학습한다.

도입사례

올해도 나 혼자 산다: 혼자 먹고 놀고… 둘 부럽지 않아

오랫동안 '2인'이 아니라 서러운 때가 많았다. 고깃집에 가면 메뉴판에 붉은색으로 적힌 '2인분 이상'이라는 글씨 때문에 입맛만 다시며 발길을 돌렸고, 혼자 영화관에 가서 '한 명이요' 말하면 직원의 눈빛이 "너는 친구도 없니"하고 외치는 것만 같아 자격지심에 빠지곤 했다. 하지만 시대는 변했다. 혼자 살고, 혼자 먹고, 혼자 노는 일이 자연스러운 세상이 왔다. 그동안 어딘가 이상하고 부족한 것처럼 보였던 '혼자'는 이제 하나의 트렌드다.

지난 28일 서울 마포구 홍익대 앞 한 식당. '삼겹살 혼자 먹기'에 도전했다. 의외로 간단했다. 무인 키오스크에서 메뉴를 골라 주문하고 좌석마다 칸막이가 처진 1인 테이블에 앉았다. 매장 내 20~30석 정도의 좌석에 앉은 대부분이 혼자 온 손님이었다. 얼마 지나지 않아 삼겹살에 밥, 파채, 콩나물, 장아찌까지 푸짐하게 차려진 상이 나왔다. 주문부터 식사까지 어느 누구와 얘기할 필요도, 누군가의 눈치를 보거나 쭈뼛거릴 이유도 없었다.

배달 음식도 혼자가 대세다. 저녁 때가 돼 배달 앱을 켜니 눈에 들어온 건 '1인' 메뉴.

돈가스, 볶음밥은 물론 소분된 과일(잘라서 작게 나눈 과일)까지 판매한다. 저녁 메뉴는 2인이 아니면 먹기 힘들었던 부대찌개. 손가락을 몇 번 움직이니 30분 만에 부대찌개가 집으로 도착했다. 자취방에 있는 냄비에 국물과 재료를 함께 붓고 보글보글 끓이자 금세 맛있는 냄새가 집안 가득 퍼졌다. 가격은 1인분 8,500원에 배달 팁 2,900원이 더해져 총 1만 1,400원. 밥 한끼 값으로 결코 싸진 않다. 하지만 햄, 소시지, 돼지고기, 파, 두부, 당면까지 골고루 들어간 포장을 생각하자 고개가 끄덕여졌다.

이런 기자의 하루는 더 이상 특별하거나 낯선 것이 아니다. 1인 가구는 한국 사회에서 이미 수치로도 큰 몫을 차지하고 있다. 통계청에 따르면 2017년 1인 가구는 총 561만 8,677가구로 전체 가구의 28.6%였다. 10집 중 3집꼴이다. 이들은 단순히 혼자 사는 것을 넘어 혼자만의 시간을 즐기는 데에도 익숙하다.

지난 20일 서울 홍대입구 롯데시네마에서 만난 윤서라(28) 씨가 그날 하루에 혼자 본 영화 티켓 인증샷. 빈틈없이 시간대를 맞춰서 영화를 관람하기 위해 두 편은 홍대입구 롯데시네마에서, 다른 한편은 근처 CGV에서 관람했다.

직장인 윤서라(28) 씨는 하루에 영화 세 편을 몰아보는 '혼영족'(혼자 영화 보는 사람)이다. 지난 20일 윤씨는 월차를 내고 홍대에서 혼자만의 '무비 데이'를 즐겼다. '호두까기 인형과 4개의 왕국', '아쿠아맨', '스파이더맨: 뉴 유니버스'로 이어진 윤씨의 여정은 오전 11시 30분부터 오후 8시까지. 시간대를 딱 맞춰 빈틈없이 보기 위해 영화 한 편은 홍대입구 CGV에서, 나머지 두 편은 근처 롯데시네마에서 관람했다. 가판대 앞에서 티켓과 포스터를 들고 '셀카'를 찍는 것도 혼영족이 영화를 즐기는 방법이다. 윤씨는 "다른 사람이랑 같이 영화를 보면 상대방 반응에 어쩔 수 없이 신경 쓰게 되는데, '혼영'은 그럴 필요가 없다"면서 "영화를 보면서 크게 웃거나 눈물을 흘려도 아무렇지 않고, 온전히 나에게만 집중할 수 있는 시간"이라고 말했다.

있는 힘껏 목청을 내지를 수 있는 코인 노래방도 '혼놀족'(혼자 노는 사람)의 성지다. 지난 29일 찾은 홍대 앞 한 코인 노래방에는 혼자 방을 차지하고 노래를 부르는 이들로 반 이상 차 있었다. 큼지막한 기존 노래방과 달리 1평(3.3㎡)도 안 되는 작은 방이지만, 아늑한 혼자만의 공간이라는 게 장점이다. 2곡에 500원이라는 저렴한 가격도 인기의 비결이다.

타인의 눈치를 보지 않고 노래 부를 수 있는 코인 노래방도 '혼놀족'의 성지다.

코인 노래방에서 아르바이트를 하는 신채연(24) 씨는 "'혼코노족'(혼자 코인 노래방에 오는 사람)은 한 번에 최소 5,000원 이상 충전해 부른다. 1만원씩 충전해 30곡 넘게 부르는 사람들도 많다"며 "둘이 와 방을 따로 쓰기도 한다"고 말했다. 이들이 혼자 노래방을 찾는 이유는 거창하지 않다. 시간이 남아서, 또는 그냥 심심해서다. 서울 마포구에 거주하는 김성아(21) 씨는 일주일에 3번 이상은 노래방에서 혼자 시간을 보낸다. 김씨에게도 '혼자'라는 이미지는 많이 달라졌다. 김씨는 "예전에는 '혼자 논다'고 하면 왠지 친구가 없는 것 같고 어두워 보였는데, 지금은 오히려 긍정적인 이미지"라면서 "친구들과 일일이 시간을 맞추지 않고, 내 시간을 내가 원하는 대로 자유롭게 쓸 수 있다는 게 좋다"고 말했다.

1인 가구를 위한 안성맞춤형 서비스는 홍대뿐 아니라 전국 각지에서 찾아볼 수 있다. '바'(Bar) 형식 테이블과 독서실처럼 칸막이가 쳐진 테이블, 한쪽 방향으로만 배열된 테이블 등이 '혼밥족'(혼자 밥 먹는 사람)의 어색함을 덜어준다. 타인과의 접촉을 최소한으로 줄여 혼자 먹는 밥도 불편하지 않도록 한 배려다.

기업들 역시 '혼자'라는 키워드에 주목하고 있다. 음식배달 앱 '배달의 민족'은 지난해부터 1인 메뉴 카테고리를 신설하고 1인 가구를 위한 소포장 메뉴, 1인분 음식배달 서비스를 지원하고 있다. 그 결과 지난해 1만원 이하 주문 수는 전년에 비해 15%가량 증가했다. '배달의 민족' 관계자는 "1인분 메뉴 카테고리에 해당하는 업체들의 주문수가 이전 대비 40%가량 증가했다"면서 "앞으로도 1인 가구를 위한 다양한 서비스를 기획할 것"이라고 말했다.

1인 가구의 소비 패턴은 '가성비'(가격 대비 성능)로 요약된다. 지난해 KB경영연구소가 발간한 '2018 한국 1인 가구 보고서'에 따르면 이들은 제품을 구매하기 전에 여러 가지를 충분히 비교하고, 쇼핑 전에는 목록을 꼼꼼히 작성하는 등 합리적으로 판단하며 소비한다는 특성을 보였다. 질은 비슷해도 값은 상대적으로 저렴한 대형 할인점의 자체 브랜드(PB) 상품을 구매한다는 점도 특징이다. 직장인 조모(27)씨는 맥주를 살 때는 일부러 집에서 10분 정도 떨어진 마트로 간다. 수입맥주가 캔당 1,000원 정도 더 저렴하기 때문이다. "한 캔당 1,000원이면 10캔에 1만원이 넘는다"면서 "손해 보기 싫다는 생각 때문에 집 바로 옆에 있는 편의점을 두고 일부러 10분 거리 마트로 간다"고 말했다.

단돈 1,000원을 아끼는 대신 이들은 '나를 위한 소비'를 한다. 직장인 신모(29)씨는 자취를 하면서 블루투스 스피커, 레트로 게임기, 로봇 청소기 등을 샀다. 일상에서 반드시 필요한 건 아니지만, 있으면 삶의 질을 높이는 물품이다. 신씨는 "혼자 사니 온전히 내 생활을 위한 소비를 할 수 있다"면서 "남들이 보기엔 필요 없는 물건이겠지만, 내 집에서 내가 좋아하는 게임을 하고 노래를 듣는 게 삶의 낙"이라고 말했다.

〈출처〉 서울신문(2019년 1월 1일)

01 소비가치

소비가치는 개인의 특정 소비행동과 밀접한 관련성이 높은 가치들로서 소비자의 기본적인 욕구를 표현하고 개인의 소비에 대한 사고와 행위를 이끌어 나가는 기준을 제시해 주고 있다. 또한 소비가치는 추상적 가치의 측면을 탈피하여 소비자의 소비생활에 직접 적용할 수 있는 구체적 성격을 띠고 있다. 이 때문에 특정 제품이나 서비스의 구입여부와 사용여부의 이유, 특정 브랜드의 선호이유 등 소비자 선택행동을 설명하는 데 있어서 예측력이 높다고 할 수 있다. 일반적으로, 기능적 가치란 품질, 가격, 서비스와 관련된 실용적·물리적 목적을 수행할 능력의 결과로서 선택대안들로부터 얻게 되는 지각된 효용이라고 할 수 있으며 전통적으로 소비자가 제품을 선택하는 데 가장 중요시하는 요소라고 여겨져 왔다. 진귀적 가치는 호기심의 각성, 새로움의 제공, 지식에 대한 욕구를 만족시키는 능력의 결과로서 제품으로부터 얻어지는 지각된 용이라고 할 수 있다. 마지막으로 상황적 가치는 선택을 내리는 소비자가 직면한 특정 상황의 결과로서 선택대안들이 가지는 가치가 다르게 인식되는 것을 의미한다. 소비가치는 소비자의 견지에서 추구하는 소비가치 자체를 정리하였다는 점에서 그 의의를 부여할 수 있다. 소비가치를 통합적 관점에서 체계적으로 분류해 보면, 다음과 같이 4가지 유형으로 생각해 볼 수 있다.

그림 2-1 개인화와 정보화는 소비가치에 절대적 영향력을 행사하고 있다.

1) 사회적 가치

사회적 가치(social value)는 개념적으로 사회적 욕구의 충족 혹은 제품이나 브랜드의 사회적 이미지, 사회적 규범이나 집단과의 관련성으로 인해 지각되는 가치이다. 즉, 소비자가 어떤 제품이나 서비스를 통해 다른 사람들과 사회적 교감을 느낄 수 있거나 자신의 권위나 지위를 상징적으로 나타낼 수 있을 때 얻어지는 인지된 효용이라고 할 수 있다. 여기서 준거집단은 친구도 될 수 있고 아니면 나이, 성별, 인종, 종교 등과 같은 인구 통계적 요인에 기초해서 의사결정을 할 때 기준을 두는 집단일 수도 있다. 결국 사회적 가치에 이끌려 제품이나 서비스를 선택하는 소비자는 친구나 동료들과 어울리는 이미지나 자신이 원하는 이미지를 담아 제품이나 서비스를 구매하는 것을 의미한다. 보통 마케팅에서 사회적 가치란, 제품을 소비하는 사회계층과 관련된 소비가치로 여겨진다. 흔히 이러한 사회가치를 측정하기 위하여 대상자의 준거집단을 설문하므로 간접적으로 측정하는 방법들이 활용되고 있다. 예를 들어서, 프로야구 경기장에 특정 팀 유니폼을 같이 착용하고 경기를 관람하는 야구팬들은 자신들의 세계에서 사회적 가치를 서로 공유하고 있는 셈이다.

2) 감정적 가치

감정적 가치(emotional value)는 제품 및 서비스의 소비 경험 중에서 느끼는 일련의 감정적 반응 또는 느낌을 말하며, 독특한 유형의 감정 경험의 표현 또는 감정적 유형을 포함하는 가치이다. 결국 제품이나 서비스를 소비할 때 특별한 느낌이나 감정 상태를 유발할 수 있는 능력에 대해 소비자가 지각하고 있는 효용을 말한다. 감정적 가치는 쾌락적 소비(hedonic consumption)와 동일한 맥락으로 소비활동에서 경험하는 느낌 중 즐거움, 흥분, 환상과 같은 주관적인 감정을 추구하는 것이라 할 수 있으며 심미적 및 상징적인 측면에 초점을 두고 있다. 즉, 품질과 관련된 속성보다는 제품이나 서비스의 미적 특성에 의한 소비로부터 즐거움과 재미를 추구하는 소비가치가 소비자 선택에 많은 영향을 미치고 있다고 할 수 있다. 예를 들어서, 테마파크에서 수행되는 모든 서비스들은 즐거움(enjoyment)이라고 하는 소비자들의 감정적 가치에 소구하는 대표적인 사례라고 할 수 있다.

3) 인식적 가치

인식적 가치(epistemic value)는 어떤 제품 및 서비스의 속성이 호기심을 유발하거나 신기함을 제공하거나 지식욕을 충족시킬 때 지각되는 가치라고 할 수 있다. 진귀적 가치(rarity value)라고도 하는데 이는 다양한 추구행동, 탐색적 행동, 신기함 추구행동, 새롭고 지적인 욕구, 단순한 호기심과 관련되어 형성된 가치이며 자아실현(self actualization)의 욕구가 대표적인 사례라고 할 수 있다. 예를 들어서, 골동품 상점에서 진귀한 상품을 구입한다거나 가정생활만을 하던 주부들이 뒤늦게 사회교육원이나 대학원에 진학하여 공부를 시작하는 것이나, 박물관, 유적지, 동물원 그리고 식물원 등을 방문하는 것은 인식적 가치를 채워 주는 행위라고 볼 수 있다.

4) 상황적 가치

상황적 가치(conditional value)는 제품이나 서비스를 소비하게 되는 특정 상황과 관련된 가치로서 상황에 따라 선택 대안들이 가지는 가치가 다르게 인식되는 가치를 말한다. 상황적 가치는 주어진 상황에서 얻어지는 경험의 결과로서 인식하게 되는 효용이다. 보통 학습이 이루어지는 과정에서 느끼게 되며 고객의 이전의 경험과 사전지식, 사회적 지위, 중요시 여기는 우선순위에 따라 달라질 수 있다. 금전관계는 대표적으로 구매의사결정을 변경시키는 일시적 상황요인이 될 수 있다. 예를 들어서 가격이 비싼 고급 레스토랑에 가서 가재요리를 먹고 싶지만 돈이 부족한 관계로 허름한 중화요리식당에 가서 자장면을 먹는 경우 금전보유수준은 일시적 상황요인이 된다. 기후관계, 시간제약, 선물제공의 경우나 공휴일 등도 구매의사결정을 변경시키는 일시적 상황 요인들이다.

조건적 가치는 항상 기능적·사회적·정서적 혹은 인식적 가치에 대한 인지된 중요성을 변경시킨다. 이때 내려지는 구매의사결정은 보통 차선이기 때문에 일시적 상황이 제거되면 그 대체안에 의해서 제공되는 지각된 가치는 변경이 되고 구매의사결정 또한 달라지게 된다.

02 서비스 소비자행동

소비자 지향성(consumer orientation)은 마케팅 개념의 핵심이다. 따라서 마케터들은 소비자를 이해하고 소비자 중심으로 모든 활동을 전개해 나가야 한다. 많은 경우에 여전히 고객 지향적(customer oriented)이라기보다는 작업 지배적인(operations dominated) 경향이 있는 서비스에는 특히 더욱 중요하다. 서비스마케팅을 효과적으로 수행하기 위해서 소비자 의사결정과정을 각 단계별로 이해하는 것이 중요하다. 소비자 의사결정과정은 구매이전(prepurchase stage) 단계, 소비 단계(consumption stage), 구매이후 단계(postpurchase stage) 등 3단계로 이루어진다.

그림 2-2 소비자 의사결정 모델

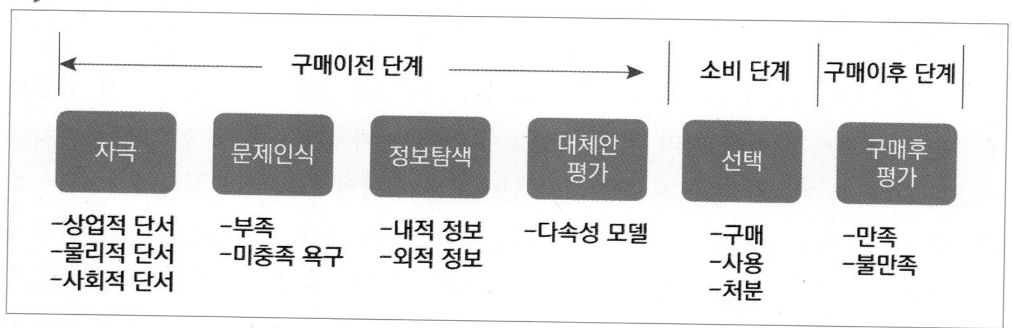

1) 구매이전 단계: 자극

소비자 의사결정의 구매이전 단계는 서비스 구매 이전에 발생하는 모든 소비자행동을 말하고 있다. 이 단계는 개인이 구매를 고려하도록 유발시키는 자극(stimulus)을 받을 때 시작된다. 이때 자극은 상업적 단서(commercial cue), 사회적 단서(social cue) 혹은 물리적 단서(physical cue)가 될 수 있다. 상업적 단서는 촉진의 결과인 것이다. 예를 들면, 소비자가 겨울에 호주나 뉴질랜드에서의 여름여행과 관련된 광고에 노출되게 되면 자연스럽게 그 지역 전문 여행사나 항공사를 떠올리게 되는 것이다. 마찬가지로, 사회적 단서는 동년배 집단 혹은 준거집단으로부터 얻어진다. 예를 들어서, 주변에 휴가를 내서 호주나 뉴질랜드로 여행을 가는 친구들을 보거나 아니면 이미 여행을 갔다가 온 직장 동료들을 보면서 유발되는 자극이다. 마지막으로, 또 다른 자극은 운동, 땀흘림, 혹은 다양한 다른 생물학적 단서와 같은 물리적 단서의 결과가 될 수도 있다. 겨울철에 지구 반대편에 있는 호주나 뉴질랜드에서 트래킹이나 수영 등의 활동 기회를 가짐으로써 운동에 대한 욕구를 해결할 수 있게 되는 것이다. 자극을 받자마자 소비자는 서비스 카테고리에 대해서 생각하게 되고 구매이전 단계의 다음 순서인 문제인식으로 옮겨가면서 자신의 현재 상황을 평가하게 된다. 이 과정에서 서비스마케터는 각 서비스 카테고리에 대한 고객의 의사결정을 자극하기 위한 단서를 효과적으로 사용할 수 있다.

2) 구매이전 단계: 문제인식

문제인식(problem recognition)은 소비자들이 자신들의 문제를 해결하기 위해서 무언가를 할 필요가 있다고 깨닫게 될 때 발생한다. 소비자 의사결정의 문제인식 단계에 있는 동안 소비자는 특정 서비스 카테고리에서 자신의 필요와 욕구를 충족시킬 수 있는지 여부를 검토한다. 여기서, 필요(need)는 자신이 처한 조건을 더욱 좋게 만들어줄 수 있는 행동을 하게끔 만드는 소비자의 불만족스러운 조건이라 할 수 있다. 반면에 욕구(want)는 불만족스러운 조건을 개선시키기 위해서 절대적으로 필요한 것 이상의 만족을 얻기 위한 바람(desire)이라 할 수 있다. 따라서 문제인식은 부족(필요)에 근거할 수도 있고, 미충족된 바람(욕구)일 수도 있다. 예를 들어서, 만약 MBA 학위 취득에 관심을 가지고 있는 소비자가 MBA 학위에 대한 광고에 노출되었으며 현재 대학원에 다니고 있지도 않고 있다면 부족(shortage)은 존재하게 된다. 반대로, 만약 소비자가 MBA 학위과정을 이수하고 있다면 필요가 충족되어 더 이상 가치를 부여하지 않게 되나 여전히 더 유명한 대학원에서 제공하고 있는 MBA 학위과정에 대한 열망이 존재하게 되어 미충족된 바람은 존재하게 된다. 마지막으로, 만약 소비자가 부족이나 미충족된 욕구를 인식하지 않게 되면 의사결정과정은 이 시점에서 멈추게 된다. 그렇지 않으면, 의사결정과정은 계속 진행되어 소비자는 현재 처한 문제를 해결할 방법을 찾게 되며 소비자 의사결정과정의 정보탐색 단계로 넘어가게 된다.

3) 구매이전 단계: 정보탐색

문제인식은 문제에 대한 해결을 요구하게 되며 보통 잠재적인 구매가 뒤따르게 됨을 의미한다. 구매이전 단계의 정보탐색(information search)과정에서 소비자는 대체안들에 대해서 탐색하게 된다. 이 과정에서 소비자는 궁극적으로 자신의 문제를 풀어줄 가능성있는 대체안에 대한 정보를 수집한다. 모든 의사결정과정에서 소비자들이 가능성이 있는 모든 대체안들을 고려하는 것은 거의 불가능하다. 대신에, 과거 경험, 편의성 및 지식을 기반으로 제한적이지만 선별한 대안목록을 가지게 된다. 이러한 목록은 종종 인지상표군(awareness set)-소비자가 인지하고 있는 대체안들의 집합-으로 불리게 된다. 이러한 대체안 목록은 실제 의사결정 시점에는 더욱더 좁혀지게 된다. 의사결정 시점에서 소비자가 실제로 기억하는 대체안들은 환기상표군(evoked set)으로 명명되고 있다. 환기상표군에 있는 브랜드들 중에서 예를 들면, 너무 비싸다거나 너무 멀리 있다는 등 적합하지 않다고 고려되는 대체안은 제거된다. 최종적으로 남아있는 대체안들은 고려상표군(consideration set)이 된다.

만약 소비자가 해외여행을 계획할 경우, 처음에는 내적탐색에 들어가게 된다. 내적탐색(internal search)이란 해외여행에 대해서 소비자 자신의 기억에 접근하는 것을 말한다. 과거에 어떤 경로를 통해서든지 간에 자신의 기억 속에 입력된 해외여행 전반에 대한 정보와 지식을 기반으로 하고 있다. 내적탐색은 정보를 수집하는 데 수동적 접근방법이다. 내적탐색으로 불충분하게 되면 후속적으로 외적탐색(external search)이 이루어지게 되는데, 이는 TV광고, 교통광고, 인터넷 블로그, 여행전문 매거진, 혹은 여행사 방문 등 자신의 기억을 넘어선 모든 외부적 커뮤니케이션 자원을 이용해서 정보를 수집하는 접근방법이다. 내적 및 외적 탐색과정을 통해서 소비자는 광범위한 대체안들을 선별하게 되며, 이 대체안들은 인지상표군, 환기상표군을 거쳐 최종적으로 고려상표군으로까지 좁혀지게 된다. 소비자 정보탐색 과정을 이해하는 서비스마케터는 정보를 전략적으로 이용할 가능성이 그만큼 커지게 된다. 다시 말해서, 자신의 서비스가 소비자들의 고려상표군에 포함될 수 있는 가능성이 훨씬 커지게 된다.

4) 구매이전 단계: 대체안 평가

일단 관련된 정보가 내적 및 외적탐색을 통해서 수집이 되고 나면 소비자는 인지된 문제를 해결하기 위한 대체적인 솔루션의 고려상표군에 도달하게 된다. 가능한 솔루션은 소비자 의사결정과정의 대체안 평가(alternatives evaluation)에서 고려된다. 이 과정은 비(非)체계적 평가(nonsystematic evaluation)-직관 등에 의존해서 단순히 대체안을 선택하는 것-나 혹은 다속성 선택모델(multi-attribute choice model)과 같은 체계적 평가(systematic evaluation)로 이루어진다. 마케팅에서 다속성 선택모델은 제품을 평가하는 과정을 시뮬레이션하기 위해서 광범위하게 사용되어 왔다. 다속성 선택모델의 경우, 서비스를 평가할 때 소비자들은 기본적인 참고사항으로서 수많은 속성이나 결정기준을 사용한다. 예를 들어서, 해외여행을 갈 때 소비자들은 경비, 여행지, 일정, 탑승항공기, 옵션, 숙박장소, 프로그램, 팁 등에 기초해서 대체안들을 비교한다. 그리고 각 개별적인 속성에 대한 서비스 점수를 합산해서 해외여행에 대한 선호도를 계산한다. 예를 들어서, <표 2-1>에서 보여지는 것처럼 소비자가 유럽여행을 계획하는데 A, B, C, D 등 네 개의 여행사를 고려하고 있다고 가정해 보자. 점수는 최하 점수인 1에서 최고 점수인 10까지 분포되고 있는 것으로 상정하였다.

표 2-1 유럽여행의 대체안 평가에 대한 다속성 선택모델

속성 \ 여행사	A	B	C	D	중요도
여행지	10	8	8	7	10
경비	9	7	7	8	10
일정	8	8	8	8	8
숙박장소	9	10	8	8	9
탑승항공기	8	9	9	8	9
프로그램	7	10	10	8	8
총점	463	465	447	422	

이 모델에 따르면, 해외여행을 계획할 때 소비자들은 여행지와 경비를 가장 중요한 속성으로 생각하고 있으며 그 다음으로 숙박장소와 탑승항공기를, 그리고 마지막으로 일정과 프로그램을 꼽고 있다. 소비자들은 각 속성에 대한 자신의 기대에 근거해서 각 속성에 대해서 각 대체안을 평가한다. 예를 들어서, <표 2-1>에 나와 있는 소비자는 A여행사에 대해서 여행지에 대해서는 최고점인 10점을 부여하고 이어서 경비 및 숙박장소에 대해서는 9점을, 일정 및 탑승항공기는 8점, 그리고 프로그램에 대해서는 7점을 주고 있다. 이 표에서는 소비자가 의사결정을 하는데 이 표를 이용할 수 있도록 다양한 선택과정들이 제시되고 있다. 이와 같은 선형 보완적 접근방식(linear compensatory approach)은 소비자가 각 속성에 대한 대체안의 평가를 해당 속성의 중요도 가중치를 곱한 후 모든 속성들에 대한 점수를 합산해서 총점을 구할 수 있도록 해주고 있다. 예를 들어서, 이 소비자에 대해서 A여행사는 10×10(여행지) + 9×10(경비) + 8×8(일정) + 9×9(숙박장소) + 8×9(탑승항공기) + 7×8(프로그램) = 463이라는 총점을 얻게 된다. 결론적으로, 이 소비자는 B여행사에 대해서 최고점인 465점을 주었기 때문에 자신이 계획한 해외여행에서 B여행사를 선택하게 되는 것이다.

그림 2-3 유럽여행에 대한 대체안 평가는 어떤 방식이 제일 좋을까?

또 다른 형태의 다속성 선택모델은 비보완적 접근방식(non-compensatory approach) 중의 하나인 사전적 편집방식(lexicographic approach)을 생각해 볼 수 있다. 이 방식은 사전이 알파벳 순서로 편집되는 것처럼 가장 중요한 속성에서부터 시작해서 의사결정을 하고자 하는 방식이다. <표 2-1>에서 여행지를 최우선 속성으로 평가할 경우 B, C, D 여행사는 첫 단계에서부터 제외된다. 따라서 의사결정 기준이 달라지면 선택결과도 다르게 된다. 선형 보완적 접근방식을 이용하면 B여행사가 선정되지만, 사전적 편집방식을 이용하면 A여행사가 선정되는 것이다.

다속성 선택모델의 최대 장점은 사용의 간단하고 명료함에 있다. 식별된 속성들은 서비스 경험과 관련된 광범위한 문제를 다루고 있고, 서비스마케터는 이 속성들을 쉽게 이해하게 된다. 예를 들어서, 소비자 다속성 모델을 분석하게 되면 최소한도 다음과 같이 5개 정도의 정보를 제공받게 된다:

① 고려상표군에 포함되어 있는 대체안의 목록
② 구매결정 시 소비자가 고려하고 있는 속성 목록
③ 각 속성에 부과되어 있는 중요도 비중
④ 특정 기업이나 브랜드와 관련되어 등급으로 반영되고 있는 성과 신념(performance belief)
⑤ 경쟁 기업이나 브랜드와 관련되어 등급으로 반영되고 있는 성과 신념(performance belief)

실무적으로 이 모델을 적용할 때 수행해야 되는 과제는 비교적 단순하다. 예를 들어서, 광고를 하게 되는 경우에 중요하지만 소비자들의 마음속에 부각되고 있지 않은 자사의 특정 속성을 강조해서 메시지 전략을 수립할 수 있게 된다.

5) 소비 단계: 선택

지금까지 소비자 의사결정과정에서 자극, 문제인식, 정보탐색, 그리고 대체안 평가로 이루어져 있는 구매이전 단계를 알아보았다. 구매이전 단계의 중요한 결과는 고려중인 대체안들 중에서 하나를 구매하는 결정이라 할 수 있다. 소비 단계에서 소비자는 점포 선택(store choice)-특정 유통경로를 통해서 구매하기-을 하거나 비(非)점포 선택(nonstore choice)-인터넷, 모바일, 혹은 SNS를 통해 구매하기－을 할 수 있다. 이러한 결정은 구매될 제품의 성과에 대한 일련의 기대를 수반하게 된다. 특히 제품의 경우, 소비자는 제품을 사용하고 결국 어떠한 형태로든지 처분하게 된다. 이렇듯 구매(buying), 사용(using), 처분(disposing) 등을 함께 묶어서 소비 과정(consumption process)으로 명명한다. 소비자들의 선택 혹은 구매 대체안을 이해하는 것은 실무적 의사결정에 상당히 중요하다. 예를 들어서, 금융 서비스는 전통적으로 지리적으로 위치한 본점 혹은 지점에서만 가능했다. 그러나 최근에 들어서는 인터넷이나 모바일 등 온라인상에서 혹은 편의점 등 다른 유통 경로에 위치한 ATM 등에서 훨씬 활발하게 금융서비스가 이루어지고 있다.

6) 구매이후 단계: 구매이후 평가

일단 제품이나 서비스가 구매되어 소비가 되면, 구매이후 평가가 발생한다. 이 과정에서 소비자들은 매우 다양한 수준의 인지 부조화(cognitive dissonance)-올바른 구매가 이루어졌는지에 대한 의심－를 경험하게 된다. 마케터는 종종 구매가 올바르게 이루어졌음을 소비자들에게 확신시킴으로써 그들의 인지 부조화를 최소화시키고자 한다. 인지 부조화를 최소화시키는 전략은 판매 후 확신을 주는 편지를 스마트폰을 통해서 발송하거나 지불보증 및 판매보증을 서주거나 아니면 자사의 광고를 통해서 소비자의 의사결정을 강화시키는 것 등을 포함한다. 구매이후 평가는 고객 만족의 모든 것이라 할 수 있으며, 고객 만족은 마케팅의 핵심목표라 할 수 있다. 궁극적으로 고객 만족은 소비자들의 인식이 자신들의 기대에 미치거나 능가할 때 달성된다. 고객 만족은 자연스럽게 고객 로열티(customer loyalty) 및 고객 유지(customer retention)로 이어지게 되는바, 이는 긍정적 구전(positive word-of-mouth) 및 추천, 그리고 결과적으로 매출액 및 수익 증대로 귀결된다.

구매이후 단계의 평가과정을 거치는 동안, 앞에서 언급되었던 다속성 모델이 다시 활용될 수 있다. 이 과정에서 여행사의 선택은 인식 점수와 기대 점수로 대체될 수 있다. 각 속성에 대한 인식 점수는 여행이 종료된 후에 얻어진다. 따라서 인식 점수는 자신의 개인적 경험을 기반으로 발생되었다고 소비자들이 실제로 믿는 것을 반영하고 있다. 각 속성에 대한 기대 점수는 유럽여행을 실제로 떠나기 전에 소비자들의 기대를 반영하였다. 만족 점수는 인식과 기대의 차이(인식－기대)를 계산한 후 각 속성의 중요도 가중치를 곱해서 합산한 후에 계산되었다.

표 2-2 여행사 선택: B여행사에 대한 구매이후 평가

속성 \ 점수	인식	기대	만족 점수	만족평가	중요도
여행지	8	8	0	만족	10
경비	5	7	-20	불만족	10
일정	8	8	0	만족	8
숙박장소	8	10	-18	불만족	9
탑승항공기	10	9	+9	만족	9
프로그램	10	10	0	만족	8
총점	436	465	-29	불만족	

<표 2-1>에서 소비자는 선형 보완적 접근방식을 기반으로 하는 다속성 선택 모델을 사용해서 B여행사를 선정하였다. 여행지, 일정 및 프로그램은 사전에 기대한 대로 평가되었고 특히, 탑승항공기는 매우 만족도가 높았다. 사전 기대보다 사후 인식이 같거나 커지면서 긍정적으로 만족 점수가 커지는 결과를 낳았으며 출국 및 귀국할 때 탑승했던 항공기에 대해서는 매우 기뻐하였다. 그러나 팁이나 옵션 등 생각지도 않은 경비가 많이 들었고 숙박장소도 기대보다도 등급이 높지 않았고 객실도 불편해서 이러한 속성들에 대한 인식은 기대했던 것보다도 못미치는 평가를 내리게 되었다. 결과적으로 B여행사를 선정해서 다녀온 유럽여행은 불만족스러운 것으로 귀결되었다.

03 의사결정 단계별 서비스 고려사항

비록 소비자 의사결정과정이 제품이나 서비스에 모두 적용될 수 있지만, 서비스 구매에만 적용되는 독특한 고려사항이 발생할 수 있다. 이러한 특별 고려사항들의 많은 부분은 무형성(intangibility), 비분리성(inseparability), 이질성(heterogeneity), 소멸성(perishability)이라고 하는 서비스의 특성에 기인하고 있다.

1) 구매이전 단계 고려사항: 지각된 위험

제품을 구매할 때와 비교해서 서비스를 구매할 때 소비자는 구매이전 의사결정 단계에서 더욱 높아진 수준의 위험을 인식하는 경향이 있다. 고객의 구매행동에 대한 설명으로서 지각된 위험의 개념이 처음으로 대두된 것은 1960년대였다. 그 내용의 중심은 소비자의 행동은 자신이 전혀 예측할 수 없는 결과를 초래할 수 있는 단서가 될 수 있으며 결과적으로 기분이 나빠질 수 있다는 측면에서 위험에 관련되어 있다는 것이다. 결과적으로, 지각된 위험(perceived risk)은 다음의 2가지 차원으로 구성되고 있는 것으로 생각할 수 있다:

① 초래된 결과(consequences): 소비자의 의사결정에서 파생되는 결과의 중요성 및 위험 정도

② 불확실성(uncertainty): 이러한 결과의 발생에 대한 주관적 가능성

병원에 입원해서 어떤 수술을 받는 것은 서비스 구매에서 초래된 결과와 불확실성이 어떻게 역할을 하고 있는지를 보여주는 대표적인 사례라 할 수 있다. 이 경우 불확실성에 대해서, 소비자는 한 번도 수술을 받아본 적이 없기 때문에 그 과정에 어떻게 진행될 것인가에 대해서 전혀 예측할 수 없을 수 있다. 더군다나 담당의사가 과거에 해당 수술을 여러 번 성공적으로 끝냈다 하더라도 환자는 자신의 경우에도 수술이 성공적으로 이루어진다고 100% 보장을 받는 것을 확신할 수 없다. 더욱이 만약 환자가 자신이 받게 될 수술에 대해서 그 진행과정 및 결과에 대해서 충분한 지식이 없게 될 경우에 불확실성은 더욱 커지는 경향이 있다. 초래된 결과에 대해서, 수술에 대한 잘못된 의사결정은 평생 후회할 수 있는 결과를 낳을 수도 있는 것이다.

소비자의 지각된 위험에 대한 연구가 발전하면서 많은 구매상황에서 다음과 같은 5가지 형태의 지각된 위험(5 types of risk)이 규명되었다:

① 재정적 위험(financial risk): 만약 구매가 잘못되거나 더 비싸게 구입할 경우에 재정적 손실이 발생할 수 있는 위험
② 성과 위험(performance risk): 구매된 제품이나 서비스가 구매목적에 관련된 과제를 제대로 수행하지 못하게 될 위험
③ 육체적 위험(physical risk): 만약 제품이나 서비스의 구매가 잘못되어 부상이 발생할 수 있는 위험
④ 사회적 위험(social risk): 사회생활을 하는 가운데 특정 제품 혹은 서비스의 구매가 원인이 되어 타인의 부정적인 시선이나 인식을 받게 될지 모른다고 생각하는 위험. 예를 들면, 대형마트에서 셀프계산대(self-checkout)를 이용하여 거래를 완료하고자 하는 소비자들은 뒤에서 줄서서 기다리고 있는 다른 고객들을 의식하는 가운데 나오는 많은 압박이라는 일종의 사회적 위험을 느끼고 있는 것으로 나타나고 있다.
⑤ 심리적 위험(psychological risk): 특정 제품 혹은 서비스의 구매가 소비자 개인의 자아존중감에 영향을 미칠 수 있는 위험. 예를 들면, 많은 소비자들이 자신의 자아이미지와 부합되지 않는 콘서트나 이벤트에는 참여하지 않는 것으로 나타나고 있다.

2) 구매이전 단계 고려사항: 서비스특성과 지각된 위험

서비스마케팅에서 지각된 위험과 관련되어 고려되어야 할 대표적인 분야는 다음과 같다.

첫째, 표준화 위험(standardization risk)이다. 서비스와 관련해서 소비자들이 가지고 있는 상당 부분의 지각된 위험은 서비스를 생산하는 데 있어 표준화하기가 어렵다는 점에 기인하고 있다. 기본적으로 서비스는 매우 복잡한 상호작용을 거치는 경험이기 때문에, 고객별로 혹은 서비스 제공시기별로 경험을 표준화하기가 너무나 힘들다. 즉, 서비스의 이질성(heterogeneity)이 작용하는 것이다. 서비스 고객들은 자신이 구매하게 될 서비스의 품질을 정확하게 예측할 수 없기 때문에 제품구매와 비교했을 때 지각된 위험은 상대적으로 커질 수밖에 없게 된다.

둘째, 공동생산자 위험(co-producer risk)이다. 서비스의 생산과정에 대한 소비자의 관여는 지각된 위험의 증가 요인이 되고 있다. 공동생산자 위험은 직접적으로 비분리성(inseparability)과 관련되어 있다. 치과치료 서비스는 서비스 생산과정의 소비자 참여의 대표적인 사례라고 할 수 있다. 구매한 후에 집으로 가지고 갈 수 있는 제품과는 달리, 서비스는 집으로 가지고 가서 개인적으로 사용할 수 없게 되어 구매자의 실수는 가시적으로 드러나지 않는다. 대신에, 소비자는 서비스 그 자체의 과정에 참여하게 되는 것이다. 서비스 제공과정에는 참여하지만 그 진행과정을 정확하게 알지 못하기 때문에 초래될 결과에 대한 불확실성은 커지게 된다. 예를 들어서, 치과치료와 같은 서비스접점이나 상류사회에서 만찬행사에 초대되었을 때 부적합한 의상을 착용했을 경우에 파생될 수 있는 사회적 위험은 대표적 사례라 할 수 있다.

셋째, 위험과 정보(risk and information)이다. 서비스 구매와 관련되어 생각해 볼 수 있는 높은 수준의 위험은 소비자가 구매의사결정을 내리기 전에 용이하게 이용할 수 있는 정보의 제한성 때문에 발생하기도 한다. 제품과 서비스의 품질은 다음과 같이 3가지 속성을 지니고 있다:

① 탐색(search)품질 속성: 구매 전에 품질이 결정될 수 있는 속성. 탐색품질은 구매 전에도 품질이 평가될 수 있는 유형적 제품으로 구성되어 있다. 예를 들어서, 자동차를 구매할 때 소비자는 자동차의 모든 사양 및 내부와 외부의 부품을 볼 수 있으며 심지어 시승까지도 할 수 있다. 그러나 서비스의 경우에는

똑같이 적용되지 않는다. 서비스의 무형성(intangibility)이라는 특성 때문에 구매 전에 소비자가 서비스를 객관적으로 평가하는 것은 굉장히 어렵다. 따라서 서비스가 탐색품질을 갖는 경우는 거의 없다.

② 경험(experience)품질 속성: 제품이나 서비스의 생산과정 중이거나 그 이후에 품질이 평가될 수 있는 속성. 대부분의 서비스가 여기에 속한다. 소비자는 서비스가 보유하고 있는 상당 부분들의 속성들을 서비스를 소비하고 있는 과정이나 그 이후에 발견할 수 있다. 이러한 속성이 경험품질 속성이다. 예를 들면, 유명한 레스토랑의 음식맛과 정중한 접대, 비행기 탑승시 항공사 직원들의 친절함 혹은 미용사의 헤어디자인 기술 등은 경험을 하고 난 이후에야 그 품질수준을 평가할 수 있다.

③ 신용(credence)품질 속성: 제품이나 서비스가 제공된 이후에도 품질이 확실하게 평가될 수 없는 속성. 어떤 서비스 품질은 서비스 제공이 완료된 이후에도 평가될 수 없다. 이러한 속성이 신용품질 속성이다. 예를 들어서, 수술 등 의료서비스를 받거나 재판 소송 등의 법률서비스를 생각해 볼 수 있다. 이러한 서비스에서 소비자들은 종종 정보를 제대로 활용할 수 있는 전문화된 지식이나 기술적 지식을 결여하고 있다. 따라서 일정 기간이 지나서야 이 서비스의 품질을 평가할 수 있기 때문에 처음에는 믿고 맡기는 수밖에 없는 것이다.

넷째, 위험과 브랜드 로열티(risk and brand loyalty)이다. 대부분의 합리적 소비자들은 위험회피자(risk averter)이다. 그들은 가능만 하다면 구매과정 중에 위험을 줄이고자 노력한다. 이를 위한 소비자들의 가장 효과적인 전략 중 하나가 바로 브랜드 로열티(brand loyalty) 혹은 점포 로열티(store loyalty)를 갖는 것이다. 브랜드 로열티는 소비자가 과거에 만족을 얻은 정도에 기반을 두고 있다. 만약 소비자들이 특정 서비스제공자에 대해서 계속 만족을 해왔다면 새로운 브랜드나 점포로 전환하고자 하는 시도는 거의 하지 않게 된다. 예를 들어서, 현대카드의 서비스에 만족하는 고객들은 다른 신용카드 서비스로 전환할 이유는 거의 없게 된다. 소비자가 높은 위험 수준의 서비스를 구매해서 만족해 왔다면 새로운 서비스제공자를 찾는 실험을 할 가능성은 현저히 줄어들게 된다. 결과적으로 구매와 관련되어 지각된 위험을 줄이는 데 도움을 주는 것은 동일한 서비스제공자와 장기간 관계를 유지하는 것이다. 이 때문에 많은 소비자들이 장기간에 걸쳐 동일한 병원, 치과, 미용실, 은행과의 관계를 유지하고 이용하고 있는 것이다. 특히, 브랜드 로열티는 이용가능한 대체안들이 제한적이기 때문에 서비스를 구매하는 데 더욱 커질 수 있다. 또한 서비스제공자를 바꾸는 데 발생할 수 있는 전환비용(switching cost) 때문에 서비스의 경우 브랜드 로열티가 커질 수 있다. 서비스의 특성에 따라 다양한 방면에서 전환비용이 발생할 수 있다. 전환비용의 형태는 다음과 같다:

① 탐색 비용(search cost): 새로운 대안을 탐색하는데 소요되는 시간 비용
② 거래 비용(transaction cost): 새로운 서비스제공자와 처음 거래할 때 소요되는 화폐적 비용
③ 학습 비용(learning cost): 새로운 버전의 소프트웨어 패키지와 같이 새로운 시스템을 학습하는 데 소요되는 시간 및 돈과 같은 비용
④ 충성고객 할인(loyal customer discount): 자동차 보험 장기계약 할인과 같은 동일한 서비스를 지속적으로 유지할 때 부여되는 할인
⑤ 고객 습관(customer habit): 기존의 행동패턴을 변경시키는 데 관련된 비용
⑥ 정서적 비용(emotional cost): 기존 서비스제공자와 장기간 관계를 가지고 있을 때 경험하게 되는 정서적 혼란
⑦ 인지적 비용(cognitive cost): 서비스제공자 변경에 대해서 숙고하는 데 소요되는 시간적 비용

3) 구매이전 단계 고려사항: 개인적 정보원천의 중요성

이 과정에서 또 다른 고려사항은 개인적 정보원천의 중요성이다. 구전(word-of-mouth), 추천(reference), 혹은 의견 선도자(opinion leader) 정보와 같은 개인적 정보형태는 광고 등과 같이 매스미디어를 통해서 이루어지는 기업주도의 커뮤니케이션보다 훨씬 중요한 것으로 분석되고 있다. 친구로부터의 추천은 구매결정이 상당한 위험을 내포하고 있을 때 더욱 중요하다. 예를 들어서, 대부분 여성 소비자들에게 새로운 미용실로 전환하는 것은 서비스 결과가 매우 가시적일 수 있기 때문에 상당한 스트레스를 느끼는 일이 될 수 있다. 만약 해당 미용실을 이용하고자 하는 소비자가 그 판단을 신뢰하는 지인의 추천을 받게 되면 느끼게 되는 스트레스는 많이 경감될 수 있을 것이다. 소비자는 결과에 대해서도 더욱 확신하게 될 것이다.

마찬가지로, 의견 선도자도 서비스 구매 과정에서 중요한 역할을 수행하는 것으로 나타났다. 어떤 공동체에서 의견 선도자는 많은 구성원들이 조언을 구하는 인물이라 할 수 있다. 지각된 위험의 틀(framework)에서 의견 선도자는 사회적 위험을 줄여줄 수 있는 원천으로 간주될 수 있다. 새로운 미용실을 방문하는 여성 소비자는 머리손질의 서비스 품질에 대해서 불확실성을 느낄 수 있다. 그러나 그 미용실을 추천한 친구가 그 방면에서 잘 알려진 인물이고 공동체 내에서 다른 구성원들도 이러한 사실을 인지하고 있다는 사실은 이 여성 소비자에게 새로운 미용실에 대해서 확신을 줄 수 있다. 이러한 방식으로 의견 선도자의 판단은 부분적으로 소비자 자신의 판단을 대체하게 된다.

지각된 위험을 감소시키는 것 외에도, 다양한 이유로 개인적 정보원천은 중요하다. 서비스의 무형성이란 특성 때문에 서비스의 품질을 커뮤니케이션하는 데 매스미디어는 개인적 정보원천보다 효과적이지 못하다. 예를 들어서, 병원 서비스를 받고자 할 경우에 대부분 소비자들은 TV광고에 출연한 의사보다는 주변의 지인들이 추천하는 의사에게 더욱 신뢰를 보이고 있는 것으로 나타났다. 결국 객관적인 평가 기준이 감소할 때, 그리고 시장에 제공되고 있는 서비스의 복잡성이 증가할 때 개인적 정보원천은 더욱 중요해지게 된다.

4) 소비단계 고려사항: 소비의 3단계

일반적으로 제품의 소비과정은 다음과 같이 3단계 활동으로 구분될 수 있다: 구매, 사용 및 처분. 세 가지 활동은 구매-사용-처분의 순서로 분명하게 발생하며, 각 활동 간에는 분명한 경계가 존재한다. 예를 들면, 고객은 슈퍼마켓에서 세재 한 박스를 구매해서 집에 있는 세탁기에 넣고 사용한 후, 다 사용한 후에는 빈 박스를 처분하게 된다. 그러나 서비스를 소비하는 경우, 이 시나리오는 적용되지 않는다. 무엇보다도 소유권의 전이가 발생하지 않기 때문에 서비스의 구매와 사용 간에는 분명한 경계나 명백한 순서가 존재하지 않는다. 고객과 서비스제공자 간의 장기간 상호작용 때문에 서비스의 생산, 구매 및 사용과정은 얽혀있어 하나의 과정으로 보인다. 더욱이, 서비스의 무형성 및 경험적 특성 때문에 처분이라는 개념은 관계가 없게 된다. 확실히, 제품과 비교해 보았을 때 서비스의 소비단계는 더욱 복잡하다. 일반적으로 서비스 고객이 구매하는 편익은 1장에서 소개된 SERVUCTION model에서 언급되었던 4가지 차원을 통해 제공되는 체험으로 구성되어 있다. 심지어 자동차와 같이 소비자가 소유한 것으로 서비스가 제공될 때에도, 종종 고객과 서비스제공자 간에 발생하는 서비스의 생산과 소비과정은, 그것이 면대면(face-to-face)이든지 비(非)대면이든지, 일련의 개인적인 상호작용이 수반된다.

고객과 기업의 장비 및 서비스접점 직원 간의 상호작용도 피할 수 없다. 이러한 대인관계와 인간-서비스스케이프의 상호작용으로부터 서비스 체험이 얻어진다. 서비스는 생산과 소비가 동시에 발생하기 때문에 소비자나 서비스접점 직원 중 하나라도 없게 되면 어떤 서비스도 생산되거나 사용될 수 없다. 서비스와 공통되는 확장된 서비스 제공 프로세스로 인해, 많은 소비자들은 선택 후 평가(postchoice evaluation)가 단지 서비스 사용 이후에 이루어지는 것이 아니라 서비스의 사용 중과 사용 후 모두에서 일어난다고 믿고 있다. 즉, 소비자들은 소비 단계 및 구매이후 단계에서 서비스접점을 경험하는 동안 서비스를 평가하게 된다. 예를 들어서, 고급 레스토랑에서 지배인이 직접 고객 테이블로 방문하여 음식 서비스에 대한 고객의 의견을 청취하는 경우에 제품의 경우와는 다르게 식사(소비) 중에 문제가 있다면 파악할 수 있고 변화를 줄 수도 있는 것이다. 다시 말해서, 서비스마케터인 지배인은 음식 서비스 제공과정 중이거나 식사 완료 후에 발생하는 소비자 평가를 현장에서 인식할 수 있게 되는 것이다. 이러한 통찰력은 소비자의 총체적인 서비스 경험을 효과적으로 관리하고 발전시키는 데 매우 중요한 역할을 하게 된다.

5) 소비단계 고려사항: 정서와 분위기(emotion and mood)

일반적으로, 정서(emotion)가 상대적으로 집중적이고 안정적이며 광범위한 감정상태인데 비해서 분위기(mood)는 특정한 시간에 특정한 상황속에서 발생하는 일시적 감정상태라 할 수 있다. 서비스는 경험이기 때문에 정서와 분위기는 제공되는 서비스의 인지된 효과를 형성하는 데 매우 중요한 역할을 하고 있다. 따라서 소비자들에게 긍정적으로 작용하는 정서와 분위기는 긍정적인 결과가 기대될 수 있는 행동들의 수행가능성을 제고시켜 주며, 부정적인 정서와 분위기는 이러한 행동들의 수행가능성을 감소시켜 준다. 예를 들어서, 비행기가 늦게 출발하거나 늦게 도착할 때, 물리치료를 받을 때, 또는 레스토랑에서의 셀프서비스를 수행할 때 긍정적 분위기를 갖고 있는 고객들은 보다 기꺼이 서비스 제공과정에 참여하기 때문에 서비스직원들은 서비스 접촉을 성공적으로 수행해 나갈 수 있다.

그림 2-4 호텔 분위기는 고객의 지각된 서비스 품질을 좌우한다.

또한 정서와 분위기는 서비스 제공시 고객의 평가가 분위기와 일치하는 방향으로 내려지도록 유도한다. 즉, 분위기와 정서의 존재는 존재하지 않았을 때와 비교해서 고객들을 보다 긍정적으로 만들거나 부정적으로 만들어 그들의 경험을 제고시키고 증폭시킨다. 예를 들어서, 기분이 나빠진 상태로 공항에 도착한 고객은 비행기 출발이 지연되고 공항청사 안이 북적거리는 것에 대해서 기분이 좋을 때보다 훨씬 더 짜증을 내게 된다. 반대로 긍정적인 분위기를 지닌 고객은 서비스 제공기업에 긍정적인 평가를 내리게 되어 제공되는 서비스를 보다 더 긍정적으로 경험하게 된다. 고객의 정서 및 분위기는 서비스 표현이 부호화되고 저장되며 재생되는 방법에 영향을 주게 된다. 어떤 서비스에 대한 기억이 고객에 의하여 부호화되기 때문에, 제공된 서비스와 관련된 감정들은 그 기억 속에 항상 남아 있게 된다. 예를 들어서, 만약 소비자가 제주도에 가서 우연히 누군가와 사랑에 빠졌다면 제주도 자체보다도 감정적 상태 때문에 제주도에 대한 평가가 훨씬 호의적일 것이다. 반대로, 소비자가 제주도에 들렀다가 좋지 않은 경험을 하게 된다면 그 소비자는 제주도를 생각할 때마다 부정적인 감정이 부호화되어 재생되게 된다.

따라서 서비스마케터 입장에서는 이러한 정서나 분위기가 긍정적인 방향으로 고객들에게 영향을 줄 수 있도록 노력해야 한다. 즉, 즐겁고 유쾌하며 만족스러운 정서나 분위기는 고양시키고, 분노, 좌절, 고통, 혐오 등과 같은 부정적 정서는 없애거나 줄이는 방향으로 나아가야 한다. 이를 위해서는 많은 서비스 요인들이 사용될 수 있다. 예를 들면, 서비스 제공장소의 환경과 디자인, 서비스 제공과 관련된 과정, 무례한 고객들에 대한 통제(예를 들면 비행기 내에서의 음주제한이나 야구장에서의 주류 반입금지 등), 대기시간 단축, 은행 등에서 번호표 배부를 통한 고객들의 스케줄링, 그리고 서비스 제공 직원들에 대한 동기부여 등이 고객들의 만족에 보다 더 강력한 효과를 줄 수 있다. 다시 말해서, 서비스접점에서 상호 공감이 커지면 커질수록 그만큼 더 서비스에 대한 고객의 평가는 정서나 분위기에 의해서 영향을 받게 된다.

6) 소비단계 고려사항: 드라마처럼 서비스 제공

많은 학자들은 서비스 제공을 드라마에 비유하곤 한다. 왜냐하면 서비스 제공이나 드라마는 모두 고객이나 청중 앞에서 바람직한 성과를 내는 것을 목표로 하고 있으며, 이러한 목표를 달성하는 방법은 배우들이 연기를 잘 하고 또한 연출공간을 잘 관리해 주는 것이라고 인식하고 있기 때문이다. 서비스마케터는 고객들을 기쁘게 만들기 위해서 그리고 서비스접점 직원들의 성과를 확인하기 위해서 감독, 안무지휘, 혹은 극작가와 같이 드라마와 관련되는 역할을 수행한다. 예를 들어서, 월트 디즈니(Walt Disney)에서는 서비스 제공을 '공연'으로 간주해서 디즈니월드나 디즈니랜드에서 이루어지는 서비스 제공을 묘사할 때 '출연진', '무대', '쇼' 등과 같은 쇼 비즈니스(show business) 용어들을 구사한다. 따라서 서비스 수행은 드라마로 생각될 수 있다.

• 서비스 역할과 대본

제공되고 있는 서비스의 성공은 상당부분 서비스접점 직원들 및 고객들과 같은 연기자들이 얼마나 잘 자신들의 역할(role)을 소화해 내느냐에 달려 있다. 서비스접점 직원들은 고객들의 기대에 부응하여 그들의 역할을 수행해야 하며 고객들 또한 나름대로의 역할을 제대로 수행해야 한다. 만약 고객들이 서비스에 관한 기대 및 요구조건에 대해서 잘 알고 교육을 받는다면, 그리고 서비스제공자가 최고의 서비스를 제공할 수 있도록 협조한다면 그 서비스의 성공가능성은 한층 더 커지게 된다. 역할 수행에 따른 효과에 가장 크게 영향을 미치는 요소 중 하나는 대본(script)이라고 할 수 있다.

서비스 대본은 순차적인 행동과정, 서비스제공자, 서비스 대상자들로 구성되어 있는데 이들 요소들의 반복적인 관여를 통해서 고객이 기대하는 바를 정의하고 있다. 즉, 그 대본에서 벗어나게 되면 고객은 혼란스러워 하며 불만을 나타나게 된다. 따라서 고객이 기대하는 대본과 서비스 수행은 일치하여 긍정적 결과를 나타내야 하며 부정적으로 차이가 나게 되면 서비스 수행은 손상을 입게 된다.

그림 2-5 서비스의 역할과 대본의 상징인 Walt Disney World

• 서비스 고객들의 양면성

고객들은 동일한 서비스를 제공받고 있는 고객들이 너무 많아도 불만이고 너무 없어도 불만을 표시한다. 예를 들어서, 프로야구의 경우 입장객들이 너무 많아서 빈 좌석을 찾지 못했을 때 고객들은 불평을 하고, 입장객들이 너무 적어서 내야석의 반도 차지 않았을 때도 운동장 분위기가 썰렁하여 경기에 대한 흥미가 반감되며 결과적으로 고객들은 불만을 표시하게 된다. 일반적으로, 레스토랑, 공연회, 영화관, 술집, 도서관, 박물관, 그리고 스포츠 관람 등에서 서비스를 제공받고 있는 다른 고객들의 존재, 행동, 그리고 유사성 등은 어떤 특정 고객의 만족 및 불만족에 상당한 영향을 주고 있다. 이러한 고객의 양면성(ambivalence)은 다음과 같이 몇 가지 유형으로 나누어 생각할 수 있다.

① 상호 밀접한 신체적 접촉이 있는 경우

예 비행기, 기차, 버스, 전철 탑승할 때

② 언어를 통한 상호작용이 있는 경우

예 고급 레스토랑, 호텔, 나이트 클럽 이용할 때

③ 고객들이 서로 다양한 활동에 관여하는 경우

예 도서관, 수영장, 대중 사우나 이용할 때

④ 서비스 환경이 이질적 고객믹스를 끌어들이는 경우

예 공원, 당구장, PC방

⑤ 고객들이 서비스를 기다리는 경우

예 병원, 은행, 레스토랑에서의 식탁 지정

⑥ 고객들이 시간, 공간, 서비스 장비를 공유하는 경우

예 골프장의 그린, 헬스클럽 기구

7) 구매이후 단계 고려사항

서비스의 구매이후 평가는 복잡한 과정이다. 이는 고객이 소비 및 소비이후 단계 전체에 걸쳐 계속 사용하게 될 서비스를 선택한 직후 시작된다. 평가는 수많은 사회적, 심리적, 상황적 변수들 간의 필연적인 상호작용에 의해 영향을 받는다. 서비스 만족은 SERVUCTION 시스템의 4가지 특성-서비스접점 직원, 물리적 환경, 다른 고객들 및 내부 조직 시스템-뿐만 아니라 서비스 생산/소비 과정에서 이러한 요소들의 동기화(synchronization)에 달려 있다. 서비스 거래의 성공 및 실패는 대인관계(고객 대 고객, 고객 대 직원 간)의 상호작용과 인간-서비스스케이프 관계(서비스 직원 대 작업환경과 지원시설, 고객 대 서비스 환경과 지원시설)의 총체적 결과로서 고객의 경험을 조절할 수 있는 서비스마케팅 관리자의 능력 여하에 따라 상당히 달라질 수 있다. 궁극적으로, 구매이후 단계에서 서비스마케팅 관리자의 가장 중요한 과제 중 하나는 소비자 만족/불만족 평가가 어떻게 형성되는지를 파악하는 것이라고 할 수 있다. 이러한 평가를 시도하기 위해서 다양한 이론들이 연구되고 개발되었다.

- 기대 불일치 이론(expectancy disconfirmation theory)

소비 및 구매이후 단계에서 어떻게 서비스 만족은 어떻게 이루어지는가? 이에 대해서 수많은 연구가 이루어졌으나 가장 단순하고 강력한 접근방법은 기대 불일치 이

론으로 평가되고 있다. 평가에 대한 기본적 개념은 매우 쉽다고 할 수 있다. 소비자는 사전 기대를 사후 인식과 비교함으로써 서비스를 평가하고 있다. 만약 인식된 서비스가 기대했던 수준과 동일하거나 높다면 소비자는 만족스러워할 것이다. 그러므로 궁극적으로 고객 만족은 고객의 인식(perception)과 기대(expectation)의 효과적인 관리를 통해서 달성된다. 서비스 수준에 대한 인식을 기대와 비교하는 전체 과정은 고객의 마음속에서 발생한다는 점이 중요하다. 실제 제공된 서비스가 중요한 것이 아니라 인식된 서비스가 중요하다는 의미이다. 예를 들어서, 어느 고층 호텔의 경우를 생각해 보자. 1층 로비에서 승강기를 기다리고 있는 고객들은 오래 걸리는 승강기 대기시간에 대해서 많은 불평을 토로하였다. 이와 같은 고객들의 불평을 깨달은 호텔 경영진은 현실적으로 승강기의 운행 속도를 빠르게 할 수는 없었기 때문에 즉시 승강기 장소 옆에 커다란 거울을 설치하였고 고객들은 기다리는 시간 동안 자신들의 모습은 물론 주위의 다른 고객들의 행동도 관찰하면서 무료하지 않게 시간을 보낼 수 있게 되었다. 실제로, 승강기의 속도는 빨라지지 않았으나 승강기 대기시간에 대한 인식은 수용가능한 상태로 바뀌게 되었다.

실제 서비스의 품질 수준을 바꾸지 않더라도 고객 만족을 이끌어내기 위해서 기대를 관리하는 것도 생각해 볼 수 있다. 예를 들어서, 저가 항공사를 이용하는 고객들의 경우에 티켓 가격이 저렴한 대신에 기내식을 포함한 기내 서비스는 물론 정시 출발이나 도착 등에 대한 기대 수준은 처음부터 낮게 설정된다. 그런데 항공기가 정시에 출발하고 도착하는 것은 물론 기내 서비스를 하는 승무원들의 태도가 친절하고 정중하다면 저가 항공기를 이용한 탑승객들의 만족도는 상당히 높게 나올 수 있다. 사실 항공기를 이용하는 많은 고객들의 핵심 니즈는 정시에 출발하고 비행 도중 승무원들의 친절한 서비스를 경험하며 정시에 목적지에 도달하는 것이라 할 수 있다. 결과적으로 고객들은 사전에 자신들이 받게 될 서비스를 정확하게 알고 있는 셈이며 그 가격에 합당한 서비스 품질뿐만 아니라 비용 절감에도 만족스러워한다.

• 지각된 통제 관점(perceived control perspective)

구매이후 단계에서 만족과 관련해서 생각해 볼 수 있는 다른 이론은 지각된 통제 관점이다. 상당 기간 통제(control)라는 개념은 많은 심리학자들의 관심을 받아왔다. 이들은 대부분의 기본적인 생물학적 욕구들이 채워지고 있는 현대사회에서 사람들 스스로 자신이 인간 행동을 움직이는 주요한 힘이라고 생각하는 상황에 대한 통제가 더욱 중요해지고 있다고 주장한다. 비록 인간의 모든 행동은 아니지만 대부분의 행동이 내적으로 동기화되고 선택된다는 측면에서 내적 통제가 중요하다는 점을 강조한 것이다. 다중 속성 모델에서 암시하는 바와 같이, 지각된 통제는 서비스 속성으로 취급되기 보다는, 서비스에 대한 개인의 경험으로 요약되는 총체적 지표(global index)로 개념화할 수 있다. 이 관점의 기본적 전제는 서비스를 경험하는 동안에 소비자들이 지각하는 상황을 내적으로 크게 통제하면 할수록 서비스에 대한 그들의 만족도는 더욱 커진다는 것이다. 이와 유사한 긍정적 관계는 통제에 대한 서비스제공자들의 경험과 그들의 직무 만족도 간에도 발견되고 있는 것으로 알려져 있다. 통제 관점을 보다 쉽게 이해하기 위해 다른 표현을 한다면, 서비스는 각 당사자가 가능한 한 많은 이익을 얻기 위해 노력하는 가운데, 소비자들이 이익을 얻는 대가로 서비스제공자에게 현금과 통제를 포기하는 것이라고 생각할 수 있다.

통제 개념은 행동적(behavioral) 및 인지적(cognitive) 통제라는 두 가지 형태로 구성되어 있다. 행동적 통제는 실제로 발생하는 통제이고, 인지적 통제는 인식과정에서 나타나고 있다. 따라서 소비자들이 통제하에 있다고 인식하거나 최소한도 통제 상황이 예측 가능할 경우 그 효과는 실제로 통제되고 있는 행동적 통제와 동일할 수 있다. 즉, 가장 중요한 것은 실제 통제가 이루어지는 것이 아니라 통제에 대한 인식인 것이다. 마케팅 측면에서 이 개념은 수많은 아이디어를 떠올리게 한다. 첫 번째 생각할 수 있는 아이디어는 소비자들이 서비스를 경험할 동안 자신들이 통제하에 있으며 차후에 무엇이 발생할 것인지를 알 수 있도록 그들의 감각을 끌어올리기 위해서 정보를 제공하는 것이다. 이는 특히 전문적 서비스를 제공하는 기업들에게 중요한데, 이들은 종종 단순히 좋은 결과를 만들어내면 고객들을 만족시킬 수 있다고 가정하고 있는데 실제로 고객들이 일정 기간 그들에게서 소식을 듣지 못해서 접촉이 부족하고 정보원이 거의 없거나 아예 없는 상황을 망각하는 경우가 많이 있다. 예를 들어서, 한 항공사가 승객들이 탑승한 후에 사정에 의해 착륙이 어느 정도 지연되고 이를 사전에 알리지 못했다면 정보를 받지 못해서 이 상황에 대한 통제력을 상실했음을 인식한 승객들은 결과적으로 불만을 표출하게 될 것이다. 지각된 통제 관점에 따르면, 서비스기업이 소비자들에게 영향을 줄 수 있는 영업방식의 변화를 주게 될 경우 이를 사전에 소비자들에게 알리는 것은 상당히 중요하다. 만약 그렇지 않을 경우, 소비자들은 자신들이 통제 불능 상태(out of control)에 있음을 깨닫고 서비스제공자를 바꿀 정도로 제공받은 서비스에 대해 불만족스럽게 생각할 것이다. 지각된 통제 관점은 예측가능성과 선택

간의 절충(tradeoff)이라는 문제를 야기시키고 있다. 마케팅 측면에서 본다면, 지각된 통제 관점에 관한 가장 중요한 전략적 이슈 중에 하나가 소비자에게 주기 위한 선택의 수량(맞춤화)이라 할 수 있다. 선택(맞춤화)과 예측가능성(표준화) 모두 통제라는 개념에 기여할 수 있기 때문에 어느 것이 각 특정 서비스 환경에서 소비자를 위한 더 강력한 통제 원천인지를 결정하는 것은 중요하다.

브리핑사례

"예약 완료"에 공항 왔더니…'유령 항공권' 판 티몬? "항공권 팔았지만, 이륙 비행기 없어"…소비자 '당혹'

서울서 일하는 김온수 씨(가명)는 지난달 말 제주도에 가기 위해 공항을 찾았다가 낭패를 당했다. 항공권을 예매한 티몬에는 분명히 '예약 완료'라고 안내돼 있었다. 하지만 수하물을 보내고 발권하기 위해 찾은 카운터에서는 "이 시간에 운항하는 비행기가 없다"는 답변을 들었다. 급히 티몬톡을 통해 문의했지만 해결이 늦어지면서 결국 다른 항공사를 이용해야 했다. 김씨는 "티몬이 있지도 않은 티켓을 판매한 것"이라며 분통을 터뜨렸다. 이커머스 업체인 티몬이 '유령 항공권' 논란에 휩싸였다. 온라인과 모바일을 통해 항공권을 팔았지만 정해진 출발 시각에 이륙하는 비행기가 없었다. 7일 업계에 따르면 티몬은 앞서 지난달 27일 12시 15분, 김포에서 제주로 떠나는 진에어 항공권을 판매했다.

구매 고객의 티몬 애플리케이션에는 '예약 확정' 안내 문구가 떴고 당일 별 의심 없이 공항을 찾았다. 당연히 항공권이 예약돼 있을 것으로 생각했다. 그러나 탑승수속을 밟는 과정에서 예매한 항공권은 없는 티켓이라는 답변이 돌아왔다. 해당 항공사에서는 아예 그 시간에 이륙하는 비행기는 없다고 답했다. 황당함에 구매 고객들은 티몬에 문의했지만 일요일이라 상담이 되지 않았고 티몬톡 문의마저도 제대로 된 답변이 돌아오지 않았다. 사실상 티몬이 유령 항공권을 판매한 셈이다. 그런데도 티몬은 "결제하더라도 확정 안내가 있어야 출발 가능한 상품"이라며 예약 확정 문자를 고객이 제대로 확인하지 않은 탓으로 돌렸다. 항공권에 대해서도 '시즌권 상품'이라 문제없다고 설명했다. 낭패를 당한 소비자는 황당함을 토로했다. 환불은 받았지만 여행 일정이 꼬일 대로 꼬여버렸다. 그는 "판매해 놓고 비행기 티켓이 생기면 출발이 가능하고 없으면 환불해주는 시스템이 이해가 되지 않는다"고 토로했다.

문제가 커지면서 티몬도 실수에 대해 인정했다. 티몬 관계자는 "저희 쪽 실수가 있었던 것은 사실"이라면서 "확정되지 않은 티켓에 대해선 2일 이내 무조건 막아야 하는데 이건에 대해 담당직원의 실수가 있었던 모양"이라고 답했다. 일각에서는 티몬이 항공권을 판매하는 데만 집중하고, 관리엔 소홀했다고 지적했다. 사후 변경 사항 확인이나 고객 안내가 부족했다는 지적이다. 특히 항공권은 상대적으로 가격이 비싸고, 고객의 일정이 정해진 경우가 많아 관리에 더욱 철저했어야 함에도 문제가 생긴 점은 아쉽다고 입을 모았다. 한 업계 관계자는 "예약 완료까지 뜬 상황에서 없는 티켓이라면 고객은 당황했을 수밖에 없다"며 "티몬이 관리에 소홀했던 것 같다"고 평가했다. 이어 "항공권은 문제가 생기면 안 되는 부분"이라며 "시스템 점검이 필요해 보인다"고 말했다.

〈출처〉 뉴스1(2019년 2월 7일)

• 대본 관점(script perspective)

심리학 및 사회학의 많은 이론들이 대본이라는 아이디어로 통합될 수 있다. 대본 관점은 대부분 사회적 및 문화적 변수들로 결정되는 규칙들이 다양한 서비스 경험들을 포함해서 일상적으로 반복되는 사건에서 발생하는 상호작용을 촉진하기 위해서 존재한다는 점을 제안하고 있다. 이러한 규칙들은 다양한 형태의 상호작용에서 발생하는 참여자들의 기대를 형성하게 된다. 더욱이 규칙들은 만족스러운 결과가 만들어지기 위해서 모든 참여자들에 의해서 인정되고 준수되어야만 한다. 예를 들어서, 고급 레스토랑을 즐겨 찾는 고객들은 식당 직원들이 고급 레스토랑의 서비스 환경과 일치하는 행태를 보일 것이라는 기대를 갖게 된다. 마찬가지로, 식당 직원도 고급 레스토랑을 방문하는 고객들이 높은 수준의 행태를 보일 것이라는 기대를 갖게 된다. 만약 한 참여자가 이러한 규칙에 어긋나는 행동을 하게 된다면, 그 서비스 환경에 있는 다른 참여자들은 불편해질 수 있다. 그러므로 불만족스러운 서비스제공자가 있을 경우 고객이 만족할 가능성은 작아지며, 반대로 서비스제공자가 만족스러운 경우에 불만족스러운 고객이 있을 가능성은 작아지게 되는 것이다. 결과적으로, 대본 이론에서 제시하고 있는 주요 아이디어는 서비스접점에서 고객들은 대본을 따르게 되어 있으며 그들의 만족은 대본 일치성(script congruence)-고객들 및 서비스접점 직원들에 의해서 수행되는 실제 각본이 예상 각본과 일치하는지 여부-의 함수라는 점이다.

대본 이론의 핵심적 마케팅 시사점은 두 가지로 요약될 수 있다. 첫째, 서비스접점에서 고객과 서비스제공자 모두의 니즈를 수용하고 충족시킬 수 있는 대본을 개발하는 것이다. 둘째, 고객들 및 서비스접점 직원들이 상호작용에서 자신들 및 상대방의 역할에 대한 실제적인 인식과 기대를 가질 수 있도록 이러한 대본들을 커뮤니케이션하는 것이다. 대본을 효과적으로 커뮤니케이션하는 데 실패한다면 고객들과 서비스제공자들은 상호 어색하고 실망스러운 순간을 경험하게 된다. 예를 들어서, 많은 문화권에서 서비스직원들에게 만족스러운 서비스 때문에 팁을 주는 행위는 관습적이고 예상가능한 것이기는 하지만 어떤 문화권에서는 모욕적인 행위로 받아들여질 수도 있는 것이다.

04 고객 가치와 가치 창출

서비스마케팅에서 가장 중요한 목표는 고객기반의 평생가치(life-time value) 제고 및 고객 가치(customer value)를 극대화하는 것이다. 일반적으로 서비스마케팅에서 가치 인식은 다양한 접점상황에서 서비스제공자와 상호작용하게 되는 고객들이 경험에 기반한다. 가치를 간단하게 정의할 때 '형편이 나아짐(being better off)'으로 표현한다. 즉, 고객에게 있어서 가치는 서비스를 제공받기 전보다 기분이 더 좋게 되는 것 정도로 나타낼 수 있다. 서비스를 제공받을 때 고객이 항상 긍정적인 경험을 하는 것이 아니기 때문에 경우에 따라서는 '형편이 더 안 좋음(being worse off)'으로 표현될 수 있는데 이는 가치 저하를 의미한다. 오늘날 고객 가치가 기업 가치의 가장 중요한 요소라는 사실은 성공하는 많은 기업들의 사례에서 쉽게 발견할 수 있다. 고객의 가치가 기업 전체의 가치와 동일한 수준은 아니더라도 한 기업이 보유하고 있는 고객들은 기업의 미래 수익성에 대해서 가장 확실하고 믿을 만한 자본인 것이다. 고객 가치의 개념은 경쟁우위(competitive advantage)전략으로 표현될 수 있다. 고객중심 기업은 운영되는 전략이 상품이나 내부 역량이 아니라 고객 가치의 운영요소에 기반한 기업임을 나타내는 것이다. 고객 가치 개념이 효과적인 이유는 다음과 같다:

① 고객에게 중요한 것이 무엇인가를 기업들에게 알려주어서 전략 및 전술을 개발할 수 있도록 돕는다.
② 효과적인 시장세분화를 가능하게 만들어준다.
③ 기업으로 하여금 시장변화에 역동적으로 대응할 수 있도록 만들어준다.
④ 기업 내부자원을 적재적소에 배분할 수 있도록 만들어준다.
⑤ 서로 다른 산업에 소속된 기업들이라도 핵심자산인 고객에 기초하여 비교하고 이해할 수 있는 접근방식을 제공한다.

1) 고객 가치

서비스기업에서 전략을 논할 때 고객 가치라는 용어를 자주 사용한다. 어떤 기업에서는 철학적이고 추상적인 의미로 고객 가치를 이야기하는 반면, 또 다른 기업에서는 실무에서 바로 적용하기 위한 구체적인 개념으로서의 고객 가치를 말하기도 한다.

그만큼 가치는 접근하는 것도 쉽지 않고, 다양한 방법으로 정의되어 왔다. 어떤 상황에서는 시장에서 화폐적 관점에서 측정되어 왔으며 다른 상황에서는 인식적 관점에서 측정되어 왔다. 고객 가치가 화폐적 관점에서 측정될 때는 지각된 기업환경 개선 혹은 기업에 대한 신뢰와 같은 요인을 생각할 필요가 있다. 또한 고객 가치에 대한 인식적 관점은 고객 입장과 기업입장으로 나누어 생각해 볼 수 있다. 먼저 고객 입장에서의 고객 가치이다. 이는 기업이 고객에게 제공하는 제품/서비스에 대해 고객이 느끼게 되는 가치나 효익을 말하는 것으로 다음과 같이 여러 가지 개념이 있다:

① 낮은 가격으로서의 가치: 고객이 가격과 가치를 동일시하여 가격으로서 가치를 인식하는 경우
② 혜택으로서의 가치: 제품/서비스를 구매/이용함에 따라 고객이 받게 되는 혜택이나 효익(benefit)을 가치로 인식하는 것. 즉, 고객이 원하는 것으로서 경제학에서의 효용과 비슷한 개념
③ 품질대비 가격으로서의 가치: 가격과 품질 사이의 교환관계로서 가치를 인식하는 것으로 동일한 품질이라면 상대적으로 낮은 가격의 제품/서비스에서 더 높은 가치를 느끼게 되는 것
④ 지불대비 가치: 고객이 지불한 모든 요소(가격, 시간, 노력 등) 대비 받게 되는 모든 획득요소(품질, 이용경험, 정서 등)를 고려해 가치를 파악하는 것으로 실무적으로 흔히 말하는 'value for money'가 여기에 속함

다음으로 기업입장에서의 가치이다. 이는 특정 고객이 기업에게 가져다주는 재무적/비재무적 성과로서의 가치를 말하는 것으로 기업입장에서의 가치라고 할 수 있다. 대표적으로 고객 평생가치(customer lifetime value)를 생각해 볼 수 있는데 이는 한 고객이 해당 기업에게 평생 동안 가져다 줄 수 있는 이익의 크기를 말하는 것이다.

2) 가치 창출

전통적으로 가치 창출(value creation)은 공급자의 다양한 활동에 기반해서 이루어지는 가치 사슬(value chain)로 간주되어 왔다. 가치 창출은 처음에는 가치의 노동이론 관점에서 시작이 되었으나 점차 공급자의 과정이 추가되고 공급 사슬(supply chain)의 다른 과정으로 확대되었다. 결과적으로, 가치는 공급자의 산출물에 내재되는 것으로

간주되었으며 고객들이 이러한 산출물에 돈을 지불하면서 구체화되었다. 이러한 가치 개념은 교환 가치(value-in-exchange)로 표기되어 있다. 또한 모든 종류의 자원들은 서비스로 제공될 수 있으며 고객들에 의해 서비스로 사용될 수 있다. 가치를 창출하는 것은 인간의 건강한 기능에 대한 기본이라고 할 수 있다. 중력의 자연법칙(the natural law of gravity)처럼 가치를 창출하는 것이 증가의 자연법칙이다. 사람들은 본능적으로 자신의 삶에 대한 증가를 추구해 왔다. 즉, 가치 창출은 자신의 더 위대하고 충만한 표현이 되고자 하는 내면적인 욕망이다.

현대 서비스마케팅 이론에 따르면, 고객을 위한 가치는 고객 과정(customer's process)에서 고객에 의해 창출되며 자원과 서비스제공자의 과정에 의해 지원되고 있다. 이러한 개념은 효용이론에 근거한 또 다른 가치 개념으로 연결되는데 사용과정에서 고객을 위한 가치가 창출되었다는 의미로 사용 가치(value-in-use)로 표기된다. 교환가치와 사용 가치 간의 현저한 차이는 교환 가치가 특정 시점(예를 들면, 판매가 이루어지고 결제가 완료되었을 때)에서 구체화되는 반면에 사용 가치는 사용 혹은 소비과정 전반에 걸쳐 진행되고 있다는 점이다. 두 가치들 간에 또 다른 중요한 차이는 교환가치가 지불된 가격 수준에서 항상 긍정적인 반면에 사용 가치의 진행은 가치 창조(value creation) 혹은 더 좋아짐(better off)을 의미하는 긍정적(positive)에서 가치파괴(value destruction) 혹은 더 안 좋아짐(worse off)을 의미하는 부정적(negative) 양쪽으로 이루

그림 2-6 중력의 자연법칙처럼 가치를 창출하는 것이 증가의 자연법칙이다.

어진다는 점이다. 결론적으로, 고객들은 제품이나 서비스 혹은 자원(resources) 그 자체를 구매하는 대신에 자원이 제공해줄 수 있는, 그래서 그 과정에서 가치 창출이 가능해지는 서비스를 구매한다고 할 수 있다. 어떤 관계에서 시간이 지나면서 고객들에게 제공되는 자원들은 오직 가치의 촉진자(facilitators of value)일 따름이다. 서비스제공자들이 고객들과 접촉하면서 자신들의 자원과 고객 간의 상호작용이 발생할 때, 서비스제공자는 고객 과정에 관여하게 되며 고객들에게 영향을 줄 수 있는 기회를 갖게 된다. 결과적으로, 고객을 위한 가치는 고객에 의해서 만들어진 관계, 그리고 부분적으로는 고객과 공급자 혹은 서비스제공자 간의 상호작용에서 만들어진 관계를 통해서 창출되는 것이다. 서비스마케팅에서의 주안점은 제품이나 서비스 같은 자원에 있는 것이 아니라 고객 가치를 담아내는 과정에 맞추어져 있다.

생각해봅시다

01 소비 가치는 무엇이며 어떤 유형들이 있나?

02 서비스의 소비자 구매행동의 단계는 어떻게 이루어지며, 각 단계별 행동은 어떠한가?

03 의사결정별 단계에서 서비스기업의 고려사항은 무엇인가?

04 숨겨진 서비스(hidden services)는 무엇이며, 어떻게 활용할 수 있을까?

05 고객 가치는 무엇이며 서비스마케팅에 어떻게 적용될 수 있를까?

06 고객 가치 창출은 어떻게 이루어지는가?

CHAPTER 03

서비스마케팅의 기초

학습목표

- 서비스마케팅을 잘 이해하고 활용하기 위해서 기본적인 사항을 검토한다.
- 고객기대모델을 학습한다.
- 고객기대 영향요인을 알아본다.
- 서비스 포지셔닝을 이해한다.
- 서비스 수요와 역량의 불일치의 발생원인을 살펴본다.
- 서비스의 수요관리를 구체적으로 알아본다.
- 서비스 역량관리를 구체적으로 살펴본다.

도입사례 **켄쇼(見性): 월스트리트를 호령하는 인공지능**

11월 6일 아침. 대니얼 네이들러(Daniel Nadler)는 눈을 뜨자마자 오렌지 주스를 한 잔 따라 들고 랩탑 컴퓨터를 열었다. 곧 있으면 노동 통계청이 월간 고용지표를 발표하는 8시 30분이다. 네이들러는 뉴욕 첼시에 있는 아파트 부엌 식탁에 앉아 초조한 듯 컴퓨터 새로고침 키를 자꾸 눌렀다. 그가 세운 회사의 소프트웨어 켄쇼(Kensho)가 통계청이 발표한 데이터를 모아 한창 분석하는 중이었다. 2분 만에 켄쇼의 분석 내용이 보고서 형식으로 화면에 떴다. 짧은 전체적인 평에 이어 보고서는 과거 유사한 고용지표에 대한 시장의 반응을 토대로 투자 실적을 예측하는 도표와 그래프 13개를 정리해 보여줬다.

네이들러가 스스로 미리 꼼꼼히 검토해보려고 했어도 다 훑어볼 수 없을 만큼 수십 가지 다양한 데이터베이스에서 수천 가지 숫자, 자료를 모아 분석한 내용이었다. 8시 35분, 노동 통계청이 자료를 발표한 지 5분 만에 켄쇼가 내놓은 분석은 고객사인 골드만삭스에 제공된다. 켄쇼가 미국인 전체 임금 수준이 얼마나 올랐는지를 제대로 분석했는지 정도를 한눈에 확인하는 것이 네이들러가 자신에게 주어진 몇 분 안 되는 시간 동안 할 수 있는 사실상 유일한 검토였다.

켄쇼의 가장 중요한 고객인 골드만삭스는 켄쇼의 최대 투자자이기도 하다. 올해 32살인 네이들러는 은행에서 실제로 켄쇼의 보고서를 받아보는 옵션, 파생상품 트레이더, 펀드 매니저 같은 고객들에게 보고서 내용이 어땠는지 확인하며 나머지 아침 시간을 보냈다. 그러고 나서 점심 약속에 가려고 집을 나선다. 우버를 탄 네이들러의 목적지는 맨해튼의 웨스트사이드 하이웨이 바로 앞에 있는 골드만삭스의 통유리 건물. 이 건물에 오는 사람들 대부분이 깔끔하게 다린 셔츠에 정장 차림이지만, 네이들러는 대개 루이뷔통 가죽 샌들에 알렉산더 왕의 단정한 티셔츠와 바지 차림이다. 네이들러네 집에는 이런 조합으로만 신발까지 열 벌이 있다.

이런 꾸밈없는 옷차림과 미적 감각은 하버드에서 경제학 박사과정을 밟던 중 여름이면 찾아가곤 했던 일본에서 배웠다. 네이들러는 일본의 여러 신사를 두루 다니며 명상 수련을 하곤 했다.(켄쇼라는 회사 인공지능 프로그램 이름은 우리말로 음을 달면 견성(見性)에 해당하는 한자어의 일본식 발음이다. 일본 불교의 선 사상에서 사물과 자연의 이치에 대한 첫 깨달음을 얻는 상태 혹은 그 깨달음을 일컫는 말이 켄쇼다) 네이들러는 여러 편의 고전적 연애시를 쓴 시인이기도 하다. 올해 그가 쓴 시를 묶어 파라 슈트라우스&지루 출판사가 책을 펴낼 예정이다.

네이들러를 만나 인터뷰한 날이 바로 노동통계청이 월간 고용지표를 발표한 11월 6일이었다. 인터뷰는 골드만삭스 빌딩 맞은편에 새로 지은 세계무역센터(1 World Trade Center) 건물 45층에 있는 켄쇼 사무실에서 진행됐다. 열 명 남짓한 켄쇼 직원들이 큰 방 하나에 자유롭게 흩어져 일하고 있었다. 수족관에 사무실 스피커에서 나오는 요란한 전자음악까지, 전형적인 스타트업 사무실의 모습이었다. 사무실 한편에 있는 사장실에는 폐기한 전신주를 고쳐 만든 넓은 책상과 겉에 천을 댄 큰 가죽 의자, 그리고 같은 천을 씌운 수납식 의자가 나란히 놓여 있었다. 사장실 문을 닫고 나서 곱슬머리에 하얀 피부를 지닌 네이들러는 수납식 의자에 앉았다. 발을 뒤로 빼고 앉은 네이들러는 이내 그날 골드만삭스 고객들로부터 받은 평가에 대해 말하기 시작했다. 다음번 보고서에는 어떤 내용이 포함됐으면 좋겠다는 조언도 있었지만, 켄쇼의 가공할 만한 일 처리 속도에 대한 감탄이 대부분이었다.

"와, 저라면 지금 저 정도 일을 하는 데 이틀은 꼬박 걸렸을 거예요."

"아예 우리 팀에 딱 이런 일만 전담하는 사람이 있었는데요, 그냥 이렇게 보고서 만드는 게 그 사람이 하는 일의 다였어요."

네이들러가 전한 사람들의 반응은 이런 식이었다. 잘난 척하거나 으스대는 것처럼 들릴지도 모르지만, 네이들러는 이런 상황을 진지하게 곱씹으며 켄쇼나 켄쇼를 비롯한 새로운 스타트업들이 금융업 전반에 미칠 영향을 걱정하고 있었다. 앞으로 10년 안에 금융업계 종사자의 3분의 1, 많게는 절반 정도가 켄쇼나 다른 자동화 소프트웨어에 밀려 일자리를 잃을 것이라고 네이들러는 내다봤다.

주식 시세를 표시하는 일이나 실제 증권을 사고파는 일이 온라인에서 이뤄지기 시작하면서 저임금 사무직 직원들이 불필요해져 일자리를 잃었다. 이제는 이런 추세가 시장 동향을 분석하고 예측하며 투자에 관한 조언을 하는 일에도 영향을 미치고 있다. 켄쇼 같은 소프트웨어는 거대한 데이터를 인간이 할 수 있는 것보다 훨씬 빠른 속도로, 훨씬 정확하게 분석하고 읽어낼 수 있다. 다음 차례는 금융업 안에서도 고객을 상대하는 직종이 될 거라고 네이들러는 말했다. 기계가 훨씬 더 복잡한 분석을 효과적으로 수행할 수 있다면 금융 고객은 굳이 다른 사람에게 설명을 듣고 조언을 받으려 하지 않으리라는 것이다. 네이들러는 눈을 감고 생각에 잠겨 마치 설교하거나 피아노를 치는 듯 팔을 저으며 말을 이어갔다.

“앞으로 5~10년 안에 이 사람들 대부분의 일자리를 대체하는 건 또 다른 사람들이 아닐 겁니다. 지금부터 10년 뒤의 골드만삭스는 직원 수만 놓고 보면 현재 골드만삭스보다 훨씬 작을 겁니다.”

골드만삭스 임원들은 유능한 새로운 금융 분석 툴이 몰고 올 역경에 관해 이야기하기 싫어한다. 나와 이야기를 나눈 몇몇 매니저들은 켄쇼 때문에 아직 해고된 사람은 아무도 없고, 앞으로도 그럴 가능성은 별로 크지 않을 거라고 주장했다. 네이들러가 미리 내게 주의를 시킨 그대로였다. 네이들러는 내게 이렇게 말했었다. “아마 자동화, 인공지능 같은 화두를 입에 올리는 순간 모두가 입을 다물어버릴 겁니다.”

사실 골드만삭스에서 일하다가 기계에 밀려 일자리를 잃은 사람들이 사회적으로 동정의 대상이 될 가능성은 거의 없다. 한편으로는 골드만삭스가 갖는 상징성 때문에 인공지능이 가져올 일자리 위기가 어떻게 결판날지 더욱 주목되는 것이다. 만약 골드만삭스의 일자리마저 집어삼킬 수 있는 인공지능이라면 그보다 규모가 작은, 그보다 덜 복잡한 일을 처리해 온 회사들의 일자리는 더 쉽게 대체될 터. 이는 금융업뿐 아니라 다른 산업에도 적용되는 일이다.

2013년 9월, 옥스포드대학 학자 두 명은 “고용의 미래”라는 제목의 연구 보고서에서 현재 미국인의 직업 가운데 47%가 앞으로 20년 안에 자동화되어 기계로 대체될 가능성이 매우 크다고 지적했다. 로봇이 일자리를 빼앗아간다는 식의 우려 섞인 뉴스가 쏟아져 나왔다. 연구진은 아홉 가지 변수를 토대로 직업이 자동화될 가능성을 예측하는 식을 만든 뒤, 이를 노동부의 데이터를 토대로 선정한 702개 직군에 대입했다. 결론은 명확했다.

이제는 로봇이 공장이나 재고 창고에서 일하는 사람의 일을 대체하는 데 그치지 않는다. 소프트웨어가 일정 수준 이상의 교육을 받은 이들만이 할 수 있다고 여겨지던 사무직을 대체하기 시작한 것이다. 핵심은 연산력(computing power)에 있다. 즉, 예전에는 대체 불가능하다고 여겨지던 사무직마저 기계가 넘볼 수 있게 된 건 컴퓨터의 연산 능력이 향상됐고 이를 이용하는 데 드는 비용이 크게 낮아졌기 때문에 가능해진 것이다. 데이터를 스스로 모으고 분석해 이해한 뒤 해답을 내놓는 켄쇼와 같은 머신러닝(machine learning) 소프트웨어의 등장도 큰 영향을 미쳤다.

"고용의 미래" 보고서와 후속 연구를 보면, 직군에 따라 자동화가 미칠 영향의 정도가 크게 다르다. 예를 들어 사람과 사람 사이의 소통이 굉장히 중요한 의료보건 분야에서는 자동화된 기계나 소프트웨어가 대체할 수 있는 직업이 전체 노동시장 평균보다 적다. 반면에 개발이 한창인 자율주행 자동차를 생각하면 택시나 트럭 운전수들의 미래는 절망적이다. 고임금 직종에 속하는 일자리라고 상황이 딱히 낫지 않다. 변호사를 예로 들어보자. 옥스포드 연구진은 높은 보수를 받는 변호사들도 몇 시간은 걸려야 정리할 수 있는 법률 관련 문서를 찾아내 분석, 정리하는 일을 순식간에 해내는 소프트웨어를 사례로 들었다. 오토메이티드 인사이츠라는 사이트는 이미 농구 경기를 분석하는 기사를 알고리즘에 따라 써낸다. 기자들에게는 탐탁지 않을 기술이다. 하지만 금융업에 미칠 파장은 특히 클 것으로 보인다. "고용의 미래"의 예측만 보더라도 금융업 내의 일자리 54%가 자동화로 사라질 것으로 예측됐다. 다른 어떤 숙련직종보다도 높은 수치다. 이는 금융이라는 분야 자체가 애초에 디지털화된 정보를 처리하고 분석하는 바탕 위에 서 있다는 점을 고려하면 이해할 수 있는 예측이다.

"고용의 미래" 보고서에는 수많은 비판이 쏟아졌다. 대단히 광범위한 분야에 수많은 변수를 토대로 추정치를 내는 일이다 보니 당연히 다른 의견이 있을 수 있는 일이다. 어쨌든 금융업계는 기회이자 위기인, 동전의 양면과도 같은 자동화가 가져올 변화를 예의주시하고 있다. 당장 금융 애널리스트 몇 명이 일자리를 잃게 되는 것도 문제긴 하지만, 금융업 전체가 전례 없는 위기에 직면할 수도 있는 일이다. 금융공학을 일컫는 신조어인 핀테크(fintech) 업계들은 2014년 총 122억 달러를 투자받았다. 일 년 만에 무려 세 배나 늘어난 액수다. 스타트업들은 쉽게 말해 금융업이 손을 대고 있는 모든 분야에 뛰어들었다. 대출 심사만 해도 신용 등급과 신원 정보를 토대로 사람이 해오던 관행이 바뀌고 있다. 소프트웨어는 대출을 받으려는 사람에 관한 수많은 정보를 여러모로 분석해 대출이 적절한지 판단한다. 로봇 분석원(robo-advisers)이라고도 불리는 소프트웨어는 개인별 맞춤형 투자 포트폴리오를 짜준다. 증권 중개나 투자 자문 같은 일을 해온 사람들은 설 자리가 갈수록 좁아지고 있다. 이미 대부분 월스트리트의 금융 회사들은 몇 년 안에 소프트웨어로 대체될 것이 뻔한 옛날식 보고서를 사는 데 돈을 쓰지 않는다. 은행들은 대신에 아예 켄쇼와 같은 스타트업에 직접 투자를 해 사들이는 쪽을 택했다. 켄쇼는 이미 2천5

백만 달러를 유치했다.

월스트리트뿐 아니라 사실상 뉴욕시의 경제 전체를 숙련직 노동자들이 떠받치고 있다고 해도 과언이 아니다. 이들 금융 애널리스트, 언론, 출판업자, 디자이너가 하는 일은 기계가 대체할 수 없는 일로 여겨졌기 때문에 지금껏 뉴욕시의 경제 구조는 어쩌면 이런 변화에 둔감했는지도 모른다. 하지만 켄쇼 같은 회사가 몰고 온 변화는 지금껏 자신을 예외라고 여겼던 경제 자체가 직면한 상황을 여지없이 보여준다. 영국의 대표적인 투자은행 바클레이의 CEO 자리에서 해고된 안토니 젠킨스는 지난해 가을 한 강연에서 금융업계 전반에 "우버와 같은 충격(Uber moments)"이 잇따를 것이라고 말했다. 즉, 우버가 택시업계는 물론 물류, 운송업계 전반을 뒤바꿔놓고 있는 것처럼 금융업계도 근본적인 변화가 잇따르리라는 것이다.

"많게는 금융업계에서 일하는 사람의 절반 가까이가 일자리를 잃을지도 몰라요. 은행 점포도 지금보다 훨씬 줄어들 겁니다. 아주 보수적으로, 희망적인 상황을 가정하더라도 고용 규모가 20%는 줄어들 겁니다. 좋은 측면도 없지는 않을 겁니다. 가장 비효율적인 부분부터 구조조정이 일어날 것이고, 금융 상품의 투명성도 제고돼 고객들에게 부당한 수수료를 덤터기 씌우는 일 같은 건 줄어들 겁니다. 어쨌든 몇 년 전 금융 위기를 일으키고도 여전히 구조적인 문제를 해결하지 못하고 도덕적 해이가 남아있는 듯한 금융업 전반에 경종을 울리는 일이라는 측면에서도 의미가 있을지도 모르죠. 하지만 기계가 먼저 일자리를 대체하는 건 상대적으로 단순한 일을 하는 하급 직원들입니다. 임원들은 제일 마지막에 영향을 받겠죠. 이는 가뜩이나 심각한 문제로 제기되고 있는 소득 불평등 문제를 더욱 심화할 것입니다."

켄쇼에 투자한 벤처캐피탈리스트 가운데는 네이들러에게 잠정적인 일자리 대체 문제를 가급적 꺼내지 않는 게 어떻겠냐는 조언을 건넨 이들도 있다. 켄쇼의 주 고객이어야 할 은행의 존폐가 달린 문제를 켄쇼가 일으키는 것처럼 받아들여질지 모른다는 것이다. 네이들러는 이들에게 이 문제는 자신의 지적 양심이 달린 문제라며, 잠재적인 파급 효과를 모른 척할 수 없다고 답했다. 네이들러가 사회적인 안전망을 확충하는 데 힘을 쏟는 정치인을 위한 정치 자금 모금 행사에 열심히 참여하는 이유도 일자리에 관한 자신의 예측, 주장과 맥을 같이 한다. 하지만 그는 자신과 켄쇼가 가져올 변화, 즉 켄쇼가 만들어낸 기회와 앗아간 것들을 정확히 알고 행동하는 점이 자신이 궁극적으로 창업가들과 다른 점이라고 말한다. 그는 사업을 하고 있지만, 사업의 가장 궁극적인 목적은 미래를 좀 더 정확히 예측하는 데 있다는 점에서 분명 다르다.

〈출처〉 News Peppermint(뉴욕타임스)(2016년 3월 24일)

그림 3-1 '켄쇼'는 직관적 플랫폼과 정교한 알고리즘, 머신러닝 기능으로 인공지능(AI)을 이용해 금융기관에 데이터분석 자료를 제공하면서 근융소비자의 기대 수준을 확 바꾸어 버렸다.

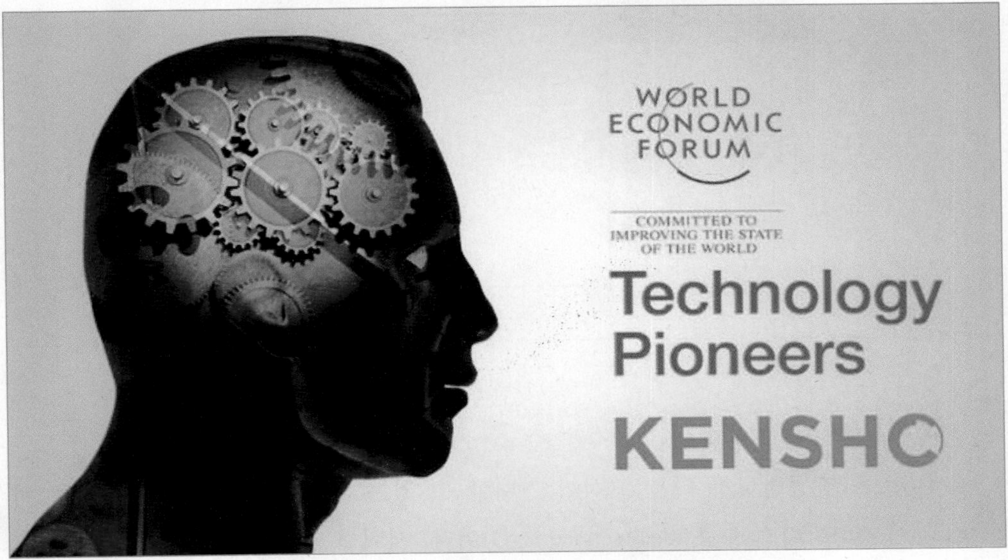

01 고객 기대

1) 고객 기대 모델

대부분의 마케터들은 고객 기대가 의미하고 있는 바를 나름대로 객관적으로 이해하고는 있지만 서비스마케터들은 더욱 정확하게 고객 기대를 이해하고 측정하며 예측하기 위해서는 명확하게 고객 기대를 정의할 필요가 있다. 고객 기대(customer expectation)란, 서비스 성과판단에 이용되는 표준 및 준거로서 어떤 고객이 서비스를 제공받기 전에 그 성과에 대해서 가지고 있는 신념이라고 정의할 수 있다. 고객 기대는 다음과 같이 5개의 수준으로 구성되어 있다: 최고서비스(ideal service), 희망서비스(desired service), 최저서비스(adequate service), 허용구간(zone of tolerance), 그리고 예상서비스(predicted service).

그림 3-2 고객기대모델

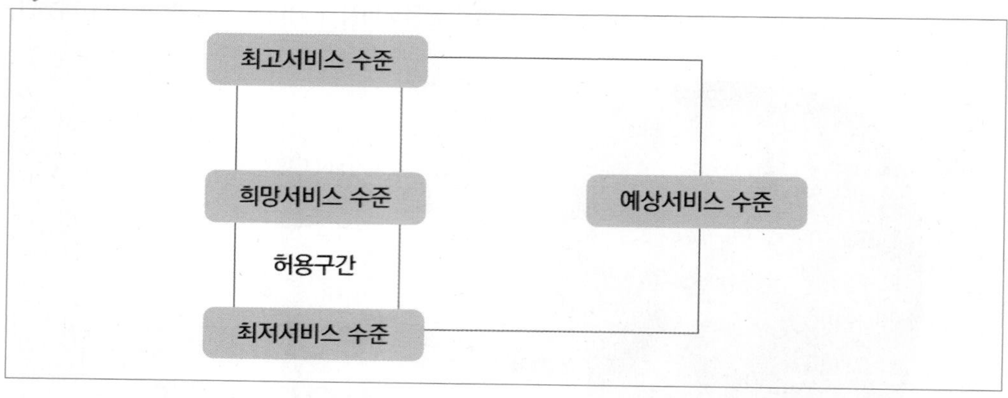

최고서비스 수준

서비스를 제공받고자 하는 고객이 기대할 수 있는 가장 최상의 서비스수준이 바로 최고(이상적)서비스 수준(ideal service level)이다. 서비스 시행 전에 고객이 나름대로 원하고 있었던 부분은 물론 미처 깨닫지 못한 부분까지도 제공되어 고객의 효익을 제고시켜 주는 서비스 수준을 말한다. 예를 들어서, 10년된 자동차를 수리정비 카센터에 맡겼는데 약속대로 엔진을 교체하고 기대 밖으로 여러 군데 수리를 해 주어서 마치 새로운 차를 타는 승차감을 맛보는 경우 그 고객은 최상의 서비스 수준을 경험하게 되는 것이다.

희망서비스 수준

희망서비스 수준(desired service level)은 고객이 서비스 제공 전에 서비스제공자로부터 받기를 소원하고 희망하는 서비스의 성과 수준을 말한다. 최고서비스는 현실적으로 기대하기 힘들기 때문에 일반적으로 고객들의 기대는 그 수준을 좀 더 낮추어 희망서비스 수준에 맞추어진다. 때때로 어떤 고객들에 있어서는 최고서비스 수준과 희망서비스 수준이 일치하는 경우도 있다. 예를 들어서, 어떤 고객이 10년이 된 자동차를 수리정비 카센터에 맡겼는데 수리가 이루어져 새로운 차를 타는 승차감을 경험하면 최고서비스 수준에 당도하는 것이지만 10년이 된 차의 나이를 감안해서 자동차가 잘 달리고 소음이 최대한 줄어들었다면 그 고객은 희망서비스 수준을 경험하게 된다. 따라서 희망서비스 수준은 고객이 기대하는 가능성(can be)과 당위성(should be)의 혼합이라고 할 수 있다.

✔ 최저서비스 수준

고객기대의 또 다른 수준이 바로 최저서비스 수준(adequate service level)이다. 이 수준은 고객이 불만족스럽게 생각하지 않고 받아들일 수 있는 최소한의 서비스 수준이다. 따라서 고객들은 제공되고 있는 서비스에 대해서 최소허용 기대치(minimum tolerable expectation)만을 갖게 된다. 소위 맛집이라고 알려진 식당에는 예약을 받지 않고 있기 때문에 항상 수많은 고객들로 붐비고 있다. 특히 이러한 음식점을 방문하는 고객들은 자리를 차지하고 식사를 할 수만 있다면 어느 정도의 대기시간은 감수할 수 있다고 생각한다. 이들은 기다리지 않고 자신이 원하는 시간에 정해진 좌석에 앉아 식사를 하고 싶지만 언론을 통한 노출과 입소문을 통해 유명해진 맛집을 이용하려면 현실적으로 자신들의 기대를 채워줄 수 없음을 그들은 인식하고 있는 것이다. 즉, 최저서비스에 대한 그들의 표준은 희망서비스에 비해서 상당히 낮은 것이다. 이러한 사례에서도 알 수 있듯이 일반적으로 고객들이 그냥 괜찮다고 생각하는 수준은 서비스에 대해 수용될 수 있는 성과의 최저수준인 것이다.

✔ 허용구간

허용구간(zone of tolerance)은 고객이 서비스에 대한 가변성을 인정하고 수용하고자 하는 정도로서 희망서비스 수준과 최저서비스 수준 사이에 있는 구간을 말한다. 이 구간 내에서 서비스가 수행되면 고객들은 그 제공되는 서비스를 수용하게 되지만 최저서비스 수준보다도 낮아서 구간 밖에서 서비스가 수행되면 고객들은 당황해하며 불만족스럽게 생각한다. 또한 제공되는 서비스가 희망서비스 수준을 능가하여 구간 밖에서 수행될 경우 고객들은 즐거워하며 만족해 한다. 허용구간은 서비스가 제공되는 상황 및 고객의 특성에 따라서 가변적이다. 예를 들어서, 시간에 쫓기는 사업가가 의료서비스를 받기 위하여 병원에 왔다가 긴 대기열(long wait-line)을 보면 1분 1초도 아깝기 때문에 최저서비스 수준이 높아져서 결과적으로 허용구간은 좁아지게 된다. 반면에 시간에 쫓기지 않는 가정주부가 병원에 일찍 도착하면 동일한 긴 대기열을 보더라도 보다 더 넓은 허용구간을 가질 수 있게 된다. 따라서 마케터입장에서는 허용구간의 범위에만 신경쓸 것이 아니라 언제 그리고 어디서 이 허용구간의 변동이 발생하는지에 대해서 보다 정확하게 이해할 필요가 있다. 이러한 의미에서 Berry, Parasuraman과 Zeithaml(1991)은 서비스 차원들에 따라 달라지는 허용구간을 제시하고 있다.[1] 즉, 서비스 성과에서 특정 요인이 중요하면 할수록 허용구간의 범위는 그만큼 작아질 가능성이 크다고 하는 것이다. 일반적으로, 고객들은 서비스의 다른 결함보다도 약속을 지키지 않는다거나 실수가 계속 발생하는 등의 신뢰할 수 없는 서비스에 대해 불만을 표출하고 있는데 이는 고객이 서비스의 신뢰성이라는 요인을 더욱 중요하게 생각한다는 의미이다. 결국 고객들은 보다 더 중요한 서비스 차원에 대해서 더 높은 기대수준을 가지며 허용구간의 범위도 좁고 희망서비스 수준 자체도 상대적으로 높게 된다.

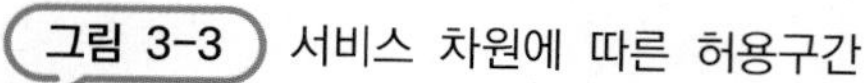
그림 3-3 서비스 차원에 따른 허용구간

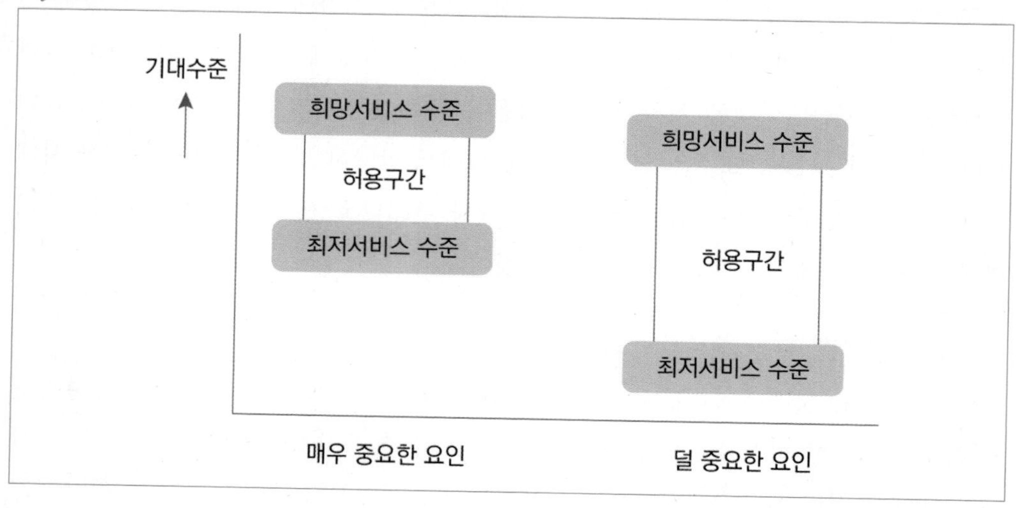

예상서비스 수준

예상서비스 수준(predicted service level)은 고객들이 실제로 서비스를 제공받을 때 기대하는 서비스 수준으로서 최고서비스 수준부터 최저서비스 수준까지의 범위에 걸쳐 있다. 예를 들어서 어느 고객이 진료를 받기 위해서 종합병원을 방문하는데 이때 최고서비스 수준은 약속대로 오후 2시 정각에 의사의 진료를 받는 것이나 과거의 경험상 그 진료는 2시 15분 혹은 2시 30분에 이루어질 수도 있는 것이다. 따라서 이 고객은 이상적으로 서비스가 제공된다면 오후 2시지만 2시 15분에 진료를 받기를 희망하고 최소한도 늦어도 2시 30분 정도에는 진료가 이루어질 수 있어야 한다고 예상하

---

1 Berry, Leonard L., A. Parasuraman, and Valarie A. Zeithaml(1991), "Understanding Customer Expectations of Services," *Sloan Management Review*, 32(3), 24–45.

게 된다. 이 경우에 예상서비스 수준은 최고서비스 수준인 오후 2시부터 최저서비스 수준인 오후 2시 30분을 모두 포함하게 된다. 현실적으로 예상서비스 수준은 서비스 제공에 따른 상황이 고려되고 또 고객 자신의 기대에도 맞출 수 있기 때문에 항상 변경될 수 있다.

2) 고객 기대 영향요인

희망서비스 수준 영향요인

희망서비스 수준은 6개의 상이한 요인들의 결과로 만들어진다. 첫 번째 요인인 지속적 서비스 강화요인(enduring service intensifiers)은 시간이 지남에 따라 안정적이고 어떻게 서비스가 가장 잘 제공되어야 하는지에 대한 고객의 민감도를 증가시키는 개인적 요인들이다. 고객의 파생된 기대(derived expectation)와 개인적 서비스 철학(personal service philosophies) 등 2가지 형태의 요인들이 여기에 속한다. 파생된 기대는 다른 사람들의 기대로부터 만들어진다. 예를 들어서, 만약 사람들이 결혼식 상견례를 위한 레스토랑을 예약할 경우 대부분 일상적인 생활에서 자신들이 이용하는 곳보다 서비스 제공수준이 높은 레스토랑을 기대한다. 보통 상대편의 기대를 만족시키기 위한 시도를 하게 되고 이에 따라 서비스 수준에 대한 민감도가 상당히 증가하게 되기 때문이다. 마찬가지로 고객의 서비스에 대한 개인적 철학, 혹은 서비스의 의미 및 서비스제공자가 당연히 수행해야 할 방식에 대한 개인적 견해는 역시 서비스 수준에 대한 민감도에 영향을 주게 된다. 특히 환대 서비스산업에서 근무하는 고객들은 제공되는 서비스의 수준에 민감해지기 쉽다. 이러한 유형의 고객들은 어떻게 서비스가 제공되어야 하는지에 대한 자신들만의 철학을 지니고 있기 때문에 자신들이 고객들을 다루는 방식대로 자신들도 서비스를 제공받기를 원하게 된다.

두 번째 영향요인은 육체적, 사회적 및 심리적 니즈를 포함하는 고객 자신의 개인적 니즈(personal needs)이다. 고객에 따라 이러한 니즈는 다양하게 표출된다. 예를 들어서, 어떤 고객들은 레스토랑에 가서 자리를 잡을 때 특정한 좌석을 고집하지만 또 다른 고객들은 아무데나 직원이 권하는 곳에 자리를 잡는다. 호텔에서도 어떤 고객들은 수영장, 사우나, 식당, 나이트클럽 등과 같은 편의시설에 상당히 관심을 보이고 있는 반면에 다른 고객들은 오직 객실의 청결상태에만 신경을 쓰기도 한다. 이러한 이유 때문에 서비스기업을 경영하는 것은 어려운 것이다. 현실적으로 고객들은 다양한 니즈를 가지고 있고 모든 면에서 어떤 고객도 서로 같을 수가 없다.

세 번째 영향요인은 명백한 서비스 약속(explicit service promises)이다. 여기에는 기업의 광고, 인적판매, 계약 및 다른 형태의 커뮤니케이션 등이 포함된다. 유형성이 결여되어 있기 때문에 서비스 소비자들은 이용 가능한 다양한 형태의 정보에 기초해서 서비스를 평가하게 된다. 서비스가 애매모호하면 할수록 기대를 형성할 때 고객들은 그만큼 더 기업의 광고에 의존하게 된다. 예를 들어서, 어떤 호텔이 현대적이고 청결한 객실을 강조하게 되면 고객들은 자연스럽게 광고 사진 속에서 보여주는 방식대로 객실에 대한 기대를 하게 된다. 마찬가지로 어떤 은행이 새로운 투자 상품에 대한 서비스를 개시한다고 광고를 한다면 고객들은 당연히 해당 금융 상품에 대한 상세한 내용을 믿고 이를 바탕으로 자신들의 투자계획을 수립하게 된다. 명백한 서비스 약속은 예상서비스 수준에도 영향을 미치는 요인이기도 하다.

네 번째 영향요인인 묵시적 서비스 약속(implicit service promises) 또한 희망서비스 수준 외에도 예상서비스 수준에도 영향을 미치고 있다. 서비스를 둘러싼 유형물들(tangibles)과 서비스의 가격은 대표적 형태의 묵시적 서비스 약속이다. 가격이 높아질수록 고객들은 서비스기업이 보다 높은 품질의 서비스를 제공해줄 것으로 기대한다. 유형적 제품이 부재한 상태에서, 가격은 대부분 고객들에게 품질의 지표가 되고 있다. 예를 들어서, 고객들이 강남, 명동 혹은 신촌에 위치한 고가격의 미용실에 갔을 때는 동네 부근 미용실보다는 머리손질 서비스에 더욱 높은 기대를 갖게 될 것이다. 마찬가지로 서비스를 둘러싼 유형물들이 고급스러우면 대부분의 고객들은 이러한 유형물들을 품질의 표시로 해석한다. 호텔 내부에 있는 인테리어나 가구들이 고급스러우면 고객들의 기대 또한 높아지게 된다.

다섯 번째 영향요인인 구전 커뮤니케이션(word-of-mouth communications)도 고객의 기대를 형성하는 데 중요한 역할을 한다. 고객들은 서비스 대안들을 선택하게 될 때 비(非)개인적인 출처보다는 개인적인 출처에서 나온 정보를 더욱 신뢰하는 경향이 있다. 서비스는 구매 이전에는 완전하게 평가될 수 없기 때문에 고객들은 구전 정보를 해당 서비스를 이미 경험한 사람들로부터 나온 편견이 없는 정보로 간주한다. 구전 정보의 출처는 가족이나 친구로부터 블로거나 유튜버 등의 제3당사자에 이르기까지 다양하게 형성된다.

마지막으로, 과거 경험(past experience) 또한 희망서비스 수준뿐만 아니라 예상서비스 수준에도 상당히 영향을 끼치는 인자이다. 과거 경험에 따른 서비스 평가는 현재의 서비스접점을 동일한 서비스제공자, 해당 산업에서의 다른 서비스제공자, 그리고 다른 산업에서의 다른 서비스제공자의 다른 서비스접점과 비교를 통해서 이루어진다. 예를 들어서, 대학교에서 강의를 들을 때 학생들의 해당 교수의 교육 서비스에 대한 희망 및 예상서비스 수준에 대한 기대는 동일한 교수의 다른 수업과 다른 교수들의 다른 수업에서의 과거 경험에 기반을 둘 가능성이 크다. 이처럼 과거 경험에는 특정 서비스제공자와의 경험, 동일 산업 내의 다른 서비스제공자와의 경험 및 유사한 서비스에 대한 경험 등이 포함된다.

최소서비스 수준 영향요인

최소서비스 수준은 소비자가 기꺼이 수용하는 서비스 수준을 나타내며 아래와 같이 5개의 요인들에 의해서 영향을 받게 된다. 첫째, 일시적 서비스 강화요인(transitory service intensifiers)이다. 일시적 서비스 강화요인은 서비스에 대한 고객의 민감도를 제고시켜주는 개별화되어 있고 단기적인 요인이다. 예를 들어서, 어떤 특정한 종류의 서비스제공자에게서 과거에 서비스 문제를 경험한 고객들은 차후에 그와 유사한 서비스 제공자에 의해서 수행되는 서비스의 품질에 더욱 민감해지게 된다. 또 다른 사례로서 병원 응급실에서 의료서비스를 받게 되는 긴급상황을 상정해 볼 수 있다. 일반적으로 의료서비스를 제공받는 소비자들은 자신들의 차례가 오면 의사를 만날 수 있다. 그러나 긴급상황이 발생하면 소비자들은 지체할 수 없게 되며 짧은 시간 안에 보다 높은 수준의 응급서비스를 기대하게 된다. 따라서 최소서비스 수준은 높아지게 되고 허용구간 또한 더욱 좁아지게 된다.

둘째, 지각된 서비스 대안(perceived service alternatives)이다. 대안의 숫자가 많아질수록 최소서비스 수준에 대한 기대는 높아지게 되고 허용구간 또한 더욱 좁아지게 된다. 다른 곳에서 비교 가능한 서비스를 얻을 수 있다고 믿거나 서비스를 생산할 수 있다고 믿는 고객들은 다른 서비스제공자로부터 충분히 더 나은 서비스를 받을 수 없다고 생각하는 고객들보다 더 높은 수준의 최소서비스를 기대하게 된다.

셋째, 자기인식 서비스 역할(self-perceived service role)이다. 서비스 고객은 종종 서비스 생산과정에 관여하며 서비스 제공시스템의 결과에 직접적으로 영향을 줄 수 있다. 고객들이 강력한 자기인식 서비스 역할을 가지게 될 때, 즉 서비스 제공과정에서 자신들이 일정 부분 참여하여 특정 역할을 하고 있다고 믿을 때 이들의 최소서비스 수준에 대한 기대는 커지게 된다. 그러나 만약 고객들이 탁월한 서비스 결과를 생산하기 위해서 특정 역할을 완수하지 못했거나 필요한 정보를 제공하는 데 실패했다고 느끼게 되면 최소서비스 수준에 대한 기대는 작아지고 허용구간은 커지게 된다.

넷째, 상황적 요인(situational factors)이다. 고객들은 때때로 서비스제공자의 통제권 밖에 있는 상황적 요인들이 서비스의 품질을 떨어뜨리고 있음을 이해한다. 대표적 상황요인으로 날씨와 시간의 제약을 생각해 볼 수 있다. 날씨가 좋을 때와 나쁠 때 고객들은 서비스 제공에 대해서 기대 수준을 다르게 가져간다는 것이다. 예를 들어서, 배달의 민족 앱을 이용해서 집에서 음식배달 서비스를 제공받을 때 정상적인 날씨에는 30분 이내에 주문한 음식이 도착하는 것을 고객들은 기대하지만 궂은 날씨인 경우에는 고객들은 어느 정도의 배달지연이 있으리라는 것을 인식하고 있다. 즉, 서비스에 대한 희망수준은 동일하나 나쁜 날씨 때문에 최소서비스 수준에 대한 기대는 낮아지게 되고 허용구간도 커지게 된다. 시간의 제약(time constraints) 또한 고객 기대에 영향을 미치게 된다. 충분한 시간적 여유를 갖지 않고 급하게 인쇄업자에게 인쇄물을 맡긴 고객은 자신의 기대 수준을 변경시킨다. 즉, 인쇄업자에게 인쇄물 작업에 대해서 충분한 시간을 주지 못했기 때문에 최소서비스 수준은 낮아지게 되며, 허용구간의 범위도 넓어지게 된다. 이처럼 시간적으로 제약이 있는 서비스 제공에 대해서는 고객들도 정상적인 상황에서 기대할 수 있는 서비스 수준을 그 시간 제약성에 맞추어 변경시키고 있는 것이다.

마지막으로, 예상서비스 수준(predicted service level)도 최소서비스 수준에 영향을 미치고 있다. 앞서 언급한 것처럼 예상서비스 수준은 명백한 서비스 약속, 암묵적 서비스 약속, 구전 커뮤니케이션, 그리고 고객 자신의 과거 경험의 함수이다. 이러한 4개의 요인들을 고려해서 고객들은 발생 확률이 높은 예상서비스 수준에 대한 판단을 형성하게 되며 동시에 최소서비스 수준에 대한 기대도 갖게 된다.

그림 3-4 고객기대 영향요인

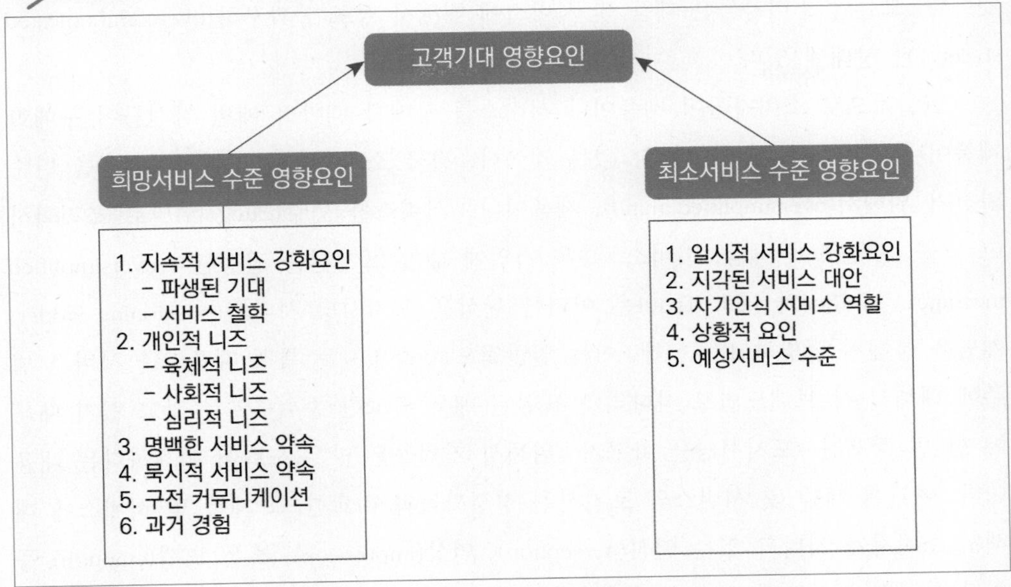

02 서비스 포지셔닝

1) 포지셔닝(positioning)의 개념

원래 포지셔닝이라는 용어는 Al Ries와 Jack Trout이 1972년에 Advertising Age 이라는 학술지에 "The Positioning Era Comes"라는 논문을 게재하면서 처음으로 사용하였다. 이는 경쟁기업과 효과적으로 경쟁하기 위해서 마케팅믹스를 사용하여 소비자의 마음속에 제품이나 서비스의 차별적 위치를 정확하게 심어 주는 활동으로 정의될 수 있다. 즉, 자사의 서비스 상품이 경쟁상품과는 다른 차별적인 특징을 보유하여 표적시장 내 소비자들의 욕구를 보다 더 잘 충족시키는 것이라 할 수 있다(positioning the product in the minds of consumers relative to competing products). 따라서 효과적인 포지셔닝은 제품이나 서비스의 자체적인 우월성 여부와는 무관하게 소비자들이 그 제품이나 서비스를 어떻게 인식하고 있느냐의 주관적인 가치에 의해서 이루어질 수 있다. 그렇기 때문에 최초(the first), 최대(the most), 그리고 최고(the best)라는 수식어가 제품이나 브랜드와 연계되면 그만큼 소비자의 마음속에 포지셔닝시키기가 수월해지는 것이다. 오늘날 소비자들은 제품 및 서비스에 대해서 정보가 과부하(overcommunicated society)된 상태에 있다.

현실적으로 소비자들이 제품이나 서비스를 구매할 때마다 매번 자신들이 구매할 제품이나 서비스를 재평가할 수 없는 것이다. 결국 소비자들은 구매의사결정을 단순화하기 위해서(oversimplified mind), 제품이나 서비스를 범주(category)별로 조직화하고 그들 마음속에 제품, 서비스, 혹은 기업에 대한 포지션을 결정한다(oversimplified message). Al Ries와 Jack Trout은 이러한 현상을 포지셔닝 사다리(positioning ladder) 개념을 통해서 설명하고 하는데, 이는 일반적으로 소비자는 특정 제품이나 서비스 범주에 대해서 각 브랜드별로 사다리로 표현된 매우 확고한 순위구조를 갖고 있기 때문에 한 번 정해진 포지셔닝을 바꾸기 위해서 기업들은 많은 노력이 필요하다는 내용이다. 여기서 제품 및 서비스의 포지션은 경쟁사들과 비교한 그 제품 및 서비스에 대해서 소비자가 지니고 있는 인식(perception), 인상(impression), 혹은 느낌(emotion) 등의 복합적인 집합체에 의해서 결정되게 된다. 따라서 마케터 입장에서는 선정된 표적시장 내에서 경쟁적 우위를 점할 수 있는 포지션을 결정하고 이러한 포지션을 창출할 수 있는 마케팅믹스를 개발하는 것이 필요하다 하겠다.

그림 3-5 포지셔닝의 필요성

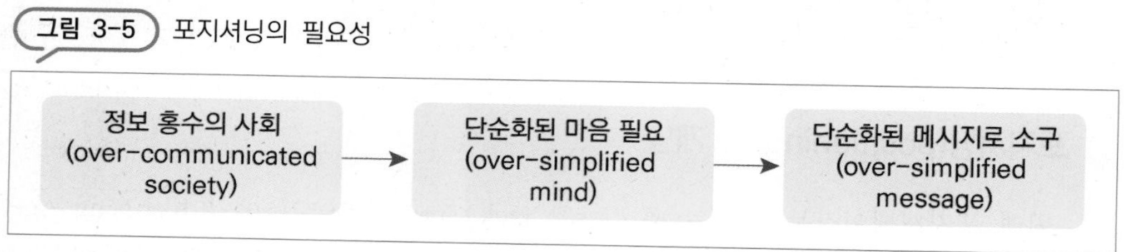

2) 포지셔닝의 절차

포지셔닝의 절차는 기업이 처한 상황 및 추구하는 목표에 따라 차이가 있을 수 있지만 일반적으로 <그림 3-6>에 나타나 있는 바와 같다.

그림 3-6 포지셔닝의 절차

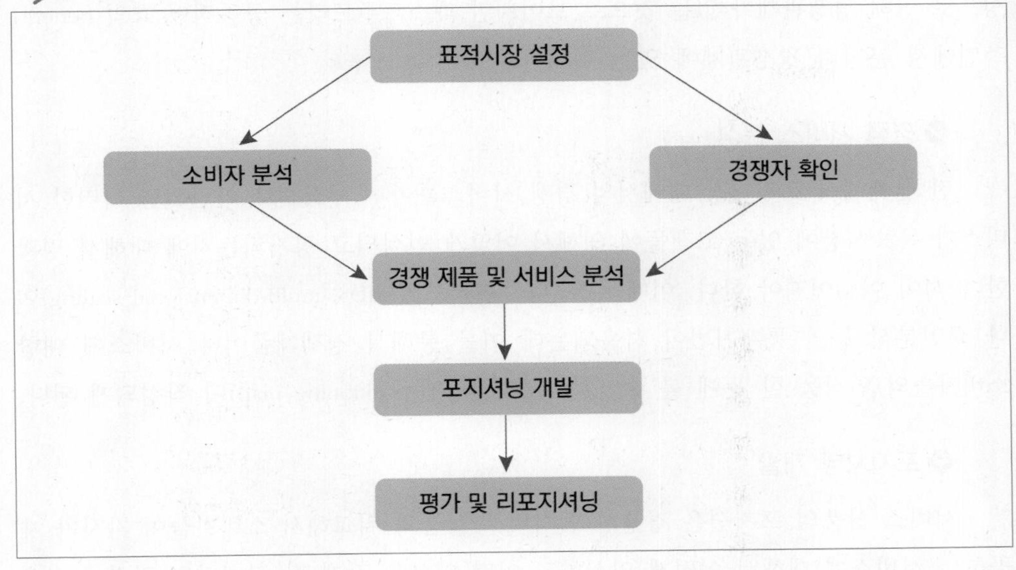

✔ 소비자 분석

소비자 분석은 시장세분화를 거쳐 선정된 표적시장 내의 소비자 니즈에 대한 정보수집 및 이해의 과정이라고 할 수 있다. 포지셔닝전략은 궁극적으로 소비자의 마음속에 지니고 있는 문제를 해결하려는 과정이기 때문에 소비자의 욕구를 정확히 이해하여야 하고 구매의사결정 시 사용되는 중요한 속성이나 평가기준 등이 인구통계적 특성이나 라이프스타일, 혹은 구매태도 등에 대한 분석을 통해서 명확하게 파악되어야만 한다. 물론 이러한 정보들은 표적시장 선정의 전 단계인 시장세분화 과정에서 어느 정도 파악이 되기는 하지만 이 단계에서는 소비자에 대해서 보다 정밀한 분석이 이루어지게 된다.

✔ 경쟁자 확인

포지셔닝은 기본적으로 경쟁사에 비해서 자사가 우위를 점할 수 있는 포지션을 결정하는 과정이기 때문에 경쟁자가 누구이며 어떤 제품 및 서비스, 그리고 브랜드 이미지 등을 가지고 있는가에 대한 철저한 분석이 필요하다. 소비자의 고려상표군(consideration set)에 들어오는 경쟁제품이나 서비스는 포지셔닝의 유형에 따라 달라질 수 있기 때문에 반드시 동일한, 혹은 유사한 속성을 지닌 제품이나 서비스만이 경쟁대상이 되는 것은 아니다. 예를 들어서, 햄버거와 김밥은 언뜻 보기에 전혀 다른 제품속성으로 인해 경쟁관계가 없는 것으로 보이지만 패스트푸드라는 공통적인 효익(benefit) 측면에서 분명히 경쟁관계에 있는 것이다.

✔ 경쟁 서비스 분석

전 단계에서 표적시장 내에서의 경쟁 서비스들이 구체적으로 확인되면 이러한 서비스가 목표시장에 있는 고객들에 의해서 어떻게 인식되고 평가되는지에 대해서 명확한 분석이 이루어져야 한다. 이때 주로 다차원척도법(MDS: multi-dimensional scaling)이나 요인분석 등의 통계기법이 사용되는데 이를 통해서 경쟁제품이나 서비스에 대한 소비자들의 인식을 한 눈에 볼 수 있는 포지셔닝맵(positioning map)이 작성되게 된다.

✔ 포지셔닝 개발

서비스 상품의 포지션은 경쟁사의 서비스 상품과 비교해서 소비자들이 자사가 제공하는 서비스에 대해서 어떻게 인식하고 어떤 연상을 갖게 할 것이냐의 결정에 좌우된다. 이 단계는 소비자 분석과 경쟁자 분석을 통해서 소비자 욕구충족의 핵심요소는 무엇이며 경쟁자들의 강·약점은 무엇인가를 파악하고 이러한 정보를 토대로 해서 자사가 경쟁사들과 비교했을 때 경쟁우위(competitive advantage)를 확보할 수 있는 포지션을 개발하는 것이다.

✔ 평가 및 리포지셔닝

자사의 서비스가 포지셔닝이 실행된 후 소비자들과의 커뮤니케이션 활동을 통해서 목표한 위치에 제대로 포지셔닝 되었는지의 여부를 확인하여야 한다. 또한 소비자 욕구나 경쟁구조는 경영환경변화에 따라 역동적으로 달라지기 때문에 지속적인 모니터링을 통해서 필요하다면 목표 포지션을 다시 설정하고 그 방향으로 기존의 포지션을 다른 포지션으로 이동시키는 리포지셔닝(repositioning)이 필요할 수 있다. 1990년대까지 만화영화 및 놀이공원으로 포지셔닝하고 있었던 월트 디즈니(Walt Disney)사는 터치스톤(Touchstone), 미라맥스(Miramax), 픽사(Pixar) 등의 영화사를 설립하고 매입하였을 뿐만 아니라 ABC, ESPN 등의 방송사를 합병하면서 미디어 산업뿐만 아니라 종합적인 엔터테인먼트 비즈니스로 리포지셔닝하고 있다. 이제 시장에서 소비자들은 월트 디즈니사를 더 이상 놀이공원 및 만화영화와 연관된 이미지로 연상하지 않고 있다. 시장에서의 기존 위치가 경쟁상황의 변화로 수정이 필요한 경우에 한 서비스기업이 어떻게 목표시장, 제공하는 서비스의 범위 및 브랜드 등에 대해서 마케팅전략을 수정하여 리포지셔닝을 이루었는지를 제대로 보여주고 있는 사례라고 할 수 있다.

3) 포지셔닝의 유형

일반적으로 서비스에 대한 포지셔닝은 다음과 같이 6가지 유형으로 구분된다.

✔ 서비스 속성

이는 서비스에 대한 포지셔닝을 계획하고 실행할 때 그 기업이 가장 잘 할 수 있는 속성(attributes) 혹은 부문(sectors)이 무엇인지에 초점을 맞추는 방법이다. 예를 들면, 배송업계에서 페더럴 익스프레스(Federal Express)는 '하루밤새 배달(overnight delivery)'에는 최고의 배송업체로서 자리매김을 하고 있다. 반면에 UPS(United Parcel Service)는 '포장배달(package delivery)'에는 최고의 배송업체로서 자리매김을 하고 있다.

✔ 사용 혹은 적용

사용 혹은 적용(use or application) 또한 서비스 포지셔닝에 이용된다. 이는 제공되는 서비스가 어떻게 사용되고 적용될 것이냐의 문제이다. 예를 들어서, 헬스클럽의 경우에는 3개 부문으로 포지셔닝 전략을 실행할 수 있다. 첫 번째 부문은 체중조절을 원하는 개인을 대상으로 하는 것이다. 두 번째 부문은 체중조절과 상관없이 운동을 원하는 개인을 대상으로 하는 것이다. 세 번째 부문은 체력보강을 원하는 개인 등을 대상으로 하는 것이다. 이때 각 포지션은 다른 표적시장을 목표로 하고 있기 때문에 각 포지셔닝에 사용되는 시설디자인이나 장비 또한 그 부문에 맞게 독특하게 결합되어야 할 것이다.

✔ 가격/품질 관계

가격/품질 관계(price/quality relationship)도 서비스기업의 포지셔닝에 이용된다. 예를 들면, 사우스웨스트 항공사(Southwest Air)는 관광여행을 하는 고객들을 주요 목표시장으로 설정하여 저가격에 부가서비스가 없는 항공사로 포지셔닝하고 있다. 고객들은 저가격에 탑승하여 목적지에 도달할 수만 있다면 기내식이나 지정좌석제도 희생할 의향이 있다고 믿고 있기 때문이다. 반면에 스칸디나비아 항공사(Scandinavia Air System)는 정반대로 바쁘고 피곤한, 그래서 빠르고 쾌적한 여행을 원하는 비즈니스맨들을 주요 고객층으로 삼아 고품질/고가격 서비스를 제공하고 있다.

그림 3-7 가격/품질 관계의 우위로 포지셔닝하고 있는 Southwest Airlines

서비스 등급

네 번째 포지셔닝의 유형은 서비스 등급에 의한 것이다. 예를 들어서 미국시장에서 피자헛(Pizza Hut)은 단지 패스트푸드 레스토랑으로 인식되기보다는 저녁식사를 할 수 있는 레스토랑으로 포지셔닝되기를 원하고 있다. 저녁식사가 가능한 레스토랑으로 자리매김함으로써 자신들의 서비스에 대해서 보다 더 높은 가격책정이 가능해졌으며 그만큼 수익성도 커지게 되었다. 이러한 포지셔닝은 패스트푸드 레스토랑보다는 등급이 다른 저녁식사가 가능한 일반 레스토랑들과의 경쟁을 의미하는 것이다.

서비스 사용자

어떤 서비스들은 서비스 사용자에 맞추어 포지셔닝하고 있다. 예를 들면, 메리어트 호텔(Marriott Hotel)은 사업차 여행하는 고객들을 위한 호텔로 포지셔닝하고 있고, 홀리데이 인(Holiday Inn)은 관광여행객들을 위한 호텔로 주로 포지셔닝하고 있다. 렌터카 부문에서도 헐츠(Hertz), 아비스(Avis), 알라모(Alamo) 등은 공항 렌터카 쪽으로 주로 포지셔닝하고 있는 데 반해서 엔터프라이즈(Enterprise)는 보험대체시장의 렌터카로 포지셔닝하고 있다. 소위 렌터카 부문의 '빅3'인 헐츠(Hertz), 아비스(Avis), 알라모(Alamo)가 공항부분의 렌터카 영업을 석권하고 있기 때문에 엔터프라이즈(Enterprise)는 이들이 관심을 갖지 않는 보험회사의 대여료 지급보증시장에 뛰어들어 두드러진 영업실적을 보이고 있다.

✔ 경쟁사

서비스 제공업체는 경쟁사와 비교해서도 포지셔닝하고 있다. 가장 대표적인 예로서는 아비스(Avis)가 가장 곤경에 처했을 때 취한 포지셔닝 전략인 "우리는 두 번째입니다"라는 광고캠페인을 생각해 볼 수 있다. 자사를 시장점유율 1위 기업인 헐츠(Hertz)와 비교시킴으로써 결과적으로 소비자들은 아비스(Avis)를 헐츠(Hertz)의 다른 대안으로 지각하게 되었다. 아비스(Avis)의 이미지가 개선되면서 소비자들은 아비스(Avis)가 헐츠(Hertz)와 거의 같은 수준의 서비스를 제공한다고 믿게 되었으며 그 광고캠페인의 결과는 아비스(Avis)를 업계의 거의 밑바닥 수준에서 헐츠(Hertz) 다음인 제2위의 자리로 끌어올렸다.

4) 서비스 증거와 포지셔닝

고객의 관점에서 서비스 증거에 초점을 맞춤으로써 서비스를 포지셔닝할 수도 있다. 서비스 증거는 앞서 확장된 마케팅믹스에서도 살펴보았듯이 사람(people), 물리적 증거(physical evidence), 그리고 과정(process) 등 3가지 범주에서 찾아볼 수 있다. 서비스는 대부분 무형적이기 때문에 서비스에 있어서 유형적으로 드러나는 것은 서비스 포지션을 개발하고 강화시키는 데 매우 중요하다. 만일 서비스 증거가 원하는 포지션과 일치하게 되면 전략을 강화시키고 확실하게 할 수 있으나, 그렇지 않을 경우 소비자들에게 혼선을 초래하여 전략이 실패하게 되는 경우가 많아진다. 서비스 증거 요소는 어느 것이나 단독으로든지 혹은 2개 요소 이상의 결합으로든지 간에 포지셔닝 전략 수행에 효과적으로 이용될 수 있다.

✔ 사람

서비스접점 직원과 다른 고객들에 관계되는 요소이다. 고객의 눈에 비친 이들은 고객의 지각된 서비스 품질에 많은 영향을 끼친다. 월트 디즈니(Walt Disney)사는 놀이공원이 고객들에게 즐거운 경험을 제공하는 장소라는 이미지를 보다 확실하게 심어

주기 위해서 직원들을 고용하고 훈련시킨다. 거리 청소원에서 매표소 직원, 그리고 공연 관계자에 이르기까지 모든 직원들은 고객에게 도움을 주고 놀이공원 전반에 대해서 해박한 지식을 갖고 있으며 언제나 고객에게 보이는 현장 사람들이 될 수 있도록 훈련을 받는다. 직원들이 입고 있는 유니폼도 특정한 서비스 위치를 강화시키고 전달하는 데 도움을 주고 있다. 흔히들 '서비스의 포장(package of service)'이라고 불리는 유니폼은 기업의 이미지를 물리적으로 고객의 마음속에 심어주는 서비스 표현이라고 할 수 있다. 항공 서비스, 은행 서비스, 호텔 서비스 등에서 유니폼은 그 기업이 지향하고 있는 기업목적과 이미지를 나타내고 있다. 유니폼은 또한 표준화나 변치 않는 품질이라는 메시지를 보여줌으로써 서비스제공자의 신뢰성이나 서비스의 일관성을 강화시켜 주기도 한다. 의료서비스에서 사용되는 하얀색의 위생복이 가장 대표적인 사례라고 할 수 있다. 이처럼 유니폼은 서비스 위치에 대한 물리적 표현이기 때문에 제공되는 서비스와 일치하게 되면 서비스기업에 효과적으로 작용할 수 있지만 불일치하게 되면 서비스기업이 의도했던 것과는 다른 결과를 초래할 수도 있다.

물리적 증거

유형적 커뮤니케이션, 가격, 물리적 환경, 보증서 등으로 나타나는 물리적 증거는 기업이미지를 포지셔닝하고 강화시키는 데 매우 중요하다. 서비스 품질 차원에서의 유형성(tangibles)과 매우 유사하다. 유형적 커뮤니케이션의 예로서는 광고, 카드, 팜플렛, 전단문구 등이 있는데 서비스 가격, 서비스가 제공되는 물리적 환경, 그리고 유형적 보증서 등과 어우러져 고객의 마음 속에 구축된 위상과 일치해야 효과적이 될 수 있다.

과정

여기서 과정은 활동의 흐름, 단계, 그리고 유연성 등으로 정의될 수 있다. 일반적으로, 과정은 복잡성(complexity)과 다양성(divergence)의 2×2 매트릭스로 나누어 생각해 볼 수 있다. 복잡성은 서비스를 제공하는 데 포함된 단계의 수이며, 다양성은 각 단계별 실험범위나 각 단계의 변량을 나타낸다. 예를 들어서 내과의사의 서비스는 복잡성이나 다양성이 모두 높지만, 호텔서비스의 경우 복잡성은 높고(서비스 제공과정에서 단계가 많다) 다양성은 낮다(서비스과정이 표준화되어 있다). 극장, 자동차 세차, 그리고 자동판매기 등은 복잡성과 다양성이 모두 낮은 서비스이다.

03 서비스의 수요와 역량관리

1) 서비스 수요와 역량의 불일치

서비스 역량과 수요

서비스는 사라질 수 있는 것이기 때문에 일반적으로 저장되거나 보관될 수 없다. 만약 수요가 공급을 초과하게 되면 그 서비스를 제공받고자 하는 고객들은 다른 기업을 찾을 수밖에 없게 된다. 여기서 서비스의 역량(capacity)이 문제가 되는 것이다. 한 기업의 서비스 역량이란 제공되는 1회 서비스가 담당할 수 있는 고객의 최대 숫자를 의미한다. 예를 들어서, 450석의 좌석을 갖고 있는 점보여객기의 서비스 역량은 450이다. 300석의 좌석을 갖고 있는 어떤 영화관의 서비스 역량은 300이라고 할 수 있다. 항공사들은 매번 그들의 비행기를 운항시킬 때마다 만원을 이루며 서비스를 제공하기를 원한다. 빈 좌석은 수익의 감소를 의미하기 때문이다. 그러나 만약 비행기 내의 좌석이 만석이 되면 기내에 탑승한 모든 고객에게 개별적으로 충실한 서비스를 제공하기가 어렵게 된다. 따라서 대부분 서비스기업들은 최적의 영업역량을 가지고 있다. 최적 역량(optimal capacity)은 고객들이 적절하게 서비스를 제공받을 뿐만 아니라 전체적으로 고객의 숫자가 많아서 혼잡스러움의 정도가 고객의 행동에 부정적으로 영향을 주지 않을 수 있는 서비스의 역량을 말한다. 서비스의 시설이 최적 역량을 능가하게 되면 서비스 품질은 떨어지는 경향이 있다. 이때 고객의 입장에서는 서비스 제공이 적절하게 이루어지지 못하고 있다고 느끼게 되며 서비스를 제공하고 있는 서비스접점 직원들의 입장에서는 고객의 수요를 감당하기 위해서 혹사당하고 있다고 느끼게 된다.

수요에 대한 서비스 역량의 부족은 다음과 같이 4가지 형태로 나타난다.

- 초과 수요(excess demand)

수요 수준이 최대 역량을 초과하는 것을 말한다. 이 상황에서 몇몇 고객들은 서비스 제공을 못 받게 되어 서비스기업 입장에서는 결과적으로 영업기회를 잃게 된다. 또한 비록 서비스를 제공받은 고객들도 혼잡한 군중이나 혹사당하는 서비스접점 직원 및 시설 때문에 제공되는 서비스의 품질이 처음에 약속했던 서비스 수준과 일치하지 않을 수 있다고 느끼게 된다.

• 최적 역량을 능가하는 수요(demand exceeds optimum capacity)

서비스 제공장소에 들어오는 고객들은 누구나 모두 서비스를 제공받을 수 있다. 그러나 시설의 과다 사용, 혼잡한 군중, 그리고 능력 이상으로 혹사당하고 있는 서비스접점 직원들 때문에 서비스의 품질은 여전히 문제가 있게 된다.

• 최적 역량 수준에서의 수요와 공급의 균형(demand and supply are balanced at the level of optimum capacity)

서비스접점 직원 및 설비가 이상적인(ideal) 상태에 있다. 직원 어느 누구도 혹사당하지 않고 있으며 시설 또한 제대로 유지, 보수되고 있고 고객들 또한 즉각적으로 품질 수준이 높은 서비스를 제공받고 있다.

• 초과 역량(excess capacity)

수요는 최적 역량보다 낮은 수준에 있다. 따라서 노동, 장비, 설비 등은 덜 사용되고 있으며 결과적으로 생산성도 떨어지고 수익성도 낮아지게 된다. 고객들은 기다리지 않고 서비스기업의 장비 및 설비를 마음껏 이용할 수 있으며 서비스직원들로부터 충분한 접대를 받을 수 있기 때문에 개인 차원에서는 탁월한 품질의 서비스를 받을 수 있다. 그러나 서비스기업 입장에서는 자원을 낭비하는 셈이 된다.

그림 3-8 서비스에서 역량에 대한 수요의 변동

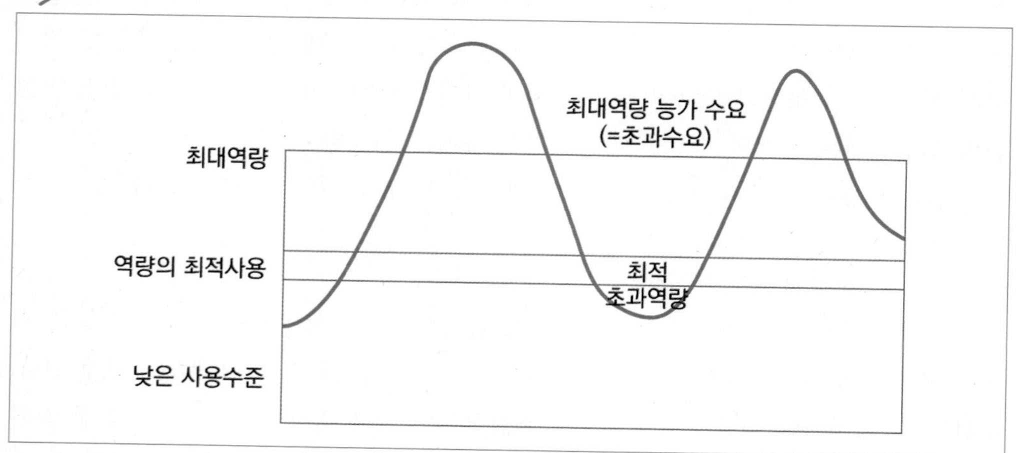

자료: Zeithaml, Valarie A. and Mary Jo Bitner(1996), *Service Marketing*, New York: McGrow-Hill Book.

✔ 서비스 역량의 제한 여건

일반적으로 어떤 주어진 시점에서의 서비스 역량은 고정되어 있다고 가정된다. 서비스형태에 따라서 서비스 역량의 핵심적인 고정 요소로서는 시간, 노동, 장비, 설비 혹은 이 4요소들의 결합 등으로 나누어 생각해 볼 수 있다.

• 시간(time)

대부분 서비스기업에 있어서 서비스생산의 주된 제한 여건은 시간(time)이다. 예를 들어서, 변호사, 컨설턴트, 미용사, 심리상담원 등은 모두 주로 자신들의 시간을 판매하고 있다. 만약 그들의 시간이 생산성이 높게 사용되지 못한다면 그만큼 수입이 줄게 되는 것이다. 또한 만약 초과 수요가 있게 되면 시간이 없어서 이 수요를 모두 만족시킬 수 없게 된다. 이와 같은 개별적 서비스제공자의 관점에서 보았을 때, 시간은 분명 제한적 여건일 수밖에 없는 것이다.

• 노동(labor)

대규모의 서비스제공자들을 거느리고 있는 기업의 관점에서 보았을 때 노동(labor) 혹은 직원 수준은 서비스 역량에 대한 주요한 제한 여건이다. 법률회사, 대학교, 컨설팅회사, 회계법인, 그리고 유지 · 보수 서비스회사 등은 어떤 때는 자사 직원들을 총가동하여 영업 중이기 때문에 그럴 때 발생되는 추가적인 수요에는 제대로 대응을 못하는 경우가 있다. 그렇다고 서비스제공자를 추가 채용하는 것도 반드시 바람직하다고 할 수 없다. 다른 시점에서는 수요가 떨어지는 것이 현실이기 때문이다.

• 장비(equipment)

장비(equipment)는 매우 중요한 제한적 여건이다. 화물운송 트럭이나 비행기 회사에 있어서 서비스 수요에 필요한 트럭이나 비행기가 서비스 역량의 제약이 될 수가 있다. 예를 들어서, 연말연시에 택배회사나 화물운송회사들은 이와 같은 문제에 직면하게 된다. 동시에 소포나 화물 등을 배달 및 운송해야 하는데 운송수단의 숫자는 한계가 있다. 헬스클럽 역시 하루 중 특정 시간대, 혹은 1년 중 특정 달에는 이와 같은 한계점에 직면하게 된다.

• 설비(facilities)

서비스기업들이 제한된 설비(facilities) 때문에 제약을 받고 있다. 호텔들은 한정된 객실만 갖고 있으며 항공기들은 기내에 일정한 좌석만 갖고 있고 교육기관들은 한정된 교실과 정해진 좌석들을 보유하고 있으며 레스토랑 또한 이용가능한 테이블과 의자는 제한되어 있다.

표 3-1 서비스 역량의 제한 여건

제한여건	서비스 형태의 예
시간	변호사/컨설턴트/회계사/의사
노동	법률회사/회계법인/컨설팅회사/유지 · 보수회사
장비	택배서비스/전화회사/전기회사/헬스클럽
솔비	호텔/레스토랑/병원/항공사/학교/극장/교회

자료: Zeithaml, Valarie A. and Mary Jo Bitner(1996), *Service Marketing*, New York: McGrow-Hill Book.

최적 역량사용(optimal use of capacity)은 서비스제공자원들이 충분히 사용되고 있으나 과도하게 사용되지는 않고 있고 고객들 또한 시의적절하게 품질 수준이 높은 서비스를 제공받고 있는 것을 의미한다. 한편 최대 역량(maximum capacity)은 서비스 이용가능성의 절대적 한계를 나타내고 있다. 잠실야구장의 경우 최적 역량과 최대 역량은 동일한 것으로 간주될 수 있다. 야구게임의 오락적 가치는 모든 좌석이 꽉 찼을 때보다 더 제고될 수 있으며, 또한 그와 같은 상황에서 해당 야구팀에 대한 수익성이 가장 클 수 있다. 한편, 대학교 강의실의 경우에는 학생이나 교수입장에서 보았을 때 보통 빈 좌석 없이 꽉 차있는 상태가 바람직스러운 것은 아니다. 이 경우 최적의 서비스 역량 사용은 최대 역량보다는 작게 된다. 어떤 경우에는 서비스 역량의 최대 사용은 서비스를 제공받기 위하여 방문한 고객들을 과도하게 기다리게 하는 결과를 낳곤 한다.

장비나 설비의 제한 여건의 경우, 어떤 주어진 시점에서의 최대 역량은 분명하게 나타난다. 헬스클럽에 있는 체력증진기계의 숫자나, 비행기 내의 좌석 수, 그리고 운송차량의 배달 공간 등은 한정되어 있을 수밖에 없다. 따라서 이와 같은 상황에서 서비스 제공이 지속적으로 이루어지게 되면 이러한 서비스를 이용하는 고객들은 서비스의 품질을 높게 느끼지 못하게 되며 궁극적으로 제공되는 서비스에 불만을 표출하게 된다. 시간이나 노동측면에서 제약이 가해지게 될 때, 최대 역량을 규정하기란 쉽지가 않다. 왜냐하면 사람들의 시간이나 노동력은 어떤 면에서 장비나 설비보다 훨씬 유연하기 때문이다. 비록 개인서비스제공자의 최대 역량이 초과되어 그 결과 저하된 품질, 고객 불만족, 그리고 서비스직원들의 퇴사 등으로 이어질 수 있으나 이러한 결과들은 즉각적으로 관찰될 수 있는 것이 아니다.

2) 서비스 수요관리

수요관리의 패턴

• 서비스사용 시간대의 이동

서비스 수요를 관리하는 데 이상적인 전략은 수요가 최고점에 이르고 있는 동안 몇몇 부문의 사용은 낮은 수요가 있는 시간대로 이동시키는 것이다. 이 전략에는 몇 가지 현저한 장점들이 있다. 첫째, 수요가 서비스 역량을 초과하면서 발생하는 영업기회를 잃지 않는다는 점이다. 둘째, 수요가 최적 역량 수준까지 감소해도 서비스 품질에 부정적으로 영향을 미치지 않는다는 점이다. 셋째, 고객 구매가 감소되는 것이 아니라 이동되기 때문에 수익에는 별 영향이 없다는 점이다. 넷째, 커다란 수요 변동 없이 보다 안정된 상태에서 서비스 운영이 수행될 수 있기 때문에 효율성이 높아지게 된다. 그러나 서비스 사용이 많은 시간대에서 적은 시간대로 수요를 이동시킬 수 있기 위해서는 그 서비스의 수요패턴을 이해할 필요가 있다. 서비스기업은 반드시 언제가 수요가 최고점에 이르고 있고 언제가 최저점 상태에 있는지 예측할 수 있어야 한다. 시중은행들은 신용카드결제, 급여일, 일반 공과금 납부 등과 연계시켜서 보통 한 달 중 7, 9, 16, 18, 24, 25, 28, 30, 31일 등이 서비스 수요가 많은 것으로 간주하고 있다. 세무서나 회계법인 등은 종합과세가 매년 5월말까지 이루어져야 하므로 연중 5월이 가까워지면서 세금 서비스에 대한 수요가 최고조에 달하고 6월부터 몇 달간은 그 수요가 저조하다. 종합병원 또한 응급실에 대한 수요는 주말이나 환절기에 가장 높은 것으로 나타나고 있다. 수요패턴을 이해하는 것 외에도, 수요변동 원인에 대한 지식도 필수적이다. 만약 변동의 원인이 고객 스스로 통제할 수 있는 것이라면 수요는 다른 시간대로 전환될 수 있을 것이다. 그러나 만약 고객들이 수요 변동의 원인을 통제할 수 없다면 수요 시간대의 전환가능성은 거의 없다고 보아야 할 것이다. 예를 들어서, 지하철의 경우 아침 및 저녁시간이 유난히 붐비고 있다. 그 이유는 아침에는 대부분 직장인들이 출근하고 저녁시간에는 퇴근을 하기 위해서 지하철을 동시에 이용하기 때문이다. 출퇴근 시 지하철을 이용하는 대부분의 승객들은 그들의 근무시간 변경에 영향력을 행사할 수 없기 때문에 지하철을 포함한 대중교통수단을 이용해야만 할 때 어쩔 수 없이 그 시간대에 그 서비스를 이용하게 된다. 반면에 자동차 수리 같은 서비스에서는 몇몇 수요에 대해서 덜 바쁜 시간으로 서비스 시간대를 이동할 수 있기 때문에 수요 시간대 스케줄링에 보다 유연하게 대처할 수 있다. 즉, 반드시 그 자리에서 즉시 수리되어야 할 긴급서비스는 간헐적으로 발생하게 된다. 나머지 차량에 대해서는 여유 있게 수리 완료시간을 지정해 줌으로써 서비스 시간대 전환을 통한 수요관리를 효과적으로 수행할 수 있다.

• 수요 축소

만약 수요가 이동될 수 없다면 서비스마케터는 서비스 수요가 최고조에 달하고 있는 시간대에는 그 서비스 사용을 오히려 축소시키는 방법을 강구해야만 한다. 차량들이 많이 몰리는 시간대와 특정 구역에서 혼잡통행료를 받는 것이 바로 이와 같은 경우에 해당한다고 볼 수 있다. 아울러 한 대의 차량에 4명 이상이 탑승하였을 경우 혼잡통행료를 면제해 주는 것은 이러한 프로그램을 강화시켜 주는 효과가 있다 하겠다. KTX의 경우, 고객들이 많이 몰리는 주말에는 티켓가격을 할증하여 수요를 축소시키고 있으며 CGV나 롯데시네마 같은 영화관도 주말에는 사람들이 많이 몰리는 관계로 할증가격을 설정하여 수요를 분산시키고 있다.

• 수요 촉진

손실을 줄이기 위해서 대개의 서비스기업들은 수요가 저조한 시기에는 추가적인 수요를 창출하기 위하여 최선의 노력을 하고 있다. 예를 들어서 여름 휴가시즌에는 산, 바다, 그리고 관광지에 위치하지 아니한 호텔들은 고객들의 숫자가 많이 줄어든다. 이 기간 동안에 이러한 호텔들은 객실 및 부대서비스에 대한 요금을 대폭 할인한다거나 아니면 다양한 서비스들을 한데 묶은 패키지상품을 개발하여 수요를 창출하거나 촉진시킨다. KTX의 경우, 일주일 중에 수, 목, 금요일에는 정상적으로 요금을 받지만 주초여서 수요가 많지 않은 월, 화요일에는 요금을 10% 할인하여 여행시간대에 구속받지 않는 고객들의 수요를 촉진시키고 있다. 물론 사람들이 많이 몰리는 토, 일요일 등 주말에는 10% 할증하여 수요를 축소시키고자 하고 있다. 영화관이나 볼링장의 경우도 사람들이 많이 몰리지 않는 오전시간대에는 입장료 및 사용료를 할인하여 수요를 활성화시키고 아울러 주고객층이 아닌 노인이나 주부, 초·중·고 학생들에게는 여러 가지 특전을 베풀어 선호도를 증가시키고자 하고 있다.

표 3-2 수요관리 패턴의 장점과 단점

수요관리 패턴	장점	단점
사용시간대 이동	• 영업기회를 잃지 않는다. • 서비스품질에 부정적으로 영향을 미치지 않는다. • 영업수익에는 영향이 없다.	• 고객들이 사용시간 변동을 원하지 않을 수 있다. • 고객들이 서비스 사용에 대해서 스스로 통제가능할 때만 이용가능하다.
수요축소	• 보통 서비스 품질은 좋아진다. • 효율성도 증가된다.	• 수익이 감소된다. • 수익성 위주의 서비스에는 바람직스럽지 않다.
수요촉진	• 효율성이 증가된다. • 보통 수입도 증가된다. • 서비스 역량이 최대한 구사될 수 있다.	• 비용이 커질 수 있다. • 기존고객들이 이탈하여 수입이 감소될 수 있다.

수요관리전략

• 예약제도 시행

수요를 안정화하는 데 가장 효과적인 전략은 어떤 형태로든지 간에 예약제도를 시행하는 것이다. 예약제도는 수요를 바쁜 시기에서 한산한 시기로 전환시키는 역할을 하게 된다. 예약제도는 서비스기업들로 하여금 서비스를 제공받고자 하는 고객들의 수요 흐름을 완만하지만 꾸준하게 만들어 주고 있다. 대개의 전문직 서비스는 수요를 관리하기 위해서 예약제도를 사용하고 있다. 변호사, 의사, 컨설턴트 등이 여기에 속한다고 할 수 있다. 고객이나 환자의 스케줄을 규칙적인 간격을 두고 예정함으로써 서비스제공자들은 꾸준한 서비스 제공흐름을 창출할 수 있으며 수요에 대한 시간표를 작성할 때에도 바쁜 시간대와 한산한 시간대 간의 간격을 해소시킬 수 있다. 호텔, 항공사, 레스토랑과 같은 비전문적 서비스들도 고객들이 서비스 제공장소에 도착하자마자 서비스를 제공받을 수 있도록 예약제도를 이용하고 있다. 즉, 예약제도는 운행비행기 편수당 탑승객의 평균 수치를 증가시켜 주고 있다. 또한 호텔이나 렌터카 회사들도 예약제도를 사용함으로써 경영에 대한 효용을 극대화시킬 수 있다.

• 가격차별화

예약제도 다음으로 두 번째로 많이 사용되는 수요관리전략이 바로 가격을 차별화하는 것이다. 대개의 상황에서 가격을 차별화한다는 것은 수요가 몰릴 때보다 수요가 저조할 때 낮은 가격을 책정하는 것을 말한다. 앞의 예에서도 보았듯이 영화관이나 볼링장의 오전시간대 입장료 및 사용료 할인이나 관광지에 있는 호텔들이 비성수기에 입실요금을 대폭 할인해 주는 것이 가격차별화의 전형적인 사례이다. 가격차별화는 비수기에 낮은 가격을 책정함으로써 성수기의 수요를 비수기의 수요로 전환시키는 데 사용된다. 또한 사람들이 몰리는 성수기에는 높은 가격을 책정함으로써 수요를 감소시키는 데 사용하기도 한다. 고가격은 고객들로 하여금 그 서비스 사용을 억제하도록 만들고 있으며 만약 고객들이 그 서비스를 다른 때도 사용할 수 없다면 전체적인 사용빈도는 줄어들게 될 것이다. 마찬가지로 가격차별화는 비수기에 수요를 촉진하기 위하여 사용될 수 있다. 비수기에 가격할인 등을 통해서 평소에는 그 서비스를 구매하지 않던 고객들에게 서비스 구매를 설득할 수 있게 된다. 성수기에 수요를 억제하기 위해서 가격차별화를 사용하는 것은 다음과 같은 두 가지 여건에서 더욱더 바람직한 전략이다. 첫째, 수요가 비수기로 전환될 수 없는 경우이다. 둘째, 수요가 지속적으로 서비스 제공역량을 초과하는 경우이다. 특히 두 번째 경우는 연극, 연주회 공연 및 오락산업에서 많이 보여지고 있다. 어떤 공연에 대한 수요가 지속적으로 공연장 시설 역량을 초과할 때 많은 서비스기업들은 가격을 올린다. 가격은 수요가 시설 역량과 같아질 때까지 계속해서 오를 수도 있다. 왜냐하면 모든 공연들이 매진되고 더 이상 비수기가 존재하지 않기 때문에 이러한 전략은 상당히 효과적일 수 있기 때문이다.

• 커뮤니케이션

커뮤니케이션은 수요관리의 3가지 패턴인 수요 전환, 수요 감소, 수요 촉진 중 어떠한 수요관리 패턴에도 맞추어 사용될 수 있다. 서비스 제공직원 및 판매직원들은 고객들과 커뮤니케이션을 할 수 있다. 유명한 미용실은 항상 사람들로 붐비게 마련인데 그곳에 일하고 있는 미용사는 자신의 단골고객들에게 서비스를 제공하는 동안에 최적의 서비스 제공 시간대에 관한 정보를 줄 수 있다. 이러한 정보를 전달하는 목적은 물론 자신의 단골고객에게 편의를 제공하고자 하는 데도 있지만 결과적으로 미용실의 수요를 바쁜 시간대에서 한산한 시간대로 전환시키는 데 있다고 할 수 있다. 서비스 판매직원은 고객들 및 잠재고객들에게 수요를 변경시키는 정보를 종종 전달하곤 한다. 예를 들어서, 호텔판매원들은 비수기에 학술대회나 심포지엄 등 대규모 공식모임들을 유치하기 위해서 노력한다. 여기에다가 호텔 측에서 어떤 사용상의 인센티브(회원들 숙박료 할인, 부대시설 이용료할인 등)를 제시할 경우 비수기에 호텔 사용가능성은 더욱 커진다. 서비스 판매직원들이 비수기에 신규 고객들을 창출하여 서비스가 제공될 수 있도록 만들어 주고 있는 것이다. 마찬가지로 서비스 판매직원들은 성수기에 수요를 줄이는 역할을 할 수도 있으나 이러한 기능은 거의 요구되지 않고 있다. 왜냐하면 판매직원들은 매출실적에 따라서 보상을 받고 있기 때문에 일반적으로 수요를 축소시키기보다는 수요를 다른 시간대로 전환시키고 있다.

광고 또한 수요를 변환시키는 데 자주 이용된다. 광고는 사용자들에게 제공되는 서비스가 성수기 및 비수기에 대해서, 그리고 성수기에서 비수기로 언제 바뀌는지를 강조해서 알려 줄 수 있다. 또한 광고는 어떤 서비스의 개장 시간이 언제인지를 알려 줄 수 있고 언제 이용하는 것이 상대적으로 좋은지를 설득할 수 있다. 이러한 형태의 광고목적은 비수기 동안 수요를 촉진시키는 데 있다고 하겠다. 이따금씩 광고는 성수기동안 특정 서비스의 수요를 저하시키기 위하여 사용되기도 한다. 한국전력은 전기수요가 한창때인 여름철 오후에 전기사용을 줄여줄 것을 광고를 통해서 소비자들에게 부탁하기도 한다. 따라서 이 광고를 본 일부 소비자들은 자신들의 활동시간을 저녁시간대로 옮긴다든지 아니면 전체 활동시간을 줄이든지 할 것이다. 또한 공공건물 내에 있는 에어컨디션의 온도를 18°C에서 22°C로 높여 전기사용량을 줄이게 된다. 커뮤니케이션은 판매 촉진 또한 수요를 바꾸는 데 이용되기도 한다. 주말에서 주중으로 수요를 옮기기 위해서 많은 놀이공원들은 주중에 특별프로그램들을 제공하곤 한다. 이러한 전략은 사람들이 몰리는 주말에서 사람들이 덜 붐비는 주중으로 일정한 수요를 이동시켜 줄 뿐 아니라 어떤 새로운 수요도 창출해 낼 수 있다. 주말의 입장료나 사용료가 비싸다고 생각하는 사람들은 주중에 제공되는 가격할인이나 특별프로그램을 통하여 주중에 놀이공원을 방문하게 된다.

표 3-3 수요관리전략의 영향 및 효익

수요관리전략	영향	효익
예약제도	• 성수기에서 비수기로 수요 변경	• 지속적인 고객 유동성 확보 • 시설 이용의 극대화 • 생산성 및 효율성 극대화
가격차별화	• 성수기에서 비수기로 수요 변경 • 비수기 동안에도 수요를 촉진 • 성수기에는 수요 축소	• 비수기 동안 시설 사용의 증대 • 효율성 및 생산성 증대 • 서비스 품질 개선
커뮤니케이션	• 수요 전환 • 수요 축소 • 수요 촉진	• 구전(word-of-mouth)의 활용 • 비수기 동안 시설 사용의 증대 • 생산성 및 효율성 극대화

✔ 효율적 수익관리(yield management)

서비스의 두드러진 특성 중 하나가 소멸성(perishability)이다. 예를 들어서 비행기, 기차, 선박 등은 일단 출발하게 되면 비어있는 좌석들은 영영 채워질 길이 없는 것이다. 마찬가지로 비어있는 호텔 객실, 팔려 나가지 않은 콘서트 티켓, 레스토랑의 빈 테이블, 그리고 많은 고정된 역량을 가지고 있는 서비스에서는 동일한 문제가 발생하고 있다. 소멸성 문제와 결부시켜 생각해 볼 수 있는 것이 서비스 역량의 제한 조건 문제이다. 수요가 최고조에 달했을 때 많은 서비스기업들은 추가적인 고객들에게 서비스를 제공하지 못하도록 하는 서비스 역량의 제약이라는 문제에 봉착한다. 예를 들어서 성수기에는 호텔객실은 동이 나고, 렌터카들은 모두 계약이 되었으며, 수리정비 카센터의 기사들은 시간적 여유없이 작업에 임하게 되는 것이다. 실제로 거의 모든 서비스기업들이 이와 같은 서비스 역량의 제약이라고 하는 문제에 부딪히고 있다.

소멸성과 역량 제약이 결합되면서 서비스기업들은 자신들이 갖고 있는 서비스 역량을 채우는 방향으로 경영의 초점을 맞출 수밖에 없다. 자신들이 가지고 있는 서비스 역량을 수익성이 나도록 활용하기 위해서, 많은 서비스기업들은 컴퓨터에 의해서 관리되는 복잡한 가격결정시스템을 이용하고 있다. 이러한 시스템이 바로 효율적 수익관리(yield management)시스템인 것이다. 여기서 효율적 수익관리란 '역량이 제한적인 서비스에서 수요와 공급을 대응시키는 복잡다단하고 다양한 방법들'이라고 말할 수 있다. 효율적 수익관리모델(yield management model)을 사용함으로써, 서비스기업들은 어떤 특정시점에서 부과되는 가격, 판매되는 세분시장, 그리고 사용되는 서비스 역량간에 가장 최선의 균형을 이루는 결합을 발견하게 된다. 따라서 효율적 수익관리의 목표는 이용가능한 제한적 서비스 역량으로부터 얻어낼 수 있는 가능한 최선의 재무적 수익을 산출해내는 것이라 할 수 있다.

조금 더 상술한다면, 효율적 수익관리는 "수익을 극대화시키기 위해서 적절한 형태의 서비스 역량을 알맞은 종류의 고객들에게 적당한 가격으로 분배하는 과정"이라고 정의될 수 있다. 비록 효율적 수익관리의 수행은 상당히 복잡한 수학모델과 컴퓨터 프로그램을 전제로 하고 있지만, 기본적인 유효성 측정치는 어떤 특정기간에 있어서의 잠재적 수익에 대한 실제 수익의 비율이라고 할 수 있다(수익 = 실제수익/잠재적 수익). 결국 이론적으로 계산된 최대 수익 중에서 실제로 얼마의 수익을 실현했는지를 측정하는 것이라 할 수 있다. 여기서 실제수익은 실제 사용된 서비스 역량에 실제 평균가격을 곱한 값이며, 잠재적 수익은 전체 서비스 역량에 최대가격을 곱한 값으로 정의할 수 있다. 즉, 수익은 가격과 사용된 서비스 역량의 함수인 것이다. 여기서 서비스 역량의 제한 조건은 시간, 노동(사람), 장비 및 설비로 이루어진다. 따라서 효율적 수익관리는 최적의 다중기간 가격전략(optimal multiperiod pricing strategy)을 수행하는 것을 말한다. 보다 구체적으로 살펴본다면, 초기에는 가격을 할인하나 추후에 고가격으로 판매하기 위해서 서비스 역량의 일부분을 남겨두는 가격전략을 구사하는 것을 지칭한다. 대표적 사례로서 항공권이나 호텔 가격을 들 수 있다. 수 개월 전에 항공권이나 호텔을 예약하면 얼리버드 프라이스(early bird price)라고 해서 정상가의 30~40% 할인된 가격으로 구매할 수 있지만 하루 전날 구매 시에는 오히려 정상가의 30~40% 할증된 가격으로도 구매할 수밖에 없는 경우를 상정해 볼 수 있다. 항공사나 호텔같은 서비스 기업 입장에서는 초기에는 할인된 가격으로 고정된 시설 역량을 채워나가고 서비스 제공이 임박해서는 할증된 가격으로 수익성을 보전해 나가는 마케팅전략인 셈이다.

그림 3-9 효율적 수익관리의 대표적인 사례인 early bird price

3) 서비스 역량관리

✔ 노동생산성의 제고

노동생산성을 높이는 것은 자동차 수리, 빌딩청소, 혹은 은행창구 업무 등과 같은 노동집약적인 서비스에 특히 효과가 있다. 생산성이 높은 직원들을 채용하고 있다는 점은 서비스기업에 다음과 같은 장점들을 제공해 주고 있다. 첫째, 이들 서비스접점 직원들은 품질이 높은 서비스를 제공하고자 하는 경향이 있어 결과적으로 보다 높은 고객 만족 수준을 이끌어낸다. 만족한 고객들은 재구매를 할 확률이 높으며 구전커뮤니케이션 활동을 긍정적으로 하게 된다. 품질이 높은 서비스 제공은 두 번째 효익을 창출한다. 즉 고객의 불평이 줄어들게 된다는 것이다. 고객의 불평이 줄어든다는 것은 불만족한 고객의 숫자, 고객들에게 다시 지불되어야 하는 재정적 경비, 그리고 서비스 문제를 교정하는 데 들어가는 추가적인 시간 등이 줄어든다는 것을 의미한다. 처음부터 서비스 제공을 제대로 하게 되면 고객 불만족에 따른 직·간접 비용을 줄일 수 있게 된다. 노동생산성 제고의 세 번째 효익은 직원 이직률 감소이다. 훌륭한 직원들은 기업에 보다 오랫동안 머무는 경향이 있다. 이직률이 낮다고 하는 점은 직원들을 신규 채용하고 훈련시키는 비용을 줄일 수 있음을 의미한다. 또한 이로 인해서 기존 고객들에게 지속적으로 만족을 줄 수 있음도 의미한다. 왜냐하면 서비스를 제공받는 고객들은 이미 자신들이 알고 있는 서비스접점 직원들을 선호하기 때문이다. 이직률이 낮은 서비스기업은 고객들에게 보다 안정되어 있는 기업으로 인식되기도 한다.

✔ 장비의 투자

서비스를 공급하는 역량을 제고시키는 두 번째 방법은 보다 생산적이고 효율적인 장비에 투자하는 것이다. 빌딩관리 서비스는 자동청소기계에 투자함으로써 노동비용을 줄일 수 있다. 자동청소기계는 서비스의 질도 높일 수 있을 뿐 아니라 1명의 직원이 청소할 수 있는 면적도 훨씬 증가시킬 수 있다. 대부분 서비스기업들에 있어서 컴퓨터 및 정보통신 장비들은 주요 자본투자 비용일 것이다. 컴퓨터는 호텔, 항공사를 비롯해 거의 대부분의 서비스들의 생산성을 증대시켜 왔다. 정보통신 또한 생산성을 제고시키는 데 이용되어 왔다. 예를 들어서, 한 여행사가 단위시간 내 서비스를 제공한 고객들의 숫자는 정보통신기술의 발달에 따라서 급격하게 증가하고 있다.

✔ 과업의 자동화

대개의 경우 자동화는 서비스 역량을 증대시킨다. 서비스 제공 시 작업활동의 내용에 따라 다르겠지만 기본적인 업무에 있어서 고객 1명에게 소요되는 기계나 시스템에 의한 자동화 서비스에 따른 평균비용은 서비스접점 직원들에게 드는 비용보다 훨씬 적은 것으로 나타나고 있다. 이러한 측면에서 은행의 ATM은 이미 대부분의 창구업무를 효율적으로 수행하고 있으며 최근에는 인건비 상승으로 상당히 많은 상업빌딩들에서 주차요원들보다는 무인자동화 기계식 주차장관리 서비스를 도입하고 있다. 추가적으로, ATM이나 기계식 무인자동화 주차관리 서비스는 서비스접점 직원들이 그렇지 못한 데 비해서 하루 24시간 내내 서비스를 제공해 주고 있으며 일관된 서비스 품질수준을 유지해 주고 있다. 향후 이러한 추세는 기계 및 자동화 시스템의 기능이 보다 더 다양해질 뿐만 아니라 사물인터넷(IoT) 기반의 주차서비스에 대한 사회적 니즈가 커질 것이다. 이에 따라 많은 서비스기업들은 인건비 절감차원은 물론 서비스 품질제고 차원에서도 이러한 부분을 더욱 강화할 것으로 전망되고 있다. 즉, 비용 효율성 방식이나 기술서비스 품질 방식으로 접근하는 것이다. 일반적으로 비용 효율성 접근방식이나 기술서비스 품질 접근방식에 입각해서 영업을 하는 서비스기업들은 과업의 자동화 혜택을 크게 보고 있는데 그 이유는 서로 다르다. 비용 효율성 방식은 비용을 줄이기 위해서 과업을 자동화하고 있는 데 반해서 기술서비스 품질 방식은 보다 높고 일관된 수준의 서비스를 산출해 내기 위해서 과업을 자동화시키고 있다. 대표적 사례로서 주차관리 서비스시장을 생각해 볼 수 있는데 현재 국내시장에는 AJ파크, 파킹클라우드, 아마노 등의 시장점유율 상위 업체들이 주차와 관련된 장비업체들을 두루 인수하면서 자체 장비공급이 가능한 구조를 갖추고 있다.

✔ 고객과 서비스제공자의 상호작용 변경

고객과 서비스제공자의 상호작용 방법을 바꾸는 것도 서비스 역량을 제고시킬 수 있다. 예를 들어서 미국의 경우 대개의 은행들은 드라이브 업(drive-up) 시설을 갖추고 있다. 이 드라이브 업 시설을 이용하게 되면 고객들은 자신의 차에서 내리지 않고도 은행관련 업무를 볼 수 있다. 즉, 주차할 장소를 찾는다거나 은행 안으로 들어간다거나 하는 것에 대해서 걱정하지 않아도 되는 것이다. 또한 은행 입장에서 드라이브 업 시설은 업무처리를 신속하게 만들어 주고 있다. 대부분 고객들은 은행 안으로 들어가서 일을 보는 것보다는 드라이브 업 시설을 통해서 보다 적은 시간으로 자신들의 은행관련 업무를 끝내는 것을 선호한다. 고객과 서비스제공자가 얼굴을 서로 보면서 일을 처리하는 것이 상호작용의 기능적 품질을 높일 수는 있으나 업무처리를 지연시키고 결과적으로 생산성을 떨어뜨릴 수 있다. 많은 금융회사들은 현재 인터넷이나 스마트폰을 이용한 온라인서비스를 시행하고 있다. 고객들에게 자신의 구좌에는 물론 다른 금융서비스에도 컴퓨터로 접근하는 것을 허용함으로써 고객과 서비스접점 직원들 간의 면대면 실제 접촉은 상당히 줄어들고 있다. 유통부분에서도 이와 같은 서비스 경로의 변경이 다양하게 시행되고 있다. 맥도날드(McDonald)나 롯데리아 같은 패스트푸드 레스토랑에서는 드라이브 업(drive-up) 시설이나 주문 키오스크(kiosk) 등을 설치하여 고객과의 상호작용 채널을 변경시키고 있다. 인터넷쇼핑기업이나 택배회사들도 전산화된 자료교환을 통해서 물류창고에서부터 해당제품을 선적해서 하루 혹은 이틀 만에 전국 어디에나 배송해 주고 그 기간 동안 배송조회를 언제든지 가능하게 해주는 서비스를 제공해 주고 있다. 대부분의 여행사들도 이제는 고객과 접촉하는 방식을 변경함으로써 많은 혜택을 보고 있다. 대부분의 고객들도 직접 찾아오기보다는 전화나 인터넷을 통해서 자신들의 원하는 여행지, 여행일정, 가격 및 프로그램 등에 대한 정보를 탐색하고 구매를 할 수 있게 되었다. 결과적으로 여행사들은 단위시간 내에 보다 더 많은 고객들을 상대할 수 있게 되어 서비스 역량을 제고시킬 수 있게 되었다.

그림 3-10 McDonald's는 Drive-Thru 강화로 고객과의 상호작용 채널을 변경시키고 있다.

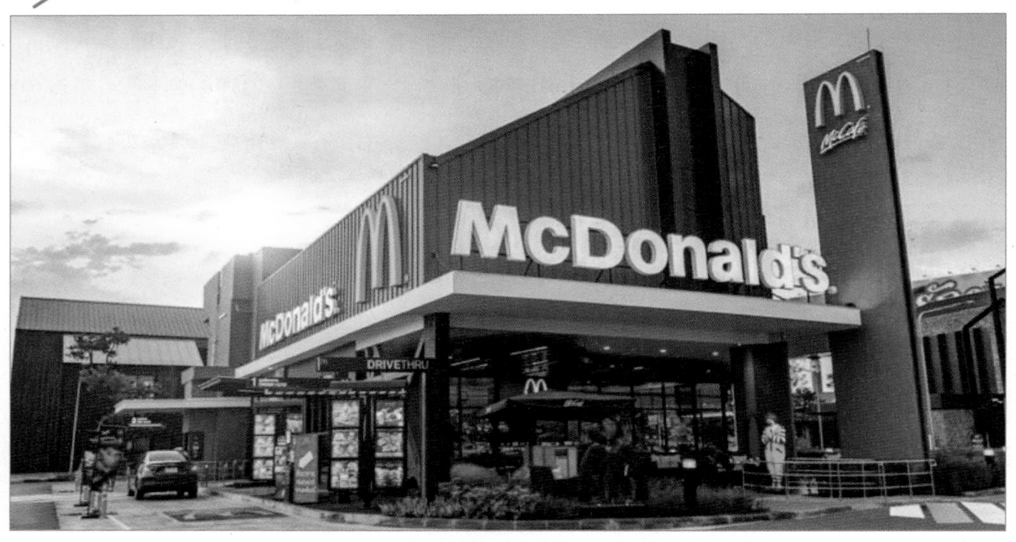

✔ 고객접촉 기능과 지원 기능의 분리

서비스제공의 효율성은 고객접촉 기능을 고객지원 기능으로부터 분리시킴으로써 커질 수 있다. 고객이 같이 있게 되면 보통 서비스 성과는 떨어지게 되어 있다. 비록 고객들과의 대화가 서비스 품질의 기능적 요소 중 필수적 부분이지만, 서비스 제공과정을 늦추게 된다. 물론 서비스의 특성상 고객과의 개인적 접촉을 완전히 없앨 수는 없다. 그러나 수익성을 제고시키기 위해서 서비스기업들은 효율성을 제고시켜야 한다. 고객들이 참여하지 않고서도 서비스 제공이 이루어지는 서비스라면 고객지원 부서에서도 그 서비스를 수행할 수 있어야 한다. 고객접촉 부문과 고객지원 부문을 상호 물리적으로 격리시켜 놓음으로써 두 부문의 품질과 효율성도 모두 개선될 수 있을 것이다. 고객지원 부서에 근무하고 있는 직원들은 고객들의 간섭이 없을 경우 보다 효율적으로 작업을 할 수 있게 되고 보통 그 결과도 좋게 나타나고 있다. 고객과 접촉하는 직원들을 서비스 성과와 관계시키지 않음으로써 고객과의 커뮤니케이션 수준이 향상될 수 있으며 서비스의 품질도 제고시킬 수 있게 된다.

브리핑사례 ≫ **아마존 진출로 美제약시장 재편 초읽기**

아마존은 이제 새로운 분야인 헬스케어와 제약 분야에 눈독을 들이고 있다. 이 시장에 진출해 신성장동력을 확보하려는 것이다. 지난해 6월 아마존은 온라인 조제약품 배송 서비스 업체 필팩을 인수하면서 이 시장에 진출을 본격화하고 있다. 헬스케어 전문가들은 아마존의 필팩 인수로 아마존 온라인 사이트에서 처방전 조제약품 판매가 시간문제일 뿐이라고 말했다. 아마존은 내부 제약사업팀을 이미 설치한 상태이며 한해 시장규모가 4천억 달러에 달하는 미국 조제약품 시장 공략이 머지않아 본격화될 전망이다. 이에 처방전 조제약품 유통시장에서 앞으로 기존 선두 사업자들의 입지가 좁아지고 영세업체들이 문을 닫는 등의 시장재편이 이루어질 것으로 보인다.

◎ 아마존, 온라인 조제약품 사업 시작은 '시간문제'

아마존은 거대 조제약품 시장의 잠재력을 파악한 후 오래전부터 시장진출을 모색해왔다. 아마존은 지난 2017년 미국 전역에 조제약품을 배송하기 위한 라이선스 확보에 나섰다. 아마존은 거대 물류센터를 운영중인 미국 인디애나주에서도 조제약품 유통 면허증을 얻는 데 실패했다. 이에 아마존은 지난해 10억 달러를 들여 온라인 처방전 약품 배송업체인 필팩을 인수해 돌파구를 찾았다. 회사가 세워진지 5년밖에 되지 않은 신생사이지만 필팩은 뉴햄프셔, 플로리다, 뉴욕, 애리조나, 텍사스 등의 5개 주요지역에 물류센터를 지니고 있으며 미국 50개주 약품 배송 면허를 보유하고 있다. 아마존은 필팩인수로 미국전역에 조제약품을 유통할 수 있는 사업권을 손에 쥐게 됐다. 또 조제약품의 구매수요도 커 아마존이 사업을 본격화할 경우 매출이 가파르게 상승할 것으로 점쳐졌다.

시장 분석가들은 미국 조제약품 시장의 특징을 높은 가격과 유통업계의 고비용 구조로 꼽았다. 시장조사업체 46브룩클린의 자료에 따르면 2015년에서 2018년 미국 유명 제약사의 약품가격은 물가인상을 반영해 대부분 1만 달러를 넘어섰다. 조제약품 시장은 약품의 연구개발과 유통, 중간 판매점인 약국의 수익, 제약회사와 보험사간 협상 담당자의 수입 등을 반영해 약품 유통가격이 매우 높게 형성됐다. 반면 소비자들의 조제약품 구입은 매년 늘고 있다. 카이저패밀리협회(KFP)의 자료에 의하면 미국인 10명 중 6명은 최소 1번 이상 약을 조제했고 3번 이상 약을 조제한 사람도 4명 중 1명 꼴이었다. 특히 미국 소비자 60%는 약품의 가격이 비합리적으로 책정됐으며 현재 가격의 절반으로 떨어져야 한다고 불만을 토로했다.

◎ 아마존, 가격경쟁력으로 시장 재편

미국 전역 조제약품 배송면허를 손에 넣은 아마존은 지난해부터 제약사업팀을 보강하고 올해부터 시장공략에 나설 준비를 하고 있다. 아마존이 조제약품 시장에 본격적으로 진출하면 CVS나 월그린 같은 기존 약품유통 업체들과 경쟁이 불가피하다. 하지만 아마존은 온라인 사이트를 통해 규모의 경제를 통한 저마진 전략, 다년간 축적한 유통망 노하우, 기존 단골고객을 통한 추가구매 등으로 단기간 내 이 시장에서 영향력을 확대할 수 있을 것으로 예상된다. 최근 미국 약품 체인점들은 매장 임대료와 인건비 등의 상승으로 비용이 늘어나 매장을 축소하고 있다. 림블 파머시는 오프라인 점포를 정리하고 필팩처럼 온라인 배송 서비스로 사업을 전환해 빠르게 성장하고 있다. 아마존은 기존에 1억명이 넘는 프라임 회원 외에 보험사들과 손잡고 처방약품을 배송해 새로운 매출을 올릴 것으로 보인다. 높은 약품 가격으로 예산부족을 호소하는 미국 보험사는 매우 저렴한 가격에 처방약품을 공급하는 아마존과 계약을 마다하지 않을 것으로 보이기 때문이다.

아마존은 조제약품 사업을 디딤돌 삼아 헬스케어 시장까지 공략할 것으로 예상된다. 아마존은 이미 지난해부터 JP모건 체이스, 버크셔 해서웨이와 손잡고 헬스케어 시스템 개선작업을 추진하고 있다. 아마존은 이를 통해 3조 달러 미국 거대 헬스케어 시장을 공략해 매출성장을 한층 가속화하려는 것으로 보인다.

〈출처〉 아이뉴스24(2019년 5월 30일)

그림 3-11 세계 최대 e커머스 업체 아마존은 새로운 분야인 헬스케어와 제약 분야에 눈독을 들이고 있다.

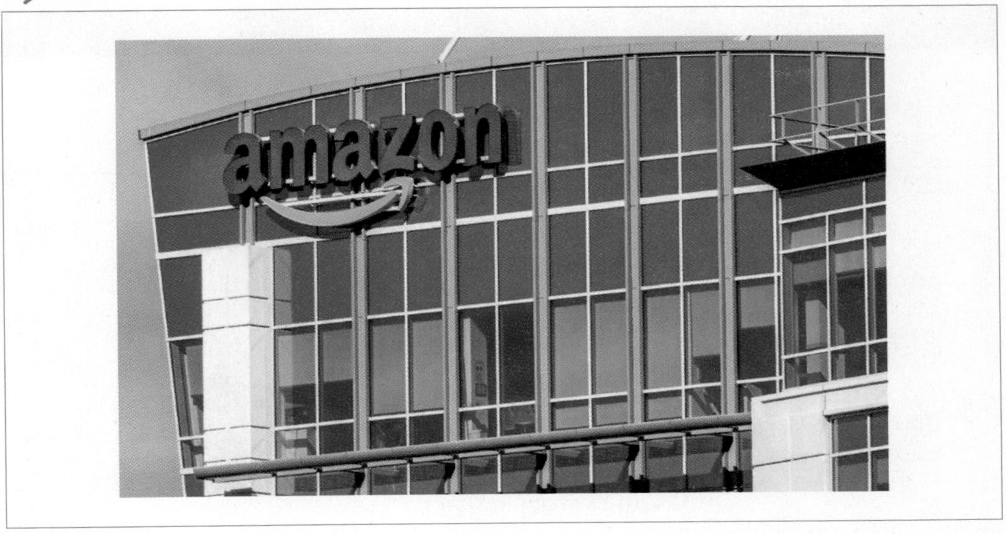

셀프서비스 범위 확대

서비스기업들은 서비스 활동의 일부분을 고객들에게 넘겨줌으로써 생산성을 높이고 서비스 역량을 극대화시킬 수 있게 된다. 그러나 셀프서비스 확대전략은 다른 고객들을 방해하지 않고 또한 이를 통해서 서비스접점 직원의 채용숫자를 줄이게 될 수 있을 때 비로소 성공적이라고 말할 수 있다. 이는 앞에서 인용한 과업의 자동화 부문과 밀접한 관계가 있다. 일상생활에서 가장 일반적으로 접할 수 있는 셀프서비스의 사례로서는 은행에서의 ATM 이용, 빌딩을 드나들 때마다 이용하는 무인자동화 주차관리 서비스 혹은 자동차에 기름을 넣을 때의 셀프주유를 생각해 볼 수 있다. 최근에는 대부분 국내 주유소들이 셀프서비스 코너를 별도로 설치하여 직원들 대신에 고객들이 직접 주유할 수 있도록 하고 있는데, 이는 직원 채용을 줄이는 효과 외에도 단위 시간 내 서비스를 제공받는 고객들의 숫자를 늘리는 효과를 거두고 있다.

아웃소싱 활용

서비스라고 하는 것은 보통 정보, 예약, 지불, 그리고 소비 등 4가지 주요 요소들로 구성되어 있다. 아웃소싱(outsourcing: 外注)은 제3의 기관과 재계약을 맺어 작업의 일부 또는 전부를 맡기는 것을 말하는데 서비스의 4가지 요소 각각에 대해서 혹은 결합에 대해서 사용될 수 있다. 항공사나 유람선과 같은 서비스들은 생산성을 높이기 위

표 3-4 서비스역량의 제고방안별 장점

제고방안	장점
노동생산성의 제고	• 서비스품질이 향상된다. • 고객의 불평이 줄어든다. • 직원들 이직률이 낮아진다.
장비의 투자	• 노동비용이 줄어든다. • 더 많은 고객들에게 서비스를 제공할 수 있다. • 서비스의 일관성이 향상된다.
과업의 자동화	• 비용이 줄어든다. • 제공되는 서비스의 일관성이 향상된다. • 더 많은 고객들에게 서비스를 제공할 수 있다.
고객과 서비스제공자의 상호작용 변경	• 서비스제공이 신속해진다. • 더 많은 고객들에게 서비스를 제공할 수 있다.
고객접촉기능과 지원기능의 분리	• 서비스품질이 향상된다. • 고객-직원들 간의 상호작용의 질을 제고시킨다.
셀프서비스 범위 확대	• 비용을 감소시킨다. • 더 많은 고객들에게 서비스를 제공할 수 있다.
아웃소싱 활용	• 서비스품질이 향상된다. • 비용을 감소시킨다. • 더 많은 고객들에게 서비스를 제공할 수 있다. • 판매를 증대시킨다.

해서 아웃소싱을 많이 한다. 이러한 서비스들은 모두 매출을 늘리기 위해서 여행사들을 활용하고 있다. 가령 여행사의 경우 위의 4가지 서비스 요소 중 3가지 요소를 수행할 수 있다. 먼저 여행사는 가격이나 운항스케줄 같은 정보를 고객들에게 제공해 줄 수 있다. 또한 여행사들은 항공사나 유람선회사를 대신해서 고객들 대상으로 지불결제 서비스를 수행하고 있다. 여행사들을 이용함으로써 항공사들은 그들의 노동인력을 줄일 수 있을 뿐만 아니라 생산성 또한 증가시키게 된다. 왜냐하면 잠재적 고객들이 여러 곳에 산재한 여행사들과 손쉽게 접촉할 수 있기 때문에 그렇지 않은 경우보다 매출이 늘어나기 때문이다.

고객들 또한 혜택을 보고 있다. 왜냐하면 여행사들이 특정 목적지에 대해서 이용가능한 모든 항공사들의 가격 및 스케줄을 비교해 주기 때문이다. 비자, 마스터카드, 아메리칸 익스프레스 혹은 디스커버 같은 신용카드사들도 생산성을 높이기 위해서 아웃소싱을 활용하고 있다. 그러나 이들의 접근방식은 항공사나 유람선회사의 경우와는 정반대이다. 신용카드회사들은 정보를 제공하고 예약을 해주며 지불결제도 책임지고 있다. 가맹점들은 오로지 소비단계에서 활용되고 있다. 가맹점들은 판매대금은 신용카드사들을 통해서 받게 된다. 신용카드사들은 책임지고 그들의 고객들로부터 신용카드 사용대금을 받게 된다. 생산성을 높이기 위해서 서비스기업들은 자신들이 수행하고 있는 일부분 업무를 아웃소싱하게 된다. 신용카드사나 유통판매회사들은 부실 채권을 채권추심 전문기관에게 아웃소싱하게 된다. 일반적으로 연체대금을 회수하기 위해서 들어가는 비용이 채권추심 전문기관을 이용하는 것보다 많이 들기 때문이다. 아울러 연체회수에 관련된 직원들은 아웃소싱을 하게 되면 다른 업무로 전환배치시킬 수 있게 된다.

생각해봅시다

01	서비스마케팅에서 고객 기대는 무슨 역할을 하고 있는가?
02	고객기대모델이 중요해지는 이유는 무엇인가?
03	고객 기대 영향요인에는 어떤 것들이 있는가?
04	서비스 포지셔닝 개념은 왜 중요한가?
05	서비스 포지셔닝 절차는 어떻게 이루어지는가?
06	서비스 포지셔닝의 유형에는 어떤 것들이 있는가?
07	서비스 증거와 포시셔닝에 대해서 고찰해 보라.
08	서비스 수요와 역량의 불일치는 왜 발생하는가?
09	서비스의 수요관리는 어떻게 해야 할까?
10	서비스 역량을 관리하는 방법에는 어떤 것들이 있는가?

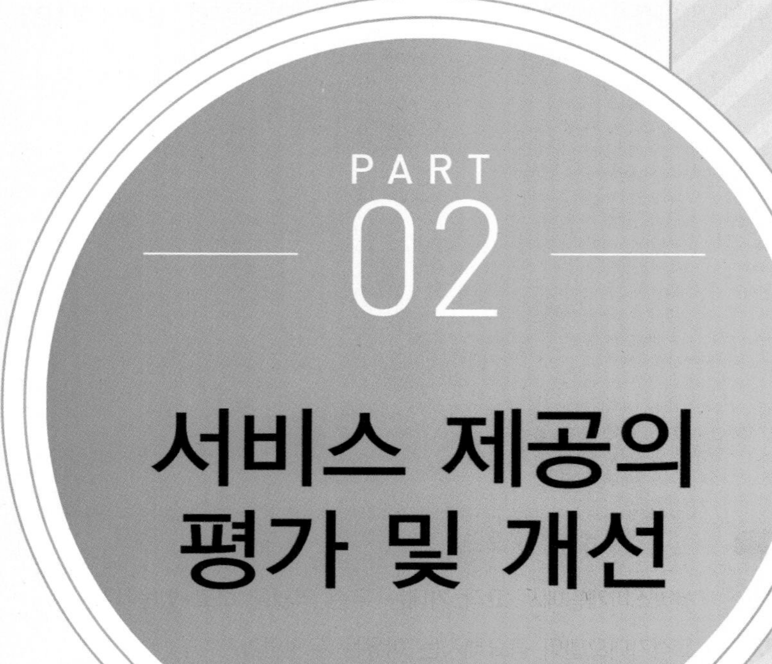

PART 02

서비스 제공의 평가 및 개선

01 서비스마케팅의 개관

1장 서비스 개념
2장 서비스와 소비자행동
3장 서비스마케팅의 기초

02 서비스 제공의 평가 및 개선

4장 서비스 품질
5장 갭분석 모형
6장 고객 만족
7장 서비스 실패 및 복구전략
8장 고객 유지

03 서비스마케팅의 수행

9장 서비스 제공과정
10장 서비스스케이프 관리
11장 서비스 가격결정
12장 서비스 커뮤니케이션
13장 서비스 직원 관리

CHAPTER 04

서비스 품질

학습목표

- 서비스마케팅에서 서비스 품질의 중요성에 대해서 학습한다.
- 서비스 품질을 과정 품질과 결과 품질로 구분하여 알아본다.
- 서비스 품질 차원의 중요성을 알아본다.
- 서비스 품질을 측정하는 방법을 살펴본다.
- SERVQUAL, SERVPERF, 비(非)차감식을 비교해본다.
- 고객 인식에 대해서 학습한다.
- e-서비스 품질에 대해서 살펴본다.
- 서비스 품질이 이익 전략에 미치는 영향에 대해서 알아본다.

도입사례

서비스 황금 표준 만든 리츠칼튼, "객실 청소원도 고객 위해 회사 돈 200만원 즉시 사용할 수 있어"

애플(Apple)이 14개국 394군데 운영 중인 애플스토어 매장은 단위면적당 세계 매출액 1위(6,050달러)를 자랑한다. 이곳의 최대 경쟁력은 '색다른 고객 경험'과 '혁신 상품' 두 가지이다. 흥미롭게도 애플스토어가 제공하는 독특한 고객 서비스는 애플의 고유물이 아니라 모방의 산물이다. 스티브 잡스(Jobs) 애플 당시 CEO가 최고의 고객 경험을 선사하기 위해 최고 선진 사례를 벤치마킹하라는 특명(特命)을 내렸기 때문이다. '최상의 롤모델'로 낙점된 기업은 뜻밖에 호텔 기업인 리츠칼튼이었다. 애플스토어의 모든 직원들은 지금도 리츠칼튼의 '서비스 황금 표준(gold standard)' 가운데 하나인 '서비스의 3단계'를 교육받고 그대로 실천한다. "반드시 고객의 '이름'을 부르며 따뜻한 마음으로 맞이한다" "고객이 표현하지 않은 요구까지 만족시킨다" "고객 '이름'을 부르며 따뜻한 감사의 작별 인사를 한다"는 내용이다. 애플스토어의 기술자들이 고객을 직접 마주하는 창구인 '천재들의 바'(genius bar)는 리츠칼튼의 컨시어지(concierge · 개별 고객에 대한 종합 서비스 창구) 데스크에서 영감(靈感)을 얻은 것이다. 리츠칼튼이 원조(元祖)인 이런 고객 서비스는 마이크로소프트(MS), AT&T리테일, 디즈니 같은 회사들까지 본떠 갔다.

리츠칼튼(Ritz-Carlton)의 이런 명성은 외부 평가에서도 증명된다. 미국 상무부가 1988년부터 최고의 제품생산 · 서비스기업에 수여하는 '맬컴 볼드리지 국가 품질상(Malcolm Baldrige National Quality Award)'에서 모든 서비스기업을 통틀어 지금까지 2차례(92년 · 99년)나 수상한 기업은 리츠칼튼이 유일하다. 이 상은 한 번 받으면 7년을 기다려야 후보 자격을 다시 얻을 수 있다. '럭셔리(luxury) 호텔 고객 만족도' 조사에서도 2010년부터 올해까지 포시즌스 · W호텔 같은 기라성 같은 경쟁사들을 제치고 3년 연속 1등이다. 1898년 세워진 '리츠 파리'를 모태로 1983년 미국에서 '리츠칼튼 호텔 컴퍼니'로 새로 출발한 이 호텔은 극심한 경영 위기도 돌파했다. 1990~1991년 2년 동안 14개 호텔을 새로 짓는 무리한 팽창을 하다가 불경기 여파로 이용객 급감과 공실(空室) 사태를 맞아 당시 총매출액에 버금가는 10억 달러의 빚을 진 것이다. 급기야 1995년 메리어트(Marriot) 호텔체인에 총지분의 49%를 팔았다. "몹시 어려웠지만 객실 내 구강청정제 하나 줄이지 않았어요. 세계 최고의 서비스 품질을 지키겠다는 외고집에서였지요. 이런 뚝심 덕분에 지금 27개국에 80개 호텔을 둔 매출 30억 달러(약 3조 2,500억원)의 알짜 호텔이 됐습니다. 글로벌 경제위기에도 최근 3년 매출이 30% 정도 늘었고 내년에는 40억 달러 매출을 자신합니다."

Weekly BIZ가 지난달 메릴랜드주 체비체이스(Chevy Chase)에 있는 리츠칼튼 본사에서 만난 어브 엄러(60 · Herve Humler) 회장의 말이다. 리츠칼튼 호텔의 네 번째 창업 멤버인 그는 "고객이 왕이다, 서비스를 잘해야 한다"고 얘기하지만, 우리는 고객이 표현하지 않는 요구까지 예상해 그들을 만족시키기 위한 아주 구체적인 방법을 행동으로 보여준다"고 했다. 예컨대 고객 불만이나 요구를 현장에서 접한 직원들은 절대 "담당자에게 전하겠다"라는 말을 하지 않는다. 엄러 회장은 "우리는 무조건 '제가 처리하겠습니다' '제가 사과드립니다'라고 말한다. 현장에선 모든 직원이 주인이며, 회장이며, CEO이다"고 했다. 호텔 업계를 넘어 글로벌 서비스의 '황금 표준'으로 우뚝 선 리츠칼튼이 선사하는 꿈의 서비스는 무엇인가? 아시아 언론 가운데 최초로 Weekly BIZ가 리츠칼튼 서비스 철학의 토대를 마련한 엄러 회장을 단독 인터뷰했다. 어브 엄러 리츠칼튼 회장은 16세 때부터 벨맨(bell man · 고객 짐을 옮기는 직원)으로 일해 올해 호텔 경력이 만 45년째이다. 그래선지 상대를 극진하게 배려하는 언행이 몸에 배어 있었다. 일례로 그는 회의실에서 기다리고 있던 기자의 앞이 아닌 옆에 다가와 앉았다. 미소로 인사를 건넨 그는 명함을 두 장 건넸다. 하나는 보통 명함, 또 하나에는 개인 휴대폰 번호가 적혀 있었다. "인터뷰 후에라도 궁금한 사항은 언제든 연락하세요"라는 말도 덧붙였다.

"말단 호텔 직원이었다가 지금은 회장이지만 나는 지금도 고객을 위해, 그리고 직원을 위해 봉사하는 하인(servant)입니다. 호텔의 주인은 우리 직원들이고, 그들은 하인이 아닌 '신사 숙녀들(ladies and gentlemen)'입니다."

◎ "고객의 마음을 예상하고 신비로운 경험을 선사하라"

리츠칼튼 서비스 철학의 핵심 중 하나는 '고객의 요구를 예상해 그들이 표현하지 않는 것까지 만족시키는 것'이다. 엄러 회장은 "고객이 표현하지 않는 것을 알기 위해 고객과 깊은 유대를 맺어야 한다"며 "서비스는 유대의 예술(art of engagement)"이라고 했다.

-고객이 표현하지 않는 요구를 알아내는 서비스란 무엇인가?

"어떤 부부가 어린아이를 안고 식당에 왔다고 치자. 그러면 우리는 유아용 키높이 의자를 제공하고 크레용이나 호텔 로고 모양을 한 인형을 가져다준다. 고객이 단추가 떨어진 와이셔츠 세탁을 맡겼다면, 우리는 고객이 부탁하지 않더라도 단추를 달아 돌려준다. 어떤 고객이 만성 두통이 있어 두통약을 찾았다고 하면, 그 고객은 다른 도시의 리츠칼튼에 투숙했을 때 방에서 두통약을 발견할 수 있을 것이다."

-왜이런 서비스를 제공하나?

"고객의 요구를 예상하고 서비스에 최선의 헌신을 다함으로써 고객에게 특별한, 잊지 못할 경험을 선사하고자 한다. 우리는 이를 '와우(wow) 경험', '리츠칼튼의 신비로움(mystique)'으로 부른다. 사소하더라도 기대하지 않았던 서비스를 받은 고객들은 '와우' 하고 놀란다. 그런 경험을 한 고객들은 우리 호텔의 평생 고객이 된다."

-하우스 키퍼든, 엔지니어든 모두 정말 2,000달러를 쓸 수 있나?

"물론이다. 고객을 만족시키고 행복하게 하는 일이라면 연간 횟수 제한 없이 쓸 수 있다. 모두가 호텔의 '주인'으로 어떤 문제든 즉석에서 해결할 권한과 책임을 갖는다는 뜻이다. 예컨대 객실 TV가 고장이 났다면, 고객은 지나가는 하우스 키퍼에게 이를 말할 것이다. 그때 직원이 '담당자에게 전하겠다'고 하면 이미 늦는다. 우리 직원들은 무조건 '제가 처리하겠습니다' '제가 사과드립니다'라고 말한다. 고객을 가장 먼저 접한 직원이 문제를 즉시 해결하면 고객들도 매우 만족한다."

-직원들을 최고 인력으로 키우는 프로그램이 있는가.

"모든 신입직원에게 입사 후 300시간(약 1개월)의 훈련을 한다. 이 과정을 반드시 마쳐야 현장에 투입한다. 기존 직원도 매년 125시간의 교육을 의무화했다. 매일 15분간의 라인업도 훈련이다. 직원들은 매일 고객을 만족시키는 다양한 실천 방식과 사례를 배우며

'글로벌 서비스 프로페셔널'로 성장한다."

-동종 업계 종사자들과 비교해 리츠칼튼 직원들의 급여나 혜택은?

"월급은 업계 평균보다 조금 높다. 우리 직원들은 서비스에 헌신하는 기업 문화, 호텔 프로페셔널로서 훈련받을 수 있는 기회가 많다는 점을 더 중시한다. 회사는 직원의 재능과 포부를 발전시켜주겠다는 약속을 '크레도 카드'에 못박고 있다. 누구나 호텔에 필요한 기술을 배우겠다면 전폭 지원한다. '1등급'에 뽑힌 직원에게는 왕복항공권과 리츠칼튼 숙박 및 여비를 지원한다. 벨맨 출신인 내가 회장이 됐듯이, 리츠칼튼에선 어느 직원도 재능과 열정만 있으면 고위직에 오를 수 있다. 직원 이직률은 업계 최저인 25%로 호텔 전체 평균의 절반 수준이다."

-벨맨부터 도어맨, 하우스 키핑, 영업과 재무 등 거의 모든 호텔 업무를 거쳤는데 그런 경험이 어떻게 유용한가?

"처음엔 사실 내가 무슨 일을 하고 있는지 잘 몰랐다. 그러나 서비스는 하나의 예술(art)이며, 깊은 유대를 맺은 고객과의 관계는 평생 유지된다는 사실을 깨달았다. 지금도 고객, 직원들과 스스럼없이 소통한다. 호텔에 불만이 있었거나 의견을 주는 고객들에게는 직접 전화하거나 편지를 쓴다. 그러면 화났던 고객들도 금방 되돌아온다. 전 세계 우리 호텔을 방문할 때는 매니저부터 세탁 담당자까지 만나 같이 식사하고 대화한다. 그러면 더 필요한 게 뭔지, 내가 뭘 해야 하는지 금방 알게 된다."

-많은 위기를 이겨내며 얻은 교훈이라면?

" '최상의 서비스' '전설의 서비스'라는 명성은 하루아침에 만들어지지 않고 경기가 어렵다고 양보하면 더 회복할 수 없다는 점이다. 신념을 지킨 덕분에 메릴린치 · 씨티은행 · GM을 포함한 수많은 글로벌 기업들이 '리츠칼튼 리더십센터'에 와서 서비스 정신과 실천방법을 배우고 있다. 2,000년 센터 설립 후 지금까지 1만명이 넘는 외부 고위 임원들이 다녀갔다."

-사회에 이익 환원은?

"호텔 주방에서 그날 다 서비스하지 못한 음식들은 노숙자들을 위한 음식 지원 단체에 모두 당일 기부한다. 직원들은 각자 다양한 재능을 활용해 불우 아동과 실직자들을 돕는다. 지난해 총 440만 달러를 기부했고, 8만 시간의 자원봉사를 했다."

〈출처〉 조선Weekly BIZ(2012년 11월 17일)에서 발췌

PART 02

01 서비스 품질의 개관

1) 서비스 품질의 의의

서비스 품질은 서비스마케팅에서 가장 핵심적인 내용 중 한 주제라고 할 수 있다. 그러나 서비스마케팅에서 중요한 역할을 하고 있음에도 불구하고 현실적으로 정의를 내리고 측정하기에는 쉽지 않은 난해하고 추상적인 개념이다. 이는 학문적·실무적으로나 공통으로 적용되는 과제라고 할 수 있다. 특히, 고객 입장에서 보았을 때 높은 수준의 서비스를 받는 것도 중요하지만 제공받은 서비스의 품질을 제대로 평가하는 것이 더욱더 어렵다고 할 수 있다. 실제로 두 명의 고객들이 비록 동일한 서비스를 제공받는다고 하더라도 그 서비스에 대한 평가는 서로 다를 수가 있는 것이다. 한 고객이 그 서비스를 훌륭하게 생각하는 반면에, 다른 고객은 제공된 서비스가 아주 형편없었다고 생각할 수 있기 때문이다. 일반적으로, 제품 및 서비스에 대한 품질의 평가는 탐색 품질(search quality), 경험 품질(experience quality), 그리고 신용 품질(credence quality) 등으로 나누어 생각해 볼 수 있다. 제품이 탐색 품질의 특성이 강한 반면에 서비스는 경험 및 신용 품질의 특성이 강한 편이다. 구체적으로, 첫 번째 품질 형인 탐

그림 4-1 2018 Top 25 Luxury Hotels in the World에서 1위를 차지한 인도의 The Oberoi Udaivilas

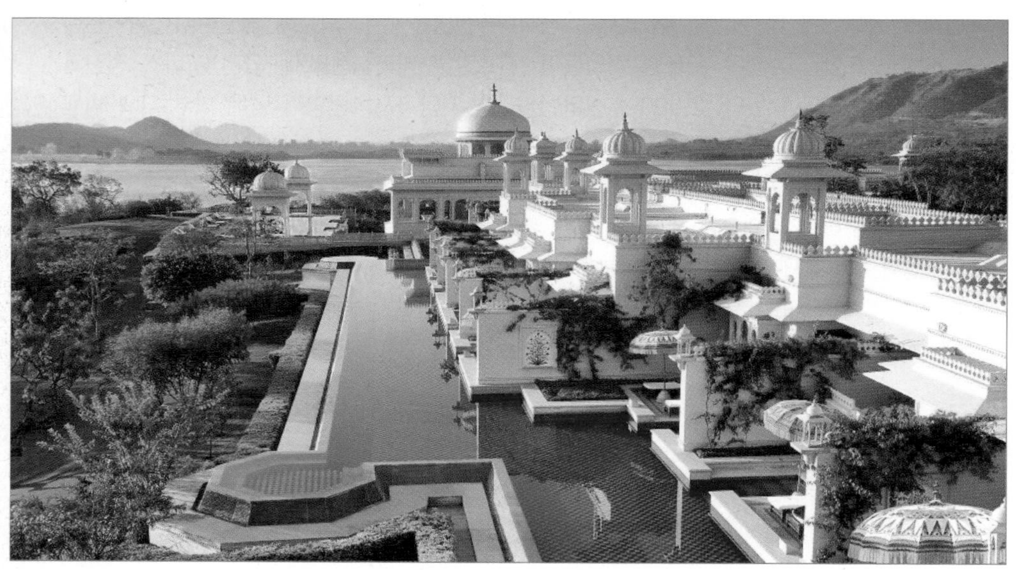

색 품질은 서비스나 제품을 구매하기 전에 소비자들이 평가할 수 있는 속성을 말한다. 색깔, 모양, 맞춤 정도, 느낌, 냄새, 가격 등과 같은 항목을 포함하고 있다. 구두, 청바지, 화장품, 냉장고 등과 같은 소비재들과 원자재, 부품, 사무용품 등과 같은 산업재들은 탐색 품질의 속성이 강하다고 할 수 있다. 왜냐하면 이러한 제품들은 구매하기 전에 소비자들이 쉽게 그 품질을 평가할 수 있기 때문이다. 두 번째 품질 유형인 경험 품질은 소비자들이 소비 중이거나 소비가 종료된 후에야 평가할 수 있는 속성으로서 경험을 통해서야만 그 품질을 알 수 있게 된다. 식사, 오락, 성형수술 등은 경험 품질의 속성이 강한 대표적인 일반 소비자 상대의 서비스 상품이고 사무실관리 서비스, 운송 서비스, 그리고 기계수리 서비스 등은 기업들 상대의 서비스 상품이라 고 할 수 있다. 마지막으로 어떤 서비스는 심지어 서비스가 수행되고 난 후에도 평가하기가 힘든 경우가 있다. 이처럼 서비스 제공이 종료되었음에도 그 평가가 힘든 속성이 바로 세 번째 품질 유형인 신용 품질이다. 소비자 대상의 서비스로서는 세무회계서비스, 교육, 병원서비스 등이 있고 기업대상의 서비스로는 컨설팅, 광고, 혹은 보험 등을 생각해 볼 수 있다.

표 4-1 제품 및 서비스 품질

품질	정의	적용사례	
		소비자 대상	기업 대상
탐색품질	구매 전에도 평가될 수 있는 것	구두, 청바지, 냉장고, 컴퓨터	원료, 부품, 사무용품, 공구
경험품질	소비 중이나 소비 후에야만 평가될 수 있는 것	음식, 이발, 오락, 성형수술	사무실 관리, 잔디 깎기, 운송, 수선 서비스
신용품질	심지어 서비스가 완료되어도 평가하기 힘든 것	세무회계 서비스, 교육, 병원 서비스, 법률서비스	컨설팅, 재정상담, 광고, 보험

자료: Zeithaml, Valarie A. Mary Jo Bitner, and Dwayne D. Gremier(2017), *Services Marketing: Integrating Customer Focus Across the Firm*, International Student Edition: McGraw-Hill Co.

2) 서비스 품질: 과정 품질과 결과 품질

일반적으로 서비스 품질은 고객의 기대에 비해 상대적으로 훌륭하고 우월한 서비스의 제공으로 정의될 수 있다. 서비스 품질에만 한정시켜 놓고 보았을 때는 기능적 과정 품질(functional process quality)과 기술적 결과 품질(technical outcome quality)로 나누어 생각해 볼 수 있다. 또한 서비스 품질은 단일 요인이 아니라 다중 요인들(multiple factors)에 의해서 평가가 이루어지기 때문에 다수의 품질 차원들을 이용해서 보다 더 구체적인 분석이 가능해진다. 실제로 고객들은 제공된 서비스의 기술적 결과에 대한 인식과 그 결과가 어떤 과정을 거쳐 제공되었는지를 기반으로 해서 서비스 품질을 판단하게 된다. 예를 들어서, 병원에서 제공되는 의료 서비스에 대한 기술적 결과 품질은 환자들의 병을 완쾌시켜 주는 일이다. 그러나 의료 서비스의 기능적 과정 품질은 의사의 시기적절한 치료, 의사 및 간호사들의 고객들에 대한 이해, 정중하고 친절한 응대, 그리고 환자들의 이야기를 듣는 공감어린 태도 등을 생각해 볼 수 있다. 만약 고객들이 레스토랑에 갔을 때 기술적 결과 품질이 제공된 음식이라면 기능적 과정 품질은 음식 제공 절차 및 방법, 그리고 서비스접점 직원들의 응대 태도라고 할 수 있다.

만약 서비스가 어떤 구체적인 결과-예를 들면, 의료 서비스에서의 병의 완치나 법률서비스에서의 재판에서의 승소-를 가지고 있다면 고객들은 그 결과에 의거해서 그 서비스의 효과를 판단하게 된다. 그러나 일반적으로 서비스는 제품에 비해서 상대적으로 매우 복잡하기 때문에 뚜렷한 결과가 항상 명백하게 나오는 것이 아니다. 이러한 상황에서 서비스제공자의 실제 능력이나 그 결과의 유효성 등으로 나타나는 서비스의 기술적 결과 품질은 고객들이 쉽게 판단할 수 없게 된다. 심지어 어떤 경우, 고객들은 제공된 서비스가 제대로 된 절차를 거쳐서 수행되었는지의 여부조차 모르는 경우가 있다. 많은 서비스의 경우 고객들은 자신들이 지불하는 비용에 대해서 의문을 품게 된다. 따라서 고객들은 자격을 소지하고 훌륭한 기술을 갖고 있는 것 외에도 서비스제공자가 대인관계를 제대로 할 수 있는 능력을 가졌으면 하고 바라게 된다. 즉, 고객들이 제공된 서비스 결과의 기술적 품질을 효과적으로 판단할 수 없다면 그들은 서비스제공자의 문제해결 능력, 고객과의 공감 능력, 고객에 대한 정중한 태도 그리고 약속이행 수준 등과 같은 기능적 과정 품질 차원에 따라서 서비스 품질에 대한 평가를 하게 되는 것이다.

3) 서비스 품질 차원

많은 마케팅학자들은 서비스가 단일 차원(unidimensional)의 개념이 아니고 다중 요인들(multiple factors)에 의해 품질평가가 이루어지고 있다고 주장해왔다. Parasuraman, Zeithaml and Berry(이하 PZB)가 1985년의 논문에서 서비스 품질에 관한 개념적 모델을 제시한 이후 많은 연구들이 수행되었는데, 많은 연구들은 대체로 PZB의 주장에 동조하는 경향을 보이고 있다.[1] PZB(1985)의 연구에서는 서비스 품질을 평가하기 위해서 처음에는 10개 차원(신용도, 안전성, 접근성, 커뮤니케이션, 고객이해, 유형성, 신뢰성, 반응성, 능력, 예절성)의 결정 요인을 제시하였다<(<표 4-2> 참조). 그러나 이러한 10개 차원들은 상호 간에 중복되는 부분이 있어 그 내용을 명확하게 구별할 수 없을 뿐만 아니라 고객의 니즈나 제공되는 서비스의 특성에 따라서 구성 요소들 간의 상대적인 중요성의 차이가 난다는 지적을 받게 되었다. Garvin(1987)은 제품 및 서비스에 8개의 차원들을 적용시켜 서비스 품질을 평가하려고 시도하였는데 8개의 결정요인들은 성과(performance), 특징(features), 신뢰성(reliability), 적합성(conformance), 내구성(durability), 서비스 가능성(serviceability), 탐미성(aesthetics), 위신(prestige) 등이었다.[2] Zeithaml(1988)은 자동차에 대한 품질 인식의 연구에서 신뢰성, 서비스가능성, 위신, 내구성, 기능성, 그리고 사용의 용이함 등 6개 차원을 제시하였고,[3] Bonner and Nekon(1985)은 33개의 음식 범주 내에서 풍부한 맛(rich/ full flavor), 자연스러운 맛(natural taste), 신선한 맛(fresh taste), 좋은 냄새(good aroma), 먹음직스러움(appealing look) 등 5개의 차원을 제시하기도 하였다.[4] PZB(1988)은 서비스 품질을 '특정 서비스의 우수성에 관한 개인의 전반적 판단 혹은 태도'로 정의하고 1985년의 자신들의 연구를 보다 정교화하면서 갭 분석 모형을 통해서 상호 중복되는 차원들을 통합하고 10개 차원을 5개 차원으로 축소시켰다.

---

1 Parasuraman, A., Valarie A. Zeithaml, and Leonard L. Berry(1985), "A Conceptual Model of Service Quality and Its Implication the Future Research," *Journal of Marketing,* Fall, 41-50.

2 Garvin, David(1987), "Competing on the Eight Dimensions of Quality,"*Harvard Business Review,* November-December, 101-109.

3 Zeithaml, Valarie A. (1988), "Consumer Perceptions of Price, Quality, and Value: A Means-End Model and Synthesis of Evidence," *Journal of Marking,* 52(July), 2-22.

4 Bonner, P and Nekon(1985), "Product Attributes and Perceived Quality: Foods,"in *Perceived Quality.* ed., J. Jacoby and J. Olson, Lexington, Mass.: Lexington Books.

표 4-2 서비스 품질의 10개 차원

차원	정의	적용사례
신용도	서비스제공자의 솔직함, 신뢰감	• 그 병원은 좋은 평판을 받고 있는가? • 내 주식거래 담당자는 나에게 강제구매는 권유하지 않았는가?
안전성	위기, 위험, 의심제거	• 밤 시간에 ATM을 이용하는 것이 안전할까? • 내가 구매한 보험은 유사시 완전한 보상을 해주는가?
접근성	접근가능성 및 용이한 접촉	• 문제에 직면했을 때 직장상사에게 쉽게 털어 놓을 수 있는가? • 그 항공사는 24시간 전화응대가 가능한가? • 그 호텔은 편리한 곳에 위치하고 있는가?
커뮤니케이션	고객들의 말을 청취하고 그들이 이해할 수 있도록 의사전달하기	• 불평을 갖고 있을 때 그 호텔 매니저는 기꺼이 내 불평을 들어주는가? • 의사는 의료 전문용어 사용을 피하고 있는가?
고객이해	고객들 및 그들의 니즈를 알려는 노력	• 그 호텔 직원이 나를 단골고객으로 인식하고 있는가? • 내 주식거래 담당자가 나의 재테크 목적을 알려고 노력하는가?
유형성	물리적 시설, 장비, 직원들의 모습	• 호텔시설이 매력적인가? • 은행에서 발행하는 잔액조회서가 이해하기 쉽게 되어 있는가?
신뢰성	약속한 서비스를 믿음직스럽고 정확하게 수행하는 능력	• 내 변호사가 15분 후에 전화한다고 했는데 과연 그랬는가? • 전화요금 명세서가 잘못 계산된 것은 아닌가?
반응성	고객을 도와주고 신속한 서비스를 제공	• 문제가 발생했을 때 그 회사는 즉시 문제해결에 나섰는가? • 내 주식거래 담당자는 나의 질문에 언제나 기꺼이 대답을 해 주는가?
능력	서비스 제공에 필요한 지식과 기술을 보유	• 은행창구 직원은 실수없이 금융거래를 처리할 수 있는가? • 그 컨설턴트는 우리 회사의 니즈를 모두 알고 해결방안을 제시할 수 있는가?
공손함	서비스접점 직원의 정중함, 존경심, 신중함 그리고 친절함	• 고객센터직원은 언제나 나의 질문에 상냥하게 응대하는가? • 기내 승무원은 유쾌한 태도를 갖고 있는가?

여기서 PZB(1988)는 기존의 서비스 품질에 관련된 연구 결과들을 종합하고 표적 집단면접(focus group interview)을 통해서 5개 차원들을 다음과 같이 정의한다[5]:

- 유형성: 물적 요소의 외형(appearance of physical elements)
- 신뢰성: 약속된 서비스를 믿을 수 있고 정확하게 수행할 수 있는 능력(ability to perform the promised service dependably and accurately)
- 반응성: 고객을 도와 주고 즉각적인 서비스를 제공하려는 의지(willingness to help customers and provide prompt service)
- 공감성: 고객을 개별화시켜 이해하려는 노력으로 접근의 용이성과 훌륭한 커뮤니케이션을 포함(caring individualized attention given to customers including easy access and good communication)
- 확신성: 서비스접점 직원들의 지식 및 공손함, 그리고 신뢰와 안정성을 유발시키는 능력(employee's knowledge and courtesy and their ability to inspire trust and confidence)

표 4-3 서비스 품질 차원의 변화

PZB(1985)	PZB(1988)
유형성(tangible)	유형성(tangible)
신뢰성(reliability)	신뢰성(reliability)
반응성(responsiveness)	반응성(responsiveness)
고객이해(understanding)	공간성(empathy)
접근성(access)	
커뮤니케이션(communication)	
안전성(security)	확신성(assurance)
신용도(credibility)	
능력(competence)	
공손함(courtesy)	

5 Parasuraman, A., Valarie A. Zeithaml, and Leonard L. Berry(1988), "SERVQUAL: A Multiple-Item Scale for Measuring Consumer Perception of Service Quality," *Journal of Retailing*, Spring, 12−40.

• 유형성

유형성(tangibles)은 물리적 시설, 장비, 직원, 사용되는 커뮤니케이션 자료 등의 외양으로 정의된다. 이와 같은 모든 요소들은 고객들, 특히 신규 고객들이 품질을 평가할 때 사용되는 서비스의 물리적 표현물 혹은 이미지를 제공하게 된다. 유형성은 레스토랑이나 호텔, 소매점 및 연예오락 서비스기업 등과 같이 고객들이 서비스를 제공받기 위해서 시설을 방문하는 접대서비스업(hospitality service business)에서 강조되고 있다.

• 신뢰성

신뢰성(reliability)은 약속한 서비스를 정확하게 제공하는 능력으로 정의된다. PZB(1988)에 따르면, 미국에서는 신뢰성이 5개의 서비스 품질 차원들 중에서 서비스 품질에 대한 고객들의 인식을 결정하는 데 가장 중요한 요소로 꼽히고 있다. 광의로 본다면, 신뢰성이란 기업이 배달, 서비스 제공, 문제 해결, 그리고 가격 설정에 대한 자신의 약속을 이행하는 것을 의미한다. 고객들은 약속-특히 핵심서비스 속성에 관한 약속-을 이행하는 기업들과 거래를 하고 싶어 한다.

• 반응성

반응성(responsiveness)은 고객을 도와주고 신속한 서비스를 제공하고자 하는 의지라고 볼 수 있다. 반응성은 고객들의 요구, 질문, 불평 및 문제를 처리하는 데 있어서 관심과 신속성을 강조한다. 보통 반응성은 질문에 답을 얻고, 자신들의 문제가 배려되고 있으며 도움을 받는 데 걸리는 시간으로 고객들에게 전달된다. 또한 반응성은 유연성과 고객의 니즈에 서비스를 맞춤화시키는 능력도 포함하고 있다. 반응성의 측정은 기업 내부에서 자신의 관점으로 표준을 정하는 것이 아니라 고객들의 관점에서 보는 서비스 제공 및 요구의 처리과정에서 고찰되어야 한다. 왜냐하면 기업 내부에서 정한 신속성과 서비스 제공 속도는 고객들이 요구하는 수준과 상당히 다를 수 있기 때문이다.

• 공감성

공감성(empathy)은 서비스기업이 고객에게 제공하는 개별화된 대응-보살핌-으로 정의할 수 있다. 공감성의 요체는, 개인화되고 맞춤화된 서비스를 통해서 고객들이 독특하고 특별하다는 점을 전달하는 것이다. 고객들은 자신들이 서비스제공자들에게 중요한 존재로 이해되고 있음을 느끼고 싶어 한다. 종종 소규모 기업의 직원들은 고객들의 이름까지도 알고 있으며 서비스 제공시 고객들 개개인의 욕구와 기호를 반영시킴으로써 보다 더 돈독한 관계를 구축하고 있다. 소규모 서비스기업이 대기업과 경쟁하게 될 때 공감성을 불러일으킬 수 있는 이와 같은 능력은 분명 경쟁력 제고에 도움이 되는 강점으로 작용하게 된다.

• 확신성

확신성(assurance)은 서비스접점 직원들의 지식과 정중함, 그리고 기업과 직원들이 불러일으키는 믿음직스러운 모습으로 정의된다. 특히, 확신성은 은행, 보험, 증권, 의료 및 법률서비스와 같이 그 결과를 평가할 확신이 없어 불확실성과 고위험을 느끼게 되는 서비스에서 더욱 중요해지는 경향이 있다. 신뢰와 확신은 고객과 기업을 연결시켜 주는 사람에게서 구현될 수 있는데, 증권 중개인, 보험 대리인, 변호사, 컨설턴트 등이 좋은 예이다. 이와 같은 상황 속에서 기업은 핵심 접촉인물과 개인 고객들 사이에 믿음과 상호배려가 구축되기를 원한다.

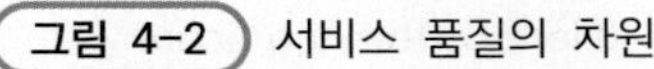

서비스 품질의 차원

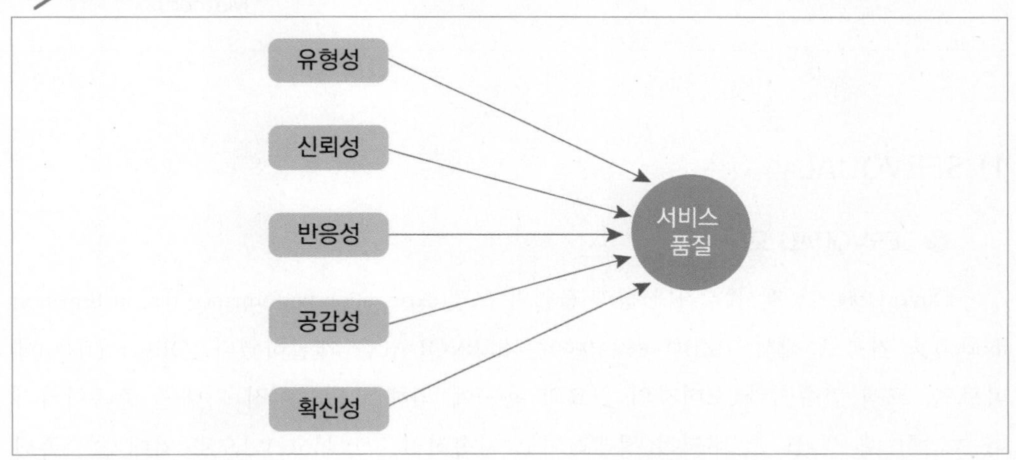

02 서비스 품질의 측정

서비스산업에서 서비스 품질은 고객 만족, 인지된 가치, 재구매 의도, 긍정적 구전, 브랜드 전환행동, 서비스 로열티 등에 대한 선행변수로 받아들여지고 있다. 서비스 품질에 대한 측정도구로서는 PZB(1988)에 의해 개발된 SERVQUAL(기대-성과 차감식), 지각된 성과만으로 측정하는 것이 타당하다는 SERVPERF(성과만을 측정), 그리고 차감식보다는 그 차이를 직접 측정하여야 한다는 비(非)차감식(non-difference score method)이 가장 대표적이다.

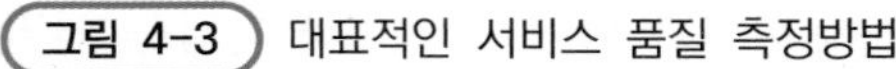

그림 4-3 대표적인 서비스 품질 측정방법

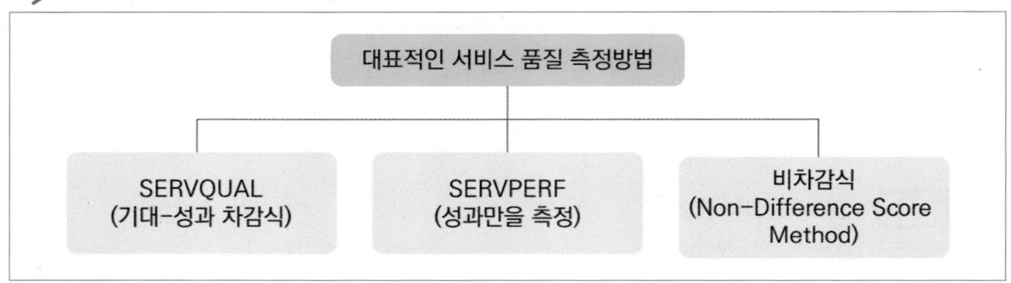

1) SERVQUAL

SERVQUAL 도구

Oliver(1980)가 제시한 기대-성과 불일치 모델(expectation-performance discon firmation model)을 기초로 해서, PZB(1985, 1988)는 SERVQUAL을 개발하였다. Oliver (1980)에 따르면, 고객 만족이란 소비자의 필요와 욕구에 의해서 만들어진 기대를 충족시키거나 초과할 때 생겨나는 비교적 정태적이고 지속적인 감정이고, 역으로 기대가 충족되지 못할 때 불만족이 발생한다고 하였다.[6] <그림 4-4>에서 보는 바와 같이 기대와 성과 간의 비교를 통해서 고객 만족을 평가하는 것은 불일치 패러다임(disconfirmation

6 Oliver, Richard L.(1980), "A Cognitive Model of the Antecedents and Consequences of Satisfaction Decisions," *Journal of Marketing Research*, November, 460–469.

그림 4-4 불일치 패러다임

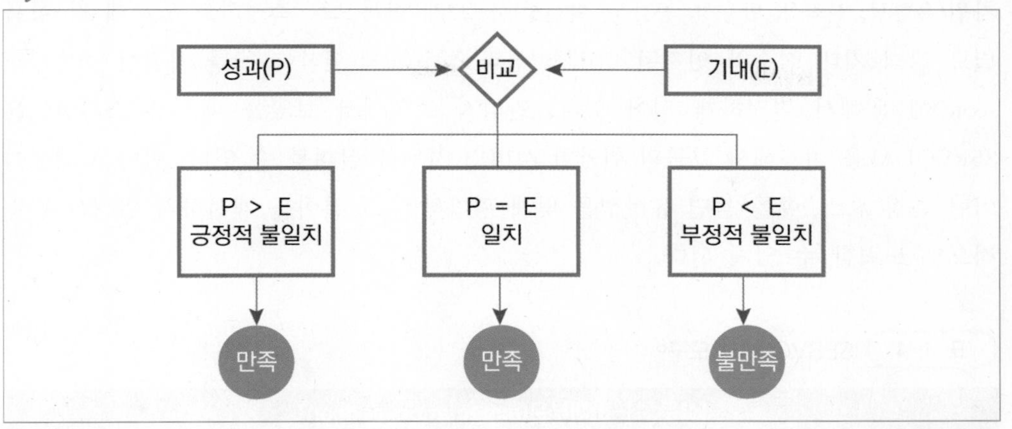

paradigm)의 기본개념에서 출발한다. 만족은 불일치 경험의 크기와 방향에 따라 달라지며 또한 불일치는 개인의 사전 기대와 관계가 있는 것으로 나타났다.[7] 보통 개인의 기대는 성과가 기대한 바와 같게 되면 일치하고 기대에 미치지 못하면 부정적으로 불일치하며 기대한 것보다 커지면 긍정적으로 불일치한다. 따라서 소비자는 기대와 일치하거나 긍정적으로 불일치할 때 만족을 경험하게 된다.

서비스 품질을 측정하기 위해서 개발된 도구 중 가장 널리 사용되는 SERVQUAL은 PZB에 의해서 1988년에 개발되었는데, 이 도구는 서비스 품질은 고객의 규범적 기대(E)와 받은 서비스에 대한 성과(P)와의 차이(gap)라는 전제에 근거를 두고 있다(<표 4-4> 참조). 그 후 PZB는 1991년에 수정된 SERVQUAL을 제안하였다. 여기서는 원래의 SERVQUAL에서 이용된 당위적 표현(should)을 완화시켜 표현하였으며(will), 부정적인 표현도 긍정적인 표현으로 바꾸었다. 또한 기대 수준의 의미도 '소비자가 원하는(want)' 혹은 '그 서비스기업이 제공해야 하는(should)'에서 '특정 서비스산업에서 우수한 기업이 실현가능한(feasible)' 것으로 보는 수준으로 변경였다. 원래의 SERVQUAL은 '제1부 – 기대부문(expectation section)'과 '제2부 – 인식부문(perception section)'으로 나뉘어져 있는데 '제1부'에서는 특정 산업에서 어느 기업으로부터 기대되는 서비스 수준을 지적해 줄 것을 응답자에게 요구하고, '제2부'에서는 그 서비스기업

7 Churchill, Gilbert A. Jr. and Carol Surprenant(1982), "An Investigation into the Determinants of Customer Satisfaction," *Journal of Marketing Research*, 19(November), 491–504.

에 의해 수행된 서비스에 대한 평가를 고객들에게 요구하고 있다. 서비스 품질은 5개 차원(유형성, 신뢰성, 반응성, 공감성, 확신성)을 22개 항목으로 측정하고 있는데 각 항목별로 고객 기대 점수와 인지된 서비스 성과 점수(고객 인식 점수)를 차감한 점수(gap score)에 의해서 결정하게 되어 있다. 관리적 측면에서 보았을 때 서비스기업들은 SERVQUAL을 이용해서 그들의 취약한 서비스 차원을 살펴볼 수 있다. 만약 고객들이 어떤 특정 요소, 예를 들면 유형성을 낮게 평가하면 그 분야를 개선하기 위해서 집중적으로 노력할 수 있게 된다.

표 4-4 SERVQUAL 도구[8]

[설문 1]-기대부문(expectation section)
본 조사는( )서비스에 대한 여러분의 의견을 다루고 있습니다. 여러분이 생각하시기에( )서비스를 제공하는 기업이 아래 각 문항에 표시된 특성을 어느 정도 보유하여야 하는지를 표시해 주기 바랍니다. 강하게 동의하면 7, 강하게 부정하면 1로 표시해 주십시오. 여기에는 정답은 없습니다. 우리는 다만( )서비스를 제공하는 기업들에 대한 여러분의 기대를 가장 잘 나타내주고 있는 수치에만 관심이 있을 뿐입니다.

E 1. 서비스에 관계되는 최신의 장비를 갖추고 있어야 한다.
E 2. 물리적인 시설은 시각적으로 강하게 소구하여야 한다.
E 3. 직원들의 복장은 훌륭하고 단정하여야 한다.
E 4. 물리적 시설의 외양이 제공되는 서비스 형태와 일치하여야 한다.
E 5. 어떠한 것을 어떤 특정 시점까지 하겠다고 약속하면 반드시 그렇게 해야 한다.
E 6. 고객에 문제가 생겼을 때, 이 기업은 공감하고 있고 안심시켜 주어야 한다.
E 7. 기업은 믿음직스러워야 한다.
E 8. 약속한 시점에 서비스를 제공하여야 한다.
E 9. 기록을 정확하게 기록하여야 한다.
E10. 언제 서비스가 제공될지를 고객에게 잘 알려주지 않는 것 같다(−).
E11. 이 기업의 직원으로부터 신속한 서비스를 기대한다는 것은 무리라고 생각한다(−).
E12. 직원들이 항상 고객들을 기꺼이 도와주는 것 같지는 않다(−).
E13. 만약 직원들이 너무나 바빠서 고객들의 요구에 신속하게 반응하지 않더라도 괜찮다.
E14. 고객들은 이들 기업의 직원들을 신뢰할 수 있어야 한다.
E15. 고객들은 이들 기업의 직원들과 거래할 때 안전함을 느낄 수 있어야 한다.
E16. 직원들은 공손해야 한다.

8 Parasuraman, A., Valarie A. Zeithaml, and Leonard L. Berry(1988), "SERVQUAL: A Multiple-Item Scale for Measuring Consumer Perception of Service Quality," *Journal of Retailing*, Spring, 38−40.

E17. 직원들은 맡은 바 직무를 충실히 수행하기 위해서 회사로부터 적절한 지원을 받아야 한다.
E18. 이들 기업들은 고객들에게 개별적인 서비스를 제공해 주는 것 같지 않다.
E19. 이들 기업의 직원들이 고객들에게 개인적인 서비스를 수행하는 것은 기대할 수 없다.
E20. 직원들에게 그들 고객의 니즈가 무엇인지를 알게 하는 것은 비현실적이다.
E21. 이들 기업들이 고객의 최대관심사항에 주의를 기울인다는 것은 비현실적이다.
E22. 모든 고객들에게 편리한 영업시간대를 그들에게 기대하기는 어렵다.

[설문 2]-인식부문(perception section)

다음 문항들은 기업 XYZ에 대한 여러분의 인식에 관계된 것입니다. 아래 각 항목에 대해서, 여러분이 생각하기에 XYZ기업이 기술된 특성을 어느 정도 갖고 있는지를 표시해 주기 바랍니다.

P 1. XYZ기업은 최신의 장비를 갖고 있다.
P 2. XYZ의 물리적 시설은 시각적으로 소구하고 있다.
P 3. XYZ 직원들의 복장은 훌륭하고 단정하다.
P 4. XYZ기업의 물리적 시설외양은 제공되는 서비스 형태와 일치하고 있다.
P 5. XYZ기업이 어떤 특정시점까지 무엇을 약속하면 반드시 그렇게 하곤 한다.
P 6. 여러분이 문제가 있을 때, XYZ기업은 공감하고 안심을 시켜 주곤 한다.
P 7. XYZ는 믿음직스럽다.
P 8. XYZ는(그렇게 하겠다고) 약속한 시점에 서비스를 제공하고 있다.
P 9. XYZ는 정확하게 기록하고 있다.
P10. XYZ는 언제 서비스가 제공될지를 고객에게 이야기해 주지 않는다(−).
P11. 여러분은 XYZ직원들로부터 신속한 서비스를 받을 수 없다(−).
P12. XYZ직원들은 항상 고객들을 기꺼이 도와주지는 않는다(−).
P13. XYZ직원들은 너무나 바빠서 고객들의 요구에 신속하게 반응하지 못하고 있다.
P14. 여러분은 XYZ직원들을 신뢰할 수 있을 것이다.
P15. 여러분은 XYZ직원들과 거래할 때 안전함을 느낀다.
P16. XYZ직원들은 정중하다.
P17. 직원들은 그들의 직무를 잘 수행하기 위해서 XYZ로부터 적절한 지원을 받고 있다.
P18. XYZ는 개별적인 서비스를 해주지 않고 있다(−).
P19. XYZ직원들은 여러분에게 개인적인 서비스는 안 해 주고 있다(−).
P20. XYZ직원들은 여러분의 니즈가 무엇인지를 모르고 있다(−).
P21. XYZ는 여러분의 이익에 대해서 관심을 갖고 있지 않다(−).
P22. XYZ는 모든 고객들에게 편리한 영업시간을 갖고 있지 않다(−).

✔ SERVQUAL의 문제점

비록 SERVQUAL이 서비스 품질을 측정하는 데는 매우 유용함에도 불구하고 다음과 같은 문제점을 포함하고 있다.

첫째, SERVQUAL에서 기대의 준거점이 되는 이상점(ideal point)을 어디에 둘 것이냐의 문제이다. SERVQUAL은 특정 서비스에서 이상점에 대한 고객의 기대를 측정하고 있기 때문에 실제로 고객들이 서비스를 제공받고 있는 기업이나 산업에 따라 기대의 준거가 되고 있는 이상점은 달라진다. 예를 들어서, 의료서비스인 경우 특히 종합병원에서 환자들은 대개 진료시간을 예약하고 간다. 그러나 환자와 약속한 시간에 의사가 진료하는 경우란 거의 없다. 어느 누구도 약속된 시간을 넘어서 기다리는 것을 좋아하지는 않지만 환자가 많거나 다른 이유로 인해서 병원을 찾은 고객들은 대부분 자신들의 약속시간을 넘겨 기다리는 것을 관례로 여기고 있다. 기대에 대한 고객들의 허용구간이 커지는 것이다. 반면에 비행기나 KTX를 이용하는 고객들은 정시 출발이나 도착에 대한 기대를 당연히 가지고 있는 것이다. 이 경우에는 고객들의 기대 허용구간이 작아지게 된다. 즉, 종합병원에 가는 고객들은 진료 예약시간에 따라 정시에 의료서비스를 받지 못하더라도 이해하고 넘어가지만 KTX를 이용하는 고객들은 정시 출발이 이루어지지 않을 때는 이해를 못하고 불만을 표하고 곧바로 항의를 할 수도 있다. 이처럼 제공되는 서비스의 영역에 따라 기대의 수준이 달라질 수 있음에도 불구하고 SERVQUAL 자체가 어느 특정 서비스 영역에만 적용되는 것이 아니기 때문에 어느 한 서비스의 특유한 변수를 측정할 수 없다. 이에 따라 이러한 차이를 감안하지 않고 있는 SERVQUAL의 범용성이 문제가 될 수 있다.

둘째, SERVQUAL이 서비스 품질의 수준을 측정하는데 차이분석방법(gap methodology)을 이용하는 것이 문제이다. 서비스 품질을 측정하는데 SERVQUAL의 기대부문(expectation section)은 실제 측정치가 아니고 실제 성과에 대한 인식 부문(perception section)만이 홀로 사용되고 있다. 따라서 어떤 서비스가 제공된 후에 고객의 기대를 측정하는 것은 그 고객의 반응을 왜곡시킬 수 있다. 만약 고객이 어떤 서비스에 대해서 긍정적인 경험을 했다면 이러한 긍정적인 성과를 유지하기 위해서 의식적이든 무의식적이든지 간에 그 고객은 자신의 사전 기대에 대해서는 낮은 평점을 주는 경향이 생기게 된다. 이에 따라 당연히 그가 기대했던 것과 그가 받은 서비스 사이에는 측정 가능한 갭이 존재하게 마련이다. 반대로 고객이 어떤 서비스에 대해서 부정적인 경험을 가진다면 그 고객은 자신의 사전 기대에 대해서 높게 평가를 내리는 경향이 있으며 결과적으로 서비스에 대한 인식 사이에는 부정적인 차이(gap)가 생기게 되는 것이다. 결국 기대는 서비스를 제공받기 전에 한 것이고 서비스 성과에 대한 인식은 시차를 두고 사후에 이루어지는 것이지만 SERVQUAL은 이러한 시차(time lag)를 인정하지 않고 하나의 설문지를 이용해서 기대와 성과에 대한 인식을 동시에 측정함으로써 서비스 품질에 대한 평가를 왜곡시킬 수 있는 것이다.

셋째, SERVQUAL에서 사용되고 있는 서비스 품질의 5개 차원에 대한 타당성이 문제가 될 수 있다. 서비스 품질을 측정할 때 유형성, 신뢰성, 반응성, 공감성, 확신성 등의 5개 차원의 문항들은 상호 중첩되는 경우가 발생하며 특히, 신뢰성, 반응성, 확신성 사이의 구별은 통계적인 분석과정에서 모호해지는 경향이 있다. 그리고 현실적으로 서비스 소비자들이 느끼고 있는 각 품질 차원에 대한 중요성은 차이가 있는 것으로 나타났다.[9](<표 4-4> 참조) 즉, SERVQUAL에서 사용되고 있는 서비스 품질의 5개 차원들은 서비스 영역에 따라 문항별로 부분적으로 중첩이 되어 확실하게 구분이 안 될 수도 있고 또한 차원별 순위도 차이가 발생할 수 있다. 이에 따라 5개 차원들을 동일하게 비중을 두고 있는 SERVQUAL은 서비스 품질 측정도구로서 문제가 될 수 있다.

넷째, SERVQUAL의 기대부문(expectation section)과 인식부문(perception section)의 문항을 합치면 44개의 항목이 된다. 비판자들은 44개나 되는 문항들은 상당히 반복적이며 불필요하게 설문의 길이를 길어지게 한다고 주장하고 있다. 이에 대해 옹호론자들은 SERVQUAL에서 기대부문을 포함하는 것은 각 서비스 품질 차원의 분석도구로서 차이 점수(gap score)에 따른 척도의 실무적 유용성을 제고시킬 수 있으며, 성과에 대한 인식 점수만 놓고 보면 응답자가 각 질문에 동의하는지, 동의하지 않는지를 평가할 뿐이라고 주장하고 있다. 예를 들어서, 어떤 서비스기업이 SERVQUAL을 사용해서 서비스 품질을 측정할 때 소비자들이 자사 서비스의 신뢰성과 공감성 차원에 대해 4.8점으로 동일하게 인식을 하고 있지만 기대 수준이 각각 6.5점 및 5.9점으로 나타났다면 SERVQUAL 점수는 -1.7 및 -1.1로 평가되어 신뢰성이 공감성보다 더욱 시급하게 개선되어야 할 서비스 품질 차원이 되는 것이다. 이처럼 기대 수준은 중요한 역할을 하고 있기 때문에 44개의 문항을 대폭 줄이더라도 기대 요소를 유지하기 위한 대안들이 제안되고 있다.

---

9 Berry, Leonard L. A. Parasuraman, and Valarie A. Zeithaml(1994), "Improving Service Quality in America: Lessons Learned," *Academy of Management Executive*, 8(2), 32-52.

표 4-5 서비스 품질 차원의 상대적 중요도(예)

서비스 품질 차원	중요도(%)
신뢰성	32
반응성	22
확신성	19
공감성	16
확신성	11

주: 소비자들에게 총점 100점을 각 차원에 배당하도록 요청함.

자료: Berry, Leonard L. A. Parasuraman, and Valarie A. Zeithaml(1994), "Improving Service Quality in America: Lessons Learned," *Academy of Management Executive*, 8(2), 32-52.

SERVQUAL을 위한 고려사항

• 서비스접점 직원의 중요성

SERVQUAL은 서비스 품질을 조사할 때 서비스제공자가 고려해야 할 중요한 사항들을 알려주고 있다. 대표적으로 서비스에 대한 고객 인식은 접점 직원의 태도와 성과에 크게 의존하고 있다는 점이다. 5개의 서비스 품질 차원에서 반응성, 공감성 및 확신성은 고객과 서비스접점 직원 간의 상호작용을 직접적으로 반영하고 있다. 심지어 유형성 차원에 대한 평가도 서비스접점 직원의 용모, 복장 및 청결상태에 부분적으로 의존하고 있다.

• 과정도 결과만큼 중요하다.

고객들이 어떤 서비스를 평가하는 방식은 결과만큼 서비스 제공과정에도 의존하고 있다. 어떻게 서비스가 제공되고 있는가는 서비스의 빈도나 특성만큼 중요하다. 결과적으로 고객 만족은 서비스의 소비와 마찬가지로 생산과정에 따라 달라질 수 있다. 서비스를 하나의 과정으로 보는 것은 서비스 품질 표준을 쓰려고 할 때 실무적 관리에 상당한 어려움을 야기한다. 표준은 소비자의 관점에서 또는 운영체제의 관점에서 검토할 수 있다. 따라서 상세한 표준은 서비스기업의 대응력에 대한 소비자의 등급을 기준으로 작성될 수 있다.

• 고객인식은 예측 불가능

서비스 품질 차원에 대한 등급은 관리자가 쉽게 알 수 없는 서비스기업의 통제를 벗어난 요인에 의해 영향을 받을 수 있다. 예를 들어서, 소비자 분위기와 태도는 등급에 영향을 미칠 수 있다. 서비스에 대한 등급을 평가할 때, 소비자들은 다양한 단서를 사용한다. 비록 서비스기업이 소비자에 대해서 부정적 결과를 산출한다고 하더라도, 그 부정적 결과가 낮은 수준의 만족을 주는 것으로 판단되지 않을 수도 있다. 이러한 결과도 서비스 과정의 일부분이기 때문에 소비자들은 그 실패를 참여한 자신들의 탓으로 돌릴 수도 있고 아니면 서비스기업의 통제를 벗어난 요인의 탓으로 돌릴 수도 있다. 이러한 귀속은 서비스기업의 물리적 특성에 따라 결정되는 것으로 보인다. 예를 들어서, 작고 보잘 것 없는 사무환경을 갖춘 서비스기업으로부터 형편없는 서비스를 제공받은 소비자들은 그 부정적 결과에 대한 책임을 사무환경의 탓으로 돌리는 경향이 있다. 아울러 지저분한 서비스 공간 분위기를 가지고 있는 서비스기업은 귀책사유와 관계없이 불만족을 유발할 가능성이 커지게 된다.

• SERVQUAL 비판에 대한 평가

SERVQUAL은 몇 가지 문제점으로 비판을 받고 있지만 서비스 품질을 평가하는데 가장 빈번하게 사용되고 있으며 인터넷이나 모바일 등 e비즈니스에서도 약간의 수정이 가해져서 현재 활용이 되고 있다. SERVQUAL을 옹호하는 많은 학자들은 SERVQUAL은 서비스 품질을 측정하는 데 여전히 유용한 출발점이며 다른 정성적 및 정량적인 측정치와 결부된다면 상당히 가치있는 분석적 도구가 될 수 있다고 주장하고 있다. 총체적으로, 만족 측정치와 마찬가지로 SERVQUAL은 자사의 과거 서비스 품질 트렌드와 비교될 때, 그리고 경쟁사의 서비스 품질 성과와 비교될 때 가장 가치있는 측정도구가 될 수 있다.

2) SERVQUAL의 대안들

SERVQUAL이 제안된 이래 'E(규범적 기대)-P(지각된 성과)'의 측정 방식과 관련하여 여러 가지 비판이 제기되었다. SERVQUAL의 문제점에서도 지적이 되었지만 만약 SERVQUAL이 사용될 경우 적용될 특정 서비스 영역에 맞도록 SERVQUAL의 항목들이 변경되어야 한다든가, '규범적 기대-지각된 성과' 대신에 '지각된 성과'만으로 서비스 품질을 개념화하고 조작화해야 한다는 주장(SERVPERF), 그리고 기대-성과 간의 차이 점수(gap score)에 대한 왜곡을 방지하기 위해서 SERVQUAL처럼 차감식을 이용하기보다는 차이(gap)를 직접 측정해야 한다는 주장(non-difference score method)이 SERVQUAL의 대표적 대안들이다.

SERVPERF

SERVPERF는 서비스 품질을 SERVQUAL처럼 '성과-기대'로 개념화한 대신에 성과(performance)만으로 측정하기 위해서 Cronin and Taylor(1992)에 의해서 제안되었다.[10] 성과중심의 측정을 하는 SERVPERF가 SERVQUAL보다 서비스 품질 측정에서 우월하다는 주장의 근거는 기대-성과 불일치에 의한 측정이 산술적으로는 가능할지 몰라도 현실적으로 측정이 어렵다는 데 있다. 이에 따라 Cronin and Taylor는 SERVQUAL에서 이용되었던 5개 차원 22개 항목들을 성과에 대한 인식부문(perception section)만으로 재구성시켜 4개 서비스산업(은행, 해충퇴치, 패스트푸드, 세탁소)에 적용, SERVQUAL과 비교 분석하였다. 분석결과, SERVQUAL이 은행, 패스트푸드 레스토랑 등 2가지 산업에서만 적합한 것으로 나타났으나 SERVPERF는 4개 서비스산업 모두에 적합한 것으로 나타났다. 그 밖에 많은 다른 학자들도 SERVQUAL의 문제점 등을 지적하였고 성과만을 이용하는 것이 SERVQUAL 척도보다 서비스 품질 측정에 보다 더 적합하다고 주장하였다. 이에 대해 PZB는 Cronin and Taylor 연구에서는 SERVQUAL의 5개 차원들 간의 상호관련성을 무시하고 이로 인해서 SERVQUAL의 적합성이 낮아졌을 수도 있다고 반박하였다. 성과에 대한 인식중심의 서비스 품질 측정에는 2가지 접근방법이 있다. 하나는 내부 측정(internal measure)으로서 서비스기업 성과에 대한 객관적 측정치를 제공해 주도록 고안된 것이고 다른 하나는 고객 측정(customer measure)으로서 고객의 태도

---

10 Cronin, J. Joseph, Jr., and Steven A. Taylor(1992), "Measuring Service Quality: A Reexamination and Extension," *Journal of Marketing*, July, 55–68.

및 의견을 측정하도록 고안된 것이다. 내부 측정의 예로서는 항공서비스와 택배서비스를 생각해 볼 수 있다. 항공서비스의 경우에는 정시운항 비율, 수하물 처리, 고객 불평 횟수 등이 포함되며 택배서비스의 경우에는 주문수취 비율, 정확한 주문수행, 반송 비율, 그리고 정시도착 등이 포함된다. 내부 측정의 장점으로는, 서비스산업 내 선두업체와의 벤치마킹을 통해서 자체 내의 취약한 부분을 찾아낼 수 있으며 촉진전략 수행 시 이용할 수 있는 차별화된 분야를 제공할 수 있다는 점이다. 그러나 단점으로서는, 내부 측정은 서비스기업의 자체적인 견해일 뿐 고객의 관점이 결여되어 있을 수 있으며 특정분야에서 우월하다고 해도 고객들에게는 중요하지 않을 수도 있고, 서비스 경험의 행동적 측면을 측정하지 않을 수도 있다는 점이다. 고객 측정은 내부 측정의 약점을 보완해 주는 측정 방법이며 예를 들면, 서비스 수행 시 제공되는 고객들의 의견 제안카드나 현재 고객들에 대한 인터넷이나 모바일 설문 등을 생각해 볼 수 있다. 고객 측정의 장점으로는 고객들의 서비스에 대한 느낌 등을 청취해서 자사의 강·약점을 분석해 볼 수 있고, 고객니즈에 대한 정보를 제공해 주며, 서비스 수행과정에 대해서도 정보를 제공해 준다는 점이다. 그러나 단점으로는 고객이 아닌 사람들의 의견이 제공되지 않고, 비교되는 정보 또한 제공하고 있지 못하며, 왜곡되지 않은 정보를 얻기가 상대적으로 힘들다는 점을 꼽을 수 있다.

표 4-6 성과중심의 서비스 품질측정의 장·단점

성과 측정	장점	단점	예시
내부측정	• 자체적으로 취약한 부분을 찾아낼 수 있다. • 차별화된 영역을 규명해준다.	• 고객의 관점이 결여되어 있다. • 성과지표가 고객의 관점과 일치하지 않을 수 있다. • 서비스의 행동측면을 측정하지 못하고 있다.	정시이행비율 주문수취비율 고객불평횟수 반송비율
고객측정	• 고객평가에 대한 정보를 수집할 수 있다. • 고객니즈에 관한 정보도 제공해준다. • 서비스 수행과정에 대한 정보를 제공해준다.	• 고객이 아닌 사람들의 의견이 제공되지 않는다. • 비교정보를 제공하지 않는다. • 왜곡되지 않은 정보를 얻기 힘들다.	고객의 태도 고객의 의견

비(非)차감식(Non-Difference Score Method)

최근 많은 마케팅학자들은 서비스 품질 측정 시에 기대와 성과간의 차이 점수(gap/difference score)를 이용하는 방식에 대해서 비판을 하고 같은 설문지를 사용하여 기대와 성과를 동시에 측정하는 것에 대해서도 문제를 제기하고 있다. 전통적으로 만족/불만족 연구에서는 고객들로 하여금 기대 수준을 먼저 측정하게 한 후 성과를 경험하고 그 다음에 성과에 대한 인식 수준을 측정해왔다. 그러나 SERVQUAL이나 수정된 SERVQUAL은 하나의 설문지를 이용해서 기대와 성과를 동시에 측정하게 하고 있다. 따라서 이 경우에는 이미 서비스를 경험한 사람들을 대상으로 예상되는 기대 수준을 측정하게 함으로써 역방향으로 성과의 영향력이 작용, 왜곡되지 않는 정확한 기대 수준의 측정이 불가능해진다. Brown, Churchill, and Peter(1993)는 SERVQUAL이 서비스 품질을 측정하는 데 가장 널리 이용되는 유용한 도구임에는 분명하지만 '기대-성과'의 차이 점수(gap score)에 입각한 서비스 품질의 개념화에는 문제가 있다고 지적하였다. 이에 따라 이들은 '기대-성과'의 차이 점수를 이용하기보다는 처음부터 응답자에게 직접 질문해서 얻은 기대에 비교한 성과 정도(+ 혹은 −)를 기반으로 하는 비(非)차이 점수(non-difference score)를 이용하는 것이 보다 적합하다는 주장을 하였다.[11]

브리핑사례 **"미쉐린 평가에서 빼주세요"…미쉐린 별에 반기 드는 이유는?**

지난달 세계 최고의 권위를 인정받는 레스토랑 평가서 '미쉐린 가이드(MichelinGuide)'에서 별 3개를 받은 프랑스의 요리사가 미쉐린 평가 대상에서 자신의 레스토랑을 빼달라고 요청해 화제가 됐습니다. 평가를 거부한 세바스티앙 브라는 "평가와 평가단에 신경 쓰지 않고 훌륭한 음식을 만들어내기를 원할 뿐"이라고 말했습니다. 국내에서 미쉐린 가이드는 프랑스식 발음인 '미슐랭 가이드'라는 이름으로 더 익숙한데요. 지난해 11월 우리나라에서도 전 세계에서 28번째로 '2017 미쉐린 가이드 서울'이 발간됐습니다. 다음 달에는 '2018 미쉐린 가이드 서울' 편이 또 발간될 예정입니다. 하지만, 그동안 미쉐린의 평가 방식을 두고 공정성 논란이 불거진데다, 지난해 발간된 서울 편 책자 곳곳에서 오류가 발견되기도 했습니다. 미식가들의 성서라고 불리는 미쉐린 가이드, 이대로 괜찮은 걸까요? 오늘 리포트+에서는 미쉐린 가이드를 둘러싼 논란을 짚어봤습니다.

---

11 Brown, T. G., A. Churchill, Jr., and J. P. Peter(1993), "Improving the Measurement of Service Quality," *Journal of Retailing*, 69(1), 127−139.

◎ 전 세계 미식가들의 성서…'미쉐린 가이드'가 뭐길래?

미쉐린 가이드는 프랑스의 타이어 회사에서 발간하는 여행안내서입니다. 미쉐린 가이드는 1900년 타이어 구매 고객에게 무료로 나눠 주던 자동차 여행안내 책자로 출발했는데요. 타이어 정보와 도로 법규, 자동차 정비 요령, 주유소 위치 소개가 주된 내용이었고 식당 소개는 운전자의 허기를 달래주는 차원에 지나지 않았습니다. 그런데 시간이 지나면서 미쉐린 가이드는 독자들의 호평을 받기 시작했습니다. 이후 100년 이상의 긴 세월 동안 신뢰와 명성을 쌓아 '미식가들의 성서'로 불리게 됐는데요. 미쉐린 가이드 평가 요원들은 평범한 손님으로 가장해 한 식당을 1년 동안 5~6차례 방문해 객관적인 평가를 하는 것으로 알려져 있습니다. 평가단은 음식 맛, 가격, 분위기, 서비스 등을 바탕으로 일정 수의 식당을 엄선하고, 다시 이들 가운데 뛰어난 식당에 별을 부여하는 방식으로 등급을 매깁니다.

◎ 미쉐린 별은 최고의 명성이다?…부담감에 스스로 목숨 끊은 경우도

미쉐린 가이드는 요식업계의 최대 관심사입니다. 평가에서 별 3개를 받게 되면 그 식당과 요리사는 최고의 명성을 얻는다는 게 업계의 공식처럼 자리 잡았기 때문입니다. 1957년부터 스페인, 영국, 독일 등 유럽 국가와 2005년에는 미국 뉴욕, 2008년에는 일본 도쿄가 아시아 국가 최초로 미쉐린 평가를 받았습니다. 미쉐린 평가에서 별 3개를 받은 식당은 전 세계에 100여 개뿐입니다. 별 3개 음식점에는 해외 미식가들이 직접 찾아오거나 적게는 한 달 길게는 2년 전에 예약해야 식사를 할 수 있는 곳도 있습니다. 하지만, 다음 평가 때 별이 하나라도 강등되면 상황은 달라집니다. 식당의 평가는 곤두박질치게 되고 매출도 하락합니다. 2003년 프랑스의 요리사 베르나르 르와조는 미쉐린 가이드에서 별 3개를 받은 뒤 다음 평가에서 별을 하나 잃을지도 모른다는 소문을 듣고 스스로 목숨을 끊었습니다. 2008년에는 올리비에 롤랑제라는 요리사가 미쉐린 평가에서 별 3개를 얻은 뒤 "조용히 살고 싶다"며 식당 문을 닫는 일도 있었습니다.

◎ 베일에 가려진 미쉐린의 평가, 객관적이지 못하다?

미쉐린 가이드는 평가 진행 방식을 공개하지 않는 비밀주의 원칙을 고수합니다. 요식업계에서 10년 이상의 경험을 쌓은 평가 요원들이 불시에 식당에 방문한다고 알려졌지만 이것도 미쉐린 측이 발표한 내용일 뿐 확인된 것은 아닙니다. 철저히 베일에 가려진 미쉐린의 평가가 객관적이지 않다는 지적이 나오는 이유입니다. 또, 외국인이 현지 식당을 평가하는 것이 옳은지 의문도 제기되고 있습니다. 지난 2008년 일본 미쉐린 가이드가 발간됐을 때 일본 미식 비평가들 사이에서는 "프랑스인의 잣대로 일본 문화를 평가했다"라는 반발이 터져 나오기도 했습니다. 미쉐린 가이드 서울 편이 발간된 지난해 국내서도 논란이 있었습니다. 지난해 11월에 공개된 미쉐린 가이드 서울 편을 보면 24곳의 식당이 미

쉐린의 별을 받았는데 이 중 한식당의 비율이 월등히 높습니다. 문제가 된 것은 지난해 11월에 공개된 미쉐린 가이드 서울 편에 실린 광고였습니다. 당시 문화체육관광부 산하의 한국관광공사와 농림축산식품부 소관인 한식재단이 유일하게 광고에 참여했는데 이를 두고 미쉐린이 정부와 한식재단의 후원을 받아 한식당에 점수를 더 준 게 아니냐는 의혹이 제기됐습니다. 2009년부터 한식 세계화 사업을 주도한 정부의 의도대로 미쉐린 가이드가 만들어졌다는 겁니다. 당시 미쉐린 측은 언론에 “후원과 광고는 다르다”며 “사업과 평가는 완벽하게 분리돼 공정성에는 어떤 영향도 있을 수 없다”고 선을 그었습니다.

◎ 20억 쓰고도 곳곳에 오류…국내 미쉐린 가이드 이대로 괜찮나?

두 번째 미쉐린 가이드 발간을 앞두고 지난해 나온 미쉐린 가이드 서울 편 곳곳에 오류가 있다는 지적이 나왔습니다. 지난 19일 국회 교육문화체육관광위원회 소속 국민의당 송기석 의원은 문체부 산하 기관 국정감사에서 “2016년 11월 발간된 가이드에서 총 34건의 오류가 있는 것으로 확인했다”고 밝혔습니다. 또 송의원은 관광공사가 미쉐린 측에 발간 지원금으로 총 20억 원을 지급하기로 한 것은 불공정 특혜 계약일 수 있다며 “관광공사가 그간 맺은 국내외 출판물 광고비 명목으로 건당 최저 25만 원에서 최고 6천만 원을 지급한 전례에 비춰봤을 때 미쉐린 가이드 서울판 제작에 이례적으로 큰 금액을 지출한 것은 석연치 않다”고 지적했습니다. “관광공사는 미쉐린 가이드의 세계적 공신력을 믿고 거액의 예산을 투자했다고 해명하지만, 국민의 혈세를 투입해 제작한 글로벌 미식 가이드가 세계적 명성이 무색할 정도로 아무렇게나 대충 만들어졌습니다. 미쉐린 코리아가 제작하는 콘텐츠의 정확성에 대해 재점검하고 바로잡아야 합니다.” 이에 대해 정창수 관광공사 사장은 “어느 나라도 미쉐린과의 광고계약 내역을 밝힌 곳은 없다”고 밝혔습니다. 또, 미쉐린 가이드의 오류에 대해서는 “세계 각국의 레스토랑이 미쉐린 가이드에 오르고 있고 서울에도 있어야 한다고 생각한다”며 “지적 내용 중 추어탕을 번역한 ‘autumnmudfishsoup’은 실제로 사용되고 있는 단어”라고 해명했습니다.

〈출처〉 SBS Pick(2017년 10월 26일)

그림 4-5 레스토랑 서비스 품질 측면에서 최고의 명성을 자랑하는 미쉐린 가이드

PART 02

03 고객 인식

고객들이 제공받은 서비스의 품질평가는 사전에 이루어진 서비스에 대한 기대(expectation)와 더불어 사후에 이루어지는 서비스에 대한 인식(perception)의 함수라고 할 수 있다. 고객 인식(customer perception)은 어떻게 고객들이 제공된 서비스를 인식하고 있으며 서비스 품질을 경험했는지의 여부, 그리고 가치를 느꼈는지에 대한 여부를 평가하는 것이라 할 수 있다. 즉, 고객들은 내부적으로 서비스 품질, 만족, 혹은 가치 등으로 서비스를 인식하게 된다.

그림 4-6 서비스 품질 평가 시 고객 기대와 고객 인식

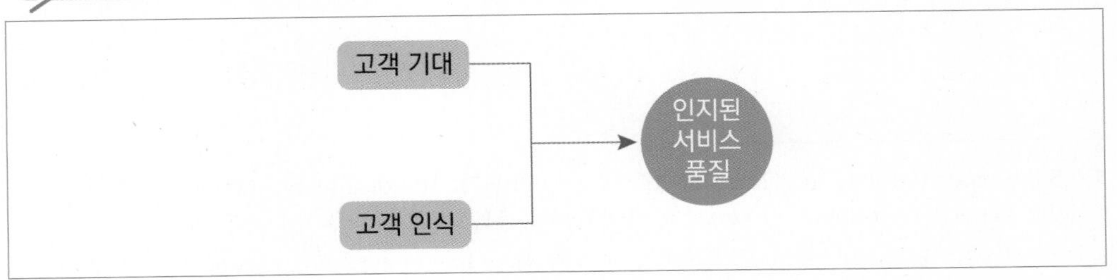

1) 고객 인식 외부 영향요인

서비스 품질, 고객 만족, 그리고 인지된 가치 등이 내부적으로 서비스에 대한 고객 인식을 형성하고 있다면, 외부적으로 고객 인식에 영향을 미치는 요인들로서는 서비스접점(service encounters), 서비스 증거(evidence of service), 이미지, 가격 등을 생각해 볼 수 있다.

서비스접점

마케팅 분야에서 '서비스접점(service encounters)'이란 용어는 그 사용 범위가 최근 급속도로 넓어져 가고 있다. Suprenant and Solomon(1987)은 서비스접점을 "고객과 서비스제공자 양자 간의 상호작용"이라고 정의하였다.[12] 모두가 자신들의 역할을 하는 가운데 발생하는 성과에서 비롯된 개념이라고 할 수 있다. 따라서 서비스접점이라는 용어의 사용은 서비스기업 성과의 개인 간 요소(interpersonal element)에 초점을 맞추고 있다. Shostack(1985)은 서비스접점을 '소비자가 서비스와 직접 상호작용을 벌이는 기간'이라고 좀 더 광의로 해석하고 있다. Shostack의 정의에 따르면 서비스접점은 서비스기업의 서비스접점 직원, 물리적 시설, 그리고 다른 가시적 요소 등 소비자가 상호작용하게 되는 서비스의 모든 양상들을 포함하고 있다. 즉, Shostack의 정의는 고객과 기업 사이의 개인 간 상호작용에만 국한시키는 것이 아니고 사실상 인적 상호작용 요소가 없어도 서비스접점은 발생할 수 있음을 의미하고 있다.[13] 고객들의 관점에서 본다면, 서비스에 대한 가장 생생한 느낌은 고객이 그 서비스기업과 상호작용을 벌이게 되는 서비스접점에서 발생하게 된다. 서비스접점은 일명 '결정적 순간(MOT: moments of truth)'이라고도 한다. 이에 대한 자세한 설명은 뒤에 있는 결정적 순간에서 다루기로 하겠다.

---

12 Suprenant, Carol F. and Michael R. Solomon(1987), "Predictability and Personalization in the Service Encounter," *Journal of Marketing*, 51(April), 73－80.

13 Shostack, G. Lynn(1985), "Planning the Service Encounter," in *The Service Encounter,* John A. Czepiel, Michael. R. Solomon and Carol F. Suprenant, eds., Lexington, M.A.: Lexington Books, 243－254.

그림 4-7 다양한 상호작용이 일어나는 공항에서 서비스접점은 매우 중요하다.

서비스 증거

서비스는 무형적이기 때문에 사람(people), 과정(process), 그리고 물리적 증거(physical evidence) 등이 그 서비스를 유형화시켜 주는 증거로 작용하고 있다. 기존의 마케팅믹스인 4P(product, price, place, promotion) 외에 새로 추가되는 3P 중 하나가 바로 서비스 증거(evidence of service)라 할 수 있다. 이러한 서비스 증거의 요소들은 고객이 서비스기업과 만들게 되는 모든 서비스접점(service encounters)에서 현존하고 있으며 서비스접점 품질을 관리하고 고객 만족을 창출하는 데 상당히 중요한 역할을 하고 있다. 예를 들어서, 고객이 의료서비스를 제공받기 위해서 병원을 방문했을 때, 고객들은 쉽게 서비스 증거 요소들을 접하게 될 것이다. 즉, 그들은 줄을 서야 하는지, 얼마나 오랫동안 기다려야 하는지, 접수처리가 모두 전산화되어 있고 정확한지 등 등록 및 접수에 따른 과정(process)이 제대로 이루어지고 있는지 여부, 접수창구의 응대가 정중하며 도움을 주고 정보를 제공한 적이 있었는지, 환자의 개인사정을 잘 고려하고 있는지, 요구사항을 공정하고 효율적으로 처리하고 있는지 등의 병원 사람들(people)의 행동 및 태도, 그리고 '대기 장소가 청결하고 편안한지', '각종 표시는 명확한지' 등의 물리적 증거(physical evidence) 등에 의해서 해당 병원의 서비스를 평가하게 된다.

이미지

서비스접점에 대한 인상과 서비스 증거에 대한 평가를 넘어서 고객 인식은 서비스제공자의 이미지 혹은 명성에 의해서도 영향을 받을 수 있다. 여기서 말하는 이미지

(image)란 "소비자의 기억 속에 박혀 있어 연상된 어떤 조직에 대한 인식"으로 정의될 수 있다. 이러한 연상들은 아주 구체적일 수 있다. 예를 들면, 영업시간, 1일 비행기 운항횟수, 기업의 역사, 접근의 용이성 등이 이미지와 연결될 수 있다. 혹은 흥분, 신뢰, 전통, 순수, 재미, 믿음 등과 같이 덜 구체적이지만 보다 감정적일 수도 있다. 이러한 연상들은 서비스 경험 그 자체, 서비스기업, 혹은 서비스의 사용자와 관련될 수 있다. 호의적이고도 잘 알려진 이미지는 품질, 만족, 가치에 대한 소비자의 인식에 영향을 주기 때문에 일종의 자산(asset)이라고 할 수 있다. 고객들이 어떤 기업에 대해서 긍정적인 이미지를 가지고 있는 경우 그 기업에 대해서 한 번 정도 나쁜 경험을 했다고 해서 그 기업에 치명적으로 나쁜 이미지를 갖게 되지는 않는다. 조직의 이미지가 여과 기능을 하며 충격 완화기능을 수행하기 때문이다.

가격

서비스는 무형적이어서 구매나 소비하기 전까지는 평가하기 힘들기 때문에 가격은 서비스에 대한 품질 기대 및 인식에 영향을 줄 수 있는 대리적 지표로서 사용되고 있다. 예를 들어서, 가격이 높을 경우 고객들은 그 서비스의 품질에 대한 기대가 높아지게 되고 인식 또한 증대된다. 반대로 가격이 낮을 경우 고객들은 제공되는 서비스의 품질에 의문을 표시하게 된다. 가격은 또한 고객이 서비스를 소비하고 이를 통해서 받은 효익(benefit)이 서비스 비용만큼 가치가 있었는지 여부를 평가할 때 가치에 대한 고객의 인식 속으로 깊게 파고들게 된다. 가격은 이처럼 서비스에 대한 고객의 기대와 인식을 결정하는 중요한 변수이기 때문에 서비스에 있어서 가격전략은 제품에 비해서 상대적으로 더 중요하다고 할 수 있다.

2) 고객 인식 내부 구성요인

고객 만족

고객 만족(customer satisfaction)이란, 고객의 필요와 욕구에 의해 생겨난 기대를 충족하거나 초과할 때 만족이 발생하고 그렇지 못할 때 불만족이 발생하는 것으로 정의하고 있다. 마케팅 분야에서는 그동안 서비스 품질과 고객 만족 간의 인과관계를 밝히고자 하는 노력이 꾸준하게 진행되어 왔으나 두 개념간의 방향성에 대한 논란은 명확하게 결론을 내리지 못하고 있다. 따라서 실제적으로 '고객 만족' 및 '품질'을 혼용하고 있으나 많은 마케팅 학자들은 이론적으로나 방법론적으로 두 개념에 대해서 보다 더 정확하게 정의하고 측정하려는 노력을 해왔다.

초기의 논쟁에서 고객 만족은 전반적인 수준(예를 들면, 신라호텔에 대한 개인적 경험의 축적)에서의 평가가 아니라 개별적 거래수준(신라호텔에서 특정 서비스를 받는 것)에서 평가가 이루어지는 것으로 생각되었다. 그러나 최근에는 서비스 품질이나 고객 만족 모두 개별적 수준이나 거시적 수준에서 사용할 수 있는 것으로 의견이 모아지고 있다. 그래서 품질이나 만족은 분석 수준에서는 다르지 않지만 원인과 결과는 근본적으로 다르다는 데 의견의 일치를 보이고 있다. 즉, 서비스의 구체적인 차원에 초점을 맞춘 서비스 품질보다는 고객 만족은 일반적으로 보다 더 넓은 개념이라는 것이다. 이처럼 두 개념 간의 인과관계에 대한 결론은 유보적이지만 대체로 서비스 품질에 대한 인식이 고객 만족의 감정에 영향을 미치는 것으로 보는 견해가 지배적이다. 따라서 인지된 서비스 품질은 고객 만족의 한 구성요소에 불과한 것으로 생각할 수 있다. 왜냐하면 서비스 품질이 서비스의 5차원에 대한 고객 인식을 반영한 것이라면 고객 만족은 상황적 요인, 개인적 요인 외에도 서비스 품질, 제품 품질, 그리고 가격에 대한 고객 인식에 의해 영향을 받기 때문이다.

예를 들면, 헬스클럽에서 서비스 품질은 운동기구가 잘 정비되어 있고 필요할 때 제대로 작동하는지(신뢰성), 직원들이 고객들의 요구에 얼마나 잘 대응하고 있는지(반응성 및 공감성), 트레이너의 기술이 얼마나 세련되어 있는지(확신성), 그리고 시설이 잘 관리되고 있는지(유형성) 등의 요소로 판단한다. 그러나 고객 만족은 보다 더 넓은 개념으로서 헬스클럽의 예에서 본다면, 서비스 품질의 인식 외에도 제품 품질의 인식(프로 샵에서 판매되는 제품의 품질), 회원권의 가격, 다른 고객들의 감정 상태와 같은 개인적 요인, 그리고 날씨나 헬스클럽을 차로 오가면서 겪게 되는 경험 등과 같은 상황요인 등에 의해서 결정된다. 품질과 만족을 구분하는 또 다른 기준은 다음과 같이 생각해 볼 수 있다. 즉, 품질 인식은 서비스제공자를 실제 경험하지 않더라도 있을 수 있는 데 비해서(나는 신라호텔에 투숙해 본 적은 없지만 높은 수준의 서비스 품질을 제공하고 있음을 알고 있다), 고객 만족은 서비스제공자에 대한 실제 경험이 있어야 한다(내가 신라호텔에 투숙하기 전까지는 신라호텔에 얼마나 만족하는지 이야기할 수 없다).[14]

---

14 Zeithaml, Valarie A., Mary Jo Bitner, and Dwayne D. Gremier(2017), Services Marketing: *Integrating Customer Focus Across the Firm*: International Student Edition: McGraw-Hill Co

그림 4-8 고객의 품질 인식과 고객 만족

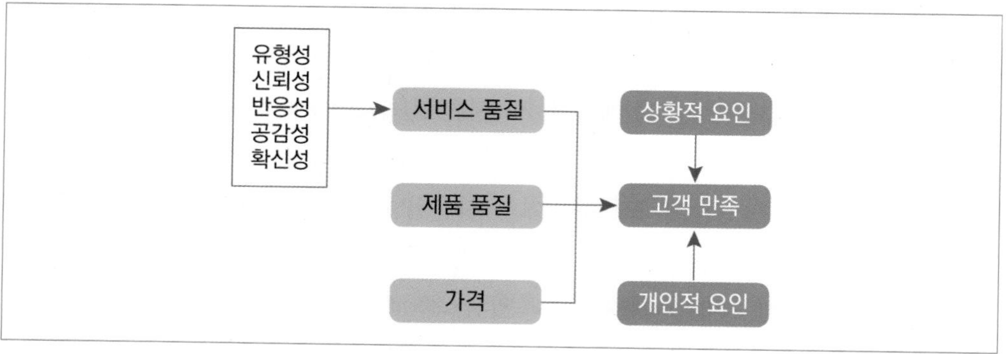

인지된 가치

고객들은 품질과 만족 외에도 인지된 가치(perceived value)에 따라 서비스와 제품을 평가하기도 한다. 가치에 대한 정의를 정확하게 내리기 위한 노력들이 마케팅 학자들에 의해서 광범위하게 시도되어 왔다. 특히 Zeithaml(1988)은 마케팅 분야에서 사용되는 가치에 대한 연구에서 다음과 같이 4가지 측면으로 나누어 설명하였다.[15]

첫째, "가치는 가격(value is price)"이라고 개념화할 수 있는데 여기서의 가치는 단순히 가격과 동일한 개념으로 간주되고 있다.

둘째, "가치는 주고받는 것(what I get for what I give)"이다.

셋째, 가치는 인지된 제품 품질과 가격 사이의 "상쇄효과(trade－off)"이다. 두 번째와 세 번째의 가치의 의미는 모두 교환과정(exchange process)에서 가치의 핵심적인 역할을 나타낸 것으로 비용과 효익 사이의 상쇄효과를 설명하고 있다.

넷째, "가치란 서비스에서 내가 원하는 모든 것이다(value is everything I want in a service)." 즉, 모든 평가기준을 고려한 상태에서 주관적 가치대상에 대한 전반적 평가라고 할 수 있다.

---

15 Zeithaml, Valarie A.(1988), "Consumer Perceptions of Price, Quality, and Value: A Means-End Model and Synthesis of Evidence," *Journal of Marketing*, 52(July), 2－22.

대체로 많은 연구들에 따르면 소비자들은 복잡하고 치밀한 계산에 의해서가 아니라 보다 간단하고 친숙한 과정을 통해서 서비스 가치를 인식한다고 알려져 왔다. 이러한 측면에서 본다면, 서비스 가치는 서비스 품질과 그 서비스를 얻기 위해 치른 희생 간의 상쇄효과(trade-off)로 볼 수 있으며(SV=SQ+SAC, 여기서 SV=Service Value, SQ=Service Quality, SAC=Sacrifice), Zeithaml(1988)이 제시한 4가지 가치유형 중에서 세 번째의 개념과 일치하는 것이다. 즉, 고객이 금전, 시간, 노력 등의 비용(cost)을 투입해서 서비스를 통해서 얻게 되는 효익(benefit)을 어떻게 인식하느냐에 따라 가치가 결정된다고 보아야 한다. 따라서 고객들은 비록 제공된 서비스에 대해서 품질을 느끼고 만족을 경험하더라도 '비용-효익'의 상쇄효과를 통해서 그 서비스가 가치가 없다고 인지할 수 있다. 특히, 경쟁회사 서비스와 비교했을 때 이러한 현상은 두드러지게 나타난다. 가치는 직접적으로 가격에 대한 고객의 인식과 연계되어 있기 때문에 가격전략은 인지된 서비스 가치에 밀접하게 관련되어 있다고 할 수 있다.

결국 서비스에 대한 고객의 인식은 서비스에 대한 기대와 더불어 서비스 품질을 평가하는 데 결정적 역할을 하고 내부적으로는 서비스 품질 그 자체뿐만 아니라 고객 만족, 인지된 가치가 형성 요인으로, 그리고 외부적으로는 서비스접점, 서비스 증거, 이미지, 가격 등이 영향을 미치고 있다.

그림 4-9 서비스 인식에 대한 내부 형성요인 및 외부 영향요인

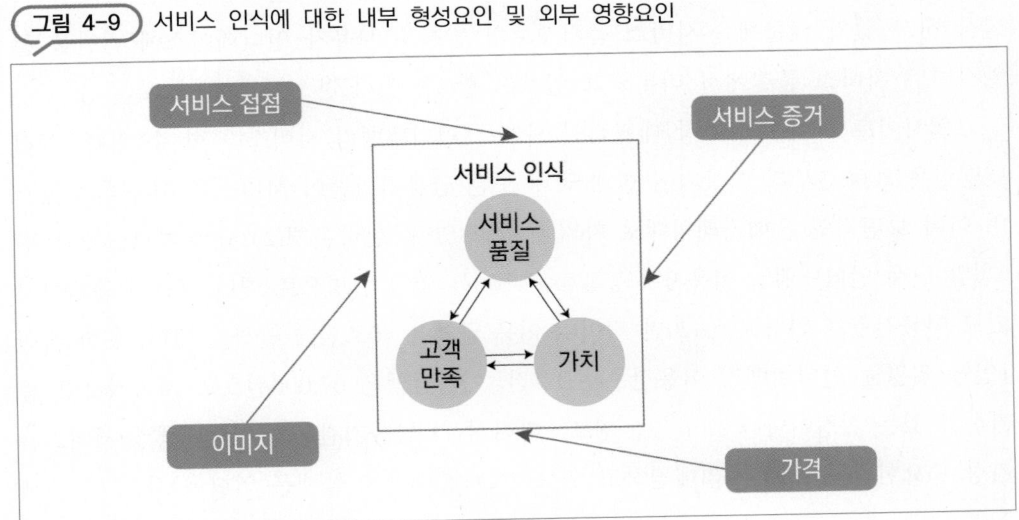

PART 02

04 e-서비스 품질

1) e-서비스 개관

최근 e-서비스 기술의 급속한 발전은 시장변화대응의 유연성 증대, 시장도달범위의 제고, 비용감소, 신속해진 거래, 편리성 제고, 맞춤화 가능성 확대 등 수많은 장점들을 기업들에게 제공해주고 있다. 이에 따라 인터넷 사용자가 지속적으로 증가하고 있고 온라인 거래숫자 또한 급격하게 증가하면서 e-서비스산업에서의 경쟁양상은 날로 치열해져 가고 있다. 인터넷의 특성상 정보는 즉각적으로 얻어지고 구매자들은 판매자의 모든 상품 및 서비스를 노력이나 시간 측면에서 최소한의 비용으로 대조해가며 비교할 수 있기 때문에 e-서비스 시장은 거의 완전시장(perfect market)에 가깝게 되어가고 있는 것이다. 아울러 온라인상에서도 판매자와 구매자 간의 정보 비대칭성이 줄어들면서 소비자들의 마우스 클릭 몇 번으로 e-서비스의 경쟁양상이 확연히 달라질 수 있기 때문에 고객의 전환장벽은 낮아지고 자연히 고객의 로열티 또한 상대적으로 작아지게 된다. 이러한 상황 속에서 e-서비스의 사용자들이 보여주는 e-로열티는 온라인 서비스제공자들에게 가장 중요한 이슈가 되어가고 있다. 여기서 웹사이트는 e-서비스제공자들에게 고객들과 소통하고 사업거래를 활성화시키는 데 중요한 플랫폼 역할을 하고 있기 때문에 e-서비스 품질제고의 원천은 사용자 인터페이스에 기반을 둔 웹사이트 서비스 품질에서 비롯되고 있다고 할 수 있다.[16]

웹사이트 서비스의 가장 대표적인 사례는 인터넷뱅킹 서비스라 할 수 있다. 인터넷뱅킹은 2008년부터 시작되어 현재 국내 모든 금융기관들이 서비스를 제공하고 있으며 이미 보편적인 은행거래형태로 자리를 잡고 있다. 한국은행(2015)에 따르면 2014년 6월말 현재 인터넷뱅킹 이용자수(등록자수 기준)는 약 1억 명으로 매년 꾸준히 증가하고 있고 이용건수는 일평균 6,420만 건이며 이용 금액은 36조원에 달하고 있다. 또한 국민 1인당 일평균 인터넷뱅킹 이용건수는 1.1건, 이용금액은 67,000원으로 지속적으로 증가하고 있는 실정이다(<표 4-7> 참조). 따라서 각 금융기관들의 인터넷뱅킹 서비스는 가장 중요한 부문으로 자리매김하고 있으며 그 중에서도 플랫폼 역할을 하고 있는 웹

---

16 O'Cass, A. and . Carlson(2012), "An Empirical Assessment of Consumers' Evaluations of Web Site Service Quality: Conceptualizing and Testing a Formative Model," *Journal of Services Marketing,* 26(6), 419–434.

표 4-7 인터넷뱅킹 이용규모(일평균(백만 명, 백만 건, 조원, 건, 만원)

연도	2010	2011	2012	2013	2014. 6
이용자수	66.5	74.8	86.4	95.5	98.6
이용건수	33.4	39.0	45.7	54.3	64.2
이용금액	29.6	31.9	33.2	33.7	36.0
이용건수/인	0.5	0.7	0.8	0.9	1.1
이용금액/인	51.8	59.8	64.1	66.5	67.1

자료: 한국은행(2015), "2014년 지급수단 이용행태 조사결과 및 시사점," 지급결제조사자료 2015-1

사이트 품질은 경쟁력제고에 핵심적으로 작용하고 있다. 이에 따라 적절한 방식으로 이루어지는 인터넷뱅킹 웹사이트의 구축은 방문고객들의 관심을 제고시킬 뿐만 아니라 정확하고 믿을 만한 정보를 제공해주는 도구로서 중요한 역할도 하게 된다. 아울러 우월한 인터넷뱅킹 웹사이트 서비스 품질의 구축은 고객에게 만족을 주고 몰입할 수 있는 환경을 제공하면서 지속적 사용 및 고객 로열티라는 경영성과로 연결되게 된다.

효과적으로 구축된 사용자 인터페이스는 웹사이트 상에서 고객들이 원하는 정보를 용이하게 찾을 수 있도록 해주고 있으며 유용한 정보를 탐색하는 과정에서 정확하고 시의적절한 정보를 제공하여 고객들의 은행 업무에 대한 부담을 완화시켜주고 있다. 그러나 웹사이트 서비스 품질이 곧바로 인터넷뱅킹 고객의 e-로열티로 연결되는 것은 아니다. 인터넷뱅킹 서비스는 가상환경 속에서 제공되는 것이기 때문에 소비자들이 가장 우려하는 부분은 e-서비스의 실패가 발생하여 고객의 성과에 직접적으로 영향을 미치는 경우라 할 수 있다. 실제적으로 인터넷뱅킹 및 대금결제를 이용하지 않는 이유는 '개인정보유출 및 우려'가 가장 높았고, 다음으로는 '공인인증서 등 안전장치에 대한 불신', '사용중 실수로 인한 손실 우려' 등으로 나타났다.[17] 따라서 웹사이트 서비스의 지각된 보안위험(perceived security risk)은 인터넷뱅킹에서 결정적인 역할을 하고 있는 것으로 해석된다. 현실적으로 많은 금융소비자들은 2014년 1월에 발생한 KB카드, 롯데카드, NH카드 등 3개 신용카드업체에서의 개인 신용정보 유출을 비롯해서 최근 연달아 발생하고 있는 개인정보 유출을 포함한 인터넷뱅킹의 보안에 대해서 깊은 우려를 표명하고 있는 것으로 나타났다. 또한 오프라인에서와 마찬가지로 온라인상에서도 신뢰(trust)는 e-로열티로 연결되는 인터넷뱅킹 서비스제공자와 고객 간의

17 한국은행(2015), "2014년 지급수단 이용행태 조사결과 및 시사점," **지급결제조사자료** *2015−1*

관계발전에 핵심적인 역할을 하고 있다. 가상환경에서 제공되는 은행서비스는 고객과 은행 간의 면대면 상호작용이 결여되어 있기 때문에 은행입장에서 신뢰를 구축하는 것은 고객과의 장기적인 관계를 발전시키고 지속시키는 데 상당히 중요하다.

2) e-서비스(웹사이트 서비스) 품질

보통 e-서비스는 정보 커뮤니케이션 기술(ICT: information communication technology)을 통해 제공되는 서비스를 지칭하는데 여기서 소비자는 오로지 컴퓨터를 비롯한 전자적 기기의 사용자 인터페이스(user interface)만을 대면하게 된다. 따라서 현재 마케팅 환경에서 발생하는 본질적인 변화에 대해서 마케터가 보다 더 잘 이해하고 효과적으로 반응하도록 만들기 위해서는 웹사이트상의 소비자행동에 대한 연구가 더욱 면밀하게 이루어질 필요가 있다. 이는 e-서비스에서는 IT기술발전에 따라 상호작용적 서비스가 더욱 복잡해지고 민감해지면서 웹사이트가 e-서비스제공자들에게 사업거래를 활성화시키고 소비자들에게는 소통을 증진시키는 중요한 플랫폼 역할을 하고 있기 때문이다. 비록 e-서비스 품질의 특성에 대한 연구가 상당부분 진전을 보이고 있지만, 웹사이트에만 초점을 맞추어 e-서비스 품질을 평가하는 작업은 아직도 미흡한 실정이다. 이는 대부분의 e-서비스 품질관련 연구들이 온라인 측면에서만 품질을 평가하고 서비스 제공 종료 및 서비스복구를 포함하는 구매 후 과정을 포함하고 있는 웹사이트와의 상호작용을 간과하기 때문이다. 웹사이트 상호작용이 소비자들에게 서비스를 제공하고 교환을 촉진시키기 위한 주요 기제(mechanism)로 밝혀진 이상 웹사이트 서비스 품질에 대한 정확한 평가는 e-서비스에서 중요한 전략적 중요성으로 대두되고 있다. 즉, 서비스 품질 개선을 위하여 충분한 분석적 정보 및 관리적 시사점을 제공할 수 있는 웹사이트-고객 상호작용과정에 대한 포괄적 관찰을 가능하게 해주기 때문에 이러한 사용자 인터페이스와 같은 인간 대 기술 서비스접점(person-to-technology service encounter)이라고 하는 협의의 관점은 매우 중요한 시사점을 가지고 있다.[18]

18 이명식(2016), "신용카드사의 웹사이트 서비스 품질이 e-로열티 및 가상공동체의식에 미치는 영향: 지각된 보안위험 조절효과를 중심으로," **서비스경영학회지**, 17(2), 1-22

그림 4-10 e-서비스는 인간 대 기술 서비스접점에서 제공된다.

현실적으로 웹사이트의 형태가 다양해지고 e-서비스 사용이 증가하고 있으나 소비자들의 서비스욕구를 충족시키기는 아직도 충분하지 못하고 오히려 소비자의 불만을 야기시키는 요인들이 점차 증가하고 있는 실정이다. 특히, 웹사이트의 안정성, 정보유용성, 운영시스템의 편의성, 웹사이트 구성과 디자인, 대고객지원서비스, 상호작용성, 교환의 절차적 완성도 측면에서는 다양한 문제점을 노정시켜왔다. 이제 e-서비스에서의 관심은 단순히 정보를 충분하게 제공하는 웹사이트로서의 역할을 넘어 고객들을 매료시키고 만족시키며 잔류시킬 수 있도록 높은 수준의 e-서비스를 낮은 가격으로 제공하는 데 어떤 결정인자가 작용하는지를 규명하는 방향으로 집중되고 있다.[19]

19 Cai, S. and Jun, M.(2003), "Internet Usres' Perceptions of Online Service Quality," *Managing Service Quality*, 13(6), 504－519.

3) e-서비스 품질 차원

그동안 마케팅분야에서는 e-서비스(혹은 웹사이트 서비스) 품질의 차원들을 규명하려는 노력이 이루어져 왔다. WebQUAL을 통해서 구성되는 차원은 유용성(usefulness), 편의성(ease-of-use), 오락성(entertainment), 상호보완적 관계(complementary relationship) 등 4개의 핵심 구성개념으로 이루어져 있음을 보여주기도 하고,[20] 사용자 인터페이스에 기반을 둔 웹사이트 품질 연구를 통해 효과적인 e-서비스제공 실적을 특징짓는 것은 커뮤니케이션(communication), 시각적 효과(aesthetics), 시스템 구동(system operation), 교환과정(exchange process) 등 4가지 주제라고 지적하기도 하였다.[21] 또한 E-S-QUAL을 통해 웹사이트 서비스 품질이 효율성(efficiency), 고객의 주문처리(fulfilment), 시스템 가용성(system availability), 개인의 사생활(privacy), 관련 정보(relevant information) 등 5가지 차원으로 구성되어 있다고 제안한 학자들도 있었다.[22] 이처럼 e-서비스(웹사이트 서비스) 품질연구에서 관련 속성이나 차원, 혹은 주제에 대한 동의가 완전하게 이루어진 것은 아니다. 그럼에도 불구하고, 대부분의 e-서비스(웹사이트 서비스) 품질 관련연구들은 e-서비스(웹사이트 서비스)가 효과적으로 성과를 거두기 위해서 사용자 인터페이스에 기반을 둔 e-서비스(웹사이트 서비스) 품질 차원이 구성요소가 되어야 한다고 강력하게 제안하고 있다.[23] 이러한 차원들은 내용적으로 온라인거래의 특성이 가미되어 정보제공(communication), 시스템 작동(system operation), 미학적 웹디자인(aesthetics), 그리고 주문처리(exchange process)로 명명되었다.

---

20 Loiacono, E. T., Watson, R. T. and Goodhue, D. J.(2002), "WebQual: and Instrument for Consumer Evaluation of Web Sites, " *International Journal of Electronic Commerce*, 11(3), 51－87.

21 Jarvis, C., MacKenzie, S. and Podsakoff, P.(2003), "A Critical Review of Construct Indicators and Measurement Model Misspecification in Marketing and Consumer Research"", *Journal of Consumer Research*, 30(2), 199－218.

22 Parasuraman, A., Zeithaml, V. A. and Malhotra, A.(2005), "E-S-Qual: A Multiple-Item Scale for Assessing Electronic Service Quality," *Journal of Service Research*, 7(3), 213－233.

23 O'Cass, A. and Carlson(2012), "An Empirical Assessment of Consumers' Evaluations of Web Site Service Quality: Conceptualizing and Testing a Formative Model," *Journal of Services Marketing*, 26(6), 419－434.

✔ 정보제공

소비자가 의사결정을 할 때 웹사이트 상에서 최신의 관련정보를 알기 쉽게 제공하는 것을 의미한다.

✔ 시스템 작동

웹사이트가 이해하기 쉽고 잘 체계화되어 있어 쉽게 따라할 수 있도록 설계가 되어 있고 소비자들이 웹사이트를 통해 막힘없이 상호작용을 할 수 있도록 적절한 내비게이션(navigation) 구조를 포함하고 있는 상태를 지칭한다.

✔ 미학적 웹디자인

색상, 배치, 활자체 크기 및 형태, 그리고 이미지, 비디오 및 애니메이션과 같은 멀티미디어 등과 같은 웹사이트의 시각적 매력에 관련된 부분이다.

✔ 주문처리

웹사이트가 인터넷 기반 거래를 효율적으로 처리하고 고객의 요구에 신속하게 반응하며 주문사항을 안전하게 수행할 수 있어야 하기 때문에 매우 중요하다.

그림 4-11 e-서비스 품질 차원

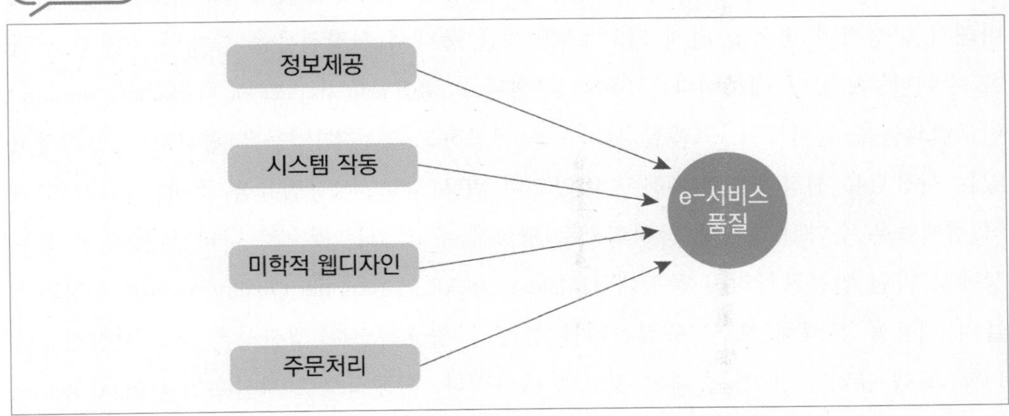

05 서비스 품질과 이익전략

1) 공격적 마케팅과 방어적 마케팅

서비스 품질은 기업 내 경제적 요인에 많은 영향을 주고 있으며, 이러한 요인들은 전통적으로 마케팅 영역에 속하지 않았던 변수들을 통해서 이익을 창출하고 있다. 예를 들어서, 전통적인 전사적 품질관리(TQM: total quality management) 접근방법은 비용을 낮추거나 생산성을 증가시키는 가운데 서비스 품질의 증대가 재무적 측면에서 어떤 효과를 주고 있는지를 나타내 주고 있다. 서비스 품질이 이익에 미치는 영향을 언급할 때, 일반적으로 시장기회 포착 및 시장점유율에 초점을 맞춘 공격적 마케팅(offensive marketing)과 고객 유지와 마케팅 비용 및 촉진 비용 감소에 초점을 맞춘 방어적 마케팅(defensive marketing)으로 구분하여 생각해 볼 수 있다. <그림 4-12>는 서비스 품질과 이익(profit) 사이의 관련성을 보여 주고 있으며, 개선된 서비스가 새로운 고객을 창출하고(공격적 효과) 기존 고객들을 지속적으로 유지시키도록(방어적 효과) 만들고 있음을 보여주고 있다.

2) 공격적 마케팅에서의 서비스 품질

서비스기업 입장에서 보면, 서비스 품질은 보다 많은 그리고 보다 우량한 고객들을 창출하는 데 도움을 주고 있다. 서비스가 훌륭하게 제공될 경우 그 기업은 경쟁사에 비해서 긍정적인 명성을 얻게 되고 그 명성을 통해서 시장점유율 증대와 고가격 전략을 수행할 수 있기 때문이다. 그동안 수행된 PIMS(Profit Impact of Marketing Strategy) 연구결과들을 살펴보면, 고품질 서비스를 제공하고 있는 기업들은 평균보다 상회하고 있는 시장점유 신장률을 기록하고 있었으며 비용 감소, 시장점유율 증대, 그리고 고가격 정책들은 수익성 향상에 긍정적으로 영향을 주고 있는 것으로 나타났다. 미국 상무성에서 밝힌 말콤볼드리지 품질대상(Malcom Boldrige National Quality Award) 수상기업들의 내용을 분석해 보면, 품질관리를 통해서 평균적으로 생산성은 9%, 시장점유율 14%, 고객 유지율 1%가 증대된 것으로 나타났다. 전체적으로 자산수익률(ROA: Return on Asset)은 1.3%, 그리고 판매수익률(Return on Sales)은 0.4%인 것으로 나타났다.[24]

---

24 Phillips, L.W., D.R. Chang, and R.D Buzzell(1993), "Product Quality, Cost, Position and

그림 4-12 서비스 품질과 이익전략

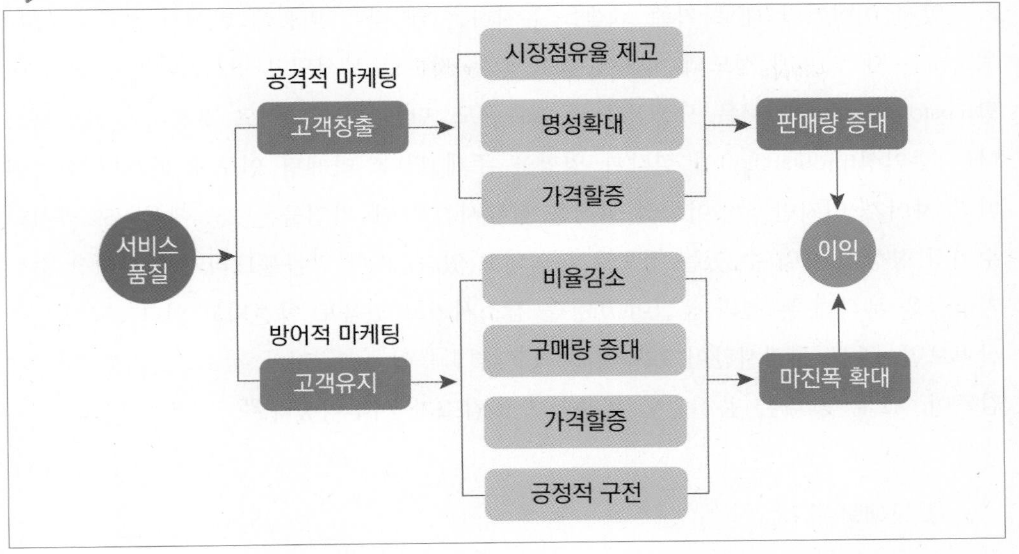

3) 방어적 마케팅에서의 서비스 품질

보통 고객을 잃게 되면 새로운 고객으로 대체되지만 이 경우 영업개시 비용과 마찬가지로 광고 및 판매 촉진 비용이 늘어나기 때문에 전체적인 마케팅 비용은 커지게 된다. 대개 신규 고객들은 일정기간 동안 서비스기업의 이익 창출에 기여하지 못하게 된다. 또한 경쟁사로부터 고객을 빼어오는 것도 상당한 비용을 수반하게 된다. 왜냐하면 이 경우 브랜드 전환(brand switching)하는 고객들의 기대 수준을 충족시켜 주기 위해서 자사의 기존 고객을 유지하는 것보다 더 큰 개선이 요구되고 있기 때문이다. 제품 마케팅의 경우 재구매 비율이 신규 구매 비율보다 2배 이상 높게 나타나고 있으며 기존 고객의 관리비용은 신규 고객 창출에 따른 비용의 1/5 수준인 것으로 분석되고 있다. 고객 잔류기간이 길면 길수록, 그 관계는 보다 더 많은 이익을 창출하게 된다. 즉, 제대로 관리가 될 경우 고객들은 시간이 지나갈수록 점증하는 수익을 해당 기업에게 가져다준다. 다음과 같은 4가지 요인에 의해서 고객을 효과적으로 유지할 수 있다.

Business Performance: A Test of Some Key Hypothesis," *Journal of Marketing*, 2(Spring), 26−43.

비용 감소

앞서 이야기한 대로 기존 고객을 유지하는 데 따른 비용에 비해서 신규 고객을 창출하는 데 약 5배 정도의 비용이 들고 있는 것으로 분석되고 있다. 따라서 고객 이탈(customer defections)은 시장점유율, 매출규모, 단위비용, 그리고 경쟁우위 요소들보다도 수익성(profitability)에 심각한 영향을 주게 된다. 마케팅 연구에 따르면 산업에 따라 차이가 있지만 5% 이상의 고객을 잔류시켰을 때 기업들은 25%에서 85%까지의 수익성 향상을 보일 수 있는 것으로 분석되고 있다. 또한 말콤볼드리지 품질대상 수상기업들을 분석해 본 결과 품질이 비용을 감소시키고 있음도 발견되고 있다. 그 내용을 살펴보면, 주문 처리시간이 12% 감소되고 결함률이 10% 이상 감소, 그리고 재고량 감축이 7.2% 및 다른 품질관련 비용의 9% 감소가 이루어졌다.[25]

구매량 증대

어떤 서비스기업이 제공하는 서비스에 대해서 고객들이 일단 만족하게 되면 그 기업의 서비스 구매량은 증가하는 경향이 있다. 예를 들어서, 고객들이 어떤 은행의 서비스에 만족하게 되면 그 고객들은 그 은행의 다른 서비스 상품에도 관심을 갖게 되어 구매할 가능성이 커지게 된다.

가격 할증

일반적으로 서비스 품질이 높아져 보다 많은 고객들이 그 서비스에 대해서 서비스 로열티(service loyalty)를 갖게 되면, 해당 서비스기업이 가격을 인상한다 하더라도 그렇지 않은 기업들에 비해서 저항감이 작게 된다. 실제로 마케팅 분야에서 수행된 많은 연구결과들에 따르면, 제공되는 서비스를 인식하고 그 가치를 느낀 고객들은 그러한 서비스에 대해서 좀 더 높은 가격을 지불할 용의가 있는 것으로 나타났다.

---

25 Zeithaml, Valarie A. Mary Jo Bitner, and Dwayne D. Gremier(2017), Services Marketing: *Integrating Customer Focus Across the Firm*, International Student Edition: McGraw-Hill Co.

구전

일반적으로 구전(word-of-mouth)을 통한 커뮤니케이션은 다른 어떤 정보 출처(information sources)보다도 신뢰성이 있는 것으로 간주되기 때문에, 서비스에 대한 최선의 촉진형태는 보통 그 서비스를 옹호해 주고 있는 다른 고객들로부터 나오는 것이 바람직할 것이다. 구전은 새로운 고객을 창출하는 데도 중요한 역할을 하고 있으며, 재무적 가치 측면에서 보더라도 새로운 고객의 창출을 통한 현금흐름 유입에도 긍정적인 효과를 미치고 있다.

생각해봅시다

01 서비스 품질을 나름대로 정의해보자.

02 서비스 품질이 서비스마케팅에서 중요해지는 이유는 무엇인가?

03 서비스 품질 측정 시 SERVQUAL이 많이 사용되는 이유는 무엇인가?

04 SERVQUAL과 대안들(SERVPERF 및 비차감식)을 서로 비교해보라.

05 고객 인식을 외부 영향요인과 내부 구성요인으로 구분하여 생각해보라.

06 e-서비스 품질은 무엇인가?

07 서비스 품질과 이익 전략을 공격적 마케팅과 방어적 마케팅으로 구분하여 고찰해 보라.

CHAPTER 05

갭분석 모형

학습목표

- 서비스 품질의 개선과제를 살펴본다.
- 서비스 품질의 개선과제가 실패하는 이유를 알아본다.
- 갭분석 모형의 중요성을 알아본다.
- Gap_1이 지식 격차인 이유를 이해한다.
- Gap_2가 표준 격차인 이유를 이해한다.
- Gap_3가 제공 격차인 이유를 이해한다.
- Gap_4가 커뮤니케이션 격차인 이유를 이해한다.
- Gap_5가 총체적 격차인 이유를 이해한다.
- 확장된 갭분석 모형을 이해하고, 적용방법을 살펴본다.

도입사례 신세계 야심작 호텔 '레스케이프', 빈방이 70%

정용진 신세계그룹 부회장의 야심작이자 신세계조선호텔의 첫 독자 브랜드인 레스케이프 호텔이 대대적인 홍보에도 불구하고 개장 초부터 낮은 객실점유율로 고전을 면치 못하고 있는 것으로 알려졌다. 여기에 최근 외국인 직원 불법 고용 등 위법 사실까지 불거지며 특급호텔의 이미지는 물론 신세계그룹에도 오점을 남기게 됐다. 3일 호텔업계 관계자들의 말을 종합하면 7월 19일 개장한 레스케이프 호텔의 평균 객실점유율은 30% 미만인 것으로 추정된다. 업계 관계자들은 레스케이프 호텔의 여름 성수기(7월 말~8월 초) 객실점유율이 30%대 수준이었고, 평일 객실점유율은 10% 안팎에 머물고 있는 것으로 보고 있다. 신세계조선호텔 관계자는 "구체적인 객실점유율은 밝힐 수 없다"면서도 "개장 초보다는 점점 높아지고 있는 추세"라고 설명했다. 레스케이프가 문을 연지 얼마 되지 않아 아직 인지도가 높지 않다는 점을 고려해도 이 같은 수치는 매우 저조한 실적이라는 게 업계의 공통적인 의견이다. 비슷한 시기에 문을 연 노보텔 앰배서더 동대문은 줄곧 객실 점유율 70% 이상을 유지하고 있는 것으로 알려졌다.

호텔 업계는 레스케이프 실적 부진의 이유를 마케팅전략의 실패에서 찾는다. 레스케이프 호텔은 차별화한 콘텐츠와 독특하고 개성 있는 디자인, 인테리어, 서비스를 강조하는 부티크 호텔을 표방하고 있는데, 이 같은 '럭셔리 부티크 호텔' 전략이 소비자들에게 좀처럼 먹혀 들어가지 않는다는 것이다. 실제 투숙객들은 '프랑스풍 고전적인 럭셔리'를 강조하는 레스케이프가 남대문시장 옆에 자리해 주위 경관과 조화를 이루지 못한다고 지적한다. 화려한 인테리어에 대해서도 호불호가 뚜렷하게 갈린다. 특급호텔이지만 수영장 등 부대시설이 부족해 가성비(가격 대비 성능)가 그리 높지 않다는 것도 약점으로 꼽힌다. 한 특급호텔 관계자는 "레스케이프 호텔은 개성이 지나치게 강해 호텔의 주요 고객인 비즈니스 관련 외국인 투숙객과 국내 가족 단위 투숙객을 끌어들이기 어려운 점도 있지만, 무엇보다 호텔에 기대할 수 있는 서비스에 비해 가격대가 너무 높다는 것이 가장 큰 단점"이라고 말했다.

엎친 데 덮친 격으로 레스케이프 호텔은 최근 적법한 절차를 거치지 않은 채 해외에서 들여온 물품을 사용하고, 취업비자 없이 외국인 바텐더를 고용한 사실이 드러나 곤혹스런 상황에 처했다. 영업용 식품용기 등은 사전에 식품의약품안전처에 수입 신고하고 안전성 정밀검사를 받아야 하는데, 적절한 절차를 받지 않고 국내 반입한 것이다. 신세계조선호텔 관계자는 "1일 관세청에 자진 신고해 관련 절차를 밟고 있으며, 현재는 사용하고 있지 않다"고 해명했다. 호텔에 고용된 러시아 출신 외국인 바텐더가 취업비자를 발급받지 않은 상태로 한 달여 간 근무한 사실도 뒤늦게 드러났다. 이 관계자는 "7월부터 근무한 바텐더인데 비자 발급이 늦어져 8월 29일 취업비자를 받고 현재는 정상 근무 중"이라며 "앞으로는 이 같은 위법사항이 재발하지 않도록 만전을 기할 것"이라고 말했다.

레스케이프 호텔은 초기 실수를 바로잡고 마케팅전략도 일부 수정해 경영 실적을 개선하겠다는 계획이다. 호텔 개장을 앞두고 정 부회장의 신임이 두터운 것으로 유명한 맛집 블로거 출신 김범수 씨가 레스케이프 총지배인(상무)에 임명돼 화제가 됐으나, 경영실적이 기대에 미치지 못하자 신세계조선호텔은 웨스틴조선호텔 출신의 호텔 전문 경영인을 부지배인으로 발령냈다. 숙박료도 크게 낮춰 가장 작은 객실인 '미니 룸'은 30만원대 후반(이하 부가세 별도)에서 20만원대로, 주력 객실인 '아뜰리에 룸'도 40만원대 후반에서 30만원대로 인하했다. 레스케이프 호텔 관계자는 "호텔은 장기적인 측면에서 봐야 하는 사업이라 개장 후 최소 1년에서 3년까지는 지켜봐야 한다"며 "개장 초보다는 실적이 많이 좋아졌고 앞으로도 더욱 개선될 것으로 기대한다"고 말했다.

〈출처〉 한국일보(2018년 10월 3일)

그림 5-1 19세기 프랑스 파리풍의 부띠크 고급호텔을 지향하는 '레스케이프'

01 서비스 품질의 개선 과제

1) 전제사항

현실적으로 100% 완전한 품질을 개발하고 제공하는 서비스는 불가능하다고 많은 서비스마케터들은 생각하고 있다. 이에 따라 서비스기업들은 실수가 발생하고 실패가 허용될 수밖에 없는 현실을 받아들이게 된다. 그래서 실제로 서비스기업들은 서비스 및 서비스 품질 개선에 투자하기를 주저하고 있다. 이러한 측면에서 어떤 사람들은 서비스가 복잡해질수록 최상위 품질은 달성될 수 없으며 결국 고객들에게도 제공될 수 없다고 말하곤 한다. 그러나 매일같이 수백회 이상의 비행기들이 이륙하고 착륙하는 대형 국제공항을 생각해 보라. 만약 이러한 공항에서 100%가 아닌 99% 정도의 품질 수준을 허용한다면 아마도 매일 몇 건의 사고가 발생할 것이다. 실제로는 이러한 사고가 그냥 일어나도록 해서는 안 되는 것이다. 그리고 현실적으로 이러한 공항 운영서비스보다 훨씬 더 어렵고 기술적으로 복잡한 서비스 및 서비스 생산시스템도 존재한다. 그래서 만약 공항이 운영서비스를 100% 수준으로 제공하고 유지할 수 있다면 마찬가지로 다른 서비스기업도 그 어떤 서비스를 제공한다 하더라도 100% 수준의 서비스 품질을 제공할 수 있는 것이다. 이러한 차원에서 생각해 본다면 자사의 서비스가 너무 복잡하고 어려워서 그 정도 수준의 최상위 품질의 서비스 생산은 달성될 수 없다는 사고방식은 충분하게 열심히 노력하지 않았다는 데 대한 변명일 수밖에 없는 것이다. 물론 서비스기업 전체 구성원의 근면과 장기간의 노력이 요구될 수 있다. 그러나 결코 불가능한 것은 아닌 것이다.

2) 서비스 품질 개선과정이 실패하는 이유

서비스 품질 개선에 따른 분명한 장점이 있음에도 불구하고 서비스 품질 개선 프로그램을 수행해 왔던 많은 기업들은 비용을 지불한 만큼 성과를 거두지 못했다고 느끼고 있다. 보통 문제는 서비스 품질 개선에 대한 기업의 접근방식에 있다. 만약 일종의 프로젝트로 고려되고 있다면, 제한된 기간 동안에만 노력한다면, 모든 구성원들의 과제가 아닌 것으로 인식된다면, 마찬가지로 최고경영자나 임원들의 과제가 아닌 것으로 인식된다면, 그리고 단지 전술적인(tactical) 이슈로만 다루어진다면, 실패할 위험은 더욱 높아진다. 어떤 관리자들에게, 품질 개선은 단지 기업이 노동력을 절감할 수 있는 시간과 동작 연구(time and motion study)나 기계 및 장비의 투자에 관한 문제로 인식되고 있다. 또 연수 프로그램이나 새로운 금전적 보상시스템으로 인식되기도 한다. 물론 이러한 모든 요소들은 별도의 활동으로서 품질 개선과정의 일부분일 수 있으나 이러한 사고방식은 장기적으로 보았을 때 실패할 가능성이 크다. 주요 문제는 바로 접근방식에 있기 때문이다. 결국 품질개발은 일종의 프로젝트나 캠페인성 일회 과제가 되어서는 결코 안 되는 것이며 오히려 지속적인 과정(ongoing process)이 되어야 하는 것이다. 품질의 중요성에 대한 지속적인 평가와 훌륭한 서비스 품질에 영향을 미칠 수 있는 방식에 대한 이해는 모든 조직 구성원들에게 요구되는 것이며 경영진은 항상 이러한 인식을 강화시켜 나가야 하는 것이다. 서비스 품질, 서비스 품질 개선 및 관리는 전략적(strategic) 이슈이며 따라서 최고경영자는 지속적으로 관심을 가져야 하는 것이다.

3) 서비스 품질은 얼마나 좋아야 하는가?

흔히 묻는 질문은 '주어진 서비스의 최적 품질(optimal quality)수준은 얼마나 되어야 하는가?'이다. 우선 그 질문에 대한 답은 기업의 전략(strategy)과 대상 고객들의 기대(expectations)라는 두 요인에 달려 있다고 볼 수 있다. 그리고 이 두 요인은 서로 의존한다. 전형적인 전략은 시장에서 최고가 되는 것이며 훌륭한 서비스를 요구하는 고객들의 구미에 맞추는 것이라고 생각하는 서비스제공자는 첫 번째로 잠재적 고객들의 기대를 담아내고 두 번째로는 훌륭하다고 인식되는 서비스 품질을 제공해야 한다. 또 다른 전략은 덜 까다로운 표적 고객집단에게는 더 낮은 가격에 더 낮은 품질의 서비스를 제공하는 것이다. 이러한 경우, 서비스 품질 수준은 더 낮아질 수는 있으나 고객에게 주어지는 기대는 실제 품질 수준을 벗어나서는 안 된다. 그리고 만약 이러한 상황에서 서비스에 대한 기대와 체험이 서로 일치한다면 지각된 서비스 품질은 여전히 훌륭한 것이 된다. 실무적으로 그들의 기대 수준보다 조금만 더 높은 서비스 품질을 체험할 수 있게 한다면 고객들은 만족한다는 속설이 있다. 허용가능 품질(딱 기대 수준에 미치는 정도의 품질)은 고객을 만족시킬 수는 있지만 반드시 고객 로열티로 연결되는 것은 아니다. 그리고 자신의 경험을 친구들, 이웃들, 직장 동료들에게 이야기하거나 소셜미디어에 긍정적으로 평가하는 글을 올리게 만드는 것도 아니다. 반면에 지각된 품질이 기대 수준을 어느 정도 능가하게 되면, 이 경우를 '고객의 기쁨(customer delight)'이라고 명명하는데, 고객들로 하여금 서비스제공자와 관계를 지속하는 데 더욱 관심을 갖도록 만들며 또한 긍정적 구전을 하도록 만들어 준다. 자신의 기대보다 높아진 성과로 긍정적으로 놀란 고객은 그 경험을 기억하고 종종 그것에 대해 이야기하기를 좋아한다.

이러한 법칙에 대해서 고객들은 그들의 체험으로부터 학습하고 차후에 그들의 기대 수준은 더욱 높아지게 된다고 하는 비판이 제기되고 있다.[1] 이러한 현상이 지속되다보면 결국 서비스기업이 증가된 기대 수준을 충족시키며 동시에 수익을 낼 수 있는 품질 수준을 만들어 낼 수는 없는 상승곡선(upward spiral)을 초래할 것이라는 이유이다. 그러나 고객들을 놀라게 하는 것이 반드시 그들에게 기대를 높이는 무언가를 제공하는 것을 의미하지는 않는다. 보통 깜짝 효과(surprise effect)는 비용이 들지 않으며

---

1 Gronroos, Christian(2015), *Service Management and Marketing: Managing the Service Profit Logic*, 4th ed, Wiley.

고객 입장에서 매번 긍정적 느낌을 유발하는 서비스제공자의 작은 몸짓에 의해서도 달성될 수 있다. 따라서 주어진 서비스의 품질 수준과 관계없이 고객들의 기대를 능가할 수 있으며 고객들을 놀라게 할 수 있다는 사실을 주목하는 것은 중요하다. 고객 로열티와 구전에 대한 동일한 긍정 효과는 서비스 품질 수준이 낮은 상황에서 만들어지는 작은 놀라움(small surprises)에 의해서도 이루어질 수 있다. 여기서 기대 수준이 높든지 낮든지 간에 상관은 없다. 그러나 서비스제공자는 이러한 깜짝 효과가 한 번에 그치고 그 다음에는 이전의 품질 수준으로 되돌아가는 우(愚)를 범해서는 안 된다. Rust and Oliver(2000)는 이를 '히트 앤 런 기쁨(hit-and-run delight)'이라고 명명하였다.[2] 이들에 따르면, 이러한 깜짝 효과를 수행하는 기업은 그렇게 하지 않은 기업보다 마케팅 성과는 더욱 나빠질 수 있다는 것이다. 이는 고객들이 체험하는 한 번의 품질 수준 제고는 기대 수준을 증가시켜서 그 다음에 성과가 이에 못 미치면 고객들은 불만족을 느끼기 때문이다. 이러한 불만족은 한 번의 깜짝 효과에 의한 긍정적 효과보다 더 큰 부정적 효과를 만들어 내고 있다. 따라서 만약 서비스기업들은 고객들에게 보다 높아진 수준의 체험을 계속적으로 할 수 있도록 만들어 주는 것이 중요하다. 그만큼 서비스 제공 시 고객들의 사전에 갖는 기대 수준과 서비스를 체험한 후 사후에 느끼는 인식 수준과의 관계를 정밀하게 분석하는 것은 서비스마케팅에서 서비스 품질을 평가하는 데 절대적으로 필요한 것이다.

PART 02

02 갭분석 모형

서비스 품질을 평가하기 위해서 소비자들은 체험한 서비스를 그들이 기대했던 서비스와 비교하게 된다. 이때 서비스 품질을 수학적으로 표시해 본다면 그 식(formula)은 'P–E'가 될 것이다. 여기서 P는 소비자가 받은 서비스의 인지된 수준(perceived level)을 말하며 E는 서비스를 받기 전 소비자의 기대(expectation)를 의미한다. 여기서 음(−)의 경우는 받은 서비스가 기대를 충족시키지 못한 것이며, 0은 기대한 만큼 서

2 Rust, R. T. and R. L. Oliver(2,000), "Should We Delight the Customer?", *Journal of the Academy of Marketing Science*, 28(1), 86−94.

비스가 제공된 것을 나타내고 또한 양(+)의 경우는 제공받은 서비스의 수준이 소비자의 기대를 상회했음을 뜻한다. 이를 좀 더 자세히 나타내 보면 <그림 5-2>와 같게 된다.

그림 5-2 갭분석 모형

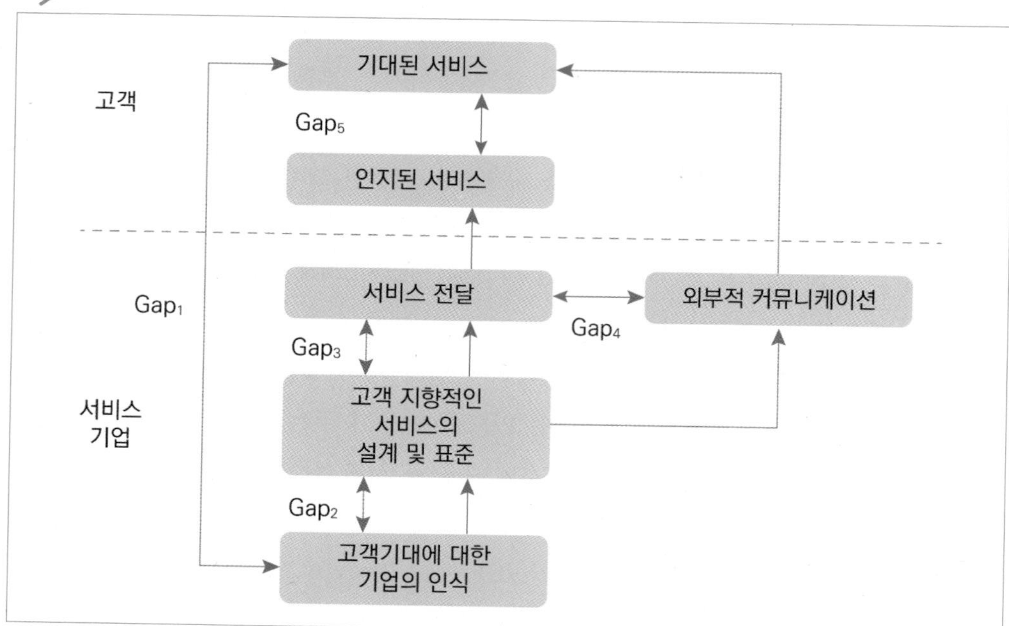

자료: Parasuraman A., Valarie A. Zeithaml, and Leonard L. Berry(1985), "A Conceptual Model of Service Quality and Its Implications for Future Research," *Journal of Marketing,* 49(Fall), p.44

여기에는 잠재적인 5개의 갭(gap)이 존재하게 되는데 점선 표시는 서비스 제공기업과의 관계에서 발생하는 4개의 갭과 소비자 내부에서 발생하는 1개의 갭을 구분해 주고 있다. 소비자 내부에서 발생하는 Gap_5는 그들이 서비스를 제공받기 전 기대했던 것과 실제로 제공받아서 체험한 것과의 차이를 보여 주고 있는데, Gap_1에서 Gap_4까지의 총합과 같게 된다. Gap_5는 이 4개의 갭(gap)들의 방향과 크기에 따라 달라진다. 왜냐하면 서비스 품질이란, 궁극적으로 소비자가 서비스를 받기 전 가졌던 기대와 서비스를 받은 후의 인식 수준과의 차이에서 평가되기 때문이다. 예를 들어서, 7점 척도(-3에서 +3까지) 소비자 조사에서 Gap_1에서부터 Gap_4까지의 각각 +1, -3, +1, 그리고 0이었다고 한다면 Gap_5의 점수는 -1이 된다. 이는 제공된 서비스의 품질의 전체적인 수준이 고객의 기대를 충족시키지 못했음을 나타내주고 있다. 만약 반대의 경우가 발생하여 Gap_1에서부터 Gap_4까지의 -1, +3, -1, 그리고 0으로 표시가 된다면 Gap_5는 +1이 되어 그 소비자의 기대를 약간 상회하게 된다.

1) Gap_1: 지식 격차(knowledge gap)

✔ 고객 기대에 대한 무지(無知)

Gap_1은 고객의 기대와 이에 대한 서비스기업의 인식 간의 차이다. Gap_1의 발생 원인은 다음과 같이 생각해 볼 수 있다.

- 고객과의 직접적인 상호작용 부재
- 고객의 기대를 알아내려는 의지 부족
- 알아낸 고객 기대를 충족시키려는 준비 부족

만약 서비스 실행에 대한 권한과 책임을 가지고 있는 관리자가 고객들의 서비스에 대한 기대를 완전하게 이해하지 못한다면, 제대로 된 의사결정을 못 내리고 가지고 있는 자원에 대한 효율적인 배분이 이루어지지 않아 결과적으로 고객들에게 형편없는 서비스 품질이 제공되었다는 인식을 줄 수 있는 것이다. 예를 들어서, 고객들의 기대에 대한 부정확한 이해는 잘못된 의사결정을 유발시켜 고객들은 물리적 설비들이 얼마나 편리하고 안락하며 기능적인가에 상당한 관심을 가지고 있음에도 불구하고 서비스기업은 건물 및 물리적 설비들의 외관에만 막대한 비용의 투자를 할 수 있는 것이다. 또 다른 예로서, 건물 시공업자가 하청업자에게 일정 수준의 전선 및 전관을 사용할 것으로 기대하며 건설공사 전체에 대한 전기공사 하청계약을 맺었다고 가정해 보자. 이 하청업자는 발주자가 비용절감을 원한다고 나름대로 생각하여 값싼 저급의 전선 및 전관을 사용했다고 하면 그 건물 시공업자는 비록 명백하게 자기의 기대를 나타내지 않았다고 하더라도 하청업자가 자기의 기대대로 하지 않았다고 생각해서 불만족스러울 수가 있는 것이다. 그 반대의 경우도 상정해 볼 수 있다. 즉, 기업이 고객이 기대했던 것보다 훨씬 상회하는 서비스를 제공하는 것이다. 이 경우에 두 가지의 위험이 존재하게 된다. 첫째로, 이처럼 고객의 기대를 지속적으로 상회한다면 일정 시간이 경과한 후 고객의 기대는 제공되는 서비스 수준에 맞추어 상향되어서 조정된다. 따라서 그 후로 정상적인 서비스가 이루어진다고 하더라도 상향된 서비스 수준을 경험했던 고객은 만족하지 못하게 된다. 둘째로, 고객이 처음에 기대하지 않았던 서비스를 제공하기 위해서 기업은 보다 더 많은 비용을 지불할 수도 있다. 이 경우에 기업의 수익성에 부정적인 영향을 미치게 된다.

Gap$_1$ 감소전략

Gap$_1$의 규모를 줄이기 위해서 서비스기업은 네 가지 전략을 구사해 볼 수 있다.

• 고객 커뮤니케이션

고객들과 커뮤니케이션을 함으로써 경영진은 서비스 품질에 대한 고객들의 기대와 현재 받고 있는 서비스에 대해서 고객들이 어떻게 느끼고 있는지에 대해서 알게 된다. 보통 소규모 기업에서는 소유주가 종종 서비스 업무수행에 관계하기 때문에 고객과 관리자 사이의 접촉 및 커뮤니케이션은 일상사이지만 대규모 기업에서는 경영진들이 쉽게 고객과의 접촉을 간과해 버리게 된다.

• 시장조사 수행

고객들이 항상 서비스기업의 경영진들과 대화할 때 자신들의 속마음을 다 드러내놓는 것은 아니다. 고객들의 마음을 열고 고객들과 솔직한 대화를 나누기 위해서는 서비스기업들은 시장조사를 수행할 수 있다. 이때 시장조사는 대기업의 경우 자체 마케팅부를 이용해서 하거나 아니면 제3의 기관을 이용해서 수행할 수 있다. 시장조사를 효과적으로 수행하기 위해서는 그 목표가 명확해야 되는데 주로 서비스 품질의 문제와 그 서비스에 대한 소비자 기대에 주안점을 두게 된다.

• 상향적 커뮤니케이션 확대

경영진이 서비스접점 직원들과 격리되어 있는 기업들에 있어서 상향적 커뮤니케이션은 Gap$_1$의 규모를 감소시키는 데 필수적이다. 이때 서비스접점 직원들과 경영진들은 열린 마음으로 그리고 강요당하지 않는 분위기 속에서 커뮤니케이션이 이루어질 수 있어야 한다. 일반적으로 이러한 상향적 커뮤니케이션은 최고경영층에 의해서 요구되는 것이 효과적이다. 상호 커뮤니케이션을 통해서 서비스 개선에 관한 아이디어도 도출이 되고 또한 선택된 아이디어에 대한 포상도 이루어져야 한다.

• 결재단계 축소

결재단계가 증가할수록 서비스 수행 시 고객욕구에 대한 경영진의 정확한 이해 가능성은 감소하게 된다. 따라서 많은 서비스기업들은 신속하고 정확한 서비스를 수행하기 위해서 의사결정에 관계하는 경영진의 수를 줄여 결재단계를 축소하고 있다.

그림 5-3 Gap1

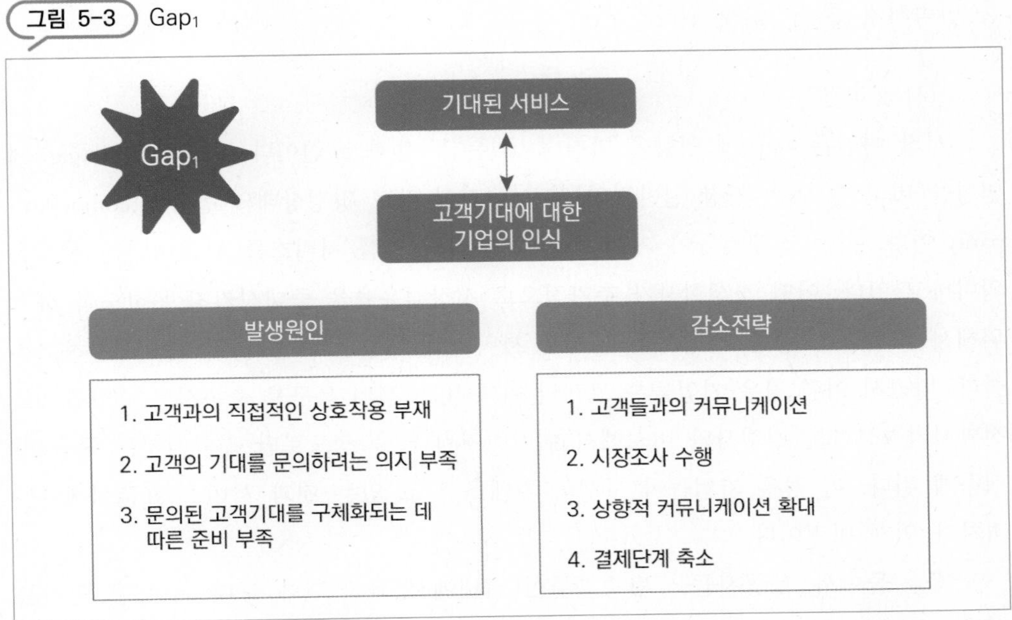

PART 02

2) Gap_2: 표준 격차(standards gap)

적절한 서비스 설계 및 표준 선정 실패

Gap_2는 소비자 기대에 대한 경영진의 인식과 고품질을 위한 서비스 표준설계와의 격차를 말한다. 경영진은 고객들이 원하고 있는 것을 이해하고 알 수는 있으나 이러한 기대들을 정확한 서비스 표준설계로 옮겨놓는 데 실패할 수 있다. 발생요인으로서는 다음과 같이 세 가지 요인들을 생각해 볼 수 있다.

• 자원의 제약

먼저 서비스기업은 고객들의 요구사항이 무엇인지 이해해야 한다. 기업의 입장에서는 그 서비스를 제공하고 싶어도 자원의 제약 때문에 서비스 수행을 못할 수 있다.

예를 들어서, 날씨가 무더운 여름철에 에어컨디션 A/S센터는 고객들이 신속한 수리를 원하고 있음을 알고 있다. 그러나 A/S요구가 급증하여 그 수요가 A/S센터가 가지고 있는 수리직원이나 장비 등의 역량을 초과할 수 있다. 에어컨디션 수리를 담당할 수 있는 기술자들의 숫자가 제한되어 있고 또한 그들의 근무시간도 제한되어 있어 A/S수요가 최고조에 달한 여름철에는 이 A/S센터에서는 신속한 서비스에 대한 고객의 기대를 만족시켜 줄 수 없게 된다.

• 시장 여건

시장 여건은 Gap_2에 영향을 미칠 수 있는 두 번째 요인이다. 이러한 격차(gap)에 영향을 미칠 수 있는 가장 일반적인 시장 여건이 바로 경쟁상태의 동등성(competitive parity)이다. 이는 경쟁자들이 거의 동일한 품질의 제품/서비스를 만들어내는 상황을 의미하고 있다. 어떤 경쟁회사가 추가적으로 시장점유율을 증대시키지 못하도록 하기 위해서 기업들은 종종 경쟁사들의 제품/서비스와 대등한 제품/서비스를 제공하고는 한다. 따라서 이런 경우 기업들은 고객의 기대 및 고객의 욕구를 충족시키는 방향으로 전환시키기보다는 경쟁사와 비교해서 뒤떨어지지 않을 정도로만 전환시키는 쪽을 선택하게 된다. 이 경우 기업들이 고객의 기대를 알고 있는 것과 서비스 표준설계와는 격차가 있게 마련이다.

예를 들어서, 항공사들은 탑승객들이 기내에서 좌석 간에 보다 더 넓은 공간을 원하고 있음을 알고 있다. 그러나 이러한 욕구를 그대로 그들의 서비스 표준설계에 반영시키지 않고 있다. 다른 항공사들도 그렇게 하고 있지 않을 뿐더러 그렇게 하는 것이 잠재적인 탑승공간을 줄이고 있기 때문에 항공사들은 좌석을 넓게 배정하지 않고 있다. 항공기당 탑승객수의 감소는 매출 감소 및 수익 감소로 이어지게 되기 때문이다. 독과점 체제 또한 Gap_2에 영향을 미치는 두 번째 시장 여건이라고 할 수 있다. 수도사업이나 전력서비스 등이 이에 속한다고 볼 수 있다. 이러한 사업 분야는 경쟁자가 없는 실질적인 독점체제로서 운영되고 있다. 이러한 기업들은 사용자들의 니즈나 기대를 이해하고 있으나 정부로부터 시정명령이 내려지지 않는 경우 보통은 이러한 니즈나 기대를 서비스 표준설계에 반영하지 않고 있다.

• 경영진의 무관심

Gap_2의 세 번째 요인은 경영진의 무관심이다. 경영진들이 고품질 서비스 제공에

대해서 이야기할 수 있으나, 실제로는 그들이 할 수 있는 서비스 중에서 최소 수준만을 제공할 수도 있는 것이다. 왜냐하면 경영진의 목표는 고객에게 만족을 제공해 주는 것이 아니고 고객의 불만족을 피하는 것이기 때문이다. 단기적으로 이러한 정책이 성공할 수는 있다. 심지어 보다 많은 고객들이 서비스를 받기 때문에 보다 많은 수입을 올릴 수도 있다. 그러나 장기적으로는 고객들은 보다 더 훌륭한 서비스를 제공하는 경쟁사들로 전환하게 되어있다. 단기적인 이익 창출에만 급급할 때 고객들의 재구매 비율은 현저하게 떨어지게 된다.

Gap$_2$ 감소전략

• 최고경영자의 관심

Gap$_2$의 격차를 줄이기 위해서는 서비스기업의 최고경영자가 관심을 가지고 적극적으로 참여하여야 한다. 서비스산업에 속하는 기업들의 사명(mission)을 보면, 고품질의 서비스를 고객에게 제공하는 데 앞장섰던 기업들을 참고로 해서 만들어진 경우가 많이 있다. 그러나 실제적으로 기업들은 높은 수준의 서비스 품질 제공보다는 원가절감이나 총매출 혹은 순이익 증대 등을 더욱 많이 강조한다. 이처럼 기업 사명과 실제 행동과의 불일치는 어디에서 오는 것일까? 두 가지로 요약해 볼 수 있다. 첫째, 서비스 측정에는 어려움이 따르지만 비용, 매출, 이익의 측정은 쉽게 이루어진다는 점을 들 수 있다. 둘째, 현실적으로 직원 보상체계는 보통 비(非)서비스 결정기준을 근거로 하고 있다. 따라서 대부분 임직원들은 서비스 품질을 제고시킨 차원에서 보상을 받는 것이 아니라 더 큰 매출을 산출시키거나, 순이익을 증대시키고 비용을 감소시켰기 때문에 승진하고 보상을 받는다고 인식하고 있다는 점이다.

• 서비스 품질의 목표설정

만약 서비스기업이 고품질 서비스 제공에 대해서 신경을 쓴다면 경영진부터 솔선수범해야 할 것이다. 경영진이 높은 수준의 서비스를 제공하는 데 앞장 설 뿐만 아니라 부하 직원들에 대한 모범도 보여 주어야 되는 것이다. 항상 서비스에 대해서 이야기를 하고 있으나 그 서비스에 대해서 훌륭한 본보기를 보여 주지 못한다면 그 경영자는 자사의 고품질 서비스 제공에 기여를 못하고 있는 것이다. Gap$_2$의 격차를 줄이기 위해서는 서비스 품질의 목표를 설정할 필요가 있다. 이러한 목표는 반드시 고객, 서비스접점 직원, 그리고 경영진이 마음 속으로 공감할 수 있어야 한다. 서비스접점 직원은 경영진의 의도 및 이익 창출 필요성을 이해해야 한다. 반대로 경영진 또한 실제로 영업을 하는 데 있어서 무엇이 가능하며 무엇이 불가능한지를 이해해야 하는 것이다. 대개 서비스접점 직원들은 서비스 품질 목표를 달성하기 위해서 어떠한 과정이 이루어져야 한다는 것을 현장에서 느끼며 귀중한 정보를 경영진에게 제공할 수 있다. 보다 효과적이기 위해서 이러한 목표는 고객 지향적이어야 한다. 서비스 품질에 대한 기준은 반드시 고객들이 원하고 요구하는 것이어야 한다. 따라서 서비스 품질의 목표를 설정하는 과정에서 고객들을 참여시키는 것은 경영진 및 서비스 접촉부서 모두에게 유익한 것이다.

• 업무의 표준화

업무의 표준화 역시 Gap_2의 격차를 줄이게 해준다. 표준화는 일반적으로 기계화, 자동화, 전산화 등의 하드웨어와 소프트웨어 기술을 이용해서 이루어지게 된다. 이러한 방법들은 영업활동을 표준화시켜 균등한 서비스를 고객들에게 제공할 수 있도록 해주어서 결과적으로 고객의 기대에 대한 경영진의 인식과 이러한 기대를 서비스 표준설계에 옮겨 놓을 때 발생하는 격차를 줄이는 데 기여하게 된다. 대표적인 예로서는, 은행 등 금융권에서 사용되는 인터넷이나 모바일 뱅킹 시스템을 들 수 있다. 은행 등 금융회사들은 이러한 자동 전산화 시스템을 통해서 보다 일관되게 높은 수준의 서비스를 제공할 수 있게 된다.

그림 5-4 Gap_2

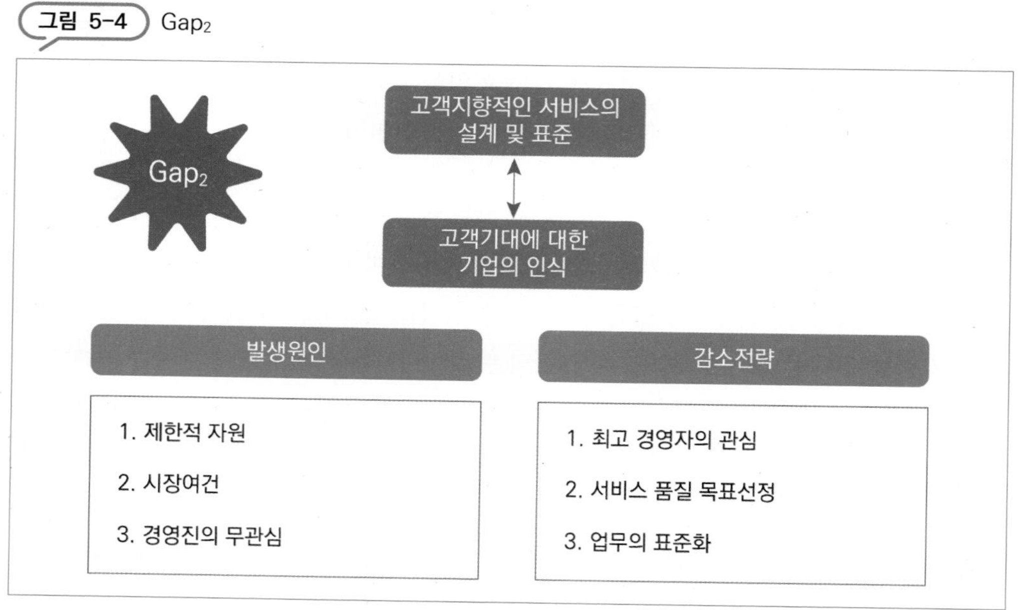

3) Gap_3: 제공 격차(delivery gap)

✔ 서비스 표준과 전달과의 괴리

세 번째의 갭(gap)은 서비스 표준과 고객으로의 서비스 전달과의 불일치에서 발생한다. 이러한 격차의 주요 원인은 주로 서비스 자체가 갖고 있는 가변성 및 비(非)분리성이라는 특성에 기인한다. 대개의 서비스가 사람에 의해서 수행되기 때문에 서비스 품질은 서비스 제공직원이 얼마나 잘 자신의 일을 수행하느냐에 전적으로 달려있다. 만약 서비스접점 직원들이 서비스 표준이 제시한대로 서비스를 제공한다면 대개의 고객들은 보통 만족하며 그들의 기대 또한 충족되게 된다.

그러나 만약 직원들이 서비스 품질 표준설계에 명시된 대로 서비스를 제공하지 않는다면 고객들의 기대를 충족시킬 수 없기 때문에 결과적으로 고객들은 불만족스럽게 생각하게 된다. 이러한 괴리가 발생하는 원인으로서는 다음과 같이 세 가지 요인들을 생각해 볼 수 있다.

- 직원들의 인식 부족

서비스 품질 설계에 명시된 표준과 실제로 서비스를 전달할 때 발생하는 괴리(gap)의 첫 번째 요인으로서는 서비스접점 직원들의 서비스 품질 설계에 대한 인식부족을 들 수 있다. 이 경우에 경영진들은 직원들에게 제대로 된 훈련을 제공하는 데 실패한 것이다. 이러한 상황은 패스트푸드 레스토랑에서처럼 파트타이머 근로자들을 주로 쓰는 서비스산업에서 발생한다. 직원들의 이직이 너무 잦기 때문에 경영진은 서비스 훈련에 대해서 애매모호한 입장이 되기 쉽다. 다시 말해서 이러한 서비스산업에 근무하는 직원들이 대부분 오랫동안 한군데서 근무하지 않기 때문에 경영자들 또한 직원 각자에 대해서 제대로 된 훈련을 시키는 데 노력을 기울일 가치가 없다고 생각하기 쉽고, 마찬가지로 서비스접점 직원들 또한 기업에 대해서 주인의식을 갖고 책임감 높게 서비스를 제공할 가능성이 크지 않기 때문에 고객 기대와 서비스 품질에 대한 인식의 격차가 자주 발생하고 있다.

- 직원들의 자질 부족

두 번째의 원인으로서 직원들이 그 서비스를 제대로 수행할 수 있는 능력과 기술에 문제가 있는 상황을 들 수 있는데, 이는 경영진이 직원 채용과 훈련에 실패했음을 의미한다. 따라서 서비스기업 입장에서는 채용되는 직원들이 제대로 된 능력 및 기술을 갖고 있고 그 서비스를 제대로 수행할 수 있는지 여부를 반드시 확인해야 한다. 일단 채용이 완료된 후 서비스기업은 이들에게 제대로 된 훈련을 시켜야 한다.

• 직원들의 의지 부족

세 번째로 직원들이 서비스 표준에 대해서도 인식하고 있고 수행할 능력도 있으나 정해진 서비스 설계에 따라서 서비스를 제공하고자 하는 의지가 없는 경우를 상정해 볼 수 있다. 이러한 상황은 직원의 낮은 사기(morale)나 기분 변화에 따른 것일 수 있다. 이러한 격차는 어떤 직원의 특정 고객에 대한 혐오로부터 발생할 수 있다. 또한 직원의 무관심에서 비롯될 수도 있다. 그리고 경영진의 직원들에 대한 동기부여 결여도 한 요인이 될 수 있는 것이다. 만약 서비스접점에서 훌륭한 서비스를 제공하는 데 따른 보상이나 동기부여가 없다면 많은 직원들은 단지 그들의 직장을 유지하는 데 필요한 최소한의 서비스만을 수행하게 될 것이다.

브리핑사례

'로켓배송' 發...유통업계, 배달전쟁 경쟁 '접입가경'

로켓배송 발(發), 유통업계의 배달경쟁이 치열해지고 있다. 1인 가구와 맞벌이 가정 등이 늘면서 '신속'과 신선식품의 '품질'을 유지하려는 전략이지만, 일각에서는 우려의 목소리를 내고 있다. 9일 업계에 따르면 지난달 롯데백화점을 시작으로 편의점 CU가 배달 업체와 양해각서(MOU)를 맺고 배달 전쟁에 합류했다. 1~2인 가구 증가와 주 52시간 단축 근무제 도입이 배달 전쟁의 주요인이다. 빨라진 퇴근으로 집에서 식사하는 소비자들이 늘면서 신석식품 등 식재료 배달 등이 증가했기 때문이다. 이들 가구가 상대적으로 저렴하고 편리한 배달 식품이나, 간편식을 자주 찾는 점도 배달 전쟁을 부추기고 있다. 아울러 새벽배송과 신선 식품 등의 배달이 일상화되면서 유통업계의 소비자 만족을 위한 배달 전쟁이 더욱 치열해지고 있다.

이에 따라 마켓컬리가 2015년에 새벽 배달의 시작을 알렸다. 마켓컬리는 초기 신선식품 새벽 배달을 특화 서비스로 내세웠다. 당시 업계에서는 시장성이 없다고 우려했지만, 이 회사는 창립 3년 만에 회원 수 60만명을 넘어서며 월 매출 100억원을 달성했다. 통계청에 따르면 마켓컬리의 새벽 배달 물량은 전체 새벽 물량의 80%를 점유하고 있는 것으로 파악됐다. 이후 마켓컬리가 성공하자, 백화점과 편의점 등 유통업계가 새벽 배달시스템을 속속 도입하고 있다.

새벽 3시 경에 배달된 소비자 주문 물품이 아파트 문 앞에 놓여 있다. 이 물품은 주문 소비자가 5시간이 지난 8시 경에 집안으로 들여갔다. 롯데백화점은 지난해부터 명절 음식배달을 시작으로 지난해 2월부터 서울 일부 지역에 새벽 배달을 도입했다. 지난달 11일부터는 가정식 반찬을 정기적으로 배달하는 '구독 서비스'도 시작했다. 정기적인 새벽 배달은 롯데백화점이 처음이다. 종전 일부 백화점이 간편식 배달을 실시했지만, 명절 등 특수 기간만 운영했다. 롯데백화점은 서울과 경기도에서 점차 배달 지역을 확대하고, 배달 가능한 반찬 종류도 다양화해서 소비자의 편익을 증대할 계획이다.

BGF리테일이 운영하는 편의점 CU도 배달 서비스를 전국으로 확대한다. 이는 '고객이 찾아오는 편의점에서 고객에게 찾아가는 편의점'을 표방한 셈이다. 이를 위해 BGF리테일은 배달업체 '요기요'를 운영하는 딜리버리 히어로 코리아와 함께 '배달 서비스 전국 확대 등 제휴 협업 모델 구축과 공동 사업 협력을 위한 전략적 업무협약(MOU)'을 최근 체결했다. CU는 배달서비스 시스템 개발을 거쳐 이달 론칭 후 순차적으로 5대 광역시와 기타 지역 등 전국으로 배달서비스를 확대한다는 복안이다. 배달 품목도 1~2인 가구 증가 등으로 최근 수요가 급증한 도시락, 삼각김밥, 샌드위치 등 간편식품에서 다양한 품목으로 확대할 계획이다.

미니스톱 역시 로켓배송 서비스를 적용한 시범 매장을 설치하는 등 배달서비스 도입을 검토하고 있는 것으로 확인됐다. 이와 관련, 업계에서는 우려의 목소리도 나오고 있다. 과당 경쟁으로 배송직원의 인권이 심각하게 침해받는다는 것이다. 실제 2011년 초 피자 업계의 '초치기' 배달 경쟁으로 한 피자브랜드 배달 청년이 교통사고로 숨지는 사건이 발생했다.

여기에 이들 배송직원들이 집중도가 상대적으로 떨어지는 새벽에 일하기 때문에 사고의 우려는 더욱 높다는 게 소비자단체 등의 지적이다. 이를 감안해 2010년대 중반부터 일부 택배업체에서는 주말 배달을 없애고 주 5일제 배달 시스템을 도입하기도 했다. 소비자단체 한 관계자는 "유통계의 배달경쟁으로 배송직원의 인권이 사각지대에 들어왔다"면서 "유통계가 소비자 만족과 동시에 직원의 인권을 보호하기 위한 묘안을 찾아야 할 것"이라고 강조했다.

편의점 업계 한 관계자는 "편의점은 각종 규제 등으로 더 이상 수익을 내기 힘들다"며 "수익창출을 위한 색다른 방법으로 배달 시장에 뛰어든 것"이라고 말했다. 그러면서도 그는 "배달 시장이 활성화되면 편의점뿐만이 아니라 마트 등에서 판매하는 모든 품목을 편리하게 집에서 만나 볼 수 있을 것"이라며 "유통계가 배달과 온라인 사업에다 오프라인 시장도 함께 살리기 위한 방안을 모색해야 할 것"이라고 덧붙였다.

〈출처〉 소비자경제신문(2019년 3월 9일)

PART 02

그림 5-5 유통업계의 배달전쟁을 선도하고 있는 쿠팡의 로켓배송

Gap$_3$ 감소전략

• 팀워크(teamwork) 제고

대부분 성공적인 서비스기업의 공통적인 특성은 팀워크이다. 서비스접점 직원들이 다른 직원들과 경영진을 그 팀의 핵심멤버로 보게 될 때 팀워크 감정은 창출되는 것이다. 이를 위해서는 가장 낮은 직급의 직원이 직속상사에서 최고경영자에게 이르기까지 모든 구성원들이 자신과 같은 낮은 직급의 직원들을 잘 보살펴 주고 있으며 자신들도 회사성공의 중요한 부분이라는 것을 반드시 느끼도록 해주어야 한다. 또한 직원들 사이에서는 경쟁이 아닌 협력정신이 생기도록 해주어야 한다. 모든 직원들 개개인이 기업에 포함되어 있다고 느끼고 고객, 회사, 그리고 다른 직원들에게까지 높은 수준의 서비스를 제공하는 데 헌신하게 될 때 이와 같은 모든 것들이 달성될 수 있다.

• 직원과 직무의 적합성 확인

만약 직원들이 서비스 표준 및 직무분석표에 따라 서비스를 제공하는 것으로 되어 있다면 직원과 직무요건 사이에는 적합성이 있어야 한다. 서비스기업들은 반드시 그 직무를 수행할 수 있는 능력을 갖추고 있는 사람들을 선발해야 한다. 일단 채용이 완료되면, 경영진은 각 직원들이 기업 내부적으로 소정의 절차에 따라 그 직무에 필요한 훈련을 받을 수 있도록 배려해 주어야 한다.

• 기술과 직무의 적합성 확인

발달된 기술(technology) 덕분에 많은 서비스기업들은 직무를 수행하는 데 서비스 접점 직원들을 도와주도록 기계, 도구, 그리고 컴퓨터 등 서비스 제공 지원 자원들(supporting resources)을 사용하고 있다. 자기회사의 표준에 따라 직무를 수행하기 위해서, 서비스접점 직원들은 반드시 적합한 시설 및 장비를 갖추고 있어야 한다. 이때 시설 및 장비는 당연히 결함이 없는 상태로 있어야 하며 직원들은 작업의 질을 높이기 위해서 그 기술을 적절하게 사용할 수 있는 지식도 갖고 있어야 한다. 예를 들어서, 수리정비 카센터에서 신형 자동차의 문제를 분석하기 위해서는 컴퓨터가 달린 분석 장비가 필수적이다. 이 경우 분석의 질은 장비 자체의 품질, 그 당시 그 장비의 상태, 그리고 그 장비를 작동하는 서비스 기술자의 능력 등에 달려 있다. 또한 병원 등에서 고가의 의료장비를 이용한 건강진단 서비스를 수행할 때 그 의료장비가 제대로 작동하고 또한 의료서비스 직원이 그 장비를 작동시킬 능력이 있는 경우에만 제대로 된 서비스 제공이 가능한 것이다.

• 관리통제 시스템 개발

관리통제 시스템 또한 Gap_3의 크기에 영향을 주고 있다. 만약 서비스 표준설계에 따라 행동해서 격려를 받고 포상을 받게 된다면 직원들이 그 방식대로 서비스를 제공할 가능성이 그만큼 높아지게 된다. 그러나 종종 관리자들은 서비스접점 직원들에게 서비스 표준에 따라 정확하게 서비스를 제공할 것을 지시하고 결과적으로 다른 기준에 따라서 포상을 하거나 처벌을 하는 경우가 있다. 예를 들어서, 은행창구 직원들인 경우 대출실적 및 고객대응 횟수로 평가를 받고 자동차 수리공인 경우 서비스를 제공한 자동차 대수로 관리자들이 실적을 평가하는 것이다. 이 경우 서비스접점 직원들은 그들의 관리자들이 평가에서 사용하는 바로 그 결정기준들을 의식해서 정작 중요하게 다루어져야 할 서비스 표준을 간과하는 경우가 발생한다.

• 역할 갈등의 감소

많은 서비스 제공부서에서 역할 갈등은 본질적인 것이다. '어떻게 이러한 역할 갈등 구조가 처리될 것인가?' 하는 문제가 바로 제공되는 서비스와 명시된 서비스 표준과의 격차를 얼마나 줄일 것인가에 영향을 줄 수 있다. 서비스접점 직원들이 직면하는 주요 갈등은 고객들의 기대와 경영진의 기대 사이에서 발생한다. 이러한 갈등이 증가하는 경우는 다음과 같다.

– 직원들이 고객들의 니즈에 부응할 수 있는 유연성을 못 가졌을 때
– 직원들이 서비스가 수행되는 과정에 대해서 통제하지 못할 때
– 직원들이 서비스를 수행하는 데 필요한 서류작업에 대해서 통제하지 못할 때
– 직원들이 서비스 수행에 참여하는 다른 조직의 직원들과 제대로 협력하지 못할 때

이렇게 생기는 역할 갈등을 감소시키기 위해서 경영진은 서비스접점 직원들이 고객니즈를 충족시킬 수 있을 만큼 적절한 유연성을 갖도록 해야 한다. 직원들 또한 서비스를 제공할 때 예기치 않았던 상황에 대한 통제능력을 가질 필요가 있다. 통제권한이 커지면 커질수록 그만큼 역할 갈등도 덜 겪게 된다. 통제권한과 유연성이 부여되게 되면 서비스직원들은 어떤 특정 고객의 유별난 요구사항을 충족시켜 주기 위해서 기존 서비스내용을 재차 문의하고 수정허가를 받기 위해서 다른 직원들과 직속상사를 찾아다니지 않아도 될 것이다. 직원들이 직면하게 되는 갈등의 폭을 감소시켜 주는 것은 그들 경영진의 책임이다. 갈등 폭을 감소시켜 주는 것이 고객들의 니즈를 충족 시켜 주는 직원을 도와주는 것뿐 아니라 더 나아가서는 직무 만족, 직무 사기, 그리고 재직 기간 등을 증대시켜 주게 될 것이다.

• 역할의 불명료성 감소

역할의 불명료성이란 직원들의 정보, 역할, 직무 요구에 대한 이해 부족을 의미한다. 역할 불명료성은 역할 갈등 또한 증가하게 만들고 직무 만족도는 감소하게 만든다. 만약 직원들이 무엇을 해야 할지 제대로 이해하지 못한다면 직무분석표에 제시된 역할 또한 제대로 수행하지 못하게 된다. 경영진은 으레 그들 직원들이 자신들의 직무

를 제대로 알고 있다고 가정하고 있으나 실제로는 반드시 그렇지는 않다. 많은 경우 서비스 제공부서 직원들이 자사의 경영목표 및 기대를 제대로 이해하지 못하고 있는 것이 현실이다. 비록 직원들은 무엇을 해야 한다고 하는 것들을 들어서 알고 있지만 그 서비스가 어떤 경로를 통해서 어떻게 수행되어야 하는지에 대해서는 모를 수 있는 것이다. 따라서 역할 불명료성을 해소하기 위해서 서비스기업은 다음과 같은 사항들은 수행하여야 한다.

- 무엇을 해야 하고 어떻게 그 서비스가 수행되어야 하는지에 대해서 빈번하게 그리고 명료하게 경영진으로부터의 하향적 커뮤니케이션이 이루어져야 한다.
- 서비스가 어떻게 수행되어져야 하고 경영진이 무엇을 기대하고 있는지에 대해서 직원들이 제대로 이해할 수 있도록 건설적인 피드백이 이루어져야 한다.
- 직원들이 자신들의 직무를 보다 더 잘 수행할 수 있도록 직원들에게 제품 및 서비스에 대한 지식을 제공해주어야 한다.
- 실제 서비스를 수행하는 방법으로서 직원들을 훈련시키고 교육시키는 과정을 강화해야 한다.
- 서비스접점 직원들에게 고객들, 직속상사, 그리고 잠재적인 고객들과 효과적으로 커뮤니케이션할 수 있도록 훈련을 시켜야 한다.

그림 5-6 Gap₃

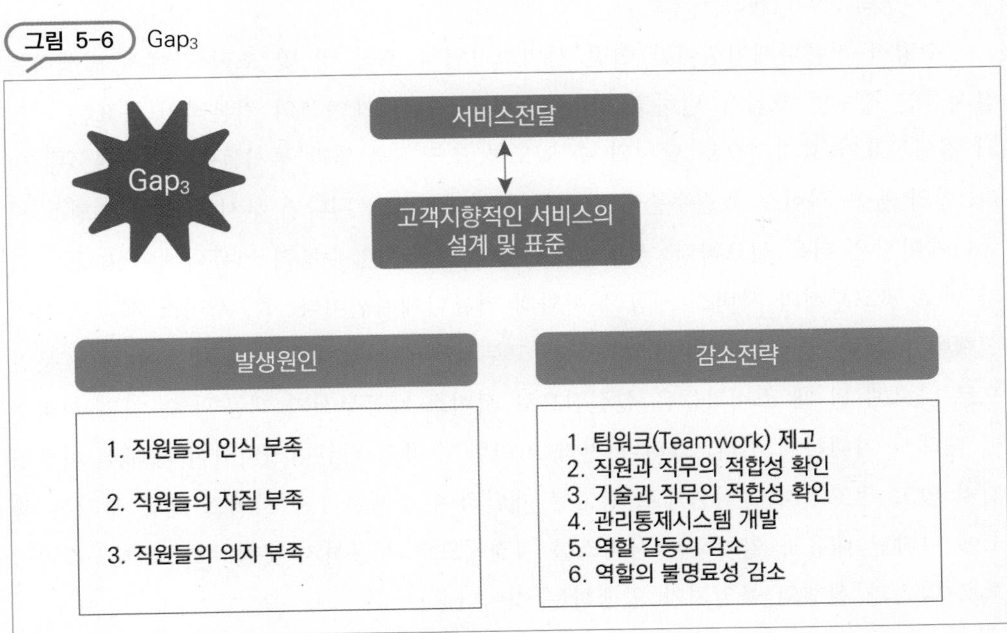

4) Gap_4: 커뮤니케이션 격차(communication gap)

약속과 실행의 불일치

Gap_4는 고객에게 전달된 서비스가 그 서비스에 대한 외부 커뮤니케이션의 내용과 차이가 날 때 발생한다. 외부 커뮤니케이션으로서 약속(promise)은 기업의 광고, 판매 촉진, 인적 판매 등을 통해서 소비자들에게 이루어진다. 이러한 약속들은 외적으로 명백하게 기술되거나 아니면 내부적으로 함축되어 알려질 수 있다. 만약 서비스기업이 약속된 서비스를 제대로 제공하지 못하게 되면 고객 기대와 제공된 서비스 사이에 격차가 생기게 된다. 어떤 기업이 제공하는 서비스에 대해서 소비자들의 기대가 증가하게 되면 그 기업을 선호하게 될 확률 또한 증가하게 된다. 만약 어떤 자동차 서비스센터가 엔진오일 교환을 10분 이내에 수행할 수 있다는 약속을 광고를 통해서 했다고 가정하자. 일반적으로 대부분의 자동차가 많이 밀려서 자동차 서비스 업무가 바빠질 경우 고객들은 10분보다 훨씬 오래 기다려야 하는 경우가 있다. 따라서 엔진오일 교환을 10분 이내에 끝낼 수 있다는 약속을 믿고 왔으나 10분보다 오래 기다리게 될 경우 그 약속은 이행되지 않게 되어 고객들은 불만스럽게 생각하게 된다. 일반적으로 Gap_4의 발생 원인으로서 다음과 같이 두 가지 핵심적 요인이 지적되고 있다.

• 수평적 커뮤니케이션 부족

수평적 커뮤니케이션이란 어떤 서비스기업의 조직 내 및 조직 간에서 발생하는 잠재적인 정보의 흐름을 말하고 있다. 수평적 커뮤니케이션의 기본적인 목표는 기업의 경영목표가 효과적으로 달성될 수 있도록 조직 구성원과 부서들을 조정하는 데 있다. 만약 높은 서비스 품질수준이 고객들에 의해서 요구된다면 부서들 간의 수평적 커뮤니케이션은 더욱 필요하다. 서비스기업에서 핵심적인 수평적 커뮤니케이션 중 하나가 바로 광고부서와 서비스 제공 부서와의 커뮤니케이션이다. 즉, 서비스 제공 부서가 실행이 가능한 서비스에 대한 약속을 광고부서에게 이야기해서 그 내용이 광고 문안으로 나오게 될 때 소비자들은 실질적으로 서비스 제공부서가 제공할 수 있는 서비스에 대해서 기대하게 된다. 그러나 만약 이러한 수평적 커뮤니케이션이 제대로 이루어지지 않고 광고부서가 나름대로 광고를 개발하여 수행한다면 서비스 제공 부서는 광고에 나타난 내용과 일치하는 서비스를 실질적으로 제공하지 못할 수도 있다. 결과적으로 약속과 실행의 불일치가 발생하는 것이다.

• 과대 약속(광고) 경향

서비스 분야에서 지속적으로 정부의 규제가 완화되고 있고 경쟁은 날로 치열해져 가고 있기 때문에 많은 서비스기업들이 새로운 사업개발과 경쟁사와의 경쟁에 심리적인 부담을 안게 되고 결과적으로 과대광고의 유혹을 받는 경향이 심화되고 있다. 특히, 서비스기업이 새로운 고객 창출에 대한 압박감 정도가 커지면 커질수록, 그리고 산업 내 규범이 더욱 부풀려질수록(우리 회사를 제외한 모든 회사들은 과대약속을 하고 있다), 과대약속을 하는 경향은 그만큼 커지고 있는 것이다.

그림 5-7 스타벅스는 향후 5년 동안 사업을 하는 전 세계 75개국에 5년간 1만 명을 채용할 계획을 세우고 있다고 밝혔다. 과대 약속이 될지는 지켜볼 일이다.

Gap$_4$ 감소전략

• 수평적 커뮤니케이션의 강화

서비스 제공부서의 직원들은 기업의 광고 및 촉진계획에 적극적으로 참여해야 한다. 이러한 참여는 잠재고객들에게 전달되는 메시지가 실제로 별다른 문제없이 잘 수행될 수 있도록 해주고 있다. 그 반대도 역시 성립한다. 광고부서에 있는 직원들은 서비스에 대한 광고캠페인에 들어가기 전에 서비스 제공 부서에 있는 직원들에게 그 내용을 알려 주어야 한다. 고객에 대한 서비스의 메시지가 어떻다고 하는 것을 아는 것은 서비스접점 직원들이 서비스를 제대로 제공하는 데 도움이 되기 때문이다. 판매 영업망을 가지고 있는 서비스기업에서는 판매 직원과 서비스 제공 직원들 사이에 반드시 수평적 커뮤니케이션이 이루어져야 한다. 판매 직원들은 일반적으로 계약을 체결할 욕심으로 잠재적 고객들에게 여러 가지 약속들을 하게 된다. 만약 어떤 약속들을 하게 된다면 서비스 제공 부서에서는 그 약속들을 제대로 이행하기 위해서 그 약속 내용에 대해서 사전에 알 필요가 있는 것이다.

• 과대약속(광고) 지양

보통 과대약속 경향은 더 큰 이익을 내기 위해서나 경쟁사들의 제안에 대응할 경우에 보다 더 증가하게 된다. 그러나 기업이 약속한 대로 서비스를 수행하게 될 수 없을 때 해당 기업의 이미지는 치명적인 손상을 입을 수 있다.

그림 5-8 Gap_4

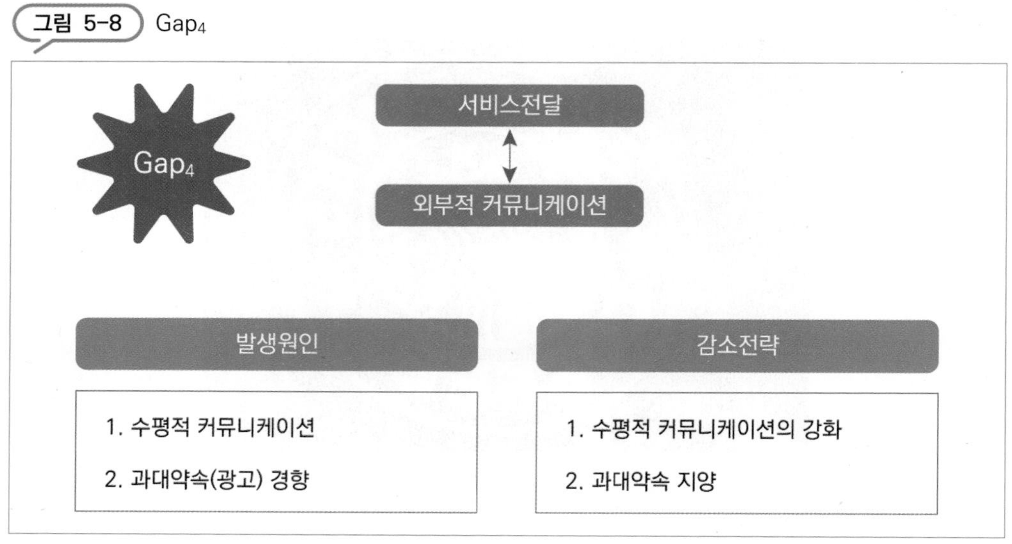

5) Gap_5: 총체적 격차(overall gap)

Gap_5는 고객들이 기대하는 것과 그들이 서비스를 제공받고 체험해서 인지하는 것과의 차이에서 나타나는 격차를 말하고 있다. 즉, Gap_1에서 Gap_4까지 각 단계에서 발생하고 있는 격차들의 합이라고 할 수 있다($Gap_5 = \sum_{i=1}^{n} Gap_i$ 단 $i=1, 2, 3, 4$), 따라서 Gap_1에서 Gap_4까지 1개의 Gap이라도 발생하는 경우 고객들은 서비스 품질에 문제가 있다고 인지하게 된다. 서비스마케팅이 품질 좋은 서비스를 제공하여 고객 만족

을 이루어내는 데 목적이 있다고 한다면, 고객들의 기대와 제공된 서비스에 대한 인식의 차이를 토대로 하고 있는 갭분석 모형(Gaps Model)은 서비스마케팅의 내용을 이루고 있는 개념적 틀(conceptual framework)을 제공해 주고 있다 하겠다. 이 갭분석 모형을 통해서 고객 격차(gap)의 성격 및 정도를 이해할 수 있고 이를 바탕으로 고객 니즈를 충족시켜주는 서비스마케팅의 전략수립이 가능해지는 것이다.

지금까지 논의된 내용들을 토대로 해서 <그림 5-9>와 같이 Zeithaml, Berry, and Parasuraman은 확장된 갭 분석 모형(Extended Model of Service Quality)을 제시하고 있다.

그림 5-9 확장된 갭분석 모형

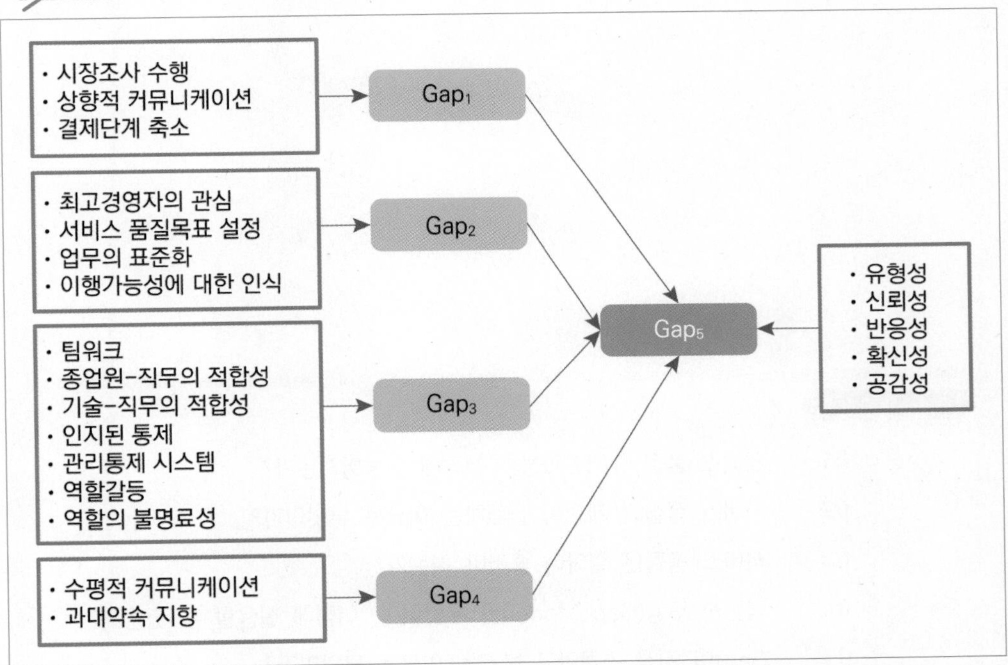

자료: Zeithaml, Valarie A., Leonard L. Berry, and A. Parasuraman(1988), "Communication and Control Processes in the Delivery of Service Quality," *Journal of Marketing* 52(Spring), p.46.

생각해봅시다

01 서비스 품질의 개선과정은 어떻게 이루어지는가?
02 서비스 품질의 개선이 실패하는 이유는 무엇인가?
03 서비스 품질은 얼마나 좋아야 하는가?
04 갭분석 모형(Gap Model)은 무엇이며, 어떻게 활용할 수 있을까?
05 Gap_1이 지식 격차라고 불리는 이유는 무엇인가?
06 Gap_2가 표준 격차라고 불리는 이유는 무엇인가?
07 Gap_3가 제공 격차라고 불리는 이유는 무엇인가?
08 Gap_4가 커뮤니케이션 격차라고 불리는 이유는 무엇인가?
09 Gap_5가 총체적 격차라고 불리는 이유는 무엇인가?
10 확장된 갭분석 모형은 무엇이며, 어떻게 활용할 수 있을까?

CHAPTER 06

고객 만족

학습목표

- 고객 만족을 정의해보고 중요한 이유를 학습한다.
- 고객 만족의 측정에 대해서 살펴본다.
- 고객 만족 등급의 영향요인에 대해서 알아본다.
- 고객 만족과 재구매와의 관계를 이해한다.
- 고객 만족과 고객 유지의 관계를 살펴본다.

도입사례 **"중국 역사상 이런 기업은 없었다" 스타벅스를 떨게 한 '루이싱커피'**

'스타벅스의 적(敵)은 스타벅스'라는 말이 있다. 그만큼 스타벅스에 견줄 만한 경쟁자가 없고 독보적이라는 뜻이다. 하지만 최근 중국 내에서는 이런 말이 통하지 않는다. 강력한 라이벌, 루이싱커피(瑞幸, Luckin)가 등장하면서부터다. 창업 반년 만에 중국 내 매장 500개를 돌파하면서 중국 역사상 가장 짧은 기간에 '유니콘기업(기업가치 10억 달러 이상의 스타트업)'으로 성장했다. 루이싱커피는 중국 차량호출사이트 선저우요우처(神州) 최고운영책임자(COO) 출신 첸즈야(治) 대표가 2017년 10월 창립한 회사다. 지난해 1월 본격적으로 문을 열고 창업 1년 만에 중국 28개 지역에 2,300여 개 매장에 문을 열었다. 현재까지 누적 방문 고객 수는 1,680만 명에 달한다. 루이싱커피의 별명은 '파괴자'다. 단 4개월 만에 영국 출신 '코스타(Costa)'를 누르고 중국 내 업계 2위로 올라선 것. 남은 건 업계 1위 '스타벅스'다. 매장 수는 스타벅스(3,500여 개)에 비해 아직 적은 수준이지만 스타벅스가 중국에 진출한지 20년이나 됐다는 점을 고려하면 성장세는 루이싱커피가 우위에 있는 셈이다. 참고로 스타벅스는 중국 진출 12년 만에 매장 수 1,000개를 돌파했다.

중국은 길거리 노숙자조차 QR코드로 구걸을 한다. 그만큼 중국은 간편결제 시스템 왕국이다. 오히려 현금을 거부하는 상점이 대다수다. 루이싱커피는 이런 결제 환경을 100% 활용했다. 주문부터 결제, 수령까지 모두 스마트폰 앱(App)으로 이뤄진다. 신용카드나 현금을 꺼낼 필요도, 스타벅스처럼 긴 줄을 서지 않아도 된다. 또 커피가 만들어지는 과정을 앱을 통해 분 단위로 알려주기 때문에 고객들은 매장 근처 어디에서나 주문이 가능하다. 모든 시스템이 모바일 앱을 통해 이뤄진다는 점을 이용해 '30분 내 배달 서비스'를 도입했다. 고객 편의성을 극대화한 것이다. 기본 배달료는 6위안(약 1,000원)인데, 35위안(약 6,000원) 이상 주문하거나 배달에 걸리는 시간이 30분을 초과하면 배달료는 면제된다. '직원이 커피를 타는 것보다 루이싱커피 배달이 더 빠르다'라는 농담이 있을 정도다. 이는 스타벅스조차 변화시켰다. '커피를 파는 곳이 아니라 고객들이 찾는 문화 공간'이라며 콧대를 높이던 스타벅스가 배달 서비스를 시작했다. 스타벅스가 배달 서비스를 도입한 것은 중국이 전 세계 최초였다. 그도 그럴 것이 스타벅스는 중국 내 커피시장점유율 56%에 달하며 꾸준한 성장세를 지속해왔다. 하지만 루이싱커피의 등장 이후 1% 매출 증가에 그치는 등 쇼크 수준의 실적이 이어지자 방어에 나선 것이다.

루이싱커피의 경쟁자는 처음부터 스타벅스였다. '스타벅스보다 좋은 원두를 쓰되 저렴한 가격'이 루이싱커피의 기준이었다. 실제로 스타벅스와 루이싱커피의 가격을 비교하면 아메리카노는 각각 27위안(약 4,600원), 21위안(약 3,600원)이며, 라테는 각각 30위안(약 5,200원), 24위안(약 4,100원) 수준이다. 하지만 루이싱커피는 상급 아라비카산 커피 원두를 사용해 스타벅스보다 원재료인 원두는 30%가량 비싸다. 고객의 편의성을 중요시 여기는 루이싱커피는 커피 메뉴를 단순화했다. 커피 사이즈는 단 하나, 그리고 아메리카노, 라테, 카푸치노 3가지 메뉴를 제외한 모든 음료 가격도 27위안(약 4,600원)으로 통일했다. 크기와 가격이 각양각색인 스타벅스와 차별화를 둔 것이다. 대신 매장의 종류는 고객의 성향과 상황에 따라 이용이 가능하도록 ▲엘리트(Elite) ▲릴랙스(Relax) ▲픽업(Pickup) ▲키친(Kitchen)으로 나눠 운영한다. 엘리트는 루이싱 브랜드를 체험할 수 있는 일반적인 매장이고, 릴랙스는 쇼파와 테이블 등을 편하게 만든 곳이다. 픽업은 테이크아웃 전용의 바(Bar)형태의 매장이다. 키친은 케이크 등 간단한 사이드메뉴를 함께 판매하는 곳이다.

현재까지 루이싱커피는 한 번도 영업이익을 올린 적이 없다. 올해 1분기 매출은 4억 7,800만 위안(약 828억원)에 달하지만 5억 5,200만 위안(약 956억원)의 영업적자를 냈다. 그럼에도 지난해 7월부터 올해 4월까지 투자사로부터 유치한 자금은 총 5억 5,000만 달러(약 6,400억원)다. 이 중에는 스타벅스 투자사로 유명한 글로벌 자산운용사 블랙록(BlackRock)이 운영하는 사모펀드도 포함돼 있다. 투자업계가 루이싱커피의 성장성을 상당히 높게 평가하고 있다는 해석이 가능하다. 루이싱커피는 업계 1위로 올라서기 위해 올해까지 1,100개 이상의 매장을 추가로 개장할 계획이다. 이를 위해 최근에는 미국 증권거래위원회(SEC)에 기업공개(IPO) 신청서를 제출하고 나스닥 상장을 준비 중이다. 이를 통해 1억 달러(약 1,100억원)를 조달할 계획이다. 현재 루이싱커피의 기업가치는 약 30억 달러(약 3조 5,000억원)로 평가받고 있다.

〈출처〉 아시아경제(2019년 5월 14일)

그림 6-1 스타벅스를 떨게 한 '루이싱커피(Luckin Coffee)'

01 고객 만족의 개관

1) 고객 만족의 중요성

고객 만족(customer satisfaction)은 마케팅 분야에서 가장 많이 연구된 주제 중 하나이다. 마케팅의 어떤 분야에서든지 많은 선행 요인들은 고객 만족을 결과 요인으로 귀결되는 것이 대부분이다. 많은 마케팅학자들은 마케팅전략의 2대 목표 중 하나가 고객 만족이라는 점에 동의하고 있는 실정이다. 그만큼 마케팅과 고객 만족은 떼려야 뗄 수 없는 불가분의 관계인 것이다. 역사적 관점에서 본다면, 고객 만족 분야의 많은 연구들은 소비자주의(consumerism)가 부상하던 때인 1970년대부터 시작되었다.[1] 소비자 운동의 시작은 많은 원인들 때문에 소비자들이 느끼는 서비스 퇴조와 직접적으로 관련되어 있다. 먼저, 1970년대 천정부지로 솟는 인플레이션은 많은 기업들로 하여금 원가절감을 위한 노력의 일환으로 부가적으로 제공되던 서비스를 대폭 줄이게 만들었다. 또한 규제완화는 과거에 경쟁을 경험적이 없던 기업들 사이에서 경쟁을 더욱 치열하게 하도록 만들었다. 어떻게 경쟁을 해야 하는지를 경험해 보지 않았던 관계로 기업 간 가격 경쟁은 빠르게 가장 주된 차별화의 수단이 되었으며 이에 따라 가격 전쟁은 시작되었다. 기업들은 영업비용을 줄이기 위해서 또다시 고객 서비스에 관련된 비용을 대폭 삭감하게 된다. 시간이 경과하면서 노동력 부족 역시 고객 서비스의 퇴조에 기여하게 된다. 서비스 마인드를 갖춘 서비스직원들은 찾기 힘들게 되었다. 당시 전형적인 서비스 직업은 낮은 임금에, 경력관리도 힘들고, 자부심도 없었으며, 고객 관계에서 훈련도 이루어지지 않았다. 자동화 역시 이러한 문제에 기여하게 된다. 사람이 하던 일이 기계나 시스템으로 대체되면서 많은 서비스작업 시스템에서 효율성이 증대되었지만 고객들을 기업으로부터 격리시키고 고객들이 스스로 알아서 서비스를 제공받도록 내버려두는 문제를 야기시켰다. 결국 해가 거듭될수록 고객들은 만족하기 더 어려워지게 되었다. 40여 년이 지난 현재 고객 서비스는 그 어느 때보다도 중요해지고 있다. 경제상황도 어려워지고 있고, 일자리도 충분치 않으며, 가처분소득 또한 줄어들고 있는 상태에서, 점점 더 많은 교육을 받은 소비자들은 고객 서비스에 대한 기대를 새로운 수준으로 설정하고 있다. 고객들은 서비스기업들이 고객의 구매에 감사해야 하고 자신들에게 한 약속을 이행해야 한다고 굳게 믿고 있는 것이다. 아직까지도 많은 서비스기업들은 40여 년 전과 마찬가지로 고객 만족을 제공하는 데 어려워하고 있는 것이 현실이다.

고객 만족의 중요성은 아무리 강조해고 지나침이 없다. 고객이 없다면 서비스기업은 존재할 이유가 없는 것이기 때문이다. 모든 서비스 사업은 고객 만족을 전향적으로 정의하고 측정할 필요가 있다. 서비스 제공 시스템에서 문제를 규명하기 위해서 고객이 불평할 때까지 기다리거나 접수된 수많은 불만 사항을 근거로 회사의 고객 만족

1 Peterson, Robert A. and William R. Wilson(1992), "Measuring Customer Satisfaction: Fact and Artifact," *Journal of the Academy of Marketing Science*, 20(1), p.61.

도를 측정하는 것은 어리석다. 이와 관련해서 한 연구결과는 실제로 발생하는 고객 불만의 여러 가지 측면들은 다음과 같이 보여주고 있다.[2]

- 평균적으로 서비스기업은 불만 고객의 96%에서는 어떤 불평도 듣지 못하고 있다.
- 접수된 모든 불평에 대해서, 평균 26명의 고객들이 실제로 동일한 문제를 가지고 있다.
- 어떤 문제를 경험한 고객은 평균적으로 9~10명의 사람들에게 불만 사항에 대해서 이야기하고 있다. 이 중 13% 정도는 20명 이상의 사람들에게 이야기하고 있다.
- 자신의 불만 사항이 만족스럽게 해결된 것을 경험한 고객들은 자신들이 받았던 대우에 대해서 평균 5명의 사람들에게 이야기하고 있다.
- 불만 사항을 표출했던 고객들은 그렇지 않은 고객들보다 문제가 해결되었을 경우 54~70%, 그리고 아주 신속하게 처리되었을 경우 95% 정도가 다시 거래를 하고 있음을 보여주고 있다.

이 연구의 결과는 고객들이 서비스기업들에게 적극적으로 불평을 드러내지 않고 있음을 보여주고 있다. 대신에, 그들은 조용히 떠나거나, 경쟁사로 옮기거나, 아니면 기존 및 잠재적인 고객들에게 자신들이 받았던 부당한 대우를 정확하게 이야기함으로써 자신들의 불만을 토로한다. 이 연구 결과에 근거한다면, 어느 한 서비스기업이 1주일에 100명의 고객들에게 서비스를 제공하고 90%의 고객 만족도를 얻었다고 하더라도 1년이 지나면 수 천 건의 부정적 이야기들이 나돌 수 있다. 즉, 만약 1주에 10명의 고객들이 불만사항을 가지고 있어 10명의 친구들에게 불평을 이야기할 경우 1년(52주)이 지난 시점에서는 5,200(52×10×10) 건의 불만사항이 부정적 구전을 통해서 만들어지게 되는 것이다. 물론 나쁜 결과만 있는 것은 아니다. 고객의 불평에 효과적으로 대처한 기업들은 긍정적 구전 커뮤니케이션을 만들어낼 수 있다. 비록 비율적으로 긍정적 소식(5명)은 부정적 소식(9~10명)의 반 정도 밖에 안 되지만 궁극적으로는 고객 로열티로 전환되어 다른 신규 고객들을 만들어 낼 수 있는 것이다. 이 연구결과에서 배울 수 있는 마지막 사항은 불만을 표출하는 고객들은 해당 기업의 친구라는 사

2 Albrecht, Karl and Ron Zemke(1985), *Service America! Doing Business in the New Economy*, Homewood, IL: One Irwin.

실이다. 불만 고객들은 시장정보를 공짜로 얻을 수 있는 소중한 출처가 되고 있으며, 불평 그 자체는 서비스기업이 서비스 제공 시스템을 개선시킬 수 있는 기회로 간주해야지 짜증의 원인으로 간주해서는 안 되는 것이다.

2) 고객 만족은 무엇인가?

일반적으로, 만족은 제품이나 서비스를 평가할 때 소비자들이 소비관련 실현의 즐거운 수준을 경험하는 경우에 발생하는 반응이라고 할 수 있다.[3] 비록 고객 만족에 대해서 다양한 정의들이 존재하지만, 가장 많이 사용되는 정의는 고객 기대(customer expectation)와 실제 서비스접점에 대한 고객 인식(customer perception) 간의 비교라고 할 수 있다. 고객의 기대를 실제로 경험한 인식과 비교하는 것은 소위 말하는 기대 불일치 모델(expectancy disconfirmation model) 혹은 불일치 패러다임(disconfirmation paradigm)에 근거하고 있다. 간단하게 말해서, 만약 고객의 인식이 기대를 충족시킨다면, 기대는 일치되었고(confirmed) 고객은 만족하게 된다. 만족 인식이 기대와 같지 않다면, 기대는 불일치되었다고(disconfirmed) 말할 수 있다. 비록 불일치(disconfirmation)라는 용어가 부정적 체험처럼 들리지만, 반드시 그렇지는 않다. 두 가지 경우의 불일치가 있기 때문이다. 만약 실제 인식이 기대되었던 것보다 작다면 그 결과는 부정적 불일치(negative disconfirmation)가 되고, 이는 고객의 불만족으로 이어지며 부정적 구전(negative word-of-mouth) 혹은 고객 이탈(customer defection)로 귀결될 수 있다. 반면에, 인식이 기대를 상회할 때 긍정적 불일치(positive disconfirmation)가 존재하며, 이는 고객 만족으로 이어지고 긍정적 구전(positive word-of-mouth) 혹은 고객 유지(customer retention)로 귀결될 수 있다(<그림 6-2> 참조).

---

3 Oliver, R.L. and Burke, R.R.(1999), “Expectation Processes in Satisfaction Formation”, *Journal of Service Research*, 1(3), 196-214.

그림 6-2 불일치 패러다임

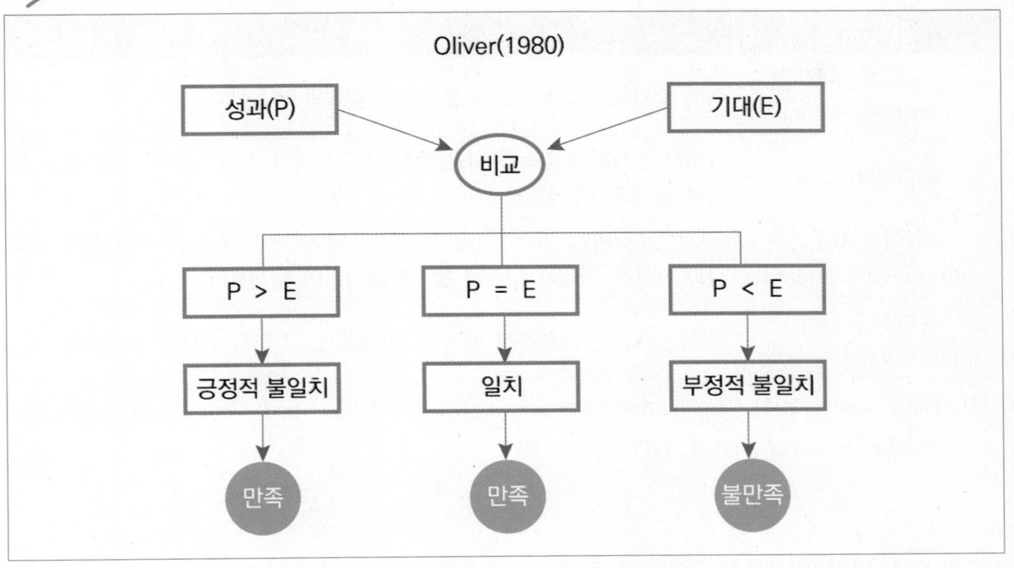

일상생활에서 소비자들은 자신들의 기대를 실제로 경험한 인식과 비교함으로써 불일치 패러다임을 활용하고 있다. 예를 들어서 남산에 위치한 그랜드하얏트 호텔의 최고급 야외 레스토랑인 테라스(Terrace)에 가서 가족 동반 저녁식사를 하게 될 때, 고객은 호텔서비스 직원이 자신이 요구한 모든 것을 제공하는 것은 물론 기대하고 있던 니즈까지 충족시켜 주는 것을 경험하였다(일치). 그리고 이이들은 식사를 마친 후 멋진 전망이 돋보이는 풀장에서 수영을 하다가 잠이 들었는데 한 호텔직원이 대형 타월을 가지고 살며시 다가와 아이에게 덮어주었다. 전혀 생각지도 않았던 광경을 보게 된 것이다(긍정적 불일치). 그 날 저녁의 훌륭한 서비스 경험은 만족을 강화시켜 다음에 발생할 수 있는 여러 미흡한 서비스를 상쇄할 수 있게 된다. 불일치 패러다임 외에도 고객 만족에 대해서 <표 6-1>과 같이 다양한 정의들이 존재한다.

표 6-1 만족에 대한 다양한 정의

정의 유형	내용
규범적 부족 (normative deficit)	실제 결과를 문화적으로 수용가능한 결과와 비교한다.
형평성(equity)	사회적 관계에서 이득을 비교한다. 만약 이득이 같지 않으면 적게 받은 사람은 불만족하게 된다.
규범적 표준 (normative standard)	기대는 소비자가 생각하기에 자신이 응당 받아야 할 것에 근거한다. 실제 결과가 표준 기대와 차이가 날 때 불만족이 발생한다.
절차적 공정성 (procedural fairness)	만족은 자신이 공정하게 대우받아야 한다는 소비자 신념의 함수이다.

자료: Hunt, Keith(1991), "Consumer Satisfaction, Dissatisfaction, and Complaining Behavior," *Journal of Social Issues*, 47(1), 109-110.

그림 6-3 남산에 위치한 그랜드하얏트 호텔의 최고급 야외 레스토랑인 테라스(Terrace)

3) 고객 만족의 장점

비록 고객들이 때때로 비(非)이성적이라고 지적을 받고는 있지만, 지나친 고객 기대는 없으며 실제로 이에 대한 증거도 찾을 수 없다. 결과적으로, 고객을 만족시키기는 불가능한 과업은 아닌 것이다. 사실상 고객 기대를 맞추거나 상회하는 것은 서비스기업을 위해서 몇 가지 소중한 이익을 얻을 수 있다. 기존 고객들로부터 만들어진 긍정적 구전은 종종 신규 고객 창출로 이어지게 된다. 고객 만족에 대해서 이루어지는 수많은 공공 평가에서 긍정적으로 평가되는 서비스기업과 부정적으로 평가되는 서비스기업을 생각해 보자. 여러분이 고객 입장이 되어 해당 서비스를 받고자 한다면 어디를 선택하게 될까? 기존 고객들은 긍정적으로 평가받는 자신의 거래 기업들로 더욱 빈번하게 이용하고 더욱 많은 구매를 하게 될 것이며 구태여 다른 서비스기업으로 전환할 필요를 못 느끼게 될 것이다. 이 서비스기업과 거래하지 않았던 잠재고객들도 긍정적 구전이나 블로그나 사회관계망 서비스를 통한 공공적 평가를 통해서 신규로 거래를 시작할 가능성은 더욱 커지게 된다. 부정적으로 평가되는 서비스기업은 이와 반대의 경우에 처하게 될 것이다.

높은 고객 만족 등급을 받은 기업들은 경쟁사의 압력, 특히 가격경쟁으로부터 자사를 차단시키는 능력을 가지게 된다. 실제로, 고객들은 보다 낮은 가격을 제시하는 경쟁 서비스기업으로 옮기기보다는 고객 만족에서 높은 점수를 받고 있는 서비스기업과 더욱 많이 거래를 하고 더 오랫동안 관계를 유지하고자 한다. 결국 고객 만족 측면에서 자부심을 가지고 있는 기업들은 일반적으로 직원들에게도 더 좋은 작업환경을 제공하게 된다. 이러한 긍정적 작업 분위기 내에서 훌륭한 조직문화가 조성되고 유지되며 이러한 문화를 통해서 서비스직원들은 보다 높은 수준의 서비스를 제공하게 되고 결과적으로 이에 따른 보상도 받게 된다. 한마디로 '훌륭한 조직문화 → 높은 서비스 품질 → 고객 만족 → 매출 증대 → 수익성 제고 → 적절한 보상 → 직원 만족 → 조직문화 업그레이드 → 서비스 품질 제고 → 고객 만족'이라는 선순환 효과(virtuous circle effect)가 생기는 것이다.

이에 따라 정기적으로 실시하게 되는 고객 만족 조사(customer satisfaction survey)는 매우 중요한 역할을 하게 된다. 이 조사는 서비스기업에게 고객 피드백에 대한 공식적인 수단을 제공하고 있으며 현재 노정되어 있는 문제와 잠재적 문제를 규명해 주고 있다. 만족도 조사는 또한 서비스 제공시 이루어지는 고객 웰빙 및 가치에 대해서 기업이 신경쓰고 있음을 고객들에게 알려주는 메시지를 전달하게 된다. 그러나 항공사들과 같은 서비스기업이 주로 사용하고 있는 기내 좌석의 배낭 속에 넣어둔 매거진 속의 조사 양식은 고객들에게 '과연 이 기업이 정말로 피드백을 원하고 있나?'에 대해서 의문을 불러일으킬 수 있다. 고객 만족 조사도 언제 어디서 어떤 형태로 고객과의 접점(contact point)을 만들어서 시행할 것인지가 중요한 이유이다. 의례적이고 관례적인 조사가 무관심하게 이루어질 때는 효과가 미미하기 때문이다. 다른 장점도 고객 만족도 조사의 결과를 통해서 직접적으로 파생되고 있다. 만족도 결과는 공로와 보상 검토(merit and compensation reviews)와 세일즈 훈련 프로그램 개발과 같은 판매관리 목적을 평가하는 데 있어서 종종 활용되고 있다. 조사 결과는 또한 어떤 특정 서비스기업이 경쟁사와 어떻게 맞서고 있는지를 보여주는 비교 목적에 유용하다. 고객 만족도 평가가 잘 나왔을 때 많은 기업들은 기업광고에 그 결과를 사용한다. 세계적으로 명성을 얻고 있는 미국의 말콤볼드리지 품질대상(Malcom Boldrige National Quality Award)이나 국내에서 시행되고 있는 수많은 고객 만족대상과 같은 프로그램이 존재하고 활용되는 이유이기도 하다.

4) 고객 만족과 서비스 품질과의 관계

서비스 품질이나 고객 만족 모두 개별적 수준이나 거시적 수준에서 사용할 수 있는 것으로 알려져 있다. 그러나 품질이나 만족은 분석 수준에서는 다르지 않지만 원인과 결과는 근본적으로 다르다는 데 의견의 일치를 보이고 있다. 즉, 서비스의 구체적인 차원인 5가지 차원(유형성, 신뢰성, 반응성, 공감성, 확신성)에 초점을 맞춘 서비스 품질보다는 고객 만족은 일반적으로 보다 더 넓은 개념인 것이다. 이처럼 두 개념간의 인과관계에 대한 결론은 유보적이지만 대체로 서비스 품질에 대한 인식이 고객 만족의 감정에 영향을 미치는 것으로 보는 견해가 지배적이다. 결국 인식된 서비스 품질은 고객 만족의 한 구성요소에 불과한 것이기 때문에, 서비스 품질이 서비스의 5차원에 대한 고객 인식을 반영한 것이라면 고객 만족은 상황적 요인, 개인적 요인 외에도 서비스 품질, 제품 품질, 그리고 가격에 대한 고객 인식에 의해 영향을 받는 것으로 생각할 수 있다.[4] 다시 말해서, 4장에서 언급된 지각된 서비스 품질 모델은 결과

---

4 Zeithaml, Valarie A. Mary Jo Bitner, and Dwayne D. Gremier(2017), *Services Marketing : Integrating Customer Focus Across the Firm*: Edition: McGraw-Hill Co.

(outcome), 과정(process) 및 이미지(image) 차원을 포함해서 서비스의 특성을 이해하기 위한 개념적 틀(conceptual framework)을 제공하고자 하는 것이다. 이는 결코 측정모델은 아닌 것이다. 대신에 이 모델은 학자 및 실무자들에게 어떤 품질을 지닌 서비스 상품을 개발하는 근거를 주고 있다. 고객이 먼저 물리적 제품에 대한 품질을 인식하고 그 다음에 가격 및 다른 비용을 감안한 후 그 제품에 대해 만족할지 여부를 알아가는 것과 동일한 방법으로, 서비스를 소비하는 고객 또한 먼저 서비스 각 차원의 품질을 인식하고 그 다음에 다른 이슈들을 고려한 후 해당 서비스의 품질에 만족하든지 불만을 나타내든지 하는 것이다. 여기서도 서비스 품질에 대한 인식에 먼저 오고 그 다음에 이 품질에 대한 만족 혹은 불만족이 따라오는 것이 논리적이라 할 수 있다.

PART 02

그림 6-4 고객 만족과 서비스 품질과의 관계

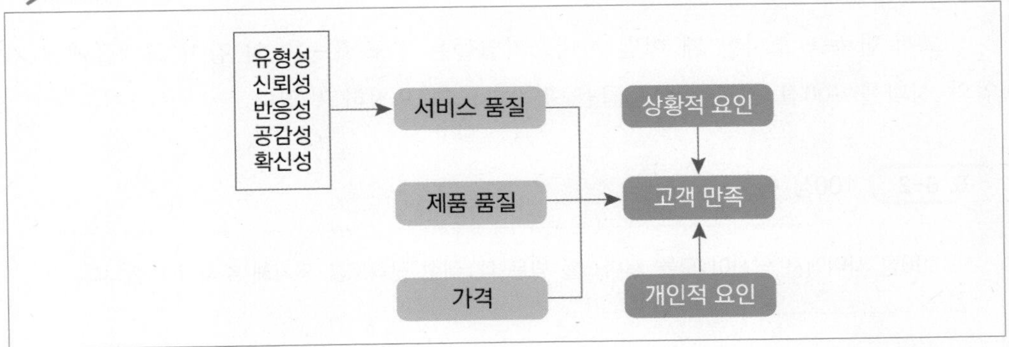

02 고객 만족의 측정

1) 개요

고객 만족의 측정은 간접측정 방식과 직접측정 방식을 통해서 이루어진다. 고객 만족의 간접측정 방식은 판매기록, 이익과 고객 불평에 대한 추적(tracking) 및 모니터링(monitoring)을 포함하고 있다. 간접측정 방식에만 의존하는 서비스기업들은 고객 인식이 고객 기대를 충족시키는지 혹은 상회하는지 여부를 결정하는 데 수동적인 접근방식을 취하게 된다. 더욱이 만약 앞서 언급된 Albrecht and Zemke(1985)의 연구 결과에서처럼, 평균적인 기업이 불만을 가지고 있는 고객의 96%로부터 아무런 피드백도 못 받는다고 하면, 다른 4%의 고객들의 자신들의 속내를 털어 놓을 때까지 기다리는 동안 상당수 고객들을 잃어버리게 될 것이다.[5] 고객 만족의 직접측정은 일반적으로 고객 만족 조사를 통해서 얻어진다. 그러나 최소한도 고객 만족 조사는 서비스기업들 사이에서 표준화되어 있는 것은 아니다. 예를 들어서, 자료를 수집하는 데 사용되는 척도(scale)는 다양하고(5점 척도에서 100점 척도까지), 응답자에게 물어보는 질문도 다양하며(일반적인 질문에서 구체적인 질문까지), 자료수집 방식도 매우 다양하다(개인 면접에서부터 자가 학습형 설문지까지). 고객 만족의 측정은 다양한 척도의 사용에 초점을 맞추고 있다.

2) 100점 척도

고객 만족을 조사할 때 어떤 서비스기업들은 <표 6-2>와 같이 고객들에게 기업의 성과를 100점 척도에서 등급을 평가하도록 요청하고 있다.

표 6-2 100점 척도

1~100점 사이에서 당신이 오늘 서비스를 받은 데 대한 만족도를 평가해 주시기 바랍니다. 점수: ______________

그러나 이러한 방식의 문제는 명백하게 나타나고 있다. 예를 들어서, 한 서비스기업이 평균 83점을 받았다고 가정해 보자. 83점이라는 숫자는 모든 고객들에게 동일한 의미를 주는 것인가? 그렇지 않을 것이다. 보다 중요하게는, 이 방식으로는 기업이 자사의 고객 만족도 등급을 올리기 위해서 무엇을 해야 하는가를 알 수 없다는 것이다. 비록 83점이 일반적인 평가 정보를 제공하더라도, 83점이라는 숫자는 고객 만족 등급을 올리기 위해 필요한 구체적인 제안이 무엇인지에 대해서 제대로 제시하지 못하고 있다는 것이다.

5 Albrecht, Karl and Ron Zemke(1985), *Service America! Doing Business in the New Economy*, Homewood, IL: One Irwin.

3) '매우 만족/매우 불만족' 접근방식

100점 척도 방식의 개선안이 '매우 만족(very satisfied)/매우 불만족(very dissatisfied)' 접근방식이다. 이러한 접근방식은 보통 5점 리커트 척도(5-point Likert scale)를 이용하고 있으며 전형적으로 <표 6-3>과 같은 형식을 사용하고 있다.

표 6-3 '매우 만족/매우 불만족' 접근방식

오늘 제공받은 서비스에 대해서 얼마나 만족하고 계십니까?				
매우 불만족	다소 불만족	보통	다소 만족	매우 만족
1	2	3	4	5

이러한 형식을 사용하는 기업들은 일반적으로 만족도 등급에 도달하기 위해 '다소 만족'과 '매우 만족' 응답 비율을 결합하고 있다. 마찬가지로, '매우 불만족'과 '매우 만족'을 양 극단에 두고 10점 척도를 이용하는 기업들은 6점 이상으로 만족도를 평가하는 고객의 비율로 고객 만족을 정의하고 있다. 비록 이러한 접근방식은 100점 척도 방식과 비교했을 때 만족도 평가 그 자체에 보다 많은 의미를 제공하고 있지만, 여전히 개선되어야 할 구체적인 분야를 지적하는 진단력(diagnostic power)이 미흡하다. 즉, 기업이 100점, 10점 혹은 5점 척도를 사용하는 여부와 관계없이 정보의 해석적 가치는 정량적 특성 때문에 제한적이다. 정량적 점수에 추가해서, 진정 자사의 고객 만족도를 개선하고자 하는 기업들은 구체적인 개선 분야를 중시하기 위해서 정성적 정보를 수집해야 한다. 여기에서 서비스기업들 중 최초로 고객 만족 측정 프로그램을 도입한 페더럴 익스프레스(Federal Express)의 사례는 많은 시사점을 주고 있다. 처음에는, 고객 만족은 100점 척도로 측정되었고 성공적인 거래는 택배 물건이 바로 다음 날 실제로 도착했는지 여부로 정의되었다. 추가로 정성적 검토를 통해서, 페더럴 익스프레스는 고객에 의해 정의된 성공적인 거래는 상당히 넓어진 개념을 토대로 평가되어야 한다고 결정하였고 고객 만족에 대한 데이터베이스를 구축하기 위해서 <표 6-4>에 포함되고 있는 사항들을 서비스 제공 현장에 있는 직원들에게 의무적으로 사용하도록 하였다.

그림 6-5 다양한 측정 방법을 통해서 고객 만족을 끊임없이 추구하는 FedEx

표 6-4 페더럴 익스프레스의 고객 만족 개선 체크사항

1. 배달 날짜 지연(약속 날짜보다 하루 이상 지연되는 경우)
2. 배달 시간 지연(약속된 날짜에 배달되었지만 시간이 지연된 경우)
3. 픽업(pick-up) 미완성(요청한 날짜에 픽업이 이루어지지 않은 경우)
4. 유실된 택배물
5. 잘못 알고 있는 고객(가격, 배달일정 등에 대해 정보전달 실수를 범하는 경우)
6. 청구서 및 서류작성에 대한 실수(청구서 실수, 과다 청구, 배달증명서류 분실)
7. 직원 성과 실패(정중하지 못함, 신속하지 못한 대응 등)
8. 택배물 손상

4) 결합형 접근방식

결합형 접근방식은 '매우 만족/매우 불만족' 접근방식에 의해서 얻어진 계량 점수를 활용하고 거기에다 '매우 만족'에는 못 미친다고 응답한 응답자들로부터 받은 피드백에 대한 정량적 분석을 추가하고 있다. 이처럼 '매우 만족'에는 못 미친다고 응답한 고객들은 기업들에게 제공받은 서비스가 자신들이 기대한 수준에는 못 미치고 있음을 알려주고 있는 것이다. 어떻게 하면 자사가 더욱 개선된 서비스를 제공할 수 있는지를

고객들에게 제안해 보라고 권장함으로써 그 후 서비스기업은 지속적인 개선 노력을 위해 제안들을 분류하고 우선순위를 정할 수 있다.

표 6-5 결합형 접근방식

오늘 제공받은 서비스에 대해서 얼마나 만족하고 계십니까?				
매우 불만족	다소 불만족	보통	다소 만족	매우 만족
1	2	3	4	5
만약 '매우 만족'에 못 미치고 있었다면, 저희들이 무엇을 더 잘 할 수 있었을까요?				
제안:				

결합형 접근방식은 두 가지 가치있는 정보를 제공해 주고 있다. 정성적인 만족도 등급은 미래에 실시될 만족도 조사가 비교해야 할 일종의 벤치마킹을 제공한다. 더욱이 정량적 등급은 경쟁사와 비교한 자사의 성과를 비교하는 수단을 제공해 주고 있다. 정량적 등급을 보완하면서, 정성적 자료는 개선을 위한 특정 분야를 정확히 지적해 주는 분석적 정보를 제공한다. 이처럼 정성적 자료와 정량적 자료를 결합하는 방식은 결합되지 않은 방식에 비해 월등한 성과를 보이고 있다.

03 고객 만족 등급의 영향요인

1) 고객들이 진심으로 만족하는 경우

과잉 만족 반응에 대한 가장 가능성 있는 이유는 고객들이 자신들이 구매하고 소비하는 제품이나 서비스에 대해서 그냥 단순히 만족해 한다는 것이다. 물론 그래서 가장 먼저 그 해당 제품이나 서비스를 구매했을 것이다. 예를 들어서, 아마존(Amazon)과 같이, 고객의 온라인 서비스 체험을 향상시켜 주기 위해 일하는 온라인 기업들은 진정으로 고객들을 만족시키려 한다는 것을 충분히 기대해 볼 수 있다. 그래서 많은 소비자들은 온라인 구매를 계획할 때 가장 먼저 아마존을 떠올리고, 탐색-구매-배송-택배물 확인의 과정에서 자신의 기대를 충족시켜 준다면 '역시 아마존이야!'하면서 상당한 만족을 느끼게 되는 것이다. 그러나 만약 대다수의 고객들이 특정 서비스기업의 서비스 제공에 중립적이거나 불만족을 표명한다면, 이들 고객들은 다른 경쟁 서비스기업으로 전환할 가능성이 커지게 됨을 의미한다. 물론 이러한 가정은 처음 서비스 제공을 한 기업보다 경쟁 기업의 서비스 제공이 우월하다는 것을 전제로 하고 있다.

2) 반응 편향

과잉 만족 반응 대해서 또 다르게 설명이 가능한 이유는 반응 편향(response bias)이라고 할 수 있다. 즉, 서비스기업이 오직 만족한 고객들에게서만 한 쪽으로 반응을 듣게 되는 경우이다. 반대로, 불만족한 고객들은 서비스기업의 만족도 조사가 자신들에게 어떤 혜택을 준다고 믿고 있지 않고 있기 때문에 시간을 내서 해당 설문지를 작성할 가치를 느끼지 못하고 있고 그래서 설문지를 폐기하는 것이다. 그러나 반대로 생각해 볼 수도 있다. 오히려 서비스 제공에 대해서 상당히 불만족스럽게 느끼는 고객들은 만족스럽게 느끼는 고객들보다 자신들의 의견을 강력하게 표현한다는 것이다. 이는 불만족 그 자체가 만족보다도 훨씬 더 행동지향적이며 정서적으로 격앙되어 있기 때문이다. 반응 편향에 관련된 연구 결과는 서비스 제공에 대한 설문지 응답에 있어서 매우 만족한 고객들이나 매우 불만족 고객들은 반응이 있는 반면에 중립적인 입장을 취하고 있는 고객들은 거의 반응을 안 보이고 있음을 보여주고 있다.[6]

3) 자료수집 방법

과잉 만족 반응에 대한 세 번째 설명 근거는 사용된 자료의 수집방법에서 찾아볼 수 있을 것이다. 보통 높은 만족도 수준은 자가 학습형 설문지나 자가 면접보다는 개인 면접이나 전화조사를 통해서 얻어진다. 실제로, 구두로 행한 설문지와 자가 학습형 설문지 간에는 10% 정도만큼 만족도 차이가 나타나는 것으로 보고되고 있다. 그 이유로는 개인면접이나 전화조사에 대응하는 응답자들은 익명으로 표현하는 자가 학습형 설문지와는 대조적으로 사람을 상대로 면대면 접촉으로 이루어지는 상태에서는 부정적인 말을 하는 것을 어색하게 느낄 수도 있기 때문이다. 따라서 조사목적 및 상황에

6 Richins, Marsha L.(1983), "Negative Word-of-Mouth by Dissatisfied Consumers: A Pilot Study," *Journal of Marketing*, 47(Winter), 68−78.

맞추어 자료수집 방식을 결정하는 것은 조사결과의 신뢰성을 높이기 위해서 매우 중요한 일이라 할 수 있다.

4) 질문 형태

설문지에서 이루어지는 질문방식, 질문 형태(question form), 또한 과잉 만족 반응을 설명해 줄 수 있는 근거가 될 수 있다. 부정적 형태로 질문하는 것(얼마나 불만족스럽나요?)과는 대조적으로 긍정적 형태로 질문하는 것(얼마나 만족합니까?)은 <표 6-6>에서 나타난 바와 같이 만족 등급에 유의미한 효과를 주고 있는 것으로 나타났다.[7] 긍정적 형태로 질문을 하는 것은 부정적 형태로 질문을 던지는 것보다 만족도 수준이 높게 나타나는 것으로 나타는 것이다.

PART 02

표 6-6 질문 형태에 따른 반응

반응 유형	'만족합니까?'(%)	'불만족합니까?'(%)
매우 만족	57.4	53.4
다소 만족	33.6	28.7
다소 불만족	5.0	8.5
매우 불만족	4.0	9.4

자료: Peterson, Robert A. and William R. Wilson(1992), "Measuring Customer Satisfaction: Fact and Artifact," *Journal of the Academy of Marketing Science*, 20(1), p.65.

<표 6-6>에서 나타난 바와 같이, 긍정적 질문 형태인 '만족합니까?'라고 물어보았을 때는 91%(매우 만족 57.4% + 다소 만족 33.6%)가 만족감을 표현하고 있으나, 부정적 질문 형태인 '불만족합니까?'라고 물음을 던졌을 때는 82.1%(매우 만족 53.4% + 다소 만족 28.7%)만이 만족감을 표현하고 있다. 마찬가지로, 긍정적 형태로 질문을 던졌을 때는 9%(매우 불만족 4.0% + 다소 불만족 5.0%)만이 불만족을 표현한 것과는 대조적으로 부정적 질문 형태에서 17.9%(매우 불만족 9.4% + 다소 불만족 8.5%)가 불만족을

7 Peterson, Robert A. and William R. Wilson(1992), "Measuring Customer Satisfaction: Fact and Artifact," *Journal of the Academy of Marketing Science*, 20(1), p.65.

표현하고 있는 것으로 나타났다. 이와 같은 연구결과는 매우 중요한 시사점을 가지고 있다. 즉, 어떤 형태로 질문을 하느냐에 따라 응답자들의 태도와 답변은 의미있는 차이를 보여줄 수 있다는 것이다.

5) 질문의 맥락

질문의 맥락(context of question)은 설문지에서 이루어지는 질문의 배치와 어조를 의미하며 고객 만족 등급에 영향을 줄 수도 있다. 즉, 질문의 맥락 효과는 질문의 순서와 관련되며, 질문의 앞부분에서 질문한 질문들이 후속 질문에 대한 대답에 영향을 미치는지 여부이다. 예를 들어서, 차량 만족도 조사에서 특정 차량 만족도 질문(당신은 현재 소유하고 있는 현대자동차에 대해서 얼마나 만족하십니까?)에 앞서 일반적인 만족도 질문(일반적으로, 현재 당신이 소유하고 있는 제품들에 대해서 얼마나 만족하고 계십니까?)을 할 경우, 전자에 대한 반응이 호의적일 경우에 대개 후속된 특정 질문에 대한 '매우 만족' 응답률도 증가하는 경향을 보이고 있다.

6) 질문 시점

만족 등급은 구매 날짜보다도 오히려 질문 시점에 의해서 영향을 받을 수 있다. 고객 만족은 구매 직후 최고조에 달했다가 시간이 경과하면서 감소하기 시작한다. 자동차 구매의 경우에 구매 직후 60일 경과하면 20% 정도 만족도가 떨어지고 있는 것으로 나타났다. 이 경우 현실적으로, 인지 부조화 감정(feeling of cognitive dissonance)을 보상하기 위해 초기 만족 등급을 부풀렸는지, 아니면 시간이 지나면서 등급이 축소되었는지는 확실하지 않다. 다만 상이한 시점에서 다른 형태의 만족도가 측정되었을 것으로 추정해 볼 수는 있다. 따른 가능한 설명으로는 고객들이 자신들의 구매결정을 반성할 때 만족 등급은 시간이 지남에 따라 쇠퇴할 수도 있다는 것을 생각해 볼 수 있다. 일반적으로, 긍정적 사건보다 더욱 잘 기억이 되는 부정적 사건의 영향력은 시간이 지나면서 만족도 평가에 많은 비중을 차지하게 된다. 결과적으로, 구매 후 한참 있다가 수행되는 만족도 조사는 응답자들이 그러한 부정적인 사건들을 상기하는 기회가 많기 때문에 부정적으로 작용할 수 있는 것이다.

7) 사회적 호감도 편견

사회적 호감도 편견(social desirability bias)은 자신이 믿기에 사회적으로 적절하다고 생각되는 정보를 제공하고자 하는 응답자의 경향을 말하고 있다. 예를 들어서, 사회생활을 하는 데 있어서 '좋은 것이 좋은 것이다' 혹은 '다른 사람들에게 칭찬을 못해줄망정 비난하는 것은 바람직스럽지 않다' 또는 '다른 사람들에 대해서 좋은 말을 해줄 수 없을 때는 잠자코 있어라'라는 속설이 있다. 만족도 조사에 대해서도 응답자들은 비판적 판단을 유보하는 경우가 많이 있는데 이는 그렇지 않으면 사회적으로 부적절해질 수 있다고 생각하기 때문이다. 이러한 현상으로 실제와는 다르게 높은 만족등급이 나오는 경우가 있다. 만족도 조사에서 응답자들이 자신의 견해를 솔직하게 밝히기보다는 주위의 눈치와 사회적 규범을 신경쓰다보니 발생하는 현상이라고 할 수 있다.

8) 기분상태

마지막으로, 고객 만족 등급에 영향을 미칠 수 있는 요인으로 만족도 조사 기간 중의 고객의 기분상태(mood)를 생각해 볼 수 있다. 많은 연구들에서 긍정적 기분상태는 긍정적인 행동으로 연결되고 있음을 보여주고 있다.[8] 구체적으로, 긍정적 기분상태에 있는 응답자들은 보다 긍정적으로 판단을 하고 있으며, 자신의 소유물에 대해서 호의적으로 평가하고 있고, 어두운 면보다는 밝은 면을 보고자 하였으며, 낯선 사람들에 대해서도 호감을 가지고 대하고자 하였다. 실제로, 중립적 혹은 부정적 기분상태에 있는 소비자들보다 긍정적 기분상태에 있는 소비자들은 서비스접점 직원 및 서비스기업에 대해서 높은 점수를 주고 있다. 매력적인 서비스 환경 조성 및 친절한 서비스접점 직원들을 통해서 고객들의 기분상태에 긍정적으로 영향을 미칠 수 있는 기업들은 보다 더 높은 고객 만족 등급이라는 보상을 받을 수 있게 된다.

---

8 Hoffman, K. Douglas(1995), "A Conceptual Framework of the Influence of Positive Mood State on Service Exchange Relationships," *Marketing Theory and Applications*, Chris T. Allen, et al., eds.(San Antonio, TX: American Marketing Association Winter Educator's Conference), p.147.

04 고객 만족의 성과

1) 어느 정도면 충분한 것인가?

만족은 어느 수준이 되어야 충분한 것인가? 만약 어느 서비스기업의 고객 만족 수준이 98%가 된다면, 예를 들어 1주일에 1,000명의 고객들과 거래를 하는 경우에 20명 정도의 고객들은 불만족하는 것이며 이들은 9~10명 정도의 자신들 친구나 동료들에게 자신들의 불만을 전파하게 된다. 이러한 시나리오가 적용되는 경우, 매주 200명 정도의 불만 행위자(agent)가 파생되어 1년이면 10,400건의 부정적 이야기들이 회자되는 것으로 계산된다. 비록 이러한 숫자는 고객 만족 등급을 향상시킬 수 있는 지속적 개선활동의 근간으로 작용할 수 있지만, 사후에 고객 만족 개선활동에는 상당한 규모의 투자비용이 발생하게 된다. 만약 어느 서비스기업의 지금 현재 고객 만족 수준이 95%인데 향후 98%까지 향상시키기 위해서 대규모의 투자비용(예를 들어, 10억 원)이 지출되어야 한다면 이는 과연 가치있는 의사결정일까? 결국 비용(cost) 대비 효익(benefit)의 상쇄효과(trade-off)에 대한 마케터의 판단으로 귀결되게 된다. 실제로 많은 마케팅 실무자들은 고객 만족 개선효과를 시장에서의 점유율 상승효과와 연계시켜 판단한다. 즉, 마케팅 현장에서 사용되는 고객 만족 모델은 시장점유율의 변화를 고객 만족 등급과 관련시켜서 예측하는 데 사용되는 것이다. 결과적으로, 95%인 현재의 고객 만족 수준을 상당한 규모의 비용(예를 들어 10억 원)을 투자하여 미래 98% 수준까지 끌어올리느냐의 여부에 대한 결정은 다음과 같은 요인들에 달려있다고 할 수 있다.

- 경쟁기업들의 고객 만족 등급
- 당사 시장점유율 증가의 효과 대비 고객 만족 수준 증대에 필요한 비용
- 투자비용 회수에 요구되는 기간의 수
- 투자비용을 다른 용처에 사용하는 데 관련될 수 있는 기회비용

2) 고객 만족과 재구매

비록 고객 만족과 서비스 품질 사이에 긍정적 관계가 있고, 또한 고객들이 기존 거래하고 있는 서비스기업과 지속해서 관계를 유지하고 재구매를 하고자 하더라도, 고객 만족과 재구매와의 관계함수는 선형적(linear)은 아니라는 점이 중요하다. Hart and Johnson(1999)의 제록스(Xerox)사 연구를 통해서 보면, 본질적으로 '다소 불만족'과 '다소 만족' 사이에 무차별 영역(zone of indifference)이 확연히 존재함을 알 수 있다.[9] 이 연구결과를 보면, 오직 '매우 만족' 고객들만이 높은 재구매율(high repurchase rate)을 보이고 높은 성향의 긍정적 구전을 보이고 있다.

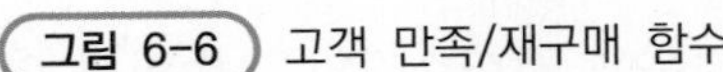
그림 6-6 고객 만족/재구매 함수

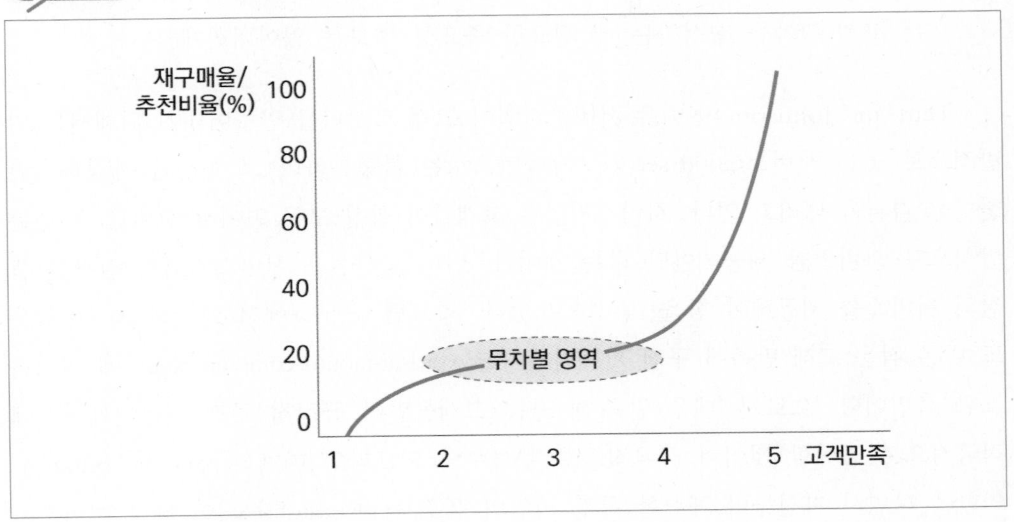

<그림 6-6>에서 볼 수 있듯이, 고객 유지율(재구매율/ 추천비율)은 고객 만족의 어느 점에서 가파르게 상승한다. 여기서 1=매우 불만족, 2=다소 불만족, 3=보통, 4=다소 만족, 5=매우 만족이 된다. 따라서 다음과 같은 두 가지 결론이 도출될 수 있다.

- 서비스기업이 고객들의 재구매를 원할 경우, 고객들을 무차별 영역에 머물도록 하는 서비스 품질수준('다소 불만족(2)'~'다소 만족(4)'의 범위)의 제공만으로는 불

9 Hart, C. W. and M. D. Johnson(1999), "Growing the Trust Relationship", *Marketing Management*, 8(1), 9-19.

충분하다. 즉, 고객들은 재구매하기 전에 자신들이 '매우 만족(5)'할 수 있는 서비스를 제공받아야 하는 것이다. 그러므로 서비스기업 입장에서는 고객들의 품질 인식이 고객 로열티를 강화시키고 재구매를 할 수 있을 만큼 충분히 만족스러운 방식으로 고객들을 놀라게 하는 것이 중요하다.

- 고객 만족 및 서비스 품질 조사결과를 보면, '매우 만족'했다는 고객들을 '다소 만족'했다는 고객들과 분리시키는 것은 매우 중요한 시사점을 지니고 있다. 지속적인 고객 관계에 이르게 하는 재구매 및 긍정적 구전행동은 '다소 만족' 고객 유형과 '매우 만족' 고객 유형 간에는 완전히 다른 양상을 보이게 된다. 즉, 실제로 '다소 만족' 집단과 '매우 만족' 집단을 단순하게 하나의 '만족' 집단으로 통합하는 경우가 많이 발생하는데, 이렇게 할 경우에 서비스기업은 수익성 있는 고객 관계를 형성하는 데 필요한 중요한 정보를 잃어버리게 된다.

Hart and Johnson(1999)은 서비스기업이 고객 로열티를 만들어내기 위해서는 일반적으로 좋은 서비스(good service) 제공만으로는 불충분하며 그 이상을 제공해야만 한다고 결론을 내리고 있다. 서비스기업은 고객들이 항상 모든 면에서 신뢰할 수 있는 방식으로 서비스를 제공해야만 하는 것이다. 이러한 사실은 서비스기업이 일관된 품질의 서비스를 제공해야 함을 의미하고 있다. <그림 6-6>에서 생각해 볼 수 있는 또 다른 점은 고객 만족이 구전 커뮤니케이션(word-of-mouth communication)에 미치는 효과 측면이다. 오로지 '매우 만족'해 하는 고객들만이 긍정적 구전 커뮤니케이션에 적극적으로 참여할 것이며 궁극적으로 무보수의 파트타임 마케터(part-time marketer) 역할을 하면서 자신들이 체험한 특정 기업의 옹호자(advocate)가 되어 해당 서비스를 마케팅하게 될 것이다. 이와 반대로 '매우 불만족'한 고객들은 본질적으로 부정적 구전활동을 벌이게 될 것으로 기대할 수 있으며 다른 고객들도 해당 서비스에 대해서 부정적인 경험을 강화하도록 해주고 잠재적인 신규 고객들을 쫓아내는 역할도 하게 된다. 페이스북, 인터그램, 카카오톡 등 다양한 소셜 네트워크 서비스의 발전은 긍정적이든 부정적이든 간에 그 어느 때보다도 이러한 효과를 크게 만들어주고 있다.

이처럼 고객들이 '매우 만족'해서 재구매가 늘어나고 긍정적 구전 커뮤니케이션이 강화되면 자연히 해당 서비스기업은 더욱 커지는 고객점유율(customer share)을 가지게 될 것이다. 여기서 고객점유율이란 개별 기업 입장에서 볼 때 장기간에 걸쳐 한

명의 고객에게서 동일한 제품/서비스 카테고리 중 자사 제품/서비스의 구입을 위해 지출하는 비용의 비율 또는 점유율을 말하고 있다. 다시 말해서, 한 명의 고객이 장기간에 걸쳐 지출할 수 있는 총비용은 일정한데, 그 일정한 총비용으로부터 동일한 제품군이나 서비스업종에서 자사 제품이나 서비스를 구입하는 데 소요되는 비용의 비중인 것이다. 시장에서 자사의 제품/서비스를 수많은 고객들에게 판매하는 것이 시장점유율(market share)의 관점이라면, 한 사람의 고객에게 자사의 제품/서비스를 여러 번에 걸쳐 오랫동안 판매하는 것이 고객점유율의 관점이라고 할 수 있다. 고객점유율이 중요한 이유는 모든 고객들이 동일한 구매력이나 가치가 있지 않기 때문에, 자동적으로 기업으로서는 자사 제품/서비스의 고객점유율이 높은 시장 부분을 파악하여 집중적인 판매촉진과 시장관리를 위한 전략을 도출할 수 있다는 점이다. 고객점유율은 개별 고객이 소지하고 있는 돈 중에서 자사 제품/서비스 구입에 쓰인 돈의 비율을 의미하는 지갑점유율(wallet share) 혹은 어떤 제품/서비스 카테고리를 연상할 때 특정 기업의 제품/서비스를 떠올리는 정도를 의미하는 마음점유율(mind share)이라고 불리기도 한다.

브리핑사례 2030이 묵고 싶은 호텔 2위 신라호텔…1위는?

지난 여름 '호캉스'(호텔과 바캉스 결합어)라는 신조어가 뜨겁게 달구는 등 호텔의 문턱이 확실히 낮아졌다. 다양한 가격대의 호텔과 맞춤형 패키지 등이 많아지면서 사회 활동을 갓 시작한 20~30대의 호텔에 관심도가 높아지는 추세다. 호텔 & 레스토랑 예약 애플리케이션 데일리호텔은 고객 데이터를 분석해 인기 호텔 순위와 방문 사유, 지역 등의 트렌드를 13일 발표했다. 이는 데일리호텔이 원하는 호텔을 1% 가격에 묵을 수 있는 '영영없을 가격' 이벤트를 진행해 1만 5,000개의 응답 데이터를 분석한 결과다.

응답자에게 가장 인기있는 호텔 1위는 우리나라에서 최고층 건물인 롯데타워에 자리한 '시그니엘 서울'이었다. 지난 10월 아시아 최고의 호텔로 선정된 바 있다. 시그니엘을 꼽은 주요 이유로는 탁 트인 시내 전망, 현대적인 인테리어, 하늘 위에서 제공되는 품격 있는 서비스 등이 있었다. 2위는 서울 신라호텔, 3위는 인천 파라다이스 시티 호텔이었다. 두 호텔 모두 가족과 함께 방문하고자 하는 사연이 주를 이뤘다.

서울 신라호텔은 데일리호텔 고객이 직접 뽑은 데일리 트루어워즈에서 가족 스테이 부문 '최고의 스테이'에 선정된 곳이다. 인천 파라다이스 시티 호텔은 아트 갤러리, 온수풀, 실내 테마파크 등을 갖춘 복합리조트로 각광받고 있다. 이번 설문조사에 눈여겨볼 점은

20대의 참여가 가장 도드라졌다는 점이다. 20대는 응모자 중 절반 이상인 56%를 차지해 특급호텔에 대한 관심과 방문 의지가 가장 높은 세대임을 알 수 있었다. 30대는 29%를 차지해 2030세대가 호텔을 소비하는 주요 계층으로 파악되었다. 40대는 9%의 참여율을 보였다.

호텔에 묵고 싶은 사연의 키워드를 분석한 결과, 가장 눈에 띈 것은 함께 방문하는 주체로 특히 연인이었다. 20대의 참여가 가장 높았던 만큼 커플 단위로 호텔을 방문하고자 하는 고객이 많았음을 알 수 있다. 두 번째로 많이 등장한 단어는 기념일이었다. 호텔에서 생일, 결혼기념일과 같은 특별한 날을 축하하고 싶은 사연도 상당수 차지했다. 그 다음으로는 휴가와 휴식이 많이 등장해 호텔을 평범한 일상에서 벗어나 휴식을 취할 수 있는 공간으로 여기는 고객이 많다는 점을 확인할 수 있다. 가족 역시 빈번하게 언급된 단어로, 가족에게 특별한 시간을 선물하고 싶은 사연도 많았다. 인기 호텔로 꼽은 호텔이 가장 많이 분포한 지역은 서울이 49%로 가장 높았고 부산이 28%로 그 뒤를 이었다. 특히 서울은 특1급 호텔이 밀집되어 있어 계절에 관계없이 특급호텔의 서비스를 경험하고 싶은 고객이 꾸준하다는 분석이다. 인천과 제주는 각각 13%, 8%를 차지했다.

〈출처〉 뉴스1(2018년 11월 13일)

3) 고객 만족과 고객 유지

어떤 서비스기업의 고객 만족 등급이 높다고 해서 반드시 고객 유지로 연결되는 것은 아니다. 실제로, 다른 경쟁사로 전환한 고객들의 65~85% 정도가 이전 서비스기업에 대해서 '만족' 혹은 '매우 만족'을 나타냈었다는 연구 결과가 있다.[10] 왜 이러한 현상이 발생하는 것인가? 즉, 높은 고객 만족 등급을 가지고 있는 서비스기업이 잠재적으로 고객이 이탈하여 고객 유지에 실패하고 있는 이유는 무엇인가? 다음과 같이 다섯 가지 원인들을 생각해 볼 수 있다.

- 첫째, 일반적으로 고객 만족 연구는 현재의 고객 니즈가 충족되고 있는지의 여부에만 초점을 맞추고 있고 고객의 미래 니즈를 파악하는 데 실패하고 있다는 점이다. 고객 니즈가 끊임없이 변화하고 있기 때문에 고객들은 자신들의 새로운 니즈를 가장 잘 충족시켜 줄 수 있는 기업들을 찾아 나서고 있다. 결과적으

10 Lowenstein, Michael W.(1993), "The Voice of Customer," *Small Business Reports*, December, 65-67.

로, 진보적인 서비스기업이라면 고객들의 미래 니즈를 평가하는 데 적극적으로 참여해야 할 것이다.

- 둘째, 고객 만족 연구는 공식적으로 접수된 불평에만 초점을 맞추는 경향이 있다. 앞서 언급한 대로 이탈하는 많은 고객들은 결코 서비스기업의 경영진이나 직원들에게 자신들의 불평을 전달하지 않는다. 따라서 접수된 불평에만 초점을 맞추고 있는 고객 만족 연구는 상당한 양의 정보를 간과하는 셈이 되고 있다. 추가적으로, 이런 식의 연구는 또한 고객 이탈률을 낮추기 위해서 해결책이 필요한 많은 문제들을 간과할 가능성이 크다.

- 셋째, 고객 만족 연구는 거시적인 전체 속성에만 초점을 맞추고 미시적인 운영 요소는 무시하는 경향이 있다. 예를 들어서, 고객 만족 조사를 수행하는 기업들이 주로 사용하는 설문지에는 '당사가 제공하는 서비스는 좋았나요?' 혹은 '당사에는 좋은 직원들이 있나요?' 등의 광범위하고 총체적인 문항들을 사용하고 있다. 이러한 문항들은 그 안에 포함되고 있는 세부적인 운영 요소들을 간과하게 된다. 서비스접점 직원들의 성과를 측정할 수 있는 운영 요소의 사례로는 눈 맞춤(eye contact), 제품/서비스 지식, 정중한 행동, 신뢰성 등을 생각해 볼 수 있다. 또한 훌륭한 호텔서비스와 관련된 운영 요소들은 체크인과 체크아웃에 소요된 시간, 시설들의 청결상태, 영업시간 등을 포함한다. 만약 고객 만족도 조사에서 세부적인 운영 요소 대신에 총체적인 속성을 사용하게 되면, 문제에 대해서 효과적으로 해결방안을 강구하는 데 필요한 정보를 제공하는 데는 실패할 수 있다.

- 넷째, 고객 만족 연구는 종종 조사 과정에서 서비스기업의 직원들을 배제하고 있다. 일반적으로, 직원 만족은 고객 로열티와 관련되어 있는 것으로 알려져 있다. 서비스 제공 시스템에 대한 직원들의 인식은 그 서비스를 제공받고 있는 고객들의 인식과 비교될 필요가 있다. 이 비교 과정은 서비스기업의 성과에 대해서 직원들에게 피드백이 되고 직원들과 고객들이 같은 현장에 있음을 확신하는 데 도움을 주고 있다. 내부 고객으로서, 직원들은 자사의 서비스 제공 수준을 향상시킬 수 있는 가치있는 제안을 하게 된다.

• 다섯째, 간혹 서비스기업은 고객들은 진정 자신들이 원하는 바를 모르고 있으며 특히 새로운 서비스가 개발되었을 때 고객을 무시하는 것이 최선의 전략이라고 잘못 판단하기도 한다. 또 어떤 기업들은 자사가 고객의 의견을 과도하게 듣고 있으며 인구통계조사, 시장조사, 표적집단면접 등에 얽매어 있다고 믿고 있다. 실제로, 고객의 의견을 청취하는 것이 진정 혁신적인 서비스나 제품 개발에 부정적인 영향을 주는 경우도 있다. 고객들은 종종 자신들의 현재 니즈에만 초점을 맞추고 있기 때문에 그 니즈를 미래에 투사시키는 측면에서는 어려움을 겪을 수 있다. 더욱이, 소비자들은 때때로 질문을 하는 사람들로부터 단서를 찾아내기도 하고 인터뷰를 하는 사람의 마음에 드는 방향으로 질문에 답하기 쉽다. 또한 소비자의 서두름, 설문지에 대한 불완전한 이해, 불성실한 응답 태도 등도 문제가 될 수 있다.

생각해봅시다

01 서비스마케팅에서 고객 만족은 왜 중요한가?

02 고객 만족과 서비스 품질은 어떻게 차이가 나는가?

03 고객 만족의 측정은 어떻게 할 수 있을까?

04 고객 만족의 다양한 측정방법에 대해서 알아보자

05 고객 만족의 등급 영향요인은 무엇이며, 어떠한 종류가 있는가?

06 고객 만족과 재구매는 어떤 관계가 있는가?

07 고객 만족과 고객 유지는 어떤 관계가 있는가?

CHAPTER 07

서비스 실패 및 복구전략

학습목표

- 고객 불평행동의 심리를 알아본다.
- 고객이 불평하는 이유와 불평하지 않는 이유를 규명해본다.
- 불평처리와 서비스 복구의 차이를 규명해본다.
- 서비스 실패와 서비스 복구 간의 관계를 학습한다.
- 서비스 복구와 지각된 공정성의 인과관계를 살펴본다.
- 인터넷쇼핑에서 서비스 실패와 복구를 알아본다.
- 서비스 복구 관리 프로그램의 개발에 대해서 학습한다.
- 서비스 복구전략을 살펴본다.

도입사례 하나투어, 여행객 버려두고 떠났다"…악몽된 해외여행

지난 2월 하나투어 패키지 상품으로 캐나다 옐로나이프로 오로라 여행을 떠났던 패키지 여행객 12명이 "애초에 계획했던 여행 대신 중간 기항지였던 캐나다 밴쿠버에 버려졌다"며 불만을 제기해 파문이 일고 있다. 하나투어 측은 천재지변으로 인한 불가피한 상황이었다는 입장이지만 고객들은 사후 대처를 문제 삼고 있다. SBS 보도로 촉발된 하나투어 패키지여행의 구멍, 도대체 뭐가 잘못된 걸까? 인천공항에서 출발해 캐나다 밴쿠버를 거쳐 옐로나이프로 향하던 하나투어 패키지 여행객 12명은 폭설로 인해 밴쿠버로 회항 후, 결국 오로라 여행을 하지 못하고 귀국했다. 여행객들은 밴쿠버에서 적절한 조치를 받지 못한 채 여행을 망쳤다고 항의하는 상황. 밴쿠버는 기항지였을 뿐 애초 스케줄에 있는 곳도 아니었지만 밴쿠버에서 3일을 머물렀고, 1일 관광이 예정되어 있던 캘거리에서도 3

일이나 관광을 해야 했다. 애초 발단은 천재지변이었다. 하지만 1등 패키지 여행사라는 하나투어의 대응도 전문적이지 못했다. 캐나다 노스웨스트주의 옐로나이프는 오로라 관광으로 유명한 곳. 오로라 여행은 보통 사람에게는 일생에 한 번 꿈꿔보는 여행이 될 수도 있다. 더구나 가족과 함께라면 배낭여행 가듯 쉽게 떠나온 여행은 아니라는 것쯤은 짐작할 수 있다. 소비자 입장에선 믿을 만한 브랜드를 선택해 안정적으로 여행을 즐기고 싶었을 터. 하지만 하나투어의 미진한 대응이 소비자의 불만을 사면서 일이 커졌다.

여행에는 언제든 천재지변이 있을 수 있다. 기상악화로 항공편이 뜨지 못하면 어렵게 낸 시간과 돈이 아무리 아까워도 원하던 여행을 제대로 하지 못하게 될 수 있다. 문제는 사후처리다. 고객이 경비를 더 지불하더라도 브랜드를 선호하는 것은 만약의 사태에 대비한 애프터서비스 때문이기도 하다. 하나투어가 현지에서 발 빠른 대응을 하지 못한 데에는 사실 하나투어뿐 아니라 대부분의 패키지 여행사들의 구조적 문제가 숨어있다. 한마디로 '현지여행사는 다수의 패키지 여행사와 거래하므로 책임감이 덜하고 당장의 수익이 되지 않는 번거로운 고객응대에 사활을 걸지 않는다'고 요약할 수 있다. 이 구조를 풀어보면, 몇몇 테마여행 상품을 판매하는 소수의 여행사를 제외하면 하나투어, 모두투어, 노랑풍선, 참좋은여행, KRT, 투어2,000 등 국내에서 흔하게 이름을 들어본 패키지 여행사의 상품은 보통 '고객-패키지여행사-현지여행사(랜드사)-가이드'라는 구조를 갖는다. 패키지 여행사에서 직접 상품을 만들어 판매하는 것이 아니라 랜드사에서 상품을 만들어 패키지사에 납품하는 식이다. 혹은 패키지사가 고객을 모아 랜드사에 넘겨준다고도 볼 수 있다.

A, B, C, D라는 패키지사가 하나의 랜드사인 Z와 거래할 경우, 패키지사의 상품은 대동소이하다. 일정 구성에 따라 가격과 상품명이 조금씩 달라지지만 일정을 소화하는 랜드사가 같을 경우 하나투어나 모두투어나 상품과 가이드는 '거기서 거기'가 된다. 그래서 업계 일부에서는 국내 대부분의 패키지사들을 여행사가 아닌 '유통사'로 보기도 한다. 업계 관계자는 "현지에서 문제가 생겼을 때 대형 여행사만의 특별한 서비스를 기대할 수 없다. 국내 패키지여행사가 고객에게 여행상품을 팔면 현지 핸들링은 랜드사가 하기 때문이다. 랜드사는 호텔과 식당, 현지투어 등 대부분의 예약을 진행하고 현지 가이드에게 일정 수행을 맡긴다. 가이드들은 보통 프리랜서다. 이들은 하나투어 직원도, 랜드사 직원도 아니다"라고 설명했다.

보통 랜드사는 패키지사로부터 고객을 받을 때 충분한 마진을 보장받지 못하므로 현지의 쇼핑이나 옵션 등으로 수익을 매워야 한다. 가이드 역시 충분한 인건비를 보장받지 못한 상태에서 여행객을 받게 되면 현지 일정 진행 중 쇼핑과 옵션을 통해 이를 보상받을 수밖에 없다. 현지가이드들은 쇼핑과 옵션에 따른 수익을 랜드사와 나누어 수익을 얻는다. 만약 한국에서부터 인솔자가 따라갔다면 인솔자의 모자란 인건비까지 여기에서 충당한다. 한 랜드사 대표는 "먹이사슬의 맨 아래에 가이드가 있다. 동남아시아에서 종종 쇼핑과 옵션을 전혀 하지 않는 여행객들을 가이드가 '통째 버리는' 이유다. 가이드나 랜드사만을 탓할 수 없다"며 "애초에 패키지사들이 제대로 된 인건비를 포함한 현지경비를 랜드사에 지불하지 않는다. 남지 않는 장사에서, 그것도 어디 소속도 아닌 프리랜서 가이드들에게 책임감만을 강요할 수 없다"고 전했다. 여행사 소속이 아니라도 제대로 경비와 인건비를 받는 랜드사와 가이드는 손님에게 함부로 할 수 없다. 경쟁이 붙기 때문이다. 반대의 경우에는 수익이 나지 않는다면 어느 손님이라도 온전히 내 손님이라고 생각하기 어렵다.

이번 사태의 경우에는 고객이 오로라 여행에 대한 애초의 기대 때문에 한치도 물러서지 않은 데에 따른 시간과 에너지의 낭비도 있었다고 한다. 하나투어에 따르면 "현지 랜드사에서 급한 대로 밴쿠버 호텔을 잡아줬지만 고객들이 거절하고 공항에서 운항재개를 기다린 점이나 고객의 요구에 미치지 못하는 낮은 보상에 대한 저항으로 랜드사의 현지 일정 수행을 거부했다"고 전했다. 한 현지여행사 대표는 "천재지변은 불가항력인데 문제는 사후처리다. 고객들과 대화에서 협의점을 못 찾은 듯하다. 여행은 서비스 상품이기 때문에 감정이 먼저 상한다면 그로 인해 파국이 올 수도 있다"고 말했다. 한편 하나투어 측은 이번 파문에 대해 "고객들의 입장은 충분히 이해한다. 천재지변으로 인한 특수상황이었지만 고객을 100% 만족시키지 못한 점 또한 인정한다. 하지만 고객을 버려두고 가이드가 일방적으로 철수했다거나 추가로 발생한 현지 비용을 고객에게 다 부담하라고 하지 않았음을 밝힌다. 예측하지 못한 특수한 상황에서 고객들의 모든 요구를 수용하기에는 어려운 부분이 있었다"고 해명했다. 현재 하나투어와 해당 고객은 보상에 대한 의견 차이가 커서, 외부 중재 기관의 조정을 받고 있는 중이다. 패키지여행사와 랜드사, 가이드 간의 불공정한 거래 관계가 지금처럼 이어진다면, 어느 패키지여행사도 이런 현지에서의 잡음을 피해갈 수 없다.

〈출처〉 비즈한국(2019년 3월 18일)

그림 7-1 서비스 실패가 가장 빈번하게 발생하는 관광서비스 상품

01 개관

아무리 서비스기업이 서비스 품질에 대해서 개선노력을 한다고 하더라도 서비스를 제공하는 과정에서 실수하고 결과적으로 고객들을 기분 나쁘게 만드는 일은 현실세계에서는 비일비재하게 일어나고 있다. 어쩌면 이와 같은 현상은 서비스의 본질일 수도 있다. 간단히 말해서, 인간이 대부분의 서비스를 제공하게 되는데 인간은 완벽하지 않고 해당 서비스를 제공받는 고객들도 완벽하지 않다는 것이다. 결과적으로, 제조업에서 전통적으로 강조해오던 '무결점(zero defects)'이라는 슬로건은 거의 불가능하다는 것이다. 따라서 '무결점 운동'으로 귀결되는 고객들의 불만처리에 대한 적절한 전술은 서비스기업의 주요 목표가 되어가고 있다. 항공사의 비행기는 연발·연착이 자주 발생하고 있고, 레스토랑에서의 주문 식단이 항상 완전하게 조리되는 것이 아니며, 호텔에서 직원들은 종종 고객들에게 신경을 쓰지 않고 있기도 하다. 반대로 고객들 중에서도 비(非)이성적으로 불평을 쏟아놓기도 하고, 어떤 서비스를 제공해도 전혀 만족을 못하는 경우도 있다. 서비스기업 입장에서 보았을 때, 서비스접점에서 직원들의 무관심한 태도를 계속 견지한다거나 일상사의 한 부분처럼 기분 나빠하는 고객들을 그대로 방치하는 것은 문제를 계속 키우는 일이라 할 수 있다.

고객들은 자신들이 제대로 대접을 받았다고 느낄 때 신속하게 고객 로열티의 가능성을 보여주게 되며, 마찬가지로 제대로 된 반응을 보여주지 못하는 기업들에 대해서는 처벌도 빠르게 이루어지고 있다. 특히, 최근처럼 페이스북, 유튜브, 인스타그램, 카카오톡 등 다양한 소셜네트워크 서비스를 자유자재로 이용하는 상황에서 고객들은 자신들이 받았던 부당한 대우를 빠르게 확산시킬 수 있으며 이와 유사한 경험을 있는 사람들이 댓글들을 통해서 해당 서비스 실패를 더욱 증폭시킬 수 있다. 예를 들어서, 2017년 4월 유나이티드 항공(United AirLines)이 오버부킹되자 한 아시아계 승객을 강제로 끌어낸 것으로 드러나 물의를 빚은 적이 있다. 항공사 잘못으로 오버부킹이 되어 대기 승무원들의 좌석이 부족하자 현금보상 등을 전제로 탑승객들의 자진양보를 구하였지만 아무도 응하지 않자 가족단위 승객과 노약자를 제외하고 무작위로 4명을 골랐고, 이 가운데 아시아계 남성이 자신이 의사이며 이튿날 아침 환자진료가 있다며 거부했음에도 보안요원 3명이 강제로 끌어낸 것이다. 이 과정에서 팔걸이에 얼굴을 부딪쳐 입 안에서 피가 흘렀지만 보안요원들은 이 남자의 두 팔을 잡고 통로바닥으로 끌고 나갔으며. 이런 장면이 다른 승객들의 소셜네트워크 서비스를 통해 전파돼 비난이 속출하며 전 세계적으로 유나이티드 항공의 이미지는 상당히 추락하였다. 서비스 실패(service failure)가 발생했으며 정당한 서비스 복구(service recovery)가 전혀 이루어지지 않은 사례라고 할 수 있다. 이에 대한 제대로 된 개선방안이 수립되지 않은 관계로 유나이티드 항공은 이후에도 유사한 서비스 실패를 범하게 된다.

리핑사례 ‘냄새난다’ 쫓겨난 나이지리아 여성, 미 항공사에 인종차별 소송

냄새가 난다는 이유로 기내에서 쫓겨났다는 나이지리아 여성이 미국 항공사를 상대로 징벌적 손해배상을 요구하는 소송을 제기했다. 상대 항공사는 지난해 아시아계 의사 강제 퇴거 사건으로 공분을 산 유나이티드 항공이다. 12일(현지시간) 휴스턴 클로니클 등 미 언론에 따르면 나이지리아 여성인 퀸 오비오마는 2016년 3월 자녀를 데리고 텍사스 주 휴스턴 부시국제공항에서 샌프란시스코행 유나이티드항공 비행기에 올랐다가 봉변을 당했다고 한다.

옆자리에 앉게 된 승객이 그녀에게서 자극적인 냄새가 난다며 불평을 호소했고 좌석 배정 문제까지 뒤엉켜 소동을 벌인 끝에 기내에서 쫓겨났다는 것이다. 오비오마 가족은 나이지리아 라고스에서 휴스턴, 샌프란시스코를 경유해 캐나다로 가던 중이었다. 더구나 그녀는 비즈니스 좌석을 끊었고 유나이티드 항공의 회원이기도 한데 단지 옆자리에 앉게 된 백인 남성 승객의 불평 때문에 승무원들에게서 부당한 대우를 받았다고 주장했다.

오비오마는 “기장이 기내 잡음을 유발하는 승객을 내리게 하라는 지시를 했다고 들었다”고 말했다. 오비오마의 가족은 몇 시간 공항에 대기하다 다른 항공편을 이용했다. 오비오마는 텍사스 법원에 제출한 소장에서 “항공사에 대해 징벌적 손해배상과 변호사 비용을 요구한다”고 밝혔다. 유나이티드항공은 “아직 소송서류를 받지 못해 입장을 밝힐 수 없다”고 말했다.

〈출처〉 연합뉴스(2018년 5월 13일)

서비스접점에서 서비스 실패가 필연적으로 내재된 사건일 수밖에 없는 이유는 제품과 구분되는 서비스의 독특한 특성과 직접적으로 관련되어 있다. 무형성(intangibility)이라는 서비스의 특성 때문에, 고객의 기대(expectation) 대비 인식(perception)의 비교는 상당히 주관적인 평가일 수밖에 없으며, 결과적으로 개별적 기

대 수준과 개별적 인식 수준은 천태만상일 수밖에 없기 때문에 모든 고객들이 다 만족할 수는 없게 된다. 이질성(heterogeneity)이라는 특성 때문에, 서비스 제공과정에서의 가변성이 발생할 수 있으며 처음부터 끝까지의 모든 서비스접점들이 같을 수는 없는 것이다. 결과적으로, 고객들은 동일한 서비스기업으로 제공받은 서비스에 대해서 자신들의 과거 경험과 현재 경험이 왜 같지 않은지 공개적으로 의문을 표시하기도 한다. 소멸성(perishability)이라는 서비스의 고유한 특성은 또 다른 잠재적 문제를 드러내고 있다. 즉, 서비스기업에서 발생하는 공급과 수요의 문제이며, 이는 고객들로 하여금 '기다림(wait)'이라는 문제를 파생시키고 있다. 서비스를 제공받을 때 오래 기다리거나 기다림이 자주 발생하게 되면, 고객들은 불만을 표시하게 된다. 마지막으로, 비(非)분리성(inseparability)이라는 특성은 서비스제공자로 하여금 고객들과 면대면(face-to-face)으로 상호작용할 수밖에 없도록 만들고 있으며, 이러한 특성 때문에 서비스 실패의 확률은 더욱 커지게 된다. 사실 고객들과의 면대면 상호작용은 '핵심사건(critical incidents)' 혹은 '진실의 순간(moment of truth)'이라고도 불리고 있으며, 서비스마케팅에서 이러한 상호작용 때문에 발생할 수 있는 득(gain)과 실(loss)의 중요성은 많이 강조되고 있다. 현대 서비스마케팅에서 서비스 실패와 서비스 복구의 주제는 그 어느 때보다도 중요한 과제로 부상하고 있다.

02 고객 불평행동의 심리

1) 개요

한 연구에 따르면, 서비스 실패를 경험했을 때 상당수의 고객들(87%)은 '다소' 혹은 '매우' 화가 났으며 점포나 제품 성과의 문제보다는 서비스접점 직원들의 문제로 인해서 더욱 화가 나고 있음을 알 수 있다. 서비스 실패를 경험한 서비스에 대해서 응답자의 75% 이상이 부정적 구전 커뮤니케이션을 경험한 적이 있으며, 그 중 46%는 상당히 많은 사람들로부터 경험했다고 주장하고 있다. 오늘날 전형적인 소비자 불만 행동의 형태에 맞는 것으로, 비록 100%가 그냥 다른 서비스기업으로 전환했음에도 불구하고 오직 53%만이 해당 서비스기업에 불만을 표시하고 있는 것으로 나타났다.[1] 다시 말해서, 고객들이 불만을 가지고 있다고 하더라도 많은 수의 고객들은 해당 서비스기업에 불평하지 않고 그냥 조용히 떠나는 현상을 보여주고 있는 것이다. 대부분의 기업들은 불평하는 고객들의 생각에 움츠러들고, 또 어떤 기업들은 고객 불평을 기업을 경영하는데 '필요악(necessary evil)'이라고 간주하고 있다. 그러나 문제의 핵심은 모든 기업이 자사 고객들에게 불평하도록 격려해야 한다는 것이다. 불평하는 고객들은 교정될 필요가 있는 운영차원 혹은 관리차원의 문제들을 기업에게 이야기하고 있는 것이다. 그러므로 이들은 기업에게 경쟁력 제고의 기회제공이라는 공짜 선물을 주고 있는 셈이다. 즉, 이들은 컨설턴트로서 역할을 하고 있으며 보수도 안 받고 기업의 문제를 진단해주고 있는 것이다. 더욱이 이들 불평하는 고객들은 기업에게 고객 만족을 재구축할 수 있는 기회를 제공하고 있다. 더욱 중요하게, 불평사항이 개선되면 이들은 불평을 하지 않은 고객들보다 해당 서비스기업과 다시 거래할 가능성이 더욱 커진다는 점이다. 결과적으로, 성공적인 기업들은 고객 불평이 화난 고객들을 만족시키고 고객 이탈 및 비호의적인 구전 커뮤니케이션을 방지하는 기회로 보고 있다. 사실, 서비스기업이 걱정해야 하는 대상은 불평을 나타내는 고객들이 아니라 문제를 느끼고 있음에도 불구하고 그냥 잠자코 있는 고객들이다. 서비스기업에 불평을 표시하지 않은 고객들은 이미 떠나버렸거나 혹은 어느 순간에 경쟁사로 떠날 채비를 차리고 있다. 실제로, 한 연구는 $1~$5의 제품이나 서비스를 구입한 적이 있는데 불평하지 않고 있는 고객들 중 63%가 경쟁사로 이탈하고 있음을 보여주고 있다. 심지어 제품이나 서비스의 금액이 $100을 넘는 경우, 서비스 실패가 발생했을 때 고객 이탈률(defection rate)은 91%에 육박하고 있음을 보여주고 있다.[2]

2) 불평 유형

일반적으로, 불평행동은 '불만, 항의, 원한 또는 후회를 표현하는 것'으로 정의할 수 있다. 불평은 비판과 다르다. 비판이 사물이나 사람에 대한 객관적이고도 이중적인 관찰이라면, 불평은 불만을 표시하는 것이다. 모든 불평이 똑같이 만들어지는 것은 아니다. 예를 들어서, 수단적 불평과 비(非)수단적 불평을 생각해 볼 수 있다.

1 Barlow, Jaqnelle and Claus Moller(2008), *A Complaint Is a Gift,* San Francisco: Berrett-Koefler Publisher, Inc.

2 Harari, Oren(1992), "Thank Heaven for Complainers," *Management Review*(January), p.60.

✔ 수단적 불평(instrumental complaints)

이러한 유형의 불평은 바람직하지 않은 상황을 바꿀 목적으로 표현된다. 예를 들어서, 고급 레스토랑에서 덜 익은 스테이크에 대해서 불평을 하는 것은 수단적 불평이다. 이러한 경우, 불평 고객은 그 상황을 교정하기 위해서 레스토랑 직원이 어떤 바람직한 행동을 하도록 충분하게 표현한다. 이는 대부분 긍정적 결과로 이어지게 된다. 그러나 현실적으로 이러한 유형의 불평은 많이 나타나고 있지 않고 있다.

✔ 비(非)수단적 불평(non-instrumental complaints)

바람직하지 않은 상태가 바뀔 것이라는 기대없이 그냥 목소리를 내는 유형이다. 이러한 유형의 불평은 수단적 불평보다 훨씬 자주 발생하게 된다. 예를 들어서, '너무 더워!'라고 하는 날씨에 대한 불평은 여건이 바뀔 것이라는 현실적 기대없이 목소리를 내는 것이다. 또 다른 유형은 화를 내게 만든 제1의 당사자가 아니라 제2의 당사자에게 목소리를 내는 수단적 불평이다. 예를 들어서, 자신이 숙박한 호텔 객실의 열악한 상황에 대해서 친구에게 불평을 털어놓는 것은 비(非)수단적 불평이다. 그 친구는 호텔 객실의 상황을 개선시켜줄 수 있는 능력이나 의지가 거의 없으며 불평 고객 또한 그 친구에게 그러한 것을 기대하지는 않고 있다.

불평 유형 또한 누가 문제의 근원이라고 생각하는지에 따라 다르다. 마찬가지로, 불평은 단정적 불평과 반사적 불평으로 구분해 볼 수 있다.

✔ 단정적 불평(ostensive complaints)

이 불평 유형은 불평 고객의 영역 밖에 있는 사람이나 사물을 향해 있다. 다시 말해서, 문제의 근원은 불평 고객 자신이 아니라 다른 누구로 인식되고 있는 것이다.

✔ 반사적 불평(reflexive complaints)

이 불평 유형은 불평 고객 내부로 향해 있다. 단정적 불평과는 반대로, 반사적 불평은 문제의 주요 근원으로서 자기 자신을 책망하고 있다.

대부분의 고객들은 단정적 불평을 하고 있다. 이러한 현상은 두 가지로 원인으로 추정되고 있다. 첫째, 사람들은 일반적으로 자아존중감이 부정적으로 강화되지 않도록 자신들에 대해서 부정적인 평가를 받는 것을 회피한다는 점이다. 둘째, 사람들은 자신들에 대한 부정적 속성을 다른 사람들에게 전달하는 것을 거의 원하지 않는다는 점이다.

3) 불평 고객 유형

✔ 온순한 고객(meek customer)

결코 불평하지 않는 고객. 이러한 유형의 고객들을 대하는 서비스기업의 주요 전략은 고객들에게 적극적으로 의견을 구하고 불평을 해결하기 위해서 적절하게 행동하는 것이다. 고객은 부정적인 어떤 말도 하지 않을 수 있다. 그러나 숙련된 서비스제공자는 무엇인가 잘못되었을 때 전형적으로 불만족의 비언어적 징후를 인식할 수 있어야 한다.

✔ 공격적 고객(aggressive customer)

온순한 고객의 반대 모습. 이러한 유형의 고객은 다른 모든 사람들이 들을 수 있도록 충분히 크게, 그리고 길게 정기적으로 자주 불평을 한다. 이러한 유형에 대한 효과적인 대응전략은 문제가 존재하고 있음에 동의하고, 변명도 하지 않으며, 문제를 해결하기 위해서 어떤 조치가 취해질 것이며 언제 해결될 수 있을지를 제시하고, 그 밖에 어떤 것이 더 요구되는지를 물어보면서 불평 고객이 하고 싶은 모든 말을 완전하게 끝까지 들어주는 것이다. 이러한 전략은 서비스기업이 고객들을 만족시키기 위해서 추가로 더 갈 수 있음을 가리킨다. 공격적 고객이 시끄럽다는 점에서 보았을 때, 서비스제공자는 다른 고객들의 체험에 부정적으로 영향을 주는 것을 피하기 위해서 별도의 현장으로 이러한 유형의 고객들을 초청하는 것을 고려해 볼 수 있다.

✔ 부유층 고객(high-roller customer)

매우 부유하지만 돈을 사치스럽거나 또는 위험한 방법으로 소비하는 고객. 만약 이러한 고객이 공격적인 고객들과 돈을 매개로 섞은 것이 아니라면, 부유층 고객 유형은 합리적 방식으로 불평을 할 것이다. 이러한 유형에 효과적으로 대처하는 방법은 공격적 고객의 경우와 유사하다. 즉, 조심스럽게 들어주고, 변명은 하지 않으며, 문제의 실제 원인을 규명하기 위해서 질문을 하고, 적절하게 대응을 하는 것이다. 그러나 공격적 고객의 경우와는 다르게, 다른 고객들과 격리시킬 필요는 없다. 왜냐하면 이러한 유형의 고객은 합리적 방식으로 불평을 하기 때문이다.

✔ 사기꾼 고객(rip-off customer)

원래 자신이 받아야 할 것보다 더 많은 것을 원하는 고객. 사기꾼 유형의 고객은 전형적으로 서비스기업이 문제를 해결하기 위해서 제공하는 어떤 해결책에도 '불충분' 하다는 반응을 반복적으로 그리고 지속적으로 보이고 있다. 이러한 유형의 고객에게 효과적으로 대처하는 방식은 그냥 화가 난 상태로 내버려두는 것에서부터 고객이 적절한 복구 작업을 지시하도록 허용하는 것까지 생각해 볼 수 있다.

✔ 만성적 불평 고객(chronic complainer customer)

아직도 만족할 줄 모르는 고객. 만성적 불평 고객은 모든 서비스제공자의 인내를 시험하지만 그렇다고 무시해서는 안 되는 집단이다. 이러한 유형의 고객은 서비스제공자의 사과를 받아주기도 하고 실패 상황을 바로잡기 위한 어떤 노력도 고맙게 생각하기도 한다. 또한 종종 호의적으로 경청하기도 하고 문제가 해결되었을 때 긍정적으로 입소문을 퍼뜨리기도 한다.

4) 고객이 불평하는 이유

고객이 불평하는 이유는 직접적으로 불평 유형과 관계가 있다. 수단적 불평의 경우, 고객이 불평하는 이유는 매우 분명하다. 불평 고객은 바람직하지 않은 상황에 엮이고 싶지 않은 것이다. 예를 들어서, 2008년에 항공업계에서 친환경정책으로 선두 주자의 이미지를 굳혀왔고, 이 때문에 여러 환경단체들에서 수상을 한 델타항공(Delta Airlines)은 대대적인 축하파티를 개최한 적이 있는데, 여기서 사용한 물품 및 초청 고객들에게 제공된 선물들이 모두 화학제품들이며 자연 유기농제품은 하나도 없었다는 한 환경 미디어그룹(TreeHugger)의 지적을 받은 적이 있었다. 이에 델타항공은 기분이 상했지만, 이러한 지적은 긍정적으로 피드백이 되어 그 이후 같은 실수를 반복하지 않았으며 자사의 환경 친화적인(eco-friendly) 정책을 더욱 개선하는 계기를 만들었다.

그림 7-2 고객의 불평에 잘 대처하고 있는 Delta Airlines

반대로, 비(非)수단적 불평의 경우, 고객의 불평 이유가 명확하지 않을 수 있다. 심리학자들은 비수단적 불평이 몇 가지 이유로 발생한다고 주장하고 있다. 첫째, 불평은 압력밸브의 방출과 같은 기능을 한다. 즉, 이는 불평 고객에게 일종의 좌절에서 해방된 감정을 제공해 준다. 본질적으로 불평은 사람들의 감정을 표출하는 메커니즘을 제공한다. 둘째, 불평 행동은 통제력과도 관련되어 있는 것으로 보인다. 구체적으로, 불평은 어느 정도 통제력을 되찾고자 하는 사람들의 욕구에 대한 메커니즘으로 작용한다. 만약 불평 고객이 자신의 불평 원천에 대한 다른 사람들의 평가에 영향을 줄 수 있다면, 통제는 재개된다. 예를 들어서, 불쾌한 서비스기업에 복수할 목적으로 불평 고객에 의해 유포된 부정적 구전은 해당 고객에게 간접적인 보복을 통한 어떤 통제 수단을 주게 된다. 셋째, 불평은 다른 사람의 동정을 구하고 불평에 대해서 다른 사람들과의 합의를 시험해 보는 것이라고 할 수 있다. 이는 결과적으로, 불평고객에게 불평에 이르게 했던 어떤 사건에 대한 자신의 주관적 평가를 증명하는 것이 된다. 다시 말해서, 불평 고객은 유사한 상황에 처했을 때 다른 사람들도 동일하게 느끼고 있는지에 대해서 알고 싶은 것이다. 만약 다른 사람들도 그렇다면, 불평 고객은 불평에 대해서 목소리를 냈던 자신에게 정당성을 부여할 수 있게 된다. 마지막으로, 불평 고객은 단순히 어떤 인상을 만들기 위해서 불평을 할 수 있다. 일반적으로, 불평 고객은 그렇지 않은 고객보다 총명하고 통찰력있는 것으로 생각되어서, 표준과 기대 또한 높다고 볼 수 있다. 예를 들어서, 우리는 주위에서 다른 사람들에 비해 만성적으로 많은 불평을 하는 사람들을 보게 된다. 비록 이들의 계속되는 불평에 피곤할 수는 있어도 어떤 서비스를 제공받을 때 이러한 불평 덕분에 더 좋은 서비스 성과를 얻는 경험을 하기도 한다. 결과적으로, 만성적 불평 고객들의 권고는 보통 사람보다 더 많은 비중을 지니고 있는 경향이 있다. 서비스기업은 이러한 유형의 개인들이 만들어내는 구전의 가치를 인정하고 만성적 불평 고객의 불평을 적극적으로 요청할 필요가 있다.

5) 고객이 불평하지 않는 이유

상당수의 고객들은 불쾌한 서비스제공자에게 절대로 불평을 하지 않고 있는 것으로 나타나고 있다. 왜 그러는 것일까? 게다가 제품을 구매할 때보다 서비스를 제공받을 때 고객들은 더욱 불평을 적게 하는 경향이 있다. 먼저, 제품에 비해 서비스 문제의 상당 부분은 잠재적 불평 고객들은 무엇을 해야 하는지 몰라서거나 해봤자 더 나아지지도 않는다고 생각하기 때문에 아예 불평을 안 하고 있는 것으로 나타났다.[3] 이러한 상황은 직접적으로 서비스의 본질적 특성인 무형성 및 비분리성에 기인한다. 무형성 때문에, 서비스 제공과정의 평가는 주관적이 될 수밖에 없다. 결과적으로, 소비자들은 객관적 관찰이 결여될 수 있으며 자신의 주관적 평가를 확신할 수 없게 된다. 예를 들어서, 외과수술을 앞둔 고객은 병원에서 제대로 진단이 이루어져 자신의 아픈 부위가 치료가 될지, 그리고 언제 완쾌가 될지 확실치 않은 상태에서 의사의 말만 믿고 입원하는 경우가 많이 있다. 다음으로, 비분리성 때문에 고객들은 종종 서비스 제공과정에 참여하게 된다. 따라서 바람직하지 않은 결과가 발생하면, 고객들은 자신들의 역할이 제대로 이루어지지 않은 점 때문에 자신들을 책망하게 된다. 더욱이, 서비스의 비분리성이라는 특성은 고객과 서비스제공자 간에 면대면(face-to-face) 상호작용을 수반하게 되는데, 여기서 고객은 서비스제공자가 함께 있기 때문에 불평하는 것에 대해 불편한 감정을 느낄 수 있다. 결국 불평을 안 하고 못하게 되는 것이다. 미용실에 가서 머리 손질 서비스를 받고 있는 고객을 생각해 보자. 고객은 자신이 원하는 스

---

3 Gilly, Mary C., William B. Stevenson and Laura J. Yale(1991), "Dynamics of Complaints Management in Service Organization", *The Journal of Consumer Affairs*, 25(2), p.296.

타일을 새로운 미용사에게 전달하지만 궁극적으로 결과에 대해서 만족하지 못할 수 있다. 결과적으로, 그 고객은 자신의 니즈를 분명하게 설명하지 못한 자신에게 책망하게 되며 그 다음에는 해당 미용사와 직접 대면하는 것을 꺼려할지도 모른다. 마지막으로, 시장에는 기술적이고 특화된 서비스가 많이 있다. 고객들은 자신들이 제공받는 서비스의 품질을 평가하기에는 전문성이 떨어진다는 두려움 때문에 불평할 자격이 충분치 않다고 느낄지도 모른다. 예를 들어서, 많은 고객들이 자신들이 서비스를 제공받는 의사, 회계사, 변호사, 혹은 자동차 정비사의 능력을 평가하기에는 기술적 전문성이 결여되어 있다고 느끼고 있다.

표 7-1 불평 이유와 불평하지 않는 이유

불평 이유	불평하지 않는 이유
바람직하지 않은 상황을 교정하기 위해서	아무것도 변화를 시킨다고 생각하지 않아서
좌절로부터 정서적 해방을 맛보기 위해서	불평 대상을 찾지 못해서
통제력을 되찾기 위해서	일정 부분 고객 자신의 잘못 때문에
다른 사람의 동정을 구하기 위해서	자신의 주관적 평가에 대한 확신이 없어서
다른 사람들과의 합의를 시험하기 위해서	기술적 혹은 특화된 전문성이 결여되어서
총명하고 통찰력있는 인상을 만들기 위해서	면대면 상황에서 불편하게 느껴서

6) 불평 결과

일반적으로, 불평 행동은 다음과 같이 세 가지 결과로 귀결된다.

✔ 발언(voice)

특정 서비스제공자나 서비스기업에 대해서 고객이 자신의 불만을 말로 커뮤니케이션해서 생긴 결과를 말한다. 높은 수위의 발언(high voice)은 현장의 서비스제공자보다 조직의 위계상 높은 직위에 있는 임원이나 관리자에게 표현되는 커뮤니케이션을 의미한다. 중간 수위의 발언(medium voice)은 서비스를 제공한 해당 직원에게 문제를 제기할 때 발생한다. 낮은 수위의 발언(low voice)은 소비자가 해당 서비스기업과 관련된 사람에게 문제를 제기하는 것이 아니라 외부에 있는 다른 사람들에게 그 문제를 넘기는 경우-예를 들면, 비(非)수단적 불평의 경우-에 발생한다.

✔ 떠남(exit)

소비자가 해당 서비스기업의 애용을 중단하는 경우에 발생한다. 높은 수위의 떠남(high exit)은 소비자가 해당 기업의 제품이나 서비스를 더 이상 구매하지 않으려고 의식적으로 결정하는 경우에 발생한다. 중간 수위의 떠남(medium exit)은 소비자가 가능한 경우에 해당 서비스기업을 다시는 이용하지 않으려고 노력하는 의식적인 결정을 나타내고 있다. 즉, 고객들은 가능하기만 하다면 다른 서비스기업을 탐색하고 거기서 구매하고자 하는 것이다. 낮은 수위의 떠남(low exit)은 소비자가 자신의 구매행동을 변경하지 않고 평상시와 마찬가지로 해당 기업으로부터 계속 서비스를 구매하는 경우를 의미한다.

✔ 보복(retaliation)

소비자가 서비스 운영에 손해를 입히거나 미래 사업에 상처를 주기 위해서 의도적으로 고안된 행동을 실제로 하는 상황을 말한다. 높은 수위의 보복(high retaliation)은 소비자가 서비스제공자에게 육체적으로 상처를 주거나 기업에게 해를 끼치는 경우, 혹은 서비스 제공에 대해서 다른 사람들에게 부정적 구전을 퍼뜨리는 경우에 발생한다. 중간 수위의 보복은 고객이 기업에 대해 사소한 불편을 초래하거나 소수의 사람들에게 자신이 겪은 부정적 사건에 대해 이야기하는 경우를 말한다. 낮은 수위의 보복(low retaliation)은 서비스제공자나 기업에게 아무런 보복도 하지 않거나, 하더라도 어쩌면 사소한 부정적 구전만 수행하는 경우이다.

03 서비스 복구의 의의

1) 개관

서비스 실패는 서비스 제공의 결과가 부적절하거나 서비스 제공의 과정이 기대에 못 미쳤을 경우에 발생한다. 서비스 제공의 평가에 미치는 서비스 실패의 영향은 구체적인 서비스 상황, 개별적인 소비자 인식, 그리고 관련된 서비스 실패 형태에 따라 달라진다. 서비스 실패가 발생했을 때, 소비자들은 새로운 기대들의 조합을 형성하게 되는데 이는 과거 만족스러웠던 서비스 제공 상황 및 과거 실패했던 경험들을 토대로 이루어지게 된다. 만약 소비자들이 서비스 실패를 경험한 적이 없다면 처음 서비스 실패를 경험한 것과 유사한 형태로 실패에 대한 가상경험들을 개발하게 된다. 일반적으로 새롭게 형성되는 서비스 실패에 대한 기대는 항공서비스, 호텔서비스, 금융 서비스 등 서비스산업별로 다르게 나타나고 있는데 이는 서비스 접촉형태가 차이가 나기 때문이다.

서비스 품질요소 중에서도 신뢰성은 지각된 서비스 품질에 대한 고객의 판단에 상당히 중요한 역할을 한다. 그러나 아무리 서비스가 훌륭한 기업이라 하더라도 서비스 실패는 발생할 수 있는 것이다. 그리고 이러한 실패가 서비스를 제공받고 있는 고객의 면전에서 발생하고 있기 때문에 감추거나 위장하기도 매우 곤란하다. 이때 강력한 서비스 실패 복구과정은 이러한 실패를 극복하고 긍정적인 결과를 산출해 낼 수 있다. 성공적인 복구는 다음과 같은 세 가지 이유로 인해서 초기에 있었던 부진했거나 실패했던 서비스의 부정적 영향을 감소시킬 수 있다. 첫째, 서비스를 제공받고 난 후 기업과의 커뮤니케이션을 통해서 서비스기업이 자신들의 잘못을 시인하고 어떤 형태로든지 고객들에게 배상을 했기 때문에 고객들은 그 서비스제공자가 공정하다는 점을 믿게 된다는 점이다. 둘째, 훌륭한 서비스 복구 과정은 서비스 실패의 부정적 결과로서 파생된 시간적·금전적 손실을 줄일 수 있다는 점이다. 셋째, 복구과정이 제대로 시행되면 보통 고객들은 자기 자신들이 그 서비스기업을 선택해서 그와 같은 서비스 실패가 발생했으며 따라서 그에 따른 책임이 자기 자신들에게 있다고 하는 죄책감을 상당히 덜 수 있다는 점이다. 서비스 실패가 발생했고 그 복구과정이 어떠했는지에 대한 예를 들어보자. 국내 여행사들 중 대표적인 레저, 여행관련 서비스 멤버십클럽인 (주)BM클럽은 유럽단체 여행을 실시 중이었는데 첫날부터 파리도착이 3시간이나 지연되고 최종도착지인 호텔에는 예정시간보다 5시간이나 늦게 도착하였다. 이 소식을 전해들은(주)BM클럽 유럽본부장은 정중한 사과와 함께 자사 부담으로 예정에도 없던 만찬을 제공하고 여행 중에는 수시로 음료수를 제공하였으며 귀국길에 오를 때는 여행객 모두에게 현지의 특산품을 선물함으로써 첫날의 서비스 실패를 불평 불만에서 고객 감동으로 바꾸어 놓았다.

브리핑사례 ‘미슐랭’도 왔는데… 집 나간 ‘식격’을 찾습니다.

얼마 전 직장인 A씨는 노래방에 다녀온 것처럼 목이 쉬었다. 광활한 식당에는 손님이 가득했지만 감당할 만한 직원은 없었다. 쫓기듯이 뛰어다니며 음식을 나르는 직원들은 불러도 듣지를 못했다. 저 멀리서 빠르게 지나치는 직원을 볼 때마다 물 한 잔 얻어 마시겠다고, 맥주 한 잔 더 마시겠다고 소리를 지르고 팔을 흔들다 보니 진이 다 빠져서 음식이 코로 들어갈 지경이었다. 주인은 그런 꼴을 봤는지 못 봤는지 지인들이 몰려온 룸에 서비스 음식을 나르느라 정신이 팔렸다. B씨는 식사를 마치지 않고 식당을 박차고 나올 뻔했다. 옆 테이블에 음식을 통째로 엎은 어린 아이가 있어서 부모가 수습하느라 어수선해졌던 탓은 아니었다. 그 아수라장을 방치해 두고 저들끼리 하던 대로 음식이나 나르며 노닥거리는 직원들이 기가 막혔던 탓이다. C씨도 한 레스토랑에 갔다가 눈앞의 풍경에 입맛이 떨어져 식사를 마치지 못하고 나와 버렸다. 훤히 다 보이고 들리는 오픈 키친에서는 욕의 사육제가 열리고 있었다. 인상을 잔뜩 찌푸린 요리사는 어리바리한 직원에게 험한 욕지거리를 퍼부었다. 요리사도, 직원도 바 좌석에 앉은 C씨 앞에 와서는 방긋방긋 웃었지만 C씨의 금요일 밤은 괴팍한 교육열에 이미 파괴됐다. D씨가 갔던 식당에서도 사장님은 욕을 잘했다. 손님들 앞에서 망신 당해보라는 듯 직원에게 큰 소리로 욕을 날리며 꾸짖었다. 불편한 마음에는 직원도 한 술 더 떠 일조했다. 음식을 가져다 주며 사장 욕을 중얼거렸다. 혼잣말 치고는 너무 잘 들렸던 걸 보면 직원의 살해충동 고백이 사장은 못 들어야 하고 손님은 들어줘야 하는 호소였던 모양이다. E씨 역시 한 식당에서 욕을 듣고 기분을 잡쳤다. 이른바 ‘욕쟁이 할머니집’이다. 사장님은 손님에게 욕하는 캐릭터로 수십 년을 장사했다. 1990년대까지 유효했던 욕쟁이 할머니 캐릭터는 기실 대단히 눈치 좋은 프로페셔널 서비스 인력이다. 욕을 듣고도 웃음이 터져 나오게 하는 밀당은 아무나 못한다. 다른 욕쟁이 콘셉트 식당에 갔던 F씨는 귀신 같이 기분 나쁘지 않은 선을 딱 지키는 욕지거리엔 허허실실 웃었지만 결국 다른 데서 기분을 망쳤다. 숟가락은 덜 씻겨 있었고 유리잔엔 고춧가루가 묻어 나왔다. 정겹거나 웃기지 않아도 좋으니 깨끗한 식기로 식사하고 싶은 마음뿐이었다. 테이블 옆에 놓인 쓰레기통에선 쉰내가 났다.

모두 실화다. G씨와 H씨뿐 아니라 Z씨까지 이어지는 수난기는 생략한다. 밥 한 끼 맘 편히 맛있게 먹기가 힘들다. 비단 장사를 잘 못하는 식당들의 이야기가 아니다. 모두 가보지는 않았어도 들어는 봤을 법한 유명 식당, 이름 대면 알 만한 요리사다. 어느 곳은 정감 가는 노포로 칭송되기도 하고 어느 식당의 요리사는 선한 미소의 스타 셰프로 포장되기도 한다. 하물며 망해가는 식당에서라면 더한 일도 놀랍지 않다. 총체적 난국이다. 한국의 식당에서는 수난이 익숙하다. 외식문화는 창달해 가는데 서비스 문화는 그에 발맞춘 성장이 늦되다. 한국에서 서비스를 가장 잘해서 다른 호텔에서도 교육을 위탁할 정도라는 신라호텔의 조정욱 총지배인에 따르면 “잊지 못할 특별한 경험을 고객에게 제공하기 위해

갖추는 진심 어린 배려의 자세"가 좋은 서비스의 정의다. '당연히 호텔이니까'라는 냉소는 부디 거두자. 어쩌다 운이 좋은 날은 6,000원짜리 백반집 사장님이나 4,000원짜리 국숫집 서비스직원으로부터도 이런 서비스를 경험하기도 한다. 대체로 우리가 겪은 식당 수난사에서는 '잊지 못할 불쾌한 경험'과 '방만하고 무례한 서비스'가 더 많다.

A씨와 B, C, D, E, F씨는 쾌적한 식사를 위해 아무 것도 배려 받지 못했다. 되레 침해당하기까지 했다. 대충 상냥하게 웃어 주면서 음식이나 나르면 그것이 서비스라 여긴다. 사장이나 직원이나 매한가지다. 더러 사장이 서비스에 대한 철학을 갖고 있어도 이상과 현실은 다르다. 최저시급을 조금 넘기는 돈을 받고 홀에 서있는 아르바이트생에겐 사장님의 서비스 철학이 성가시다. 그런 것이 없을수록 '꿀알바'가 된다. 아르바이트생 대신에 성가셔도 견딜 풀타임 직원을 뽑자고 해도 인력이 없다. 사회 어느 구석을 봐도 서비스직은 선호 직업 축에 못 든다. 좋은 직업이 아니라 여기기 때문에 평생을 바라보고 머무는 인력이 점점 귀해진다. 여러 개 식당을 운영 중인 모 사장의 경험치로 가늠해보자면 "잠시 스쳐가는 직업으로 여기고 지나쳐가는 이들이 절반 이상"이다. 그는 경제 성장에 비해 더뎠던 음식 문화에도 탓을 돌린다. "좋은 서비스를 하려면 그런 서비스를 받았던 경험도 있어야 하는데 아직은 시간이 필요한 문제"라고 덧붙였다.

〈출처〉 한국일보(2016년 12월 2일)에서 발췌

그림 7-3 국내 음식점들은 후진적 접객문화를 벗어나 '외식의 품격'을 세울 필요가 있다.

PART 02

2) 불평 처리와 서비스 복구

서비스 실패의 전통적인 처리방식은 불평 처리(complaints handling)로, 문제를 경험했던 고객들은 공식적인 항의를 할 것을 요청받는다. 서비스기업은 보통 담당 부서로 하여금 관리적 방식으로 이와 같은 불평을 분석하고 처리하도록 하고 있다. 이는 고객 혹은 서비스제공자 어느 쪽이 실패의 원인을 제공했는지 간에 상관없이 마치 불평 처리의 목적은 절대적으로 꼭 필요한 경우가 아니라면 서비스기업이 해당 고객에게 반드시 보상해 줄 필요가 없다는 것을 확인시켜주는 것처럼 보인다. 이처럼 불평 처리는 서비스기업의 서비스지향성(service orientation)에 대한 고객의 인식에 매우 중요한 영향을 미치고 있으며, 이와 같은 불평 처리 접근방식은 태생적으로 서비스지향성을 가질 수 없게 된다. 반면에, 서비스 복구(service recovery)는, 불평 처리의 방식으로 처리되었다면 관리적 방식으로 관리되었을 동일한 상황에서도, 서비스지향성을 가지고 문제를 풀어 나가는 방식이다. 전통적인 불평 처리에서는, 가급적 비용을 줄이고 법적인 이유로 피할 수 없는 경우가 아니라면 고객들에게 보상해주지 않는 것을 표방하는 내부적 효율성(internal efficiency)이 표준인 것처럼 보인다. 당연히 그 결과는 불만족스러운 고객, 그리고 사업의 상실로 이어지게 된다. 그러나 서비스 복구에서는, 고객의 높은 지각된 서비스 품질을 표방하고 있는 외부적 효율성(external efficiency)이 주요 가이드라인이 된다. 서비스 복구의 목표는 서비스 실패에도 불구하고 고객을 만족시키고 장기적인 관계 품질을 유지하고 개선할 수 있으며, 단기적인 비용 절감보다는 고객과 장기적인 수익성있는 사업을 유지하는 것이다.

이에 따라, 서비스 복구는 "서비스 복구는 서비스 공정성을 식별하고, 고객 문제를 효과적으로 해결하며, 근본 원인을 분류하고, 서비스 시스템을 평가하고 개선하기 위해 다른 성과척도와 통합할 수 있는 데이터를 산출하는 과정"으로 정의되고 있다.[4] 보통 서비스 실패에 의해서 야기되는 문제는 사실상의 문제(factual problems)와 감정적 문제(emotional problems) 등 두 가지 유형으로 구분된다. 물론 이 두 가지 문제 모두는 서비스기업에 의해서 관리되어야 한다. 서비스 복구가 요청되는 문제발생 상황에서, 고객들은 자주 좌절하고, 높은 수준의 기대를 가지고 있으며, 또한 정상 상태

---

4 Tax, S. S. and S. W. Brown(2,000), Service Recovery: Research Insights and Practices, in Swartz, T. A. and D. Iacobucci(Eds.), *Handbook in Services Marketing and Management*, Thousand Oaks, CA: Sage Publications.

에서 보다 훨씬 좁은 허용 범위(zone of tolerance)를 갖는 경향을 보인다. 그러므로 어쭙지않은 서비스 복구는 위험할 수 있다. 정말 잘 관리될 필요가 있다. 서비스접점 직원들이 자사의 비전, 전략 및 서비스 개념에 더 전념하면 할수록, 서비스 복구의 성과는 향상되는 것으로 보인다.

3) 서비스 실패 및 서비스 복구

서비스제공자의 고객지향성에 대한 진정한 검증은 서비스 실패가 발생했을 때 일어난다. 이상적으로 보면, 서비스 품질 수준은 항상 높아야 하고 서비스 제공과정에서 서비스 실패는 발생해서는 안 되는 것이다. 그러나 실제로는 현장에서 서비스접점 직원들은 실수를 하게 되고, 시스템은 고장이 날 수 있으며, 서비스를 제공받는 중에 있는 고객들은 다른 고객들에게 문제를 일으키거나, 혹은 어떤 고객은 서비스 과정에 어떻게 참여할지 모른다거나 제공과정 중에 서비스의 어떤 부분에 대한 자신의 마음을 바꾸는 경우가 발생하는 것이다. 결과적으로, 계획된 서비스 과정은 고객을 위한 좋은 결과로 이어지지 않게 되고, 결국 의도된 서비스의 품질 수준은 달성되지 않는 것이다. 이와 같은 실패가 항상 서비스기업이 저지르는 실수에 의해 일어나는 것이 아니라는 것을 깨닫는 것이 중요하다. 서비스를 제공받는 고객이나 다른 고객들 또한 서비스 실패를 유발할 수 있기 때문이다. 그러나 서비스기업이나, 고객이나, 다른 무엇이 이유가 되었든지 간에 고객에 대한 모든 문제발생 상황은 서비스제공자가 자신의 해당 서비스에 대한 몰입을 보여줄 수 있는 절호의 기회가 되고 있다. 따라서 서비스 실패의 이유가 무엇이 되었든지 간에, 서비스제공자는 그 상황을 관리해야 하고 고객을 만족시키는 방식으로 문제를 해결할 책임이 있는 것이다. 이것이 이루어지지 않으면, 고객은 질이 나쁜 서비스를 받았다고 느끼게 되고 해당 고객을 잃을 위험은 커지게 된다. 혹은, 만약 불평 고객들이 자신들의 불평들이 충분히 배려를 받고 공감을 얻으며 신속하게 처리되지 않고 있다고 느낀다면, 서비스기업과의 전반적인 관계 품질은 악화된다. 만약 서비스 과정에서 품질의 문제가 처음 발생한다면, 그 서비스는 두 번째로 매우 세심하고 정확하게 수행되어야 한다. 많은 연구들은 비록 서비스 과정이 잘못 수행이 되었다 하더라도 서비스제공자에게는 고객들에게 긍정적인 서비스 품질 인식을 심어줄 수 있는 두 번째 기회가 주어진다고 하는 사실을 보여주고 있다.[5]

---

5 Boshoff, C. and J. Leong(1998), "Environment, Attribution and Apologizing as

서비스기업이 어떻게 서비스 복구를 하느냐에 따라 고객 관계를 강화시킬 수도 있고 약화시킬 수도 있다. 잘 관리된 서비스 복구는 서비스기업과 고객 간의 신뢰 관계를 발전시키는 데 긍정적인 영향을 미치고 있고, 또한 서비스제공자에 대한 고객의 약속을 심화시킬 수 있다. 앞서 언급한 대로, 서비스 복구는 지각된 서비스 품질에 영향을 미치는 요인이다. 서비스 제공과정과 관련된 기준은 기능적 품질에 긍정적 효과를 줄 수 있다. 훌륭하게 서비스 복구가 이루어진 이후에, 서비스에 대한 만족도는 더욱 커질 수 있다. 심지어 처음부터 아무 문제없이 서비스가 제공되는 경우보다 서비스 실패가 일어나고 이를 훌륭하게 복구하는 경우에 화나고 좌절한 고객들은 해당 서비스 품질에 대해서 더욱 크게 만족한다는 연구결과도 있다.[6]

브리핑사례 **'항공기서 14시간 대기하다 해외여행 망친 승객' … 법원 "항공사가 배상하라"**

2017년 말 크리스마스 연휴때 짙게 낀 안개로 인천공항 항공기 안에서 14시간 동안 대기하다 대체 항공편 제공도 없이 결항돼 여행을 망친 승객에게 항공사가 손해배상을 해야한다는 판결이 나왔다. 서울서부지법 민사36단독 주한길 판사는 탑승객 ㄱ씨 등 2명이 저비용항공사(LCC)인 이스타항공을 상대로 한 손해배상 청구소송에서 "이스타항공은 ㄱ씨 등 2명에게 각각 70만원을 배상하라"며 원고 일부 승소판결했다고 19일 밝혔다. ㄱ씨 등은 2017년 12월23일 오전 7시20분 인천공항을 출발, 같은 날 오전 9시 40분 일본 도쿄에 도착예정인 이스타항공 ZE605편에 탑승했다. 그러나 이 항공기는 인천공항에 짙게 낀 안개 등으로 오후 9시 20분까지 출발하지 못해 ㄱ씨 등은 14시간 이상 비행기 안에서 대기했다.

이스타항공은 대체 항공편 제공없이 이 항공기를 결항시켰다. 성탄절 여행을 망친 ㄱ씨 등은 항공사를 상대로 정신적 고통을 당했다며 지난해 1인당 90만 원을 배상하라며 손해배상 청구소송을 제기했다. 이스타항공사 측은 "안개로 인한 기상악화 때문에 인천공항에 극심한 혼잡이 발생해 출발이 지연되고, 목적지 공항의 폐쇄로 불가피하게 결항됐다"며 책임이 없다고 주장했다. 그러나 재판부는 "같은 날 이스타항공 ZE605편과 출발지와 목적지가 같은 다른 항공편이 운항한 것을 감안하면, 이스타항공의 면책 주장은 인정하기 어렵다"고 밝혔다.

Dimensions of Service Quality," *International Journal of Service Industry Management*, 9(1), 24－47.

6 Kelly, S. W. and M. A. Davis(1994), "Antecedents to Customer Expectations for Service Recovery," *Journal of the Academy of Marketing Science*, 22(1), 52－61.

이 사건 변호를 맡은 김지혜 변호사(법무법인 예율)는 "이스타항공은 당시 탑승과 수하물 탑재가 늦어져 항공기 이륙 준비가 늦어진데다 대기시간을 감안해 사전에 충분한 급유도 하지 않았고, 장시간 대기로 인한 운항승무원 교체도 지연됐다"고 말했다. 김 변호사는 이어 "항공사는 항공기 지연 · 결항을 툭하면 기상악화 탓으로 돌리는데, 이번 판결은 항공사의 과실로 결항된 것을 인정한 판결로서 의미가 있다"고 덧붙였다. 앞서 지난해 5월 서울중앙지법은 이 항공기 탑승객 64명이 1인당 200만 원 지급을 청구하는 손해배상 소송에 대해 이스타항공은 1인당 55만 원을 배상하라는 강제조정결정을 내린 바 있다.

〈출처〉 경향신문(2019년 5월 19일)

4) 서비스 복구와 지각된 공정성

서비스 복구의 이론적 근간에는 공정성 이론(fairness theory)이 자리잡고 있다. 공정성 이론은 상황이나 의사결정의 공평함에 대한 개인들의 인식과 관계가 있다. 보다 구체적으로, 사람들은 자신들의 투입 대비 산출 비율을 다른 사람들의 비율과 비교하곤 한다. 만약 그 비율의 차이가 유리하면 죄의식을 느끼면서도 기분이 좋은 상태가 되지만, 만약 그 차이가 자신의 손해로 비쳐지면 그 결과는 실망 혹은 분노의 감정이 될 수 있다. 공정성 이론은 어느 경우에도 개인들이 균형 상태(trade-off)를 가져오기 위한 행동을 한다고 가정하고 있다. 서비스 복구 연구에서 그동안 많이 적용되고 있는 정당성 이론(justice theory)은 사회적 교환(social exchange) 및 형평성 이론(equity theory)에서 채택되었다. 그러나 정당성(justice)이라는 용어가 널리 사용되고 있지만, 일반적으로는 법률 용어로 인식되고 있다. 따라서 서비스마케팅 차원에서는 대신 공정성(fairness)이 보다 더 적절한 것으로 판단되어 많이 사용되고 있다.[7]

서비스 복구 과정에서 고객들이 지각하는 공정성(perceived fairness)은 그 과정이 얼마나 공정하게 혹은 불공정하게 고려되는지에 대한 세 가지 다른 측면들을 다음과 같이 생각해 볼 수 있다.

7 실제로, 대부분의 경우에 공정성(fairness), 정당성(justice), 형평성(equity)은 구분 없이 사용되고 있다.

분배적 공정성(distributive fairness)

결과에 대해서 인지된 공정함에 초점을 맞추고 복구결정에 대한 정책 및 규칙을 포함하고 있다. 즉, 서비스 복구 과정의 결과가 고객이 생각하기에 자신이 받아야 할 것(보상과 사과 등)과 일치하는 정도를 말한다.

〈구성 요소〉 보상, 복구, 사과, 대체, 무반응

절차적 공정성(procedural fairness)

의사결정이 이루어지고 갈등이 해소되는 방법의 공정성에 대한 인식을 다루고 있다. 즉, 고객이 느끼기에 자신이 복구 과정(과정의 편의성과 신속성)에 영향을 미치는 정도를 말한다.

〈구성 요소〉 과정의 편의성, 신속성

상호작용적 공정성(interactional fairness)

서비스 제공과정을 통하여 고객이 대접받는 방식과 관계된다. 즉, 고객이 생각하기에 복구 과정 동안에 서비스제공자와 자신과의 대인관계가 커뮤니케이션 및 행동 측면에서 공정하고 정직하며 공감을 이루는 방식으로 이루어지는 정도를 말한다.

〈구성 요소〉 예의, 공손함, 공감성, 해결 노력

서비스 실패를 효과적으로 복구하는 데 있어 세 가지 지각된 공정성(perceived fairness) 차원은 각기 다양한 행동들에 의해 추진될 수 있다. 예를 들어, 분배적 공정성은 보상(compensation)이나 사과(apology)와 같은 결과(outcome)의 공정함과 관련된 행동을 통해서 고객에게 인식될 수 있는 반면에 상시 정보전달이나 복구속도와 같은 인지적 통제는 절차적 공정성에 영향을 주게 된다. 정중함, 존경, 예의와 같은 서비스 복구과정 중에 서비스접점 직원이 고객을 다루는 방식은 상호작용적 정당성에 영향을 미친다. 결과적으로, 고객은 자신이 겪은 서비스 실패에 대해서 금전적으로나 비금전적으로 정당한 보상을 받았는지 여부에 따라 분배적 정당성을, 서비스제공자가 실패를 복구하는 데 이용한 정책과 절차들이 공정했는지 여부에 따라 절차적 정당성을, 그리고 서비스 복구과정에서 어떤 방식으로 대접을 받았는지 여부에 따라 상호작용적 정당성을 평가하게 된다. 그러나 서비스 실패를 복구하는 과정에서 세 가지 차원들이 고객들의 평가에 미치는 영향은 서비스 제공 상황 및 서비스 접촉정도에 따라 달라진다. 고객들이 한 가지 공정성 차원에 만족하더라도 다른 차원들에 대해서는 불만족일 수 있기 때문에, 효과적으로 서비스 실패를 복구하기 위해서는 서비스 제공 상황에 따라 세 가지 공정성 차원들이 어떻게 다르게 서비스에 대한 평가에 영향을 미치고 있는지를 규명해야 할 것이다. 만약 복구 과정 그 자체 및 그 과정 동안에 발생하는 상호작용과 커뮤니케이션이 불공정하다고 지각되는 경우, 사실상의 손실을 회복하는 보상과 고객이 느끼는 감정적 압박을 감소시켜주는 사과가 공정하게 이루어진다 하더라도 해당 고객에게 공정한 결과를 제공하기에는 불충분하다. 잘 관리되고 호의적으로 지각되는 서비스 복구는 서비스 품질 참사를 서비스제공자의 운영 방식을 긍정적으로 경험해서 서비스 품질을 긍정적으로 경험할 수 있도록 전환시킬 수 있는 계기를 만들어 주기 때문에, 서비스기업 입장에서는 고객들이 모든 공정성 차원에서 잘 대우받고 있음을 느끼게 하고 따라서 완전한 공정성을 인식하게 하는 서비스 복구 절차를 개발하는 것이 중요하다. 실제로, 분쟁 해결을 위해서 불만족스러운 고객들에게 후하게 보상을 제공하는 데 주력하는 서비스기업들은, 부당한 절차를 통해 또는 직원들을 제대로 보호하지 않은 상태에서 보상이 이루어지는 경우, 고객들에 대한 만족, 약속, 신뢰에 대해서 바람직한 효과를 거두지 못하는 것으로 나타났다.[8] 따라서, 서비스기업들은 '공정한 상호작용과 절차는 불평의 비용을 낮출 수 있고 요구되는 보상도 감소시킨다'

PART 02

표 7-2 서비스 실패 발생 시 고객의 기대

기대 사항	바람직한 서비스 복구 내용
사과	비록 서비스기업이 문제의 장본인이 아니라 하더라도 직접 전달되어야 한다(그러나 사과는 보통 충분치 않다).
공정한 보상	서비스접점 직원으로부터 현장에서 합리적인 보상이 이루어져야 한다.
보살핌	공감을 표시하고 각 고객을 개인으로 대우하며, 정서적 문제에 주의를 기울인다.
부가가치 속죄	고객이 고객으로서 가치에 대한 감사의 상징으로 어떤 것을 얻는다(때때로 공정한 보상은 이와 같은 상징이 될 수 있다).
복구 약속 지키기	서비스접점 직원은 실제로 그렇게 될 것이라는 확신을 가지고 언제 어떤 일이 일어날지 설명한다(부정적인 정보는 정보가 없거나 잘못된 정보 보다는 낫다. 예를 들어서, 비행이 60분 지연된다는 말을 한 번 듣는 것이 15분 지연된다는 말을 네 번 듣는 것보다 낫다.

8 Mattila, A. S. and D. Crantage(2005), "The Impact of Choice on Fairness in the Context of Service Recovery," *Journal of Services Marketing*, 19(5), 271–279.

라고 하는 서비스 업계의 격언을 생각해 볼 필요가 있다. 이러한 인과관계의 결과를 토대로 서비스기업은 서비스 실패로 인해 파생되는 고객의 불만을 효과적으로 복구시키고 직원들에게 그 상황에 적절하게 대응할 수 있는 훈련을 시킬 수 있게 된다.

그림 7-4 서비스 복구는 해당 고객의 지각된 공정성에 따라 이루어질 때 효과적이다.

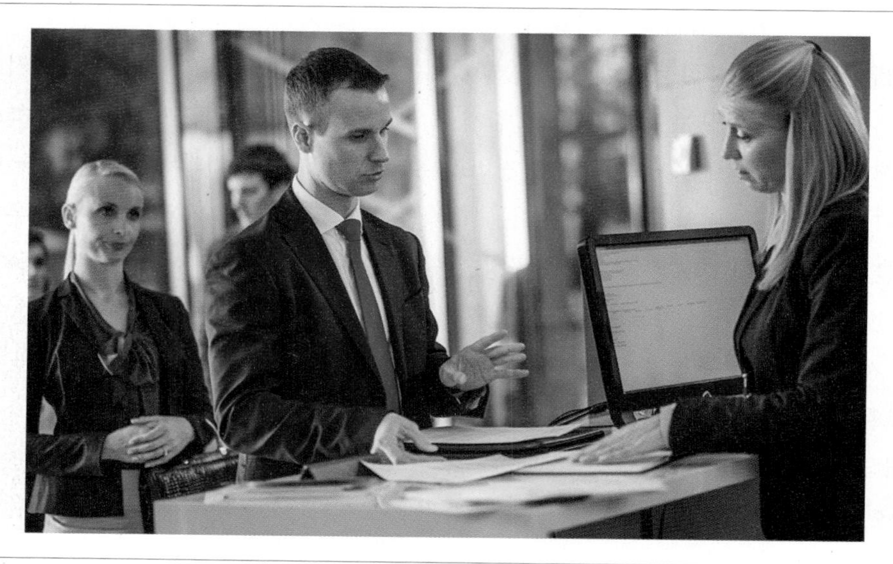

5) 인터넷쇼핑에서 서비스의 실패 및 복구

인터넷쇼핑에서 발생하는 서비스 실패는 가상공간을 통해 제품이나 서비스를 구매한다는 특성을 지니고 있기 때문에 전통적인 서비스와는 다른 특성을 보이고 있다. 따라서 인터넷쇼핑 시 발생되는 서비스 실패는 보다 더 인터넷 환경 특유의 상황을 고려해서 분석할 필요가 있는 것이다. 먼저, 인터넷쇼핑 시 정보탐색을 할 경우에 오프라인과는 달리 주로 쇼핑사이트나 검색사이트를 통해 상품에 대한 정보를 탐색하기 때문에 정보를 획득하는 단계에서 접속 속도나 고객정보 요청 등에 대한 불만이 발생할 수 있다. 다음으로, 취급상품에 대한 제약을 받는 경우가 있으며 운송비로 인해 가격이 오를 수 있고 실제 상품과의 디자인, 색상, 크기 등의 차이로 인해 불만이 나타날 수 있다. 또한 인터넷쇼핑 시 온라인이나 신용카드 및 사이버머니 등 간접적인 확인단계에서 불만이 발생할 수 있다. 아울러 상품 배송의 경우에 배송 및 반품회수의 지연, 환불 절차의 까다로움 및 배송오류 등에서 불만이 많이 발생하는 것으로 조사되고 있다. 마지막으로 고객관리 및 판매 후 서비스에서 불만처리 태도나 고객과의 약속 불이행, 그리고 여러 가지 고객행사에 있어서의 기만적인 접근방법에 많은 불만이 표출되고 있다.[9] 결국 이러한 인터넷쇼핑 시 발생되는 서비스 실패는 오프라인에서 발생하는 서비스 실패와는 다른 유형을 보여주게 되는 것이다. 전통적인 서비스의 경우에 실패의 양상은 산업과 제품에 따라 다양하게 나타나지만 많은 연구들에서 일반적으로 '서비스 전달 시스템 실패에 대한 직원의 반응', '고객의 요구와 요청에 대한 직원의 반응', '비(非)즉각적이고 부적절한 직원의 행동'으로 분류하고 있다.[10]

보통 인터넷쇼핑의 과정을 인터넷을 이용해서 주문을 하기까지의 단계와 주문을 해서 상품이 배송될 때까지의 단계로 구분하여 서비스 실패유형을 시스템 실패, 배송과정 실패, 배송결과 실패로 나누고 있다. 그러나 이러한 분류는 그 기준이 모호할 수 있다. 오히려 인터넷쇼핑 서비스가 특성상 가상공간에서 이루어지고 있음을 감안한다면 '배송(delivery)'이 핵심개념으로 등장하게 되는 것이다. 배송을 통해서 가상이 현실화되고 있기 때문이다. 따라서 배송 전(前), 배송 중(中), 배송 후(後)에 따라 서비스 실패유형을 분류해 볼 수 있다. 즉, '배송 전 실패(pre-delivery failure)'는 쇼핑사이트의 불편함, 부정확한 정보, 주문 및 결재 절차상의 문제 등을 포함한다. '배송 중 실패(on-delivery failure)'는 결제 후 배송과정에서 발생할 수 있는 여러 가지 문제, 예를 들면 재고 부족이나 원인미상의 지연, 배송지 불일치, 인도시간 약속 불이행을 포함하고 있다. '배송 후 실패(post-delivery failure)'는 배송이 완료된 이후에 경험하는 서비스 실패라 할 수 있다. 주문 불일치 상품배송, 불량 상품배송, 전시 불일치 상품배송 등이 이에 포함된다. 이와 같이 배송을 중심으로 하는 단계별 분류는 인터넷쇼핑의 특성에 부합될 뿐만 아니라 서비스 실패에 따른 회복방안 수립에 효과적인 기준이 될 수 있는 것이다.

즉, '배송 전 실패(pre-delivery failure)'는 쇼핑사이트의 불편함, 부정확한 정보, 주문 및 결재 절차상의 문제 등을 포함하는데, 배송 전에 서비스 실패가 발생하게 되면 결과에 대한 공정성 지각에 부정적으로 작용할 뿐만 아니라 고객에 대한 서비스제공

---

9 Forbes, L. P., S. W. Kelly, and K. D. Hoffman(2005), "Typologies of e-Commerce Retail Failures and Recovery Strategies," *Journal of Services Marketing*, 19(5), 280−292.

10 Hoffman, K. D., S. W. Kelly, and H. M. Rotalsky, H. M.(1995), "Tracking Service Failures and Employee Recovery Efforts," *Journal of Services Marketing*, 9(2), 49−61.

자의 감정 이입, 정중함, 신뢰성 지각에도 부정적으로 작용하고 있는 것으로 나타났다. 다만, 인터넷쇼핑몰의 신속하고 편리한 서비스 복구절차에 대한 지각에는 별 영향을 주지 않는 것으로 분석되었다. 한편, '배송 중 실패(on-delivery failure)'는 결제 후 배송과정에서 발생할 수 있는 여러 가지 문제, 예를 들면 재고부족이나 원인미상의 지연, 배송지 불일치, 인도시간 약속불이행을 포함하고 있는데, 배송 도중에 서비스실패가 발생하게 되면 배송 전 실패의 경우와 마찬가지로 가시적이고 유형적인 결과에 대한 공정성 인식 및 고객에 대한 서비스제공자의 감정 이입, 정중함, 신뢰성 지각에 부정적으로 작용하게 됨을 알 수 있다. 그러나 서비스 복구절차의 신속성과 편리성에 대한 고객의 지각과는 관계가 없는 것으로 나타났다. '배송 후 실패(post-delivery failure)'는 배송이 완료된 이후에 경험하는 서비스실패로서 주문 불일치 상품배송, 불량상품 배송, 전시 불일치 상품배송 등이 포함되는데, 배송 전이나 도중에 발생하는 서비스 실패와는 달리 배송 후에 발생하는 서비스 실패는 유형적 상태로 제공되는 결과에 대한 고객의 공정성 지각에는 아무런 영향도 주지 않는 것으로 나타났다. 다만 서비스 복구절차의 신속성과 편리성에 대한 고객의 지각 및 고객에 대한 서비스제공자의 감정 이입, 정중함, 신뢰성 지각에는 부정적으로 작용하고 있었다. 이상의 결과를 중심으로 인터넷쇼핑몰 입장에서는 배송 전, 도중, 그리고 후에 발생하는 서비스 실패에 대해서 상대적인 영향력 비교를 통해 분배적, 절차적, 상호작용적 정당성에 차별적으로 대처함으로써 보다 효과적으로 서비스복구방안을 강구할 수 있을 것이다.[11]

11 이명식(2013), "인터넷쇼핑 시 발생하는 서비스실패유형과 효과적인 서비스복구의 관계분석: 소비자 특성의 조절효과를 중심으로," **생산성논집**, 27(2), 63-91.

04 서비스 복구 관리 프로그램 개발

1) 긍정적인 내부 복구 문화 개발

효과적인 서비스 복구 관리 프로그램 개발의 첫 번째 단계는 서비스기업 전반에 걸쳐서 서비스 복구 문화를 심는 것이다. 서비스 복구 문화를 개발하는 것은 서비스 복구에 대한 유기적 접근법(organic approach)으로서 기술될 수 있다. 유기적 복구 문화(organic recovery culture)란, 공식화되고 체계화된 것은 아니고, 단순히 서비스기업이 고객 불만을 어떻게 해결하고자 하는지를 나타내는 믿음, 행동, 관행의 정보에 근거한 집합이라고 할 수 있다. 긍정적인 내부 복구 문화는 불평 처리에 대한 서비스기업의 내부 환경의 지지력을 반영하고 있다. 부정적인 복구 문화는 시작도 하기 전에 서비스 복구 노력을 방해한다. 2,000년에 발생한 일본의 미쓰비시 자동차회사의 사례는 좋은 본보기가 되고 있다. 미쓰비시 자동차 직원들은 소비자 불만을 숨기기 위해서 많은 노력을 해왔음이 드러났다. 소비자들로부터 발송된 수많은 편지들이 상자, 탈의실, 사물함 뒤에 숨겨져 있고 비밀 컴퓨터 파일에 숨겨져 있었다. 숨기는 주된 이유는 문화적인 것으로 밝혀졌다. 마침내, 회사 대표는 세계 각국의 언론 앞에 서서 한숨을 쉬고 허리 굽혀 사죄의 인사를 한 후, 80만 대 이상이나 되는 결함차량에 대한 리콜을 회피하기 위한 회사 차원의 체계적이고 고의적인 시도를 고백하였다. "우리는 리콜을 보고한다는 것이 부끄러웠다"라고 당시 사장이었던 가쯔시코 카와소에씨는 말하고 있다. 그러나 회사의 리콜에 수반되는 비용은 수천만 달러에 이르렀고, 명성과 브랜드 이름에 대한 손실은 엄청난 것이었다.[12] 훌륭한 서비스 복구 문화는 기업의 고위 경영층으로부터 출발한다. 기업의 리더십은 직원들과 더불어 걷고 이야기하며 기업의 서비스 복구 노력을 방해하지 않고 촉진시켜 나가야만 한다. 긍정적인 서비스 복구 문화는 고위 경영층이 서비스 실패가 때때로 발생할 수 있음을 인식하고, 서비스직원들이 서비스 실패를 효과적으로 복구하는 데 필요한 훈련 및 장비를 마련해주며, 서비스 복구를 기업의 최우선 순위 과제로 만들어갈 때 이루어진다. 전통적인 신입직원 훈련 프로그램은 처음부터 어떻게 서비스를 올바르게 제공할 것인가에 초점을 맞추고 있다.

---

12 Magnier, M. and John O'dell(2,000), "Mitsubishi Admit to Complaint Cover-Up," *Coloradoan,* August, 23, A1－A2.

이는 마치 '실패는 선택사항이 아니다'라고 믿는 것과 거의 다를 바 없다. 서비스기업들은 가끔의 서비스 실패는 명백한 가능성이며, 이러한 사실을 단순히 무시하는 것은 실패 상황을 더욱 악화시킬 수 있음을 깨달아야 할 필요가 있다. 긍정적인 내부 복구 문화를 개발하는 기업은 서비스 실패의 가능성을 공개적으로 토론할 필요성과 효과적인 서비스 복구 전략을 통해서 고객 유지를 하고자 하는 소망을 깨닫게 된다.

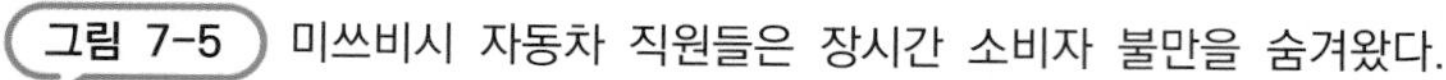
그림 7-5 미쓰비시 자동차 직원들은 장시간 소비자 불만을 숨겨왔다.

2) 서비스 실패 규명

긍정적인 내부 복구 문화(유기적 접근방법)를 가진 서비스기업은 미래의 서비스 실패 발생을 최소화하기 위해서 과거 서비스 실패를 분석하고 이로부터 학습하는 공식화 과정을 개발할 가능성이 크다. 결과적으로, 서비스 복구 관리 프로그램을 실행하는데 있어 두 번째 단계는 서비스 실패의 규명(service failure identification)이다. 비록 서비스기업이 1년에 걸쳐 지각된 서비스 실패와 관련된 수많은 고객 불평을 받을 수는 있어도, 궁극적으로 이러한 불평은 체계적으로 나누어져 다음과 같이 4개의 서비스 실패 유형으로 분류될 수 있다.

✔ 핵심 서비스 제공 시스템 실패

기본적인 서비스 상품과 직접 관련되어 있는 실패 유형이다. 예를 들어서, 정시에 출발하지 못한 항공기, 객실을 적절하게 청소하지 못한 호텔, 신속한 방식으로 고객의 요구를 처리하지 못한 보험사는 핵심 서비스 제공 시스템 실패에 대해서 책임이 있다. 일반적으로, 핵심 서비스 제공 시스템 실패는 다음과 같이 3가지로 구성된다.

- 이용할 수 없는 서비스: 일반적으로 이용가능한 서비스가 부족하거나 없는 것을 말한다.
- 비합리적으로 느린 서비스: 제공 속도가 비정상적으로 느리다고 고객들이 인식하는 서비스 혹은 직원 행동
- 다른 핵심 서비스 실패: 상기 두 가지를 제외한 핵심 서비스 실패를 말한다. 각 서비스산업은 각기 나름대로 고유한 핵심 서비스 이슈를 가지고 있다. 따라서 이 유형은 상이한 서비스산업에 의해 제공되는 다양한 핵심 서비스를 반영하고 있다.

✔ 고객 니즈 및 요청과 관련된 실패

실패 분류의 두 번째 유형으로서, 개별 고객의 니즈 및 특별 요청에 대한 직원들의 반응과 관련되어 있다. 고객 니즈는 암묵적이거나 명시적이다. 암묵적 니즈는 요청되지 않는다. 따라서 요청하지는 않았지만 휠체어에 앉은 장애 고객은 레스토랑에서 계단식 룸으로 안내해서는 안 된다. 반대로, 명백한 요청은 공개적으로 이루어진다. 중간 정도에서 조금 덜 구운 스테이크(medium rare steak)를 요구하고 메뉴에 있던 으깬 감자를 구운 감자로 대체하고 싶은 고객은 명백한 요청을 하고 있는 것이다. 일반적으로, 서비스 실패를 유발할 수 있는, 고객 니즈와 요청과 관련된 직원 반응은 다음과 같이 4가지로 구성된다.

- 특별 니즈(special needs): 특별 니즈에 대한 직원 반응은 고객의 특수한 의술적, 식이요법적, 심리적, 언어적, 혹은 사회적 어려움에 기반한 요청에 따르는 것을 포함하고 있다. 채식주의자들을 위해서 식단을 준비하는 것은 특별 요청을 충족시키는 것이 된다. 이를 제대로 충족시키지 못할 때 서비스 실패가 발생한다.

- 고객 선호도(customer preferences): 고객 선호도에 대한 직원 반응은 고객이 우선하는 니즈를 충족시키는 방식으로 서비스 제공 시스템을 변경하는 것과 연관되어 있다. 레스토랑에서 다른 음식으로 대체해 달라고 하는 고객의 요청은 고객 선호도에 대한 전형적인 사례이다. 마찬가지로, 이를 제대로 충족시키지 못할 때 서비스 실패가 발생한다.

- 고객 실수(customer errors): 고객 실수에 대한 직원 반응은 서비스 실패가 명백한 고객 실수(예를 들면, 티켓 분실, 호텔 열쇠 분실 등)에 의해 시작되었다는 시나리오를 포함하고 있다. 비록 서비스 실패가 고객 실수로 촉발되었지만, 제대로 관리하지 못했을 때는 서비스 상황이 악화될 수 있다.

- 몰지각한 다른 고객들(disruptive others): 몰지각한 다른 고객들에 대한 직원 반응은 고객들 간의 분쟁을 해결하는 것과 관련이 있다. 예를 들면, 영화 관람시 떠드는 고객에게 정숙한 행동을 요구하는 것, 레스토랑의 금연구역에서 흡연하는 고객을 제지하는 것 등이 대표적인 사례이다. 마찬가지로, 이를 제대로 충족시키지 못할 때 서비스 실패가 발생한다.

내키지 않거나 청하지 않은 직원 행동

세 번째 유형으로서 고객들은 전혀 기대하지 않았던 사건이나 서비스접점 직원의 행동과 관련되어 있다. 이러한 행동은 당연히 고객의 요청에 의해서 발생된 것도 아니고 서비스 제공 시스템의 핵심 부분도 아니다. 이 유형은 다음과 같이 좀 더 세부적으로 구분할 수 있다.

- 주의 수준(level of attention): 서비스 제공 태도가 불량한 직원, 고객을 무시하는 직원, 시종일관 무관심한 태도로 일관하는 직원과 관계가 있다. 주의 수준 실패는 직원들이 고객이 불편한 시점에서 해당 고객에게 과도한 주의를 기울일 때 발생할 수도 한다. 과도한 주의의 사례로는 고객에게 장난치는 직원이나 고객이 좀도둑일 가능성이 있다고 잘못 믿고 스토킹하는 직원이 포함될 수 있다.

- 특이한 행동(unusual action): 이는 긍정적 사건과 부정적 사건을 모두 반영하고 있다. 예를 들어서, 다음과 같은 사례는 긍정적 사건을 보여주고 있다. 피자 배

달직원이 그 지역의 다른 고객에게 물건을 배달하는 동안 어느 한 여성이 괴한에게 오토바이치기로 핸드백을 낚아 채이는 것을 우연히 보게 되었다. 그 배달직원은 배달을 멈추고 그 괴한을 끝까지 추적하여 핸드백을 되찾고 그 여성에게 핸드백을 돌려주었다. 그 여성 가족은 피자 배달직원의 선행에 감동하였고 결코 잊지 못하여 자신들은 물론 주의사람들도 그 피자가게의 단골 고객이 되었다. 그러나 특이한 행동은 부정적 사건도 될 수 있다. 서비스 제공과정에서 나타나는 직원들의 무례함, 과대망상, 부적절한 신체 접촉 등은 비정상적인 행동으로 간주될 것이다.

- 문화적 규범(cultural norm): 형평성, 공정성, 정직성 등과 같은 문화적 규범을 긍정적으로 강화시키거나 사회의 문화적 규범을 위반하는 행동을 말하고 있다. 여기서 위반은 차별적인 행동, 거짓말, 속임수, 도둑질 같은 부정직한 행위, 그리고 고객들에 의해 불공평하다고 여겨지는 다른 활동들을 포함한다. 그리고 문화 규범의 결과로 고객의 개인 공간을 침해하는 것 또한 해당된다.

- 게슈탈트(gestalt)[13]: 이는 전체적으로 뭉뚱그려 이루어지는 고객 평가를 말한다. 즉, 고객이 서비스 과정에서의 접촉을 별개의 사건으로 설명하지 않고 '전체 경험이 끔찍했다' 등과 같은 일반적인 문구를 사용하는 것을 말한다. 다시 말해서, '우리가 당신네 항공사 직원으로부터 얼마나 형편없는 대우를 받았는지, 그것은 고객 서비스에서 거의 완벽한 부정적인 사례 연구감이야!'와 같은 논평은 게슈탈트 실패의 전형적인 예일 것이다.

- 불리한 조건(adverse condition): 이는 스트레스 받는 조건하에서 긍정적이거나 부정적인 직원들의 행동을 다룬다. 만약 어떤 한 서비스직원이 그 주위에 있는 다른 모든 직원들은 이성을 잃고 있는 가운데서 효과적으로 상황 대처를 하게 될 때, 고객들은 불리한 조건에서 그 직원이 보이는 성과에 감명을 받게 된다.

---

13 게슈탈트는 독일어 'gestalten(구성하다, 형성하다, 창조하다, 개발하다, 조직하다 등의 뜻을 지닌 동사)'의 명사형으로, 전체, 형태, 모습이라는 의미가 있다. 게슈탈트라는 용어가 도입된 초기에는 '형태'라고 번역되었지만, 지금은 한국어에서 원뜻을 살릴 수 있는 단어가 적절하지 않아 원어 그대로 사용하고 있다. 게슈탈트 심리학자들에 의하면, 개체는 대상을 지각할 때 그것을 산만한 부분들의 집합이 아니라 하나의 의미 있는 전체, 즉 '게슈탈트'로 만들어서 지각한다고 하였다(네이버 상담학 사전, 2016).

반대로, 만약 배가 침몰하는 가운데 선장과 선원들이 승객들 앞에서 구명보트를 탄다면, 이는 명백하게 악조건에서 보여지는 부정적 행동으로 기억될 것이다.

✔ 문제가 있는 고객들

네 번째 서비스 실패 유형으로서, 서비스 실패에 대해 직원도 서비스기업도 잘못이 없는 경우를 말한다. 이러한 상황에서, 서비스 실패의 원인은 고객 측에 있게 되는 것이다. 문제가 있는 고객들로 인해서 발생하는 서비스 실패는 세부적으로 다음과 같이 구분해 볼 수 있다.

- 취한 상태(drunkeness): 술에 취한 고객의 행동이 다른 고객들, 서비스직원들, 혹은 일반적인 서비스 환경에 불리하게 작용할 때 발생한다. 관광버스를 타고 여행하는 중에 한 그룹의 구성원들이 술에 취해서 다른 고객들한테 불쾌한 감정을 유발시킬 때, 관광회사 담당직원은 신속하게 행동해서 이러한 문제 고객들이 더 이상 술을 먹지 못하도록 설득하고 제지하는 것이 중요하다.

- 언어적, 신체적 학대(verbal and physical abuse): 고객이 서비스직원이나 다른 고객들에게 언어적 혹은 신체적으로 학대할 때 발생한다. 예를 들어서, 만약 어떤 커플이 레스토랑의 가운데서 말싸움을 벌이고 마침내 고성을 지르고 툭탁거린다면 언어적, 신체적 학대에 해당한다.

- 회사 정책 위반(breaking company policy): 회사의 정책을 위반하는 고객들은 서비스직원들이 강제하고자 하는 정책 준수를 거부한다. 예를 들어서, 고객들이 줄서기 정책이나 대체 불가 정책을 무시하게 되면 문제적 상황이 발생하게 된다.

- 비협조적인 고객(uncooperative customer): 일반적으로 무례하고 비협조적이며 비이성적으로 요구하는 고객을 말한다. 서비스직원이 어떻게 이러한 고객을 달래려 하든지 간에, 그 노력은 일반적으로 헛된 것이 된다. 이러한 유형의 고객은 그냥 만족하지 않을 것이기 때문이다.

표 7-3 서비스 실패 유형

유형	내용
핵심 서비스 제공 시스템 실패	• 이용할 수 없는 서비스 • 비합리적으로 느린 서비스 • 다른 핵심 서비스 실패
고객 니즈 및 요청과 관련된 실패	• 특별 니즈(special needs) • 고객 선호도(customer preferences) • 고객 실수(customer errors) • 몰지각한 다른 고객들disruptive others)
내키지 않거나 청하지 않은 직원 행동	• 주의 수준(level of attention) • 특이한 행동(unusual action) • 문화적 규범(cultural norm) • 게슈탈트(gestalt) • 불리한 조건(adverse condition)
문제가 있는 고객들	• 취한 상태(drunkeness) • 언어적, 신체적 학대(verbal and physical abuse) • 회사 정책 위반(breaking company policy) • 비협조적인 고객(uncooperative customer)

3) 서비스 실패의 근본 속성

규명된 서비스 실패 유형으로부터 더 많은 것을 학습하기 위해서, 복구 노력이 뛰어난 서비스 회사들도 체계적으로 근본 원인을 식별할 필요가 있다. 고객이 서비스 실패의 원인을 어디에서 찾고 있는지를 이해하는 것은 서비스기업이 지각된 서비스 실패의 근본 원인을 추적하고 고객들에게 무엇을 어떤 방식으로 제공할 것인지와 같은 서비스 복구 관리 프로그램의 후속 단계 지원을 가능하게 만들어 준다. 서비스 실패의 근본 원인 식별은 다음과 같은 세 가지 평가로 구분된다.

✔ 책임소재(locus)

서비스 실패의 근본 원인과 직접적으로 관련이 있다. 누가 서비스 실패에 책임이 있는가? 서비스 실패의 근본 원인은 서비스제공자, 서비스기업, 고객, 아니면 다른 외부 요인인가? 등이 대표적인 물음이다. 예를 들어서, 전형적인 서비스 실패의 근본 원인은 서비스제공자(무례함, 무관심, 무능력 등), 서비스기업 자체(비우호적인 정책, 부정적 내부 서비스 복구 문화 등) 고객(예약 실패, 지시 불응 등), 혹은 외부 요인(악천후와 같은 자연 요인, 경기 침체와 같은 경제 요인 등)을 포함하고 있다. 서비스 실패에 대한 서비스기업의 소재 파악은 문제에 대한 고객의 지각된 소재 파악과 상당히 다를 수 있음에 주목할 필요가 있다. 문제에 대한 기업 자체의 분석은 미래의 문제 발생을 최소화하는데 도움을 줄 수는 있다. 궁극적으로, 고객이 서비스 실패에 대해서 누가 책임을 져야 하는지에 대해서 인식을 갖게 되면 후속적으로 실패에 대한 반응이 명백해지고 아울러 복구에 대한 기대를 나름대로 설정하게 된다. 예를 들어서, 인터넷이나 모바일 등 온라인을 통해서 거래하는 고객들은 문제의 근원을 그들 자신의 성과에 귀속시킬 가능성이 더 높은 반면에, 오프라인의 상점을 통해서 거래하는 고객들은 그들의 서비스 문제에 대해 상점이나 직원들을 비난할 가능성이 더 높게 된다.

안정성(stability)

서비스 실패가 재발할 가능성과 관련이 있다. 서비스 실패의 원인이 재발할 가능성이 있는가? 이는 일회적 사건인가? 아니면 실패의 원인이 재발할 가능성이 있는 사건인가? 등이 대표적인 물음이다. 서비스기업 입장에서 보면, 만약 특정 서비스 실패가 희귀한 사건으로 분석된다면, 기업은 문제의 근본 원인을 교정하기 위해서 상당한 시간과 자원을 투자할 가능성은 낮게 된다. 한편, 빈번하게 재발될 가능성이 높은 서비스 실패는 즉각적인 관심을 가져야 한다. 고객의 관점에서 보았을 때, 서비스 실패 상황의 지각된 안정성은 고객의 서비스 복구에 대한 기대에 영향을 준다. 서비스 실패의 원인이 반복될 가능성이 있다고 믿는 경우에, 고객들은 교환을 수락하면 또 다른 실패가 발생할 것이라고 믿어지는 교환보다는 환불을 선호하게 된다. 서비스 실패는 어쩌다가 한 번 발생하는 사건이라고 믿을 때, 고객들은 향후 만족을 기대하면서 서비스 실패에 대한 해법으로서 교환을 신속하게 받아들이게 된다.

통제감(controllability)

서비스기업이 서비스 실패 상황의 원인을 통제하고 있는지 여부와 관련이 있다. 책임있는 당사자가 서비스 실패의 원인에 대한 통제를 하고 있는가? 등이 대표적인 물음이다. 안정성 평가와 상당히 유사하게, 서비스 실패의 근본 원인을 교정하는데 서비스기업이 기꺼이 투자하는 시간과 노력은 기업이 향후 결과를 통제할 수 있을지의 여부에 달려 있다. 예를 들어서, 만약 서비스 실패 상황에 대한 원인이 바쁜 주말 저녁시간 레스토랑에서 정전을 유발시켰던 악천후였다고 한다면, 그 상황이 다시는 일어나지 않도록 그 레스토랑이 할 수 있는 일이 거의 없을지도 모른다. 여기서도 통제감 이슈에 대한 고객의 인식은 서비스기업의 평가와는 사뭇 다를 수 있다. 예방할 수 있다고 생각되는 서비스 실패를 경험한 고객들은 더욱 화를 내는 경향이 있고, 재구매 의도도 더욱 낮아지며, 자신들의 불만에 대해서 적극적으로 목소리를 내고 싶은 욕망을 갖게 된다.

4) 서비스 복구 전략 선택

서비스 실패에 대한 근본 원인을 체계적으로 추적하고 있는 서비스기업은 또한 자체적으로 이용가능한 복구 전략의 유형을 공식적으로 구분할 가능성이 높다. 결과적으로 서비스 복구 전략 선택은 서비스 실패의 규명 및 근본 원인 식별의 다음 단계가 되는 것이다. 복구 전략은 서비스제공자가 서비스 실패 상황에 반응하는 행동을 말하고 있다. 예를 들어서, 레스토랑에서 고객의 주문과 상이하게 음식이 나왔을 때 담당 서비스직원은 현장에서 신속하게 고객의 메뉴를 교체하거나, 혹은 은행에서 고객이 잘못 알고 있는 경우 은행은 현금자동인출기(ATM) 인출에 대한 서비스 요금을 면제해 줄 수 있다. 대표적으로, 다음과 같은 서비스 복구 전략을 생각해 볼 수 있다.

✔ 보상 전략(compensatory strategies)

서비스 실패의 감성적, 화폐적, 시간적 비용을 상쇄하기 위해서 해당 고객에게 보상해 주는 것을 말한다. 전형적으로, 고객은 제공된 제품이나 서비스를 유지할 수 있고 보상은 부가가치를 제공한다.

- 무료(gratis): 고객은 무료로 제품이나 서비스를 제공받는다.
- 할인(discount): 고객은 즉각적인 할인을 받는다.
- 쿠폰(coupon): 쿠폰은 나중에 다시 받을 수 있으며, 향후 구매와 관련이 있다.
- 무료 업그레이드(free upgrade): 서비스등급을 상향 조정해 준다(이코노미 좌석에서 비즈니스 좌석으로).
- 무료 보조 제품(free ancillary product): 호텔에서 서비스 실패에 따른 무료 아침식사권을 증정하기도 한다.

✔ 복원 전략(restoration strategies)

새로운 동일한 제품을 제공하거나 원래 제품을 수정하거나 대체 제품을 제공함으로써 현재의 서비스 실패 상황을 상쇄시키고자 고객에게 제공하는 것을 말한다.

- 완전 교체(total replacement): 결함이 있는 제품이 신제품으로 교체된다.
- 교정(correction): 결함이 있는 제품을 수리하여 고객에게 반품한다.
- 대체(substitution): 결함이 있는 제품을 원하지 않거나 재고가 없어서 대체 제품이 제공된다.

✔ 사과 전략(apologetic strategies)

서비스기업이 서비스 실패에 대해서 진정으로 미안함을 표시하는 것을 말한다. 사과는 서비스접점에서 일선 서비스직원들이나 관리자들로부터 나올 수 있다. 이러한 유형의 사과는 전형적으로 서비스 실패 상황에 대한 매우 신속한 대응이 된다. 그러나 고객은 관리적 대응을 더욱 중시하는 경향이 있다. 보통 관리자로부터 사과를 받게 되면, 고객들은 자신들의 불평이 고위층에게 받아들여졌고 공정하게 처리되었다고 느끼게 된다.

- 일선의 사과:(front-line apology): 서비스제공자가 직접 고객에게 사과하는 것
- 고위 관리층 사과(upper-management apology): 고위 관리층이 고객에게 사과하는 것

✔ 변제 전략(reimbursement strategies)

고객이 전형적으로 반품하고 환불이나 매장 크레딧의 형태로 상환을 받는다는 점에서 보상 전략과 차이가 있다. 반품 요청의 결과로, 고객의 원래 필요나 욕구는 충족되지 않은 상태로 남게 된다. 해당 고객은 그 다음에 또 다른 서비스제공자에 대한 탐색을 다시 시작해야만 한다.

- 환불(refund): 제품의 구매 가격이 현금이나 신용카드로 고객에게 상환되는 것
- 매장 크레딧(store credit): 제품의 구매 가격이 매장 크레딧으로 고객에게 상환되는 것

✔ 무반응 전략(unresponsive strategies)

서비스기업이 서비스 실패에 대한 고객 불평에 대해서 고객에게 아무 반응도 보이지 않는 것을 말한다. 이 경우 두 가지로 해석할 수 있는데, 내부 서비스 복구 문화가 정착되어 있지 않아서 그럴 수도 있고, 아니면 불만 고객들의 이탈을 허용하고 이를 상쇄하기 위해서 꾸준히 신규 고객을 받아들이는 결정의 결과일 수도 있다.

- 무반응(no response): 고객 불평에 대한 무반응

표 7-4 서비스 복구 전략 선택

서비스 복구 전략	내용
보상 전략(compensatory strategies)	• 무료(gratis) • 할인(discount) • 쿠폰(coupon) • 무료 업그레이드(free upgrade) • 무료 보조 제품(free ancillary product):
복원 전략(restoration strategies)	• 완전 교체(total replacement) • 교정(correction) • 대체(substitution)
사과 전략(apologetic strategies)	• 일선의 사과:(front-line apology) • 고위관리층사과(upper-management apology)
변제 전략(reimbursement strategies)	• 환불(refund) • 매장 크레딧(store credit)
무반응 전략(unresponsive strategies)	• 무반응(no response)

한국에 있는 소비자 A씨는 아마존에 커피 그라인더를 주문하였다. 그런데 기대했던 것보다 배송이 늦어져 고객센터에 이메일로 문의해 보니 주문한 상품이 한국에 왔다가 통관이 되지 않아서 반송되었다는 사실을 알게 되었다. 그때서야 소비자 A씨는 자신이 개인통관번호를 입력하지 않았던 사실을 기억하였고 뒤늦게 개인정보란에 입력하였다. 한편, 아마존에서는 개인통관번호의 입력을 상기시키지 않았다는 점을 정중하게 사과하고 배송방법을 무료로 업그레이드시켜서 빠른 시일 내에 주문 상품을 받을 수 있도록 조치하였다. 소비자 A씨는 서비스 실패에 대응하는 아마존의 효과적인 대응에 감동하여 차후에도 아마존을 통한 인터넷쇼핑을 더욱 신뢰하게 되었다(<그림 7-6> 참조).

그림 7-6 아마존의 서비스 실패에 대한 효과적인 대처: 사과 및 무료 업그레이드

amazon

Hello,

Thanks for writing back with the order number.

I've upgraded the shipping method for order 112-7993220-1373066 to Priority Shipping, at no extra charge.

Also, I've waived the shipping charge for your order. You won't be charge for shipping.

Once this is processed, you'll also be able to see a detailed summary here:

https://www.amazon.com/gp/css/summary/edit.html?orderID=112-7993220-1373066

As soon as your order has shipped, we'll send you a confirmation e-mail.

We look forward to seeing you again soon.

We'd appreciate your feedback. Please use the buttons below to vote about your experience today.

Best regards,
Kumar R.
Amazon.com

5) 서비스 복구 과정

서비스 복구를 효과적으로 하기 위해서 서비스기업은 일종의 서비스 복구 시스템을 개발하는 것이 필요하다. 이를 위해서는 다음과 같은 서비스 복구 과정을 상세하게 살펴보는 것이 중요하다.

1단계: 서비스 실패 비용 계산

불만이 있어서 이탈하는 고객들은 신규 고객으로 대체되어야만 하며, 여기서 이탈 고객은 보통 부정적 구전을 수행하게 된다. 보통 신규 고객을 확보하는 것은 기존 고객을 유지하는 것보다 항상 몇 배 더 비싸다. 부정적 구전 또한 기업 이미지를 손상시키는 역할을 한다. 실수를 교정하고 문제적 상황을 복구하는 것은 만약 처음부터 서비스가 제대로 제공되었으면 피할 수 있었던 비용을 추가하게 된다. 그러나 많은 경우에, 경영진은 악화된 서비스의 재정적 효과를 제대로 깨닫지 못하고 있다. 그러므로, 관련 비용에 대한 정확한 측정은 경영진에게 잘못 관리된 서비스 과정의 부정적인 재정적 효과에 대해서 경종을 울릴 수 있는 것이다. 고객 손실에 따른 높은 비용의 관점

에서 본다면, 서비스 복구 시스템의 필요성은 쉽게 인식되고 있으며 고객 손실에 대한 보상 비용, 심지어 과대 보상 비용도 부차적이 되는 것이다.

✔ 2단계: 고객들에게 불평 권장

대부분 고객들은 자신들이 직면했던 서비스 및 제품의 문제에 대해서 서비스기업에게 이야기하지 않는다. 그들은 그냥 다른 기업으로 옮겨가는 것이다. 따라서 발생한 실패, 행해진 실수, 서비스지향적 방법으로 기능하지 않는 시스템, 그리고 불량 서비스 품질과 불만족을 야기시키는 다른 이유들에 대한 정보를 얻는 것이 중요하다. 직원들, 특히 고객과 접점을 이루고 있는 서비스직원들은 자사가 고객보다 먼저 서비스 제공과정에서 문제가 있음을 깨달을 수 있도록 실수와 실패에 대한 서비스 과정을 모니터링할 수 있어야 한다. 그러나 많은 문제들은 고객들에 의해서 먼저 인식이 된다. 불만족스러운 고객이 개선이 필요한 사안에 대해서는 직접 정보의 원천을 형성하기 때문에, 고객들이 서비스 시스템에서 품질 문제 및 서비스 실패에 대해서 최대로 쉽게 불평할 수 있도록 만들어야 한다. 일부 기업들은 고객들이 서비스 현장에서 발생했던 실수에 대해서 기업에게 정보를 제공할 수 있도록 첨단 정보기술을 사용하기도 한다. 고객들이 불평할 때, 직원들은 이들 고객들에게 예의를 갖추고 관심을 보여주어야만 한다.

✔ 3단계: 서비스 복구 요구 사항 파악

실수는 어디에서나 일어날 수 있으며 서비스 실패는 아무때나 발생할 수 있다. 그러나 서비스 과정, 직원 관리, 서비스 제공과정에서 사용되는 시스템, 그리고 정보 및 지침에 대한 고객들의 필요를 면밀히 분석함으로써, 서비스 실패 위험이 높은 분야를 발견하는 것이 가능해진다. 한 실수가 연쇄효과를 낼 수 있는 상황은 특히 문제가 많다(예를 들면, 지연된 입국 비행은 환승이 필요한 고객에게 연결된 다른 항공기를 놓칠 수 있는 문제를 야기시킨다). 복잡한 정보기술은 서비스 실패 위험이 높은 또 다른 분야이다. 따라서 새로운 시스템 도입은 항상 예민하고 중요한 문제이다. 실수의 위험이 특별히 높은 이와 같은 분야를 알아차림으로써, 경영층은 미래에 발생할 수 있는 서비스 실패를 사전에 대비할 수 있게 된다.

✔ 4단계: 신속한 서비스 복구

불만족스러운 고객이 부정적 구전을 하는 비율은 만족한 고객이 긍정적 구전을 하는 것보다 몇 배나 큰 것으로 나타나고 있다. 카카오톡, 페이스북, 인스타그램 등과 같은 소셜 미디어의 출현으로 이러한 효과는 훨씬 더 강력해지고 있다. 문제가 발생했는데도 늦게 대처하고 교정이 될수록, 그만큼 더 부정적 구전은 많이 만들어지고 퍼지는 것이다. 더욱이, 서비스 품질 인식에 미치는 손상 정도는 복구가 지연되었을 때가 신속한 복구가 이루어졌을 때보다도 훨씬 더 크다.

✔ 5단계: 직원 훈련

서비스 현장에서 고객접촉 직원들은 서비스 실패를 신속하게 파악하고 복구해야만 하는 이유를 이해해야만 한다. 이를 위해서, 먼저 그들은 왜 문제와 실수, 그리고 그들이 서비스 프로세스에 실망하는 것처럼 보이는 고객들 혹은 그 과정에 효과적으로 참여하는 방법을 이해하지 못하는 고객들을 일선에서 발견할 책임이 있는지를 이해하고 평가할 필요가 있다. 그리고 고객접촉 직원들은 실망한 고객들의 좌절을 관리하고 서비스 실수를 신속하게 교정하며 고객에게 손실에 대해서 보상하는 등의 조치를 취하는 자신들의 책임을 이해하고 받아들일 필요가 있다. 직원들이 문제가 발생하는 상황을 돌보는 데 필요한 서비스지향적인 관점을 가질 뿐만 아니라 이러한 상황에서 요구되는 기술을 가질 수 있도록 훈련이 이루어져야 한다. 만약 이러한 통일된 서비스지향적인 관점이 없다면, 서비스직원들은 고객에 대한 서비스 복구 요구 사항의 관점이 서로 다를 수 있다.

✔ 6단계: 고객접촉 직원에게 권한 이양

훈련은 직원들에게 서비스 복구과정에서 상황 파악 및 자신들의 중점 역할, 그리고 복구를 수행하는 데 필요한 지식과 기술을 훨씬 더 잘 이해할 수 있도록 만들어 준다. 그러나 불만족스러운 고객들을 다루기 위해서, 직원들은 무엇을 하며 얼마만큼 보상해야 할지에 대한 결정을 내릴 수 있는 권한이 필요하다. 또한 자신들의 권한이 어디까지이며 언제 서비스 실패에 대한 복구 작업이 조직 내 다른 사람에게 넘어가야 하는지 혹은 불평에 대한 공식 문서가 언제 만들어져야 하는지를 알 필요가 있다. 따라서 해당 직원들에게 권한이 이양되어서 정보 및 데이터베이스, 그리고 상품권, 무료 티켓 또는 돈과 같은 보상 시스템에 접근이 가능하도록 만들어 주어야 한다.

✔ 7단계: 고객에게 계속 알려주기

고객은 항상 서비스 제공과정에서 발생한 실수 혹은 실패가 인정되었고 복구 과정이 진행되고 있음을 알 수 있어야 한다. 만약 서비스 복구가 현장에서 시작될 수 없고 시간만 지체된다면, 고객들에게 그 상황을 계속 알려주어야만 한다. 마침내 발생한 문제가 교정되었을 때, 복구 결과에 대해서는 물론 기업 입장에서 실패로부터 학습한 사항은 무엇이며 서비스 프로세스 개선을 위해 어떤 시정 조치를 취했는가에 대해서 고객에게 일려줄 필요가 있다.

PART 02

✔ 8단계: 실수로부터 학습

서비스기업은 서비스 복구 경험을 생산적인 방식으로 사용하기 위한 어떤 시스템을 반드시 가지고 있어야만 한다. 서비스 실패, 서비스 품질 문제, 그리고 기타 실수들은 조직 내 다른 과정에서의 구조적 문제나 직원 및 관리층의 태도 문제로 거슬러 올라갈 수 있기 때문이다. 서비스기업이 문제의 근본 원인을 분석하고 근본적인 과정이나 태도를 시정하는 것은 매우 중요하다. 문제가 발생한 상황은 다음에 재차 발생할 때 더 잘 처리되어야 하기 때문이다.

표 7-5 서비스 복구 과정

단계	내용
1단계	서비스 실패 비용 계산
2단계	고객들에게 불평 권장
3단계	서비스 복구 요구 사항 파악
4단계	신속한 서비스 복구
5단계	직원 훈련
6단계	고객접촉 직원에게 권한이양
7단계	고객에게 계속 알려주기
8단계	실수로부터 학습

생각해봅시다

01	고객 불평행동의 심리는 어떤 것인가?
02	불평고객 유형을 생각해보자.
03	고객이 불평하는 이유와 불평하지 않는 이유를 구분해보자.
04	불평 처리와 서비스 복구는 어떻게 차이가 있는가?
04	서비스 실패가 발생했을 때 서비스 복구는 어떻게 해야 할까?
05	인터넷쇼핑의 서비스 실패 및 복구는 어떤 특성이 있는가?
06	서비스 복구 관리 프로그램을 효과적으로 관리하는 방법은 무엇인가?

CHAPTER 08

고객 유지

학습목표

- 관계란 무엇이고, 고객은 언제 고객이 되는지 학습한다.
- 관계 마케팅을 알아본다.
- 관계 마케팅의 주요 구성개념을 알아본다.
- 고객 유지의 의미를 살펴본다.
- 고객 가치의 통합적 관리를 이해한다.
- 고객 유지의 효익을 고객 측면 및 서비스제공자 측면으로 구분하여 학습한다.
- 고객 유지 전략을 구체적으로 살펴본다.
- 서비스 보증에 대해서 자세하게 알아본다.

도입사례

매장마다 특색 메뉴 '쉐이크쉑' vs. 3대째 같은 메뉴 '인앤아웃' 다른 전략으로 소비자 공략

미국 최대 식품 시장은 햄버거 시장이다. 2014년 기준 시장 규모는 733억 달러(약 80조 786억원)로 2위인 피자 시장의 두 배다. 이 시장에서 자신만의 개성으로 승부하는 신흥 체인들이 급속히 증가하고 있다. 대표적인 것이 동부의 쉐이크쉑(Shake Shack)과 서부의 인앤아웃(IN-N-OUT). 이 둘은 탄생한 지역만큼 다른 경영 방식으로 세력을 확대하고 있다.

◎ 전문 경영인 對 대가족 경영

쉐이크쉑은 스타 경영인 대니 마이어의 손에서 탄생해 랜디 가루티 전문 경영인 체제로 운영 중이다. 하지만 인앤아웃은 3대째 내려오는 가족 기업이다. 쉐이크쉑의 마이어 회장은 자서전 '세팅 더 테이블' 발간 후 TV에도 자주 출연하는 유명 인사지만, 인앤아웃의 린시 스나이더 회장은 결혼 횟수와 자녀 수도 제대로 공개된 적 없을 정도로 은둔형 경영자다. 스나이더 회장이 은둔형이 된 이유로 일각에서는 비극적인 가족사를 거론한다. 인앤아웃이 화제가 된 건 2,000년대 들어서지만, 그 역사는 1948년으로 거슬러 올라간다. 미 캘리포니아주(州) 남서부 볼드윈파크의 한 교차로에서 해리 · 에스더 스나이더 부부가 햄버거 가게를 낸 것이 시작이다. 이 매장은 캘리포니아 최초의 드라이브 스루였고, 곧 마을의 명물로 떠올랐다. 인앤아웃이 매장을 확장하기 시작한 건 차남인 리치가 회사를 물려받고 나서다. 그는 1990년 샌디에이고점을 시작으로 네바다 등 다른 주(州)로도 매장을 확대했다. 하지만 리치는 비행기 사고로 젊은 나이에 사망하고, 형인 가이가 물려받아 확장 정책을 이어갔지만, 그 역시 약물 과다 복용으로 갑작스럽게 사망했다. 2010년 회사를 물려받아 6대 회장에 오른 건 당시 28세에 불과했던 가이의 딸 린시다. 현재 34세인 린시는 블룸버그가 선정한 미국 내 젊은 여성 부자 순위 중 엘리자베스 홈스 테라노스 창업자에 이어 2위다. 지금은 두 신탁회사가 인앤아웃 지분 72.4%를 갖고 있지만, 1년 후 35세가 되면 지분을 모두 상속받는다. 블룸버그가 평가한 인앤아웃의 기업가치는 11억 달러. 하지만 린시는 지난해 CNBC 인터뷰에서 "앞으로 회사를 상장할 일은 절대 없을 것"이라며 "나는 가족들이 세상에 없기 때문에 더욱 단단하게 가족 기업의 전통을 지킬 것"이라고 말했다.

◎ 다양성 對 통일성

두 회사는 경영 스타일만큼 메뉴에 대한 철학도 다르다. 쉐이크쉑은 매장을 낼 때마다 특색 있는 메뉴를 개발한다. 지난해 기업을 상장했고, 앞으로도 전 세계 다양한 도시에 지점을 내는 것이 목표다. 하지만 인앤아웃은 어느 매장을 가더라도 동일한 맛을 느끼게 하는 것이 원칙이다. 이런 원칙을 지키기 위해 해외는 물론, 미 서부 밖으로도 나가지 않는다. 모든 재료를 본사에서 배달한다. 배달이 불가능한 지역은 매장을 내지 않는다. 제조 노하우 유출을 막고 신선도를 유지하기 위한 방법이다. 3대 경영으로 내려왔지만, 메뉴도 창업 초기와 같다. 햄버거, 치즈버거, 더블더블(패티가 두 개) 등 세 가지뿐이다. 냉동 고기와 전자레인지, 적외선램프는 쓰지 않는 원칙도 변하지 않았다. 이런 철학은 린시의 할아버지인 창업자 해리 스나이더부터 내려왔다. 해리는 가게를 처음 열었을 때부터 매일 정육점에서 고기를 사와 햄버거를 만들 정도로 재료의 신선도를 중시했다고 한다. 이런 고집 때문인지 인앤아웃은 각종 햄버거 순위에서 1위로 뽑힌다. 미국 데이터 분석 기관인 랭커가 지난해 발표한 최고의 버거 순위에서도 인앤아웃의 더블더블이 1위를 차지했다.

〈출처〉 조선 위클리 비즈(2016년 8월 13일)

그림 8-1 미국 동부의 쉐이크쉑(Shake Shack)과 서부의 인앤아웃(IN-N-OUT)

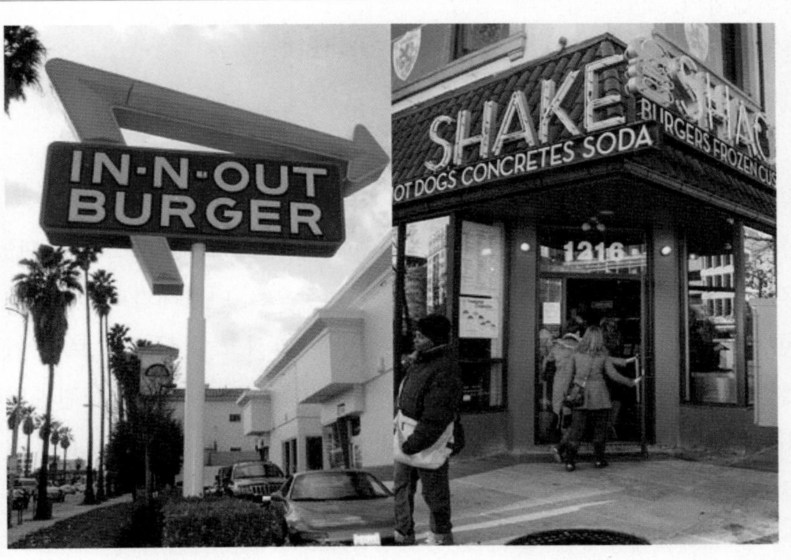

PART 02

01 관계 마케팅

1) 개관

서비스기업을 둘러싼 경영환경이 급격하게 변화하면서 서비스마케팅의 전략과 전술 또한 빠르게 달라지고 있다. 최근 들어서 경쟁적 환경의 변화로 인해 마케터는 새로운 접근법과 철학을 받아들일 수밖에 없기 때문이다. 이러한 변화를 야기시키는 대표적인 원인은 다음과 같다:

- 급격한 기술 개발
- 고객 역량 강화
- 전통적인 미디어의 해체
- 대화형 및 모바일 마케팅 옵션의 성장
- 채널 변환 및 탈중개화

- 경쟁 및 산업 컨버전스 증가
- 글로벌화와 개발도상국의 성장
- 환경, 지역 사회 및 사회 문제에 대한 관심의 증가
- 심한 경기 침체

이렇듯 경영환경이 급격히 변하고 경쟁이 치열해지면서 마케팅의 이론 및 활동은 거래중심(transaction-oriented)에서 관계중심(relationship-oriented)으로 바뀌었다. 이에 따라 고객들은 점차 파트너십을 가지고 있는 대상으로 변화해가고 있으며 기업들 또한 이러한 관계를 유지하기 위해서 품질, 서비스, 그리고 혁신 등으로 장기적인 투자와 노력을 병행해야만 하는 것이다. 특히, 서비스 활동은 본질적으로 관계적(inherently relational)이다. 예를 들어서, 고객이 레스토랑에서 음식을 주문하거나 은행에서 예금을 인출하는 서비스접점(service encounter)은 과정(process)인 것이다. 서비스접점의 어느 지점에서 서비스제공자는 고객과 상호작용(interaction)하면서 존재하고 있다. 심지어 단 하나의 서비스접점도 관계적 요소를 포함하고 있다. 여러 번의 서비스접점이 연속적이거나 단속적인 방식으로 서로 뒤따르는 경우에, 그리고 고객과 서비스제공자가 상호작용을 원하는 경우, 관계(relationship)가 나타난다. 만약 고객이 서비스기업과의 접촉에서 뭔가 특별하고 가치있는 것을 느끼게 되면, 관계는 발전할 수 있다. 지각된 관계(perceived relationship)가 고객 로열티(customer loyalty)를 형성하는 데 충분하지는 않더라도, 로열티의 중심이 되고 있는 것만은 확실하며 로열티가 있는 고객은 항상은 아니지만 대부분 수익성을 제고시켜 주고 있다.

관계 마케팅은 이러한 패러다임 변화에 알맞은 개념으로서 신규 고객을 창출하는 데 비중을 두기보다는 오직 기존 고객들을 유지하고 관리하는 데 주안점을 두는 전략지향적인 일종의 사업철학이라고 할 수 있다. 이 철학은 소비자가 기존 관계를 선호할 것이라는 것을 가정하고 있다. 즉, 소비자들은 그들의 가치를 탐색하는 데 있어서 여러 서비스기업들 사이에서 지속적으로 서비스제공자를 전환하기보다는 어느 한 고정된 서비스제공자와 지속적인 관계를 갖는 것을 선호한다고 가정하는 것이다. 이러한 가정 및 신규 고객 창출보다는 기존 고객 유지가 마케팅비용이 적게 들고 있다는 사실에 근거해서, 성공적인 마케터들은 고객들을 유지시키는 데 효과적인 마케팅전략을 구사하고 있다. 관계 마케팅은 더욱 전체적이고 개인화된 브랜드 경험을 제공해 더 강력한 소비자 유대를 창출한다. 보통 관계 마케팅은 브랜드 구축 마케팅 프

로그램의 폭을 넓혀주고 깊이를 더해주고 있다. 관계 마케팅이 제공하는 대표적 장점은 다음과 같다.

- 새로운 고객을 유치하는 비용은 현재의 고객들을 유지하는 것과 관련된 비용의 5배 정도 소요된다.
- 평균적으로 매년 고객들의 10%가 기존 거래 기업에서 이탈한다.
- 고객이탈률 5%가 감소하면 산업에 따라 이익을 25~85%까지 증가시킬 수 있다.
- 고객이익률은 유지된 고객들의 일생 동안 증가하는 경향이 있다.

2) 관계란 무엇인가?

관계(relationship)는 둘 이상의 당사자 사이에서 발생한다. 따라서 한 당사자인 서비스기업이나 마케터가 그렇다고 믿거나 이야기하기 때문에 고객과의 관계가 구축되는 것은 절대로 아니다. 고객은 전혀 그렇게 생각하지 않는데 마케터들은 자신들이 관계 마케팅으로 전환했으며 자신들의 노력이 관계지향적(relationship-oriented)이라고 이야기하는 경우가 비일비재하다. 실제로, 고객들에게 물어볼 경우 마케팅 실무자들이 소위 관계 마케팅이라고 부르는 상당수의 마케팅 프로그램이 고객 관계를 창출하고 유지하는 것과는 거리가 멀다고 하는 것을 알 수 있다. 서비스기업 입장에서는 더 많은 맞춤형 직접 메일, 맞춤형 이메일 또는 모바일 연락처, 로열티 클럽의 멤버십 등을 제공한다고 하지만, 고객에게는 그저 매번 동일하게 느껴지는 느린 서비스 및 관심없는 서비스직원, 이메일이나 전화에 대한 응답 없음 혹은 늦은 응답과 늦은 불만 처리를 의미하는 것일 수 있다. 설사 고객이 개선된 직접 접촉과 로열티 클럽의 멤버십을 통해서 혜택을 본다고 하더라도, 이것은 관계 기반 고객관리도 아니고 관계 또한 발전하지 않는 것이다. 관계는 모든 중요한 고객접촉(customer contacts)과 상호작용(interactions)이 관계지향적일 때만 비로소 발전할 수 있는 것이다.

언제 관계가 발전했는지를 정의하는 한 가지 방법은 특정 고객이 얼마나 많이 동일한 기업으로부터 구매하는지를 측정하는 것이다. 만약에 어떤 특정 고객이 일정 기간 동안 지속적인 구매를 하거나 혹은 이 고객과의 계약이 효과적이라면, 기업과 이 고객과의 관계는 발전되었다고 말할 수 있다. 한 특정 고객에 의한 반복적인 구매는 기업과 이 고객 사이의 관계의 발전에 대한 표시는 될 수 있다. 그렇다고 이 측정이 관계가 발전되었는지 아닌지를 평가하는 좋은 방법이 되는 것은 아니다. 한 고객이 관계를 맺는다는 인식 없이 어느 특정 서비스제공자로부터 일정 기간 동안 구매를 지속하는 데에는 많은 이유가 있을 수 있다. 대표적으로, 저렴한 가격을 생각해 볼 수 있다. 그러나 다른 경쟁사가 더 나은 가격을 제시하면 고객은 다른 기업으로 돌아설 것이다. 편리한 위치도 또 다른 이유가 될지도 모른다. 고객이 특정 기업과 어떤 관계가 있다고 느끼지 않을지라도 그 기업과 거래를 하는 데에는 다른 유대성들(other bonds)도 많이 있다. 그러나 관련된 유대성이 제거되면 그 고객이 이탈할 가능성도 높아지게 된다. 이와 같은 유대성은 주로 기술적, 지리적, 혹은 지식적 특성에 기반을 두고 있다. 그러므로 무엇이 관계를 형성하도록 만들어주는지에 대한 관점을 가지고 있는 것은 중요하다. 관계는 대체로 태도(attitude)와 관련되어 있다. 관계는 고객의 구매 행동으로만 분명해지지 않는다. 고객들의 마음과 진심 또한 다른 관계 및 관계 당사자에게 몰입이 되어야만 한다. 예를 들어, 공동체의 구성원들은 그 공동체에 묶이는 뭔가가 있다고 느낀다. 이 느낌은 아무 근거도 없이 발전되지 않는다. 마찬가지로, 서비스를 제공받고 있는 고객들은 이러한 관계 의식을 서비스제공자로부터 얻고자 한다. 결국 관계는 고객들이 어떻게 특별하게 다루어지는가로부터 얻어진다. 이런 이유로 서비스 기업은 관계를 용이하게 하는 상호작용과 소통과정을 만들어야만 한다. 하지만 관계를 발전시킬지 여부를 결정하는 당사자는 기업이 아니라 바로 고객이다.

3) 고객은 언제 고객이 되는가?

마케팅 관점에서, 고객은 자신이 마케팅과 판매 활동의 표적이 될 때 고객으로 여겨진다. 그러나 관계 관점에서 보면, 상황은 달라진다. 관계는 계속 진행 중인 과정(ongoing process)이라 할 수 있다. 시장에서 상품과 서비스, 그리고 정보와 다른 자원의 거래는 계속해서 발생한다. 그러나 관계는 거래할 때는 물론 그렇지 않을 때도 항상 존재한다. 고객은 마케터가 그들이 구매할 때만이 아니라 그렇지 않을 때도 그들을 돕고 지원하기 위해서 존재한다고 지속적으로 느껴야 한다. 그러므로 일단 관계가 구축되면, 이런 고객은 지속적인 기준으로 고객이 되는 것이다. 그리고 그들은 그들이 어떤 정해진 시점에서 구매를 하는지의 여부에 관계없이 고객으로 취급되어야 한다. 이러한 원리를 이해하고 이처럼 행동하는 기업은 자신들의 고객을 관계 고객(relational customers)으로 대한다. 예를 들어서, 과거 수년 동안 SAS 스칸디나비아 항공(Scandinavian Airlines)은 그들의 가장 가치있는 고객들, 최고급 상용 여행자 카드 소지자들, 그리고 상용 항공 서비스 사용자들의 의미를 그들이 이해하고 있음을 보여주었고, 또한 이들을 관계 고객(relational customers)으로 여겼다. 이러한 카드 소지자들은 그들이 SAS 스칸디나비아 항공을 이용하는 여부와 관계없이 이 항공사의 라운지를 사용할 수 있도록 초대되었다. 고객들은 자신들이 SAS 스칸디나비아 항공의 관계 고객이며 단골 사용자로 존중받는다고 느꼈다. 특정 기업이 제공하는 서비스를 언제나 사용하는 것이 항상 가능한 것은 아니다. 모든 상용 항공여행자들이 알고 있듯이 공항 라운지로의 접근은 실질적인 가치 지원 서비스라고 할 수 있다. 그런데 어느 순간에 SAS 스칸디나비아 항공의 이 정책은 갑자기 폐지되었다. '왜 우리가 다른 항공사 고객을 대접하기 위해서 추가적인 비용을 감당해야 하는가?'가 경영층에서 제기된 질문이었다. 이 결과로, SAS 스칸디나비아 항공의 고객들은 자신들이 언제나 항상 관계 고객이 아니라 오직 자신들이 실질적으로 값을 지불하고 이 항공사 서비스를 이용할 때에만 가치있는 탑승자로 대우받는다는 것을 알게 되었다. 결과적으로, 그렇지 않은 다른 상황에서는 이들은 이 항공사에게 유명무실한 존재가 되었다.

그림 8-2 관계 고객을 만들고 있는 SAS 스칸디나비아 항공의 라운지

PART 02

4) 신뢰, 몰입, 매력

사회생활을 하는 것과 마찬가지로 서비스기업과 고객과의 관계에서 신뢰, 몰입, 매력의 개념은 매우 중요한 역할을 한다.

신뢰(trust)

다른 당사자에 대한 신뢰는 주어진 상황에서 상대방이 어떤 예측가능한 방식으로 행동하기를 바라는 한 당사자의 기대라고 설명할 수 있다. 만약 다른 당사자가 기대하는 방식으로 행동하지 않는다면, 신뢰하고자 하는 집단(예를 들면 고객)은 처음부터 신뢰하지 않았을 때보다 더 부정적인 결과를 경험하게 될 것이다. 신뢰에 대한 또 다른 공통적인 정의는 신뢰는 확신을 가지고 있는 사업 파트너에게 의지하고자 하는 마음이다. 신뢰는 부분적으로 다른 당사자와 상호작용하는 과거의 경험(past experiences)에 달려 있다. 부분적으로 계약, 규정과 사회적 규범, 그리고 다른 한편으로는 개성 요인(personality factors) 같은 다른 요소들에 의존한다. 이와 같은 요소들을 통해서 한 당사자는 관계를 맺고 있는 상대방이 자신의 기대에 따라 예측가능한 방식으로 행동하도록 만들 것으로 기대할 수 있다. 관계에 있어서 신뢰의 존재는 향후 상대방으로부터 파생할 수 있는 위험과 예기치 못한 행동에 대한 일종의 보험이라고 할 수 있다. 시장에서 신뢰가 어떻게 생성되고 개발될 수 있는가는 여전히 논쟁 중에 있다. 예를 들면, 신뢰는 지속적인 관계만 되면 저절로 구축되는 것인지, 아니면 잠재 고객이 이 마케터와 비즈니스 관계를 맺기 위해서는 마케터에 대한 신뢰가 반드시 있어야 하는지 등의 질문들에 대한 명확한 해답은 없다. 그러나 많은 마케팅 연구를 살펴보면, 만약 마케터가 신뢰할 수 있다고 판단되면 서비스기업은 잠재 고객과 보다 쉽게 연결되고 관계도 구축할 수 있음이 밝혀지고 있다.[1]

몰입(commitment)

몰입이란, 관계에 있는 한 당사자가 다른 당사자와 거래를 할 의욕을 어느 정도 느낀다는 것을 의미한다. 몰입은 또한 가치있는 관계를 유지하고자 하는 지속적인 열망으로 정의되어 왔다. 시장에서 고객은 어느 마케터에게 몰입하게 되는데, 이는 해당 마케터가 신뢰할 수 있는 것으로 증명되었고 가치 창출(value creation)을 성공적으로

---

1 Sekhon, H., C. Ennew, H. Kharout and J. Devlin(2014), "Trustworthiness and Trust: Influences and Implications," *Journal of Marketing Management*, 30(3-4), 409-430.

지원하는 솔루션을 제공할 수 있다는 것을 보여주었기 때문이다. 예를 들어서, 렌터카 회사는 신속하고 정확하게 차량 수선 및 유지 서비스를 어느 때나 일관되게 제공하고 있는 수리정비 카센터에게서 헌신적이라고 느낄지도 모른다. 만약 해당 수리정비 카센터가 여름 휴가철이나 추석 등과 같은 특정 시점에 차량 서비스에 대한 과도한 수요가 발생하여 눈코 뜰 새 없이 바쁜 와중에도 자사 렌터카 차량들에 대한 수리 및 유지 서비스를 야근도 불사하고 제공하는 것을 보게 된다면, 몰입 의식은 더욱 깊어질 것이다.

✔ 매력(attraction)

매력은 관계 마케팅의 세 번째 핵심 개념이다. 이는 마케터에게 고객들이 흥미롭게 느낄 수 있는 무언가가 있어야 한다는 것을 의미한다. 매력은 재정적(financial), 기술적(technological), 혹은 사회적(social) 요소로 구성되어 있다. PWC(Price Waterhouse Coopers), Deloitte, KPMG, E&Y(Ernst and Young) 등 세계적으로 공인된 회계법인들은 아마도 여러 나라에 소속되어 있는 대형 기업들을 큰 재정적 기회를 제공하는 매력적인 잠재고객으로 평가하게 될 것이다. 동일한 방식으로, 특정 제조공법에 대한 최신 기술을 가지고 있는 IBM 같은 기술지원 서비스기업은 첨단기술에 대한 소프트웨어를 필요로 하는 제조업체들에게는 매력적인 파트너가 될 수 있다. 심지어 일상적인 사회적 접촉도 높은 평가를 받게 되면 사업 관계로 이어질 수 있는 매력의 원천을 형성할 수 있다. 만약 양 당사지들 간에 매력이 존재하게 되면, 발전시킬 관계에 대한 기본은 마련된 것이다. 만약 매력이 결여된다면, 양 당사자들은 상대방을 대상으로 사업을 시작하지는 않을 것이다.

5) 관계 마케팅의 주요 구성개념

관계 마케팅에 도움이 되는 세 가지 개념에는 대량 맞춤화(mass customization), 1:1 마케팅(one-to-one marketing), 그리고 퍼미션 마케팅(permission marketing)이 있다.

✔ 대량 맞춤화(mass customization)

고객의 정확한 니즈에 맞도록 제품을 만들고 서비스를 제공하는 것에 대한 개념은 오래된 것이지만, 디지털 기술(digital technology)의 도래는 제조업이든 서비스업이든 간에 기업들로 하여금 이전에 들어보지 못한 규모의 맞춤화된 제품 및 서비스를 제공하는 것을 가능하도록 만들었다. 고객들은 온라인을 통해 자신의 필요와 욕구를 마케터에게 직접 전달할 수 있게 되었다. 즉, 대량 맞춤화는 소비자들이 기본적인 구매에서조차 그들 스스로를 구별할 수 있게 만들어 주고 있다. 온라인 보석회사 블루나일(Blue Nile)은 온라인을 통해서 고객들에게 합리적 가격으로 그들만의 반지를 디자인하게 했고, 만약 고객들의 기대에 못미치게 되면 30일 이내에 교환 및 환불이 가능한 정책을 시행하고 있어 잠재고객들의 불안을 감소시켜주고 있다. 릭소 백웍스(Rickshaw Bagworks) 또한 온라인을 통해 고객들이 주문하기 전에 다양한 패턴을 제공하여 자신들만의 백을 디자인할 수 있도록 만들고 있다. 랜드 엔드(Land's End)도 고객들이 원하는 크기와 모양을 최적 상태로 맞추기 위해 웹사이트에서 바지와 셔츠의 맞춤화를 가능하도록 만들었다. 그러나 대량 맞춤화는 제품에만 국한하지 않는다. 은행, 보험, 증권 등과 같은 금융서비스기업들도 고객 특화 서비스를 개발해 그들의 서비스 체험을 증진시키려 하고 있다. 예를 들어서, 재무설계사(financial planner)의 서비스를 생각해 보자. 재무설계사의 기본 업무는 포트폴리오(portfolio) 설계를 통해서 고객의 자산운용을 최적으로 만드는 것이다. 국내외 예금, 채권, 주식, 채권은 물론, 주택대출비교, 부동산 개발투자, 외환차익 거래, 브릿지론(bridge loan) 투자, 임대 부동산 등 다양한 투자처를 개발하여 위험을 관리하면서 수익성 제고를 자문해 주는 서비스라고 할 수 있다. 이를 통해서 고객의 니즈와 성향에 따라 다양한 방식으로 개인별 재무설계 서비스가 대량으로 맞춤화될 수 있다.

1:1 마케팅(one-to-one marketing)

1:1 마케팅의 기본 원리는 소비자들이 마케터들에게 정보를 제공함으로써 자신들의 가치를 첨가하는 것을 돕는다는 것이다. 이에 따라 마케터들은 정보를 얻고 소비자들을 위한 보상체험을 양산함으로써 가치를 더할 수 있다. 또한 그렇게 함으로써 기업은 전환비용(switching cost)을 창출하고 거래비용을 절감하여 소비자를 위한 효용을 극대화할 수 있는데, 이 모두는 강력하고 적절한 관계를 구축하는 것을 도와주고 있다. 따라서 1:1 마케팅은 다음과 같이 몇 가지 근본적인 개념에 기초하고 있다.

- 소비자 데이터베이스를 통해 개별 소비자에게 집중한다: "우리가 소비자를 선정한다."
- 상호작용성을 통해 소비자 대화에 반응한다: "소비자는 우리에게 말하고 있다."
- 제품과 서비스를 주문 제작한다: "우리는 고객을 위해 독특한 것을 만든다."

1:1 마케팅의 또 다른 중심 이론은, 소비자의 다양한 니즈 및 기업에 대한 소비자의 상이한 현재와 미래 가치로 인해서 다양한 소비자들에게 차별적으로 대응하는 것이다. 예를 들어서, 리츠칼튼(Ritz-Carlton) 호텔은 소비자 선호도를 분석하기 위해 데이터베이스를 축적하였고 이를 이용하여 고객들이 세계 어느 지역을 방문하든지 자사 연계 호텔에 투숙하게 되면 그들의 습관, 개성, 취향, 니즈 및 선호도를 최대한 반영하여 룸서비스를 제공하도록 하였다. 즉, 1:1 마케팅의 실행을 통해 가장 가치있는 소비자들에 대해 더 많은 마케팅 노력을 기울이는 것이 중요하다고 강조한 셈이다. 또한 꽃배달 서비스업체의 사례를 생각해 보자. 어머니를 위한 꽃들을 주문한 적이 있는 어느 고객이 이 꽃배달 서비스업체로부터 '작년에 장미와 별 모양의 백합을 보낸 사실과 올해 어머니의 생일에 그녀의 집 앞에 다시 한 번 아름다운 꽃들을 놓도록 상기시켜주는' 엽서를 받게 된다면 양 당사자 간의 관계 의식은 더욱 깊어질 것이다.

PART 02

그러나 이렇게 온라인 혹은 오프라인을 통해서 상기시켜주는 활동들이 유용할 수 있지만, 마케터들은 고객들이 항상 그들의 행동을 반복하기를 원한다고 가정해서는 안 된다. 예를 들어서, 만약 그 꽃들이 고객의 원래 목표를 달성하지 못하고 부정적 경험을 유발시킨 계기를 만들었다면 어떻게 될까. 그러한 상황에서 상기시켜주는 마케팅 활동은 그리 환영받지 못할지도 모른다. 따라서 1:1 마케팅은 섬세하고 조심스러운 접근방식이 전제되어야 하는 것이다.

그림 8-3 1:1 마케팅의 상징적 서비스기업, The Ritz-Carlton

퍼미션 마케팅(permission marketing)

퍼미션 마케팅은 소비자들로부터 명백한 허락을 취득한 후에만 해당 소비자들에게 마케팅을 실행하는 것으로, 기업들이 어떻게 혼잡스러움을 돌파하고 고객 로열티를 구축할 수 있는지에 관해서 솔루션을 줄 수 있는 마케팅 방식이다. 퍼미션 마케팅이 등장한 배경에는 잡지, DM, 게시판 광고, 라디오, TV 광고 등과 같은 전통적인 대중매체 캠페인을 활용한 '끼어들기 마케팅(interruption marketing)'이 효과적이지 않다는 측면이 자리잡고 있다. 현대의 소비자들은 대중매체를 통한 끼어들기 방식의 마케팅 메시지에는 거부감을 느끼고 있는 것으로 나타났다. 반면에, 소비자들은 그들이 허가해 준 방식으로 마케팅 메시지를 받는 것에 대해서는 고마워하는 것으로 나타났다. 따라서 너무도 많은 마케팅 정보가 매일 소비자들에게 쏟아지는 상황에서 만약 마케터들이 소비자의 흥미를 끌기를 원한다면, 그들은 우선 무료 샘플, 판매 촉진이나 할인, 콘테스트 등과 같은 일종의 유인책을 제공하고 나서 그 이후에 메시지 전달에 대해서 소비자의 허락을 받아낼 필요가 있다는 주장이 나오고 있다. 이러한 방식을 통해 소비자의 협조를 이끌어냄으로써 마케터들은 잠재적으로 소비자들이 미래에 더 많은 커뮤니케이션을 받고 싶어 할 만큼의 강력한 관계를 발전시킬 수 있게 된다.

보통 방대한 데이터베이스와 진보된 소프트웨어의 도움으로 기업은 기가바이트에 달하는 고객데이터를 축적하고, 표적시장을 선정하며, 개인화된 마케팅 이메일 메시지를 고객들에게 전송하기 위해 이 정보들을 처리할 수 있다. 효율적인 퍼미션 마케팅은 다음과 같이 5단계를 거치게 된다.

- 1단계: 잠재고객에게 가능한 인센티브를 제시한다.
- 2단계: 시간이 지남에 따라 관심있는 잠재고객에게 커리큘럼을 제공하고 소비자에게 제품 또는 서비스 판매에 대해서 교육한다.
- 3단계: 잠재고객이 자신의 허락을 유지할 수 있도록 인센티브를 강화한다.
- 4단계: 소비자로부터 더 많은 허락을 얻기 위해 추가적인 인센티브를 제공한다.
- 5단계: 시간이 지남에 따라 소비자가 이익을 위해 행동을 변화시키도록 퍼미션을 활용한다.

최근 소비자 조사 연구에서 응답자 중 87%는 이메일이 "새로운 제품에 대해 들을 수 있는 좋은 방법"이며, 응답자의 88%는 소매업자의 이메일로 쿠폰을 다운로드/

인쇄하도록 촉진했다고 말했다. 75%는 그들이 온라인으로 제품을 구매하도록 유도했다고 말했다. 67%는 오프라인 구매를 촉진했고 60%는 "처음으로 새로운 제품을 사용해 보십시오"라는 문구에 움직였다고 응답했다. 아마존닷컴은 수년간 웹사이트에서 퍼미션 마케팅을 성공적으로 적용해 왔다.

퍼미션 마케팅은 보다 구체적으로 일대일 마케팅의 구성요소인 "소비자 대화"의 발전으로 볼 수 있다. 그러나 퍼미션 마케팅의 약점 중 하나는 소비자들이 그들이 원하는 바를 어느 정도 알고 있다고 가정한다는 점이다. 많은 경우 소비자들의 선호는 막연하고 모호하거나 불분명하다. 따라서 그들은 무엇을 표현할 것인지가 곤란한 경우가 많이 있다. 따라서 퍼미션 마케팅의 운용에 있어서 마케터들은 소비자들이 자신들의 선호를 형성하고 전달하기 위한 조언이나 도움이 주어질 필요가 있다는 것을 인식하도록 도와주는 것이 중요하다.

6) 관계 마케팅의 실행

목표

관계 마케팅의 주요목표는 기업의 수익성을 제고시켜 줄 수 있는 핵심고객에 대한 기반을 구축하고 유지하는 것이라 할 수 있다. 그리고 장기적으로는 브랜드 로열티(brand loyalty)를 구축하는 것이라 할 수 있다. 이 목표를 달성하기 위해서 기업은 고객 관계를 창출하고 유지하며 제고시키는 데 주안점을 두게 된다. 즉, 다음과 같이 3단계 과정을 밟게 된다.

• 고객 창출

기업은 장기적으로 자사에 공헌도가 크고 지속적으로 관계를 가질 확률이 높은 고객들을 탐색하고 고객 관계를 맺고자 한다. 시장세분화를 통해서 기업은 지속적인 고객 관계를 구축하는 데 가장 알맞은 표적시장을 이해하고 선정할 수 있게 된다. 이러한 관계들이 지속되면 충성스러운 고객들은 스스로 유사한 관계 잠재력을 지니고 있다고 생각되는 신규 고객들을 구전(word-of-mouth) 등을 통해서 끌어모으는 데 적극적으로 도움을 주게 된다.

• 고객 유지

일단 기업과 관계를 갖게 되면, 고객들은 품질있는 서비스와 가치를 지속적으로 제공받는 한 그 관계를 유지하고자 할 것이다. 만약 거래기업이 그들의 변화하는 니즈를 이해하고 있으며 제품/서비스 믹스를 개선하고 발전시키는 데 지속적으로 투자할 의향이 있는 것으로 고객이 느끼게 된다면 그들은 경쟁사들이 어떠한 식으로 유혹을 해도 다른 기업으로 전환할 가능성은 매우 줄어들게 된다.

• 고객관계 강화

고객관계 강화의 목표는 브랜드 로열티를 지닌 고객을 만드는 것이다. 즉, 충성스러운 고객들은 그 기업에서 제공하는 제품 및 서비스를 장기간에 걸쳐 보다 많이 구매하게 된다. 이와 같은 충성고객들(loyal customers)은 그 기업에게 굳건한 기반을 제공할 뿐만 아니라 성장 잠재력을 나타내 준다. 예를 들어서, 고객이 어떤 은행을 상대로 한 가지 통장을 개설하게 되면 그 은행에서 신용카드도 발급받고, 급여이체도 하며 대출도 받는 등 보다 많은 금융상품 및 서비스를 이용할 가능성이 커지게 된다.

기능

관계 마케팅 프로그램은 다음과 같은 6가지 기능들 중 1개 혹은 그 이상을 수행할 수 있도록 설계되어야 한다. 이러한 기능들 각각은 고객 서비스에 부가가치를 줄 수 있어야 한다.

• 사회적 강화 기능

첫 번째 기능은 사회적 강화를 제공하는 것이다. 사회적 강화란 고객의 존중 및 우호관계 니즈를 의미한다. 어떤 고객에게 생일카드를 보내는 것은 사회적 강화를 제공해 주는 것이다.

• 재확신 기능

두 번째 부가가치 활동은 재확신이다. 재확신은 신뢰성, 확신성, 관심 등의 개념을 포함하고 있다. 마케터가 고객과 계속 접촉하는 것은 재확신을 나타내 줄 수 있다. 예를 들어서, 가전수리회사가 A/S직원을 보낸 후에 그 직원이 고객의 요구를 제대로 수용했는지 여부를 전화로 물어보는 것은 고객에 대한 그들의 관심을 보여 주고 있는 것이다. 또한 자동차보험회사 직원이 고객들이 교통사고를 당했을 때 그들이 안전한지 여부를 타진해 본다면, 그 직원은 고객들에게 재확신을 제공하고 있는 것이다.

• 효익 강화 기능

관계 마케팅이 제공해 줄 수 있는 세 번째 기능은 효익 강화이다. 효익 강화는 왜 어떤 서비스가 고객에게 이로운지를 이야기해 주는 것도 포함하고 있다. 효익 강화는 고객이 경험하게 될지도 모르는 어떤 인지적 불일치를 감소시키는 데 도움이 될 것이다. 예를 들어서, 자동차 수리센터에서 자동차 정비기사가 기존의 부품을 고쳐서 사용하지 않고 왜 새로운 부품을 사용했는지를 고객에게 설명해 주는 것은 효익 강화를 이용한 것이다. 의사가 환자에게 수술 치료를 한 후에 수술시행의 결과가 훨씬 좋았다는 점을 상기시켜 주는 것도 마찬가지 예이다.

• 고객문제 해결 기능

관계 마케팅의 네 번째 부가가치 기능이 고객의 문제를 해결하는 것이다. 굳이 차이를 구분하자면 데이터베이스 마케팅이 고객들에게 제품이나 서비스를 판매하는 측면에 주로 관심을 갖고, 반면에 관계 마케팅의 관심은 고객들의 문제를 해결하는 데 도움을 주는 것이라고 할 수 있다. 따라서 판매는 그 다음 문제인 것이다. 컴퓨터 하드웨어 수리서비스업체가 소프트웨어의 문제해결에 있어서 자신보다는 소프트웨어 솔루션 전문업체를 고객에게 소개시켜 주는 경우가 바로 여기에 해당된다고 할 수 있다. 목표는 자신의 고객이 문제를 해결하도록 하는 것이지 자신의 수익증대가 아닌 것이다.

• 서비스 맞춤 기능

관계 마케팅의 다섯 번째 기능은 서비스에 대해서 어떤 맞춤화를 제공해 주는 것이다. 고객들은 서비스기업이 자신의 특정한 니즈를 맞춰 주기 위해서 서비스를 구체적으로 만들어 가고 있음을 느낄 수 있어야 한다. 맞춤화 영업방식을 채택하고 있는 서비스기업들에게 이러한 접근방법은 그들의 서비스철학의 자연스러운 부분인 것이다. 그러나 기능적 서비스 품질 영업방식을 채택하고 있는 서비스기업은 어느 정도 맞춤화를 시도할 필요가 있을 것이다. 맞춤화서비스를 제공해야 하기 때문에 이용효율성 영업방식과 기술서비스 품질 영업방식을 채택하고 있는 기업들은 강력한 관계 마케팅 프로그램을 구축하는 데 애로사항을 갖게 된다.

• 서비스 제고 기능

마지막 기능은 서비스 제고와 관계되어 있다. 고객들은 자신들이 보여주고 있는 로열티에 대해서 어떤 보상을 얻게 되거나 특별대우를 받게 된다. 은행서비스에 있어서 VIP고객들은 별도로 만들어진 특별한 공간에서 특별 서비스를 제공받으면서 자신들의 금융거래를 할 수 있다. 물론 다른 금융 서비스 제공에도 파격적인 혜택을 받게 된다. 서비스 제고의 목표는 기업과 고객 사이의 유대를 더욱더 강화시키는 데 있다.

그림 8-4 관계 마케팅의 핵심 개념인 고객 관계

02 고객 유지의 의미

1) 고객 유지란 무엇인가?

간단히 말해서, 고객 유지(customer retention)란 기업의 마케팅 노력이 기존 고객들을 대상으로 하는 데 초점을 맞추고 있는 것을 말하고 있다. 구체적으로, 고객 유지에 신경을 쓰는 기업들은 신규 고객을 찾는 대신에 기업성장 전략 차원에서 기업과 단골 고객 간의 장기적 관계를 발전시키기 위한 의도를 가지고 기존 고객들을 만족시키기 위한 기업 활동을 하고 있다. 성공적인 고객 유지 노력의 많은 사례는 기존 사업들을 재정의할 수 있는 기업의 능력에 근거하고 있음을 보여주고 있다. 많은 기업들은 자신들의 상품과 서비스가 고객들에게 실제로 무엇을 제공하는지를 살펴보기 위해 과거 어느 때보다도 그들 스스로에게 도전하고 있다. 자사의 상품 및 서비스의 사용법과 상품을 얻기 위해서 고객에게 요구되는 단계를 이해하는 것은 자사를 경쟁사와 차별화시킬 수 있는 아이디어를 얻도록 해주고 있다. 고객에게 부가가치를 제공하는 것은 전통적이고 때때로 대립적이었던 마케터-고객 간의 관계를 더 강한 파트너십으로 재편하고 있다.

자사의 비즈니스를 심사숙고한 끝에, 브리티시 항공(British Airways)은 더 이상 자사를 항공 운송(air transportation)의 제공자로만 간주하지 않았다. 결과적으로, 이 항공사는 항공뿐만 아니라 지상에서도 향상된 서비스를 제공하는 것을 포함하는 1등급 대서양 횡단 고객(transatlantic customer) 서비스 제공에 초점을 맞추는 것으로 마케팅전략을 수정하였다. 많은 고객들이 끊임없이 제공되는 술과 저급 영화, 그리고 호화로운 디저트를 먹는 것보다는 밤새 잠을 자고 싶어 한다는 것을 깨닫고 나서, 현재 브리티시 항공은 일등석 승객들에게 지상의 1급 라운지에서 디너를 즐길 수 있는 옵션을 제공하고 있다. 일단, 기내에 탑승하면, 승객들에게는 브리티시 항공 잠옷, 푹신한 베개, 동그랗게 말린 이불을 제공해주고 있다. 그리고 항공기가 목적지에 착륙하면, 밤새 숙면을 취한 승객들에게는 당일 스케줄을 건강한 상태에서 소화할 수 있도록 샤워실 및 탈의실, 그리고 지상에서의 신선한 아침식사가 제공된다. 브리티시 항공은 승객들이 아침식사를 즐기고 있는 동안에 심지어 승객들의 옷을 다림질할 계획도 가지고 있다. 이와 같은 부가가치 서비스를 제공함으로써, 브리티시 항공은 기존 고객을 계속 유지할 수 있었고, 결과적으로 기업의 수익성이 지속적으로 증가하게 되었다.

그림 8-5 London Heathrow 공항에 새롭게 문을 연 British Airways lounge

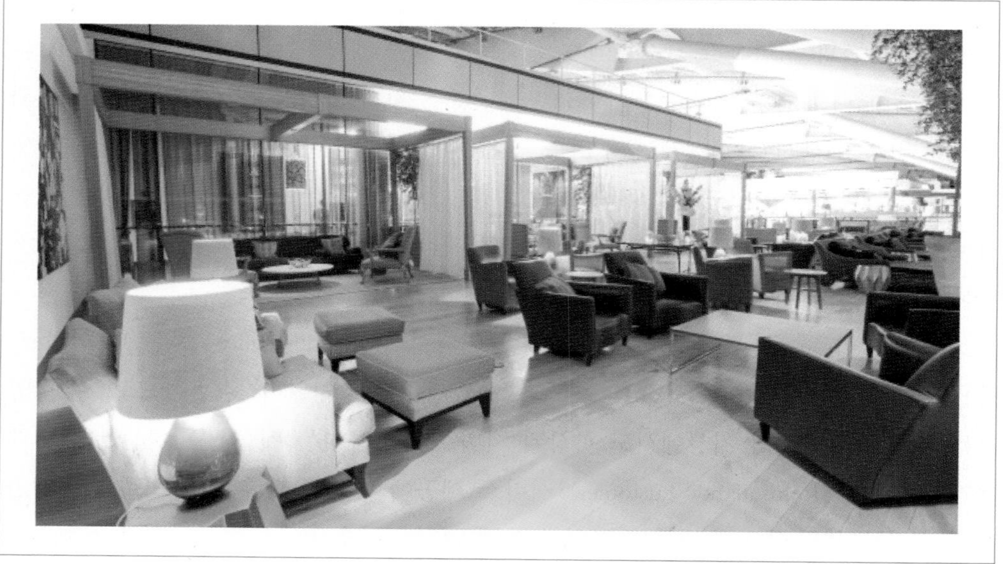

고객 유지의 트렌드

오늘날 시장 환경은 과거 그 어느 때보다도 급격하게 변화해 가고 있다. 기업 간 경쟁은 치열해지고, 서로들 상호 비슷해져가고 있기 때문에 경쟁사들과의 차별화 자체도 점점 어려워지고 있다. 브랜드 선택에서 고려되는 동등성(parity) 때문에, 브랜드를 전환하는 데 관련된 소비자 위험은 급속도로 작아지고 있다. 예를 들어서, 자동차 보험 서비스를 구매할 때 소비자들은 자신들의 보험 정책을 고수하는 회사들에 대해서는 그 차별성에 무관심할 수 있다. 결과적으로, 많은 소비자들은 브랜드 로열티 없이 지내고 있으며 가장 좋은 가격에 가장 좋은 품질이라는 최고의 가치를 제공하는 상품을 선택하게 된다. 그러나 안타깝게도 현실적으로, 오늘날 대다수의 마케터들은 '브랜드 동등성(brand parity)'과 '비(非)브랜드 로열티(nonbrand loyalty)'라는 새로운 환경에도 불구하고 여전히 '지속적 신규 고객 창출'이라는 구태의연한 방식으로 대응해 오고 있다. 지속적으로 신규 고객들을 찾고 있는 기업들은 정복 마케팅(conquest marketing)에 종사하고 있는 셈이다. 전형적인 정복 마케팅 기법은 할인(discount)이나 가격인하(markdown)를 제공하는 것과 새로운 비즈니스를 장려해주는 프로모션을 개발하는 것을 포함하고 있다. 정복 마케팅을 통해서 얻게 되는 결과들은 일반적으로 소비자들의 브랜드 로열티 결여 때문에 단기적으로는 성공적이다. 정복 마케팅을 시도하는 기업들은 1~2회 정도의 반복 구매를 얻을 수도 있다. 그러나 경쟁사가 '특별 할인'을 제공하는 순간, 이전에 획득했던 많은 소비자들을 잃게 된다.

최근까지 많은 기업들은 그들이 이미 가지고 있는 고객들을 유지하려는 대신에 신규 고객들을 끌어들일 수 있는 데에 엄청난 마케팅 노력을 쏟아 붓고 있다. 그러나 정복 마케팅 기법에만 의존하는 기업들의 장기적 수익성은 매우 의심스럽다. 예를 들어, 어느 기업이 고객들을 끌어 모으기 위해서 판매 촉진에 대한 비용을 고려했을 때, 그래서 새로운 사업에 끌어들일 수 있는 금전적 인센티브를 준다고 한다면, 당연히 수익은 최소화된다. 심지어 정복 마케팅 기법이 성공적이라고 하더라도, 때때로 기업의 멸망을 재촉할 수도 있다. 너무 자주, 기업들은 그들의 판매량을 늘리기 위해 가능한 한 빨리 성장하고 싶어 한다. 그러나 서비스에 태생적으로 내재되어 있는 비분리성(inseparability) 때문에, 보통 많은 서비스기업의 광범위한 성장은 제공되는 서비스 품질의 저하와 연관되어 있다. 예를 들어서, 스타벅스(Starbucks)가 초창기 수년간의 경이적인 성장 후에 나타났던 곤경을 생각해 보자. 그 이후, 이 커피 공룡은 기본에 충실하고 고객들의 로열티를 다시 확보하기 위해서 속도를 조절해가며 영업의 규모를 관리해 나가고 있다. 신규 고객을 확보하는 데 소요되는 비용을 고려해 볼 때, 수익을 만들어내고 지속적인 가격할인 주기를 피하는 유일한 방법은 기존 고객의 평생 지출(lifetime spending)을 늘리는 것이다. 그러므로 고객 유지(customer retention)는 고객 창출(customer attraction)보다 훨씬 더 중요한 것이다. 특히, 오늘날의 마케팅 상황을 고려해 볼 때, 단골 고객들을 애지중지하는 것은 전혀 지나침이 없으며 훌륭한 경제적 감각이라고 할 수 있다.

✔ 고객 유지의 중요성

고객 유지는 마케팅 환경에서의 몇 가지 변화 때문에 더욱 중요해지고 있다. 먼저, 전 세계적으로 많은 소비자 시장들이 침체되어 있다. 한때 활기찼던 세계 경제가 그 핵심부터 흔들리고 있다. 비록 전 세계적으로 상황은 변해간다고 하지만, 많은 지역에서 인구 성장은 느려지고 있다. 결과적으로, 신규 고객들은 과거보다 많지 않으며 이 고객들도 씀씀이가 예전만 못한 것이다. 고객 유지가 오늘날 마케터들에게 중요해지는 또 다른 이유는 경쟁사들의 증가에서 찾아볼 수 있다. 경쟁이 치열해지는 데 기여하는 요인들은 상대적 동등성(relative parity)과 시장에 제공되고 있는 상품과 서비스의 차별화 이점(differential advantage)의 결여, 기업들로 하여금 개방된 시장에서 고객을 위한 경쟁을 하도록 만들고 있는 규제완화, 온라인 유통의 성장, 보다 많은 기업들이 용이하게 접근할 수 있는 시장 정보와 이에 따라 경쟁사들 간의 최소화되고 있는 정보의 이점(informational advantage) 등을 포함하고 있다. 경쟁의 증가 및 이에 따른 정복 마케팅 기법의 두드러진 사용의 결과, 많은 기업들은 자사의 현재 고객을 유지하는 것이 그 어느 때보다도 중요해지고 있음을 알아가고 있다. 고객 유지는 또한 마케팅 비용의 증가 때문에 점차 중요해지고 있다. 특히, 정복 마케팅 기법의 주요 수단인 대량 마케팅 광고는 현저하게 증가해 왔다. 현재 개별 광고에 할당된 짧은 기간 때문에, 광고의 수는 지난 10년 동안 약 25% 증가했다.[2] 따라서 기업들은 끊임없이 팽창하는 매체로 관심을 끌기 위해 경쟁하고 있다. 더욱이, 페이스북이나 유튜브와 같은 광고의 새로운 형태는 지속적으로 진화해 왔다. 결과적으로, 소비자 시장은 더욱 세분되었으며, 이로 인해 광고주의 메시지가 목표 대상 청중에게 도달할 가능성을 희석시키고 있다.

오늘날의 시장에서 사용되고 있는 유통 부문에서의 변화 또한 고객 유지에 영향을 주고 있다. 많은 경우, 생산자와 소비자 사이의 물리적인 거리가 증가하고 있다. 인터넷이나 모바일 등과 같은 온라인을 이용한 무점포 소매상들의 지속적인 성장은 상품 제공자와 고객 간의 물리적 거리가 어떻게 변화해가고 있는지를 보여주는 주요 사례라고 할 수 있다. 고객 유지에 신경을 쓰고 있는 기업들은 '눈에서 멀어지면 마음에서도 멀어진다는' 오래된 격언을 인식하고 있어야 하며 고객으로부터의 분리가 고객에 대한 책임을 경감시키는 것이 아니라는 사실을 깨달아야만 한다. 유통에서의 또 다른 변화는 상품 제공자와 고객 간의 거래를 도와주고 있는 제3자, 혹은 시장 중간인(intermediaries) 이용이 증가하고 있다는 점이다. 여기서, 마케팅 중간인은 대리 제공자가 되고, 그렇게 해서 고객과의 관계에서 제품을 생산하는 서비스기업을 대표하게 된다. 비록 제3자 혹은 시장 중개인의 활용이 기업의 시장범위를 확장시키고 있다고 하더라도, 이 또한 고객 유지에 부정적 영향을 미칠 수 있다. 예를 들어서, 항공기 티켓 판매를 대행하고 있는 여행사들은 비행 시간표, 좌석 배정 등에서 해당 항공사의 정보를 잘못 전달할 수 있고 이에 따라 고객과 항공사와의 관계에 상처를 줄 수도 있다. 이 때문에 고객 유지 노력에 몰두하고 있는 기업들은 자사와 고객 간의 물리적 거리

2 http://www.gaebler.com/Television-Advertising-Cost.htm

가 자신들이 책임을 경감시키는 것이 아니라는 점을 반드시 깨달아야 한다. 고객들이 변화하고 있다는 점도 고객 유지의 중요성이 커지는 이유이기도 하다. 과거 세대와 비교한 오늘날의 전형적인 소비자들은 구매의사결정에 관한 정보를 많이 가지고 있으며, 더 많은 자유재량 수입을 소유하고 있고, 자신들의 구매에 대한 기업의 일반적인 관심에 대해 점점 더 회의적이 되어가고 있다. 결과적으로, 고객 유지 실행에 몰두하고 있는 기업들은 자연히 소비자들로부터 주목을 받고 반복 판매를 통해 자신들의 노력에 대한 보상을 받게 된다.

2) 고객 가치의 통합적 관리

고객들이 어떤 서비스에 대해서 만족해한다고 하더라도 경쟁기업이 보다 더 좋은 서비스를 제공하고 있기 때문에 전환행동을 보이는 경우가 있다. 이처럼 서비스기업 전환행동은 서비스에 대한 불만족 말고도 여러 가지 다른 이유로 발생하고 있다. 따라서 미래 구매행동이 고객 만족 이상의 그 무엇에 의해 결정되기 때문에 서비스기업들은 보다 더 강력한 고객 관계를 구축해 나갈 필요가 있다. 이를 위해서는 핵심적으로 고객 가치를 개발하고 종합적으로 관리해야 한다. 고객 가치에 관계되는 주요 요인들로서는 ① 가격, ② 기술적 서비스 품질, ③ 기능적 서비스 품질, 그리고 ④ 기업 이미지 등을 생각해볼 수 있다. 고객들이란 자신들에게 최고의 가치를 제공하고 있는 기업들을 선호하게 마련이다. 그 가치 중 하나가 바로 저가격(low price)이라고 할 수 있다. 서비스 제공에 대한 가격이 높더라도 실제 혹은 인지된 기술적 서비스 품질이 우월한 경우 고객들은 가치를 느끼게 된다. 어떤 서비스가 나름대로 독특한 기능적 가치를 제공하고 있다고 느껴질 때에도 그 서비스기업은 고객들에게 가치를 제공해 주고 있는 것이다. 훌륭한 이미지를 가지고 있는 기업들로부터 서비스를 제공받을 때 일반적으로 고객들은 가치를 느낀다. 이처럼 고객들은 고객가치믹스(customer value mix)의 4가지 요소들의 비중을 평가하고 이 4가지 요소들의 최고의 결합을 반영한 서비스를 선정하게 된다. 고객가치믹스를 개발하고 통합적으로 관리하기 위해서는 다음과 같은 6단계를 거칠 필요가 있다.

✔ 4가지 요소에 대한 상대적 비중 결정

고객을 유지하기 위해서 서비스기업들은 고객들이 자신들의 가치를 어떻게 판단하고 있는지 이해할 필요가 있다. 때때로 기업에서 인식하고 있는 경우와 차이가 나기 때문이다. 대부분 병원에서 의사들은 정확한 진단과 처방이라고 하는 기술적 서비스 품질에 비중을 두고 있는 반면에 소비자들은 이에 못지않게 친절한 의료서비스에도 상당한 비중을 두고 있는 것으로 나타났다. 따라서 병원들은 고객들이 인지하고 있는 가치를 제고시키기 위해서는 기술적 서비스 품질 및 기능적 서비스 품질의 균형이 이루어져야 한다. 1단계 과정에서 서비스기업들은 2개의 인지된 가치 수준들을 발견해야 한다. 먼저 서비스기업이 고려대상에 포함될 수 있는 최소한의 인지된 가치 수준이다. 소비자들은 필요를 느낀 이후에 내·외적으로 정보탐색을 하게 되는데 서비스를 제공하기 위해서는 일단 소비자의 선택대안(alternatives) 그룹 안에 소속되어야 한다. 그 다음의 수준은 서비스기업이 선택되는 데 필요한 최소한의 인지된 가치이다. 가격, 품질, 그리고 이미지의 어떠한 결합이 서비스제공자가 되기 위한 필요조건인가? 첫 번째 수준에 이르기 위해서는 해당 서비스기업이 환기상표군(evoked set)에 들어가야 하고 두 번째 수준에 이르기 위해서는 고려상표군(consideration set)에 소속되어야 한다.

✔ 고객가치믹스 결정

2단계 과정에서는 소비자조사의 결과에 기초해서 서비스기업은 고객들에게 제공할 가치믹스를 결정할 필요가 있다. 이때 결정은 주로 고객의 욕구, 경쟁사의 우위요소, 그리고 자원들의 이용가능성 등을 토대로 이루어져야 한다. 강력한 경쟁우위를 이용한 고객가치믹스 구축은 그 우위요소를 보다 더 지속적으로 만들어줄 뿐 아니라 고객가치믹스가 고객들에게 보다 더 잘 소구할 수 있도록 해주고 있다. 만약 고객들이 요구하는 가치믹스가 서비스기업의 현재 경쟁우위 요소와 일치하지 않게 되면 그 기업은 중대한 결정을 내릴 수밖에 없다. 즉, 자사의 경쟁우위요소를 변경하든지 아니면 고객의 가치믹스를 바꾸는 수밖에 없는 것이다. 두 경우 모두 값비싼 대가를 치룰 수밖에 없다. 고객가치믹스와 경쟁우위 요소들 간의 불일치는 재구매 및 고객 로열티의 감소로 이어진다. 고객들은 훌륭한 가치를 제공하지 않는 기업을 더 이상 선호하지 않기 때문이다.

✔ 고객가치믹스에 적합한 기업사명 및 목표 개발

3단계 과정은 고객가치믹스에 어울리는 기업의 사명과 경영목표를 개발하는 것이다. 만약 고객들이 기능적 서비스 품질에 가치를 둔다면 기업사명을 기술할 때 고객－서비스직원 간의 상호작용을 당연히 언급해야 하는 것이다. 만약 가치믹스가 가격을 강조하게 되면 기업사명은 저가격의 선도자로서의 역할을 기술해야 할 것이다. 고객가치믹스를 기업사명 및 목표에 삽입한다는 것은 직원 및 고객 모두에게 고객들에게 가치를 제공하는 것이 기업발전의 원동력이라는 메시지를 전달하고자 함이다. 최고 경영자로부터 말단 직원에 이르기까지 기업차원에서 이루어지는 모든 의사결정들은 고객가치믹스에 기초를 두어야 한다.

✔ 가치에 대한 내부 커뮤니케이션 활성화

4번째 단계는 기업 내 모든 직원들에게 고객가치믹스에 대한 커뮤니케이션을 활성화하는 것이다. 따라서 모든 직원들은 고객가치믹스에 대해서 반드시 인지하고 있어야 한다. 또한 이들은 고객가치믹스의 개념을 이해하고 그 효율성을 믿어야 하며 근무의 지침으로서 활용해야 한다. 고객가치믹스를 알고 그 효율성을 믿는 직원들은 고객을 위해서 인지된 가치를 제고시키는 방향으로 서비스를 제공하게 되어 있다.

✔ 실행계획 개발

어떻게 고객가치믹스를 수행할 것인가에 대한 계획을 개발하는 것이 바로 5번째 단계이다. 직원들과의 내부 커뮤니케이션 외에도 외부 커뮤니케이션에 대한 계획도 수립되어야 한다. 현재 고객들뿐만 아니라 미래 고객들도 기업이 가치측면에서 무엇을 제공할 것인가를 알고 있어야 하기 때문이다.

✔ 시장변화에 대한 모니터링

고객가치믹스의 관리에 있어서 마지막 단계는 시장변화를 모니터링하고 추적하는 것이다. 고객가치믹스의 각 요소에 대해서 인지된 가치의 상대적인 변화가 발생할 수 있다. 요소들의 상대적 중요도의 변화는 서비스기업으로 하여금 어쩔 수 없이 자사가 가지고 있는 고객가치믹스의 위상을 바꾸도록 만들고 있다.

03 고객 유지의 효익

1) 고객 측면

본질적 혜택

고객들은 다른 서비스기업들과 비교해서 어떤 서비스기업으로부터 상대적으로 보다 더 큰 가치를 제공받았을 때 그 기업에 대해서 로열티를 갖게 된다. 여기서 고객들은 가치를 인식하게 된다. 인지된 가치(perceived value)란, 준 것과 받은 것의 인식에 근거해서 어떤 제품/서비스의 효용에 대한 고객의 전반적인 평가를 의미한다. 가치는 '주고받은' 요소들 사이에서의 소비자들을 위한 어떤 기준점을 나타내 주고 있다. 소비자들은 얻는 것(품질, 만족, 구체적 효익)이 주는 것(화폐적 및 비화폐적 비용)을 능가하는 관계에 보다 더 머무르고 싶어 한다. 서비스기업들이 고객의 관점에서 일관되게 가치를 제공하고 있을 때 고객은 혜택을 보게 되고 그 관계에 머물고자 하는 동기를 갖게 된다.

관계 혜택

서비스 가치를 받는다는 본질적인 혜택 외에도 고객들은 장기간의 관계로부터도 혜택을 받는다. 왜냐하면 이와 같은 관련성은 복지와 삶의 질 향상이라는 측면에 기여를 하기 때문이다. 아울러 어떤 서비스제공자와 장기간의 관계를 구축한다는 것은 초기에 문제가 해결되면서 소비자의 스트레스를 줄여줄 수 있기 때문이다. 이러한 경우는 특히 법률, 의료, 교육 등과 같은 복잡한 서비스, 이·미용, 헬스클럽, 비만교정 등의 자아관여가 높은 서비스, 그리고 건축이나 금융 등과 같이 많은 금액의 투자가 요구되는 서비스에 통용된다. 일정기간이 지나게 되면 고객들은 그 서비스제공자를 신뢰하기 시작하며 일정한 서비스 품질 수준에 의지하게 된다.

전환비용 감소

대부분 사람들은 특성상 자기 주위에서 변화가 일어나는 것을 그다지 선호하지 않는다. 이는 어떤 관계에 상당한 투자를 행했을 경우 특히 더 그렇다. 고객들은 서비스를 제공받을 때 별문제가 없는 한 기존 서비스제공자를 바꾸는 것을 선호하지 않는다. 예를 들어서, 만약 서비스제공자가 나에 대해서 알고 있고 나의 기호를 알고 있으며 나의 니즈에 서비스제공을 어떻게 맞출 수 있는가를 알고 있다면, 그 서비스제공자를 바꾼다는 것은 새로운 서비스제공자에게 이러한 사항들에 대해서 다시 교육시켜야 됨을 의미한다. 전환비용(switching cost)은 때때로 경제적 측면에서뿐만 아니라 심리적·시간적 측면에서도 상당히 큰 경우가 있다.

대개의 소비자들은 시간과 돈에 대해서 나름대로의 제약을 갖고 있으며 따라서 삶의 질을 개선하기 위해서 의사결정을 균형있게 그리고 단순하게 할 수 있는 방법을 끊임없이 찾고 있다. 만약 이들이 어떤 서비스제공자와 관계를 계속 유지하게 될 때 이들은 그만큼 나름대로의 제약에서 자유로워질 수 있을 것이다. 이러한 의미에서 만약 고객이 어떤 서비스제공자와 장기적 관계를 갖게 되면 그 서비스제공자는 고객의 사회적 지원시스템의 일부분이 될 수 있다. 이러한 관계에서 연유한 사회적 지원시스템은 제공되는 서비스 자체의 기술적 효익을 넘어서 고객들의 삶의 질 제고에 중요한 요인으로 작용하게 된다.

2) 서비스제공자 측면

✔ 구매 증가

많은 마케팅연구에서 실증적으로 분석되었듯이, 여러 서비스산업에서 고객들은 시간이 지남에 따라 관계를 맺고 있는 특정 서비스제공자에게 더욱 많이 거래를 하는 경향을 보이고 있다. 특히 Reichheld and Sasser(1990)의 연구에서는 보다 다양한 서비스에서 이러한 경향이 나타나고 있음을 보여 주고 있다.[3] 즉, 신용카드, 세탁서비스, 유통업, 그리고 수리정비 카센터에서 소비자들이 그 서비스기업을 알게 되고 경쟁사와 비교해서 상대적으로 제공되는 서비스 품질에 만족하게 되면서 이들은 더욱더 거래의 양 및 횟수를 늘여가는 경향을 보이고 있었다. 아울러 고객들은 어느 정도 거래기간이 경과하게 되면 점차 특정 서비스를 보다 많이 요구하는 경향도 있음을 보여 주고 있다.

✔ 비용 절감

신규 고객들에게 소구하기 위해서는 초기에 비용이 많이 소요되고 있다. 이러한

---

3 Reichheld, F.F. and W.E.Sasser(1990), "Zero Defection: Quality Comes to Services," *Harvard Business Review*, 68(September-October), 105－111.

비용에는 광고 및 다른 촉진비용, 계정 및 시스템 설치에 따른 영업비용, 그리고 고객분석 등과 관련된 시간적 비용 등이 포함되고 있다. 어떤 때는 이러한 초기비용들이 단기적으로 신규 고객들에 의해서 기대되는 수익보다 더 많을 수도 있다. 따라서 수익성 측면에서 보았을 때 일단 초기 투자가 이루어지고 나면 신규 고객들을 계속 유지시킬 필요가 있게 된다.

지속적인 관계가 있는 경우에 유지 비용은 시간이 지남에 따라 줄어들 가능성이 많이 있다. 예를 들어서, 관계 초기에 있어서 고객들은 서비스를 사용하게 되면서 의문을 갖게 되고 문제에 부딪히는 경우가 많게 된다. 그러나 일단 학습이 이루어지고 나면 그 고객들은 문제 및 질문을 거의 갖지 않게 되며 따라서 서비스제공자도 고객들에게 서비스를 제공하는 데 따른 비용을 절감하게 된다.

구전 효과

많은 서비스가 그러하듯이 평가하기가 복잡하고 어렵거나 구매결정에 따른 위험이 존재하게 될 때, 소비자들은 대부분 어떤 서비스제공자를 선택해야 되는지에 대해서 다른 사람들의 의견을 묻게 된다. 어떤 서비스제공자에 대해서 만족하고 그래서 로열티를 보이고 있는 소비자일수록 다른 사람들에게 강력하고 확신에 찬 구전을 수행하게 된다. 이러한 형태의 무료 광고는 다른 어떤 유료 광고보다도 효과적일 수 있으며, 따라서 신규 고객들을 끌어들이는 데 드는 비용을 줄여 주는 부가적 효익도 갖고 있다.

직원 유지

고객유지의 간접적 효익 중 하나가 바로 직원 유지이다. 어떤 서비스기업이 만족한 고객층을 안정적으로 확보하고 있을 때 직원들을 그 기업 내에 잔류시키는 것은 보다 더 쉬워진다. 보통 직업들은 고객들이 즐거워하고 로열티를 보이는 서비스기업에서 일하고 싶어 하는 것이다.

이들은 신규 고객들을 대상으로 쟁탈전을 벌이는 것보다는 이미 구축된 관계를 키워 나가는 데 만족하고 보다 더 많은 시간을 할애하고자 한다. 이 경우에 고객들 또한 만족해하며 더욱더 충성스러워지게 된다. 왜냐하면 직원들이 그 서비스기업에 오래 머물게 되면 서비스 품질이 좋아져서 이직에 따른 비용이 감소하고 수익은 증가하게 되기 때문이다. 이를 관계의 선순환(virtuous circle)이라고 한다(<그림 8-6> 참조).

그림 8-6 관계의 선순환

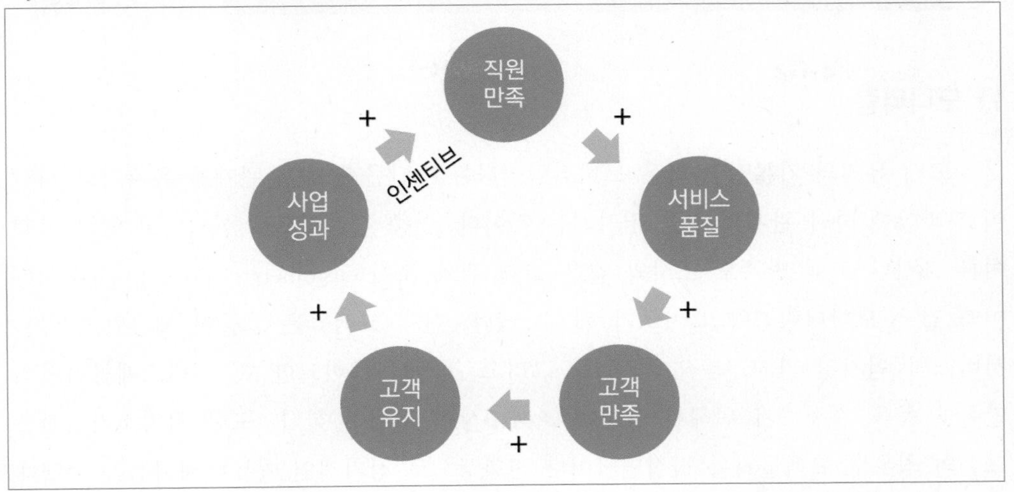

고객의 생애가치 결정하기

고객 유지의 가치를 결정하는 데 유용한 방법 중 하나가 바로 고객의 생애가치(lifetime value of customer)를 결정하는 것이라고 할 수 있다. 기본적인 아이디어는 기업 입장에서 보았을 때 고객은 1회 구매보다도 훨씬 더 가치가 있다는 사실에서 시작한다. 특정 고객이 해당 서비스기업을 방문하고 또 방문했을 때 그 고객 기반의 생애가치(LTV: lifetime value)는 증가하게 된다. 결과적으로, 고객의 진정한 가치는 그 해당 고객이 과거 행했던 구매 총량에 미래에 가능성이 있는 구매 총량(현재로 할인된)을 더한 금액 가치라고 할 수 있다. 일반적으로 서비스 시장에서 한 고객의 생애가치는 다음과 같이 계산된다.

고객당 평균 소비금액 × 평균구매횟수/년 × 거래연수

예를 들어서, 어떤 레스토랑을 이용하는 한 고객의 소비금액이 ₩100,000이고 1년 중에 평균적으로 그 레스토랑을 6번 방문한다고 가정하자. 그리고 그 지역사회에 10년정도 거주한다고 생각해 보면 그 레스토랑에 대한 그 고객의 생애가치는 ₩6,000,000(₩100,000 × 6회/년 × 10년)이 될 것이다.

04 고객 유지의 전략

1) 모니터링

고객 유지의 기본적 전략은 모니터링이라는 수단을 통해서 관계를 유지하고 시간이 경과함에 따라 관계의 질을 평가하는 것이다. 연중 정기적으로 실시하고 있는 고객여론 조사나 고객 만족도 조사와 같은 고객 관계 조사(customer relationship survey)는 이와 같은 모니터링전략의 기초가 될 수 있다. 현재 고객들은 그들이 제공받고 있는 서비스의 인지된 가치, 품질, 만족도, 그리고 경쟁사와 비교한 현 서비스제공자와의 만족도 등을 결정하기 위해서 당연히 조사대상이 되어야 한다. 또한 서비스기업들은 그들의 최우수 고객들과는 직접면담이나 전화상으로 정기적인 커뮤니케이션을 수행해야 한다. 경쟁이 치열해지면서 서비스 가치와 품질에 대한 기반이 없는 서비스기업은 고객을 유지시키기가 어렵게 되고 있다. 고객 관계 조사 외에 모니터링전략의 또 다른 기초는 바로 고객데이터베이스(customer data base)이다. 고객 데이터베이스는 서비스기업의 현재 고객이 누구이고 무엇을 하고 있으며 그들의 구매행태는 어떠하고, 선호도, 그리고 라이프스타일이나 가치 등은 어떠한지에 대한 정보를 포함하고 있다. 그리고 나서 다시 활동적인 고객(active customer)과 비(非)활동적인 고객으로 분류하는 등 데이터베이스 내에 있는 정보를 갱신(updating)할 필요가 있다.

2) 3단계 전략

Berry and Parasuraman(1991)은 고객 유지를 이용한 마케팅은 3단계로 이루어질 수 있으며 단계가 올라갈수록 서비스기업과 고객과의 유대도 강화된다고 주장하였다. 그들은 또한 단계가 높아질수록 지속적 경쟁우위에 대한 잠재력도 증가하며 고객화, 개별화 정도도 더욱 증가하는 것으로 결론지었다.[4]

---

4 Berry, Leonard L. and A. Parasuraman(1991), *Marketing Services*, Free Press, New York.

✔ 1단계 전략

이 단계에서 고객은 주로 대량 구매 시 가격할인이나 장기간 거래에서 가격인하 등과 같은 '재정적 인센티브'를 통해서 서비스기업과 연결되어 있다. 항공사들의 마일리지 서비스(mileage service)를 그 예로 들 수 있다. 대한항공(KAL)의 경우 최근에 퍼스트클래스, 프레스티지클래스, 이코노미 클래스 등 3단계로 구분하여 기본적용 마일의 150%, 120%, 100%씩 제공되던 마일리지 누적기준을, 운임지불 수준에 비례하여 모닝캄클래스는 165%, 퍼스트클래스는 150%, 프레스티지클래스는 125%로 조정하였다.

✔ 2단계 전략

2단계 전략은 '가격 인센티브 이상의 것'을 가지고 서비스기업과 고객을 묶어 주는 것이다. 가격이 여전히 중요한 요소이지만 이 전략은 재정적 요소 외에 사회적 요소를 가미시켜 장기적인 관계를 구축하는 데 주안점을 두고 있다. 따라서 고객들은 그냥 일반적인 고객이 아니라 소위 단골 고객들(clients)로서 서비스기업들은 이들의 필요와 욕구를 어느 정도 알고 있고 나름대로 이해하고자 하고 있다. 따라서 제공되는 서비스는 고객의 니즈에 맞게 개별화되어 있고 서비스기업 또한 고객들과 부단한 접촉을 시도하고 있기 때문에 사회적 요소를 적용시켜 고객과의 유대를 강화시키고자 한다. 예를 들면, 리츠 칼튼(Ritz-Carlton)호텔의 경우 한 번이라도 전 세계에 걸쳐 있는 체인호텔에 투숙한 경험이 있는 고객이라면 그 정보가 데이터베이스에 구축되어 차후에 어느 체인호텔에 투숙하게 되더라도 개별화되어 있는 맞춤서비스를 제공받을 수 있게 된다. 심지어 도착하기 전에라도 특정 고객이 머무는 모든 공간이 그 사람에게 맞도록 개별화되어 준비된다. 가령 그 고객이 꽃 중에서도 장미꽃을 좋아한다면 투숙할 방에 빨간 장미꽃을 갖다 놓아 주는 것이다. 이렇게 되면 그 고객은 감동하여 개별적으로 받은 특별대우에 가치를 느끼게 되어 그 호텔과의 사회적 유대감이 창출되는 것이다.

✔ 3단계 전략

3단계 전략은 고객과 서비스기업 사이에 재정적 및 사회적 요소뿐 아니라 구조적 요소까지 가미되어 있어서 서비스기업이 일반적으로 따라 하기가 매우 어렵다. 여기서 말하는 구조적 요소는 어떤 특정 고객에 대해서 개별화되어 있고 그 고객에게 제대로 전달될 수 있도록 고안된 서비스를 제공함으로써 창출될 수 있다. 다시 말해서 구조적 요소는 기술에 근거를 둔, 그리하여 고객들이 보다 생산적일 수 있도록 개별적으로 맞추어진 서비스를 맞춤화(customization)해서 제공하게 될 때 창출되는 것이다. 수리정비 카센터와 같은 자동차 정비 서비스기업들과 밀접한 관계를 갖고 있는 자동차부품 도매상이 공급자로서의 가치를 제고시키기 위해서는 각 자동차 정비 서비스기업의 특성에 맞도록 맞춤화 과정을 거쳐 부품들을 미리 준비하고, 마찬가지로 개별 기업들의 상황에 맞는 주문, 공급, 그리고 청구서발행 등을 개선시킬 수 있는 방법을 전산화 및 정보화를 통해서 개발한다면, 이 도매상은 각 자동차 정비 서비스기업이 다른 도매상을 찾지 않도록 구조적으로 자사를 고객기업들과 묶어 놓고 있는 셈이다.

표 8-1 3단계 전략

단계	포함요소	표적그룹	맞춤화정도	마케팅믹스요소	차별화 수준
1단계	재정적	일반고객	낮음	가격	낮음
2단계	재정적/사회적	단골고객	중간	인적 커뮤니케이션	중간
3단계	재정적/사회적/구조적	단골고객	높음	서비스제공방법	높음

3) 상용 마케팅

상용 마케팅(frequency marketing)의 주요 목표는 기존 고객들을 보다 생산적으로 만드는 데 있다. 간단히 말해서, 고객들은 동일한 서비스제공자에게서 구매 빈도를 증가시킬 때보다 생산적이 된다. 예를 들어서, 서비스 고객들은 동네에 있는 극장으로 영화를 자주 보러 가게 되고, 이미 예금 및 적금을 들고 있는 거래 은행에게서 다른 금융상품을 구매할 가능성이 높으며, 단골 레스토랑으로 외식을 나갈 가능성이 큰 것이다. 상용 마케팅 프로그램을 실행하는 데 첫 번째 단계는 기업의 최고 고객들에 대한 자료를 수집하고 자사와의 관계 수준을 결정하는 것이다. 예를 들어서, 은행고객들은 한 번 급여이체 통장을 개설하게 되면, 그 은행에게서 펀드나 변액보험, 연금저축, 부동산 대출 혹은 신용카드를 구매하고 발급받는 등의 관계를 가지게 된다. 또한 해당 은행에서는 특정 고객이 자사의 금융서비스를 얼마나 다양하고 규모있게 제공받고 구매하느냐에 따라서 고객의 등급을 결정하고 관계 수준을 결정하게 된다. 두 번째 단계는 개인적 수준에서 고객들과 커뮤니케이션을 수행하는 것이다. 여기서 커뮤니케이션은 고객들이 질문을 하고 서비스기업과 관계를 구축할 정도로 상호작용할 필요가 있고, 기업의 커뮤니케이션이 고객의 응답을 유도한다는 점에서 행동지향적일 필요가 있다. 개인적 커뮤니케이션은 고객들에게 기업이 그들의 후원의 중요성을 깨닫고 있음을 보여주고 있다. 고객이 특정 기간 내에 행동을 취하도록 유도하는 보상 프로그램이 개발될 때, 커뮤니케이션은 행동지향적이 된다. 아마도 지금까지 가장 성공적인 상용 마케팅 프로그램은 항공 마일리지 프로그램(frequent flyer program)일 것이다. 전 세계적으로 모든 항공사들은 한 항공사나 동일한 상용 마케팅 프로그램을 공유하고 있는 항공사 네트워크를 애용하는 승객들에게 보상하도록 설계된 항공 마일리지 프로그램을 개발하여 왔다. 예를 들어서, 아시아나(Asiana), 유나이티드(United), 타이(Thai), 루프트한자(Lufthansa) 등 20여 개 항공사들에 의해 공유되고 있는 스타얼라이언스(Star Alliance) 네트워크는 2009 비즈니스 여행자 대상(Business Traveler Awards) 부문에서 최고의 항공사 제휴 네트워크(Best Airline Alliance Network)로 선정되었다.[5] 승객들의 로열티는 할인된 요금, 무료 항공편, 업그레이드된 좌석, 그리고 다양한 다른 상품과 서비스에 대해 상환될 수 있는 '마일리지'에 대한 크레딧(credit)으로 보상된다.

일반 여행객들에게 소구하는 것 외에도, 항공 마일리지 프로그램은 항공사들이 년 중 10~12회 혹은 그 이상 자주 여행하는 비즈니스 승객 시장에서 경쟁할 수 있는 가장 용이한 방법이다. 그들의 활동적 특성 때문에, 비즈니스 승객들은 자주 일반 여행객들 보다 마지막 순간에 항공편을 예약하고, 더 높은 요금을 지불한다. 이처럼 수익성이 좋은 비즈니스 고객들을 유치하기 위해, 대부분의 항공사들은 자사 최고의 고객들-예를 들면, 연간 25,000에서 30,000마일 이상을 비행하는 고객들-을 예약 핫라인, 조기 탑승, 보너스 마일리지, 빈번한 업그레이드 특권을 포함하고 있는 프리미엄 회원 자격(premium membership)으로 할당하고 있다. 항공 마일리지 프로그램은 '1990년대의 그린 스탬프[6]'로 명명되면서 인기가 높아졌다. 항공 가격할인으로 보상되는 것 외에도, 마일리지는 호텔에서의 무료 숙박, 저축 채권, 식당 식사, 크루즈, 그리고 다양한 소매상들의 상품과 같은 항공여행 이외의 것에 대해 점점 더 많이 상환되고 있다. 마일리지를 되찾는 이 새로운 방법은 마일리지를 얻기 위한 새로운 방법들과 함께 제공되어 왔다. 신용카드나 이동통신 서비스와 같은 다른 기업들은 항공사와 제휴를 해서 새로운 고객들을 유치하는 것은 물론 기존 고객들을 유지하기 위해 상용 마케팅

5 http://www.staralliance.com/en/meta/airline/, 22 August, 2009.

6 그린 스탬프: 일정 매수로 경품과 교환할 수 있는 쿠폰

프로그램을 이용하고 있다.

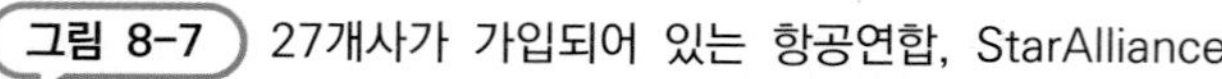
그림 8-7 27개사가 가입되어 있는 항공연합, StarAlliance

4) 애프터 마케팅

기업의 고객 유지 노력을 제고시킬 수 있는 또 다른 전략이 애프터 마케팅(aftermarketing)이다. 애프터 마케팅은 최초 판매가 이루어진 후 수행되는 마케팅 노력의 중요성을 강조한다. 예를 들어서, 질병 때문에 병원을 방문한 환자가 치료 후에 병세가 어떠한지를 담당 의사가 전화로 체크해 보는 활동을 생각해 볼 수 있다. 얼핏 단순하게 보이지만 서비스제공자의 이러한 애프터 마케팅 노력은 고객의 로열티 제고는 물론 유지에도 많은 도움을 주고 있다. 애프터 마케팅 기법은 다음과 같다.

- 판매가 완료된 후 고객들과 쉽게 접촉할 수 있도록 고객들을 규명하고 고객 데이터베이스를 구축한다.
- 고객 만족도를 측정하고 고객 피드백에 따라 지속적으로 개선안을 만든다.
- 서비스기업이 지속적인 개선 노력에서 어떻게 고객의 피드백을 사용하고 있는지에 대한 정보를 전달해 주는 뉴스레터와 같은 공식적인 고객 커뮤니케이션 프로그램을 구축한다.
- 최초 판매 후 고객과의 관계를 유지하는 것에 대한 중요성을 강화시켜 주는 애프터 마케팅문화를 전사적으로 만든다.

자동차 산업은 애프터 마케팅에서 가장 큰 발전을 이루었다. 요즈음에는 어느 자동차 기업에서나 구매 후 혹은 정비가 완료된 이후 판매 및 서비스직원들이 빈번하게 고객들을 접촉해서 불편사항을 청취하고 만족도를 측정한다. 최근에는 자동차 기업뿐만 아니라 가전 서비스업체나 이동통신 서비스업체, 혹은 대부분의 콜센터 등에서 이와 같은 애프터 마케팅을 시행하고 있다.

05 서비스 보증

최근에 개발된 가장 혁신적이고 흥미진진한 고객 유지 전략 중 하나가 서비스 보증(service guarantees)이다. 비록 보증제도 그 자체가 특별히 새로운 것은 아니지만, 서비스에 관해서는, 특히 전문 서비스에 관해서는, 매우 새로운 것이다. 전체적으로 서비스 보증은 다음과 같은 세 가지 중요한 목적을 가지고 있다.

- 고객 로열티 강화
- 시장점유율 구축
- 기업에게 서비스 품질 향상에 대한 동기부여

일반적으로, 성공적인 보증은 제한적이지 않으며, 구체적이고 명확한 용어로 명시되며, 의미 있고, 실행될 때 비용이 들지 않으며, 환불이 빠르게 이루어지고 있다. 한편, 보증을 구성할 때 피해야 할 실수로는 ① 사소한 것으로 통상적으로 예상되는 것을 약속하는 것 ② 보장의 일부로 과도한 수의 조건을 지정하는 것 ③ 보증이 너무 경미하여 결코 실행되지 않는 것 등을 들 수 있다. 일반적으로, 다음과 같이 세 가지 종류의 보증이 있다: ① 무조건 보증(unconditional guarantee), ② 구체적 결과 보증(specific result guarantee), ③ 암묵적 보증(implicit guarantee)

1) 무조건 보증

무조건 보증(unconditional guarantee)은 세 가지 종류의 보증에서 가장 강력하며,

순수한 형태로 완전한 고객 만족을 약속하고, 최소한도 완전한 환불이나 완전 무비용 문제 해결을 약속한다. 일반적으로, 무조건 보증을 제공하는 것은 기업에게 두 가지 방식으로 혜택을 주고 있다. 첫째, 기업은 보증이 고객에게 미치는 영향으로부터 혜택을 본다. 구체적 사례는 다음과 같다:

- 고객들은 그들이 더 나은 가치를 얻고 있다고 인식한다.
- 구매와 관련된 지각된 위험(perceived risk)은 더 낮다.
- 고객은 기업이 더 신뢰할 수 있다고 인식한다.
- 경쟁 선택대안을 비교할 때 보증은 고객들이 결정하는 것을 도와준다. 결과적으로, 보증 서비스는 차별적 우위점(differential advantage)이 된다.
- 보증은 구매에 대한 고객의 저항을 극복하는 데 도움을 준다.
- 보증은 고객 로열티를 강화시켜주고, 매출을 증대시키며, 시장점유율을 구축한다.
- 훌륭한 보증은 부정적 구전 커뮤니케이션을 극복할 수 있다.
- 보증은 브랜드 재인 및 차별화로 연결될 수 있으며, 고가격 설정을 가능하게 한다.

둘째, 무조건 보증의 혜택은 기업 자체와 연결되고 있다. 기업이 무조건 보증을 제공하기 위한 필요조건은 우선 기업의 영업이 질서정연하게 이루어져야 한다는 점이다. 만약 그렇지 않으면, 무조건 보증과 관련된 지불금은 궁극적으로 해당 기업을 파산으로 몰고 갈 수 있다. 무조건 보증을 제공할 때 기업으로 가는 혜택은 다음과 같다:

- 보증은 기업이 기업 자체의 정의와는 반대로 좋은 서비스에 대한 고객의 정의에 초점을 맞추도록 강요한다.
- 보증 자체에는 직원과 고객에게 전달되는 명확한 성과 목표가 명시되어 있다.
- 요청되는 보증은 부실한 서비스를 추적할 수 있는 측정가능한 수단을 제공하고 있다.
- 보증을 제공하는 것은 기업이 전체 서비스 제공 시스템에서 실패할 수 있는 지점을 살펴보도록 강요한다.
- 보증은 기업 내에서 긍지의 원천이 될 수 있으며 팀구성에 대한 동기를 제공할 수 있다.

그러나 무조건 보증의 결점도 존재한다. 첫째, 보증이라는 자체가 일부 고객들에게는 일종의 부정적 메시지를 전달하는 것이며, 따라서 기업의 이미지를 퇴색시킬 수 있는 것이다. 일부 고객들은 기업이 우선적으로 보증을 제공할 필요가 있는 이유에 대해 의아하게 생각할 수도 있다. 예를 들어서, 고객들은 보증 자체가 과거의 실패 경험 혹은 새로운 사업에 대한 절박함 때문인 것으로 생각할 수 있다. 둘째, 보증이 청구될 때 실제 지급이 수반된다는 점이다. 고객들은 보증을 요청하기에는 너무 당황할 수 있다. 결과적으로, 그 보장은 실제로 고객들에게 불평하지 않도록 동기를 부여하는 것이 된다. 셋째, 지불금 청구는 기업이 보증을 하기 위해 요구하는 상당한 양의 문서작업이 필요하고 실제로 지불금을 받기까지는 많은 시간이 소요된다는 점이다.

2) 구체적 결과 보증

보증의 두 번째 종류는 구체적 결과 보증(specific result guarantee)인데, 보증을 유발하는 조건이 더 좁게 잘 정의되고 있으며, 지불금의 충격이 작기 때문에 명시적인 무조건 보증보다 온화한 것으로 간주된다. 서비스 제공과정의 모든 측면을 망라하는 무조건 보증과 비교해서, 구체적 결과 보증은 구체적인 단계나 결과에 대해서만 적용한다. 긍정적 측면에서 본다면, 구체적 결과 보증은 정량적 결과에 가장 쉽게 적용된다. 예를 들어서, 페덱스(FedEx)는 야간 배송(overnight delivery)을 보증하고 있다. 게다가 전체 보증과는 반대로 구체적 결과를 보증하는 것에 의해서, 페덱스는 특정한 목표에 대한 약속을 더 강력하게 기술할 수 있을 것이다. 부정적 측면에서 본다면, 구체적 결과 보증은 무조건 보증에 비해서 취약해 보일 수 있으며 고객들도 이러한 점을 해당 기업의 능력에 대한 신뢰 부족이라고 생각할 수 있다.

3) 암묵적 보증

보증의 세 번째 종류는 암묵적 보증(implicit guarantee)인데, 본질적으로 기업과 고객들 간의 이해를 확립하는, 문서화되어 있지 않고 말로도 표현되지 않은 보증이다. 비록 보증이 기술되지 않고 있지만, 암묵적 보증을 내걸고 있는 기업의 고객들은 해당 기업이 완전한 고객 만족을 위해 헌신하고 있다는 것을 확신하고 있다. 결과적으로, 상호 신뢰와 존경을 바탕으로 기업과 고객 사이에 동반자 정신(partnership spirit)이 발전하게 된다. 암묵적 보증 전략과 관련된 결정기준은 애매모호하다. 긍정적 측면에서 본다면, 보증이 암묵적이기 때문에, 어떤 명시적 규정도 보증이 실행될 필요가 있을 때 기업이 정확히 무엇을 할 것인지를 명시하지 않고 있다. 결과적으로, 해당 서비스 기업은 서비스 실패의 크기에 맞도록 보증의 지불금을 조정할 수 있다. 따라서 암묵적 보장은 모든 것 또는 전혀 없는 형태의 약정(an all-or-nothing type of arrangement)을 초래하지 않을 수 있다. 암묵적 보증 전략과 관련된 다른 혜택은 ① 명시적이고 노골적인 보증과 비교하여 볼품없는 마케팅 책략의 모습을 보여주지 않는다, ② 때때로 기업이 약속을 이행하지 않을 가능성을 공개적으로 말하는 것을 피하게 해준다 등이다. 결국, 암묵적 보증은 보증 전략을 추구하는 일종의 품위있는 방식이라고 생각된다. 이 보증 방식도 나름대로 결점을 가지고 있다. 첫째, 암묵적 보증은 문서화되어 있지 않고 말로도 표현되지 않은 보증이기 때문에, 이 보증 전략을 추구하는 기업은 시간이 많이 소요되는 과정인 입소문을 통해 잠재적 고객들에게 전달되는 반복적인 호감활동으로 명성을 얻어야 한다. 따라서 암묵적 보증은 영업 초기에는 다른 기업들과 차별화되지 않고 있다. 둘째, 보증이 암묵적이기 때문에, 신규 고객들은 고객 만족에 대한 해당 기업의 입장을 깨닫지 못할 수 있으며 결과적으로 문제가 발생했을 때 기업의 관심을 못받을 수 있다.

표 8-2 서비스 보증의 종류 및 장·단점

종류	장점	단점
무조건 보증	• 고객에게 미치는 영향으로부터 혜택을 본다. • 혜택은 기업 자체와 연결되고 있다.	• 고객들에게 부정적 메시지를 전달할 수 있다. • 보증이 청구될 때 실제 지급이 수반된다. • 상당한 양의 문서작업이 필요/많은 시간이 소요
구체적 결과 보증	• 조건이 더 좁게 잘 정의/무조건 보증보다 온화한 것으로 간주 • 정량적 결과에 가장 쉽게 적용된다.	• 취약해 보일 수 있으며 고객들도 기업의 능력에 대한 신뢰 부족이라고 생각
암묵적 보증	• 볼품없는 마케팅 책략의 모습을 보여주지 않는다. • 약속의 불이행 가능성을 언급하지 않는다.	• 시간이 많이 소요되는 반복적인 호감활동으로 명성을 얻어야 한다. • 신규 고객들은 고객 만족에 대한 해당 기업의 입장을 깨닫지 못할 수 있다.

브리핑사례 "카카오가 멋대로 10억 자동결제(?)"…이용자들 '멘붕'

카카오의 대표 광고 플랫폼 카카오모먼트 일부 이용자(광고주)들이 동의 없이 최대 10억원이 자동결제됐다며 카카오를 비판하고 나서 논란이 일고 있다. 카카오모먼트는 29일 오전 광고를 집행하는 일부 광고주가 등록한 신용카드에서 동의 없이 50만원씩 수십 차례에 걸쳐 강제 결제를 시도하는 시스템 오류가 발생했다. 1~수 분 단위로 자동 결제가 이루어졌고 최대 한도인 10억 원을 채워서야 멈췄다는 주장이 나왔다. 그러나 실제 자동결제된 액수는 50만원에서 최대 300만 원 정도로 나타났다. 전산 시스템 오류로 자동결제뿐만 아니라 결제예정 금액 표기에도 오류가 발생한 것. 하지만 피해를 당한 일부 이용자들은 페이스북 등 소셜미디어와 온라인 커뮤니티에 이 같은 사실을 제보하며 "도대체 무슨 일이 벌어지고 있는 거냐" 며 성토하고 나섰다. 최모씨는 "오전 11시 카카오모먼트 테스트 계정에서 갑자기 카드결제가 진행되더니 50만원씩 무한 결제가 이루어지고 있다" 며 "나만 그런 것 같지가 않다. 무슨 일이냐"며 당황스러운 상황을 급히 전했다. 최씨가 페이스북 계정에 올린 이미지에는 '카카오페이 자동결제' 시스템을 통해 2~4분 간격으로 50만원씩 신용카드 결제가 진행됐다는 메시지가 떴다. 카카오모먼트 계정에도 같은 결제 정보가 나타났다.

자동 결제는 신용카드 한도가 끝나서야 '결제실패'로 떴지만, 시스템은 계속해서 자동결제를 시도했다. 한 온라인 커뮤니티에 올라온 카카오모먼트 카드 자동결제 예정금액이 10억에 달했다. 이모씨도 자신의 트위터 계정에 "카카오 광고비 10억 결제 예정액. 1초 단위로 카드결제를 하네요"라며 카카오 시스템 오류 해시태그를 달기도 했다. 비슷한 시각 온라인 커뮤니티에 클리앙에는 "카카오모먼트에 광고 계정을 설정해놨는데, 아무것도 한 것 없이 카드등록 이후 50만원씩 마구 결제되고 있다"는 게시물들이 올라왔다. 한 네티즌은 "카드(결제를)를 끊으려고 했더니 자동충전 한도가 10억원이라고 10억 다 내고 삭제가 된다고 한다"며 "상담 전화번호도 없고 챗봇이 같은 말만 되풀이 하고 있다"고 성토했다. 아이디 Ka**는 '카카오모먼트 자동결제 충전액 10억원'이라는 제목의 글에서 9억 9,000여 만 원에 달하는 결제 예정금액 통지서를 공개했다. 그는 "고객센터 전화번호도 보이지 않고 당황해서 등록한 결제 카드를 삭제하려 했더니 10억을 안 내면 삭제가 안 된다고 한다"며 황당한 상황을 전했다. 또다른 네티즌도 "나도 똑같이 카드 결제가 돼 일단 카드부터 정지시켰다"고 했다.

카카오모먼트 결제 오류는 이날 오전 10시 47분부터 11시 5분까지 약 18분간 지속됐다. 카카오 관계자는 CBS노컷뉴스와의 통화에서 "카카오모먼트 광고를 집행하는 광고주 일부에게 신용카드 자동결제가 이루어졌다"며 "내부 시스템의 오류로 인한 문제로 파악하고 있다. 현재는 해당 장애기간에 발생한 카드 승인에 대해 일괄 취소한 상태"라고 밝혔다. 카카오측은 그러나 "현재 시스템이 정상 작동되고 있다"며 "사고 원인이 무엇인지에 대해서는 기술적인 문제여서 구체적으로 답하기 어렵다"고 덧붙였다. 한 이용자는 "카카오 플랫폼에서 이런 일이 발생해 황당하기 그지없다. 피해자에 대한 사과 한 마디 없다"며 분통을 터뜨렸다.

〈출처〉 CBS노컷뉴스(2019년 3월 29일)

그림 8-8 자기 멋대로 자동 결제한 커커오모먼트와 암묵적 보증

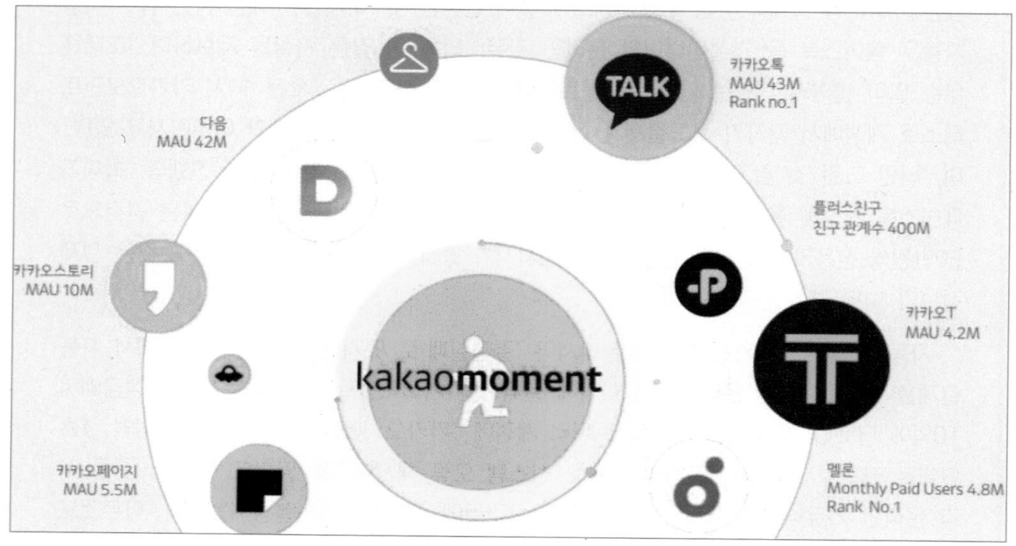

4) 기타: 전문 서비스 보증

서비스기업에게 보증 전략은 중요하고, 특히 전문 서비스를 수행하는 서비스제공자에게 보증은 더욱 중요한 시사점을 가지고 있다. 다음과 같은 조건에서 전문 서비스 보증(professional service guarantees)은 가장 효과적이 된다.

- 가격이 높을 때: 전문 서비스는 보통 높은 가격대에서 제공되기 때문에, 보증은 고가격 비용 의사결정과 관련된 일부 위험을 경감시켜 줄 수 있다.
- 부정적 결과의 비용이 높을 때: 중요할수록 부정적 결과의 재앙은 더욱 커지고 따라서 그만큼 보증의 효과는 강력해지게 된다.

- 서비스가 맞춤화될 때: 결과가 어느 정도 확실한 표준화된 서비스와는 반대로 맞춤화 서비스는 상당한 불확실성을 수반하고 있기 때문에. 보증은 이와 관련된 위험수준을 경감시키는 데 도움이 되고 있다
- 브랜드 차별화를 달성하기 힘들 때: 전문 서비스를 성공적으로 차별화하기는 어렵다. 예를 들어서, 안과병원이나 치과병원은 서비스 품질 수준을 구분하기가 쉽지 않다. 이러한 경우에, 무조건 서비스 보증은 성공적으로 자사를 경쟁사와 차별화시킬 수 있다.
- 구매자 저항이 높을 때: 전문 서비스의 비용 및 결과의 불확실성 때문에, 전문 서비스를 제공받고자 하는 구매자는 상당히 조심스럽게 접근하고 있다. 무조건 서비스 보증은 고객의 저항을 극복하고 매출을 증대시키는 데 도움을 줄 수 있다.

생각해봅시다

01 관계 마케팅이란 무엇인가?

02 서비스마케팅에서 신뢰, 몰입, 매력이 중요해지는 이유는 무엇인가?

03 관계 마케팅의 주요 구성개념은 무엇인가?

04 고객 유지란 무엇이며, 어떻게 활용할 수 있을까?

05 고객가치의 통합적 관리는 어떻게 이루어지는가?

06 고객 유지의 효익을 고객 측면과 서비스제공자 측면으로 구분하여 고찰해 보라.

07 고객 유지의 전략에는 무엇이 있는가?

08 서비스 보증이란 무엇인가?

PART 03

서비스마케팅의 수행

01 서비스마케팅의 개관

1장 서비스 개념
2장 서비스와 소비자행동
3장 서비스마케팅의 기초

02 서비스 제공의 평가 및 개선

4장 서비스 품질
5장 갭분석 모형
6장 고객 만족
7장 서비스 실패 및 복구전략
8장 고객 유지

03 서비스마케팅의 수행

9장 서비스 제공과정
10장 서비스스케이프 관리
11장 서비스 가격결정
12장 서비스 커뮤니케이션
13장 서비스 직원 관리

CHAPTER 09

서비스 제공과정

학습목표

- 서비스 특성에 맞는 제공과정을 학습한다.
- 서비스마케팅 시스템을 알아본다.
- 서비스 상품개발을 특성, 유형, 과정을 통해서 알아본다.
- 서비스 청사진을 이해한다.
- 서비스를 통한 상품가치 제고를 살펴본다.

도입사례 '새벽배송'이어 '30분 배송'까지… 유통업계 피 말리는 '배송 전쟁'

"유통업이 온라인을 중심으로 재편되고 있는 상황인 만큼 결국 물류 싸움에서 이기는 기업이 최후의 승자가 될 수밖에 없습니다." 한 유통업계 관계자의 얘기다. 그의 말처럼 최근 유통업계에서는 치열한 '배송 전쟁'이 펼쳐지고 있다. 익일배송과 당일배송에 이어 이제는 밤늦게 주문하더라도 아침에 눈을 뜨면 상품을 받아볼 수 있는 '새벽배송'까지 등장한 상태다. 조만간 '30분 배송'과 같은 초스피드 배송 서비스를 선보일 계획인 기업들도 있어 눈길을 끌고 있다. 소비자에게 환영할 만한 일이지만 유통업계 내부에서는 이 같은 배송 전쟁의 양상이 마냥 달갑지만은 않은 모습이다. 치열한 배송 경쟁이 '치킨게임' 양상으로 번지고 있어 기업의 수익성에 악영향을 미칠 수 있다는 우려가 나온다.

◎ '새벽배송' 넘어 '30분 배송'도 등장

기업들이 배송에 주력하는 배경은 온라인 쇼핑의 증가와 밀접한 관련이 있다. 통계청이 발표한 '온라인 쇼핑 동향'을 보면 지난해 온라인 쇼핑 거래액은 전년(91조 3,000억원)보다 22.6% 증가한 111조 9,000억원을 기록했다. 사상 처음 100조원대를 돌파한 것이다. 전체 소매 판매(소비)에서 온라인 쇼핑 거래액이 차지하는 비율 또한 18.5%로, 전년(16.2%)보다 2.3%포인트 확대됐다. 이런 추세는 계속 이어질 전망이다. 유통업계에서는 1인 가구와 맞벌이 가구 증가와 5G의 등장과 같은 이동통신 기술의 발달에 힘입어 향후에도 온라인 쇼핑 이용자 수가 계속 늘어날 것으로 내다보고 있다. 이처럼 유통이 온라인 위주로 바뀌면서 이제 '배송'이 업체들의 성패를 가를 가장 큰 '무기'로 각광받고 있다. 유통업계의 배송 경쟁에 '전쟁'이라는 표현이 등장할 정도로 치열한 양상을 띠고 있는 배경이다. 주문하면 다음 날 물건을 받아볼 수 있는 익일배송은 이제 온라인 쇼핑몰을 운영하는 업체들의 '기본 서비스'로 자리매김했다. 심지어는 홈쇼핑 업체들도 온라인 숍에서 일부 제품을 당일배송하고 있을 정도다.

최근에는 저마다 차별화된 배송 서비스를 속속 도입하며 고객들의 선택을 받기 위해 기업들은 몸부림친다. 최근 가장 큰 화두는 새벽배송이다. 2015년 마켓컬리와 헬로네이처 등 스타트업의 등장과 함께 첫 선을 보이기 시작한 새벽배송이 소비자들의 큰 호응을 얻자 너도나도 관련 서비스를 속속 내놓고 있다. 이마트 · 쿠팡 · 동원까지 이 대열에 합류했다. 최근에는 백화점(현대백화점)과 홈쇼핑 등도 새벽배송을 시작한 상태다. 그 결과 2015년 100억원 규모에 불과했던 새벽배송 시장 규모는 지난해 약 4,000억원으로 증가했다. 최근 3년 동안 40배 넘게 시장이 커진 셈이다. 향후에는 '배송 속도전'이 더욱 치열하게 펼쳐질 것으로 예상된다.

◎ "자금력 부족한 기업, 결국 무너질 수도"

머지않아 상품을 주문하면 1시간 이내에 원하는 곳에서 받을 수 있는 배송까지 나올 예정이다. 그 주인공은 롯데마트다. 유통업계 최단 시간인 30분 배송 서비스 도입을 준비 중이다. 롯데마트 관계자는 "고객이 고른 상품을 포장하고 배송 차량에 싣는 과정을 최대한 단축하고 퀵서비스를 통해 빠르게 전달할 계획을 갖고 있다"고 말했다. 이처럼 빠른 배송이 유통 기업의 명운을 가를 경쟁력이 되고 있는 상황을 두고 유통업계에서는 우려가 제기된다. 가장 큰 문제는 수익이다. 기업들은 빠른 배송을 위해 물류에 돈을 보다 많이 쏟아 부을 수밖에 없다. 배송이 빨라질수록 신속한 주문 처리와 하역 등을 수행하기 위해 많은 인력이 필요하기 때문이다. 즉, 배송 경쟁력을 뒷받침하기 위해 물류 유지 · 운영비용이 커지면서 결국 기업의 수익성이 악화될 가능성이 높다는 얘기다.

단적인 예는 쿠팡과 마켓컬리다. 두 기업 모두 배송을 무기로 고객들의 마음을 사로잡았다. 쿠팡은 지난해 매출액이 약 5조원에 달하는 것으로 추산된다. 국내에서 최초로 신선식품의 새벽배송을 시작한 마켓컬리 역시 서비스 출시 3년 만인 지난해 매출 1,000억원을 넘어선 것으로 알려졌다. 하지만 양 사 모두 영업이익은 여전히 적자인 상태다. 한 유통업계 관계자는 "빠른 배송을 이어 가기 위해 천문학적인 금액이 소요되는 만큼 두 곳 모두 상품을 팔 때마다 손해를 보고 있다는 사실이 실적에서 나타난다"고 말했다. 기업들도 이런 사실을 잘 알고 있지만 그럼에도 불구하고 배송 강화를 뒷전으로 미룰 수 없는 노릇이다. 최근 새벽배송을 시작한 유통업계 관계자는 이렇게 말한다. "새벽배송을 위해 많은 인력과 시스템이 투입되고 돈이 들어가지만 소비자들이 우리 회사의 서비스를 이용하게 하기 위해서는 어쩔 수 없는 선택이죠. 고객이 저녁에 필요한 상품을 주문했는데 다음 날 아침까지 배달해 주는 곳과 오후에 배달해 주는 곳 중 어디를 택하겠습니까. 당연히 전자입니다. 너도나도 새벽배송을 하는 상황에서 안 하면 고객이 떠날 수 있는 상황이 된 것이죠."

이런 추세와 관련해 한 전문가는 "유통업계의 배송 전쟁이 말 그대로 '치킨게임'이 된 모습"이라며 "죽지 않기 위해 손해를 보더라도 진출해야 하는 상황이 온 것이다. 이런 부분을 고려할 때 향후에도 더 많은 유통 업체들이 배송 경쟁력 강화에 나설 것이 분명해 업체들 간의 싸움은 더욱 심화될 것으로 보인다"고 진단했다. 이와 같은 배송 경쟁에 따라 자금력이 약한 기업은 곧 커다란 어려움에 직면할 수 있다는 '위기론'도 제기된다. "배송은 '규모의 경제'가 작용한다. 최근 신세계나 롯데 등이 조 단위의 자금을 온라인에 투입하며 배송 강화에 나서고 있는데 향후엔 이렇게 막대한 자본력을 가진 대기업만 생존할 가능성이 높다. 인프라가 구축된 기업일수록 보다 저렴한 비용에 배송 서비스를 제공할 수 있기 때문이다. 자금력이 부족한 기업은 결국 적자 확대를 버티지 못하고 무너질 가능성이 높다." 이 전문가는 이 같은 분석을 내놓았다.

〈출처〉 한경비즈니스(2019년 3월 16일)

그림 9-1 새벽배송을 선도하고 있는 마켓컬리

01 서비스 상품과 제공과정

1) 상품으로서의 서비스 제공과정

개요

서비스는 어떤 물건(thing)이라기보다는 일의 성과(performance)이다. 고객들이 제조된 상품을 구매할 때 그들은 물리적 대상의 소유권을 갖는 것이다. 그러나 서비스의 경우에는 만질 수 없고 저장할 수 없기 때문에 소유보다는 경험을 하게 된다. 심지어 고객들이 소유권을 갖는 물리적 요소들이 있을 때에도 관련되는 가격의 상당 부분은 수반되는 무형적 서비스 요소에 의해 창출되는 부가가치의 몫인 것이다. 예를 들어서 우리가 최고급 레스토랑을 방문하는 경우, 가격에서 차지하는 음식물의 원가는 1/5도 채 안 된다. 나머지는 대부분 쾌적한 환경에서 테이블 및 의자를 차지하고 음식조리 전문가들의 솜씨 및 그 장비들을 사용하며 자신들에게 시중드는 직원들에게 기꺼이 지불하고자 하는 수수료로서 간주될 수 있다.

고객들이 서비스 제공장소에 방문했을 때 서비스 특성상 서비스를 만들고 전달하며 소비하는 과정에 참여할 것을 요구받게 되는 경우가 많이 있다. 이는 정도의 차이는 있지만 서비스는 고객과의 상호작용하는 시간대를 요구한다는 말과 일맥상통하는 것이다. 이에 따라 서비스 상품은 서비스 제공기업이 고객들과 어느 수준의 접촉을 할 것이냐에 따라서 그 성격이 광범위하게 달라진다. 그 과정에서 고객들의 참여는 적극적이거나(지역 헬스클럽에서 건강한 육체미를 갖기 위해 운동하기) 소극적일 수 있으나(극장에서 그냥 앉아서 영화를 관람하기), 고객들은 서비스 생산과정에 물리적으로 참여할 수밖에 없는 것이다. 서비스접점에서 고객의 물리적 참여가 이루어졌을 때, 서비스 생산 현장 내에서의 과정이 변화하게 되면 고객의 참여 각본도 당연히 변하게 된다. 예를 들어서, 현금이 필요할 때 소비자들은 은행에 가서 창구직원들에게 통장을 건네주고 예금을 찾거나, 아니면 ATM에서 직접 현금을 인출할 수도 있다. 이와 같이 최종적으로 동일한 목적을 달성하는 두 가지 다른 과정은 고객들에게 완전히 상이한 서비스 대본을 따를 것을 요구하고 있다.

과정으로서의 서비스

Lovelock(1996)은 서비스 과정의 핵심을 다음과 같이 4가지로 분류하여 설명하고 있다.[1]

• 사람 처리과정(people processing)

서비스의 속성인 생산과 소비의 비분리성은 탈 것을 타거나 호텔에서 잠을 자거나 이·미용실에서 머리를 가꾸거나 레스토랑에 가서 식사하는 행위에 있어서, 고객들을 그 서비스 시스템에 직접 참여하도록 만들고 있다. 따라서 고객들은 사람 처리과정 서비스가 제공하는 효익을 받기 위해서 서비스제공자에게 적극적으로 협조하면서 시간을 보내야 한다. 이·미용서비스를 제공받아 제대로 된 머리모양을 연출하기 위해서는 이·미용사가 요구하는 과정에 참여해서 요구하는 행위를 수행하여야 그 결과가 잘 나오게 될 것이다.

• 보유물 처리과정(possession processing)

서비스 제공은 사람을 대상으로 해서만 이루어지는 것이 아니다. 고객들이 보유하고 있는 물리적 대상(physical objects)을 상대로도 서비스가 수행되는 경우가 많이 있다. 예를 들면, 빌딩을 청소한다든가, 기계를 수리하고 유지한다든가, 아니면 애완견을 가꾸고 관리해 주는 서비스 활동을 생각해 볼 수 있다. 이 경우 고객들은 사람 처리과정 서비스보다 서비스 제공과정에 상대적으로 덜 직접 참여하게 된다. 왜냐하면 그 서비스가 제공되는 동안 고객들이 직접 그 물리적 대상물들을 보유한 채로 참여할 실질적인 니즈가 거의 없기 때문이다. 이 경우에 고객의 참여는 서비스기업에 연락을 해서 문제를 설명하고 서비스 제공 후에 서비스 가격을 지불하는 정도로 끝나게 된다.

• 심리자극 처리과정(mental stimulus processing)

사람들의 마음이 상호작용하는 서비스에는 교육, 컨설팅, 뉴스정보, 심리치료, 오락 등을 생각해 볼 수 있다. 사람들에게 감동을 줄 수 있다면 어떤 것이나 그들의 태도를 형성하고 행동에 영향을 줄 수 있는 힘을 갖고 있다고 할 수 있다. 따라서 고객

---

1 Lovelock, Christopher H.(1996), *Service Marketing*, 3rd ed., Prentice-Hall International Edition.

들이 종속되어 있거나 조정당할 가능성이 있다면 그러한 서비스에 대해서는 강력한 윤리적 기준 및 면밀한 감시가 필요하게 된다. 고객의 입장에서 보았을 때, 이와 같은 서비스 제공은 시간의 투자를 필요로 한다. 그러나 이 경우 대개는 고객들이 서비스 제공장소에 직접 가서 참여하기보다는 정보가 제공되는 상태에서 심리적인 커뮤니케이션만을 가지면 되게 되어 있다. 오락이나 교육서비스 경우에는 고객들이 직접 참여해서 서비스를 제공받을 수도 있지만 방송이나 온라인 등을 통해서 멀리서도 직접 참여하지 않고 서비스를 제공받을 수도 있는 것이다. 실제로 이러한 종류의 정보에 근거한 서비스는 정보기술 등을 통해서 CD, 비디오테이프, 오디오테이프 등 제조상품으로 변환되어 일반 물리적 상품들과 동일하게 포장되고 유통망을 통해서 배급될 수 있다.

• 정보 처리과정(information processing)

정보는 서비스 산출물 중 가장 무형적인 형태라 할 수 있다. 그러나 정보는 종종 글자, 보고서, 책, 테이프, 디스켓 등의 물리적 형태로 전환되어서 보다 지속적인 기록물로 변화된다. 효과적으로 정보를 수집하고 처리하는 데 크게 좌우되는 서비스들은 금융서비스, 세무서비스, 법률서비스, 마켓서베이, 경영컨설팅, 의료진단, 그리고 많은 전문 서비스들이라 할 수 있다. 이와 같은 서비스에서 고객들의 관여 정도는 서비스 제공과정의 니즈에 의해서라기보다는 관행이나 서비스제공자와 얼굴을 맞대고 만나보고 싶다고 하는 개인적 소망에 의해서 더욱더 많이 결정된다. 왜냐하면 이러한 종류의 서비스들은 서비스제공자와 고객들이 얼굴을 맞대고 서로 만날 때 상호간에 보다 긴밀하게 일을 처리한다는 느낌이 들기 때문이다. 그러나 동일한 핵심서비스를 멀리 떨어져서도 제공할 수 있을 때 고객들이 직접 서비스 제공장소까지 가야 한다는 것은 무의미한 일이다. 따라서 성공적인 서비스기업－고객 간의 관계는 신뢰를 토대로 전화나 인터넷 등 원격적인 접촉을 통해서 창출되고 전달되어야 한다.

표 9-1 처리과정에 따른 서비스 상품 유형

특성	대상	
	사람	사물
유형적 행동	〈사람 처리과정〉 사람 신체에 대한 서비스 예 여객운송, 의료, 호텔, 미용실, 물리치료, 헬스클럽, 레스토랑	〈보유물 처리과정〉 제품이나 소유물에 대한 서비스 예 화물운송, 수리 및 보수, 창고 · 보관업, 사무소 관리, 소매업, 세탁소, 주유소, 잔디 관리, 환경재생업
무형적 행동	〈심리자극 처리과정〉 사람의 정신에 대한 서비스 예 광고, 예술 및 오락, 방송, 경영 컨설팅, 교육, 정보서비스, 공연 · 심리치료 · 종교 · 음성전화	〈정보 처리과정〉 무형자산에 대한 서비스 예 회계, 은행, 자료처리, 보험, 법률 서비스, 프로그래밍, 조사, 증권투자, 소프트웨어 컨설팅

2) 제공과정에 따른 분류

서비스의 전략적 유형

서비스의 특성을 토대로 해서 마케팅 관점에서 본다면, 시장지향성(market orientation)은 서비스마케팅에서 서비스기업이 추구해야 할 핵심이라고 할 수 있다. 이 경우, 서비스는 핵심 서비스(core service)와 확장 서비스(augmented service)로 구분할 수 있다. 핵심 서비스는 어떤 부가가치 서비스가 없는 상태에서도 고객들의 니즈를 충족시킬 수 있는 기본 서비스이다. 반면에, 확장 서비스는 핵심 서비스에 어떤 다른 가치가 추가된 형태의 서비스를 말한다. 모든 서비스들은 결국 이 두 가지 극단의 서비스 사이에 존재하게 되는데, 제공되는 서비스들은 서비스기업의 고객니즈에 부응하는 맞춤화 정도(degree of customization)에 따라 맞춤화 서비스(customization service)와 표준화 서비스(standardization service)로 다시 구분할 수 있다. 결국 이러한 종류의 서비스를 결합해 보면, 다음과 같은 네 가지 유형의 서비스 형태가 나타나게 된다.

- 표준화된 핵심 서비스
- 표준화된 확장 서비스
- 맞춤화된 핵심 서비스
- 맞춤화된 확장 서비스

이들 네 가지 전략적 유형의 서비스들은 시장지향성을 위한 마케팅의 일반적인 전략유형인 차별화(differentiation), 원가우위 전략(overall cost leadership), 시장 집중(market focus)과 연결되어 있다. 여기서 핵심 서비스는 대부분 최소의 비용으로 제공되어야 하고, 확장 서비스는 서비스기업의 차별화에 대한 강조사항으로 제공되어야 한다.

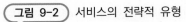

그림 9-2 서비스의 전략적 유형

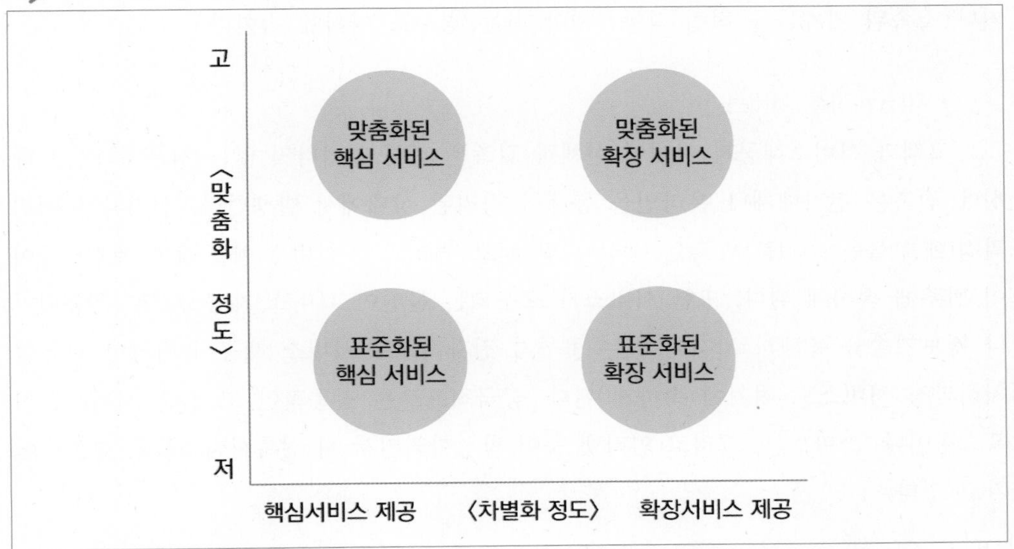

고객 접촉의 수준

• 고(高) 접촉 서비스

이 범주에 속하는 서비스들은 고객들이 서비스 시설에 직접 방문해서 서비스 전달과정을 통하여 서비스 제공기업 및 직원들과 활발하게 접촉하는 경우이다. 집으로 배달되는 경우를 제외한 모든 사람 처리과정 서비스가 이 범주에 속하고 고객들은 서비스 제공장소에 가서 서비스 제공이 끝날 때까지 그곳에 머무르게 된다.

• 중간(中間) 접촉 서비스

고 접촉 서비스의 경우보다는 서비스제공자의 관여 정도가 낮은 접촉 서비스를 말한다. 이 그룹에 속하는 서비스에서 서비스제공자의 시설을 찾는 고객들은 서비스 제공이 끝날 때까지 머물러 있을 필요가 없거나 아니면 서비스직원들과 접촉할 일이 거의 없게 된다. 고객이 서비스제공자와 접촉하게 되는 경우는 관계를 구축하거나, 얼굴을 마주보고 문제점을 이야기하고, 물건을 맡기거나 맡긴 물건을 찾으며, 서비스 요금을 지불하는 것에 국한된다. 혹은 고객들이 셀프서비스로 서비스제공자에게 관계되거나 소속된 기계들을 직접 작동시켜야 하는 경우도 여기에 속한다.

• 저(低) 접촉 서비스

고객과 서비스제공자 사이에 신체적 접촉은 전혀 일어나지 않는 경우이다. 그 대신에 접촉은 전자매체나 온라인을 통해서 격리된 상태에서 발생한다. 심리자극 처리과정(예를 들면, 케이블TV 혹은 인터넷) 및 정보 처리과정 서비스(예를 들면, 보험) 등이 이 범주에 속하게 된다. 또한 서비스가 요구되는 물건이 서비스 제공장소로 운송되거나 정보기술을 통해서 고객이 있는 곳까지 전자적으로 서비스 제공이 가능한 보유물 처리과정 서비스도 여기에 속하게 된다. 궁극적으로는 전통적인 고 접촉 서비스들이 홈쇼핑이나, 스마트폰, 그리고 인터넷 등이 활성화되면서 저 접촉서비스들로 변환되어 가고 있다.

서비스마케팅 시스템

Lovelock(1996)에 따르면 서비스는 생산 시스템과 제공 시스템으로 구성되어 있는 통합 시스템으로 볼 수 있다는 것이다. 생산 시스템은 서비스 투입물이 처리되고 서비스 상품의 요소가 만들어지는 것이며, 제공 시스템은 이와 같은 요소를 결합하여 고객들에게 전달하는 것이다. 일반적으로, 고(高) 접촉 서비스와 저(低) 접촉 서비스로 구분해서 마케팅 시스템을 생각할 수 있다.

그림 9-3 고(高) 접촉 서비스마케팅 시스템

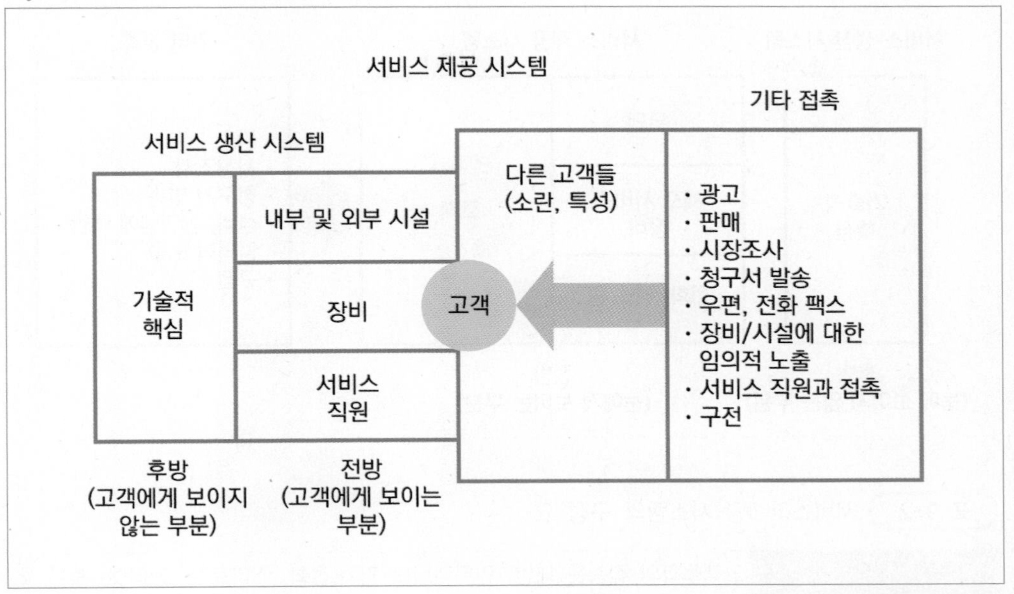

이러한 두 가지 접근방법의 의미는, 서비스마케팅 시스템이 보통 서비스기업 내부적으로는 영업측면에 초점을 맞추는 것에 비해서 외부적으로는 그 시스템을 조망하면서 서비스기업에 대한 고객의 견해를 나타내 준다는 데서 찾아볼 수 있다. 어떤 서비스를 선호할 때 고객들에게 노출되는 주요 유형적 커뮤니케이션 요소들은 <표 9-2>와 같이 생각해 볼 수 있다. 물론, 이 경우에도 저 접촉 서비스의 경우에는 관계되는 요소들이 소수이다. 이러한 요소들을 이용해서 서비스기업들은 고객형태별 서비스마케팅 시스템의 특성을 규명해 볼 수 있다 즉, 병원, 항공사, 대학, 호텔, 세탁소, 은행, 자동차 정비센터, 그리고 우체국 등과 같이 다양한 서비스마케팅시스템에 대해서 이에 알맞는 프로파일을 개발할 수 있는 것이다. 그러나 현실적으로 고객들은 이 중 많은 요소들과 계획적으로 접촉하기보다는 임의적(randomly)으로 접촉하게 된다는 점을 인식하여야 한다.

그림 9-4 저(低) 접촉 서비스마케팅 시스템

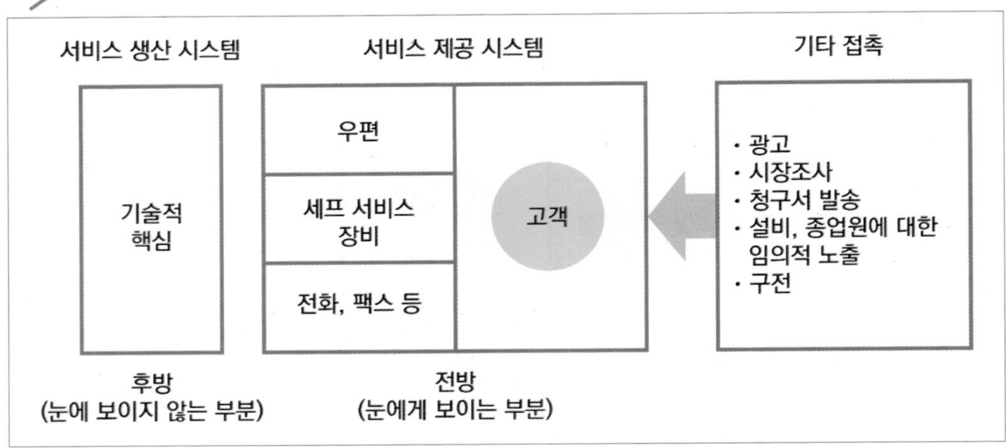

표 9-2 서비스마케팅 시스템의 구성 요소

1. 서비스접점 직원	고객들과의 접촉은 대면, 인터랙티브 기기(전화, 스마트폰, 인터넷) 혹은 우편 및 특급 배달서비스에 의해서 이루어진다. 이러한 범부에 속하는 직원들은 다음과 같다. • 판매 요원 • 고객접촉 직원 • 회계 · 청구서 발송 직원 • 일반적인 고객들과 직접 접촉하는 영업직원 • 서비스기업을 직접적으로 대표하고 있다고 고객들이 느끼는 유통 대리점
2. 서비스 시설 및 장비	• 건물 외관, 주차시설, 조경 • 건물 내부 인테리어 • 차량 • 고객들이 직접 작동하는 셀프서비스 기구 • 기타 장비
3. 비(非)인적 커뮤니케이션	• 공식 서류 • 소책자/카탈로그/교육 매뉴얼 • 광고 • 간판 • 대중 매체를 통한 뉴스나 기사
4. 다른 사람들	• 서비스 제공 중에 접촉하게 되는 다른 고객들 • 친구 및 친지로부터의 입소문 내용

자료: Lovelock, Christopher H.(1996), *Service Marketing*, 3rd ed., Prentice-Hall International, p.57.

그림 9-5 서비스 제공과정에서 접점을 어떻게 형성하느냐에 따라 고객이 인식하는 서비스 품질이 달라진다.

PART 03

3) 제공과정 설계

모든 서비스기업들은 제공할 상품 형태 및 그 상품을 사용할 영업 절차에 대해서 어떻게 선정할 것을 고민하게 된다. 일반적으로 이러한 과제는 기업차원에서 기술된 경영목표 및 마케팅목표 설정에서부터 시작된다. 그리고 시장분석 및 경쟁사분석을 통해서 기회/위협 분석을 수행하게 된다. 이어서 표적시장을 상대로 제공하게 될 서비스에 대해서 포지셔닝전략이 개발될 수 있다. 이러한 포지셔닝 전략은 서비스영업세칙에 관한 기술과 연결되어야 한다. 과연 우리 기업이 결정된 포지셔닝전략을 수행하는 데 필요한 물리적 시설, 장비, 정보 및 커뮤니케이션 기술, 그리고 인적 자원을 제대로 적절하게 배정할 능력을 갖고 있는가? 아니면 우리 기업 자체적으로는 이러한 능력을 갖고 있지 않더라도 업계의 다른 기업들이나 심지어 고객들과 함께 파트너십을 가지고 이러한 자원들을 획득할 수 있겠는가? 또한 이러한 포지셔닝전략이 구사되면 관련된 모든 비용을 차감하더라도 납득할 수 있는 적정의 수익성을 창출할 수 있을까? 포지셔닝전략은 이러한 기본적이고도 실질적인 질문에 대답하는 형태로 계획되고 기술되어야 한다.

그 다음 단계는 고객들에게 제공되는 혜택 및 이에 따라 발생되는 비용을 명확하게 하기 위해서 서비스마케팅개념을 수립하는 일이다. 이러한 마케팅개념은 핵심 및 보조적 서비스, 이러한 서비스들에 대한 신뢰 수준, 그리고 언제 어디서 고객들이 이러한 서비스들에 대해서 접근할 수 있는지를 고려해야 한다. 이와 병행해서, 서비스영업개념도 수립해야 하는데, 여기서는 지리적 범위 및 영업일정 등을 규정하고, 시설설계 및 배치를 기술하여 어떤 특정 과제를 수행하기 위해서 언제 어떻게 영업 자산들이 사용되어야 하는지를 고려하게 된다. 영업개념은 또한 체인 가맹점이나 고객들을 통해서 효과를 볼 수 있는 기회에 대해서도 언급하게 된다. 마지막으로, 어떤 과제가 고객에게 보이는 전방(front stage)영업에 그리고 어떤 과제가 고객에게 보이지 않는 후방(back stage)영업에 소속되는지를 명확히 해주어야 한다.

서비스마케팅개념과 서비스영업개념은 서비스 제공과정을 구체화시켜 주는 선택기준들과 상호작용하게 된다. 그 선택기준들은 다음과 같다.

- 서비스 제공과정에서 어떤 단계를 밟아야 할 것인가? 또 이러한 단계는 언제(일정), 어디서(위치) 발생되어야 하나?
- 서비스 요소를 구성하는데 모두 다 자체적으로 조달할 것인가? 아니면 부분적으로는 외주를 줄 것인가?
- 서비스 제공자와 고객 사이의 접촉 성격을 어떻게 규정할 것인가? 고객을 서비스 제공장소로 오도록 할 것인가, 아니면 서로 떨어져서도 서비스 제공이 가능하도록 할 것인가?
- 각 단계에서 서비스 과정의 성격을 어떻게 규정할 것인가? 고객들이 단체로 서비스를 제공받도록 할 것인가, 아니면 개별적으로 제공받도록 할 것인가? 아니면 셀프서비스로 할 것인가?
- 서비스를 제공하는 방법을 어떻게 정할 것인가? 예약제도를 시행할 것인가? 아니면 방문순서대로 할 것인가? 또한 VIP고객들을 위해서 다른 우대제도가 필요할 것인가?
- 서비스 제공환경(servicescape)을 어떻게 만들고 가꾸어야 할 것인가? 일반적으로 시설설계 및 배치, 직원들 복장 및 태도, 가구 및 설치된 장비의 형태, 그리고 음악, 조명 및 내부 장식을 어떻게 할 것이냐?

그림 9-6 서비스 제공과정 설계

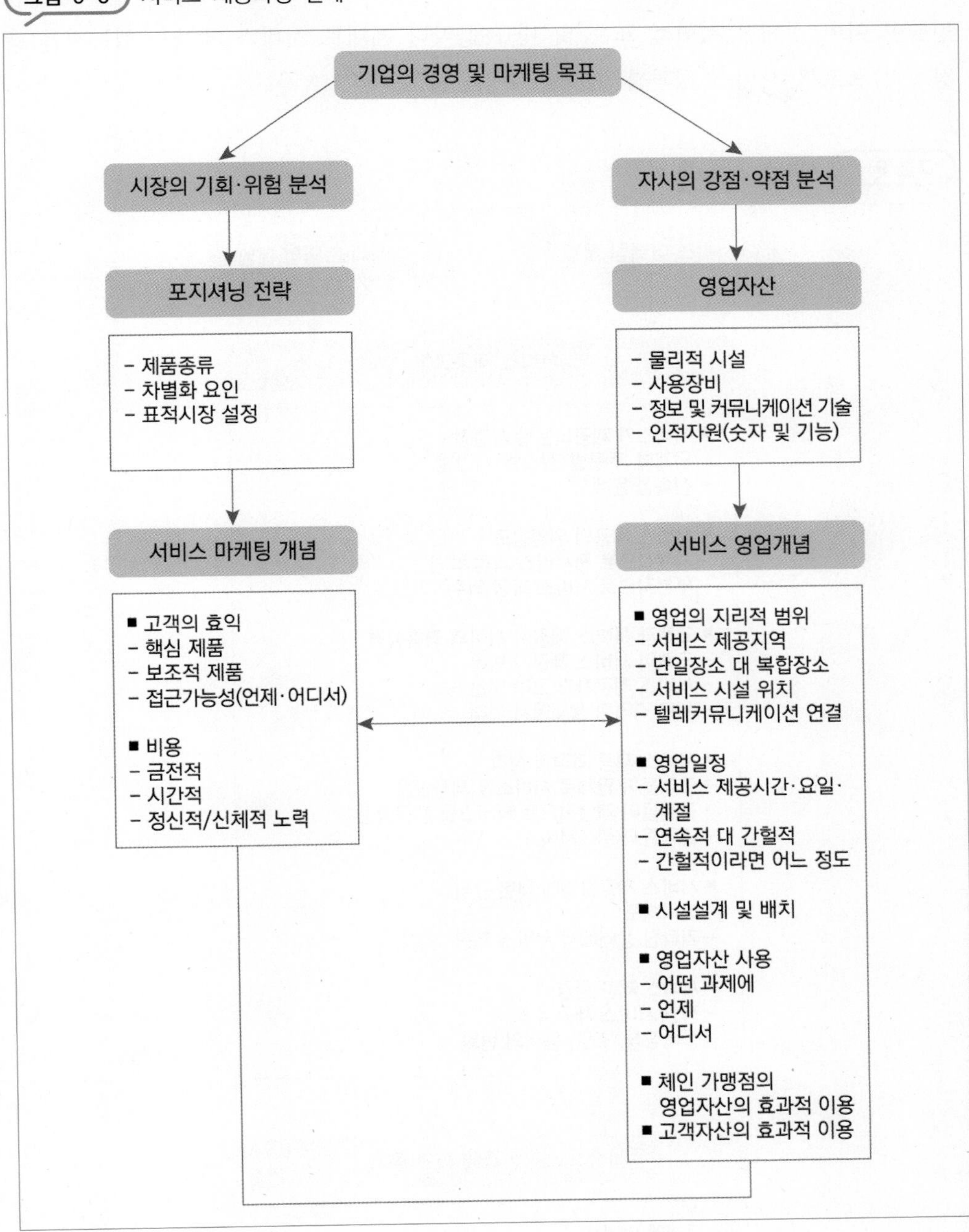

마지막으로 서비스 성과에 대한 평가를 거쳐야 한다. 고객들은 서비스 제공 전 자신들이 가지고 있었던 기대와 서비스 제공 중이거나 제공 후에 인식된 서비스 성과

를 비교함으로써 만족여부를 결정하게 된다. 따라서 서비스 제공기업 입장에서는 직원들이 이미 정해진 서비스 표준 및 내규에 따라 제대로 서비스 제공을 했는지를 측정해 봄으로써 서비스 성과를 평가할 수 있다.

그림 9-7 서비스 제공 및 평가

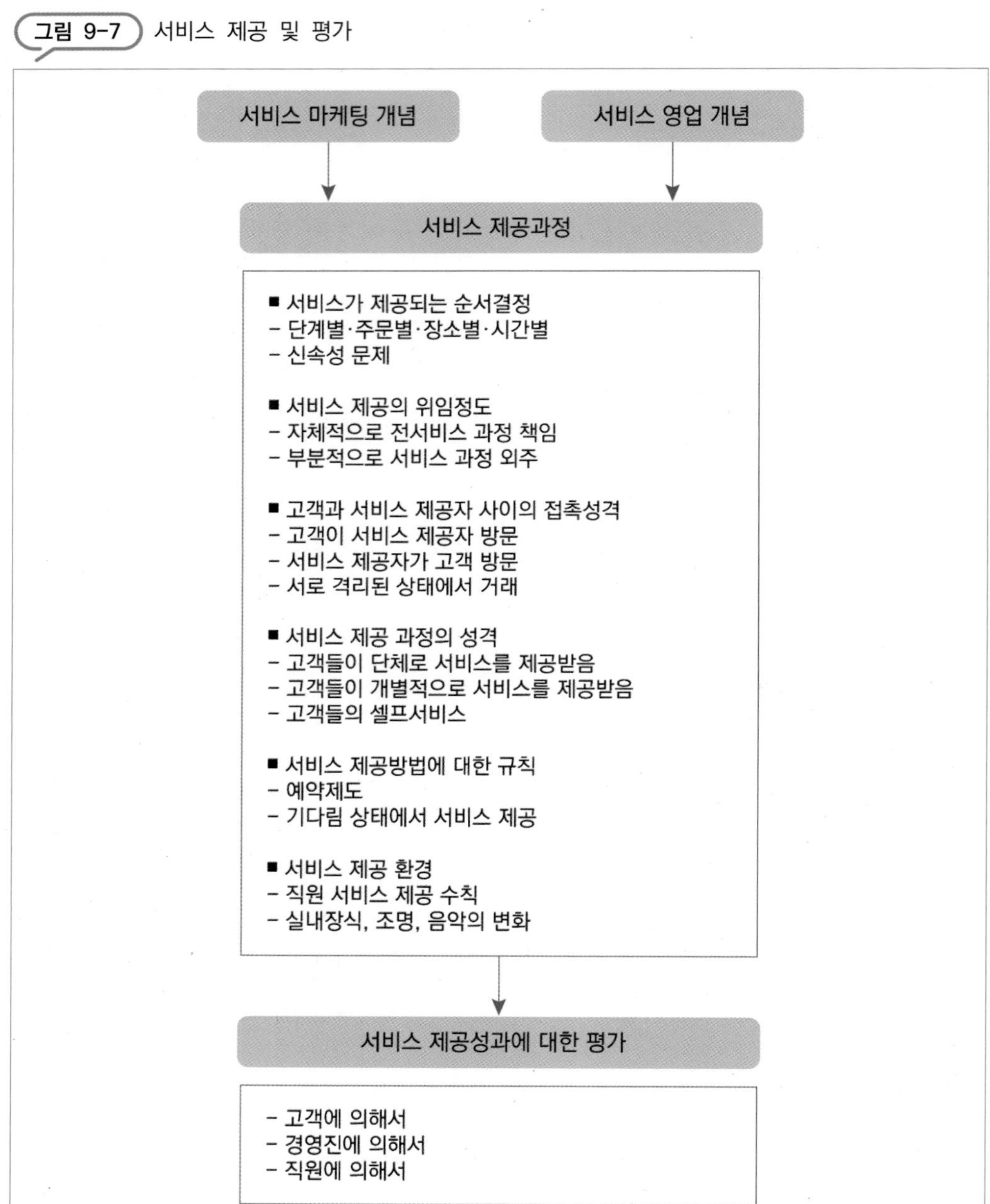

02 서비스 상품 개발

1) 서비스 개발의 특성

많은 마케팅 학자들은 신상품 개발계획에 따라 본질적인 접근을 시도해서 만들어진 제품들이 그렇지 않은 경우보다 훨씬 더 시장에서 성공할 가능성이 높다는 점을 주장해왔다. 서비스의 경우 무형적이기 때문에 제품보다도 새로운 서비스 상품개발 시에 본질적인 특성을 더욱 엄격하게 적용할 필요가 있다. Zeithaml and Bitner(1996)는 서비스 개발의 특성으로서 다음과 같은 4가지를 들고 있다.[2]

- 주관적이어서는 안 되고 객관적이어야 한다.
- 애매모호해서는 안 되고 정확해야 한다.
- 의견제시형이 아니라 사실에 근거해야 한다.
- 철학적이 아니라 방법론적이어야 한다.

PART 03

실제적으로, 새로운 서비스 개발이 고객의 인식, 시장의 니즈, 그리고 수행가능성 등과 같은 객관적인 자료에 기반을 두기보다는 서비스기업의 경영진이나 직원들의 주관적인 의견을 토대로 해서 많이 이루어지고 있다. 이럴 경우 새로운 서비스 설계과정은 서비스 개념의 특성을 분명하게 정의하는 데 문제가 발생할 수 있다. 왜냐하면 서비스기업 입장에서 '무형적인 서비스 과정은 정확하게 정의될 수 없다' 혹은 '고객들이 어련히 알아서 이해하겠지'라고 생각하기 때문이다.

서비스는 속성상 생산과 소비가 동시에 일어나고, 따라서 직원들과 고객들이 상호작용하게 되기 때문에, 새로운 서비스를 개발하는 과정에서 고객과 직원을 동시에 고려하는 것은 매우 중요하다. 많은 경우에 서비스접점 직원 자체가 바로 서비스일 수 있으며, 최소한도 그 서비스를 수행하고 제공하는 역할을 하고 있기 때문에 어떤 서비스를 개발할 것이며 어떻게 설계하여야 하고 수행하여야 하는지를 결정하는 데 직원들이 참여하는 것은 서비스기업에 상당히 유익할 수 있다. 특히, 고객들에게 직접 서

2 Zeithaml, Valarie A. and Mary Jo Bitner(1996), *Services Marketing,* McGraw-Hill International.

비스를 제공하는 직원들은 그 누구보다도 고객들의 니즈가 어떠한지를 몸소 체험하기 때문에 새로운 서비스 개발과정에 참여시키게 되면 그 서비스 시장에서의 성공가능성은 그만큼 늘어나게 된다.

브리핑사례 재테크도 '소확행' 열풍…'파킹통장' 뜬다

하루만 돈을 맡겨도 연 1.5%가량의 금리를 주는 일명 '파킹통장'에 대한 관심이 높아지고 있다. 파킹통장은 잠시 주차하듯 짧은 기간 돈을 넣어두고 언제든 인출할 수 있는 상품이다. 금리가 연 0.1~0.2%에 불과한 기존 수시입출금식 통장보다 연 1%포인트 이상 금리가 높은 것이 특징이다. 작지만 확실한 이익이 보장된다. 재테크에도 '소확행(소소하지만 확실한 행복)' 열풍이 불고 있는 것이다. 파킹통장은 최근 새롭게 등장한 상품이 아니다. 2015년 이후 SC제일은행, 한국씨티은행 등 외국계 은행이 주도적으로 파킹통장을 선보였다. 목돈이 생겼을 때 다음 투자처를 찾거나 용도가 생기기 전까지 일시적으로 보관하길 원하는 고객층을 끌어오겠다는 전략이었다. 신한은행과 국민은행 등 시중은행을 따라잡기 위해 틈새시장을 발굴하고 나선 것이다. 이때만 해도 일부 마니아층은 있었지만 '새로운 트렌드'라고 할 정도는 아니었다.

파킹통장이 크게 주목받기 시작한 것은 지난해 말부터다. 증권 · 부동산 시장이 주춤한 게 결정적인 계기가 됐다. 은행 관계자는 "경기가 불확실해지면서 특정 분야에 목돈을 장기간 묶어두기는 부담스럽다는 고객이 많아졌다"며 "본격적인 투자처를 정하기 전에 잠시 맡겨둘 만한 용도로 파킹통장이 제격이라는 입소문이 났다"고 말했다. 파킹통장의 대표주자로는 SC제일은행이 꼽힌다. 여기에 인터넷전문은행과 지방은행 등이 가세하면서 상품이 다양해졌다. SC제일은행의 '마이줌통장'은 2017년 10월 출시 이후 2조원 이상 몰린 인기 파킹통장이다. 통장에 얼마를 넣을지는 고객이 결정한다. 매일 예금의 최종잔액이 고객의 설정금액보다 높으면 설정금액에 연 1.5% 금리를 준다. 설정금액을 초과하는 돈에는 연 1.0% 금리를 적용한다. 일별이자를 합산해 그 다음달 첫 영업일에 원금에 이자를 붙여주는 형태다. 설정금액은 100만원부터 10억원까지 가능하다.

SC제일은행은 최대 6개월까지 예치기간에 따라 연 0.1~1.8% 금리를 제공하는 '마이런통장 3호'를 오는 31일까지 특별 판매한다. 마이런통장은 지난해 9월 첫 시리즈 출시 4개월 만에 2조원을 끌어모았다. 한국씨티은행은 예금, 펀드 등 거래실적에 따라 최대 연 1.5% 금리를 제공하는 '씨티 자산관리 통장'을 판매하고 있다. 하루만 맡겨도 연 1.3%의 금리를 주는 상품도 있다. 수협은행이 지난해 선보인 '내가만든통장'은 매일 최종잔액이 고객 설정금액보다 높으면 설정금액에 연 1.3% 금리를 적용한다. 1,000만원부터 10억원까지 매월 지정할 수 있다. 광주은행도 지난달 하루만 맡겨도 우대금리를 얹어주는 '머니파킹통장'을 내놨다.

인터넷전문은행인 케이뱅크는 '듀얼 K입출금통장'이라는 이름의 파킹통장을 선보였다. 이 상품은 잔액이 일정 수준 이하로 떨어지지 않도록 '남길 금액'을 설정하고 한 달간 유지하면 연 1.5% 금리를 준다. 남길 금액은 최대 1억원까지 정할 수 있다. 카카오뱅크는 입출금통장 잔액 중 일부 금액을 결제하거나 이체할 수 없도록 잠가두는 '세이프박스'라는 기능이 있다. 하루만 맡겨도 연 1.2% 금리를 준다. 최대 1,000만원까지 보관 가능하다.

〈출처〉 한국경제신문(2019년 5월 1일)

그림 9-8 파킹통장의 대표 주자 SC제일은행의 마이런통장

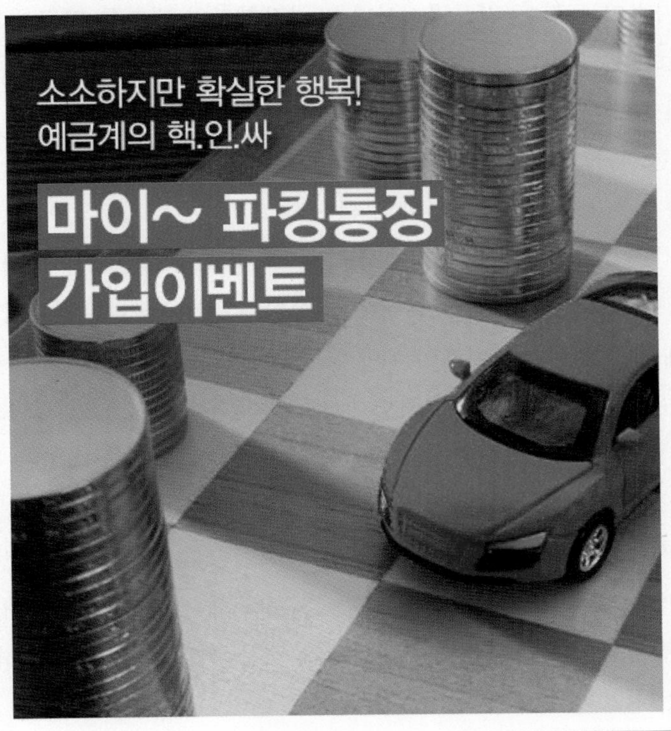

PART 03

2) 서비스 개발 유형

개발된 모든 새로운 서비스가 동일한 정도로 '새로움(newness)'을 나타내는 것은 아니다. 어떤 서비스는 글자 그대로 세계에서 최초의 새로운 서비스 상품이 될 수 있지만 어떤 서비스는 기존의 상태에서 약간의 변화가 가미된 서비스 상품일 수 있기 때문이다. 새로운 서비스의 유형은 다음과 같이 업계 최초의 상품에서부터 시작하여 미미한 스타일변화에 이르기까지 다양하게 생각해 볼 수 있다.

업계 최초의 상품

동종 서비스업계에서 최초로 서비스 상품을 개발한 것으로 기존의 시장과는 전혀 다른 시장을 창출한다. 예를 들어서, 제4차 산업혁명의 도래와 더불어 발전을 거듭하고 있는 첨단기술의 등장은 지급결제서비스 시장환경의 변화를 빠르게 변화시키고 있다. 핀테크 스타트업, ICT기반 기업들은 더 신속하고 편리한 지급결제서비스를 원하는 소비자들의 니즈에 민첩하게 대응하면서 전통적인 지급결제서비스 부분을 해체하고 있다. 이러한 해체현상은 처음에는 지급결제에서 시작되었지만 시간이 경과하면서 송금, 대출, 자산관리 등 다양한 분야로 확산되고 있다. AliPay와 PayPal에서 세계 최초로 시작된 간편결제서비스는 국내에서도 빠른 속도로 성장하고 있다. 최근에는 간편결제서비스 증가로 은행계좌와 휴대폰을 통한 결제수단이 다양해지고 있다. 현재 상위 지급결제서비스인 네이버페이(네이버), 시럽페이(11번가), 카카오페이(카카오톡), 삼성페이 등은 모두 해당 서비스와 관련해서 관계회사의 영향력이 크다고 할 수 있다. 소비자와 가맹점의 지급결제기술에 대한 선택요인을 살펴보면, 소비자 입장에서는 짧은 결제소요시간, 범용성이 높은 기술, 결제안정성이 높은 기술, 소지불편을 해소하는 기술, 다양한 서비스의 통합적 운영, 보안성 제고기술 등을 중요시하고 있고, 가맹점 입장에서는 저렴한 단말기 설치비용, 가맹 점수수료를 낮출 수 있는 기술, 결제의 안정성, 기술의 가맹점 적용 편의성, 경쟁관계가 적은 서비스 등을 선호하고 있는 것으로 판단되고 있다.[3]

3 이명식(2018), "지불결제서비스 시장에서 지각된 가치가 고객 만족 및 고객 로열티에 미치는 영향: 전환비용의 조절효과를 중심으로," **서비스경영학회지**, 19(4), 47–71.

✔ 새로운 시장 개척

기존 상품에 의해서 서비스가 제공되고 있는 시장에 동일한 목적을 가지고 새로운 서비스 상품을 개발하는 것을 말한다. 예를 들어서, 국내 최초의 '신선식품 새벽배송'을 시작한 마켓컬리를 생각해 볼 수 있다. O2O가 일반화 되면서 많은 소비자들이 온라인 유통을 이용하고 있다. 그러나 이 와중에서 배송 업계 최초로 '신선식품 새벽배송' 시장을 2015년 마켓컬리가 열었다. 마켓컬리 매출은 4년 만에 30억원에서 2019년 1,560억원으로 늘었고, 회원 수도 200만 명을 넘었으며, 외부에서 투자도 1,800억원이나 받았다. 이는 맞벌이와 1인 가구의 증가로 소비패턴이 변화하면서 새벽배송을 이용하는 소비자가 늘어난 결과이다. 마켓컬리는 '신선식품 새벽배송'이러는 새로운 시장을 개척한 것이다. 이제는 쿠팡 등 수많은 기업이 새벽배송 시장에 뛰어들면서 시장의 규모는 3년 만에 40배로 급성장하게 되었다.

✔ 새로운 서비스 상품라인

비록 업계에서는 새로운 것이 아니지만 특정 서비스기업에게는 새로운 서비스 상품인 경우이다. 다시 말해서, 자신들의 고객들에 대해서 예전에는 취급하지 않던 새로운 서비스를 제공하는 것을 말한다. 예를 들면, 카드회사가 통신 판매나 보험 업무를 취급하는 것이라든가 편의점에서 택배업무를 취급하는 것, 그리고 백화점 등에서 주부교실을 개강하는 것 등을 생각해 볼 수 있다.

✔ 기존 서비스 상품라인의 확장

서비스기업이 기존의 상품라인을 이용해서 새로운 속성을 추가시키는 것을 말한다. 실제로, 새로운 서비스 유형 개발영역의 대부분을 차지하고 있다. 예를 들면, 우체국에서 기존의 보통우편에 빠른우편을 추가하는 것이라든지, 은행이 증권 및 보험의 특성을 이용하여 새로운 금융상품을 개발하고, 레스토랑이 기존의 메뉴에 새로운 음식을 추가하며, 항공사들이 새로운 항로를 개발하여 추가시키는 것 등이다.

✔ 기존 서비스 상품의 개선

기존 서비스 상품라인의 확장과 더불어 서비스 변혁의 가장 일반적인 형태이다. 이미 제공되고 있는 서비스에서 특성 변화를 통하여 기존 서비스 제공과정의 수행을 보다 빠르게 한다든지, 서비스 제공시간을 연장하거나 서비스 제공환경을 개선하는 것 등을 말한다. 예를 들어서, 신용카드를 안 받던 대형할인점이 신용카드로 결제를 하거나 은행이 로비공간을 넓혀서 고객들의 편의를 도모하는 것, 그리고 영화관에서 심야상영을 하는 것 등이 이 범주에 속하고 있다.

✔ 스타일 변화

스타일 변화는 비록 눈에 띄고 고객들의 인식, 감정 및 태도에 영향을 줄 수는 있지만 가장 미미한 혁신이라고 할 수 있다. 서비스 제공장소의 외관이나 인테리어의 변화, 기업 로고의 변경, 아니면 서비스 제공절차의 변화 등은 이 부문의 좋은 사례라고 할 수 있다.

그림 9-9 서비스 개발 유형

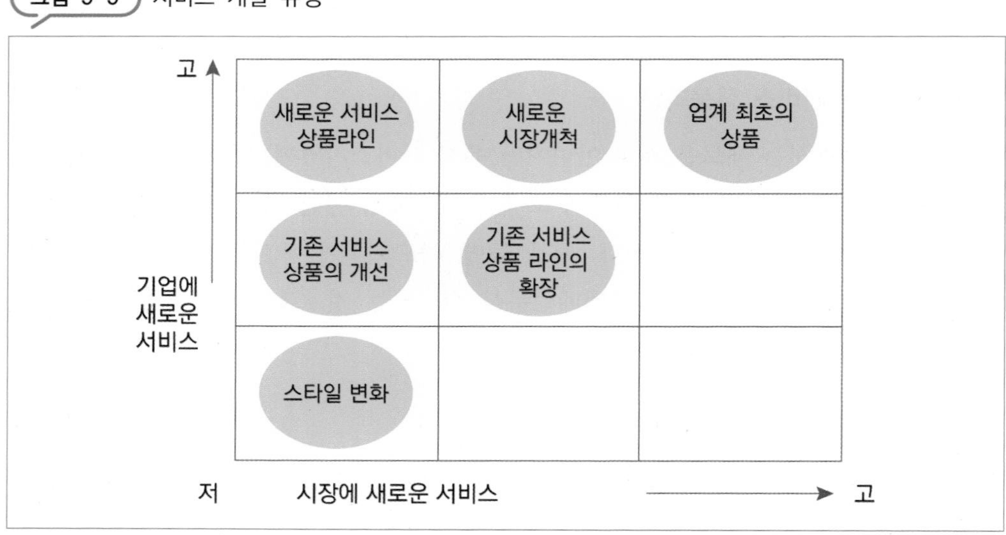

3) 서비스 개발 과정

서비스 부문에서의 신상품 개발은 일반적으로 제조업 부문에서의 신상품 개발과 동일한 과정을 거치게 된다. 다만 서비스가 자체적으로 지니고 있는 특성 때문에 새로운 서비스에 대한 개발 과정은 독특하고 복잡한 적응이 요구되고 있다. 새로운 서비스 개발을 각 단계별로 배달앱 분야에서 두각을 나타내고 있는 '배달의 민족'의 사례를 통해서 살펴보기로 하자.

✔ 제1단계: 신규 서비스 전략 개발

새로운 서비스 형태의 적정성 여부는 서비스 제공기업의 목표, 비전, 역량, 그리고 사업 성장계획 등에 달려 있다고 보아야 한다. 새로운 서비스 전략을 시장, 서비스 형태, 개발타이밍, 수익기준, 혹은 다른 관련된 항목으로 정의함으로써 새로운 서비스 상품개발에 관한 아이디어를 창출하는 데 좋은 여건을 갖추게 된다. 여기에는 업계 최초의 상품에서부터 단순한 스타일 변화에 이르는 새로운 서비스 개발유형이 주로 이용된다.

'배달의 민족'은 2010년에 출시된 배달 어플리케이션으로 출시 5년 3개월이 지난 2015년 10월 기준 누적 다운로드 2,000만 건을 달성했고 2019년 현재 사용률로 따져서 대략 60~70%의 시장점유로 1위를 고수하고 있다. 이와 같은 고속성장의 배경에는 많은 요인들이 자리잡고 있다. 외관상으로는 1인 가구의 증가와 라이프스타일의 변화가 가장 대표적인 요인이라고 할 수 있다. 내면적으로는 내 손안의 컴퓨터로 불리는 스마트폰을 통해서 일상생활과 웹을 하나로 연결하며 생활을 급변하게 만들었다. 그러나 배달문화가 발달한 우리나라에서 당시 배달음식 관련 앱은 없었다.

PART 03

✔ 제2단계: 아이디어 창출

다음 단계는 새로운 아이디어를 공식적으로 권유하는 과정이다. 여기서 창출되는 아이디어는 일단 전 단계에서 개발된 새로운 서비스 전략과 연계시켜서 선별하게 된다. 일반적으로 아이디어 창출기법에는 속성열거(attribution listing), 관계연상(forced relationship), 문제점 분석(problem analysis), 브레인스토밍(brain storming) 등이 있으며 서비스 부문에서는 공식적인 브레인스토밍, 직원들 및 고객들을 대상으로 하는 아이디어 창출권유, 그리고 경쟁기업의 서비스 상품에 대한 학습 등이 가장 보편적인 접근방법이다. 특히, 서비스 부문에서는 서비스 제공직원은 고객들과 직접적으로 상호작용하고 있기 때문에 기존의 서비스를 보완하거나 개선시킬 수 있는 아이디어를 창출할 수 있는 훌륭한 아이디어 원천이 될 수 있다. 이 밖에도 새로운 서비스 개발 전담부서, 직원들 및 고객들을 대상으로 하는 건의함(suggestion box), 최고경영자의 의견 등이 아이디어 창출 원천으로서 활용될 수 있다.

배달의 민족의 배달앱 서비스가 시장에 진입할 수 있었던 배경에는 IT기술발달이 결정적 요인이다. 즉, 핸드폰에서 배달앱을 열고 다른 사람들의 평가를 보고 원하는 맛집을 찾을 수 있고 클릭 몇 번만 하면 주문과 결제를 마칠 수 있으며, 음식점을 이용하고 평가나 후기를 남겨 다른 사람들에게 도움을 줄 수 있는 상황, 그리고 즉각적인 평가 및 피드백은 음식점의 서비스 및 음식품질 개선으로 연결될 수 있는 구조가 가능했기 때문에 이와 같은 서비스 개발 아이디어가 나올 수 있었다.

✔ 제3단계: 상품개념 개발 및 평가

일단 창출되어 선별된 아이디어가 새로 입안된 서비스전략에 적합하다고 판단되면 서비스 상품의 개념(service product concept)을 개발하는 단계로 넘어가게 된다. 제조 부문과 달리 서비스 부문에서는 무형성(intangibility)과 비분리성(inseparability;생산 및 소비의 동시성)이라는 특성 때문에 명확한 개념을 설정한다는 것이 매우 어렵다. 따라서 새로운 서비스 상품개념이 어떠해야 한다는 점에 대해서 신상품개발 관계자 모두의 동의를 얻어내는 것이 성공적인 상업화를 위해서 무엇보다 중요하다. 이렇게 서비스개념을 명확하게 정의하고 난 뒤 서비스개념의 내용을 ① 표적시장, ② 서비스 상품의 효익, ③ 포지셔닝 등으로 나누어 기술해 줄 필요가 있다. 또한 서비스 제공과정에서 고객들 및 직원들의 역할과 이들의 예상되는 초기 반응도 역시 언급되어야 한다. 그리고 서비스접점 직원들 및 고객들을 대상으로 개발된 서비스에 대한 이해도, 선호도 및 만족도 등에 대한 조사를 통해서 새로운 서비스 개념을 평가한다.

이러한 서비스개념 설정에 맞추어 '배달의 민족'의 배달 서비스를 분석해 보면 다음과 같다.

• 상품 개념

배달앱 접속 → 소비자 현재 위치 설정 → 앱에 등록된 주변의 가맹업체 소개 → 음식 가맹점에 바로 전화 혹은 모바일상 결제 → 오프라인으로 소비자에게 배달 → 소비자 리뷰 작성

• 표적시장

'배달의 민족'의 목표고객은 '주로 배달을 시켜먹는 사람들이 누굴까?'라는 질문에서 시작되었다. 이에 따라 혼자 사는 자취생이나 대학생들, 그리고 직장에서도 주로 주문은 막내 담당이기 때문에 20~30대 초반으로 설정하였다.

• 서비스상품의 효익

동네 음식점을 한 데 모아놓은 배달앱은 이젠 없으면 불편한 서비스가 됐다. 가

맹점주 입장에서는 소비자 접점을 늘릴 수 있는 하나의 창구로 자리매김 할 수 있으며, 소비자들도 더 이상 음식점 전단지나 정보 책자를 뒤적일 필요가 없도록 만들고, 이용자 후기를 통해 객관적인 평가를 받는 것도 가능한 음식배달 서비스를 제공받는 것이 배달앱의 효익이다.

• 포지셔닝

목표고객인 20~30대를 매료시킬 문화 코드에 맞는 브랜드 이미지를 만들기 위해 키치(kitsch, 유머러스하고 보기 괴상한 것, 저속한 것과 같은 사물을 뜻하는 미적 가치)와 패러디 요소를 결합하여 브랜드 이미지를 창출하고자 하였다. 키치와 패러디 요소는 디자인부터 시작해서 캐릭터, 문체, 문구 등등에 하나하나에 녹아들어가 독특하고 개성있게 표현하였다. 배달이 진지하고 스마트해서 되겠는가? 그래서 친근하고 재미있는 캐릭터들과 문구들로 그들의 감성을 자극하기 시작하였고, 배달을 통해 즐겁고 행복한 경험을 전달하고자 하였다.

그림 9-10 키치 문화와 패러디 요소를 결합한 브랜드 이미지로 포지셔닝에 성공한 '배달의 민족'

✔ 제4단계: 사업 분석

상품개념 개발 및 평가가 끝나게 되면 그 다음 단계는 수요 및 시장성 등의 분석을 통한 사업분석 과정이다. 수요예측, 매출추정, 원가분석 혹은 영업가능성분석 등이 이 단계에서 이루어진다.

'배달의 민족'은 2010년 6월 서비스 시작 이후 매출액이 2011년 4억 6,000만원에서 2013년 107억원으로 2년 새 23배나 늘었다. 등록업체수도 14만개에 이른다. 4년 만에 140명을 거느린 어엿한 기업으로 성장했다. 2016년에는 매출액이 848억 5,000만원으로 전년 대비 71% 급증했다. 2015년 초 500만 건 수준이던 월간 주문 수는 2018년 말 2천 700만 건을 넘어섰고, 앱 누적 다운로드 수는 2017년 3천만 건을 돌파했다. 요기요, 배달통 등 시장점유율 2, 3위 업체도 주문량이 늘어나면서 외형을 확장하는 추세다.

✔ 제5단계: 서비스 개발 및 검증

이 단계에서는 실제로 서비스 제공이 가능할 수 있도록 서비스 청사진 등을 이용하여 서비스 상품개념을 구체화한다. 이때 서비스 제공에 관계하는 기업 내 모든 당사자들이 모여서 각자 자신의 입장에서 어떻게 서비스가 제공되어야 하고 각 부문과의 상호 연관관계에서 파생될 수 있는 문제점들을 평가한다. 이에 따라 서비스 청사진은 서비스 제공과정의 부문에 맞추어 구체적인 수행계획으로 전환되게 된다. 서비스 개발이나, 설계, 그리고 제공과정은 서로 관계를 갖고 있기 때문에 새로운 서비스 개발에 참여한 당사자들은 구체적인 내용까지 결정하기 위하여 이 단계에서 유대감을 발휘하여 공동작업을 벌여야 한다.

'배달의 민족' 배달앱의 상품개발 과정에서 소비자 담당, 가맹점 담당, 영업 담당, 그리고 전산기술 직원들이 모여 서비스 개발전략 수립에 대한 의사결정 단일화 작업을 수행하였다. '배달의 민족'을 포함한 배달앱들의 서비스 모델은 간단한 것이다. 기존 종이 전단지에서 음식점을 선택하고 전화하던 것을 핸드폰 앱으로 대체한 것이기 때문이다. 여기서 주문과 결제가 동시에 가능해지면서 기존 종이전단지 대체에서 벗어나 새로운 플랫폼으로 진화하고 있다는 점이 중요하다. 기존 종이전단지를 이용해 주문하려면 집안 어딘가에 숨어있는 배달음식 책자를 찾거나, 냉장고에 붙어있는 전단지를 찾거나 최근에는 인터넷을 검색해서 전화를 해야 한다. 또 음식점을 선택하려면 맛이 있는지를 알 수가 없으며. 현실적으로 절대적 정보불균형 상태에서 주문을 할 수밖에 없는 실정이다. 그리고 배달음식에 불만이 있어도 이를 표출하고 응징할 방법이 없다. 자연히 배달앱은 이러한 문제들을 해결할 수 있는 솔루션이 필요한 것이다. 또한 배달앱 비즈니스 모델은 많은 영세 자영업자가 고객이다 보니 수수료 논란에서 자유로울 수 없다. 수수료 논쟁은 끊임없이 발생하고 이 때문에 서로의 비즈니스 모델을 인정해주고 상생할 수 있는 방안을 찾아야 한다.

✔ 제6단계: 시장 검증

제조업 부문과 달리 서비스의 경우, 새로운 서비스 상품이 기존 서비스에 대한 제공시스템과 대부분 연계되어 있기 때문에 개발된 새로운 서비스만을 분리시켜 검증하는 것은 현실적으로 매우 어려운 일이다. 따라서 대부분의 서비스는 제조업 부문과 비교해 보았을 때 가설적인 마케팅믹스를 동원하여 직원들이나 그들의 가족들을 대상으로 해서 상대적으로 비현실적인 방법으로 가격설정이나 촉진방법 등에 대한 변화를 검증하는 수밖에 없다. 또한 개발된 서비스가 영업상 제대로 작동할 수 있는지 여부는 시범운영(pilot run)해 볼 수밖에 없다.

✔ 제7단계: 상업화

이 단계에서는 개발된 서비스가 실제로 시장에 진입하는 과정이며 두 가지의 목적을 가지고 있다. 첫째, 서비스 제공과정에 참여하는 많은 직원들에게 개발된 서비스의 존재를 각인시키고 계속적으로 고객들에게 제공하도록 한다. 둘째, 도입기 동안 및 전체 서비스 수명주기를 통해서 개발된 서비스의 모든 국면들을 모니터링하는 것이다. 고객들이 서비스의 전체과정을 경험하는 동안 지속적이고도 세심한 모니터링이 수행되어야 한다. 전화, 면접, 우편, 인터넷 등을 이용해서 서비스 제공에 관련된 문제점 및 이에 따른 불편사항 등이 자세하게 평가되어야 한다. 물론 영업의 효율성 및 비용에 대한 평가도 이루어져야 한다.

'배달의 민족'은 2010년 6월 서비스 시작 이후, 2015년 초 500만 건 수준이던 월간 주문 수는 2018년 2천만 건을 넘어 2019년 초에는 2천 700만 건을 넘어섰다. 같은 기간 월간 활성 이용자수(MAU)도 300만 명에서 800만 명으로 2배 이상 늘었다. MAU 증가에 따라 '배달의 민족'을 사용한 전국 음식점 매출도 껑충 뛰었다. '배달의 민족'에 가입한 전국 음식점 총 매출액은 2015년 약 2조 원에서 2018년 말에는 약 5조 원으로 2배 이상 급증했다.

✔ 제8단계: 사후평가

서비스의 상업화 과정에서 수집된 모든 정보는 시장의 반응에 근거해서 평가된 뒤 제공과정, 참여하는 직원들, 그리고 사용되는 마케팅믹스 요소들의 변경에 사용될 수 있다.

'배달의 민족'은 배달앱 서비스가 가파르게 성장하고 사업 잠재력을 높게 평가받아 여러 기관들로부터 새로운 투자를 유치하여 기업 가치를 3조원으로 인정받고 있는 것으로 평가되고 있다. 이로써 '좋은 음식을 먹고 싶은 곳에서'란 모토로 지난 2010년 배달앱 사업을 시작한 이래 유니콘(기업가치 1조원 이상)으로 등극한 것이다. 즉, 눈에 띄는 마케팅전략과 인재 확보를 위한 사내복지 시스템, 그리고 업주와의 상생 프로그램과 미래 기술 투자 성과 등을 바탕으로 국내 네 번째 유니콘 명단에 이름을 올린 것이다. 향후 '배달의 민족'은 신규 투자금을 베트남 진출 및 배달 로봇 개발 신사업 개진에 투입할 예정이다.

그림 9-11 서비스 개발 과정

단계	내용
1단계	신규 서비스 전략 개발
2단계	아이디어 창출
3단계	상품개념 개발 및 평가
4단계	사업 분석
5단계	서비스 개발 및 검증
6단계	시장 검증
7단계	상업화
8단계	사후 평가

브리핑사례 ≫ 롯데百, AI 활용도 높인다…'빅데이터 경영' 기반 마련

롯데백화점이 인공지능(AI)과 빅데이터에 기반한 '고객의 소리(VOC)' 분석 시스템을 업계 최초로 개발한다. AI를 통해 고객의 불만이나 의견 등 정제되지 않은 '비정형 데이터'를 해석해 체계화하고, 이를 통해 내부 경영 및 고객 만족제고 등에 활용할 수 있는 시스템을 구축한다는 계획이다. 고객에게 맞춤형 상품을 추천하며 '쇼핑 어드바이저' 역할에 그쳤던 AI가 빅데이터 경영으로까지 영역을 넓히게 된 셈이다. 9일 관련 업계에 따르면 롯데백화점은 지난해 말부터 국내 비정형 데이터 분석 전문업체인 '코난테크놀로지'와 협업해 고객들이 작성한 4만건의 글을 대상으로 사전 테스트를 진행했다. 이번 작업은 AI가 글의 의도를 파악해 여러 의미들을 통계적으로 분석하고 현장 직원들과 공유하는 것이 핵심이다. 고객 상담 실장, 매장 · 서비스 관리자 등 현장 직원의 의견을 수렴해 AI의 판단기준을 설정하고 학습시켰다. 그 결과 롯데백화점은 4만개 이상의 유의미한 키워드를 추출해 자산화했고, 이를 판단하는 고유의 알고리즘을 개발해 시스템 구현 가능성을 확인한 것으로 전해졌다.

롯데백화점이 본격적으로 VOC 분석 시스템을 개발에 나서게 된 것은 빅데이터의 활용 가치가 높아지고 있기 때문이다. 롯데백화점 관계자는 "VOC 시스템을 통해 연간 2만건 이상의 글이 온라인으로 등록 · 처리되고 있으며 대부분의 내용은 상품과 서비스에 대한 민원성 글"이라며 "최근 모바일을 통해 고객들의 의견을 접수하기 시작하면서 각종 제안과 서비스 개선에 대한 의견들이 증가해 빅데이터 활용 가치가 높아졌다"고 말했다. 향후 VOC 분석 시스템이 도입되면 AI가 핵심 단어 추출, 의미 연결, 중요도 계산, 시각적 공유 등 모든 과정을 대체하게 된다. 그동안 고객들이 작성한 글은 형식이 정해져 있지 않아 관리자가 일일이 분류해야 했고, 이마저도 상당한 인력과 시간이 투입돼 한계가 명확했다. 그러나 AI가 복잡한 과정을 대신하면서 빅데이터를 현장 경영에 도입할 수 있게 될 것으로 보인다.

AI를 통해 도출한 결과는 실시간으로 전 직원에게 공유될 예정이다. 주요 이슈를 포탈의 실시간 검색 순위처럼 한눈에 보여주거나, 중요한 내용을 한 문장으로 요약하는 등 시각적인 표현방식을 활용해 다양한 정보를 공유할 계획이다. 또 직원들이 어디서나 관련 정보를 열어볼 수 있도록 PC 버전은 물론 모바일앱 버전도 개발할 예정이다. 앞서, 롯데백화점은 AI와 빅데이터 기술 융합을 목적으로 올해 초 조직개편을 단행한 바 있다. 그동안 분리 운영됐던 빅데이터팀과 AI팀을 하나로 통합해 조직 역량을 강화했다. 롯데백화점의 AI 쇼핑 어드바이저 '샬롯'을 개발했던 직원들도 이번 프로젝트에 참여해 힘을 보탤 계획이다. 실제로 샬롯의 핵심 역량 중 하나인 '백화점 비즈니스 상용어 분류사전'도 VOC 시스템에 일부 활용할 방침이다.

〈출처〉 헤럴드경제(2019년 5월 9일)

4) 서비스 청사진

서비스 청사진(service blueprint)은 “서비스시스템을 정확하게 묘사해서 그 서비스를 제공하는 데 관계되는 서로 다른 사람들이 그들의 역할 및 관점에 상관없이 그 서비스를 이해하고 객관적으로 처리할 수 있도록 해 주는 그림이나 지도”[4]라고 할 수 있다. 간단히 이야기해서 서비스영업과정을 다이어그램으로 표현한 것이라고 말할 수 있다.

예를 들어서, 피자헛에서는 여러 단계의 서비스가 동시에 일어나고 있기 때문에 서비스 청사진에는 2개의 가시선(line of visibility)이 그려진다. 이러한 2개의 선들은 고객들에게 보이는 서비스의 부분들을 보이지 않는 부분들과 구분시켜 준다. 고객들에게 보여지는 활동은 서비스영업의 고객접촉요소(customer contact component)라고 부른다. 또한 고객들에게 보여지지 않는 서비스의 부분들은 서비스영업이 지원요소(support component)라고 부른다. 고객접촉요소에서 사용되는 영업절차는 지원요소에서 사용되는 영업절차와는 다르다. 예를 들면, 피자 가정배달 서비스에서, 고객이 피자헛과 유일하게 접촉하는 때는 전화 혹은 온라인으로 주문할 때와 가정배달이 될 때뿐이다. 따라서 서비스 제공과정에서 다른 모든 단계들은 지원요소로 간주된다. 왜냐하면 눈에 보이도록 제공되는 서비스를 지원해 주기 때문이다. 또한 피자를 현장에 있는 점포에서 직접 찾아갈 경우, 유일하게 추가되는 접촉은 찾아가는 시점뿐이다. 가정에 배달되는 피자의 경우와는 다르게 직접 방문하는 고객들은 어떠한 형태로든지 간에 값을 치르기 위하여 피자헛 직원들과 접촉을 갖게 되어 있다. 피자헛 점포 내에서 식사를 하게 되는 고객들은 대부분의 서비스 제공 과정들을 통해서 직원들과 접촉하게 되어 있다. 피자를 반죽하고 굽는 조리과정은 식사고객들에게도 안 보이게 되어 있다.

Gummesson and Kingman-Brundage(1991)는 서비스 청사진의 효익으로서 다음과 같이 들고 있다.[5]

---

4 Zeithaml, Valarie A. and Mary Jo Bitner(1996), *Services Marketing,* McGraw-Hill International.

5 Gummesson, Event and Jane Kingman-Brundage(1991), “Service Design and Quality: Analysis Service Blueprinting and Service Mapping in Roilroad Services,” *Quality Management in Service,* 145 – 162.

- 제공되는 서비스의 전체과정을 조망할 수 있도록 해주기 때문에 직원들로 하여금 자신들이 하여야 할 직무를 서비스와 관계시켜 보다 더 고객지향적(customer-oriented)이 될 수 있도록 해주고 있다.
- 서비스 제공과정에서 어느 점이 취약한지를 미리 알려 주기 때문에 지속적인 서비스 품질 활동에 표적을 제공해 주고 있는 셈이다.
- 고객들과 직원들 사이의 상호작용 라인은 고객의 역할을 조망해 주고 어디서 고객들이 품질을 경험할 수 있는지를 나타내 주기 때문에 향후 서비스를 설계할 때 좋은 정보를 제공해 준다.
- 가시선(line of visibility)은 고객들이 볼 수 있는 부분과 어느 직원들이 고객들과 접촉하게 되어 있는지에 대해서 명백하게 보여 주고 있기 때문에 합리적인 서비스 설계를 가능하게 해주고 있다.
- 서비스 제공과정에서 내부적으로 발생하는 상호작용을 나타내 주고 있는 선(line)은 부서 간 역할들을 분명하게 보여 주고 있기 때문에 품질 개선활동을 지속적으로 강화시켜 줄 수 있다.
- 서비스를 구성하고 있는 요소들 및 상호 접촉점들을 조망할 수 있기 때문에 서비스 제공에 관한 심도있는 논의들을 활성화시킬 수 있다.
- 서비스의 각 요소들에 대해서 비용, 수익, 그리고 투자 자본을 규명하고 평가하는 데 기초가 되고 있다.
- 외부 및 내부 마케팅에 대한 합리적인 기초자료를 제공하고 있다.
- 서비스 품질개선을 위한 다양한 접근방법을 촉진시킬 수 있다.

그림 9-12 피자헛 서비스 청사진

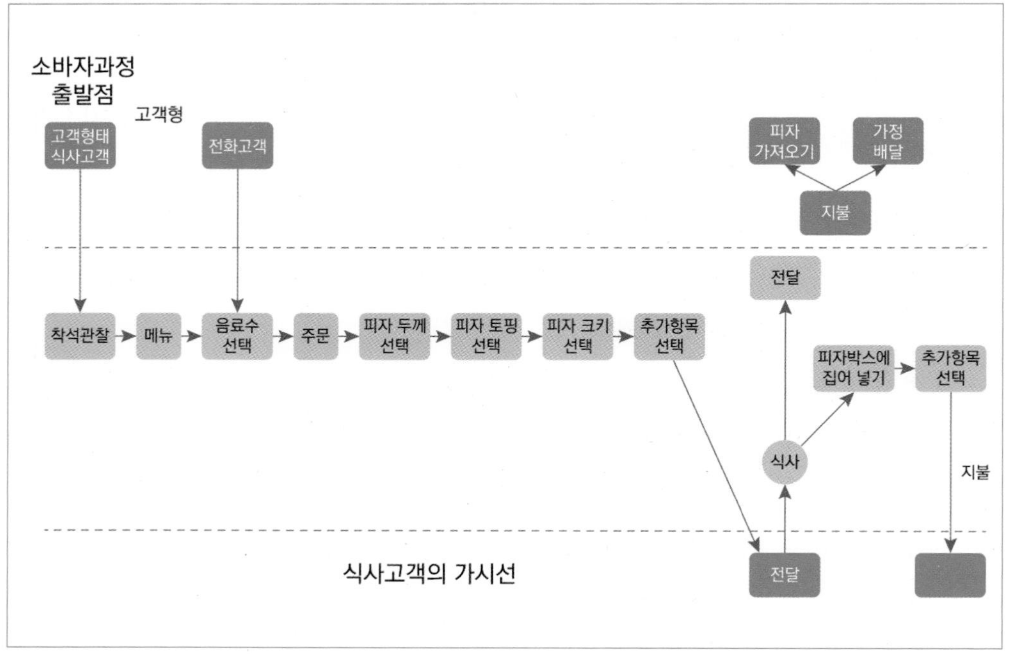

자료: Kurtz, David. L and Kenneth E. Clow(1998), *Services Marketing,* John Wiley & Sons, p.140.

03 서비스 수명 주기

제조업 부문에서 상품 수명 주기(PLC: Product Life Cycle)가 있듯이 서비스도 수명 주기가 있다. 서비스 수명 주기(SLC: Service Life Cycle)도 상품 수명 주기에서처럼 도입기(introduction stage), 성장기(growth stage), 성숙기(maturity stage), 그리고 쇠퇴기(decline stage) 등 4단계로 구성되어 있다.

그림 9-13 서비스 수명 주기

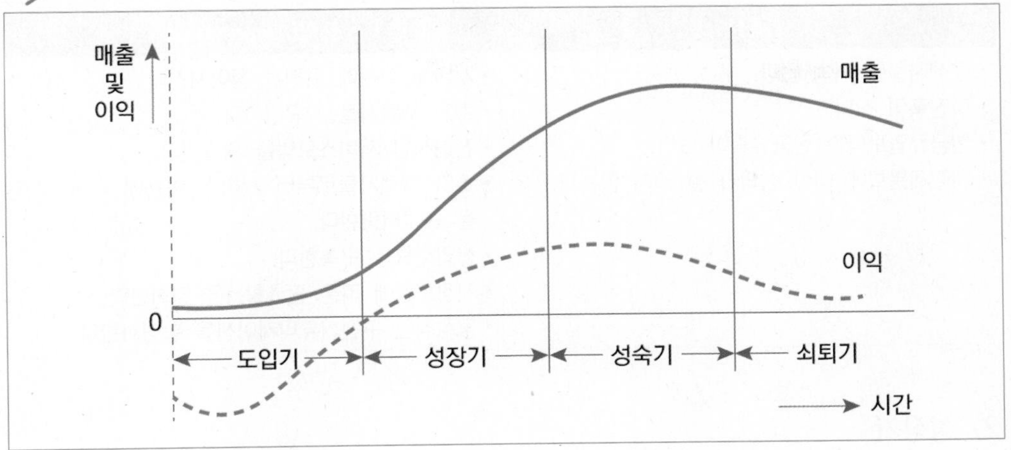

1) 도입기

새로 개발된 서비스가 시장에 처음 제공될 때 그 서비스는 도입기(introduction)에 있는 것이다. 제조업 부문에서와 마찬가지로 많은 서비스 상품들도 서비스 수명 주기의 첫 번째 단계인 도입기도 제대로 거쳐 보지도 못하고 소비자들의 시선도 끌어보지 못한 채 없어지고 있다. 그러나 제조업 부문과는 다르게 서비스는 소규모 투자로 사업 시작이 가능하며 소비자들의 인지도가 높아지게 되면 빠르게 사업이 확대될 수 있다. 이러한 서비스의 특성은 시장도입에 따른 재정적 위험을 감소시켜 준다. 대부분의 경우, 실패 시에도 비용부담은 상대적으로 적다. 도입기 동안 대부분의 새로운 서비스들은 경쟁자들이 거의 없는 상태이다. 그러나 서비스 상품의 경우 특허권이나 이에 준하는 법률적 권리가 거의 보호되지 않고 있기 때문에 경쟁사들에 의한 복제나 모방이 쉽고도 빠르게 발생할 수 있다. 따라서 새로운 서비스의 도입기는 보통 짧게 이루어진다. 왜냐하면 서비스의 성공적인 도입은 서비스 수명 주기상에서 빠르게 성장기로 진입하게 되나 반면에 성공하지 못한 시장도입은 금방 소멸하기 때문이다. 도입기에서 마케팅전략의 주안점은 기업 및 제공 서비스를 시장에서 인식하도록 인지도(awareness)에 두어야 한다.

표 9-3 도입기의 특성과 전략

특성	전략(Awareness)
• 경쟁자들이 거의 없다. • 마진폭이 작다. • 현금유입보다는 현금유출이 크다. • 시장세분화에 대한 정의가 잘 되지 않는다.	• 서비스 설계에 고객을 참여시킨다. • 초기 채택자들을 규명한다. • 전형적인 서비스모형을 개발한다. • 초기 채택자들로부터 서비스 이용에 대한 의견을 모니터링한다. • 산업수요를 구축한다. • 시장도입에 따른 판촉활동을 강화한다. • 긍정적인 구전커뮤니케이션을 활성화한다.

2) 성장기

성장기(growth) 동안 해당 서비스산업은 급속하게 성장한다. 새로 개발한 서비스를 제공하고 있는 대부분의 기업들은 현금흐름이 플러스가 되는 것을 보게 된다. 그 서비스산업은 확대되고 수요가 높기 때문에, 그 서비스를 제공하는 기업들은 보통 가격대를 높일 수 있게 된다. 보통 높은 가격대는 높은 마진을 보장해 주기 때문에 수익성이 좋아지게 된다. 그러나 수익성이 지속적으로 높아질 수 있다는 가능성 때문에, 그 서비스시장에 신규로 들어오는 기업들도 많아져서 경쟁이 치열해지며 특정 세분시장이 부상하게 된다. 이러한 상황 때문에 서비스제공자들은 보다 더 본질적인 경쟁우위를 개발할 필요가 있다. 성장기에서는 경쟁이 치열해지기 때문에 마케팅전략의 주안점은 경쟁사와 차별화(differentiation)시키는 데 두어야 한다.

표 9-4 성장기의 특성과 전략

특성	전략(Differentiation)
• 해당서비스산업이 빠르게 성공한다. • 현금흐름이 플러스가 된다. • 수익성이 높아진다. • 많은 기업들의 시장진입이 이루어진다. • 경쟁이 치열해진다. • 뚜렷한 시장세분화가 이루어지게 된다.	• 경쟁우위요소를 개발한다. • 브랜드 선호도를 제고시킬 수 있는 방법을 모색한다. • 고객충성도를 유발시켜 이들의 재구매율을 높이는 방안을 모색한다.

3) 성숙기

서비스 수명 주기가 성숙기(maturity)에 이르면 그 서비스산업의 매출은 더 이상 증가하지 않게 된다. 그러나 기업이 성장기를 지나고 성숙기를 거치는 동안 시장점유율을 높이거나 매출을 증대시키는 유일한 방법이 경쟁기업과는 무엇인가를 차별화하는 것이기 때문에 경쟁은 더욱 치열해지게 된다. 이렇게 치열해진 경쟁의 결과는 해당 서비스산업 전체의 이익 감소로 이어지게 된다. 서비스 수명 주기의 성숙기 단계에서 취약한 경영구조를 갖는 서비스기업은 시장에서 퇴출되며 고객들 또한 서비스기업 간의 차별화 요인들을 발견하기 힘들게 된다. 성숙기에서의 마케팅 주안점은 기존의 시장점유율을 유지하는 것(holding market share)이다. 이를 위해서 신규 고객을 끌어들이기보다는 기존 고객의 재구매 유도에 초점을 맞추어 고객점유율(customer share)을 높이는 것이 효과적이다.

표 9-5 성숙기의 특성과 전략

특성	전략(Holding Market Share)
• 해당 서비스산업의 매출이 제자리 걸음을 하게 된다. • 경쟁은 보다 더 치열해진다. • 경영구조가 취약한 기업은 시장에서 퇴출된다. • 시장세분화가 보다 더 뚜렷해진다. • 브랜드 선호가 비슷하게 된다.	• 영업비용을 줄여야 한다. • 기술적 서비스 품질을 제고시켜야 한다. • 기능적 서비스 품질을 제고시켜야 한다. • 특정 세분시장에 집중한다. • 보완적 서비스를 추가시킨다. • 설득적 광고를 강화한다. • 경쟁사들의 판매 촉진에 대응한다. • 경재우위요소들을 개발한다.

4) 쇠퇴기

쇠퇴기(decline) 동안에는 매출액이 하강곡선을 그리게 된다. 이러한 매출감소는 이미 개발된 새로운 기술이 원인이 되는 경우가 많이 있다. 예를 들면, 4차 산업혁명이 도래하면서 인공지능, 블록체인, 빅데이터, 생체 인식 기술 등 다양한 신기술이 기존의 정보기술에 접목되고 추가되면서 많은 서비스산업에서 이러한 추세에 뒤떨어지는 기존 서비스업종들은 쇠퇴기를 맞고 있다. 수요가 감소하고 있기 때문에 많은 서비스기업들은 해당 서비스를 자신들의 영업품목에서 제외시키고 있다. 따라서 경쟁은 오히려 둔화되며 현금흐름 또한 떨어지게 되면서 대부분 서비스기업들의 이익도 줄어들게 된다. 이러한 상황에 직면한 기업들은 시장에서 철수하거나 사업범위를 축소하는 등 현금흐름에 부정적으로 작용하는 요인들을 제거하고자 할 것이다. 쇠퇴기에서 마케팅전략의 주안점은 단연 비용감축(cost reduction)에 맞추어져야 한다.

수명 주기상 쇠퇴기에 있는 서비스를 제공하고 있는 기업들은 일반적으로 5가지 대안을 갖게 된다. 첫째, 철수(divestment)하는 것이다. 이때 철수의 타이밍을 잡는 것이 매우 중요하다. 만약 철수결정이 쇠퇴기 초기나 성숙기 말기에 이루어지면 높은 가격으로 그 서비스 사업을 양도할 수 있다. 둘째, 수확(harvest)하는 것이다. 이는 해당 서비스로부터 최대한의 이익을 올리기 위해서 기업은 마른수건도 다시 짜듯이 최대한 비용을 줄이고자 함을 의미한다. 수요가 지속적으로 떨어지게 되면 기업은 그 서비스가 단절되거나 팔리기 전까지 가능한 최대 한도로 수익을 거두려고 할 것이다. 그러나 서비스는 대부분 노동집약적 성격을 포함하고 있기 때문에 이 전략은 자주 사용되지는 않는다. 세 번째 전략은 가지치기(pruning)이다. 가지치기란, 제공되고 있는 서비스의 종류를 줄이는 것이다. 수익성이 가장 악화된 서비스는 단절을 시키고 반면에 수익성이 양호한 서비스는 유지시키는 것이다. 최근 가지치기 전략은 서비스영업에 있어서 일반적이 되어가고 있다. 넷째, 긴축(retrenchment)하는 것이다. 긴축은, 수익성이 떨어지는 부분은 매각하거나 폐쇄시키고 수익성이 좋은 부문은 유지, 확대시키는 것이다. 이 전략은 대규모 체인점포들을 가지고 있는 대기업이나 기업고객들을 상대로 서비스를 제공하고 있는 기업들에게 적당하다. 다섯 번째 전략은 재활(rejuvenation)이다. 재활은 자사의 표적시장이나 또 다른 표적시장에 소구할 수 있도록 서비스를 제공하는 방법을 새롭게 찾아내는 과정이다. 재활은 새로운 서비스의 도입기와 유사하게 현금지출을 필요로 하기 때문에 가장 위험스러운 접근방법이라 할 수 있다. 재활의 목표는 서비스 수명 주기를 성숙기 상태로 복원시키는 데 있다고 하겠다.

표 9-6 쇠퇴기의 특성과 전략

특성	전략(Cost Reduction)
• 해당 서비스산업의 매출하강곡선을 그린다. • 경쟁이 둔화된다. • 현금흐름도 낮아진다. • 이익이 줄어든다.	• 철수하라. • 수확하라. • 가지를 쳐라. • 긴축하라. • 재활시켜라.

04 서비스를 통한 상품가치 제고

1) 상품의 3가지 수준

주의를 기울이거나, 획득하거나, 사용하거나, 혹은 소비하기 위해서 시장에 제공될 수 있고 궁극적으로 욕구나 필요를 충족시켜 줄 수 있다면, 어떤 것이라도 상품으로 정의될 수 있다. 여기에는 물리적 대상물, 서비스, 사람, 장소, 조직, 그리고 아이디어 등 모든 것이 포함된다.

일반적으로, 상품은 3가지 수준으로 나누어 생각해 볼 수 있다. 가장 기본적 수준이 핵심 상품(core product)인데 구매자가 실제로 구매하는 것을 말한다. 이는 소비자들이 구매했을 때 실질적으로 획득한 문제 해결적 서비스나 핵심 효익으로 구성되어 있다. 예를 들어, 립스틱을 구입하는 여성들은 립스틱의 색상만을 사는 것이 아니라 그 이상-즉, 아름다움(美)-을 구입하는 것이다. 일찍이 Revlon사의 Charles Revson은 이를 깨달아 "공장에서는 화장품을 만들지만 점포에서는 아름다워지고 싶은 희망을 팔고 있습니다"라고 표현하였다. 유명한 마케팅 학자인 Theodore Levitt 또한 "구매자는 1/4인치 드릴을 구매하는 것이 아니라 1/4인치 구멍을 구매하는 것이다"라고 지적하였다. 이는 상품의 기본은 그 제품이 소비자들에게 제공하게 되는 핵심 가치에 있음을 간파한 것이라 할 수 있다.[6]

두 번째 수준이 유형(실제) 상품(actual product)이다. 유형 상품의 의미는 핵심 상품 이외에 동종 상품들이 일반적으로 갖는 공통 가치를 말하는 것으로서 눈으로 확인할 수 있는 가치이다. 유형상품은 품질(quality), 특성(features), 모양(style), 브랜드명(brand nemae), 그리고 포장(package) 등 5가지 특성을 지니고 있다. 예를 들어서, 삼성의 갤럭시 스마트폰은 유형 상품이다. 브랜드명, 부품, 모양, 특성, 포장, 그리고 다른 속성들은 모두 핵심 가치인 '내 손 안에서 모든 것을 처리할 수 있는 커뮤니케이션 수단'이라는 개념을 소비자에게 전달할 수 있도록 결합해야 한다. 마지막으로, 핵심 상품과 유형 상품에 추가적으로 구축된 서비스 및 효익이 확장 상품(augmented product)이다. 이는 부가적인 가치를 개발하여 다른 경쟁자보다 차별적인 속성을 제공

---

6 Kotler, Philip and Gary Armstrong(1993), *Marketing: An Introdution*, 3rd ed., Englewood Cliffs, N.J: Prentice-Hall.

하는 상품인 것이다. 이 확장 상품이라는 개념이 바로 보충 서비스(supplementary services)로서 핵심 상품의 가치를 제고시키게 되는 것이다.

그림 9-14 3가지 상품 수준

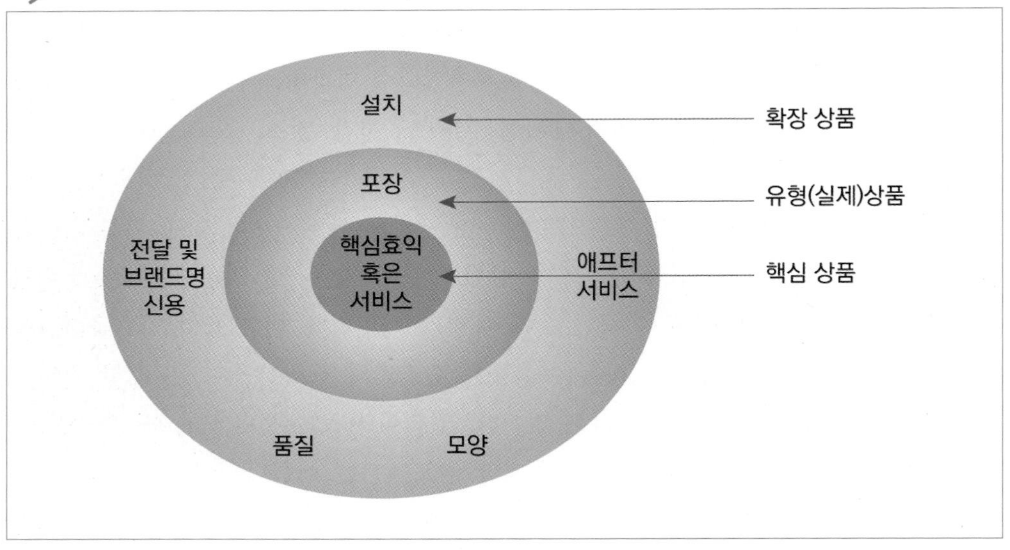

2) 확장 상품의 개념

마케팅 학계에서 확장 상품의 개념은 잘 구축되어 있다. 여기서 말하는 확장 상품은 제조된 상품에 가치를 부여하는(value-added) 보충 요소들을 의미한다. Shostack은 분자모델(molecular model)을 개발하여 서비스 상품의 구조를 이해하려고 하였다. 분자모델은 제품이나 서비스에 모두 적용될 수 있는데 중심에는 고객의 기본적 니즈인 핵심 가치가 자리잡고 있고 주위의 다른 서비스 특성들과 연결되어 있다. Shostack은 화학적 변화에서와 마찬가지로 상품의 한 요소에서의 변화는 시장 전체의 성격을 완전하게 바꾸어 놓을 수도 있다고 주장하였다.

예를 들어서, 항공 서비스를 생각해 보자. 분자들 주위에는 가격, 유통, 그리고 마케팅 포지셔닝을 나타내고 있는 일련의 원들이 포진하고 있다. 위의 분자모델에서 제공되는 서비스는 무형적 요소와 유형적 요소로 나누어지는데 무형적 요소들로는 수송 그 자체, 서비스 빈도, 탑승 전후의 서비스 및 기내 서비스가 포함되고 있다. 반면에 유형적 요소들로는 비행기와 기내에서 제공되는 음식 및 음료수 등이 있다. 유형적 요소들을 조명해 봄으로써 서비스제공자들은 자신들의 서비스가 유형성이 지배적인지 아니면 무형성이 지배적인지를 결정하게 된다. Shostack에 의하면, 제공되는 서비스가 무형적일수록 그 서비스의 특성 및 품질에 대해서 유형적 단서(tangible cues)를 제공해 주는 것이 보다 더 필요하다는 것이다.[7]

그림 9-15 분자모델(항공 서비스)

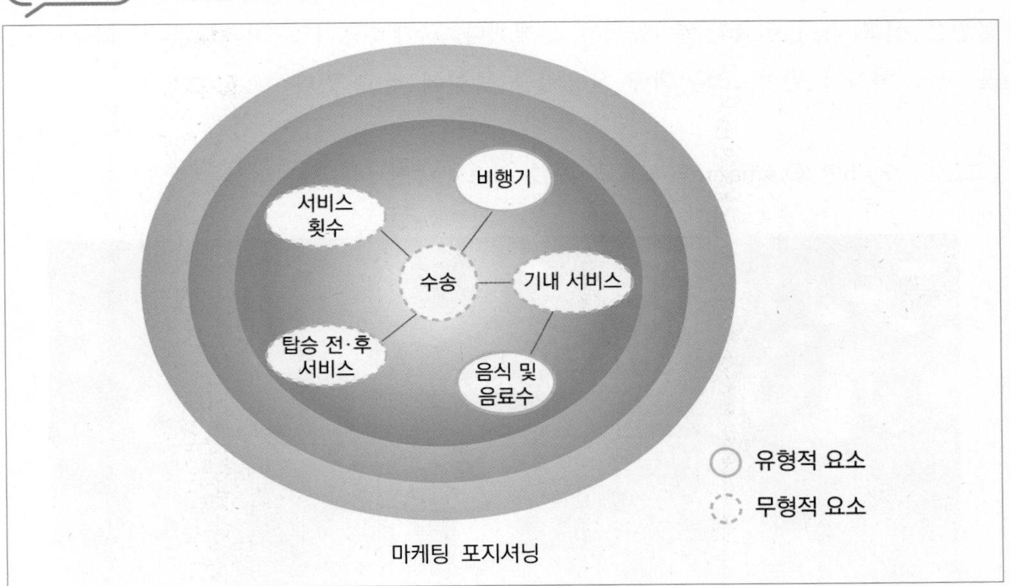

최근에는 4차 산업혁명의 신기술이 기업의 서비스 제공과정에서 그대로 연결되어 급속도로 적용되고 있다. 대표적인 사례로 무인열풍을 선두에서 이끌고 있는 미국 전자상거래기업 Amazon을 생각해 볼 수 있다. Amazon은 기계보다 덜 정확하고 느린 인간을 배송시스템 일선에 배치하는 것은 '낭비'에 가깝다고 결론지었다. 이에 2013년부터 '라스트 마일(last mile)'의 기계화를 추진하고 있다. 라스트 마일이란 배송의 전 과정을 일컫는다. Amazon은 물품 분류부터 택배까지 인간의 손길이 닿아야만 가능하다고 여겼던 전 분야를 로봇이나 AI로 대체하겠다는 계획이다. Amazon의 계획은 이미 현실화되고 있다. 2018년 3월 캘리포니아에서 자사 드론 배송 서비스인 '아마존 프라임 에어(Amazon Prime Air)'를 활용한 첫 배송 시연에 성공했다. Amazon이 보

7 Shostack, G. Lynn(1997), "Breaking Free From Product Marketing," *Journal of Marketing*, 41(April), p.75.

유한 드론은 122m(400ft) 상공에서 약 2.3kg 무게의 짐을 싣고 시간당 70km의 속도로 날 수 있다. 아마존은 이 같은 실험을 미국을 포함해 이스라엘, 캐나다 같은 해외 각국에서 진행하고 있는 것으로 알려졌다. Amazon은 공상과학영화(SF)에서나 볼 법한 방법으로 '드론전용 배송센터'라는 건물을 도심 속에 짓는 아이디어를 미국 특허청에 제출했다. 지난 6월 22일 공개된 특허 내용에 따르면, 드론전용 배송센터는 벌집처럼 구멍이 뚫린 탑 모양의 건물이다. 드론 수십 대가 동시에 구멍 안에 착륙해 신속하게 물건을 싣고 다시 이륙할 수 있도록 설계했다. 국제특송기업 DHL도 유럽 최초로 물품 배송 허가를 받아 드론 택배 상용화를 목전에 두고 있다.

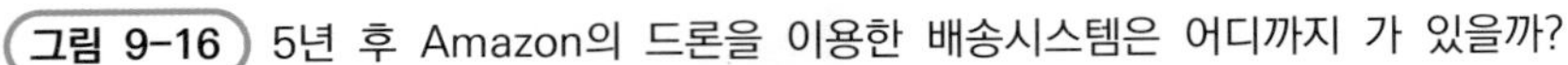
그림 9-16 5년 후 Amazon의 드론을 이용한 배송시스템은 어디까지 가 있을까?

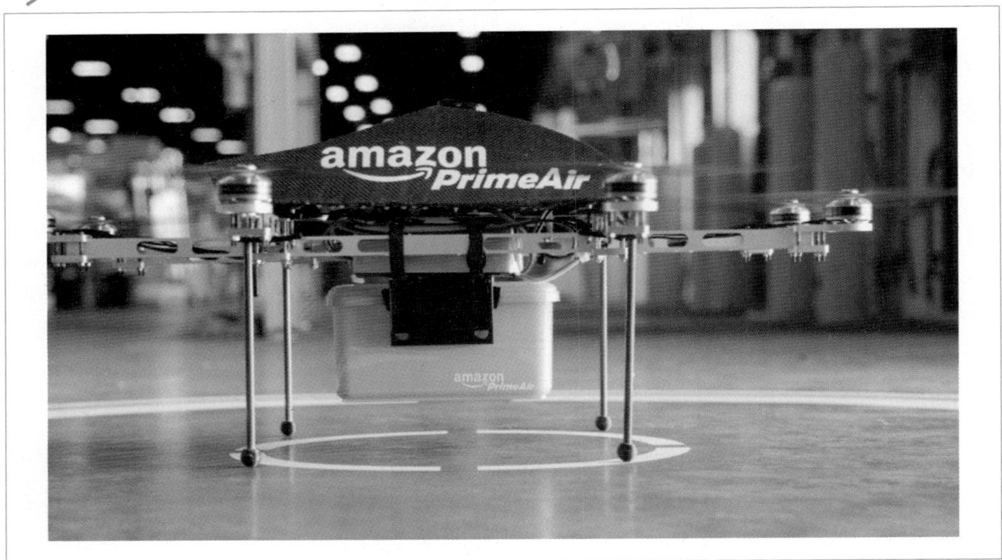

3) 보충 서비스의 분류

서비스마케팅에서 고객 가치를 담아내는 과정은 필수적이다. 서비스를 제공할 때 어떤 고객 가치를 어떤 접점에서 만들어내고 어떻게 전달하느냐에 따라 고객들이 인식하는 가치는 엄청나게 다를 수 있다. 조그만 차이가 결과적으로 큰 차이를 만들어낸다는 의미인데, 이러한 측면에서 보충 서비스는 고객의 인지된 가치제고에 결정적 역할을 하게 된다. 핵심 상품에 가치를 부가시키는 확장 상품으로서의 보충 서비스는 잠재적으로는 무수히 존재할 수 있지만, 공통적인 특성을 중심으로 분류해보면 몇 개의 그룹으로 나누어 볼 수 있다. Lovelock(2006)은 실제로 존재하는 모든 보충 서비스들을 다음과 같이 8개의 범주로 나누었다.[8]

- 정보 요소(information)
- 자문 요소(consultation)
- 주문접수 요소(order–taking)
- 접대 요소(hospitality)
- 안전유지 요소(caretaking)
- 예외사항 요소(exceptions)
- 청구서발송 요소(billing)
- 지불 요소(payment)

또한 Lovelock은 이러한 8개 범주의 보충 서비스들을 핵심 상품이라는 중심을 둘러싸고 있는 꽃잎으로 비유하여 "서비스 꽃(flower of service)"이라고 명명하였다. 즉, 잘 설계되고 관리되는 서비스 상품은 마치 싱싱한 암술과 수술, 그리고 꽃잎들의 결합과 같아서 내부적으로 상호보완이 이루어진다는 것이다. 그러나 잘못 설계되고 엉성하게 운영되는 서비스는 시들거나, 몇 장이 빠지거나 색이 바랜 꽃잎이 있는 꽃과 같다는 것이다. 이러한 경우, 아무리 암술과 수술 등과 같은 핵심이 완전하다고 해도 꽃의 전체적인 인상은 매력적일 수 없는 것이다.

8 Lovelock, Christopher H.(2006), *Services Marketing,* 5[th.] ed., Pretice-Hall International Editions.

그림 9-17 서비스 꽃(The Flower of Service)

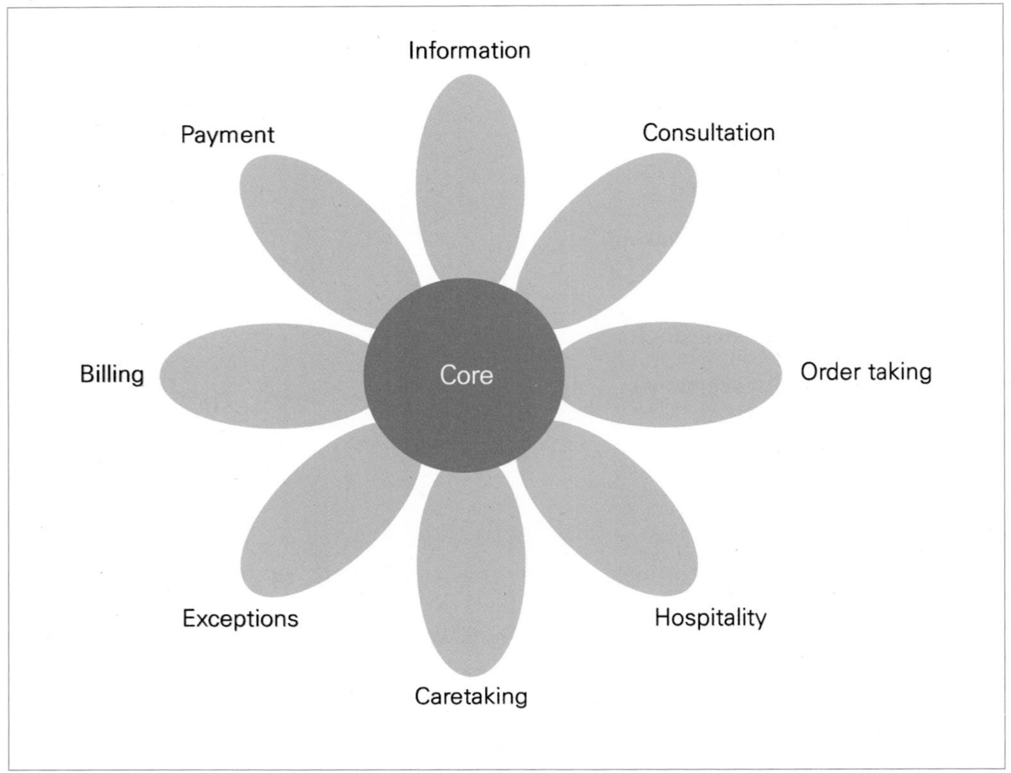

정보(information) 요소

상품이나 서비스로부터 완전한 가치를 얻기 위해서, 고객들은 관련된 정보를 필요로 한다. 특히 신규 고객들 및 가망 고객들은 정보의 필요를 느끼고 있다. 그들은 어떤 상품이 자신들의 니즈를 가장 잘 충족시켜 줄 수 있는지에 대해서 알고자 하는 것이다. 또 서비스가 제공되고 있는 장소, 영업시간, 가격, 그리고 사용 방법 등에도 관심을 보이고 있다. 더 나아 가서 판매 및 사용조건, 경고, 변화에 대한 주의 등에 관한 정보도 포함될 수 있다. 마지막으로, 고객들은 예약 확인, 영수증과 티켓, 그리고 서비스 활동에 대한 계산내역 등과 같이 이미 발생했던 사안에 관한 증빙 서류도 원하고 있다.

✔ 자문(consultation) 요소

정보 제공은 고객들의 질문에 대한 단순한 반응일 뿐이다. 반대로, 자문은 고객의 요구사항을 정확하게 판단하기 위해서 대화를 나누고 그 요구사항에 부합되는 해결책을 강구하는 것이다. 자문의 가장 간단한 형태로는, 해당 분야의 전문가가 고객이 던진 질문에 즉각적으로 반응하는 충고(advice)가 있다. 자문을 효과적으로 수행하기 위해서는 적합한 행동 방침을 제시해 주기 전에 개별 고객의 현재 상황을 정확하게 이해할 필요가 있다. 이러한 측면에서 고객에 대한 정보를 제대로 기록해두면 상당한 도움을 받을 수 있으며, 특히 관계된 자료가 원격조정을 통해서 쉽게 재생될 수 있는 경우라면 그 효과는 더욱 크다고 하겠다. 자문은 보다 미묘한 접근방법으로 나타나는데, 이는 고객들로 하여금 그들 자신의 상황을 보다 잘 이해할 수 있도록 해주어서 자신들에게 알맞는 해결 방법이나 실행 계획을 세울 수 있도록 해주어야 하기 때문이다. 따라서 이러한 접근방법은 건강치료와 같은 서비스에 상당히 가치있는 보충 서비스가 될 수 있다. 또한 경영기법이나 기술상담과 같은 문제해결책 판매에는 보다 공식화된 노력들이 투입될 수 있다.

✔ 주문접수(order taking) 요소

일단 고객들이 구매할 준비가 되어 있으면, 신청(applications), 주문(order), 그리고 예약(reservation) 등을 받는 것이 핵심적인 보충 서비스가 될 것 이다. 왜냐하면 서비스 제공기업이 고객들에게 쉽게 접근할 수 없다면 그만큼 사업 기회를 잃게 되기 때문이다. 어떤 서비스제공자들은 고객들과 일종의 공식적인 관계를 구축하고 싶어한다. 예를 들면, 은행, 보험, 혹은 전기회사 등은 데이터베이스를 구축하기 위해 고객들로 하여금 설계된 신청과정을 밟도록 하고 결격사유를 보이게 되면 서비스 제공을 받지 못하도록 하고 있다. 그러나 이러한 공식적인 관계구축을 추구하게 될 때 자칫하면 관료적이 되기 쉽고, 또한 진짜 우량고객은 탈락시키고 불량고객들의 신청을 수용하는 실수를 범할 수 있다. 특히 이러한 경우는 금융권의 대출 및 신용카드 회원모집에서 자주 발생하고 있다. 상황이 어떠하든지 간에 서비스기업이 주문을 접수하는 과정은 공손해야 하며 아울러 정확해야 한다. 예약 또한 주문접수의 특별한 형태인데, 고객들에게 지정된 단위의 서비스를 제공받을 수 있는 권리를 부여하는 것을 말한다. 예약은 비행기 좌석, 레스토랑 테이블, 호텔 침실, 자격있는 전문가와의 약속시간, 혹은 한정된 공간을 갖춘 전시장 등과 같은 시설에의 입장 등에 적용된다.

✔ 접대(hospitality) 요소

어떤 서비스들은 고객들로 하여금 서비스 제공장소에 들어가서 그 서비스가 완료될 때까지 체류할 것을 요구한다. 경영관리가 잘 되고 있는 기업일수록 고객들을 극진하게 대우한다. 특히, 그 고객들이 서비스 제공장소에 오래 머물러 있어야 할 경우는 더욱 그렇다. 접대란 새로운 고객들을 즐거움으로 맞이하고 재구매 고객들에게는 반가움으로 맞이하는 것을 의미한다. 예의와 고객니즈에 대한 충분한 고려는 고객들과 전화통화 시에도 적용되어야 하고 얼굴을 맞대는 서비스접점에서는 최고의 표현으로서 접대가 반영되어야 한다. 어떤 경우, 접대는 셔틀버스나 택시 등을 이용한 교통편의 제공부터 시작하여 옥외 서비스일 경우 날씨 등에 대한 배려, 그리고 옥내 서비스일 경우에는 쾌적한 대기장소에서 신문이나 TV 등을 제공하여 시간을 보낼 수 있도록 배려하는 것 등이 포함된다. 더 나아가서, 스낵이나 음료수 혹은 깨끗한 화장실 등도 핵심 상품에 대한 고객의 만족도를 제고시킬 수 있는 접대의 한 요소가 될 수 있다.

✔ 안전유지(caretaking) 요소

서비스 제공장소를 방문하는 동안, 고객들은 종종 자신과 동행한 어린아이나 애완동물, 그리고 자신이 지참한 사물에 대해서 서비스기업들이 배려해 주기를 원하게 된다. 실제로 이와 같은 배려 서비스가 제대로 제공되지 않을 경우 서비스 제공장소를 방문할 수 없는 고객들도 상당히 많을 것이다. 고객을 배려해주는 또 다른 안전유지 서비스는 고객들이 이미 구입했거나 빌린 물품과 관계된다. 특히 이러한 서비스들은 인터넷이나 모바일로 주문한 상품과 관계되는 경우가 많이 있다.

✔ 예외사항(exceptions) 요소

예외사항 요소는 정상적으로 제공되고 있는 서비스 과정의 범위 밖에서 수행되는 보충 서비스를 말한다. 다음과 같이 크게 3가지 범주로 나누어서 생각해 볼 수 있다.

- 특별주문: 개인이나 기업고객이 정상적인 영업 절차와는 거리가 있는 어떤 개별화된 처방을 요구할 경우에 발생한다. 사람처리 서비스의 경우에는 개인적인 이해 및 관심과 관계되게 된다.

- 문제해결: 사고, 지연, 장비 오작동, 혹은 제품사용에 따른 애로사항 등이 원인이 되며 정상적인 서비스가 제대로 제공되지 않는 경우에 발생한다.

• 불평/제안/칭찬 등의 처리: 이 활동은 잘 정의된 절차를 요구하고 있다. 불평, 제안, 칭찬 등에 대해서 직원들은 자연스러운 반응을 보여야 하고 아울러 적절한 대응을 신속하게 할 수 있어야 한다.

• 보상: 고객들은 서비스 제공이 실패하게 되면 어떠한 형태로든지 간에 보상을 받기를 원한다.

청구서 발송(billing) 요소

청구서 발송은 무료로 서비스를 제공하지 않는 한 거의 모든 서비스기업들에게 공통적인 사항일 것이다. 부정확하고, 불명료하며, 불완전한 청구서는 여태까지 제공되던 서비스에 만족하고 로열티를 보이던 고객들에게 상당한 불평, 불만족을 야기시키는 빌미를 제공하게 된다. 만약 이와 같은 청구서가 이미 불만족스러워하는 고객들에게 발송된다면 치명적인 결과가 발생할 것이다.

지불(payment) 요소

대부분의 경우, 청구서를 받게 되면 고객들은 지불행동을 하게 된다. 경제가 발전하고 기술이 진화하면서 점진적으로 고객들은 지불행동을 하는 데 있어서 보다 쉽고 편리한 지불방법을 모색하게 된다. 다음과 같이 4가지로 나누어 생각해 볼 수 있다.

• 셀프서비스
  – 기계에 정확한 동전 삽입
  – 기계에 현금 넣고 거스름돈 갖기
  – 선불카드 삽입
  – 신용/직불/지불카드 삽입
  – 토큰 삽입

• 직접지불
  – 현금 사용
  – 수표 사용
  – 신용/체크/직불/선불카드 사용
  – 카카오 페이 등 각종 pay
  – 쿠폰 사용
  – 토큰 및 상품권 사용

• 예금구좌로부터 자동이체
  – 신용카드 사용금액
  – 전화, 전기, 기타 공공요금
  – 인터넷 뱅킹
  – 모바일 뱅킹
  – ATM 사용

• 통제 및 검증
  – 자동화 시스템(지하주차장 등)
  – 개인 시스템(극장 검표요원 등)

브리핑사례 날개 단 카카오 · 네이버 페이…"결제 · 투자 · 청구서까지"

카카오(134,000 +4.28%)와 네이버(122,000 -0.41%)의 간편 결제 서비스인 '페이' 사업이 날개를 달았다. 현금이나 카드를 챙기지 않아도 스마트폰 앱(응용프로그램)으로 손쉽게 결제할 수 있는 편리함 때문에 젊은 층에서 인기를 얻고 있다. 양사는 올해 1분기 페이 사업에서 괄목할 만한 성장을 거둔 가운데, 간편 결제 시장에 투자를 지속할 계획이다. 12일 금융감독원에 따르면 지난해 기준 간편 결제 서비스 전체 가입자 수는 약 1억 7,000만명이다. 지난 한 해 동안 결제금액만 80조 1,453억원에 달한다. 2016년 결제금액이 26조 8,808억원이었던 것에 비해 약 3배 이상 성장했다. 국내 페이 시장 중심에 양대 IT 기업인 카카오와 네이버가 있다. 한국금융투자자 보호재단의 '2018 핀테크 이용현황 조사'에 따르면 일반인 2,530명 중 66.4%가 카카오와 네이버가 포함된 '플랫폼사'의 간편 결제를 쓰고 있다고 답했다. 10명 중 6명 이상이 카카오나 네이버 페이를 한번쯤 써봤다는 얘기다. 이는 올해 1분기 카카오와 네이버의 실적에서도 증명됐다. 특히 카카오는 간편결제서비스인 카카오페이 사업에 공을 들이고 있다. 카카오는 카카오페이의 성장으로 신사업 부문에서 지난해보다 172% 성장한 598억원의 매출을 올렸다. 카카오페이는 올해 1분기 거래액만 10조원을 넘었다. 여민수 카카오 대표는 1분기 실적발표 컨퍼런스콜에서 "카카오페이는 송금 · 결제 · 투자 · 청구서 등 모든 서비스의 고른 성장에 힘입어 지난 1분기 거래액이 10조원을 넘어섰다"며 "지난해 전체 거래액인 20조원의 절반을 한 분기 만에 달성했다"고 강조했다. 이 밖에 카카오는 카카오페이에 투자 기능을 탑재해 가입, 계좌개설, 예치금 준비 등 투자의 어렵고 복잡한 절차를 없애는 등 일반인들의 서비스 범위를 확대했다.

네이버는 올해 1분기 네이버페이 사업을 포함한 IT플랫폼 사업에서 지난해 같은 기간

보다 36.9% 증가한 992억원의 매출을 올렸다. 네이버페이는 결제 서비스가 순항하고 있는 것으로 보인다. 네이버페이는 올해 1분기 쇼핑 거래액 증가와 가맹점이 28만개로 확대되면서 견조한 성장세를 지속했다. 양사는 잘나가는 페이 사업에 더욱 투자할 예정이다. 카카오는 카카오페이의 투자 기능에 집중할 것으로 전망된다. 또 카카오페이 인증 서비스를 늘려 공공기관 등 전자고지 활성화에 주력할 계획이다. 여민수 대표는 "작년 11월 출시한 페이 투자 상품은 4개월 만에 총 투자금 400억원을 넘었다"며 "피플펀딩에 이어 테라펀딩, 투게더펀딩 등 제휴처 확대를 통한 상품 다변화로 투자자의 요구를 충족시킬 것"이라고 강조했다. 네이버는 페이 기능을 세금납부 등 생활밀착형 서비스로 확대할 계획이다. 최인혁 네이버 최고운영책임자는 올해 1분기 실적발표 컨퍼런스콜에서 "지난해까지는 교육 · 여행 · 서비스 등 네이버페이의 적용 업종 확대에 집중했다면 올해에는 세금납부, 영화 예매 등 생활 밀착형 서비스를 확대할 계획"이라며 "오프라인 분야에서도 네이버 예약과 연동해 확장해 나아갈 계획"이라고 했다. 그는 이어 "이용자에게도 포인트 현금 충전시 2% 추가 적립 등 페이 포인트 혜택 강화 정책을 펼치며 충성 이용자 늘려갈 것"이라며 "또한 우수 판매자에게 정산기일을 앞당겼고 추가 금융서비스를 지원하는 등 판매자 장려책도 이어갈 것"이라고 덧붙였다.

〈출처〉 한경닷컴(2019년 5월 12일)

생각해봅시다

01 서비스는 어떤 과정을 거쳐 제공되고 있는가?

02 서비스마케팅 시스템을 접촉 정도에 따라 구분해 보고 이 시스템이 중요해지는 이유를 고찰해보라.

03 서비스 상품개발은 어떤 과정을 거쳐 이루어지는가?

04 서비스 개발의 특성과 유형은 무엇인가?

05 서비스 청사진은 무엇이며 중요해지는 이유는 무엇인가?

06 서비스 수명주기는 무엇인가?

07 서비스 수명주기의 단계별 주안점과 마케팅전략에 대해서 논해보라.

08 서비스를 통해서 상품가치를 어떻게 제고시킬 수 있을까?

CHAPTER 10

서비스스케이프 관리

학습목표

- 서비스스케이프를 정의해 보고 체계적으로 살펴본다.
- 서비스스케이프와 물리적 증거의 관계를 이해한다.
- 서비스스케이프의 역할을 알아본다.
- 서비스스케이프의 관리에 대해서 알아본다.
- 서비스스케이프의 설계를 이해한다.
- 접근행동과 회피 행동에 대해서 고찰해 본다.

도입사례 스타벅스는 커피와 공간을 판다.

"나는 열쇠를 하나 더 갖고 있다." 글로벌 커피 전문점 스타벅스의 창립자 하워드 슐츠는 지난 5월 미국 시애틀 본사에서 가진 미국 경제전문지 포춘과 인터뷰에서 의미심장한 미소를 지으며 말했다. 두 달 전인 지난 3월 미국 시애틀의 스타벅스 1호점에서 열린 정기 주주총회에서 후임 CEO로 내정된 케빈 존스에게 슐츠가 지난 30년 동안 호주머니에 갖고 다녔던 1호점 열쇠를 건넨 일에 관해 묻자 내놓은 답변이었다. 당시 존스는 슐츠에게 본점 열쇠를 받고선 "절대 잃어버리지 않겠다"며 CEO로서 각오를 다졌다. 하지만 슐츠는 스타벅스 경영에 대한 전권을 내줄 생각이 전혀 없던 것이었다. 포천은 "글로벌 기업인 스타벅스의 현 모습은 온전히 슐츠의 손에서 빚어졌다"며 "슐츠가 CEO 자리에서 물러난 후 여러 CEO가 나왔지만 결국 스타벅스는 앞으로도 슐츠를 제외하고는 설명될 수 없을 것"이라고 지적했다.

미국 시애틀의 조그만 커피전문점이었던 스타벅스는 1987년 슐츠가 인수하면서 지난해 기준 연 매출 213억 달러, 직원 수 25만 4,000명을 달성한 글로벌 기업으로 성장했다. 스타벅스는 우리나라에만 매장 약 1,000개를 개설하는 등 전 세계 70개국에 2만 5,000개의 매장을 운영하고 있다. 지난해엔 포천이 선정한 글로벌 기업 131위에 올랐다. 포천은 "1980년대 미국 소득수준 향상과 구매력 계층으로 베이비붐 세대의 등장 등으로 웰빙 트렌드가 확산될 것이라는 흐름을 슐츠는 빠르게 읽어냈다"며 "전례가 없던 고급 브랜드 커피전문점 시장을 개척해 세계적인 기업으로 일궈냈다"고 설명했다. 슐츠는 스타벅스의 핵심 가치로 '최상급의 커피 원두' '문화적 공간' 등의 상품성을 내세웠다. 또한 '직원 행복'을 토대로 한 기업의 사회적 책임까지 내세우면서 전 세계 소비자들의 마음을 사로잡았다. 스타벅스는 앞으로 매출 1위 국가로 부상할 중국에 집중 투자해 매장 수를 약 3만 7,000개로 늘리고 2021년엔 매출 350억 달러를 세운다는 목표다. 슐츠는 자신의 성공비결에 대해 "기업이 장기적으로 지속하려면 주주는 물론 직원, 고객, 그리고 사회와 문화 전체 문제에 대해 관심을 두고 경영해야 한다"고 강조했다.

◎ 스타벅스를 인수하다.

스타벅스를 처음 시작한 건 슐츠가 아니다. 스타벅스는 1971년 미국 시애틀의 영어교사였던 제리 볼드윈과 역사 교사였던 제프 시글, 작가였던 고든 보커에 의해 설립됐다. 이들은 쓴맛이 강한 커피원두 '로부스타' 대신 부드럽고 향기가 뛰어난 '아라비카'를 더 좋아했다. 하지만 아라비카 원두를 판매하는 곳이 시애틀에 한 곳도 없자 이들은 1971년 각자 1만 달러를 투자해 아라비카 원두와 향신료, 그리고 차를 판매하는 커피 전문점을 열었다. 가게 이름은 소설 '모비딕'에서 커피를 좋아하는 1등 항해사 '스타벅'의 이름을 따 '스타벅스 커피, 티 앤 스파이스'라고 지었다. 오늘날 전 세계 어느 곳에서나 쉽게 볼 수 있는 스타벅스 브랜드의 시초다. 시애틀의 조그만 커피전문점 스타벅스와 슐츠의 만남은 둘 모두의 운명을 송두리째 바꿔놓았다. 1953년 미국 뉴욕 브루클린 빈민가에서 태어난 슐츠는 모험보단 안정적인 삶을 좇던 젊은이였다. 미 미시간대에 축구 장학생으로 들어갔지만 후보 선수를 전전하자 중도 포기했다. 이후 인쇄기 생산기업 제록스 영업사원으로 일했고, 스웨덴 주방용품기기인 해머플라스트에 들어가 미국 판매지사 부회장 자리에 올랐다. 하지만 스타벅스에서 커피 추출기를 해머플라스트에 대량 주문한 것을 계기로 슐츠는 완전히 다른 삶을 살게 된다. 슐츠는 "스타벅스 매장을 방문해 처음 커피를 마셔본 후 신대륙을 발견한 기분이었다"며 "편안한 위치에서 모험하지 않았다면 기회는 그냥 지나가 버렸을 것"이라고 회상했다.

슐츠는 제리 볼드윈을 1년여간 설득한 끝에 스타벅스의 마케팅 매니저로 합류하게 된다. 슐츠는 이후 스타벅스를 커피 원두를 파는 가게가 아닌 매장 내 에스프레소 바를 운영하는 이탈리아식 카페로 변모시키자고 제안했다. 이탈리아를 방문했을 때 경험했던 열정과 낭만이 넘치는 카페 문화를 미국에 접목하려고 시도했다. 하지만 스타벅스 경영진이 테이크아웃 위주인 미국식 문화와 맞지 않는다고 반대하자 그는 직접 커피 프랜차이즈인 '일 지오날레 커피 컴퍼니'를 차리고 하루 1,000명 이상의 고객을 끌어 모아 자기 생각이 맞았음을 증명해냈다. 1987년 매물로 나온 스타벅스를 슐츠가 인수하면서 현재 우리가 볼 수 있는 '스타벅스'가 시작됐다. 슐츠의 나이 34세 때다.

◎ 슐츠의 스타벅스 성공비결

슐츠는 스타벅스 인수 후 캐나다 밴쿠버와 시카고에 시애틀 밖의 매장을 만들었다. 슐츠의 목표는 명확했다. 지금껏 볼 수 없었던 고급 브랜드의 커피 전문점을 만든다는 구상이었다. 이를 위해 스타벅스 핵심 고객층을 '고임금 여성 근로자'로 설정했다. 커피와 수다를 좋아해 매장 내 에스프레소 바를 즐겨 찾으면서도 고가의 고급 커피를 구입할 수 있는 구매력을 갖춘 집단이 바로 그들이란 판단이다. 슐츠는 행인이 많은 지역의 주요 건물이나 대형 건물의 지하 등에 공격적으로 매장을 입점시키고, 컵 사이즈를 '스몰, 미디엄, 라지' 같은 영어 대신 '톨, 그란데, 벤티'라는 이탈리아어로 바꾸는 등 스타벅스의 고급 브랜드 이미지를 쌓는 데 주력했다. 뉴욕타임스(NYT)는 "스타벅스는 고급 커피 맛을 바탕으로 탁월한 입지와 편안한 인테리어, 고객 만족 서비스 등으로 다방면에서 최고를 추구했다"며 "일반 시중 커피보다 10배나 비싼 가격을 책정한 스타벅스의 프리미엄 전략이 소비자들에 통한 이유"라고 전했다.

슐츠는 고객들과의 접점을 늘리기 위한 최신 전자결제 기술을 매장에 도입하는 데도 적극적이었다. 스타벅스는 선불식 충전카드와 무료 와이파이, 음악 스트리밍, 모바일 결제 등 온 · 오프라인 서비스를 업계 최초로 선보이며 혁신을 이끌었다. 지난해 1분기 기준으로 스타벅스 선불식 충전카드로 미국 고객들이 스타벅스에 맡겨둔 적립금은 약 12억 달러(약 1조 4,000억원)에 달한다. 모두 스타벅스의 보장된 미래 수익이다. 더욱이 지난해 2분기 북미 지역에서 발생한 스타벅스 매출 중 충전카드(41%)와 모바일 앱 카드(24%) 등의 비율이 절반을 넘었다. 슐츠는 그러면서도 고급 브랜드 이미지의 근간이 되는 '휴머니즘 감성'이 최신 기술에 밀려나지 않도록 세심하게 신경 쓰고 있다. 대표적인 게 스타벅스에서 기계식 진동벨 대신 직원이 고객의 이름이나 별명을 불러 주문한 음료가 나왔음을 알리는 방식이다. NYT는 "스타벅스 공간을 가장 세련되면서도 누구나 머무를 수 있는 편안한 공간으로 만들고자 하는 슐츠의 경영철학을 엿볼 수 있는 부분"이라며 "스타벅스는 단순히 커피를 파는 것이 아닌 공간을 파는 곳으로 자사를 브랜드화해 다른 커피전문점에서 살 수 없는 가치들을 고객들에게 제공하고 있다"고 분석했다.

◎ 스타벅스의 향후 과제

스타벅스는 현재 아세안(동남아시아국가연합) 국가를 비롯해 중국, 한국 등 아시아 지역에서 사업을 적극적으로 확대하며 새로운 전기를 마련하려 하고 있다. 스타벅스는 지난달 중국 합작 파트너인 유니프레지던트 엔터프라이즈(UPEC), 프레지던트 체인스토어(PCSC)에 13억 달러를 지불하며 그들의 보유 지분 50%를 모두 사들였다. 이를 통해 중국 내 합작 관계를 털어내면서 상하이(上海)와 장쑤(江蘇), 저장(浙江) 등에 있는 스타벅스 매장 1,300개에 대한 경영권을 완전히 확보했다. 케빈 존슨 스타벅스 CEO는 "합작사 지분 확보는 중국 대륙시장에 대한 스타벅스의 신뢰를 보여주는 것"이라며 "현재 중국 내 현재 2,800개 매장을 2021년까지 5,000개 이상으로 확대할 것"이라고 강조했다.

특히 인구 6억 3,000만 명에 달하는 아세안의 식음료 프랜차이즈 시장규모는 214억 달러로 2011년 이후 연평균 4.6% 성장했고, 오는 2020년까지 연평균 8.6% 성장할 것으로 전망되고 있다. 스타벅스는 올 12월에 미얀마에 첫 매장을 열면서 라오스를 제외하고 모든 아세안 국가에 매장을 여는 전환점을 맞았다. 워싱턴포스트(WP)는 "스타벅스는 최근 미국 내 편의점 등 비전통적 경쟁자들의 도전에 밀려 실적이 하락하자, 중국 시장에 더욱 집중하고 있다"며 "차 문화에 익숙한 중국 소비자들의 마음을 사로잡는다면 새로운 도약을 하게 될 것"이라고 전망했다.

하지만 스타벅스의 미래가 밝지만은 않다. 스타벅스보다 더 고급스러운 커피 품질을 앞세우는 프리미엄 커피업체들의 도전이 심상치 않기 때문이다. 대표적인 도전은 스위스 식음료 회사 네슬레가 이달 미국 고급 커피 브랜드 '블루보틀'의 지분을 인수한 것이다. 블루보틀 커피 매장은 미국과 일본에 총 50여 개에 불과하지만 기업 가치는 약 7,000억 원으로 높게 평가돼 '커피계의 애플'로 불린다. 바리스타가 직접 핸드드립으로 최고 품질의 커피를 내려주는 블루보틀의 원칙은 스타벅스의 빠른 커피 제공 서비스와 대비되고 있다. NYT는 "획일화된 맛과 분위기의 커피에 물린 고객들이 스페셜티 커피 전문점으로 옮겨가고 있다"며 "네슬레가 블루보틀을 사들인 건 고급 커피 소매 시장에서 입지를 넓히기 위한 전략"이라고 보도했다.

슐츠는 한층 더 고급화하는 브랜드 전략으로 대응하고 있다. 슐츠는 앞으로 뉴욕과 시카고, 도쿄, 상하이 등에 최고급 프리미엄 원두인 리저브만을 사용하는 스타벅스 매장 20~30곳을 별도로 열 계획이다. 스타벅스는 이곳에서 판매하는 음식 메뉴의 질도 높이기 위해 이탈리아 고급 제과브랜드인 '프린치'에 투자하기도 했다. 포천은 "미국 커피업계는 소형 제조업자들이 한데 뭉쳐 큰 힘을 내고 있는 맥주 업계를 닮아가고 있다"며 "이 흐름을 어떻게 헤쳐 나갈지가 스타벅스의 중요한 고민으로 떠올랐다"고 지적했다.

〈출처〉 한국일보(2017년 9월 30일)

PART 03

그림 10-1 스타벅스 창립자, 하워드 슐츠

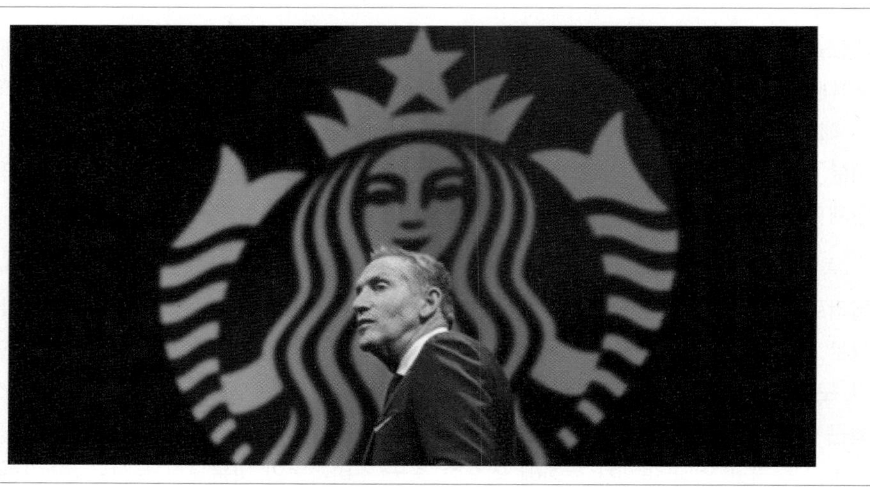

01 물리적 증거와 서비스스케이프

1) 개요

서비스마케팅에서 물리적 증거에 대한 관리는 기업의 건물, 설비 혹은 장비 등 물리적 시설에서부터 소개 책자나 브로셔, 더 나아가 직원들의 명함이나 착용하는 유니폼에 이르기까지 모든 유형적인 것들을 대상으로 하고 있다. 기업의 물리적 증거는 모든 서비스접점(service encounter)을 통해서 겪게 되는 고객의 경험에 영향을 미치고 있다. 예를 들어서, 어떤 레스토랑에 들어가기 전에, 고객들은 스마트폰이나 인터넷을 통해서 본 광고나 블로그 설명을 토대로 그 레스토랑을 평가하기 시작한다. 차를 타고 그 레스토랑이 위치한 건물에 당도하면서 위치나 접근 편의성, 건물 외관, 주변 분위기 등도 자연히 그 고객의 평가 대상이 된다. 차를 주차시키고 해당 레스토랑을 향하여 도보로 가는 동안 주변의 조명이나 냄새, 혹은 시설도 고객의 기대나 인식에 영향을 미친다. 드디어 문을 열고 입장하는 순간, 실내 가구, 청결함, 혹은 실내의 쾌적함 정도는 예상되는 서비스 품질에 관한 추가적인 증거를 제공한다. 서비스직원들의 용모나 친절함, 그리고 화장실이나 부대시설을 편리하게 이용할 수 있도록 한 동선(動

線) 디자인 등도 고객의 평가에 영향을 미칠 것이다. 의자에 앉았을 때, 고객은 테이블의 안전성과 품질, 냅킨, 나이프, 포크 접시 등 은(銀)식기류, 그리고 테이블보의 깨끗함을 보게 된다. 다음과 같이 추가적인 평가사항도 발생할 수 있다: 음식 메뉴판이 매력적인가? 잘 볼 수 있도록 만들어졌는가? 아니면 가장자리가 부서지고 음식 얼룩도 묻어있는가? 서비스를 제공하는 직원들이 어떻게 다른 고객들을 대하고 있는가? 접대를 받고 있는 다른 고객들의 모습은 어떠한가? 일단 주문 음식이 나왔을 때, 음식의 외양도 해당 레스토랑의 품질을 나타낼 수 있는 또 다른 지표가 될 수 있다. 고객들은 자신들이 스마트폰이나 블로그에서 본 사진과 제공되는 음식의 실제 모양을 비교할 수도 있는 것이다. 당연히 음식의 맛도 고객의 평가 대상으로 들어온다. 식사를 마쳤을 때, 청구서도 일종의 유형적 단서가 된다. 정확하게 계상된 것인가? 청구서 자체도 깨끗한 상태로 제공되고 있는가? 화장실의 청결 상태는 어떠한가? 서비스접점 직원들의 응대 태도는 정중하고 친절했는가?

인간의 행동은 어떠한 형태로든지 물리적 환경에 영향을 받게 되어 있다. 서비스 분야에서도 서비스와 관련된 물리적 환경은 고객이나 서비스직원 모두에게 영향을 미치고 있다. 특히, 서비스는 무형적(intangible)이기 때문에 구매 전 서비스를 평가하고 소비 중이거나 소비 후에도 그 서비스에 대한 만족을 평가하기 위해서 고객들은 종종 유형적인 단서(tangible cues)나 물리적 증거(physical evidence)에 의존하게 된다. 서비스스케이프(servicescape)라는 단어는 Bitner(1992)에 의해서 처음으로 만들어진 단어인데 '서비스 영역에 관계되어 구축된 물리적 환경'을 의미한다. 고객들에게 영향을 미치는 서비스스케이프의 요소들은 크게 외부 속성(간판, 주차장, 건물, 토지 등)과 내부 속성(디자인, 배치, 설비, 실내 장식 등)으로 구분해 볼 수 있다. 여기에다 유형적 커뮤니케이션의 다른 형태가 추가된 것이 바로 물리적 증거(physical evidence)인 셈이다. 즉 <물리적 증거 = 서비스스케이프 + 다른 유형물>이다.

표 10-1 물리적 증거의 요소

서비스스케이프		다른 유형물
외부 속성	내부 속성	
• 건물 외관 • 간판 • 주차장 • 주변 건물 및 토지	• 인테리어 • 내부 디자인 • 실내 공기 • 조명/냄새 • 설비 • 배치 • 실내 온도	• 명함 • 회사 소개책자 • 청구서 • 문구 • 유니폼 • 직원 용모 • 보고서

서비스산업에 따라서 물리적 증거는 여러 가지 형태로 나타날 수 있다. 위에서 열거된 모든 요소들은 제공될 서비스가 무엇이며 어떻게 수행될 것인가에 대해서 소비자들에게 암시해 주는 역할을 하고 있다. 서비스스케이프의 디자인은 고객의 선택, 기대, 만족 및 다른 행동에 많은 영향을 주고 있다. 예를 들어서, 소매상들은 냄새, 실내장식, 음악, 점포배치 등에 따라서 고객들이 영향을 받고 있음을 알고 있다. 더욱이 일반적으로 서비스는 구매와 동시에 소비되어지기 때문에 서비스 제공직원들과 고객들은 서비스스케이프에서 상호작용하게 된다. 따라서 고객들에게 의미를 전달하고 영향을 미치는 물리적 증거는 마찬가지로 서비스기업의 직원들에게도 영향을 주는 것이다.

표 10-2 서비스산업별 물리적 증거의 예

서비스	물리적 증거		
	서비스스케이프		다른 유형물
보험			• 보험증권 자체 • 청구서 • 회사 소개책자 • 편지지/명함
병원	• 건물 외부 • 주차장 • 간판 • 대기석	• 병원사무실 • 병동 • 의료장비 • 회복실	• 의사 및 간호사 유니폼 • 보고서 • 청구서 • 사무문구
항공사	• 비행기 탑승구역 • 비행기 외관 • 비행기 내부(실내 장식, 좌석, 실내 공기 등)		• 비행기 티켓 • 기내 음식 • 승무원 제복
택배			• 포장 • 운송트럭 • 직원 제복 • 컴퓨터
유치원	• 건물 외부 • 주차장 • 사인 및 배치 • 복도	• 교실 • 설비 • 실내 장식 • 실내 공기	• 소개 책자 • 청구서 • 간식/식사

자료: Bitner, Mary Jo(1992), "Servicescape: The Impact of Physical Surroundings on Customers and Employee," *Journal of Marketing,* 56(April), p.59.

2) 서비스 환경과 결정적 순간

✔ 의의

서비스기업의 입장에서 보면, 서비스에 대한 고객 인식에 초점을 맞추어 고객을 순간적으로 만족시키기 위해서는 고객이 기업의 서비스 환경과 접촉하는 순간인 '결정적 순간(MOT: moment of truth)'에 대한 인식이 매우 중요하다 '결정적 순간'은 스웨덴의 마케팅학자인 Richard Norman에 의해서 처음으로 제안되어졌으며 '진실의 순간'이라고도 한다. 원래 '진실의 순간(moment of truth)'이라는 용어는 스페인의 투우용어로 투우사가 소의 힘을 소진시키고 정면에서 일대일로 대결하는 최후의 순간을 일컫는다. 이때 투우사는 무념무상으로 오로지 소에게만 관심을 집중시키는 결정적 순간을 맞게 되는데 그 순간이 지나가게 되면 어떤 형태로든지 간에 결판이 나게 되어 있다.

고객은 서비스기업이 가지고 있는 어떤 자원이라도 처음으로 접촉하는 순간에 서비스 품질에 대한 결정적 인식을 갖게 된다. 이 때문에 '진실의 순간'은 '결정적 순간'으로 표현되며 지극히 짧은 순간이지만 서비스접점(service encounter)에서 서비스에 대한 생생한 인상이 고객에게 형성된다. 예를 들어서, 호텔서비스의 경우 고객이 호텔에 당도하여 호텔건물을 볼 때, 체크인(check-in)할 때, 벨보이가 짐을 들고 방을 안내할 때, 호텔음식을 먹을 때, 모닝콜(morning call)을 요구할 때, 그리고 체크아웃(check-out)할 때 등이 결정적 순간에 해당된다.

✔ 중요성

잠재적으로는 서비스를 수행하는 매 순간이 고객의 만족과 충성도를 형성하는 데 결정적인 역할을 한다. 그리고 고객과의 다중 접촉에서 각기 발생하는 개별적인 결정적 순간들은 고객의 기억 속에 그 서비스기업의 종합적인 이미지를 심어주는 역할을 하고 있다. 이렇게 될 때 많은 긍정적 경험들은 고객들이 서비스기업에 대해서 갖고 있는 고품질에 대한 종합적 이미지를 강화시키게 되고, 반면에 다른 부정적 경험들은 반대 효과를 유발시킨다. 한편 특정 서비스기업의 서비스 제공시 긍정적 및 부정적 상호작용이 혼합되어 있다면 그 기업은 고객들에게 제공되는 서비스 품질에 대해서 확신을 제대로 심어주지 못하게 되고 서비스 제공시의 일관성에 대한 의문, 그리고 경쟁사들의 공격에 취약한 모습을 남기게 된다. 그러나 서비스접점에서 모든 순간들이 고객들과의 관계형성에서 동일한 비중으로 중요하다는 것은 아니다. 왜냐하면 모든 서비스기업들은 서비스 제공시 고객 만족에 핵심적 역할을 하는 특유한 순간들을 갖고 있기 때문이다. 예를 들면, 호텔서비스에 있어서는 초기 접촉순간이 가장 중요하고, 의료서비스의 경우에서는 식사 서비스나 퇴원 서비스보다는 의료진과의 접촉이 보다 더 중요한 것이다. 따라서 여러 번의 결정적 순간 중 그 서비스기업의 특유한 결정적 순간 한 가지가 나빴을 경우, 얼마나 많이 그리고 어떤 형태의 결정적 순간들이 발생했는지 여부와 관계없이 한순간에 고객을 잃을 수 있는 것이다. 반면에 한순간의 긍정적 고객접촉이 그 고객을 평생고객으로 만들 수 있다. 이처럼 서비스 환경 속에서 매 결정적 순간은 서비스기업에 있어서 매우 중요한 것이다.

'결정적 순간'의 중요성을 웅변적으로 이야기해 주는 대표적 사례로서 SAS 스칸디나비아 항공사(Scandinavia Airlines)의 얀 칼슨(Jan Calson) 사장의 사례를 들어 볼 수 있다. 적자투성이인 SAS의 경영을 맡게 된 얀 칼슨 사장은 무엇이 회사경영의 문제인가에 대해서 고심하게 되었다. 그러던 중 시장조사를 통해서 자사의 5명의 직원들이 각자 1년에 1,000만 명 이상의 고객들과 접촉하고 1회 접촉 시 응대하는 시간은 평균 15초 걸린다는 사실을 알게 되었다. 그는 15초라고 하는 짧은 시간에 1년에 5,000만 회 이상 고객의 마음속에 스칸디나비아 항공사의 이미지를 심어줄 수 있다고 생각했다. 따라서 매 순간이 스칸디나비아 항공사의 서비스 품질에 대한 이미지와 관계되어 성공과 실패를 결정지을 수 있기 때문에 회사의 모든 구성원들은 이 결정적 순간이 회사의 전체 이미지를 결정한다는 사실을 인식해야 한다고 주장하고 '고객을 순간에 만족시켜야 한다'는 고객 만족 경영에 대한 강력한 경영전략을 추진하게 되었다. 결국 얀 칼슨 사장은 이러한 '결정적 순간'의 개념을 도입한 지 불과 1년 만에 연 800만 달러의 적자를 내는 스칸디나비아 항공사를 연 7,100만 달러의 흑자를 내는 회사로 탈바꿈시키게 되었다.

✔ 형태

결정적 순간은 서비스 환경에서 기업이 고객과 접촉하게 되는 매 순간마다 발생하게 되는데 일반적으로 원격 접촉(remote encounter), 전화 접촉(phone encounter), 면대면 접촉(face-to-face encounter) 등 3가지 형태의 접촉이 있다.

• 원격 접촉

원격 접촉(remote encounter)은 서비스기업이 고객들과 직접적으로 접촉하지 않는 가운데서 발생하고 있는 결정적 순간들을 말한다. 예를 들면, 모바일이나 인터넷을 이용한 쇼핑 혹은 금융서비스, 은행 점포에서의 ATM사용, 각종 구매 시 자동판매기 사용, 인터넷이나 스마트폰을 이용한 우편접수 서비스, 대금청구서 발생 시에 원격 접촉은 발생할 수 있다. 비록 고객들과 직접적인 접촉은 없다고 하더라도 원격 접촉은 서비스기업이 고객의 서비스 품질에 대한 인식을 구축하거나 강화시키는 계기를 만들어 주고 있다. 특히, 원격 접촉에서는 서비스의 유형적 증거와 기술적 과정 및 시스템의 품질이 서비스의 품질을 평가하는 데 핵심적 역할을 한다.

• 전화 접촉

대부분 서비스기업들에서 가장 많이 발생하는 결정적 순간이 전화를 이용한 대고객 접촉이라고 할 수 있다. 제품이나 서비스마케팅에서 거의 대부분 기업들이 고객서비스, 일반적인 고객요구 수용, 주문접수 기능 형태로 전화 접촉(phone encounter)에 의존하고 있다. 전화 접촉에서는 고객-서비스제공자의 상호 접촉 시에 보다 더 큰 잠재적 가변성이 존재하기 때문에 원격 접촉의 경우보다는 서비스 품질에 대한 판단이 보다 더 복잡한 과정을 통해서 이루어진다. 따라서 이 경우 전화를 받는 직원들의 음성 크기, 서비스에 대한 직원의 지식, 소비자 문제를 처리하는 데 따른 효율성 및 효과성이 점차 중요해지고 있다. 최근에는 많은 서비스기업들이 기업 내부에서 하기 보다는 대형 콜센터에 외주를 주는 형식으로 전화 접촉 서비스를 이관하고 있기 때문에 이에 대한 정교한 관리가 더욱 필요하다고 하겠다.

• 면대면 접촉

면대면 접촉(face-to-face encounter)은 고객과 서비스직원 사이에서 발생하는 직접적인 접촉이라 할 수 있다. 예를 들어서, 놀이공원(theme park)에서의 매표직원, 놀이기구 관리직원, 유지보수 직원, 분장한 무용수, 음식·음료·스낵 판매원, 그리고 안내원 등과의 접촉이 이에 속한다. 서비스 품질을 이해하고 결정하는 문제는 결정적 순간의 형태 중 면대면 접촉이 가장 복잡하다고 할 수 있다. 즉, 직원 복장 및 다른 상징물(예를 들면, 장비, 소개책자, 물리적 시설)과 마찬가지로 언어 및 비(非)언어적 행동들은 모두 서비스 품질 결정에 중요한 역할을 하게 된다. 고객들 또한 서비스를 제공받기 위해서 서비스제공자와 상호 접촉하는 동안에 어떤 역할을 했는지가 고품격 서비스를 창조하는 데 중요한 역할을 한다.

브리핑사례 주차서비스 시장 빅뱅: AJ동양메닉스, 아마노코리아 등 무인주차시스템 공급 주목

주차관제시스템 업체들은 자동화시스템을 도입하기 위한 주차장비 개발에도 힘을 쏟고 있다. 시장점유율 상위 업체들은 장비업체들을 두루 인수하면서 자체 장비공급이 가능한 구조를 갖추고 있다. 해외 장비업체들의 국내 진출도 활발하다. 현재 AJ파크는 동양메닉스, 디와이메닉스, 다래파크텍 등의 회사를 인수하면서 규모를 키웠다. 파킹클라우드도 지난해 토마토전자를 인수해 장비개발 부문을 강화했다. 일본 업체인 아마노는 한국법인 '아마노코리아'를 세워 한국 시장에 진출했다.

AJ파크는 지난해 주차장 운영과 설비 등 주차관련 사업을 수직계열화시켰다. 연결회계기준으로 국내 주차관련 업체 가운데 최초로 매출 규모 약 1,500억원 이상의 초대형 주차 사업 시스템을 구축하게 됐다. 기계식 주차설비 제조, 설계, 유지보수 등 승강기 제조업체인 동양메닉스의 지분 99.64%를 인수했고 또다른 국내 기계식주차장치 업체인 디와이메닉스 지분 100%를 사들였다. 여기에 스마트주차시스템 개발업체 다래파크텍 지분도 약 40% 인수하면서 주차서비스 업계 인수합병(M&A)의 큰손으로 거듭났다. 모회사인 AJ네트웍스가 외부에 의존하지 않고 내부에 별도 M&A 조직을 꾸려 직접 사업을 진행한 것으로 알려졌다. AJ네트웍스는 AJ파크 지분 45%를 메디치인베스트먼트에 매각하면서 확보한 신규 자금을 사업확장을 위한 M&A에 활용하겠다는 입장이다. 지난해와 마찬가지로 주차 관련 장비업체가 주요 대상으로 타진되고 있다. AJ파크는 지난해 연결기준으로 국내 주차관련 업체 가운데 최초로 매출 규모 약 1,500억원 이상의 초대형 주차 사업 시스템을 구축하게 됐다.

지난해 8월 파킹클라우드는 동종업계 시장점유율 3위 업체인 토마토전자를 인수해 주차장비 부문을 강화시켰다. 토마토전자는 인수 이후 '아이파킹'이라는 사명으로 주차솔루션 생산 역량을 강화시켜 시장점유율을 높여나가고 있다. 스마트 주차장 관제시스템 부문과 함께 주차공간 효율화를 위해 관제장비 사업 부문에도 역량을 집중하고 있다. 아이파킹은 SETEC(서울무역전시컨벤션센터) 무인정산시스템, 각 시설관리공단의 공영주차장 통합관제시스템, 한양대병원 등 주차시스템을 비롯해 세종시청사, 송도아트센터, 성남아트센터, 송파구청, 블루스퀘어 등 대형 주차관제시스템을 설치했다.

대표적인 주차장비 회사였던 일본업체 아마노는 '아마노코리아'라는 한국법인으로 국내에 진출했다. 일본에 이미 정착한 주차 시스템을 국내에 도입하기 위해 설립됐지만 현재는 IT와 접목한 제품을 개발하고 있다. 국내에서 개발한 제품들을 2014년부터는 일본으로 역수출하고 있다. 국내에서는 주차 가능한 곳으로 운전자를 유도하는 초음파유도시스템을 개발해내면서 '타임스퀘어'에 주차장비를 설치했다. 과거 국내 최초로 키오스크를 활용한 '내차 찾기 서비스'를 제공하면서 기술력을 채워갔다. 이를 토대로 상하이타워에

주차관제시스템을 설치하면서 중국 내 다른 업체들로부터도 수주를 받고 있다. 상하이 라이푸스 시티, 칭다오쇼핑몰, 상하이 인민광장 등에도 아마노 코리아 제품이 설치됐다.

업계 관계자는 "주차서비스업체에서 주차타워, 관제시스템 등 장비는 사업 경쟁력에서 뗄 수 없는 부분"이라며 "아웃소싱이 아닌 자체 제품과 기술력을 확보하기 위해 많은 주차서비스 회사들이 장비업체 매물에 눈독을 들이고 있다"고 말했다.

〈출처〉 더벨(2018년 8월 16일)

그림 10-2 AJ동양메닉스의 평면 왕복식(Cart Type) 주차설비 시스템

PART 03

02 서비스스케이프의 역할과 관리

1) 서비스스케이프의 역할

서비스스케이프는 구매 전 가치있는 유형적 브랜드 단서를 제공할 뿐만 아니라 소비 중 소비자에게 미치는 영향 때문에 서비스 경험의 중요한 차원이기도 하다. 실제로 Bitner(1992)는 "실제로 서비스를 어떻게 설정하느냐에 따라서 소비자의 정서적, 인지적, 생리적 반응에 미치는 영향은 달라지며, 이는 결국 그들의 평가와 행동에 영향을 미칠 수 있다"라고 주장하고 있다. 다양한 유형의 서비스스케이프가 소비자 반응에 영향을 미치는 것으로 밝혀졌다. 예를 들어 의료 서비스 부문에서는 물리적 환경이 고객 만족도, 인식된 서비스 품질, 재방문 의도 및 추천 의지에 상당한 영향을 미친다는 것을 발견했다. 레저 및 오락 서비스 부문에서도 시설, 인테리어, 배치, 접근성, 청결성, 좌석 편의성, 전자 장비 및 디스플레이 등 다양한 서비스스케이프의 요소들이 고객의 품질 인식뿐만 아니라, 방문 의도 및 체류 기간에도 상당한 영향을 미치고 있는 것으로 나타났다. 서비스업의 유형에서 보듯이 서비스스케이프는 많은 역할을 동시에 할 수 있다. 적절한 서비스스케이프의 제공이 전략적으로 얼마나 중요한지를 알아보기 위해서는 역할의 다양성과 상호작용을 살펴보는 것이 바람직하다.

✔ 포장 역할

서비스스케이프는 서비스를 포장하는 역할을 하고 있다(packaging the service). 유형적 제품의 포장과 비슷하게 서비스스케이프와 물리적 증거의 다른 요소들도 필수적으로 서비스를 '포장'해서 그 서비스에 담겨진 이미지를 고객들에게 외부적으로 전달한다는 의미이다. 제품포장이란 어떤 감각적이고 정서적인 반응을 유발시키기 위해서만 있는 것이 아니라 어떤 특정 이미지를 나타내기 위해서 고안된 것이다. 서비스의 물리적 장치도 많은 복합적인 자극물들의 상호작용을 통해서 똑같은 역할을 하고 있다. 서비스스케이프란 서비스기업이 외부적으로 드러난 모습이라 할 수 있으며, 따라서 첫인상을 형성하거나 고객 기대를 구성하는 데 상당히 중요한 역할을 하고 있다. 즉, 무형적인 서비스에 있어서 가시적인 유형적 모습이라고 할 수 있다. 이러한 포장 역할은 새로운 고객들의 기대를 만들어내는 데 있어서나 특정 이미지를 형성하고자 하는 신설 서비스기업에 있어서 특히 중요하다.

✔ 촉진자 역할

서비스스케이프는 서비스 제공과정의 흐름을 촉진하는 역할을 하고 있다(facilitating the flow of the service delivery process). 즉, 서비스 환경에서 사람들의 실행을 돕는 촉진자로서의 역할을 하고 있는 셈이다. 환경이 어떻게 조성되었느냐에 따라서 효율적인 서비스 제공의 활동흐름을 제고시킬 수도 있고 방해할 수도 있으며 결과적으로 고객들이나 직원들이 나름대로 가지고 있는 목표달성을 쉽게 만들기도 하고 어렵게 만들기도 한다. 잘 설계된 기능적 시설은 서비스를 고객 입장에서는 경험하는 즐거움으로, 직원 입장에서는 실행하는 즐거움으로 만들어준다. 한편, 보잘것없고 비효율적인 설계는 고객과 직원 모두에게 좌절감을 안겨 줄 수도 있다. 예를 들어서, 표시도 별로 없고, 통풍도 제대로 되지 않으며, 앉거나 먹을 장소도 마땅치 않은 초라한 국제공항에서 외국 여행자들은 상당한 불만을 경험하게 되며 그곳에서 일하고 있는 직원들 또한 동기부여가 제대로 되지 않을 것이다. 만약 같은 여행자들이라도 시설이 잘 갖추어진 국제공항에서는 상당한 만족감을 표시하게 되는 것이다.

✔ 사교자 역할

서비스스케이프는 고객들과 직원들이 서로 협력하도록 만들어 주고 있다(socializing customers and employees alike). 즉, 서비스스케이프의 역할은 서비스스케이프 자체가 기대되는 역할, 행동, 관계를 결정하는 데 도움을 준다는 측면에서 직원들과 고객들 모두의 사회화에 도움을 주고 있다. 예를 들어서, 전문적인 서비스기업의 신입직원은 사무실 배정이나 사무가구의 품질, 그리고 다른 사람들과 비교되고 있는 사무실 위치 등을 통해서 그 조직 내에서의 자신의 위상을 이해하게 된다. 시설에 대한 설계는 또한 고객들에게 직원들과 비교된 어느 부분이 자신들을 위한 것이며 어느 부분이 직원들만을 위한 것인지, 그 상황에서 어떻게 행동해야 하는 것인지, 그리고 어떤 종류의 상호작용이 바람직스러운 것인지를 제시해 줄 수 있다.

✔ 차별자 역할

서비스스케이프는 자사를 경쟁사와 차별화시켜주고 있다(differentiating firm from its competitors). 다시 말해서, 서비스스케이프는 어떤 서비스기업을 경쟁자들과 차별화시킬 수 있으며 그 서비스가 지향하고 있는 표적시장이 어떤 세분시장인지를 나타내 주고 있다. 차별자로서의 역할이 주어졌을 때, 서비스스케이프 변화는 어떤 서비스기업을 재포지셔닝시켜 새로운 표적시장을 소구하는 데 사용될 수 있다. 쇼핑몰에서 간판이나 실내장식, 전시에 사용된 색깔, 점포 내의 음악종류 등은 표적으로 삼고 있는 고객들에게 신호를 보내는 것이다. 서비스스케이프는 또한 같은 서비스기업이라 하더라도 영업권에 따라 차별화된다. 이는 일반적으로 호텔산업에서 적용되는 경우인데 대형 호텔은 층을 달리해서 여러 개의 레스토랑을 가지고 있으며 각 층별로 디자인이나 설계에 차별을 두고 있다. 가격 차별화 역시 서비스스케이프의 변화를 통해서 이루어지고 있다. 보다 안락한 시설을 갖추고 있는 대형룸은 보다 비싸며 같은 비행기 내에서도 보다 여유있는 좌석공간을 가지고 있는 1등석(first class)이 일반석(economy class)보다 비싸다.

2) 서비스스케이프의 관리

✔ 서비스스케이프의 용도

먼저, 서비스스케이프가 실제로 누구에게 영향을 줄 것이냐에 따라 서비스 조직이 달라진다. 즉 고객, 직원들 혹은 고객 및 직원들 중 '누가 실제로 서비스 설비에 접근해서 그 디자인에 영향을 받을 것인가'하는 문제이다. 보통 다음과 같이 3가지 용도(use)를 생각해 볼 수 있다.

• 셀프서비스

고객이 서비스 활동의 대부분을 수행하고 직원들은 서비스 제공과 관계가 없거나 있더라도 약간만 관련된 상황이다. 셀프서비스(self service) 환경의 예로서는 ATM이나, 영화관, 특급우편 접수대, 혹은 골프나 놀이시설 같은 셀프서비스 오락 등을 생각해 볼 수 있다. 셀프서비스 환경에서 마케팅의 목표는 먼저 표적시장을 분명하게 정하고 이들이 즐겁게 그리고 쉽게 그 시설들을 이용할 수 있도록 하는 방향으로 설정되어야 한다.

브리핑사례 **"셀프주문 해주세요"달라진 매장풍경**

"어서오세요. ○○버거입니다. 주문은 카운터에서 도와드리겠습니다" 이제 현실에서 이런 접객멘트를 듣는 일은 어려워질 전망이다. 최근 버거 프랜차이즈를 중심으로 무인계산대 도입이 빠르게 확산되면서 주문 카운터가 축소되고 있다. 무인 열풍은 비단 외식 프랜차이즈 업계만의 일이 아니다. 최근 택배 시장은 혼자 사는 싱글족들을 위한 무인 택배함이 편의점과 관공서를 중심으로 빠르게 늘어나고 있다. 또 배달 음식까지 드론으로 배달해주는 서비스도 시험 중에 있다. 이른바 '무인(無人)시대'다.

◎ 키오스크 덕에 짧아진 줄 · 빨라진 주문

6일 업계에 따르면 롯데리아, 맥도날드, 버거킹 등 국내 주요 3대 버거 프랜차이즈에서 운영하는 무인계산대 일명 '키오스크'는 전체 2,083개 매장 중 861개 매장에서 운영되고 있다. 약 3개 매장 중 1개 이상의 매장에서 키오스크가 사람 대신 주문과 결제를 동시에 처리하고 있다. 그동안 키오스크와 흡사한 형태의 무인계산대가 백화점 푸드코트와 회사나 학교 급식소에서는 이용해 왔지만, 소비자의 피부에 와닿기 시작한 건 버거 프랜차이즈에 도입되면서부터다. 버거 프랜차이즈 중 키오스크 도입에 가장 적극적인 건 맥도날드다. 맥도날드는 2015년 8월 프리미엄 수제버거 서비스 '시그니처'와 함께 키오스크 서비스를 도입했다. 맥도날드는 신촌점, 서울역점 등 5개 매장을 시작해 현재 440개 중 190개 매장에서 키오스크를 운영 중이다. 맥도날드는 키오스크를 설치하면서 자사 시그니처 서비스를 활용했다. 키오스크를 통해 빵부터 패티, 소스까지 소비자가 자신만의 버거를 만들 수 있도록 해 큰 호응을 끌었다.

롯데리아는 버거 프랜차이즈 중에서는 2014년 4월 맨 처음 키오스크를 도입했다. 이후 시범 운영을 마치고 2015년 11월부터 가맹점으로 확대해 1,360개점 중 565개점에서 운영 중이다. 후발주자인 버거킹 역시 2016년 4월 키오스크를 도입한 이후 불과 16개월 만에 키오스크 매장 수를 106개로 늘렸다. 전체 매장(283개) 중 약 3분의 1이 키오스크를 운영하고 있다.

키오스크가 도입되고 가장 달라진 점은 매장 풍경이다. 예전 같으면 주문을 위해 카운터 앞에 나란히 길게 줄을 서야 했지만 지금은 매장 내 3~4대의 키오스크 앞에 짧게 줄을 서면된다. 결제도 동시에 이뤄지기 때문에 1~2분 내 간판하게 주문을 완료할 수 있다. 업계 관계자는 "키오스크 도입으로 주문을 받을 수 있는 창구가 늘어나면서 주문 소화량 역시 많아졌다"면서 "늘어난 주문 수만큼 조리 현장에 투입해야 하는 조리직 직원들이 늘어 우려와 달리 키오스크의 도입으로 고용 확대 효과까지 누리고 있다"고 말했다.

〈출처〉 이데일리(2017년 8월 8일)

그림 10-3 키오스크 도입으로 달라지고 있는 매장 풍경

• 원격 서비스

원격 서비스(remote service)는 고객이 서비스스케이프에 거의 혹은 전혀 관여하지 않는 상황을 말한다. 이에 대한 예로서는 전화, 전기, 재정 자문, 편집, 그리고 우편주문 서비스 등을 생각해 볼 수 있는데 고객들은 서비스 설비와 전혀 접촉하지 않고서도 서비스를 제공받을 수가 있다. 예를 들어서, 외환시장에서 송금을 하는 경우에 여러 지역의 금융 서비스 기관을 경유하지만 고객들은 국내 한 은행만을 접촉하는 느낌을 갖게 된다. 최근에는 각 은행들이 스마트폰 애플리케이션을 통해 간편하게 해외송금과 환전을 할 수 있는 '모바일 외환서비스'를 출시하고 있다. 고객들이 자신들의 스마트폰 앱 내 외환기능을 통해 수취인의 이름을 검색하는 것만으로 복잡한 수취인 정보를 입력할 필요 없이 모든 송금절차를 완료할 수 있다. 영업점이나 인터넷뱅킹을 통해 해외송금을 했던 내역이 자동으로 앱에 업로드 되기 때문이다. 이를 이용하면 송금받을 가족이나 지인을 단축키 형태로 저장해 놓고, 송금이 필요할 때 송금액과 비밀번호만 새로 입력해 쉽고 빠르게 해외송금을 할 수 있다. 또 지점을 방문하지 않고도 모바일 외환서비스를 이용해 언제 어디서나 실시간으로 주요 통화(미화, 엔화, 유로화, 위안화, 파운드화)를 매매할 수도 있다.

• 상호작용 서비스

상호작용 서비스(interactive service)는 셀프서비스와 원격 서비스의 중간에 위치한 서비스로서 고객과 서비스직원이 서비스스케이프에 반드시 나타나야 하는 상황을 말한다. 병원, 호텔, 레스토랑, 교육기관, 은행 등 거의 대부분의 서비스 상황이 이 범주에 들어가고 있다. 이 경우 서비스스케이프는 고객과 직원들이 모두 동시에 매력을 느끼고 만족하며 활동을 증진시킬 수 있도록 설계되어야 한다. 특히, 어떻게 서비스스케이프가 고객과 직원, 고객과 고객, 직원과 직원 간의 상호작용에 대한 특성과 질에 영향을 미치고 있는지를 고려하여야 한다.

서비스스케이프의 난이도

서비스스케이프의 관리에 영향을 미치는 또 다른 요인이 바로 서비스스케이프의 난이도(complexity)이다.

• 평이한 환경

어떤 서비스 환경은 공간이나 설비, 그리고 서비스 제공에 관계되는 요소 측면에서 단순하다. 이러한 서비스 환경을 평이한(lean) 환경이라고 부른다. 전자티켓 발매소나 택배화물 접수대 등은 바로 평이한 환경으로 간주될 수 있는데, 이는 두 경우 모두 단순한 구조에서 서비스가 제공되기 때문이다. 평이한 서비스스케이프에 있어서, 디자인 결정은 상대적으로 단순하고 특히, 직원과 고객 사이에서 상호작용이 전혀 일어나지 않는 셀프서비스나 원격 서비스 상황에서는 더욱 단순하다.

• 정교한 환경

어떤 서비스스케이프는 매우 복잡하다. 따라서 많은 요소와 많은 형태가 관계된다. 이러한 상황을 정교한(elaborate) 환경이라고 한다. 대표적인 사례가 바로 종합병원이다. 여러 동의 고층건물, 많은 입원실들, 정교한 시설들, 그리고 그러한 물리적 설비 내에서 이루어지는 복잡하고 다양한 기능들이 정교한 환경을 이루는 구성요소들이다. 이러한 정교한 환경에서 조직의 경영목표에 부합되는 여러 가지 마케팅활동을 하기 위해서는 이론적으로 서비스스케이프의 세심한 관리를 통해서 접근되어야 한다. 예를 들어서, 환자의 병실은 환자의 심리적 안정과 만족을 증대시키며 동시에 의사, 간호사 등 병원직원들의 생산성을 증진시킬 수 있도록 설계되어야 한다. 정교한 상호작용적 서비스 환경에 포지셔닝해야 하는 병원과 같은 서비스기업은 가장 복잡한 서비스스케이프 의사결정에 직면하고 있다.

표 10-3 용도와 난이도에 따른 서비스스케이프 유형

용도	난이도	
	정교함	평이함
셀프서비스 (고객만 관계)	• 골프장 • 테마파크	• ATM • 티켓 발매기 • 영화관 • 택배 접수대
상호작용 서비스 (고객 및 직원)	• 호텔 • 레스토랑 • 헬스클럽 • 병원 • 은행 • 항공사 • 학교	• 세탁소 • 패스트푸드점 • 미용실
원격 서비스 (직원만 관계)	• 전화회사 • 보험회사 • 전기회사 • 기타 전문서비스	• 전화우편주문회사 • 자동음성서비스

✔ 서비스스케이프의 포지셔닝

• 서비스 환경의 극대화

제공되는 서비스가 서비스 환경의 영향을 극대화시키기 위해서는 다음과 같은 4단계를 밟아야 한다.

- 서비스기업의 영업 포지션 규명
- 적절한 서비스스케이프의 포지션 규명
- 서비스스케이프에 의해서 유도되는 바람직한 행동규명
- 바람직한 행동을 제고시킬 수 있는 서비스스케이프 요인 규명

서비스기업은 서비스시설을 설계하게 될 때 어려운 질문에 직면하게 된다. 그 질문의 내용은 대략 다음과 같다.

– 시설설계에 있어서 누구의 니즈를 최상으로 놓을 것인가?
– 과연 고객의 니즈에 초점을 맞추어 시설을 설계하여야 하는가?
– 아니면 주로 직원의 니즈에 맞추어 시설을 설계하여야 하나?

어쩌면 시설설계는 고객 및 직원 모두의 니즈에 따라 이루어져야 할는지도 모른다. 그렇다면 또 다음과 같은 질문도 나오게 될 것이다. 시설은 서비스기업의 자체 니즈에 맞추기 위해서 설계되어야 하는 것이 아닌가? 만약 그렇다면 이는 고객의 니즈는 물론 직원의 니즈에도 부응하지 않는다는 것이 아닌가? 이러한 질문에 대한 해답은 서비스스케이프의 포지셔닝에서 찾을 수 있다. 서비스스케이프의 포지셔닝에는 다음과 같이 크게 3가지로 나누어서 생각해 볼 수 있다.

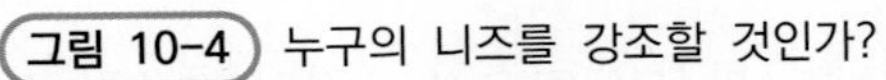
그림 10-4 누구의 니즈를 강조할 것인가?

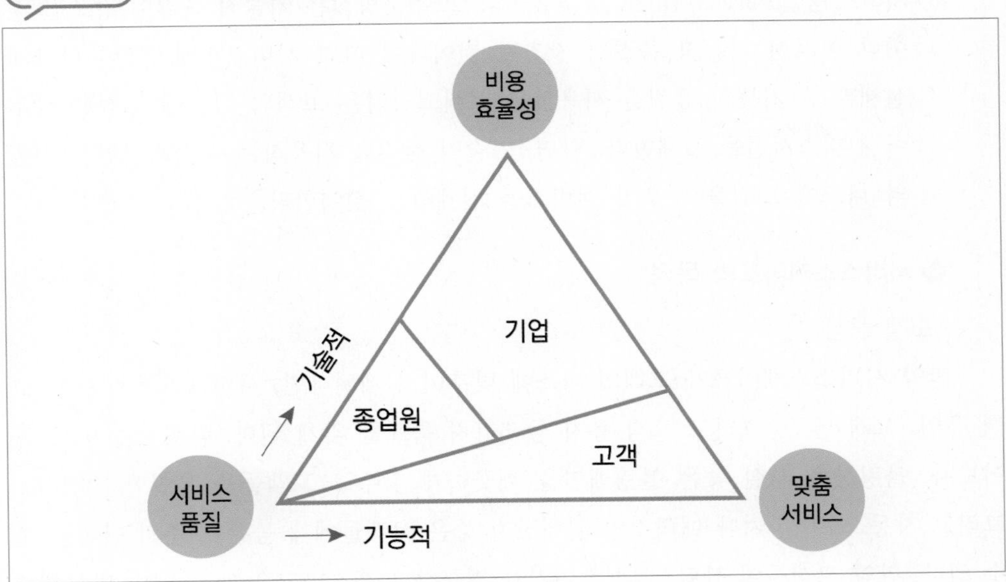

① 맞춤화(customization) 추구방식: 서비스스케이프는 고객의 니즈에 초점을 맞추어 설계되어야 한다. 예를 들어서, 5성 호텔 내에 있는 레스토랑의 경우, 식사 중에 손님이 앉아 있기에 안락한 의자, 분위기 있는 조명 및 색채감 있는 실

내장식, 그리고 고급 도기세트로 만들어진 그릇들, 거동하기에 전혀 불편하지 않은 여유있는 테이블과 의자 사이의 넓은 공간, 잔잔한 음악, 그리고 직원들의 깔끔한 매너 등 고급고객들을 위한 서비스스케이프의 포지셔닝이 이루어지고 있다.

② 비용 효율성(cost efficiency) 추구방식: 기업의 니즈가 최상위에 오는 경우이다. 서비스스케이프는 직원들의 효율성과 생산성을 증가시킬 수 있도록 설계되어야 한다. 즉, 서비스스케이프는 서비스기업으로 하여금 서비스를 제공할 고객의 수를 극대화시키도록 만들어 주어야 한다. 예를 들어서, 패스트푸드 레스토랑은 보통 딱딱한 의자들을 설치하고 조명은 밝으며 실내장식은 단순하게 하고 있다. 이와 같은 모든 요소들은 고객들로 하여금 빨리 식사를 끝내도록 하고 있다. 어떤 패스트푸드점들은 심지어 고객들을 신속하게 움직이게 하기 위해서 빠른 템포의 음악을 내보내곤 한다.

③ 서비스 품질(service quality) 추구방식: 이 추구방식은 기술적 품질이 강조될 것이냐 아니면 기능적 품질이 강조될 것이냐에 따라 서비스스케이프이 다르게 설계된다. 기능적 품질을 사용하는 서비스기업은 고객의 니즈에 초점을 맞추어 서비스시설을 설계한다. 반면, 기술적 품질을 사용하는 서비스기업은 직원의 니즈에 초점을 맞추어 서비스를 설계하고 싶어한다.

서비스스케이프의 목적

• 고객 중심

만약 서비스스케이프가 고객의 니즈에 맞추어 설계된다면, 서비스기업은 보통 고객 유인, 고객 만족, 그리고 고객 유지 등 3가지 목표를 갖게 된다. 볼링장을 예로 들어보자. 볼링장은 시설 좋은 볼링레인을 깨끗하게 갖추고 고객들을 유인할 수 있다. 그리고 자동스코어장치나 매력적인 실내장치 등은 고객들에게 높은 수준의 만족을 줄 수 있다. 만약 고객들이 볼링장 내 분위기가 깨끗하고 흥겹다고 느끼게 되면 반복해서 그 볼링장을 선호할 가능성은 더욱 커지는 것이다. 게다가 자체적으로 볼링 리그전 프로그램을 갖는다면 그 고객들은 정기적으로(예를 들면, 매주) 그 볼링장을 찾게 될 것이다.

• 직원 중심

만약 서비스기업이 기술적 서비스 품질을 선택하게 되면, 서비스스케이프의 주요 목표는 직원의 니즈에 초점을 맞추는 것이다. 만족시켜 주어야 할 니즈는 직원 만족, 직원 동기부여, 그리고 직원의 작업효율성 등을 포함하고 있다. 만약 직원들이 자신들이 일하고 있는 서비스 환경에 만족한다면, 그들은 보다 높은 수준의 서비스를 제공하고자 할 것이다. 비록 고객들의 니즈도 충족시켜 주어야 하지만 여기에서 시설 설계의 강조점은 직원지향적이어야 하는 것이다.

예를 들어서, 인쇄·프린트 서비스의 경우를 생각해 보자. 가령 어떤 인쇄·프린트 회사가 오랫동안 낡은 건물에 입주해 있다고 하자. 냉난방 시설이 제대로 되어 있지 않아 그 점포는 겨울철에는 난방이 제대로 가동이 안 되고 여름철에는 냉방이 제대로 안 되고 있다. 실내벽도 오랫동안 페인트칠이 안 되어 있어 벗겨지고 지저분하다. 프레스를 비롯한 다른 기계 설비들도 노후화되어 항상 수리를 해야 한다. 화장실도 낡고 지저분하다. 이러한 경우 이 인쇄회사는 직원들을 계속 붙잡아 두기란 힘들다. 직원들이 처음에 이 인쇄회사에 입사해서는 기분 좋게 일하지만 이내 불만족스럽게 생각하게 된다. 그리고 점차 동기부여도 결여된다. 작업이 제대로 이루어지지 못하게 되면 직원들은 낡은 시설과 열악한 근무환경을 탓하게 된다. 마침내 이 인쇄회사가 팔려서 주인이 바뀌었다. 새 주인은 많은 돈을 투자해서 옆에 있는 새로운 건물로 회사를 옮겼다. 또한 그 건물로 입주하기 전에 천정에서 방바닥까지 공사를 하고 페인트칠을 새롭게 했다. 직원들은 더 이상 작업시간에 냉난방에 대한 걱정을 하지 않아도 됐다. 시설은 물리적으로 안정되어 있다. 비록 새로 짓고 입주하지는 않았지만 작업장은 깨끗하고 산뜻하며 매력적이다. 이 서비스기업은 새로운 시설을 갖출 수는 없었지만 새로운 서비스 환경은 직원들의 태도에 변화를 주었다. 그들은 현재 이 회사에 근무하고 싶어 하며 또한 열심히 작업에 임하고자 한다. 작업효율성이 증대되면서 직원들의 동기부여도 커졌다. 아울러 직원들의 이직률도 떨어졌다.

• 기업 중심

비용 효율성 추구방식을 사용하는 서비스기업은 기업의 니즈에 맞추어 서비스스케이프를 설계하고 싶어 한다. 따라서 서비스스케이프의 설계목표는 최적의 비용 효율성과 생산성을 제공하는 데 있다고 하겠다. 패스트푸드 레스토랑의 경우, 서비스 제공 면적은 서비스를 받는 고객의 수가 최대가 되도록 설계되어 있다. 특히, 주방은 보다 많은 고객들을 접대하기 위해서 직원들의 생산성을 증가시키도록 설계되어 있다.

표 10-4 포지셔닝에 따른 서비스스케이프의 목적

포지셔닝	서비스스케이프 목적	실천계획
맞춤화	고객니즈 충족	• 고객 유인 • 고객 만족 • 고객 유지
기능적 서비스 품질	고객니즈 충족	• 고객 유인 • 고객 만족 • 고객 유지
기술적 서비스 품질	직원니즈 충족	• 직원 만족 • 직원 동기부여 • 직원 작업효율성 증대
비용 효율성	기업니즈 충족	• 고객수 극대화 • 직원 효율성과 생산성 증대

03 서비스스케이프의 설계

1) S-O-R 모델

서비스 환경과 이 환경이 개인의 인식 및 행동에 미치는 영향을 도출하기 위해서 물리적 증거를 사용하는 학문이 환경 심리학(environmental psychology)이다. 자극-유기체-반응 모델인 S-O-R(Stimulus-Organism-Response) 모델은 이러한 환경 심리학을 근간으로 서비스 환경이 소비자행동에 미치는 영향을 설명하기 위해서 개발되었다. S-O-R 모델은 <그림 10-5>와 같이 3가지 요소로 구성되어 있다.

그림 10-5 S-O-R 모델의 3 구성 요소

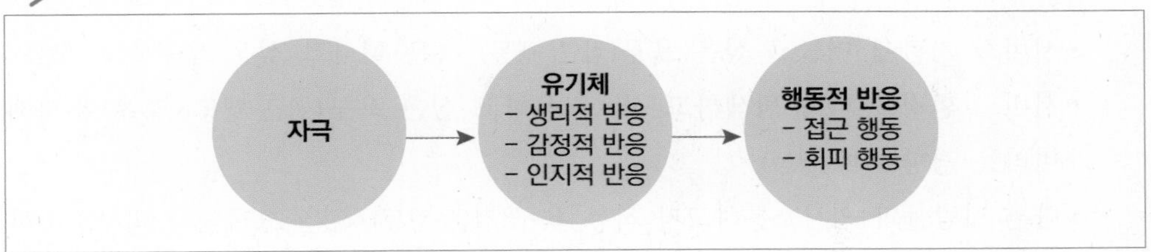

자극

서비스 측면에서 보면, 기업의 물리적 증거, 이를테면 외관, 내부 디자인, 조명, 냄새 등은 자극의 집합을 구성하고 있다. 자극(stimuli)은 시각, 청각, 촉각, 미각, 후각 등 5개 감각을 통해서 수집되고, 강력한 서비스 환경을 구축하기 위해서 효과적으로 관리될 수 있다. 일단 개인에게 수용되고 해석된 후, 결합된 자극은 기업의 서비스 환경을 통해서 그 서비스기업에 대한 기대와 인식으로 연결된다. 결과적으로, 심지어 어느 특정 레스토랑에 전혀 가 본적이 없는 개인도 인터넷이나 소셜네트워크 서비스 등 간법적인 경험을 통해서 조명이 은은하고 테이블 냅킨이 리넨으로 구성되어 있음을 알아챌 수 있다. 이는 그 레스토랑이 고급스럽고 음식 맛도 비싸지만 훌륭할 것이라는 인식으로 연결된다.

유기체

이 유기체(organism) 요소는 서비스접점 내에서 일군(一群)의 자극을 수용하는 사람들로서 고객들이나 서비스를 제공하는 직원들을 포함하고 있다. 이러한 일군의 자극에 대한 고객이나 직원들의 반응(response)은 생리적 반응, 감정적 반응, 인지적 반응 등 3가지 기본적 반응에 의해서 영향을 받는다. 이 반응들은 내적 반응이라고도 하는데 다음에 나오는 서비스스케이프 개발 영역에서 보다 더 구체적으로 설명하기로 하자.

행동적 반응

이 행동적 반응(behavioral response)는 앞에서 언급한 초기적 반응과 대비가 되는 반응으로서 결과적 반응인 셈이다. 일군의 서비스 환경적 자극에 대한 고객들 및 직원들의 반응으로서 접근 행동(approach behavior)과 회피 행동(avoidance behavior)으로 특징지어진다. 고객들의 접근 행동과 회피 행동은 다음과 같은 4가지 방식의 결합으로 나타날 수 있다(직원들도 유사한 행동을 보이고 있다).

- 서비스 기관에 머물고 싶은 욕구(접근 행동) 혹은 떠나고 싶은 욕구(회피 행동)
- 서비스 환경을 더욱 탐색하고 상호작용하고 싶은 욕구(접근 행동) 혹은 무시해 버리는 경향(회피 행동)
- 다른 사람들과 의사소통하고자 하는 욕구(접근 행동) 혹은 고객들과 의사소통하고자 하는 서비스제공자의 시도를 무시하고 싶은 욕구(회피 행동)
- 서비스 경험에 대한 만족의 느낌(접근 행동) 혹은 실망(회피 행동)

그림 10-6 서비스스케이프 설계시 3구성 요소의 비중

2) 서비스스케이프 개발

서비스스케이프(servicescapes)는 서비스 환경을 설계하는 데 물리적 증거를 사용하는 것을 말하는 것으로, Bitner(1992)가 처음으로 만들어 낸 용어이다. 서비스스케이프 모델은 <그림 10-7>에 잘 표현되어 있다시피 서비스기업의 물리적 증거가 고객과 직원의 반응에 미치는 영향을 직접적으로 적용한 S-O-R(Stimulus-Organism-Response: 자극-유기체-반응) 모델의 종합적 적용이라 할 수 있다.[1]

1 Bitner, Mary Jo(1992), "Servicescape: Impact of Physical Surroundings on Customers and Employee," *Journal of Marketing*, 56(April), p.60.

그림 10-7 서비스스케이프 모델

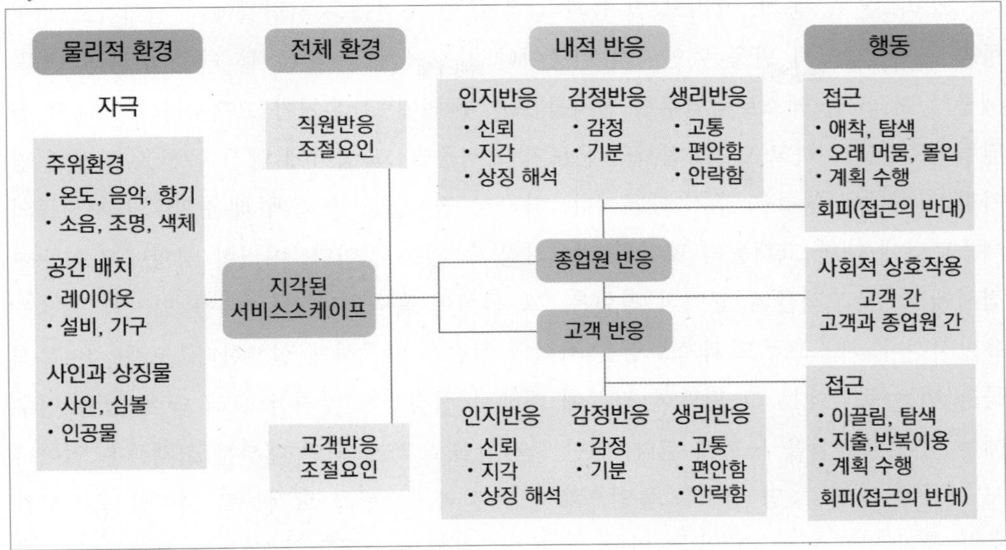

내적 반응

개인들이 자신들을 둘러싼 환경에 보이는 내적 반응은 생리적 반응(physiological response), 감정적 반응(affective response), 인지적 반응(cognitive response)의 3가지 형태가 있다.

그림 10-8 반응들 간의 관계

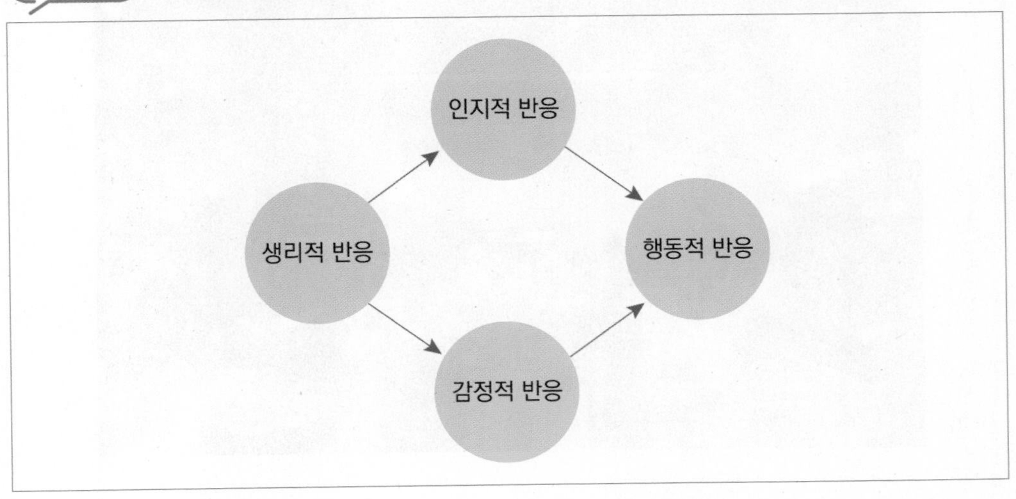

PART 03

• 생리적 반응

소리, 온도, 공기, 그리고 빛 등과 같은 주변 조건들은 사람들에게 신체적으로 영향을 준다. 생리적 반응은 인지적 반응이나 감정적 반응 혹은 둘 다를 만들어 낸다. 예를 들어, 고급 레스토랑일수록 접시를 뜨겁게 데워 그 온기가 고객들에게 그대로 전달될 수 있도록 하고 있다. 접시의 온도가 고객들이 그 접시에 담긴 음식을 어떻게 평가할 것이냐에 영향을 주기 때문이다. 따라서 접시들을 뜨겁게 데움으로써 자신들의 레스토랑에 대한 고객들의 평가를 개선시킬 수 있는 것이다. 이러한 상황에서 따뜻한 접시에 대한 고객들의 생리적 경험은 '그 음식이 훌륭하다'라는 어떤 인지적 반응을 유발시킨다. 패스트푸드 레스토랑은 좌석의 질감을 딱딱하게 설계한다. 고객들은 음식물을 먹는 동안에는 그 딱딱한 좌석에 대해서 신경쓰지 않지만 오래 앉아 있는 경우에는 이내 불편함을 느끼게 된다. 일단 불편함을 느끼게 되면 대부분 고객들은 일어나서 나가게 된다. 조명 정도를 높임으로써 어떤 레스토랑은 고객들로 하여금 음식물을 보다 빨리 먹게 만들 수 있다. 만약 그 레스토랑에서 고객들을 보다 더 오랫동안 붙잡아 두려고 한다면, 부드럽고 분산되는 조명 효과가 이용될 수 있을 것이다. 레스토랑에서의 부드러운 조명은 감정적 반응을 유발시켜 고객들로 하여금 보다 더 오랫동안 그 장소에 머물게 하는 효과를 발휘하는 경향이 있기 때문이다.

그림 10-9 서비스스케이프 설계 시 생리적 반응의 중요성은 날로 커지고 있다.

• 인지적 반응

환경에 대한 개인적·인지적 반응은 서비스기업과 직원들에게 영향을 주고 있다. 아울러 기술적·기능적 서비스 품질 측면에서 제공되는 서비스로부터 기대되는 것 등에 대한 개인의 신념에도 영향을 주고 있다. 만약 어떤 볼링장이 제대로 유지가 안 되어 있으며 자동 점수판도 없고 주변이 지저분하게 보이면, 고객들은 그 볼링장 주인이 제대로 관리를 하고 있지 않다고 믿게 된다. 그들은 또한 그 볼링장에서 근무하는 직원들도 예외가 아니라고 생각하게 되는데 왜냐하면 훌륭한 직원들이라면 그와 같이 형편없는 환경 속에서 일하는 것을 원치 않을 것이라고 믿기 때문이다. 이와 같은 모든 것들은 고객들로 하여금 그 볼링장이 훌륭한 서비스를 제공하지 못할 것이라고 믿게 만든다.

• 감정적 반응

어떤 서비스의 서비스스케이프는 개인들의 감정과 정서에 영향을 주게 된다. 물리적 환경은 2가지 차원으로 정서에 영향을 준다. 즉, 기쁨(pleasure)과 기분전환(arousal)이다. 기쁨－불유쾌함 차원은 어떤 환경에 대해서 개인이 좋게, 즐겁게, 행복하게, 그리고 만족스럽게 느끼는 정도를 가리킨다. 예민함-무감동 차원은 어떤 환경에서 한 개인이 흥분하고, 경직되며, 자극받고, 활동적인 정도를 말한다.

환경은 한 개인의 정서를 기쁨으로부터 불유쾌함까지 변환시킬 수 있다. 마찬가지로 환경은 예민함에서 무감각한 상태까지 변환시킬 수 있다. 이 4가지 정서차원들을 결합함으로써 추가적으로 또 다른 4가지 정서형태가 새로 생겨나게 된다. 추가적인 4가지 정서형태는 흥분(exciting), 안도(relaxing), 우울(gloomy), 그리고 고민(distressing)이다. 비록 서비스는 이러한 8가지 형태의 정서 상황에서 제공될 수 있지만 경영층은 직원들 및 고객들을 위해서 가능한 서비스 환경을 즐겁게 만들도록 노력해야 한다. 고객들이 느끼는 정서를 이해하게 되면 서비스기업들은 서비스 품질을 높이기 위해서 어떤 유형의 서비스스케이프를 만들어야 하는지를 알게 된다. 종합병원이나 치과병원같이 의료서비스를 행하는 서비스제공자는 고민(distressing)이라는 정서 상태에서 예민함의 수준을 낮추고 서비스를 제공해야 하는 곳이다. 일반적으로 환자들은 신체적인 고통 때문에 높은 수준의 예민한 상태에 있다. 따라서 대부분은 기분이 안 좋은 상태에 있는 것이다. 의료서비스를 제공하는 쪽에서는 환자들의 예민한 상태 및 안 좋은 감정 상태를 차분하게 할 수 있도록 서비스스케이프를 이용하고자 한다.

세무서비스를 제공하고 있는 세무사 사무소 또한 8가지 정서차원들 중에서 불유쾌함(unpleasantness)과 관계되는 곳이다. 이곳을 찾는 고객 거의 모두가 세금내는 것을 싫어할 뿐 아니라 세금납부에 대비해서 세금에 대한 정보를 취득해야 하는 것을 두려워하고 있다. 변호사 사무실은 8가지 감성차원 중 우울함(gloomy)과 관계되는 것이다. 대부분 고객들은 화해를 시도하는 다른 방법들이 성공적이지 못할 때 마지막 수단으로 변호사 사무실을 찾는다. 이 경우 실망감이나 우울함 등과 같은 감정이 바로 고객들의 정서이다. 변호사들은 고객들이 이러한 상황에서 벗어날 수 있는 서비스스케이프를 만들어야 한다. 따라서 서비스 환경은 보다 유쾌하고 기분전환할 수 있는 쪽이어야 한다. 호텔은 쉬고 수면하기 좋은 분위기를 연출해야 한다. 숙박 장소를 찾는 대부분의 고객들은 예민함을 자극하지 않는 호텔분위기를 원한다. 그러나 어떤 여행객들은 잠자리에 들기 전에 뭔가 즐거운 것을 찾기도 해서 호텔들은 여러 가지 부대서비스 시설들을 갖추고 있다. 따라서 투숙객들은 자기 방에 들어가기 전 자신들의 취향대로 즐거운 시간을 보낼 수 있다. 다만 숙박하는 방들은 수면하기에 적합한 분위기를 자아내도록 설계되어야 한다.

표 10-5 정서 상태와 서비스스케이프 전략

정서 상태	서비스의 예	서비스스케이프 전략
고민	의료 서비스	예민한 수준 감소
불유쾌	세무 서비스	불유쾌한 감정 감소
우울	법률 서비스	우울/실망 감정 감소
편안함	숙박 서비스	편안하게 휴식/숙면을 취할 수 있는 분위기 연출
안도감	헬스클럽	편안한 분위기 제고
즐거움	레스토랑	즐거움 고조시키기
흥분	놀이공원	서비스에 대한 흥분 고취
기분전환	사진관	신선함을 경험시키기

✔ 행동적 반응

• 접근 행동

접근 행동(approach behaviors)은 행동적 반응(behavioral response)의 한 형태로서 그 서비스 환경에서 머물거나 탐험하거나 혹은 일하고 싶어 하는 욕구이다. 고객의 입장에서 접근 행동은 어떤 서비스기업을 선호하고 재구매를 위해서 다시 그 장소를 되돌아올 수 있는 의지(willingness)를 말한다. 만약 어떤 고객이 스타필드 쇼핑몰에 머물러 있는 것을 좋아한다면 그곳에서 쇼핑도 하고 영화도 관람하며 식사까지도 하게 된다. 그렇게 된다면 스타필드 쇼핑몰 입장에서는 매출액도 증가하게 되고 고객들의 재방문률도 높아지게 된다. 직원 입장에서는 접근 행동은 일하고 싶은 욕구 및 업무에 대한 적극적인 태도를 말한다. 이와 같이 파생된 적극적이고 긍정적인 태도는 직무 만족으로 연결되어 고객들에게 보다 더 만족스러운 서비스를 제공하게 된다.

• 회피 행동

또 다른 행동적 반응의 형태가 회피 행동(avoidance behaviors)이다. 회피 행동은 그 서비스 환경에서 오래 머물고 싶지 않거나 탐험하고 싶지도 않으며 일하고 싶지 않은 욕구이다. 고객 입장에서 회피 행동은 그 서비스기업에서 더 이상 시간을 보내고 싶지 않다거나 미래에도 재구매를 위해서 그 서비스기업을 선호하지 않는 행동을 말한다. 직원의 회피 행동은 잦은 결석, 지각 그리고 부정적인 작업 태도로 나타난다. 이와 같은 행동은 동료 직원들이나 고객들에게 치명적이 될 수도 있다. 그 결과는 저조한 실적으로 이어질 수 있으며 고객들은 그들이 받는 낮은 수준의 서비스에 불만족스럽게 생각하게 된다. 설비나 사용 기자재 등 기술 서비스는 적절한 수준일 수 있으나 이러한 상황 속에서 고객들은 서비스의 기능적 품질을 만족스럽게 생각하지 않게 된다.

✔ 사회적 상호작용

서비스 제공 환경은 고객 및 직원들의 용모, 행동, 그리고 분위기(mood) 등과 같은 고객과 직원 사이 등 개인 상호간 요인들에 의해서 영향을 받는다. 군중 효과(crowding impact)는 또 다른 요인이라고 할 수 있다. 이와 같은 사회적 상호작용은 인지적 반응이나 감정적 반응을 유발시켜 궁극적으로 특정 행동과 연결된다. 대표적으로 직원 용모 및 행동, 그리고 군중효과를 생각해 볼 수 있다.

• 직원 용모 및 행동

서비스 직원들의 용모는 제공받게 될 서비스 품질에 대한 고객들의 인지적 신념에 종종 영향을 미친다. 직원들이 고객들에게 전달하게 될 이미지를 통제하기 위해서 많은 서비스기업들은 직원들에게 유니폼을 입도록 강요하고 있다. 항공사, 은행, 그리고 가전 애프터서비스 제공회사 등이 유니폼을 요구하고 있는 대표적인 서비스기업들이다. 비록 유니폼을 요구하지 않는다 하더라도 대부분 서비스기업들은 그들 직원들에 대해서 최소한의 복장 규칙을 갖고 있다. 복장 규칙의 목적은 직원들의 용모가 경영진이 의도하는 바대로의 인지적이고도 감정적인 모델을 전달하도록 하는 데 있다고 하겠다.

서비스를 제공하는 직원들의 행동과 분위기도 고객들에게 큰 영향을 미치고 있다. 그 반대의 경우도 마찬가지로 발생할 수 있다. 고객들의 행동과 분위기도 서비스 직원들에게 영향을 줄 수 있다. 예를 들어서, 어떤 고객이 기분이 좋지 않을 경우에는 기분이 좋을 경우보다 서비스 제공에 어려움을 겪는다. 바꾸어서, 직원들도 짜증을 내거나 기분이 저조한 고객보다는 기분이 좋은 상태에 있는 고객들을 기분좋게 만들기 위해서 보다 더 노력하게 된다. 왜냐하면 일상적으로 명랑하고 행복한 감정을 갖고 있는 직원이라 하더라도 신경질적인 반응을 보이고 있는 고객을 대하는 동안에는 그 명랑하고 행복한 감정을 느끼는 표현을 삼가게 되는 경향이 있기 때문이다.

그림 10-10 서비스 직원들이 착용하는 유니폼은 서비스를 포장하는 역할을 하고 있다.

• 군중 효과

군중(crowding)은 보는 사람의 눈에 따라 달라지지만, 보통 부정적이고 회피적 행동을 유발시킨다. 고객들은 사람들이 지나치게 붐비는 곳으로 인식되는 서비스 제공장소에는 잘 가지 않는 경향이 있다. 예를 들어서, 만약 어떤 은행 창구가 붐비게 되면 고객들은 다른 은행을 찾게 된다. 거기에도 역시 사람들이 붐벼서 신속하고 편리하게 서비스를 제공받지 못할 경우 제3의 은행을 찾게 된다. 일반적으로, 군중에 대한 고객의 인식은 환경적 단서, 구매동기, 제한 조건, 군중 기대도의 4가지 요인들에 의해서 영향을 받게 된다.

– 환경적 단서: 시설 내 모인 사람들의 숫자, 음악이나 소음의 크기
– 구매동기: 과업 지향적, 비(非)과업 지향적
– 제한조건: 지각된 위험, 시간압박
– 군중기대도: 장소, 시간대, 조건

군중은 고객들의 행동에 단기적인 효과와 동시에 장기적인 효과도 가지고 있다. 단기적 효과에는 부정적 감정 및 서비스 분위기 적응행동 등이 있고, 장기적 효과로는 인지적 반응과 행동적 반응 등이 있다. 그러나 가장 일반적인 단기적인 효과는 감정적 반응이라고 할 수 있다. 고객들은 군중들이 모여 혼잡한 상황에서는 자신들이 구속당하거나 행동에 제한을 받고 있다고 느끼게 된다. 따라서 자신들도 모르게 긴장하거나 신경질적이 되기 쉽다. 심지어 이러한 상황 속에서는 당황스럽게 생각하기도 한다. 이러한 감정적 반응 외에도, 고객들은 그들의 구매 전략을 바꾸기도 한다. 서비스 제공현장 내에서 구매에 대한 조정이 이루어지곤 하는데 대부분 고객들은 군중들이 모여 혼잡하게 되면 원래 의도했던 체류시간을 줄이려 한다. 볼링장이나 당구장에서도 사람들이 많이 몰려 혼잡하게 되면 대부분의 고객들은 원래 의도했던 게임 수를 줄이고 빨리 그 서비스 제공장소를 빠져나가려 하게 된다. 군중의 장기적 효과는 보다 더 심각하다. 고객들은 자신들이 선택한 장소가 항상 인파로 붐비는 현상을 보게 되면 그들의 선택이 최선이었는지에 대해서 점점 확신을 잃어가게 된다. 예를 들어서, 사람들로 붐비는 레스토랑에서는 고객들은 자신들이 선정한 음식 메뉴가 최선의 선택이 아니라고 느낀다거나 사람들이 덜 붐비는 다른 레스토랑에서 자신들이 식사할 음식을 선정했더라면 하고 후회할 수도 있다. 이는 결과적으로 자신들이 선호했던 레스토랑이 잘못됐음을 느끼게 되는 데까지 이른다. 일반적으로 이러한 상황을 경험한 고객들은 인

지적 반응 외에도 고객들은 종종 그들의 미래구매 의도를 수정하곤 한다. 그들은 혼잡스러운 상황을 만들어 내는 시간, 장소, 조건들을 유의하게 된다. 따라서 미래에 그들이 생각하기에 사람들로 북적대는 시간대는 피하게 되며 만약 어떠한 시간대에도 그 혼잡함을 피할 수 없다고 생각하면 혼잡스럽지 않은 다른 서비스 제공 기업을 찾게 된다. 그 서비스기업에 있어서 이와 같은 장기적인 군중 효과는 매우 심각할 수 있다. 왜냐하면 이러한 현상은 종종 경쟁기업에게 자기들의 고객들을 잃게 되는 결과를 초래하기 때문이다.

그러나 군중으로 인한 혼잡함이 모든 서비스기업 및 상황에 부정적인 효과만을 지니고 있는 것은 아니다. 고급스러움과 격식은 갖추고 있지 못하지만 전통적이고 독특한 맛과 푸짐한 양으로 유명한 레스토랑(혹은 토속음식점)의 경우에는 오히려 입소문을 통해서 보다 더 많은 군중들이 그 특정 레스토랑에 모이게 되며 그곳을 방문한 고객들도 사람들로 붐비는 그 서비스 현장을 보면서 자신들의 선택이 제대로 이루어졌음을 확인하게 된다. 이 경우에는 군중으로 인한 서비스 제공이 불편함, 시간지연, 그리고 어수선한 분위기라는 부정적 측면보다는 이렇게 많은 군중들이 방문한 것을 보니 맛과 푸짐함에 대한 자신들의 의사결정이 옳았다는 검증기능이 긍정적으로 작용하게 된다. 예를 들어서, 시카고에 있는 지노스 피자(Geno's Pizza)는 항상 고객들로 붐벼서 이곳을 방문하는 고객들은 자리를 잡는 데 몇십 분 정도는 기다릴 것을 각오해야만 한다. 손으로 직접 만든 이탈리아 특유의 수제(hand-made)피자 또한 전통적인 맛과 푸짐한 양이 매력 포인트이기 때문에 혼잡스러운 인파, 이로 인한 대기시간 및 어수선한 분위기는 이곳에서만 느낄 수 있는 특별한 경험과 상쇄되고도 남음이 있다.

또한 프로야구 경기관람이나 놀이공원 등도 군중들에 의한 혼잡스러움이 부정적으로 작용하기보다는 오히려 그 서비스 장소를 방문하는 고객들에게 적당한 흥분과 즐거움을 제공하는 요인으로 작용하고 있다. 잠실야구장이나 에버랜드에 모인 군중들이 만들어 내는 소음과 혼잡스러움이 크면 클수록 그곳에 참여한 개인 고객 각자에게는 보다 더 큰 즐거움을 줄 수 있는 것이다.

✔ 환경적 자극

환경에 대해서 어떻게 느끼고 있는가에 대해서 개인들은 많은 차이를 보이고 있다. 일반적으로 환경적 자극은 크게 기분전환 추구여부, 환경적 자극 투과여부, 그리고 상황적 요인 등으로 나누어 생각해 볼 수 있다.

• 기분전환 추구여부

어떤 개인들은 상당히 자극적인 서비스 환경에 처하기를 좋아하는 반면 어떤 개인들은 기분전환 정도가 심하지 않은 환경에 있기를 좋아한다. 이 경우 기분전환 추구형(arousal seekers)은 높은 수준의 환경적 자극을 즐기는 개인들이며, 기분전환 회피형(arousal avoiders)은 낮은 수준의 환경적 자극을 선호하는 개인들이다. 이와 같은 개인적 차이는 왜 어떤 사람들은 프로야구나 프로축구, 그리고 프로권투 등과 같은 격렬한 게임들은 좋아하고, 반면 다른 사람들은 체조나 아이스스케이팅과 같은 덜 흥분되는 스포츠 게임을 보기 좋아하는지를 설명해 줄 수 있다. 마찬가지로, 왜 어떤 사람은 하루에도 수백 명의 고객들을 접대해야 하는 유람선이나 관광가이드로 일하기를 좋아하는 반면, 다른 사람들은 변호사나 회계사 사무소 같은 한적한 곳에서 일하기를 좋아하는지를 설명해 줄 수 있다.

• 환경자극 투과여부

환경자극을 어떻게 투과하는지에 따라서도 개인들은 차이를 보이고 있다. 환경자극 투과형(environmental stimuli screeners)은 높은 수준의 자극을 경험하나 영향을 받지 아니하는 개인들을 지칭한다. 이들은 마치 주변에서 일어나고 있는 어떤 현상도 자신들과는 상관없는 것처럼 행동하고 있다. 환경자극 비(非)투과형(environmental stimuli nonscreeners)은 바로 정반대의 경우인데 조그마한 자극에도 영향을 받는 개인들을 말한다. 역사와 전통이 있는 유명한 레스토랑에 들어갔을 때, 어떤 고객은 낡고 오래된 서비스 환경이 신경이 거슬리기도 하지만 다른 고객들은 전혀 눈치도 못 채고 신경을 쓰지도 않는다. 또한 어떤 세탁소에서 일하고 있는 직원은 잘 작동할 것 같지 않아 보이는 시설 및 장비에 좌절감을 느끼지만 어떤 직원들은 그 설비가 작동이 잘 안 되고 있다는 사실조차 모르고 있는 경우가 있다.

• 상황 요인

상황 요인들은 고객 및 직원들의 서비스 환경 반응 태도에 영향을 줄 수 있다. 다음과 같은 3가지 요인들이 대표적이다.

– 시간에 쫒김(time-pressure): 시간에 쫓기게 되면 사람들은 환경적 자극에 평상시와는 다른 반응을 보이게 된다. 평상시에 환경자극 비(非)투과형이었던 사람도 주변에 있는 모든 것들이 장애요인들이 되고 있음을 알아차린다. 평

PART 03

상시에 기분전환 추구형이었던 사람은 자극을 즐길만한 시간을 갖고 있지 못하기 때문에 자극적 상황을 회피하는 방법을 추구한다.

– 구매 이유(purchase reason): 감정에 영향을 주는 또 다른 상황요인은 구매 이유이다. 만약 어떤 사람이 장차 배우자가 될 사람의 부모님을 접대할 레스토랑에 나가게 된다면 자기 집이 아닌데도 불구하고 나오는 음식 하나하나에 모든 신경이 쓰이게 될 것이다. 그 사람은 보통 때 그 레스토랑에 갈 때보다 훨씬 더 환경적 자극에 세심한 배려를 하고 신경을 쓰게 되는 것이다.

– 기분 상태(mood state): 기분 상태 또한 고객 및 직원이 서비스 환경에 어떻게 반응을 보일 것이냐에 상당한 영향을 미치는 요인이다. 기분 상태란 행복감, 실망, 분노, 흥분, 그리고 인내 등과 같은 개인적 감정을 말한다. 기분이 좋지 않을 경우 대부분 사람들은 기분전환 회피형이 되거나 환경자극 투과형이 되는 경향이 있다. 행복감에 젖은 사람은 그렇지 않은 사람보다도 기분전환 환경을 추구하게 되며 많은 경우 환경자극 비(非)투과형이 되는 경향이 있다.

✔ 물리적 환경

고객들이나 일하는 직원들에게 영향을 미치는 물리적 환경의 요소들은 위치, 서비스 장소 외관, 그리고 인테리어, 배치, 가구, 설비 등을 생각해 볼 수 있다. 새로운 고객을 창출하기 위해서는 서비스 장소의 위치 및 외관이 구매 결정에 중요한 역할을 한다.

그러나, 어떤 고객이 일단 그 서비스를 선호하게 되면 서비스 장소의 위치 및 외관은 보다 덜 중요해지게 된다. 대표적인 요소인 위치, 서비스 장소의 외관과 인테리어에 대해서 알아보자.

브리핑사례 》 망한 대형 쇼핑몰을 아마존이 사는 이유

미국 교외에서 죽어가고 있던 대형 쇼핑몰들이 하나둘씩 간판을 바꿔달고 있습니다. 바로 '아마존(Amazon)'으로요. 20세기 후반에 중점적으로 세워지기 시작한 오프라인 대형 쇼핑몰들은 아마존과 같은 온라인쇼핑몰에 밀려 쓰러져가고 있는데요, 아마존은 이들을 중점적으로 사들이고 있는 거죠. 미국 월스트리트저널(WSJ)은 아마존이 대형 쇼핑몰을 긁어모으는 이유로 △광활한 토지 △인구 중심지와 가까움 △고속도로 · 주요 버스 정류장과 접근성이 좋다는 점 등을 꼽았습니다. 광활한 토지를 이용해 커다란 물류센터를 지을 수 있고, 인구 중심지와 가까운 거리에서 배송하는 데다 가까운 고속도로까지 이용할 수 있기 때문에 배송시간을 획기적으로 줄일 수 있게 된다는 겁니다. 버스정류장이 가까우면 저임금 노동자들이 출퇴근하기도 편하니 인건비까지 줄일 수 있죠. 커다란 주차장은 수천 대의 드론이 뜨고 내릴 수 있는 환경을 만들어 줄 겁니다.

아마존은 '당일배송'을 추진하겠다고 밝힌 만큼 더 많은 유령 쇼핑몰들을 사들일 가능성이 큽니다. Fulfillment By Amazon(FBA) 시스템을 채택하는 아마존은 물건을 파는 판매자들에게 일정한 수수료를 받고 직접 배송을 해주는데, 아마존의 물류창고에 판매자의 상품을 다 가져다 놔야 더 빠른 배송이 가능해지기 때문에 보다 넓은 공간을 필요로 합니다. 실제 아마존은 당일 배송을 위해 4~6월 동안 8억 달러(약 9,430억원)를 물류창고와 배달 인프라 구축 및 개선에 쓸 예정이라고 밝힌 바 있습니다. 망해버린 대형 쇼핑몰, 그리고 그 자리를 대신 차지하는 물류센터의 모습은 오프라인에서 온라인으로 소비 중심지가 바뀌는 현실을 보여주고 있습니다. 그리고 이 같은 현실은 한국도 마찬가지죠. 매년 물류창고 투자에 큰 규모의 자금을 쏟아 붓는 쿠팡이 단적인 예입니다. 물론 한국의 경우 쿠팡 등 많은 온라인 유통업체들은 '총알 배송'에 대한 치킨게임을 벌이면서 적자폭을 나날이 키우는 중이니 지금으로선 어느 업체가 특히 유망하다고 보긴 어렵습니다. 다만 한국에서도 대형마트는 계속 고전할 것이라는 점, 물류창고에 대한 니즈는 나날이 높아져갈 것이라는 전망만큼은 우세합니다.

〈출처〉 이데일리(2019년 5월 10일)에서 발췌

• 위치

점포 위치를 선택하는 데 있어서 서비스기업들은 5가지 사항들을 검토하여야 한다. 즉, 서비스 제공방법, 서비스 거래공간, 통행 차단, 고객 흡인력, 그리고 교차판매 가능성 등이다.

– 서비스 제공방법: 서비스 제공을 위해서 위치를 선정하는 일이야말로 적절한 서비스스케이프 설계과정에서 경영진이 내려야 할 첫 번째 중요한 의사결정이다. 서비스기업의 위치설정은 서비스 제공방법(operational position)에 따라 달라진다. 비용 효율성(cost efficiency) 접근방법을 이용하는 서비스기업들은 유동인구가 많아 통행정도가 높은 장소에다가 점포를 개설하여야 한다. 맞춤화(customization) 접근방법을 선택한 서비스기업들은 고객들의 위신을 세워

PART 03

주고 좋은 이미지를 줄 수 있는 장소에 점포를 개설하고 싶어 한다. 서비스 품질(service quality)에 중점을 두고 있는 기업들은 고객들이 편리하게 그들의 고객접대 부분을 이용할 수 있는 장소를 원한다. 서비스 지원부문은 저비용 장소에 위치해도 괜찮다. 그러나, 만약 고객접대 기능과 지원 기능이 분리될 수 없다면, 우선권은 고객접대 부문에 주어져야 할 것이다.

– 서비스 거래공간: 서비스 거래공간이 크다는 것(high merchantability)은 고객들이 직접 참여하지 않더라도 서비스가 수행될 수 있음을 의미한다. 서비스 거래공간이 작다는 것(low merchantability)은 고객들이 서비스 제공장소에 직접 오거나 아니면 서비스 제공장소로 가야 하는 경우로서 점포위치는 보다 중요해지게 된다. 비용 효율성을 추구하는 서비스기업은 자사의 서비스시설이 고객들에게 편이성을 주도록 하여야 한다. 서비스 품질 접근방법을 사용한다면 점포 위치가 그렇게 결정적이지는 않지만 여전히 중요하다. 서비스 맞춤 접근방법에 있어서는 점포위치 결정기준은 고객들에게 편리함은 주는 곳에서부터 고객들에게 감동을 주고 독특한 이미지를 전달할 수 있는 장소로 변경되어야 한다.

– 통행 차단: 어떤 서비스업체를 통과하는 통행량과 통행형태를 결정하는 일은 통행 차단(traffic interception)에 대한 평가를 하는 첫 번째 단계이다. 이때 통행량을 측정하는 통행 계수(traffic counts)는 차량 및 보행자 통행으로 구성되어 있다. 양(volume)에 의존하는 서비스기업들은 많은 차량들과 사람들이 통과하는 장소에 위치하여야 한다. 양(volume) 이외에도, 서비스기업은 통행 형태를 조사하게 된다. 고속도로변에 위치하고 있어 고객들이 접근하기가 곤란한 서비스기업은 비록 동일한 통행량이 있다 하더라도 시내 중심에 위치한 서비스기업보다는 덜 매력적이다. 왜냐하면 시내통행이 상대적으로 멈추어서 일보기가 편리하기 때문이다. 보행자 통행에 있어서 서비스제공자는 보행자의 숫자와 종류를 규명해야 한다. 경쟁력이 있기 위해서는 보행자 통행이 그 서비스에 대한 고객 기반과 일치하여야 한다. 예를 들면, 여행관련 서비스기업은 점포 앞을 통행하는 보행자들이 대부분 여행객이기를 원하게 된다는 것이다.

– 고객 흡인력: 몇몇 서비스기업들은 유사하거나 보완적인 영업을 하는 기업들과 모여 있어서 혜택을 보는 수가 있다. 레스토랑과 호텔 등은 떨어져 있을 때보다 모여 있을 때 많은 고객들을 흡인할 수 있는 것으로 보인다. 병원들도 종종 군집으로 모여 있기는 하지만 보다 상호보완적인 의료서비스를 수행할 수 있는 병원들끼리 모여 있는 경우가 많다. 이러한 경우 환자들은 같은 공간 내에서 필요한 의료서비스를 받을 수 있게 된다.

이처럼 군집을 이루어서 상호보완적인 서비스를 제공하게 되면 각 서비스기업은 서로 혜택을 주고받을 수 있게 된다. 예를 들어서, 같은 햄버거를 파는 롯데리아, 맥도날드, 하디스, 웬디스, 버거킹 등 패스트푸드 레스토랑이 여러 개 모여 있을 경우 고객 흡인력(cumulative attraction)에 있어서 긍정적인 효과는 있지만 제한적일 수밖에 없다. 그러나 만약 그 군집이 햄버거 외에 파파이스, 타코벨, 종로김밥 등 치킨, 멕시칸요리, 김밥 등을 파는 패스트푸드 레스토랑을 포함하고 있다면 고객 흡인력은 보다 더 강력해질 것이다. 보완적인 특성들이 그 군집에 존재하게 되면 소비자들은 보다 다양한 선택을 할 수 있게 된다.

보완적인 군집에 대한 또 다른 경우는 상호보완해서 좋을 수 있는 서로 다른 서비스 카테고리를 갖는 것이다. 가령 예를 들면, 소매부분에서 양복점, 구두점, 귀금속점 등이 있게 되면 소비자들은 상호보완적인 상품들을 구매할 수 있게 된다. 이 서비스 부문에서는 보완적인 군집들이 보다 덜 공통적인 것을 알 수 있다. 호텔 근처에 위치해서 보완해 줄 수 있는 서비스로서는 세탁소, 놀이공원, 렌트카, 레스토랑, 그리고 이용원·미용실 등이 있다. 이러한 서비스들의 대부분은 호텔에 투숙한 고객들에 의해 이용될 수 있을 것이다. 또한 기사식당 근처에 세차(car wash)서비스가 있는 것은 고객들이 식사하는 동안 차를 용이하게 닦을 수 있도록 해주고 있다.

고객 흡인력이라고 하는 개념은 비용 효율성 영업방식에 초점을 맞춘 서비스산업에 매우 중요하며 맞춤화(customization) 접근방법을 이용하는 서비스업종에는 덜 중요하다고 할 수 있다. 서비스 품질 접근방법을 이용하는 서비스에 대해서 고객 흡인력의 비중은 바람직한 고객숫자에 따라 달라진다.

– 교차판매 가능성: 고객들을 상호 교환할 수 있는 서비스업종일수록 그만큼 서로 다른 서비스업종과 군집 상태로 위치하는 것에 대한 혜택을 받게 된다.

교차판매 가능성(competitive compatibility)은 렌트카와 같은 서비스에 중요하다. 호텔 및 공항 근처에 위치하게 되면 고객 교환이 가능해지게 된다. 관광 명소와 호텔은 모두 교차판매의 혜택을 입게 된다. 즉, 고객들을 서로 주고받을 수 있게 된다. 일반적으로 관광 명소에 가게 되면 영화관, 레스토랑, 호텔, 오락시설들이 길 양옆에 나란히 위치하고 있는 것을 보게 되는데 바로 상호 고객교환 및 교차판매의 현상이라고 할 수 있다. 관광객들은 다양한 활동들을 즐기면서 한 서비스업종에서 다른 서비스업종으로 옮겨 다니게 된다. 그러나, 교차판매 가능성은 법률서비스 등과 같은 서비스에는 중요하지 않다. 예외적으로 간혹 이러한 서비스 부문에서도 고객들의 상호교환이 있을 수는 있다. 마찬가지로 치과의료서비스나 금융 서비스 등도 법률서비스와 비슷한 양상을 보이고 있다.

• 서비스 장소의 외관

비용 효율성 위주의 영업방식을 채택하는 서비스기업에게 건물 외관은 특별히 중요하다. 이 부문에 속하는 대개의 서비스들은 생존하기 위해서 일정 수준의 매출이 필요하며 이러한 매출량을 달성하기 위해서 지속적으로 새로운 고객들을 끌어들여야 한다. 이러한 서비스들을 이용하는 대부분 고객들은 건물 외관과 같은 요소를 유형적 단서로 인식하고 있기 때문에 서비스 장소의 외관에 따라 재구매하는 경향도 달라진다.

맞춤화 영업방식을 채택하고 있는 서비스기업들은 반드시 서비스 장소의 외관이 고객들에게 전달하고자 하는 이미지와 부합되도록 하여야 한다. 대개의 경우, 이러한 형태의 서비스들은 고객들이 자신들은 특별대우를 받고 있다고 느끼도록 만들어야 한다. 누가 보아도 그럴 듯한 건물외양을 갖추는 것은 이러한 이미지를 세우는 데 많은 도움이 될 것이다.

서비스 품질 영업방식을 사용하고 있는 기업들은 최첨단 기술서비스나 혹은 최고급 기능서비스의 이미지를 전달할 수 있도록 설비의 외관을 설계해야 한다. 예를 들어서, 숙박 장소를 선택하는 데 있어서 안전성은 여행객들에게 매우 중요하다. 따라서 호텔들은 그들의 시설들이 안전하게 보이도록 설계하고자 한다. 사업상 여행하는 사람들은, 특히 여성 사업가들은 방문이 외부로 나와 있는 호텔들은 가급적 기피하는 경향이 있다. 만약 여행객들이 자신들이 묵고자 하는 호텔들이 안전하다고 느껴지지 않을 경우, 대부분 다른 대안들을 찾게 될 것이다.

• 인테리어

서비스 분위기에 영향을 줄 수 있는 인테리어 품목으로서는 벽지의 색깔이나 그 재질, 게시되어 있는 표지물, 장식물, 가구, 설비, 탁상이나 벽에 놓여 있거나 걸려 있는 수공제품들을 생각해 볼 수 있다. 가족사진이나 개인 소장품들을 비치하고 작업할 수 있도록 허용된 직원들은 회사에 대해서 보다 더 강력한 긍정적 신념을 갖게 된다. 직원들이 회사의 일부분이며 자신들의 일터에 대해서 자긍심을 갖고 있다는 사실은 곧바로 고객들에게도 전달된다.

실내장식의 매우 중요한 요소 중 하나가 바로 색깔이다. 실내장식의 색깔은 고객의 마음속에 첫인상을 창출하는 데 상당히 큰 역할을 한다. 색깔은 고객들의 시선을 집중시키고 자극시키는 데 있어서 아마도 가장 강력한 실내장식 요소일 것이다. 빨강, 노랑, 주홍 같은 색들은 따뜻한 분위기를 연출하며 파랑, 초록, 보라 같은 색들은 시원한 분위기를 자아내는 것으로 분류된다. 따뜻한 색들은 서비스를 제공받는 고객들에게 따듯하고 안락한 서비스 환경을 느끼도록 해주고 있다. 시원한 색들은 어떤 공식적인 형태의 서비스 환경을 창출하는 경향이 있다. 적절하게 색들을 사용함으로써 서비스기업은 자신들이 원하는 어떤 형태의 서비스 환경도 대부분 연출할 수 있게 된다. 색들을 적절하게 결합함으로써, 서비스 환경은 고객들 및 직원들 모두의 분위기를 자극할 수 있게 된다. 전문적인 서비스에 있어서 공식적이고도 유쾌한 분위기를 만들어 내기 위해서는 청색계통과 녹색계통의 결합이 바람직하다. 젊은 소비자들을 흥분시킬

그림 10-11 인테리어 요소들은 서비스기업의 주제(theme)에 따라서 달라진다.

수 있는 분위기를 연출하기 위해서는 따뜻하고도 밝은 색들을 결합해서 사용하는 것이 좋다. 그러나 성인들을 동일하게 흥분시킬 수 있는 분위기를 만들어 내기 위해서는 따뜻한 계통의 색들이 보다 더 부드러워져야 할 것이다.

장식물이나 가구, 설비, 탁상, 수공제품 등과 같은 인테리어 요소들은 그 서비스 기업이 어떤 주제(theme)를 지향하느냐에 따라서 그 종류들이 달라진다. 예를 들어서, 민속음식들을 만들고 있는 식당에서는 인테리어를 설치하는 데 민속적인 가구나 장식물, 전통수제품, 민속공예품을 사용하게 되면 그렇지 않았을 경우보다 훨씬 더 강력한 민속적 이미지를 고객들에게 전달할 수 있으며 아울러 효과적인 포지셔닝에도 도움을 주게 되는 것이다.

표 10-6 영업방식에 따른 서비스 설계의 초점

영업방식	위치	시설의 외관	인테리어
비용 효율성	통행정도 높은 장소	고객 유인	효율과 생산성 증대
맞춤화	이미지좋은 고급장소	기업의 이미지	고객 니즈 충족
기술적 서비스 품질	고객접대 부분에 초점	기술적 전문성 전달	기술적 품질 극대화
기능적 서비스 품질	고객접대 부분에 초점	기능적 이미지 전달	고객 지향적

생각해봅시다

01 서비스스케이프(servicescape)란 무엇인가?
02 서비스스케이프와 물리적 증거는 어떤 관계가 있는가?
03 서비스스케이프의 역할은 무엇인가?
04 서비스스케이프에 대한 관리는 어떻게 이루어져야 하나?
05 서비스스케이프를 설계할 때 S-O-R 모델은 어떤 역할을 하는가?
06 서비스스케이프를 개발할 때 관련되는 반응에는 어떤 것들이 있는가?
07 행동적 반응 중 접근행동과 회피 행동에 대해서 고찰해 보라.
08 서비스 설계시 물리적 환경은 영업방식에 따라서 어떻게 달라지는가?

CHAPTER 11

서비스 가격설정

학습목표

- 서비스 가격의 개념을 정의해본다.
- 가격의 역할을 알아본다.
- 가격결정의 내부 및 외부 요인을 살펴본다.
- 원가중심 가격결정 방식을 학습한다.
- 경쟁중심 가격결정 방식을 학습한다.
- 구매자중심 가격결정 방식을 학습한다.
- 기타 가격결정 방식을 학습한다.

도입사례

"넷플릭스, 푹 · 티빙 TV에서"…OTT 박스 3종 비교해보니

'찻잔 속의 태풍'으로 여겼던 넷플릭스가 LG유플러스와 손잡으며 국내 시장에서 빠르게 세를 불려가고 있다. 지난 1분기 통신 3사 중 LG유플러스는 IPTV 시장에서 넷플릭스 효과를 톡톡히 봤다. LG유플러스는 여전히 IPTV 시장 3위에 불과하지만 가입자 순증 규모 면에서는 지난해 4분기 대비 13만명이 증가하며 SK텔레콤 11만 9,000명, KT 11만명 대비 큰 폭으로 증가했다. 앱 분석업체 와이즈앱에 따르면 넷플릭스 역시 LG유플러스와의 전략적 제휴에 힘입어 지난 3월 국내 유료이용자 153만 명을 확보했다. 더 이상 무시할 수 없는 상황이 된 것이다. 넷플릭스에 대한 관심이 높아지면서 과거 IPTV, 케이블 TV 등 유료방송 시장의 보완재 정도로 여겼던 인터넷 동영상서비스(OTT)에 대한 관심도 높아지고 있다.

TV에 간편하게 연결해 각종 넷플릭스를 비롯한 국내외 OTT 서비스를 이용할 수 있는 OTT 박스도 덩달아 큰 인기를 끌고 있다. 약 10만 원 정도의 가격에 IPTV와 케이블TV를 완전 대체할 수 있는 제품도 있어 실시간 TV보다 주문형 비디오(VOD), 유튜브 등을 주로 시청하는 세대들의 구매가 늘고 있어 주목된다. 국내 판매되고 있는 OTT 박스는 모두 구글의 안드로이드TV 운영체제(OS)를 탑재하고 있다. TV용으로 제작된 앱을 구글 플레이스토어에서 다운로드받아 이용할 수 있는 것이 특징이다. 현재 넷플릭스를 비롯한 다양한 글로벌 OTT 서비스들을 이용할 수 있고 국내 OTT 서비스는 특정 기기에 제한돼 있지만 향후 OTT 서비스가 빠르게 확대되며 이용할 수 있는 앱도 점차 늘어날 것으로 전망된다. 특히 유튜브를 TV에서 간편하게 볼 수 있고 과거 불편했던 검색방법을 구글 어시스턴트의 음성 기능을 활용해 편리하게 이용할 수 있게 만들었다. 최근 출시되고 있는 OTT 박스는 모두 초고화질(UHD, 4K) 영상 재생을 지원하는 것이 특징이다. 4K TV를 갖고 있다면 IPTV와 케이블TV에서 볼 수 없는 UHD 화질로 영화, 드라마 등을 감상할 수 있다. 구글의 크롬캐스트가 기본 내장돼 있어 안드로이드 TV용이 아닌 스마트폰 앱에서 재생한 콘텐츠를 TV에서 볼 수 있는 기능도 제공한다.

케이블방송 업체 딜라이브가 제공하는 '딜라이브 플러스 UHD'는 넷플릭스가 기본 탑재돼 있고 딜라이브가 제공하는 총 140여 개의 애플리케이션을 직접 설치해 사용할 수 있다. 기존 HD급 화질을 제공하던 TV 박스에서 초고화질(UHD) 화질까지 제공하고 있으며 4K TV를 갖고 있다면 넷플릭스 콘텐츠를 UHD로 감상할 수 있는 것이 특징이다. 국내 OTT 서비스와는 제휴가 안 돼 이용할 수 없지만 딜라이브가 자체 제공하는 무료 콘텐츠 3만여 편을 감상할 수 있다. 딜라이브가 무료로 제공하는 애플리케이션은 장르, 프로그램, 채널별 콘텐츠로 잘 분류돼 있다. 총 3만 편에 달하는 콘텐츠는 각종 영화, 드라마, 해외 시리즈, 애니메이션은 물론 교육용 콘텐츠까지 망라하고 있다. N 스크린 기능도 특징이다. '딜라이브 플러스 UHD'를 구매한 뒤 ID를 활성화시키면 스마트폰에서도 동일한 콘텐츠를 무료로 볼 수 있다. 경쟁사 제품들이 콘텐츠 감상을 위해 IPTV를 가입하는 수준의 월 사용료를 내야 하는 반면 딜라이브는 넷플릭스만 유료로 사용하면 나머지 콘텐츠들은 무료로 이용할 수 있어 경제적이다.

판매량 역시 경쟁 제품 대비 높은 수준이다. 경쟁사들이 OTT 박스 판매량 공개를 꺼려하는 가운데 지난 3월말 기준 '딜라이브 플러스 UHD'의 판매량은 33만대를 넘어섰다. 지난해 말 기준 판매량이 30만대라는 점을 감안하면 넷플릭스가 화제가 된 올해만 3만여 대 이상이 더 판매된 셈이다. 딜라이브 관계자는 "넷플릭스를 비롯해 각종 방송 채널들의 콘텐츠를 앱 형태로 무료 서비스하고 있으며 매달 신규 콘텐츠를 업데이트하고 있다"면서 "유료 영화 등도 간편하게 구매할 수 있어 판매량도 꾸준히 늘고 있다"고 말했다.

CJ헬로가 서비스하는 안드로이드 TV 박스 '뷰잉'은 넷플릭스는 물론 국내 OTT 서비스 '푹(POOQ)', '티빙(Tving)', '왓챠플레이' 등을 모두 감상할 수 있는 것이 특징이다.

특히 CJ의 MCN 서비스인 다이아TV를 비롯해 유튜브 등을 모두 감상할 수 있는 것이 특징이다. 현재 OTT 전문 업체인 넷플릭스와 왓챠플레이 등은 구글 플레이스토어에 자사 앱을 올려 놓고 제한 없이 서비스 중이다. 반면 푹과 티빙의 경우 전략적 제휴를 맺은 업체의 OTT 박스서만 이용할 수 있도록 제한하고 있다. 때문에 '딜라이브 플러스 UHD'에서는 이용할 수 없는 두 앱을 이용할 수 있다는 점에서 국내 서비스되는 모든 콘텐츠를 감상할 수 있는 것이 특징이다. 특히 100여 개의 실시간 TV 채널을 이용할 수 있는 점이 특징이다.

단점은 모든 서비스를 유료 가입해야 한다는 점이다. 넷플릭스, 푹, 티빙 모두 유료 서비스를 가입해야 실시간 TV와 VOD를 이용할 수 있다. 약정기한은 없지만 매월 약 3만 원(넷플릭스, 푹, 티빙 가입 기준) 정도의 비용이 들어간다. 현재 LG유플러스의 경우 3년 약정을 기준으로 IPTV 고급형에 넷플릭스UHD 서비스를 결합해 월 2만 8,800원에 서비스중이다. 이 서비스를 이용할 경우 넷플릭스 콘텐츠는 물론 지상파, CJ E&M, 종편 등의 콘텐츠를 모두 이용할 수 있어 오히려 저렴하다.

스카이라이프가 서비스중인 '텔레비' 역시 안드로이드 OS를 탑재한 샤오미의 '미박스 3'에 별도 소프트웨어를 탑재해 서비스한다. 가장 큰 특징은 월 3,300원에 지상파, 종편, 스포츠, 영화, 어린이 등 다양한 장르의 방송 채널 31개를 볼 수 있다는 점이다. IPTV, 케이블TV와 비교할 때 저렴하다. 여기에 더해 총 10개의 별도 선택 채널을 제공해 필요한 방송 채널만 골라서 볼 수 있는 것이 특징이다.

국내 OTT 서비스인 푹, 티빙, 왓챠플레이를 모두 이용할 수 있지만 모두 별도 가입해야 하는 점은 아쉽다. 저렴한 가격에 실시간 채널을 제공하는 유료방송을 대체할 수 있다는 점은 장점이지만 VOD 서비스 등을 이용하려면 역시 IPTV 대비 월 이용료가 다소 비싸진다는 점은 단점이다. 여기에 더해 KT 스카이라이프는 전략적으로 넷플릭스는 서비스하지 않고 있다. 구글 플레이스토어를 통해 넷플릭스 앱을 설치해도 구동되지 않는다.

〈출처〉 아시아경제(2019년 5월 12일)

그림 11-1 다양한 콘텐츠의 결합으로 가격결정 방식을 달리하고 있는 OTT서비스

01 가격의 개념

1) 개요

전통적인 마케팅믹스 요소 중에서 가격은 수익성에 가장 직접적으로 영향을 미치고 있으며, 가장 용이하게 관리할 수 있는 요소이다. 그러나 마케팅 관리에 있어서 수익성에 중요하고 관리하는 데 있어 용이하다 하더라고, 효과적인 가격전략의 개발은 오늘날 사업을 경영하는 데 있어서 가장 이해하기 어려운 개념으로 남아있다. 따라서 가격설정은 종종 마케팅 실무자나 연구자 모두에게 어려운 문제가 되고 있다. 그리고 여전히 오늘날 마케팅에서 가격은 가장 덜 연구되어 있으며 가장 극복이 되어야 할 부문으로 남아있는 것이다. 특히, 서비스의 가격설정에 대한 연구 및 실무는 상당히 미흡한 실정이다.

2) 소비자와 가격

모든 기업 및 많은 비(非)영리단체들은 자신들이 제공하고 있는 제품/서비스에 대해서 가격을 설정하고 있다. 가격은 다음과 같이 여러 가지 형태로 나타날 수 있다. 예를 들어서, 아파트를 빌려서 살 경우 월세나 전세금(rent)을 내야 한다. 학교 교육을 받을 때는 공납금(tuition)을, 병원에 갈 때는 치료비(fee)를 내야 한다. 비행기, 기차, 택시, 그리고 버스를 탈 때는 운임(fare)을 내게 되고 지역 가스회사나 전력회사는 사용요금(rate)을 받는다. 은행에서 대출받았을 때는 대출이자(interest)를, 고속도로를 빠져나갈 때는 통행료(toll)를, 자동차 보험회사에서는 보험료(premium)를 받는다. 샐러리맨이 받는 고정가격은 월급 혹은 연봉(salary)이며, 세일즈맨은 커미션(commission)을 받고, 파트타이머가 받는 가격은 임금(wage)이다. 더 나아가서, 소득세(income tax)는 돈을 벌 수 있는 권리에 대한 가격이라고 생각해 볼 수 있다. 이처럼 가격(price)은 보는 시각에 따라서 무수하게 많은 것을 의미할 수 있다. 따라서 가격의 개념을 한마디로 정의하기에는 매우 어려운 일이다. 그러나 간략하게 정의해 본다면 가격은 소비자가 제품이나 서비스를 갖거나 사용하는 데 지불하는 화폐의 양을 말한다.

소비자에게 있어서 한 제품이나 서비스의 가격이 어떤 가치있는 것을 얻기 위하여 포기하여야 할 자원을 나타낸다면, 사회적으로는 수요와 공급이 균형을 이루게 만드는 주요 메커니즘으로 나타나며, 기업의 경영층에게 가격은 기업의 성과에 영향을 미치는 핵심 의사결정 변수가 되는 것이다. 역사적으로 가격은 보통 구매자와 판매자가 협상하는 과정에서 설정되었다. 판매자는 자신이 받아야 할 금액보다 더 높은 가격을 요구했으며, 구매자는 자신이 지불해야 할 금액보다 더 낮게 지불하고자 하였다. 협상을 통해서, 결국 구매자와 판매자는 상호 수행가능한 가격에 도달하게 된다. 그러나 구매자들은 개별적으로 각자의 니즈와 협상기술에 따라 동일한 제품에 대해서도 다른 가격을 지불한다. 오늘날, 대부분의 판매자들은 모든 구매자들에 대해서 단일가격을 설정해 놓고 있다.

전통적으로, 가격은 소비자 선택에 영향을 미치는 주요인이었다. 이러한 현상은 저개발국가, 가격에 민감한 집단 및 일상용품들의 구매에 있어서 여전히 나타나고 있다. 그러나 실제적으로는 비(非)가격요소들이 구매 의사결정에서 점차 중요해지고 있다. 그럼에도 불구하고 가격설정 및 가격경쟁은 마케터가 직면하는 최대의 문제점으로 인식되고 있으나 아직도 많은 기업들이 가격설정을 제대로 처리하지 못하고 있다. 가장 일반적으로 범하고 있는 실수는 다음과 같다.

- 지나치게 비용중심적인 가격설정
- 시장 변화를 제대로 반영하지 못하는 가격설정
- 가격 이외의 마케팅믹스 요소들을 감안하지 않은 가격설정
- 시장과 제품/서비스에 일치하지 않는 가격설정

소비자 의사결정과정에서 가격의 역할을 살펴보면, 수많은 투입요소 중 하나의 요소일 뿐이라는 사실을 알 수 있다. 가격을 포함한 구매의사결정의 주요인자들은 ① 브랜드관련 결정기준, ② 의사결정자의 자원 및 심리, ③ 다른 지각된 제공물, 그리고 ④ 사회적 제한요소 및 촉진요소 등이다.

그림 11-2 구매 의사결정 요인

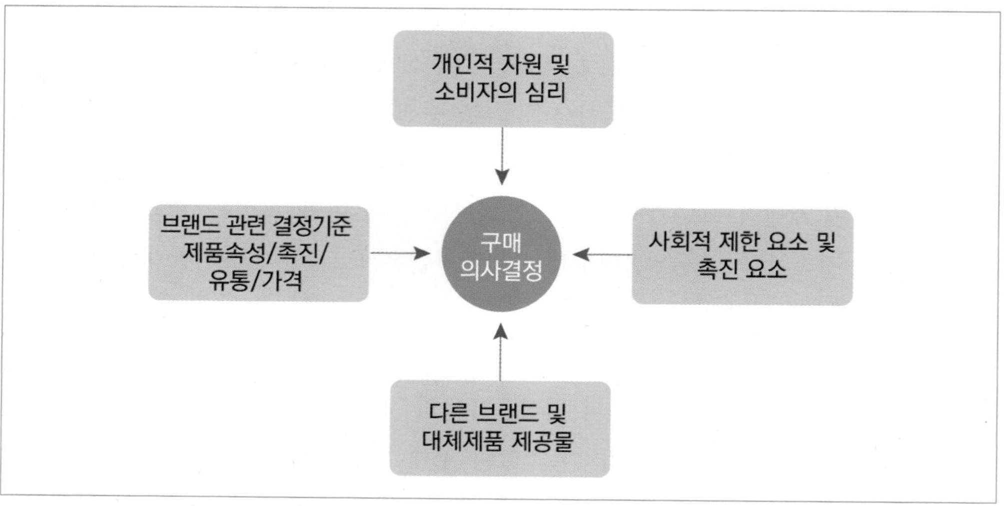

자료: Kotler, Philip and Gary Armstrong(2003), *Marketing: An Introduction*, 5th ed., Prentice-Hall.

3) 자극-반응 접근방법

자극－반응 접근방법에서는 가격은 자극, 그리고 구매 의사결정은 반응으로 나타나는 함수를 생각해 볼 수 있다. 일반적으로 가격이 높으면 구매하기가 꺼려진다. 그러나 동시에 가격이 높게 되면 품질이 좋은 것으로 지각되기도 한다. 그리고 품질이 좋으면 구매자에게 가치를 제공해 주는 것으로 인식되기 때문에 구매 의사결정에 긍정적으로 작용하게 된다.

그림 11-3 가격-품질-가치 모델

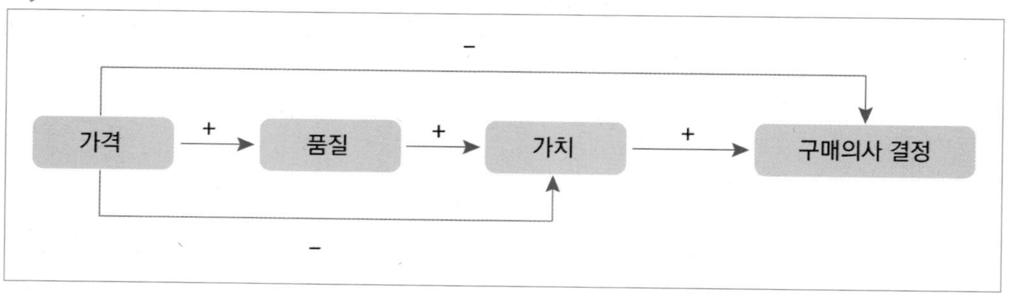

그러나 만약 높은 가격이 제품이나 서비스 그 자체에 연유된 것이라기보다는 광고, 판촉 등 촉진비용을 반영한 것이며 따라서 마케터는 독립적이고 우월적인 이미지를 창출하여 제품이나 서비스의 결함을 극복할 목적으로 높은 가격을 책정했다고 소비자들이 믿게 되면, 가격은 구매결정에 부정적으로 작용하게 된다. 결국 가격과 구매결정 간의 관계에서 가격은 자극(stimulus) 그 자체로서 기능을 하는 것이 아니라 사람에 따라서 긍정적 혹은 부정적 의미(meaning)로서 작용하는 것을 유추해 볼 수 있다.

그림 11-4 가격-의미-반응 모델

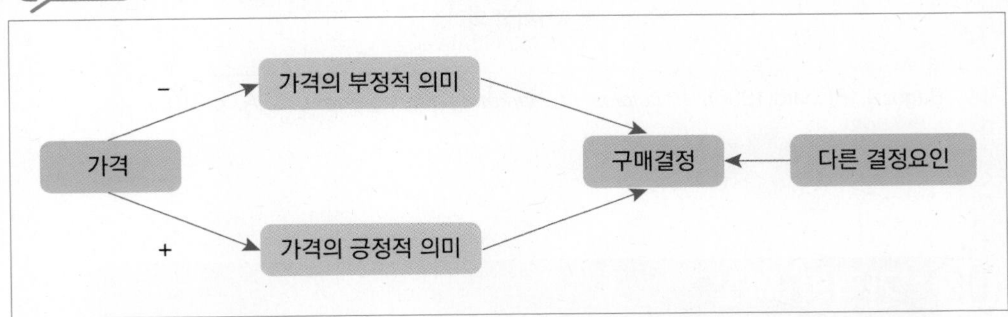

따라서 소비자들이 자신들이 구매하는 것을 왜 구매하는지에 대해서 보다 더 잘 이해하기 위해서는 심리적·사회적 측면에서 고찰해 볼 필요가 있다. 즉, 가격에 대한 개인의 정확한 반응은 그 개인이 가격 내에서 반영되고 있는 정보에 어떻게 행동하는지, 그리고 그 가격에 대해서 정서적·사회적으로 어떻게 느끼고 있는지에 따라 달라진다.[1]

1 Bagozzi, Richard(1986), *Principles of Marketing Management,* SRA.

그림 11-5 가격에 따른 구매자의 반응

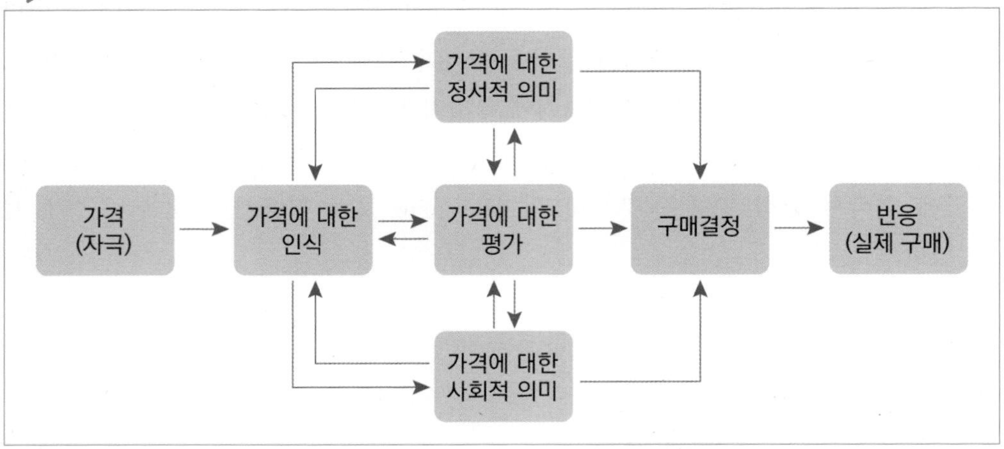

자료: Bagozzi, Richard(1986), *Principles of Marketing Management,* SRA, p.510.

02 가격의 역할

1) 서비스 품질의 지표

일반적으로 소비자들은 서비스를 평가할 때 가격을 사용한다. 즉, 소비자들은 서비스 품질을 가격과 정(正, +)의 방향으로 관계를 짓는다. 그리하여 어떤 서비스에 대해서 보다 많은 것을 지불하게 되면 그만큼 더 기대하게 된다. 이 경우에 두 가지 반응을 생각해 볼 수 있다. 첫 번째 반응은, 서비스가 훌륭한 것 같았는데 지불된 가격에 상응하지는 못했다는 것이다. 두 번째 반응은 서비스가 아주 훌륭한 것은 아니지만 지불된 가격하고 비교해 보면 그런대로 괜찮다는 것이다. 두 경우 모두는 소비자들이 제공된 서비스를 가격과 비교한 후 나타내는 반응이다. 따라서 가격은 긍정적 요소로 작용할 수도 있지만 부정적 요소로도 작용할 수 있다. 소비자들이 가격을 서비스 품질에 대한 지표로서 사용하게 될 때 여러 요인들이 영향을 미치게 된다. 예를 들면, 접근의 용이성, 서비스기업의 명성, 광고를 통한 브랜드 인지도 등은 가격과 결합해서 소비자들의 서비스 품질평가에 영향을 미칠 수 있다. 그러나 서비스 품질을 분석하기가 힘들다거나 아니면 동일한 서비스 부문 내에서 품질이나 가격의 변동폭이 클 경우,

소비자들은 가격이 품질에 대한 최상의 지표라고 믿게 된다. 또한 제공되는 서비스에 대해서 관여도가 높게 되거나 지각된 위험이 커지게 될 때, 소비자들은 가격을 품질의 지표로서 보게 된다.

이처럼 소비자들은 가격을 품질을 예상할 수 있는 단서로 보고 가격 또한 품질에 대한 기대와 연결되기 때문에, 서비스 가격은 신중하게 결정되어야 한다. 원가를 보상하거나 경쟁사의 경쟁만을 의식해서가 아니라, 적절하게 품질을 표시할 수 있도록 가격설정이 이루어져야 한다. 즉, 가격을 너무 낮게 책정했을 때에는 소비자들이 서비스 품질에 대해서 부정확한 추론을 하게 된다. 그러나 가격을 너무 높게 책정하게 되면 소비자들은 그에 부합되는 높은 기대를 갖기 때문에 이에 상응하는 서비스를 제공하기가 힘들게 된다.

2) 기회비용에 대한 대가

소비자들이 제품이나 서비스를 획득하게 될 때 금전적 비용(monetary cost)만 지불하는 것이 아니다. 다시 말해서 금전적 가격만이 그 획득에 대한 희생(sacrifice)이 아닌 것이다. 오히려 비(非)금전적 비용(non-monetary cost)이 더 클 수도 있다. 여기서 말하는 비금전적 비용은 소비자들이 서비스를 구매하고자 할 때 그 소비자들에 의해서 지각되는 또 다른 희생 자원(sources of sacrifice)을 이야기하는 것이다. 다음과 같은 비(非)금전적 비용을 생각해 볼 수 있다.

✔ 시간(time)

시간(time)은 서비스 제공의 핵심이다. 고객들은 어떤 서비스를 제공받게 될 때 그 서비스를 제공받기 위해서 지불하는 기회비용을 생각하게 된다. 왜냐하면 그 시간을 다른 식으로 사용해서 또 다른 이익을 획득할 수가 있기 때문이다.

✔ 육체적 노력(physical efforts)

육체적 노력(physical efforts)은 어떤 서비스를 획득하는 데 요구될 수도 있다. 특히, 만약 고객들이 지역적으로 떨어져 있는 서비스 제공장소에 가야만 하고 또한 셀프서비스도 수행해야만 하는 경우 더욱 그렇다.

✔ 심리적 비용(psychic cost)

심리적 비용(psychic cost)은 이따금씩 정신적 노력, 어색한 느낌, 그리고 심지어 공포 등과 같은 상태로 표현되어 특정 서비스 사용에 수반된다.

✔ 감각적 비용(sensory cost)

감각적 비용(sensory cost)은 소음, 악취, 과도한 온도 변화, 불편한 좌석, 목불인견의 상황, 그리고 심지어 괴상한 맛을 참아내야 하는 상황에서 발생한다.

고객들은 이와 같은 비(非)금전적 비용요소들 중에서 나름대로 우선순위를 결정할 수 있다. 예를 들어서, 병원에 간다고 생각해 보았을 때, 몇 가지 선택안들이 있을 수 있다. 인근 동네병원을 갈 것인가, 아니면 집에서 멀리 떨어져 있지만 사람들이 많이 몰리는 종합병원으로 갈 것인가, 혹은 사람들이 많이 몰리지는 않지만 해당 분야에 명성이 높은 전문병원을 갈 것인가이다. 만약 고객이 시간적 비용에 민감하다면, 오랫동안 기다리지 않고 예약된 시간에 진료를 받을 수 있는 전문병원을 선호하게 될 것이고, 심리적 비용에 민감하다면 어떤 일에도 대체가능성이 높은 종합병원을 찾게 되며, 금전적 비용 및 육체적 노력비용에 관심을 갖게 되면 인근 동네병원을 가게 될 것이다.

이와 같은 희생자원들을 바탕으로 해서 서비스 제공에 따른 관리적 시사점을 생각해 볼 수 있다. 먼저, 시간 및 다른 비금전적 비용을 줄여 줌으로써 서비스제공자는 고객들에게 보다 높은 가격을 요구할 수도 있다. 예를 들면, 은행 등 금융기관에서는 일정수준의 금액을 예금한 VIP고객들에게 VIP전용 창구를 통해서 앉은 자리에서 편리하고 신속하게 은행 업무를 볼 수 있도록 하고 있다. 또한, 고객들도 비(非)금전적 비용을 줄이기 위해서 기꺼이 추가적인 금전비용을 지불하고 있다. 기차여행을 할 경우 새마을열차를 마다하고 KTX를 타는 고객들은 빠르고(시간적 비용) 편안하게(육체적 비용) 목적지까지 갈 수 있기 때문에 보다 높은 가격(금전적 비용)을 지불하는 것이다. 따라서 가격이 높다고 하는 것은 시간, 육체적 노력, 심리적·감각적 비용 등 기회비용에 대한 대가로 간주되어야 하는 것이다. 실제적으로 많은 서비스기업들은 이와 같은 비(非)금전적 비용에 대한 감소를 고객들에게 적극 홍보함으로써 수익성을 높일 수 있게 된다.

그림 11-6 기회비용의 증가로 은행의 VIP전용 창구는 더욱 확대되고 있다.

그림 11-7 기회비용에 대한 대가

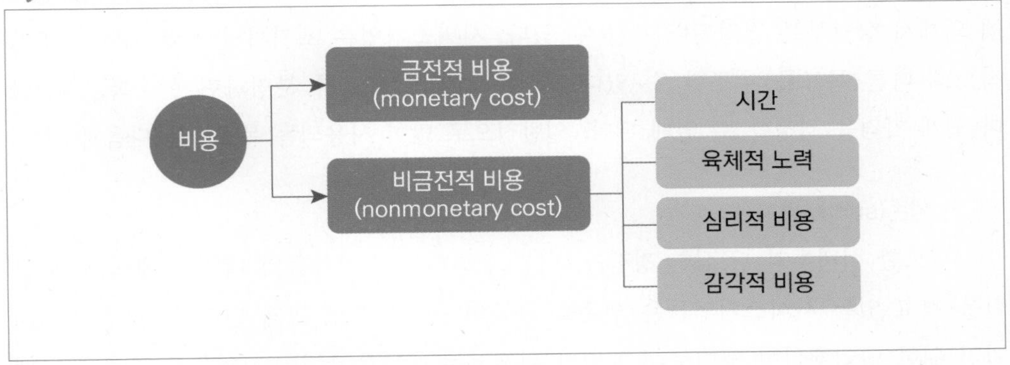

03 가격결정의 요인

1) 내부 요인

마케팅 목표

서비스기업의 가격결정은 기업 내부적 요인과 외부 환경적 요인 모두에 의해서 영향을 받게 된다. 첫 번째 내부 요인으로서는 서비스기업의 마케팅 목표를 꼽을 수 있다. 가격을 설정하기 전에, 서비스기업은 자신의 서비스에 대한 마케팅전략을 수립하게 된다. 이에 따라 표적시장이 선정되고 포지셔닝 전략이 세워지게 되면 가격을 포함한 마케팅믹스 전략은 순조롭고 그리고 상대적으로 용이하게 구축될 수 있다. 예를 들어서, 신용카드업계에서 플래터넘(platinum: 백금)카드를 제공하고 있는데 이는 카드 사용금액이 상당히 높은 고소득층을 겨냥한 것으로서 이에 대한 가격인 연회비 등은 기존 골드카드의 경우보다 당연히 높아지게 된다. 따라서 가격 전략은 포지셔닝 전략에 의해서 상당부분 결정된다고 볼 수 있다. 서비스기업은 포지셔닝 전략 외에도 추가적으로 다른 목표를 추구할 수 있다. 서비스기업의 목표가 분명하면 할수록, 그만큼 더 쉽게 가격을 결정할 수 있게 된다. 일반적으로 많이 사용되는 목표들은 다음과 같다.

• 생존(survival)

과도한 설비투자, 극심한 경쟁, 그리고 변화하는 소비자들의 니즈 등에 의하여 곤란을 겪고 있는 서비스기업들은 생존을 그들의 주요목표로 삼게 된다. 수요를 증대시키기 위한 영업계획이 제대로 수행되기 위해서는 대부분 서비스기업들은 가격을 낮게 책정하게 된다.

• 현재 이익 극대화(current profit maximization)

많은 서비스기업들은 현실적으로 현재 이익을 극대화시킬 수 있는 가격을 책정하고자 한다. 여러 가격대와 이에 따른 수요와 비용을 추정하여 현재 이익이나 현금흐름, 혹은 수익률이 최대가 되는 가격을 선정한다. 현실적으로 대부분 기업들은 장기적인 성과보다는 단기적이고 현재에 치중한 재무적 결과에 초점을 맞추고 있다.

• 시장점유율 선도(market share leadership)

또 다른 서비스기업들은 시장점유율 증대에 초점을 맞추고 있다. 이는 시장점유율이 높아지게 되면 비용도 줄어들 뿐만 아니라 장기적으로는 수익성도 향상된다고 믿기 때문이다. 따라서 시장선도자(market leader)가 되기 위해서 이들 서비스기업들은 가능한 최대 한도로 낮게 가격을 설정한다. 물론 시장점유율 목표에 따라서 이 목표는 부분적으로 수정될 수도 있다. 예를 들어서, 어떤 서비스기업이 현재의 시장점유율인 10%를 15% 수준으로 올릴 때까지만 시장점유율에 치중한 가격전략을 수립하고 수행할 수 있다.

• 서비스 품질 선도(service quality leadership)

서비스기업은 시장에 제공되는 서비스 품질에 마케팅 목표의 최우선순위를 부여할 수 있다. 가장 높은 품질의 서비스를 지향하고 제공하는 서비스기업은 고급시설 및 설비에 따른 비용을 충당하기 위해서 보통 자사의 서비스에 높은 가격을 책정하게 된다.

• 기타 목표(other objectives)

서비스기업들은 또 다른 특정 목표를 달성하기 위해서 가격 요소를 사용할 수 있다. 즉, 경쟁기업들이 자신의 시장에 진입하는 것을 막기 위하여 낮은 가격을 책정하거나 혹은 시장을 안정시키기 위해서 경쟁자 수준의 가격을 설정할 수 있다. 가격은 또한 기존 고객들의 브랜드 로열티를 유지하거나 혹은 프랜차이즈의 경우 가맹점들의 사업을 지원할 수 있도록 설정될 수도 있다.

✔ 마케팅믹스 전략

가격은 서비스기업이 자신의 마케팅 목표를 달성하기 위해서 사용할 수 있는 마케팅믹스 요소들 중 하나의 요소일 따름이다. 따라서 일관되고 효과적인 마케팅전략을 수행하기 위해서 가격설정은 당연히 다른 마케팅믹스 요소들과 조화를 이루어야 한다. 왜냐하면 다른 마케팅믹스 요소들에 내려진 결정들이 가격설정에도 영향을 줄 수 있기 때문이다. 예를 들어서, 고품질의 서비스를 제공하는 서비스기업들은 보통 서비스 제공에 수반되는 고비용을 충당하기 위해서 고가격 전략을 채택하게 되는 것이다. 어떤 서비스를 시장에 제공하게 될 때, 서비스제공자들은 일반적으로 가격에 대한 결정을 먼저 내리고 그 다음에 자신들이 받고자 하는 가격에 근거해서 다른 마케팅믹스에 대한 결정들을 내리게 된다. 여기서 가격은 서비스 제공시장, 경쟁, 그리고 서비스 설계 등을 정의하는 중요한 서비스 포지셔닝 요소가 되는 것이다. 다시 말해서, 어떤 가격을 의도하느냐에 따라 제공되는 서비스의 속성들이 달라지며 이에 따른 비용에 대한 문제도 결정되게 된다. 반대로, 만약 제공되는 서비스가 비(非)가격 요인을 토대로 포지셔닝된다면 품질, 촉진, 혹은 유통과 관련된 의사결정들이 강력하게 가격에 영향을 주게 될 것이다.

비용

서비스 제공에 수반되는 비용은 가격설정의 하한선으로 작용한다. 서비스기업은 서비스 제공에 관련되는 시설, 설비, 변동비, 그리고 적절한 수익발생을 위한 노력 및 지각된 위험까지도 커버할 수 있는 가격을 설정하고자 한다. 따라서 기업의 비용은 가격 전략의 매우 중요한 요소라 할 수 있다. 기업의 비용은 고정비용(fixed cost)과 변동비용(variable cost)이라는 2가지 형태로 나타난다. 고정비용은 제품/서비스의 매출과 상관없이 지출되는 비용을 말한다. 변동비용은 매출에 따라 변화하는 비용을 의미한다. 따라서 전체비용(total cost)은 주어진 매출 수준에서 고정비용과 변동비용의 합계라고 할 수 있다. 서비스기업 입장에서는 서비스 제공시 최소한도 전체비용을 충당할 수 있을 만큼의 가격대를 설정하고자 한다.

그림 11-8 내부 요인

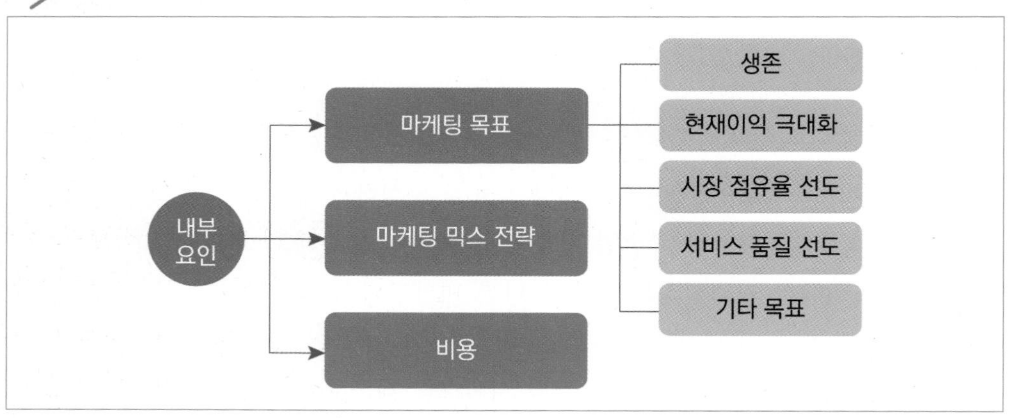

2) 외부 요인

시장과 수요

비용이 가격의 하한선을 결정한다면, 시장과 수요는 가격의 상한선을 결정한다고 볼 수 있다. 고객들은 가격을 서비스로부터 얻게 되는 효익과 균형을 맞추고자 한다. 따라서 가격을 설정하기 전에 서비스제공자는 가격과 수요 사이의 관계를 이해할 필요가 있다. 가격–수요 관계는 시장 유형뿐만 아니라 가격 및 가치에 대한 소비자의 인식에 따라 달라지게 된다.

- 시장 유형에 따른 가격설정

  – 완전경쟁(pure competition): 동질적인 상품/서비스를 거래하는 다수의 판매자와 구매자가 시장을 구성하는 상황을 말한다. 따라서 특정 구매자나 판매자가 현존하는 시장가격에 큰 영향을 미치지 못한다. 왜냐하면 구매자는 이 시장가격으로 자신이 원하고 있는 만큼의 수량을 언제 어디서나 구매할 수 있기 때문에 판매자 입장에서 시장가격 이상의 가격을 받을 수는 없다. 판매자 또한 이 시장가격으로 그들이 원하는 모든 수량을 판매할 수 있기 때문에 가격을 그 이하로 책정하지 않는다. 만약 가격 및 이익이 상승하면 새로운 기업이 쉽게 시장에 진입할 수 있다. 시장이 완전경쟁 상태가 되면, 마케팅의 효과가 거의 없게 된다.

  – 독점적 경쟁(monopolistic competition): 이 상황에서는 단일시장가격이 아니라 일정한 범위의 가격대로 거래하는 다수의 구매자와 판매자가 시장을 구성한다. 여기서 가격 범위가 발생하는 원인은 판매자들이 자신들의 서비스를 차별화할 수 있기 때문이다. 또한 구매자가 보기에 제공되는 서비스가 차이가 있다면 가격이 차이가 나도 별 문제가 되지 않는다. 판매자들은 가격 이외에도 브랜드, 광고 및 인적 판매 등을 이용하여 자신들의 서비스를 특화시켜 상이한 세분시장에 차별화된 서비스를 제공할 수 있기 때문이다.

  – 과점적 경쟁(oligopolistic competition): 상대방의 가격결정 및 마케팅전략에 상당히 민감한 소수의 판매자들로 구성된 시장에서 발생한다. 새로운 경쟁자

PART 03

가 시장에 진입하기가 힘들기 때문에, 이 시장에는 소수의 판매자들만이 존재하게 된다. 따라서 시장 내 있는 판매자들은 상대방의 전략 및 동향에 매우 민감할 수밖에 없다. 한 기업이 가격에 변화를 주게 되면 구매자들이 이 기업으로 몰리기 때문에 다른 기업들도 이에 상응한 조치를 취할 수밖에 없다. 이렇게 보면 과점 상태에서의 기업은 가격인하를 통해서 어떤 영구적인 효과를 얻을 수 없을 것이다. 반대로 이 상황에서 어떤 기업이 가격을 올리게 될 경우 다른 경쟁기업들이 가격인상 조치를 따라와 주지 않을 경우에 고객을 경쟁기업들에게 빼앗기게 되어 가격인상을 철회하지 않을 수 없게 된다.

– 완전독점(pure monopoly): 한 판매자가 전체시장을 독점하는 경우이다. 독점의 주체에 따라 정부 독점, 규제조건부 사기업 독점 및 비(非)규제조건부 사기업 독점 등이 있을 수 있다. 각 경우에 따라 가격설정은 다르게 이루어진다.

• 가격과 가치에 대한 소비자의 인식

제공되는 서비스의 가격이 제대로 설정되었는지의 여부를 판단하는 주체는 소비자이다. 서비스기업이 가격을 설정할 때, 가격에 대한 소비자의 인식 및 이러한 인식이 소비자의 구매 의사결정에 어떻게 영향을 미치고 있는지 등이 고려되어야 한다. 따라서 가격설정 또한 다른 마케팅믹스에 대한 결정처럼 구매자 지향적이어야 한다. 이 경우 효과적인 구매자 지향적인 가격설정은, 소비자들이 자신들에게 제공되는 서비스의 효익에 얼마만큼의 가치를 부여하고 있으며, 이에 대하여 설정된 가격이 이러한 가치에 얼마나 잘 부합되고 있는지를 이해하는 것과 연결되어있다. 이러한 효익은 실제적일 수도 있고 단지 인지되고 있는 것일 수도 있다. 예를 들어서, 고급 레스토랑에서 식사에 대한 서비스를 제공받고 있는 경우를 생각해 보자. 식사에 들어간 재료의 비용을 계산하기란 그리 어려운 일이 아니다. 그러나 맛, 쾌적함, 분위기, 특권의식 등과 다른 만족 요소들에 대해서는 가치를 산정하기가 어렵다. 그리고 이러한 가치들은 주관적이기 때문에 소비자에 따라, 그리고 상황에 따라 변하게 된다. 소비자들은 제공되는 서비스의 가격을 평가하는데 실제로 이러한 가치들을 이용하게 되지만 서비스기업 입장에서 이러한 가치들을 측정한다고 하는 것은 매우 어려운 일이라 할 수 있다. 만약 소비자들이 설정된 가격이 제공되는 서비스의 가치보다 높다고 인식하게 되면 그 소비자들은 더 이상 그 서비스를 구매하려 들지 않을 것이다. 그러나 만약 소비자들이 설정된 가격이 제공되는 서비스의 가치보다 낮다고 인식하면 재구매할 가능성은 커지게 된다.

브리핑사례 카피캣은 망했는데… 요금 올린 넷플릭스에 '환호'

월 일정 금액을 내고 서비스를 이용하는 구독경제가 대세가 되면서 대표 주자로 넷플릭스가 떠올랐다. 이후 많은 업체들이 '○○○계의 넷플릭스'로 불리며 성공한 '카피캣(잘 나가는 기업을 모방하는 것)'이 되는 듯했지만 일부는 결국 추락의 길을 걸었다. 대중들은 똑같이 요금을 올린 넷플릭스에는 환호를 보내고, 카피캣에는 등을 돌렸다.

15일(현지시간) CNN, CNBC에 따르면 넷플릭스는 이날 창업 12년 만에 가장 큰 폭인 13~18%의 구독료 인상안을 발표했다. HD화질로 볼 수 있어 가장 인기있는 스탠다드 요금제는 11달러에서 13달러로 오르고, 가장 싼 요금제는 8달러에서 9달러로, UHD급 화질의 프리미엄 요금제는 14달러에서 16달러로 상승한다. 창사 이후 네 번째이자 2017년 말 이후 1년여 만의 가격 인상이다. 우선 미국시장에서 이를 바로 적용하고, 미주 지역 다른 40여 국가에도 새 요금을 도입할 방침이다. 시장은 넷플릭스의 이러한 행보에 환호했다. 주가는 이날 6.5%가량 급등했다. 시장에선 이번 인상 소식이 넷플릭스가 새로운 콘텐츠에 막대한 자금을 투입했다는 방증으로 분석했다. CNN에 따르면 넷플릭스는 지난해 콘텐츠에만 80억 달러를 쏟아부었다. 게다가 이번 구독료 인상으로 디즈니와 워너미디어, 애플 등 새로운 경쟁자들을 따돌릴 실탄을 장착했다는 기대감까지 반영됐다.

넷플릭스의 구독료 인상은 시장에서 환호를 받았지만, 이와 달리 '영화계의 넷플릭스'로 불리던 무비패스는 요금을 올렸다가 처참한 결과를 받았다. 시장조사업체 파이낸스 어시스턴트앱 트림에 따르면 지난해 무비패스 이용자의 58%는 구독을 취소한 것으로 나타났다. 무비패스는 2017년 넷플릭스를 따라 월정액 9.95달러를 내면 영화관에서 매일 한 편을 볼 수 있는 구독 서비스를 선보여 선풍적인 인기를 끌었다. 넷플릭스로 인해 죽어가는 영화관에 가는 사람들이 줄어들자, 넷플릭스를 따라하는 전략으로 맞불을 놓는 전략이었다. 지난해 상반기까지만 해도 무비패스 이용자가 300만 명을 기록해 전성기를 달리는 듯했지만, 불과 반년 만에 174만명 가량이 구독을 해제한 셈이다. 문제는 한 달 구독료와 영화 한편 가격이 별 차이가 없는 것이었다. 한 달에 수십 편을 보는 고객들의 티켓값을 무비패스가 고스란히 극장에 내야 했던 것이다. 자금난에 빠진 무비패스는 결국 지난해 구독료를 50% 인상한다고 했다가 소비자 불만이 커지자 이를 취소하고, 대신 볼 수 있는 영화를 제한하기 시작했다. 최신작을 볼 수 없게 되자 인기가 급격히 시들해졌다.

이 때문에 무비패스 모기업인 헬리오스 앤 매더슨 애널리틱스는 나스닥에서 퇴출 위기에 놓여 있다. 1년여 전만 해도 주당 2,662달러로 52주 신고가를 기록했던 이 회사 주식은 현재 10~20센트 사이에서 거래 중이다. 구독 경제 모델을 제대로 분석하지 않고 무작정 따라 하기만 한 결과다.

〈출처〉 머니투데이(2019년 1월 16일)

경쟁사의 가격과 반응

서비스기업의 가격설정에 영향을 미칠 수 있는 또 다른 외부 요인은 경쟁사의 가격 및 반응이라고 할 수 있다. 예를 들어서, 롯데호텔에 투숙하려고 하는 고객은 신라, 워커힐, 하얏트 혹은 르메이르 호텔 등의 가격 및 부대 서비스 등을 롯데호텔의 가격 및 부대 서비스 등과 비교하게 될 것이다. 추가적으로 롯데호텔의 가격 전략은 롯데호텔이 당면하고 있는 경쟁의 본질에도 영향을 미치게 된다. 즉, 만약 롯데호텔이 고가격 고마진 전략을 추구한다면 다른 경쟁호텔들도 그렇게 따라할 수 있다. 그러나 적정가격보다도 낮은 가격대로 저마진 전략을 추구하게 될 경우 경쟁호텔들을 고사시킬 수도 있다. 이 경우 롯데호텔은 각 경쟁호텔의 가격 및 서비스 품질을 파악할 필요가 있다. 그래서 롯데호텔이 경쟁호텔들의 가격과 부대 서비스 등을 자세히 알게 된다면 이러한 정보가 자체적으로 가격설정을 하게 될 때 그 출발점이 될 수 있다. 다시 말해서, 롯데호텔은 가격을 경쟁호텔들과 비교하여 상대적으로 자사의 서비스 포지셔닝을 구축할 수 있게 된다.

기타 외부 요인

가격을 설정할 때, 서비스기업은 다음과 같은 기타 외부요인들도 고려해야 한다.

- 경제적 여건
- 정부의 역할
- 사회적 관심
- 소비자 단체

그림 11-9 외부 요인

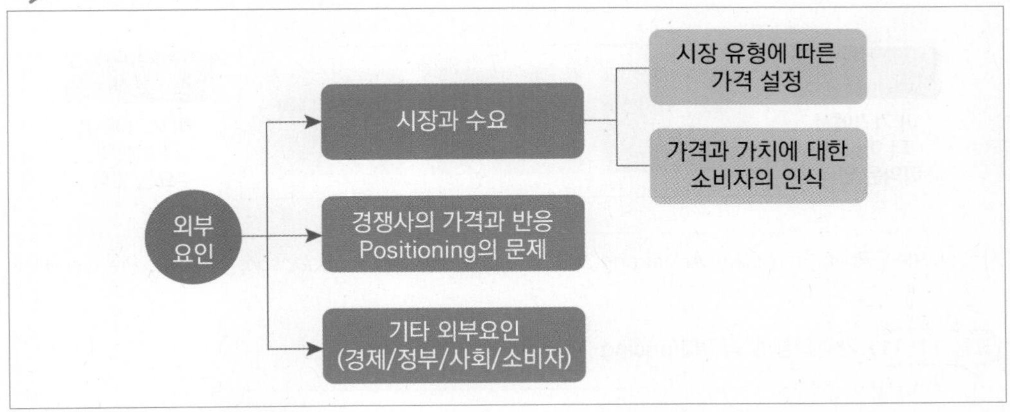

04 가격결정 방식

PART 03

1) 3가지 요소

가격결정은 이론상으로 너무 낮아서 이익을 낼 수 없을 정도의 하한선(lower limit)과, 너무 높아서 더 이상의 수요를 창출할 수 없게 되는 상한선(upper limit) 사이에서 이루어질 수밖에 없다. 따라서 제품이나 서비스 제공의 원가가 한 극단(extreme)을 이루고 그 제품/서비스 가치에 대한 소비자의 인식이 다른 극단을 형성하게 된다. 서비스기업은 이러한 양(兩) 극단 사이에서 가장 적합한 가격을 찾기 위해서 경쟁사의 가격 및 기타 외부 및 내부 요인들을 고려하여야 한다. 이상에서 살펴보았을 때 원가, 경쟁, 그리고 고객에의 가치제공이 가격을 결정하는 가장 기본적인 요소임을 알 수 있다. Lovelock은 이를 가격결정의 삼각대(pricing tripod)라고 명명하였다. 따라서 이익을 내고자 하는 기업 입장에서는 제품을 만들고 서비스를 제공하는 데 관련된 전체비용을 상쇄시키고 난 다음 만족스러운 이익을 창출하기 위해서 충분한 마진을 더하여야 한다.[2]

2 Lovelock, Christopher H.(1996), *Services Marketing,* Prentice-Hall International Edition.

그림 11-10 가격설정의 고려사항

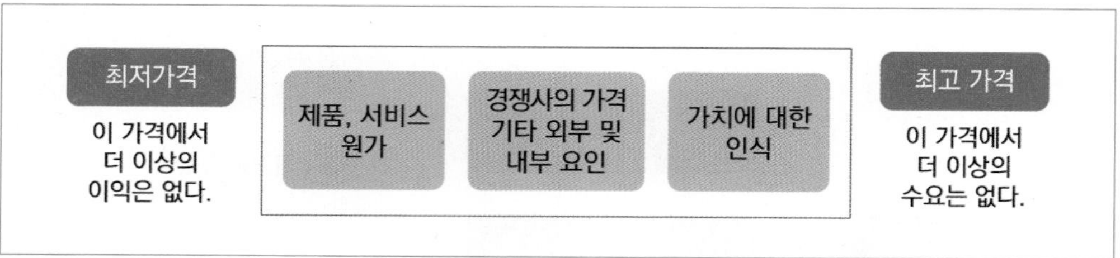

자료: Kotler, Philip and Gary Armstrong(2003), *Marketing: An Introduction*, 5th ed., Prentice-Hall.

그림 11-11 가격결정의 삼각대(pricing tripod)

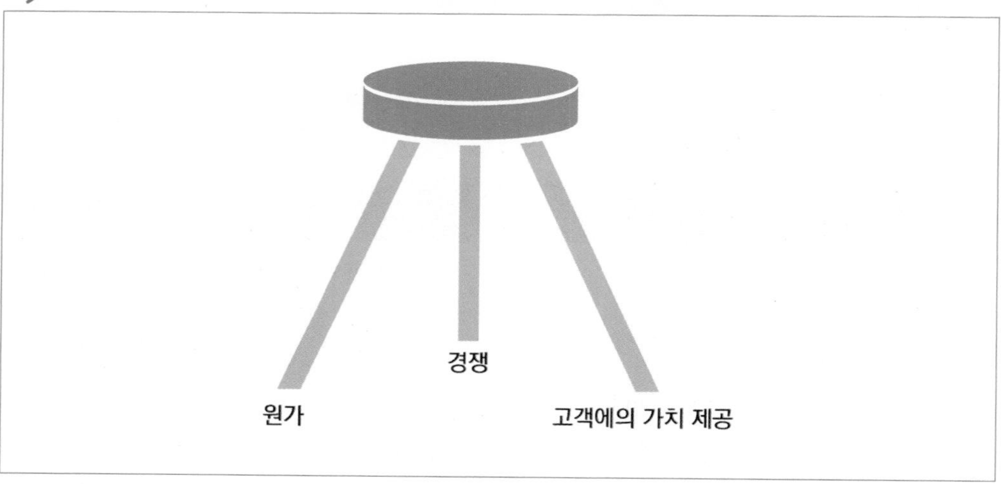

자료: Lovelock, Christopher H.(1996), *Services Marketing*, Prentice-Hall International Edition, p.362.

2) 원가중심 가격결정

보통 원가는 가격의 하한선으로 간주되고 있다. 원가중심 가격결정(cost-based pricing)에서, 기업은 재료비 및 노임으로부터 비용을 결정하고 간접비용 및 이익에 일정금액이나 일정비율을 다시 가산하여 가격을 결정하게 된다. 원가중심의 가격결정방식은 다음과 같다.

가격 = 직접비용 + 간접비용 + 이익마진

제조업부문이든 서비스부문이든지 간에 원가중심 가격결정방식이 널리 사용되는 데는 여러 가지 이유가 있다. 첫째, 판매자들은 수요보다는 원가에 대해서 보다 확실히 알고 있기 때문이다. 가격을 원가에 연계시킴으로써 판매자들은 가격결정을 단순화시킬 수 있으며 수요의 변화에 따라 빈번하게 가격변화를 시키지 않아도 된다. 둘째, 동종 서비스산업 내 모든 기업들이 이 가격결정방식을 사용하게 되면 가격들은 비슷하게 되며 따라서 가격경쟁은 최소화되기 때문이다. 셋째, 많은 사람들은 원가중심 가격결정이 구매자나 판매자 모두에게 공정하다고 느끼고 있기 때문이다.

그러나 원가중심 가격결정방식을 서비스부문에서 사용하게 될 경우 다음과 같은 문제점이 있을 수 있다.

- 고객들은 서비스가 완료된 후까지 자신들이 지불하게 될 실제 가격을 알지 못할 수 있다는 점이다.

비록 소비자들은 보통 제품에 대해서는 사전구매를 평가할 동안 비교로 사용할 기준 가격을 찾을 수 있지만, 많은 서비스들은 제공되는 동안에 맞춤화되게 된다. 따라서 소비자들은 서비스가 수행된 이후까지 청구될 정확한 가격을 모를 수 있다. 예를 들어서, 환자가 병원을 방문했을 때 일상적인 가격을 알 수 있을지 모르나, 검사료, 방사선 치료, 그리고 다른 부수적인 의료서비스에 대해서 얼마나 청구될지는 알 수가 없다. 마찬가지로, 변호사 사무소를 방문한 의뢰인은 기본적으로 시간당 얼마를 청구하는지에 대해서는 알 수 있지만, 최종 변호사 수임료가 얼마나 청구될지는 알 수가 없다. 전형적으로 생산되고, 구매되고, 소비되는 제품에 비해서, 서비스는 보통 처음에 구매되고 난 후에 생산과 소비가 동시에 이루어진다. 서비스가 제공되기 전에는 최종 청구서가 고객에게 제시되지 않는다. 결과적으로, 최종 가격은 고객에게 밝혀지는 마지막 정보가 되는 경우가 많이 있다. 서비스 소비와 관련된 지각된 위험을 줄이고 싶은 서비스기업들은 고객들에게 비용의 투명성을 높이기 위해 추가적인 노력을 하는 것을 고려해야 한다.

• 많은 서비스가 일반적으로 높은 '고정비용 vs. 변동비용 비율'로 특징지어진다는 점이다.

세계적인 택배 서비스기업인 유나이티드 파슬 서비스(UPS: United Parcel Service)가 주요 사례라고 할 수 있다. UPS는 2005년의 경우에 3,400개의 점포, 1,100개의 우편함, 1,000개의 고객센터, 17,000개의 공인 직영점, 그리고 45,000개의 우편물 투입함을 유지하고 있다. 이러한 유통망을 통해서 수집되는 소포 및 우편물은 1,748개소의 운영 시설로 흘러들어 가서 다시 8만 8,000대의 포장차, 밴, 트랙터, 오토바이, 270대의 UPS 제트 항공기, 304대의 전세기로 구성된 배달 선단에 분배된다. 이러한 인프라스트럭처의 결과로, UPS는 매년 30억 개 이상의 택배물과 미국 GDP의 5.5%에 해당되는 물량을 처리하는 것이다.[3] UPS의 과도한 고정비용에 비해서, 1개의 택배물을 더 처리하는 것과 관련된 변동비용은 사실상 0이다.

항공산업도 높은 '고정비용 vs. 변동비용 비율'로 특징지을 수 있는 대표적인 사례라고 할 수 있다. 항공사의 3가지 주요 비용은 비행기, 노동 및 연료비용이라 할 수 있다. 비행기 및 노동비용은 주로 고정되어 있는 반면에, 연료는 가변적이다. 아마도 가장 중요하게는, 연료비용일 것인데 이는 항공사의 통제권 밖이기 때문이다. 다른 두 가지 요소인 비행기와 노동은 어느 정도 항공사의 통제권 내에 들어와 있다. 수익을 증가시키기 위해서, 항공사는 보다 많이 티켓을 판매하고, 비용을 줄이거나 아니면 두 가지 모두를 할 수 있다. 보다 많은 티켓을 판매하기 위해서, 항공사는 가격할인에 들어갈 수 있는데, 이는 거의 항상 경쟁사들과 경쟁하게 되어 있다. 결과적으로, 항공사의 비용구조는 거의 동일한 상태를 유지하는 반면에 산업의 수익성은 지속적으로 하강하고 있다는 점이다. 다른 말로 한다면, 항공사의 손실도 더욱 커지고 있다는 이야기이다. 결국, 항공산업 내에서 가격전쟁의 진정한 승자는 저가 비용구조를 가지고 있는 서비스제공자일 것이다. 예를 들어서, 제트스타(Jet Star)와 같은 저가항공의 손익분기점을 이루는 좌석이용률(load factor)이 거의 55% 수준인 것으로 나타났다. 즉, 항공사가 손익분기점을 이루기 위해서는 55%의 가용 좌석이 매번 비행할 때마다 평균적으로 채워져야 한다는 의미이다. 반면에, 유나이티드 항공사(United Airlines)의 손익분기점을 이루는 좌석이용률(load factor)은 거의 91% 수준인 것으로 나타났다.

3 UPS website: http://www.ups.com, accessed 30 January 2005.

• 규모의 경제가 제한적이라는 경향이 있다는 점이다.

서비스의 특성인 비(非)분리성(inseparability)과 소멸성(perishability) 때문에, 서비스의 소비는 시간과 물리적 공간에 의해서 분리되지 않는다. 예를 들어서, 치과병원의 일상의 치료서비스를 생각해 보자. 수요를 조정하기 위해서 재고(inventory)는 사용될 수 없으며, 환자와 의사 및 병원직원들의 물리적 접촉은 거래가 성립되기 위해서 필수적이다. 결과적으로, 서비스제공자는 종종 사전에 준비하기보다는 수요가 발생했을 때 서비스를 생산하게 되는 것이다. 그러므로, 서비스제공자가 더욱더 많이 생산할수록 더욱 싸게 판매할 수 있다는 사상에 근거한 규모의 경제(economies of scale)와 연관된 비용상의 이점을 달성하기가 어렵다. 더욱이, 많은 서비스들이 개인 고객들의 취향에 알맞게 조정되어야 하기 때문에, 맞춤화(customization)라고 하는 활동은 고객의 서비스 요청 전에 할 수 있는 일의 양을 제한하고, 또한 전통적인 규모의 경제를 통해서 얻어지는 잠재적인 비용상의 이점을 제한하고 있다. 비록 비용이 가격 전략을 구축하는 데 중요한 고려사항임에는 분명하지만, 최종 가격을 설정하는 데 비용의 역할이 종종 지나치게 강조되는 경향이 있다. 그러나 기업의 수익성을 결정하는 데 비용이 중요하지만 최종 가격을 설정하는 데 있어서 비용의 역할을 지나치게 강조하는 서비스기업들은 내부적인 집중에 의해 제한적이 되고, 시장에서 서비스의 가격을 낮게 책정하는 경향이 있다. 즉, 가격설정 시에 비용에만 의존하는 하는 기업들은 시장에서 외부적으로 조망해서 고객들이 제공되는 서비스에 부과하는 충분한 가치를 추출해야 하는데 이를 실패하는 것이다. 예를 들어서, 인기가 많은 스포츠 게임 티켓이나 공연 티켓은 종종 브로커들에 의해서 재빠르게 구매되고 원래 가격의 5~10배 정도의 차익을 남기고 재판매된다. 이와 같은 경우에, 추가적인 이익은 우선적으로 가치를 창출한 당사자 서비스기업에게 돌아가는 것이 아니고 재판매자에게 돌아가는 것이다. 시장으로부터 충분한 가치를 추출할 수 있는 서비스기업들은 수요상황 같은 외부적 시장 요인을 고려해야 한다. 실제 제공되는 비용이 고객들에게 제공된 가치보다도 작게 혹은 크게 나타날 수 있기 때문이다.

브리핑사례 1兆 적자' 쿠팡, 협력사에 수수료 인상 · 공급단가 인하 통보

온라인 쇼핑몰 쿠팡이 최근 대규모 적자를 이유로 로켓배송(직매입) 납품업체들에 공급단가를 대폭 인하하는 방안을 추진하면서 중소 납품업체들이 크게 반발하고 있다. 일부 업체들은 납품계약 해지를 검토하고 있어 소비자들의 불편이 커질 전망이다. 9일 유통업계에 따르면 쿠팡은 최근 로켓배송을 하는 직매입 납품업체에 공급단가 인하안을 통보했다. 오픈마켓 업체들에게는 판매수수료 인상을 통보했다. 쿠팡이 요구한 공급단가 인하폭은 업체별로 다르지만 최소 5%에서 많게는 15%에 이른다. 현재 쿠팡이 업체들에게 받는 판매수수료는 최대 15%(쿠런티 포함)다. 수수료가 추가로 인상되면 협력업체 입장에선 상당한 부담이 된다.

또 쿠팡은 광고비와 성장장려금(판매장려금)도 올렸다. 판매 장려금은 납품업체가 상품판매 촉진 명목으로 유통업체에 지급하는 대가로, 대형 유통업체가 납품업체를 상대로 관행적으로 취해온 부당이득이다. 공정위가 2013년 판매 장려금에 대한 규제안을 마련한 이후 '판매 장려금'이라는 이름은 사라졌으나 유통업계엔 공공연하게 다른 명목의 장려금이 남아있다. 중소 납품업체 A사는 최근 쿠팡으로부터 최소 5% 수수료 인상과 5%의 공급단가 인하안을 통보받았다. A사 관계자는 "쿠팡의 요구대로 공급단가를 인하하면 대형마트를 비롯한 다른 곳도 똑같이 가격을 낮춰야 한다"며 "안 그래도 회사가 어려운데, 과도한 요구에 난감하다"고 말했다. B사는 쿠팡으로부터 광고비와 성장장려금 두 배 인상을 요구받았다. B사는 쿠팡의 요구가 과도하다고 판단해 납품계약 해지를 검토 중이다. B사 관계자는 "공급단가도 낮추고 수수료도 높이라고 해 부담이 커지고 있다"며 "쿠팡의 요구를 받아들이면 연간 100억 원 이상의 적자가 발생 한다"고 했다. 식품업체 C사는 쿠팡으로부터 약 10%의 공급단가 인하를 요구받았다. D사는 쿠팡으로부터 과도한 수수료 인상과 납품가 인하를 요구받고, 계약해지 방안을 검토 중이다. 쿠팡 측 요구를 들어주면 적자폭이 커질 수밖에 없어서다. D사 관계자는 "쿠팡의 요구가 감당하기 어려운 수준이라 제품을 모두 뺄지 고민 중"이라고 말했다. 일부 중소 납품업체는 쿠팡과 계약을 해지했지만, 대부분은 계약해지 결정을 내리기 힘든 상황이다. 쿠팡의 온라인 쇼핑 거래액이 늘면서 계약을 해지하면 매출에 큰 타격을 받기 때문이다. 한 납품업체 관계자는 "우리 같은 규모가 작은 회사는 매출이 빠지면 생존 자체가 어려워진다"며 "울며 겨자 먹기로 쿠팡의 요구를 받아들일 수밖에 없다"고 울분을 터트렸다.

쿠팡의 공급단가 인하와 수수료 인상 요구는 대규모 적자 때문이다. 쿠팡은 전국에 물류센터 24개를 세워 직매입을 늘리는 방식으로 매출 규모를 키워왔다. 쿠팡의 지난해 거래액은 8조원으로 업계 1위 이베이코리아(약 16조원)에 이어 2위 11번가(약 9조원)의 턱밑까지 올라온 상황이다. 그러나 직매입은 매출 규모를 키울 수 있지만 재고를 떠안아

야 하고 택배용 차량이나 기사도 직접 운영해야 하기 때문에 막대한 비용이 든다. 쿠팡은 지난해 1조 970억 원의 영업 손실을 냈다. 최근 4년간 누적적자는 3조원에 달한다. 신동열 공정위 유통거래과장은 "업체와 계약 기간 중에 일어난 일이라면 소셜커머스 업체의 납품업체에 대한 갑질 행위가 있는지 살펴볼 수 있다"며 "자체 할인 행사 등을 위해 업체에게 일방적으로 공급단가를 낮추라고 했다면 그 점도 문제가 될 수 있다"고 했다.

〈출처〉 조선비즈(2019년 5월 9일)에서 발췌

3) 경쟁중심 가격결정

경쟁중심 가격결정(competition-based pricing)은 기업이 자체적으로 계산한 비용이나 예상하고 있는 수요에 근거하기보다는 주로 경쟁사의 가격에 의존해서 자신의 가격을 결정하는 방식을 말한다. 이 경우 반드시 경쟁사의 가격과 동일하게 가격을 책정하는 것을 의미하는 것은 아니며 오히려 경쟁사의 가격을 자사 가격결정의 기준점으로 사용할 수 있다. 경쟁중심 가격결정이 사용되는 이유로는 첫째, 수요탄력성을 측정하기 힘들 때 서비스기업들은 경쟁중심 가격이 해당 서비스산업 내에서 적정한 이익을 산출해 낼 수 있는 가격 수준이라고 느끼고 있다는 점이다. 둘째, 더 나아가서 서비스기업들은 경쟁중심 가격결정이 어느 누구에게도 도움이 되지 않는 가격전쟁을 막아 줄 수 있다고 느끼고 있는 점이다. 경쟁중심 가격결정은 다음과 같은 두 가지 상황 속에서 현저하게 사용되고 있다. 첫째, 제공되는 서비스가 세탁업과 같이 산업 내에서 표준화가 이루어졌을 때이다. 둘째, 항공사나 렌트카와 같이 소수의 대규모 서 비스제공자들이 시장에 존재하는 과점경쟁 상황일 때이다.

서비스부문에서 경쟁중심 가격결정방식이 사용되게 될 때 다음과 같은 문제점들이 있을 수 있다.

- 서비스 소비자들에게 경쟁사의 가격을 비교하는 것은 더욱 어렵다는 점이다.

서비스에 대한 실제 가격정보는 제품에 비해서 소비자가 얻기가 더욱 힘든 경향이 있다. 더군다나 서비스 가격정보가 소비자들에게 이용가능할 때, 서비스 간의 의미있는 비교는 더욱 어려워지는 경향이 있다. 즉, 서비스의 이질성(heterogeneity)이라는 특성으로 이 접근방법을 사용하게 되면 같은 서비스기업 내에서 혹은 서비스기업 간에 제공된 서비스에 대한 비교가 힘들어지게 된다는 점이다. 예를 들어서, 비록 기본

서비스 가격이 어떤 때는 미리 결정될 수 있다고 하더라도, 경쟁사의 서비스가 경쟁상태에 있는 제품들이 슈퍼마켓이나 할인점, 혹은 백화점에서 판매되는 방식처럼 동시에 판매되고 있지는 않기 때문이다. 소비자들은 개인적으로 지리적으로 떨어져 있는 서비스기업들을 방문하거나 혹은 가격을 비교하기 위해서 별도로 접촉해야만 한다. 서비스에 대해서 가격을 비교하고 쇼핑하기 위해서는 많은 시간과 노력이 필요하다. 서로 다른 서비스에서 광범위하게 발생하고 있는 차이점들 때문에 설정된 가격이 고객에게 제공되고 있는 가치를 제대로 반영하지 못할 수도 있기 때문이다.

• 셀프서비스는 실행가능한 경쟁적 대안이라는 점이다.

서비스에 있어서 생산과 소비의 비(非)분리성 결과는 고객이 서비스 제공과정에 적극적으로 참여할 가능성이며, 보통 셀프서비스(self-service) 옵션으로 언급되고 있다. 셀프서비스 옵션의 이용가능성은 서비스에 대한 고객 인식에 영향을 주고 있다. 초창기에, 셀프서비스 옵션은 서비스 고객에게 가격할인과 같은 일종의 혜택을 제공하였다. 오늘날 서비스 고객들은 셀프서비스 옵션을 구매할 때 저가격 외에 다른 효익을 찾고 있는 것으로 나타나고 있다. 이러한 효익으로는 편의성 증대, 제어 능력 향상, 인적 접촉 감소, 서비스 시간 단축, 효율성 향상 및 독립성 향상을 포함하고 있다. 가격전략을 구성하는 데 있어서 셀프서비스 옵션은 반드시 고려되어야 한다. 특히, 소규모 서비스기업들은 대규모 서비스기업들처럼 가격경쟁을 할 수 없기 때문에 셀프서비스를 포함해서 다양한 옵션을 활용하여 생존해 나가야 한다.

경쟁중심 가격결정방식의 가장 대표적인 예로서는 가격 신호현상(pricing signaling) 및 시장대응 가격결정(going-rate pricing)을 들 수 있다. 가격 신호현상은 독과점시장에서 한 서비스기업이 가격을 낮춤으로써 얻게 되는 이점을 상쇄시키기 위해서 다른 경쟁기업들도 같은 폭으로 낮추어 가격을 맞추는 것을 말한다. 항공산업의 경우가 대표적인데 한 항공사가 어떤 노선의 가격을 낮추면 거의 동시에 경쟁항공사들도 그 수준으로, 가격을 낮추어 내릴 수 있는 한 최대 한도로 가격을 낮추게 된다(the lowest possible fare system). 또한 시장대응 가격결정은 시장리더의 가격에 따라 다른 서비스기업들의 가격이 결정되는 것으로서 은행의 금리결정이 가장 대표적인 예라고 할 수 있다. 수신금리나 여신금리는 대부분 리딩뱅크가 결정하게 되면 나머지 군소은행들은 그 수준을 기준으로 삼아 자신들의 여신 및 수신금리를 결정하게 된다.

브리핑사례 **택배비 줄인상에 반기든 편의점…'반값 택배' 등장**

지난달 CJ대한통운을 시작으로 택배비 인상이 추진되고 있는 가운데, 편의점에 전국 최저가인 1천 600원짜리 택배가 등장해 관심이 집중된다. 택배업체들이 최저임금 인상 등의 여파로 전반적인 단가 인상 협상에 나선 상황에서 기존 택배비보다 최대 65% 저렴한 택배가 등장한 만큼, 앞으로 업계에 적잖은 영향을 줄 것으로 전망된다.

GS리테일 편의점 GS25는 25일 기존의 편의점 물류 배송 인프라를 활용한 반값 택배를 선보였다. 반값 택배는 고객이 GS25 점포에서 택배 발송을 접수하고 택배를 받는 상대방도 GS25 점포에서 찾아가는 구조의 택배 상품이다. 화물을 보내는 고객이 GS25의 택배 키오스크에서 접수할 때 택배를 받을 고객이 물품을 픽업할 수 있는 GS25 점포를 지도에서 선택하면 배송지가 접수된다. 키오스크는 터치스크린 방식의 택배 접수 단말기다. 택배 화물이 상대방의 GS25 점포에 도착하면 받을 고객에게 택배를 찾아갈 수 있도록 메시지가 전송된다. 반값 택배의 배송은 GS25에 상품을 공급하는 물류배송 차량과 물류센터가 이용된다. 전국 500여 대의 GS25 상품 배송 차량은 접수된 반값 택배를 1차 거점인 GS25 30여 개의 센터로 운송한다. 이후 화물은 GS허브센터로 집하된 후 다시 GS25 배송 차량을 통해 수취 점포로 이동된다. 택배의 접수, 배송, 수령 등 처음부터 끝까지 모든 서비스의 절차가 GS25의 인프라를 통해 이뤄진다.

반값 택배는 접수부터 수령까지의 소요 기간이 약 4일로 일반 편의점 택배보다 다소 길지만 요금은 최대 65%까지 저렴한 서비스다. 중량이 10kg이면서 물품 가액이 50만원인 화물을 택배로 접수할 경우 일반 편의점 택배의 가격은 6천 원인데 반값 택배의 경우 2천100원이다. 반값 택배의 가격은 최소 1천 600원부터 2천 100원까지 무게에 따라 달리 책정된다. 물품의 무게가 500g 미만의 경우 최소 요금인 1천 600원이 적용된다. 500g~1kg 사이의 물품은 1천 800원이고 1~10kg까지는 2천 100원이다. 중량이 10kg을 초과하거나 가로 · 세로 · 높이의 합이 1미터가 넘는 부피의 상품, 물품가액 50만 원을 초과하는 상품, 변질 우려가 있는 식품류 등의 화물은 접수할 수 없다.

GS25는 반값 택배가 집에서 택배를 받을 수 없어 편의점 픽업을 주로 이용하는 1~2인 가구, 중고 물품을 택배 거래하는 고객, 화물의 크기가 작고 가벼운 택배를 저렴하게 이용하고자 하는 고객들로부터 큰 호응을 얻을 것으로 예상하고 있다. 이효섭 GS리테일 서비스 상품팀장은 "소매점의 역할을 뛰어넘는 생활 편의 플랫폼으로서의 역할을 하고자 이번 반값 택배를 기획하게 됐다"며 "택배 서비스의 전 과정이 GS리테일의 기존 인프라를 통해 이뤄지는 시너지 제고의 대표적 사례"라고 설명했다. 이어 "배송 일정이 급하지는 않지만 택배비를 최소화하고자 하는 고객들에게 큰 인기를 끌 것으로 예상 된다"고 덧붙였다.

〈출처〉 아이뉴스24(2019년 3월 25일)

그림 11-12 반값 배송을 선도하고 있는 GS25

4) 구매자중심 가격결정

가치 중심

구매자중심 가격결정(buyer-based pricing)은 구매자가 기꺼이 서비스에 대해서 지불하고자 하는 가격을 고려하고 있다. 제품과 비교해서, 서비스 가격은 대체안 평가 목적으로 구매자들이 이용할 수 있는 몇 안 되는 검색 속성 중 하나인 경향이 있다. 결과적으로, 서비스의 가격은 종종 품질의 단서로 사용된다. 즉, 가격이 비쌀수록 서비스의 지각된 품질은 더욱 높아진다는 이야기이다. 가격이 너무 싼 서비스는 질적으로 열등하다고 인식될 것이며 보다 비싼 대체안으로 넘어가게 될 것이다. 최종적으로, 서비스 고객들은 예약 가격에 대해서 확신하지 못하는 경향이 생기게 된다. 이에 따라 점차 많은 수의 기업들이 제품이나 서비스의 지각된 가치를 근거로 해서 가격을 책정하고 있다. 지각된 가치에 의한 가격결정(perceived-value pricing)은 가격결정의 핵심으로서 판매자의 비용이 아니라 구매자의 가치에 대한 인식을 사용하고 있다. 기업들은 구매자의 마음속에 지각된 가치를 구축하기 위해서 마케팅믹스 요소 중 비(非)가격 변수를 사용하고 있다. 가격은 지각된 가치(perceived value)에 대응해서 설정되기 때문이다. 따라서 구매자중심 가격결정에서 핵심이 되고 있는 사항은 고객에게 제공되고 있는 가치(value)라고 할 수 있다.

가치는 여러 학자들에 의해서 다양하게 정의되고 있다. 특히, 서비스 부문에서 고객들이 가치를 논의하게 될 때, 그들은 가치라는 용어를 다양하게 구사하고 있으며 수많은 가치의 속성 혹은 요소들을 이야기하게 된다. Zeithaml(1988)은 가치를 구성하는 것은 상당히 개별적이고 특유하게 나타나는 것으로 간주하였다. 음료수에 대한 탐색적 연구를 통해서 Zeithaml은 다음과 같이 가치를 4가지로 정의하였다: ① 가치는 낮은 가격이다. ② 가치는 제품이나 서비스에서 내가 원하는 모든 것이다. ③ 가치는 가격을 지불하고 얻은 품질이다. ④ 가치는 내가 준 것 대신에 얻는 것이다.[4]

• 가치는 낮은 가격이다.

어떤 소비자들은 가치를 낮은 가격과 동일시하고 있는데 이는 그들이 가치를 지각하고 있을 때 포기해야만 하는 돈이 가장 중요한 요소임을 가리키고 있는 것이다.

• 가치는 서비스에서 내가 원하는 모든 것이다.

이와 같은 가치의 정의에서는, 어떤 소비자들은 포기해야만 하는 돈에 초점을 맞추는 것이 아니라 가장 중요한 가치 요소로서 그들이 서비스에서 받게 될 효익을 강조하고 있다. 가격은 품질이나 특징에 비해 덜 중요하다는 것이다.

• 가치는 가격을 지불하고 얻은 품질이다.

또 다른 소비자들은 가치를 그들이 포기한 돈과 그들이 받는 품질과의 상쇄효과(trade-off)로 간주하였다.

• 가치는 내가 준 것 대신에 얻은 것이다.

어떤 소비자는 가치를 평가할 때 돈, 시간, 노력 등과 같은 모든 희생 요소(sacrifice component)뿐만 아니라 얻게 되는 모든 효익을 고려한다.

이상을 종합해서 Zeithaml and Bitner(2003)은 다음과 같이 가치를 정의하고 있다. 즉, "지각된 가치란 주고 받는 것에 근거해서 나타난 서비스 효용의 전반적 평가"라는 것이다.[5]

---

4 Zeithaml, Valarie L.(1988), "Consumer Perceptions of Price, Quality, and Value: A Means-End Model and Synthesis of Evidence," *Journal of Marketing*, 52(July) 2−21.

5 가치(value)에 대해서 보다 자세히 알아보기 위해서는 Zeithaml and Bitner의 *Services Marketing*(2003) 참조.

그림 11-13 가치에 대한 고객의 정의

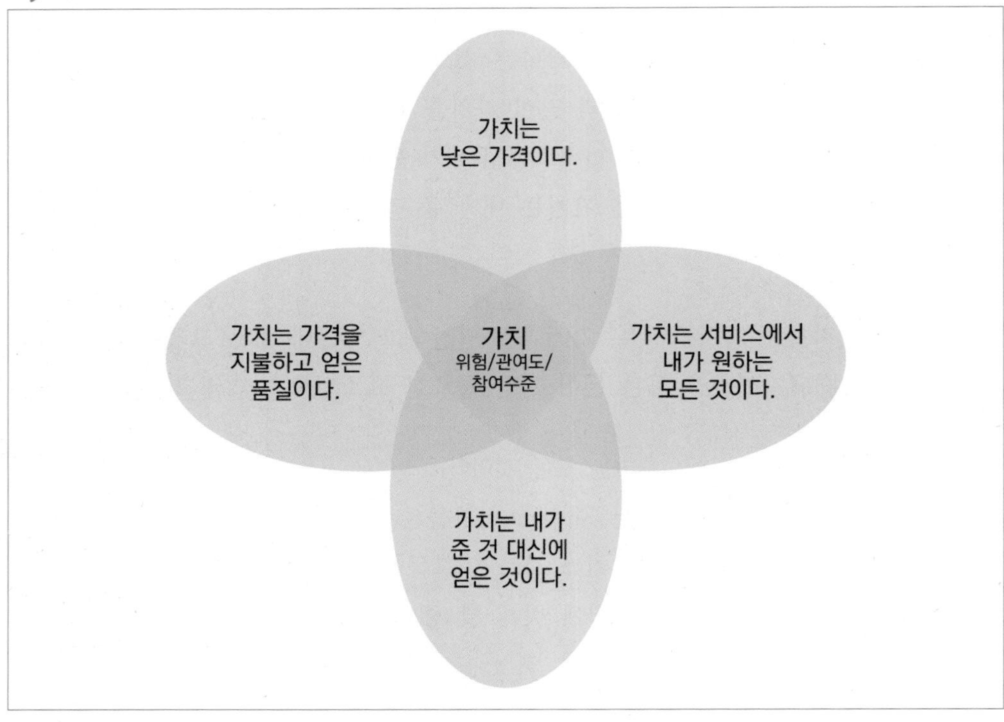

자료: Zeithaml, Valarie L. and Mary Jo Bitner(2003), *Services Marketing,* McGrow-Hill International, p.497.

가치 외 요소

구매자중심 가격결정과정에서는 가치 외에도 위험(risk), 관여도(involvement), 혹은 참여수준(level of participation) 등이 중요한 요인으로서 작용하고 있다. 예를 들어서, 아파트 내부를 새롭게 꾸미기 위해서 4군데 실내장식업체에 견적을 의뢰했더니 각각 1억 원, 8,000만 원, 5,000만 원, 그리고 3,000만 원이 나왔다고 하자. 견적을 의뢰한 고객 입장에서는 3,000만 원을 제시한 실내장식업체가 믿음직스럽지 않은 것이다. 왜냐하면 그 업체의 견적금액이 너무 낮게 나와서 오히려 제공되는 서비스 품질에 대해서 위험을 느끼게 되는 것이다. 그렇다고 1억 원이라는 높은 가격을 제시한 실내장식업체에게 공사를 맡길 생각이 드는 것도 아니다. 한 실내 장식업체의 견적금액이 본질적으로 경쟁업체에 비해 지나치게 높을 경우, 고객 입장에서는 자신이 받게 될 가치에 대해서 확신을 못가지게 된다. 즉, 고객이 느끼기에 가장 높은 견적 금액을 제시한 실내장식업체가 제공하는 품질 및 서비스가 다른 업체들의 서비스와 본질적으로 차이가 없다면, 가격이 높다고 하는 것이 본질적으로 위험에 대한 인식을 작게 해주지는 못하는 것이다. 따라서 가격과 제공되는 서비스 품질 간에 어떤 균형점이 존재하게 되는 것이다.

구매 시 관여하는 개인적 수준은 소비자들이 서비스의 가격을 어떻게 보고 있느냐에 영향을 미친다. 고관여 서비스에 있어서는 저관여 서비스에 비해서 가격결정이 상대적으로 비탄력적이 되는 경향이 있다. 예를 들어서, 첨단기계설비의 애프터서비스는 고관여 서비스이기 때문에 가격이 높더라도 기술이 있고 신뢰를 주는 서비스제공자에게 의뢰하나 건물 및 공장청소와 같은 저관여 서비스는 상대적으로 중요도가 낮기 때문에 낮은 가격을 제시하는 서비스제공자에게 서비스 제공을 의뢰하게 된다. 저관여 서비스의 경우 가격은 탄력적으로 작용하는 경향이 있으며 전환비용(switching cost)이 작기 때문에 서비스제공자 전환이 빈번하게 일어난다. 가격을 평가할 때 구매자가 고려하는 또 다른 요소는 서비스 제공 시 구매자 참여수준이다. 일반적으로, 소비자들이 서비스 생산에 관여하면 할수록, 그들은 그만큼 낮은 가격을 지불할 것으로 기대하고 있다. 차에 기름을 넣거나 세차를 할 경우, 셀프서비스인 경우에는 소비자들은 상대적으로 낮은 가격을 기대하게 된다.

✔ 문제점

구매자중심 가격결정방법에도 가치 등과 같은 주관적 요소들이 관계되기 때문에 다음과 같은 주요 문제점들이 지적되고 있다.

- 가격은 단지 사전 구매 시 구매자가 사용할 수 있는 몇 가지 단서 중 하나일 수 있다는 점이다.

서비스의 무형성(intangibility) 때문에, 몇 가지 안 되는 탐색 속성에 의해 특징지어진다. 탐색 속성은 구매 전에 결정될 수 있는 정보 단서이다. 반대로, 제품의 유형성은 구매자들이 고려해야 할 탐색 속성의 숫자를 엄청나게 늘려 주었다. 예를 들어서, 양복의 스타일과 맞춤새는 구매 전에 결정될 수 있다. 이와 대조적으로, 저녁식사를 향유하는 것은 경험이 끝나기 전까지는 알 수가 없다. 일반적으로, 가격의 정보 가치는 다른 정보 단서의 숫자가 증가할수록 떨어지는 것으로 나타났다. 마찬가지로, 가격에 대한 소비자 신뢰도 U자 형태를 그리고 있는 것으로 분석되고 있다. 즉, 가격 단서는 초기 단서가 거의 존재하지 않을 때는 과도하게 사용되다가 다른 단서들이 많아지면서 가치를 잃고, 나중에 만약 소비자들이 정보에 압도된다면 그때는 가치가 커지게 된다. 한편, 제품과는 달리 서비스의 경우에는 비용에 관한 정보가 고객들에게 잘 전달되지 않고 있기 때문에 서비스를 선택하는 초기 단계에서 금전적 가격은 제품 구매의 경우보다 덜 중요한 요인이 될 수 있다는 점이다

• 서비스 구매자들은 가격을 품질 단서로 사용할 가능성이 커진다는 점이다.

서비스제공자는 서비스 가격이 고객에게 보내고 있는 메시지를 반드시 고려해야 한다. 가격이 품질 지표가 될 수 있는지 여부를 이해하는 데 많은 노력이 이루어져야 한다. 가격은 서비스 구매자의 의사결정과정에서 핵심적 정보 역할을 하고 있다. 의사결정 이론에서 보면, 소비자들은 제품 품질을 평가하기 위해서 대체안 평가과정에서 가장 쉽게 사용할 수 있는 단서들을 사용하고 있다고 주장하고 있다. 그 역할의 중요성 때문에, 가격은 서비스 품질을 평가하려는 구매자에게 주된 단서여야 한다. 또한 비금전적인 비용과 효익은 고객이 지각하는 가치의 형태로 계산되어야 한다는 점이다. 제공되는 서비스가 시간, 불편함, 그리고 심리적 및 탐색비용을 수반하게 되면 서비스제공자는 이러한 요소들을 가격결정에 어떤 형태로든지 반영시켜야 한다. 반대로, 그 서비스가 시간, 불편함, 그리고 심리적 및 탐색비용을 덜어준다고 하면 보다 많은 고객들이 높은 가격을 기꺼이 지불하고자 할 것이다.

다음과 같은 경우에 가격은 품질에 대한 단서로 사용될 가능성이 더욱 커진다.

– 가격이 사용가능한 주요 차별화 정보일 때
– 대체안들이 이질적일 때
– 비교된 가격들의 차이가 상대적으로 클 때

• 서비스 구매자들은 유보 가격에 대해서 덜 확신하는 경향이 있다는 점이다.

구매자의 유보 가격(reservation price)은 소비자가 특정 제품이나 서비스를 구매하기 위하여 지불할 용의가 있는 최대 가격을 말한다. 다시 말해서, 소비자가 이익에 대해 부과하는 가치를 포착하기 위해 고려하는 가격인 셈이다. 일반적으로 소비자는 제품이나 서비스의 판매 가격이 유보 가격보다 낮을 경우 구매를 실행에 옮긴다. 반대로, 실제 가격이 유보 가격보다 높다면, 소비자는 그 특정 서비스 상품을 살 수가 없

게 된다. 유보 가격은 소비자가 느끼는 제품의 가치나 효용, 선호도에 따라 달라지며 개인별 편차가 크게 나타날 수 있다. 또한 반복구매, 집단구매, 복합구매 등 소비행태나 시장 환경의 변화 등도 유보 가격에 영향을 준다. 만약 실제 판매 가격이 소비자의 유보 가격보다 낮을 경우 소비자 잉여가 발생한다. 서비스제공자 입장에서 소비자 잉여는 잠재적인 이익을 실현할 수 있는 기회이므로 서비스의 가격을 유보 가격 수준까지 올려 이익을 극대화하고자 한다. 예를 들어 출판업계에서는 단가가 높은 하드커버 책을 먼저 만들어 유보가격 수준이 높은 소비자를 공략하고, 일정 기간이 지난 후에 페이퍼백을 출간해 유보가격 수준이 낮은 소비자의 구매를 유도한다. 대다수 소비자들은 유보 가격에 대해서 불확실성을 가지고 있는 것으로 나타났다. 소비자들의 유보 가격은 시장에서 경쟁사들의 가격대에 대한 인지도에 의해서 부분적으로 결정된다. 어떤 경우에는, 이용할 수 있는 가격 정보에 대한 결여와 미흡한 구매 빈도 때문에, 고려중인 서비스의 유보 가격에 대한 확실성이 떨어지게 된다. 최근의 디지털 환경은 개별 소비자의 유보 가격을 파악할 수 있을 만큼 정보에 대한 접근성이 좋아져 기업은 유연한 가격정책을 실시해 이익을 높이고 있다. 특히 온라인과 모바일로 구매가 이루어지는 소셜커머스에서는 고객의 구매 패턴, 빈도, 가격수준 등 구체적인 정보를 수집하여 이를 다시 마케팅에 활용하고 있다.

표 11-1 3가지 가격결정방식의 문제점

원가중심	경쟁중심	구매자중심
• 고객들은 서비스가 완료된 후까지 자신들이 지불하게 될 실제 가격을 알지 못할 수 있다 • 많은 서비스가 일반적으로 높은 '고정비용 vs. 변동비용 비율'로 특징지어진다. • 규모의 경제가 제한적이라는 경향이 있다.	• 서비스 소비자들에게 경쟁사의 가격을 비교하는 것은 더욱 어렵다. • 셀프서비스는 실행가능한 경쟁적 대안이다.	• 가격은 단지 사전 구매 시 구매자가 사용할 수 있는 몇 가지 단서 중 하나일 수 있다. • 서비스 구매자들은 가격을 품질 단서로 사용할 가능성이 커진다. • 서비스 구매자들은 유보 가격에 대해서 덜 확신하는 경향이 있다.

05 기타 가격결정 방식

1) 차별적 가격결정

서비스기업 입장에서 매출이나 수익을 증대시키기 위해서 구사할 수 있는 정상적인 가격결정의 첫 번째 변형이라고 할 수 있다. 차별적 가격결정(differential pricing)의 목적은 최고조에 달한 수요를 수요정체기로 전환시키거나 아니면 수요가 저조했을 때 수요를 자극하기 위함이다. 차별적 가격결정이 효과적으로 구사되기 위해서는 다음과 같은 조건들을 만족시켜야 한다.

- 각 세분시장들은 서비스의 가치를 다르게 평가하고 있어야 한다.
- 각 세분시장들은 나름대로 특징을 가지고 이익을 낼 수 있을 정도의 규모가 되어야 한다.
- 저가격대에 있는 고객들이 고가격대의 세분시장에 제품/서비스를 판매할 수 없도록 조치하여야 한다.
- 가격차별화를 수행하는 비용이 발생된 수익증가분을 넘어서는 안 된다.
- 각 세분시장별로 차별화된 가격설정이 현재 및 미래 고객들에게 혼란을 주어서는 안 된다.

가격 차별화는 다음과 같은 방법을 통해서 사용될 수 있다.

– 서비스 이용 시간대별

예 영화관의 경우 1회(조조)가 그 이후보다 입장료가 저렴하다.

– 예약시간대별

예 1개월 전에 예약을 하면 당일 예약하는 경우보다 낮은 가격으로 호텔을 사용할 수 있다.

– 티켓구매 시간대별

예 연극이나 연주회 공연의 경우 입장하면서 티켓을 구매하는 것보다는 며칠 전에 구매하는 것이 저렴하다.

– 세분시장별

예 영화관, 놀이공원, 사우나, 동물원, 전시장, 운동경기 등 많은 서비스제공자들은 연령별로 입장료를 차별화시키고 있다.

– 소비 장소별

예 운동경기 관람석이나 연주회 관람석의 경우 장소에 따라서 등급을 설정하여 가격을 차별화시키고 있다.

2) 수익관리

수익관리(yield management)는 각 세분시장별로 과거의 구매형태를 자세하게 분석해서 가장 높은 수입을 올릴 수 있도록 고안된 가격차별화 방법의 일종이다. 수익관리는 전통적으로 항공사, 호텔, 레스토랑, 운송회사, 그리고 은행 등에서 주로 사용되어 왔다. 따라서 효과적인 수익관리를 수행하기 위해서는 시장별로 고객들의 과거 구매패턴에 대한 자료가 축적되어 정확하게 분석되어야 한다. 즉, 과거 자료와 적절한 수학적 알고리즘을 토대로 해서 각 세분시장별 최고의 가격을 산정하여 그 서비스기업에 최대의 수입을 산출해 줄 수 있는 가격설정 스케줄(pricing schedule)을 만드는 것이 수익관리라고 할 수 있다. 예를 들어서, 숙녀복 같은 소비재는 처음에 고가로 백화점 등에 납품되었다가 세일기간을 통해서 20～30% 할인된 가격으로 판매되고 이어서 할인시장에 넘겨져서 50～70% 할인된 가격으로 판매되다가 마지막 땡처리 시장으로 넘겨지는 유통의 흐름을 가지고 있다. 수익관리를 통한 서비스 판매는 유사한 유통의 흐름을 가지고 있으나 가격설정은 정반대이다. 다시 말해서, 가장 낮게 할인된 서비스 품목이 먼저 판매되고 가격이 가장 높게 설정된 품목은 가장 늦게 판매되고 있다. 비행기 티켓 판매가 가장 대표적인 수익관리의 예라고 할 수 있다. 먼저 가장 낮은 가격대인 단체여행권 판매를 통해서 기내 좌석의 일정부분을 소화한다. 그리고 나서 조금 더 높은 가격대인 이코노미(economy)클래스, 비즈니스(business)클래스, 그리고 최상급인 퍼스트(first)클래스 여행권을 판매하게 된다. 이러한 여행권을 구매하는 고객들은 출발 하루나 이틀 전에 티켓을 구매하거나 조금 더 편안하고 쾌적한 기내여행을 하고자 하는 사람들이다. 보통 단체여행권을 구매하는 고객들에게는 최소한 한 달 전에 예약하여야 하고 환불이 안 되며 비행기를 바꿀 수 없는 등의 제약이 따르고 있다. 일반적으로, 비행기 1회 운행 시 평균 탑승객 숫자는 130명 정도인 것으로 추정되고

있다.[6]

매 비행편마다 승객들로 다 채워지는 것이 아니라는 사실을 감안해 본다면, 빈 좌석에 따른 기회비용 때문에 모든 좌석을 최저가격으로 판매할 경우 탑승수요가 증대될 것으로 기대해 볼 수 있다. 그러나 이 경우 수입규모가 작아지기 때문에 수익성이 악화될 수 있으며 바로 이러한 연유로 수익관리가 필요해지는 것이다. 수익관리는 각 세분시장별로 수요를 최적화시켜 줄 수 있는 가격을 설정하여 항공사의 수입을 최대로 만들어 주기 때문이다.

3) 가격 묶음

가격 묶음(price bundling)은 하나의 패키지에 2개 이상의 제품이나 서비스를 결합하여 특별 가격으로 소비자들에게 제공하는 것을 말한다. 패스트푸드 레스토랑에서 햄버거, 감자튀김, 음료수 등을 한데 묶어 판매하는 세트메뉴나 여행사에서 관광지여행, 호텔, 식사 등을 결합해서 제공하는 패키지 투어관광 등이 대표적인 예라 할 수 있다.

기본적으로 가격 묶음에는 순수 묶음(pure bundling)과 혼합 묶음(mixed bundling) 등 2가지 접근방법이 있다. 순수 묶음은 개별적으로는 판매되지 않는 제품이나 서비스를 2개 이상 결합시켜 하나의 패키지를 만든 것으로 제품 및 서비스의 복수형태 결합이 각각 낱개로 판매되는 것보다 소비자에게 더욱 가치가 있을 때 사용된다. 예를 들어서, 수리정비 카센터에 가서 엔진오일을 교환해야 할 경우 엔진오일뿐만 아니라 에어필터까지 동시에 교환하게 된다. 병원에 가서 건강진단을 받게 될 경우 내과 진단뿐만 아니라 방사선 진단도 반드시 받게 되어 있다. 이처럼 이러한 서비스들을 하나의 패키지로 묶을 경우에 각 서비스가 개별적으로 판매될 경우보다 수입규모가 커질 뿐만 아니라 실제로 각 서비스들이 독립적으로 판매되는 경우도 드물다. 또한 서비스기업 입장에서는 규모의 경제 및 영업의 효율성을 얻을 수 있게 되며, 고객들의 입장에서는 자신들이 필요한 서비스가 무엇인지를 직접 결정할 필요가 없기 때문에 덜 혼란스럽다.

---

6 Robinson, Lawrence W.(1995), "Optimal and Approximate Control Policies for Airline Booking with Sequential Monotonic Fare Classes," *Operation Research,* Vol. 43(March/April), 252−263.

혼합 묶음은 개별적으로도 판매되고 있는 제품 및 서비스를 하나의 패키지 형태로 결합하여 특별 가격을 설정한 것으로 이것 역시 가격 묶음이 개별적으로 구입되는 것보다 소비자들에게 더욱 큰 가치를 제공해 주고 있다. 예를 들어서, 맥도널드, 버거킹, 롯데리아 등과 같은 패스트푸드점에서 제공하는 햄버거, 감자튀김, 그리고 음료수의 결합 형태인 세트메뉴는 각 항목이 개별적으로 구매되었을 때보다 가격이 저렴하여 소비자들은 가격이 싸다고 하는 서비스 가치를 느끼게 되는 것이다.

4) 만족 기반 가격결정

만족 기반 가격결정(satisfaction-based pricing)의 주요 목적은 서비스 구매와 연관된 지각된 위험(perceived risk)의 양을 줄여주고 확실성에 가치를 부여하는 표적시장에 소구하는 것이다. 대표적으로 만족 기반 가격결정은 보증(guarantees) 및 정액 요금제(flat-rate pricing)를 통해 달성할 수 있다.

✔ 보증(guarantees)

서비스 보증은 빠르게 인기있는 고객유치 방법이 되고 있다. 보증은, 고객들에게 만약 그들이 구매에 덜 만족할 경우 보증을 요청해서 서비스기업에 대한 불만족을 상쇄할 수 있는 부분적 혹은 완전한 환불을 획득할 수 있다는 사실을 확신시켜 준다. 서비스 보증을 제공한다고 하는 점은 해당 서비스기업이 품질높은 서비스 제공에 몰입하고 있어 그렇게 할 수 있는 자사의 능력에 확신하고 있음을 고객들에게 보여주는 신호라고 할 수 있다. 고객들은 종종 서비스 보증을 제공하는 기업은 만약 그렇게 할 자신과 능력이 없다면 보증을 하지 못할 것이라는 믿음을 가지고 있다. 경쟁 서비스기업들이 유사한 가격 수준 및 옵션을 제시하는 경우, 서비스 보증은 차별적 우위(differential advantage)를 제공하는 셈이다.

✔ 정액 요금제(flat-rate pricing)

정액 요금제의 개념은 매우 단순하다. 이 접근방식의 주요 목표는 서비스의 최종 가격에 대한 소비자의 불확실성을 해당 서비스 거래가 발생하기 전에 고정 가격에 동의함으로써 줄여주는 것이다. 정액 요금제를 통해서 서비스제공자는 가격 인상과 초과달성의 위험을 피할 수 있다. 정액 요금제가 합리적일 때는 다음과 같다.

• 가격이 경쟁적일 때
• 정액 요금제를 제공하는 기업이 비용관리가 잘 되고 효율적인 영업을 하고 있을 때
• 고객과 장기적 관계를 결성하고 추가적인 수익 창출의 기회가 가능할 때

5) 관계 가격결정

관계 가격결정(relationship pricing)의 주요 목표는 표적시장에 있는 소비자들과의 관계를 제고시키는 데 있다. 예를 들어서, 은행산업에서 관계 가격설정 전략은, 새로운 ELS 상품이나 ISA 상품 등 수익성이 높은 특별 금융 서비스 상품을 제공함으로써 은행과 기존 종합통장 거래고객들 사이의 관계를 더욱 돈독하게 하기 위해 사용될 수 있다. 대표적으로 장기 계약을 생각해 볼 수 있다.

장기 계약(long-term contracts)

장기 계약은 동일한 서비스제공자와 수 년간 거래하기 위하여 가격 및 비(非)가격 인센티브를 예비 고객들에게 제공하는 것이다. 유나이티드 파슬 서비스(United Parcel Service: UPS)는 랜즈 엔드(land's End)사 및 포드 자동차(Ford Motor)와 장기 운송 계약을 체결하였다. 고객들의 장기적 헌신 때문에, UPS는 단속적 거래에서 지속적 거래로 탈바꿈할 수 있었다. 이후 UPS는 이 두 고객사들에 대해서 특별가격 적용은 물론 두 고객사들만을 위한 운영팀 및 지원인력팀을 지원하고 있다. 이들 고객사들과는 지금까지 거래가 지속되고 있으며 규모의 경제도 개발되고 있고 비용절감도 가능하게 되어 수익성과도 많이 향상되었다.

6) 효율성 가격결정

효율성 가격결정(efficiency pricing)의 주요 목표는 최고가격을 찾고 있는 경제적 마인드를 가지고 있는 고객들에게 소구하는 것이다. 효율성 가격은 항상 산업이단이며, 지속가능한 비용우위를 찾아서 전통적인 운영 방식을 피하고 있다. 사우스웨스트 항공사(Southwest Airlines)와 그 기업의 비용절감에 대한 끈질긴 노력은 가장 대표적인 사례라고 할 수 있다. 사우스웨스트 항공사는 단거리 비행, 덜 붐비는 지역으로의 직항 노선 개발, 덜 비싼 공항 이용 등을 통해서 비용을 절감하였다. 이 항공사에서 기

내 음식은 제공되지 않고, 선착순으로 좌석을 배정하며, 업계 최초로 모든 항공편에서 무(無)티켓(ticketless) 제도를 시작하였다. 효율성 가격결정은 가격 대비 가장 비용 효율적인 최상의 서비스를 제공하는 데 초점을 맞추고 있다. 작업이 간소화되었고 비용 절감이 더욱 가능한 혁신은 기업 문화의 한 부분이 되었다. 비용 구조가 탄탄할수록, 신규 경쟁사가 사우스웨스트 항공사를 모방하는 것은 그만큼 어려워졌다. 비용에 대한 이해와 관리는 효율성 가격결정의 기본 구성 요소이다.

오늘날, 사우스웨스트 항공사는 항공산업에서 백스 플라이 프리(Bags Fly Free)제도를 통하여 가격 선도자로서의 입지를 지속적으로 이어가고 있다. 많은 다른 항공사들은 고객들에게 티켓 가격 외에도 수하물 가격을 첫 번째 수하물에 대해서는 $20까지, 그리고 두 번째 수하물에 대해서는 $30까지 징수하고 있는데, 사우스웨스트 항공사는 이러한 현상을 조롱하며 자사의 수하물 무료 정책을 자랑스럽게 뽐내고 있다. 오히려 이러한 상황을 이용하여 백스 플라이 프리(Bags Fly Free)제도로 왕복여행인 경우에 $100을 절약할 수 있으니 어서 사우스웨스트 항공사 비행기를 예약하라고 광고를 하고 있다. 사우스웨스트 항공사는 가장 싼 가격에 그러나 그 범위 내에서 고객들에게 최상의 서비스를 제공하고 있다는 인식을 효율성 가격결정 전략을 통해서 고객들에게 심어주고 있다.

생각해봅시다

01 가격이란 무엇인가?

02 서비스 품질의 지표로서 가격의 역할은 어떤 것인가?

03 기회비용의 대가로서 가격은 어떤 역할을 하고 있는가?

04 가격결정 요인을 내부 및 외부 요인으로 구분하여 고찰해보라.

05 가격결정 방식에는 어떤 것들이 있는가?

06 원가중심 가격결정 방식은 무엇인가?

07 경쟁중심 가격결정 방식은 무엇인가?

08 구매자중심 가격결정 방식은 무엇인가?

09 기타 가격결정 방식에 대해서 고찰해 보라.

CHAPTER 12

서비스 커뮤니케이션

학습목표

- 서비스 커뮤니케이션을 정의해본다.
- 효과적인 서비스 커뮤니케이션에 대해서 학습한다.
- 서비스 커뮤니케이션 프로세스 관리에 대해서 알아본다.
- 서비스 커뮤니케이션 특징을 이해한다.
- 서비스 커뮤니케이션 개발 치침을 살펴본다.
- 서비스 커뮤니케이션 믹스를 학습한다.

도입사례 '광고없는' 유튜브 서비스가 편치않은 이유

"요새 젊은 사람들은 유튜브로 검색해요." 요즘 유튜브를 통해서 많은 사람들이 '학습'합니다. 유튜브를 통해서 영어공부를 한다는 사람은 이미 수두룩합니다. 어학은 물론 경제, 음식 만들기 레시피부터 집안 형광등 갈아 끼우는 법, 문고리 교체하는 소소한 생활지식 등 다양한 노하우를 배울 수 있습니다. 자발적으로 자신들의 노하우를 알리고자 영상을 만들어 올리는 사람들 덕분입니다. 어른뿐만 아닙니다. 아이들도 마찬가지죠. 아장아장 걸음마를 떼는 아이들도 '텔레비전'이란 단어는 몰라도 '유튜브'란 단어는 압니다. 가장 먼저 시작하는 외래어가 '유튜브'가 됐을 정도입니다.

그래도 성가신 게 하나 있죠. 바로 광고입니다. 영상 초반에 나오는 프레롤 광고부터 중간중간 나오는 광고는 눈에 거슬립니다. 아이들 보는 만화 영상에 성인용 광고까지 나온다면 아찔할 수밖에요. 그래도 사람들은 봅니다. 공짜니까요. 전 세계 수많은 사람들이 올리는 영상과 노하우를 배울 수 있고, 고도화된 자기 추천 기능 덕에 시간 가는 줄 모릅니다. 한국인들이 가장 많이 사용하는 앱이 바로 유튜브죠. 카카오톡과 네이버는 뒷전으

로 밀려났고, 이 격차는 더 커질 전망입니다.

여기서 한 가지, 구글의 영악함이 드러나는 게 있습니다. 바로 '유튜브 프리미엄'이죠. 공짜로 영상을 보려면 광고를 보는 불편을 감수해야 하고, 그 불편이 싫다면 '돈을 내라'로 귀결되기 때문입니다. 사용자 저변을 확보한 다음, 광고로 돈을 벌고, 광고가 싫은 소수의 사람을 대상으로 또 돈을 버는 것이죠. 유튜브 프리미엄은 처음부터 돈을 받지 않습니다. 넷플릭스처럼 한 달 정도 무료 혜택을 줍니다. 써보고 괜찮으면 그 다음부터 '돈을 내라'입니다. 우리나라에서는 7,900원 정도 합니다. 7,900원이란 돈도 한국 시장에서는 꽤 상징성이 있어 보입니다. 단순히 광고만 걷어내는 정도라고 하면 7,900원이란 돈이 비싸게 느껴질 수 있습니다.

그런데 유튜브프리미엄은 화면을 끈 상태에서 소리만으로도 들을 수 있습니다. 예전 '유튜브레드'와 같은 기능이죠. 이 기능은 광고 제거 이상의 파급 효과를 가질 수 있습니다. 우선은 음원 스트리밍 서비스입니다. 국내 음원 플랫폼인 멜론이나 지니뮤직 등은 월 7,000원 이상의 돈을 내야 합니다. 국내 최대 음원 플랫폼 멜론의 예를 들어볼까요. 단순히 모바일로 듣기만 한다면 7,900원에서 8,400원을 내야 합니다. T멤버십 할인 등을 통하면 4,000원대 후반에서 5,000원대 초반으로 떨어지긴 합니다. 그러나 정기결제로 멤버십 할인을 받아야 합니다. MP3 다운로드까지 포함한 상품은 정가가 1만 원대 중반입니다. 이 상품도 멤버십 할인을 받으면 반값에 이용 가능합니다. 하지만 이 상품도 언제까지 지속될지 알 수 없습니다. 음원 권리자(저작권자)는 국내 플랫폼에 대해서 대가 인상을 요구하고 있기 때문이죠. 실제 내년 1월부터는 이들의 요구가 받아들여져 일부 서비스 가격이 인상될 전망입니다.

반면 유튜브 프리미엄은 같은 가격에 음악도 듣고, 다른 음성 콘텐츠도 들을 수 있습니다. 팟캐스트처럼 음성만 들리는 콘텐츠도 마찬가지입니다. 음악을 듣거나 팟캐스트를 듣는 수요도 유튜브가 흡수해갈 수 있다는 얘기죠. 경쟁사 입장에서는 '으시시' 할 수밖에요. 유튜브의 독점성이 가진 딜레마입니다.

물론 반론도 있습니다. 언제까지 우리가 우물안 개구리에만 있어야 하냐는 것이죠. 실제 유튜브 덕분에 우리나라 방탄소년단이 빌보드 차트 수위에 오르고 싸이가 세계적인 가수가 됐습니다. 우리나라 애니메이션도 더 이상은 국내 시장만은 노리지 않게 됐습니다. 세계화된 유튜브 네트워크 덕분입니다. 그렇다고 해도 유튜브가 방송은 물론 음원, 인터넷라디오 영역까지 독점하는 것은 장점보다 단점이 더 많을 것으로 보입니다. 다양한 서비스가 경쟁하면서 성장하는 게 소비자들한테는 더 이롭겠죠. 그러거나 말거나 유튜브는 앞으로 더 확장할 것으로 보입니다. 영상에 이어 음원서비스, 팟캐스트 시장까지 늘려갈 것으로 보입니다. 유튜브 프리미엄은 이런 확장성을 키우는 촉매제가 될 것이고요. 유튜브 프리미엄, 가격에 비해 누릴 혜택이 참 많은 서비스인데, 영 편치만은 않네요.

〈출처〉 이데일리(2018년 9월 29일)

PART 03

그림 12-1 어른부터 아이들까지 상당수는 일상생활에서 YouTube로 커뮤니케이션하고 있다

01 커뮤니케이션과 촉진

1) 개요

일반적으로, 기업의 촉진 전략, 혹은 커뮤니케이션 전략은, 조직의 목표를 달성할 목적으로 기업의 제품이나 서비스에 대해서 소비자, 직원, 그리고 주주들을 포함해서 표적시장을 상대로 정보를 제공하고, 설득하며, 그리고 상기시키는 것을 말한다. 여기서 커뮤니케이션 믹스(communication mix)라는 용어는 기업의 커뮤니케이션 전략을 수행하는 사용가능한 커뮤니케이션 도구들의 배열을 설명하는 것이다. 마케터가 마케팅 프로그램을 만들기 위해서 마케팅믹스(제품, 가격, 유통, 촉진)의 요소들을 결합하는 것처럼, 서비스기업의 실무자들도 자신들의 메시지를 전하기 위해서 가장 적절한 커뮤니케이션 도구들을 선택해야 한다. 커뮤니케이션 믹스의 도구들 중에 인적 판매(personal selling)는 서비스제공자와 고객 간에 쌍방향 커뮤니케이션을 가능하게 만드는 유일한 커뮤니케이션 도구이다. 결과적으로, 서비스제공자는 특정 고객에게 부합되도록 자사의 커뮤니케이션 메시지를 맞출 수 있다. 또한 전반적인 인지도를 창출하는데 광고(advertising)보다 빠른 커뮤니케이션 도구는 없다. 게다가, 홍보(publicity)는 무료이며, 전형적으로 커뮤니케이션 정보의 가장 신뢰할 만한 원천이 되고 있는 제3자에 의해서 보고되고 있다. 아울러, 판매 촉진(sales promotion)을 사용하는 주된 전략적 이점은 단기 판매를 증가시키는 데 있다. 마지막으로, 후원(sponsorship)을 통해서 서비스기업은 표적시장을 좁게, 그러나 바람직하게 설정할 수 있으며, 소비자들의 변화하는 매체 습관에 적응할 수 있게 된다. 이제 소비자들은 더 이상 텔레비전에 매달리

지 않고 있으며 인터넷이나 모바일 등 다른 온라인 기술 장비를 통해 프로그램을 시청할 수 있으므로 특정 프로그램을 후원하는 것은 표적시장에 접근할 수 있는 효과적인 방법이다.

2) 효과적인 커뮤니케이션

현대마케팅은 기업들이 훌륭한 제품이나 서비스를 개발하고 매력적인 가격을 설정하며 목표시장에 있는 고객들이 언제 어디서나 이러한 제품이나 서비스를 구매할 수 있게 하는 것만을 요구하는 것은 아니다. 그 이상을 요구하고 있는 것이다. 현대마케팅을 기업들이 제대로 수행해 나가기 위해서는 고객들과 부단히 커뮤니케이션을 가져야 한다. 그리고 커뮤니케이션된 내용들이 활성화되지 않고 그대로 방치되어서는 안 된다. 커뮤니케이션을 잘 하기 위해서 기업들은 다음과 같은 활동을 한다. 즉, 효과적인 광고 카피를 개발하기 위해서 광고 대행사에게 의뢰한다든가, 판매 인센티브 프로그램을 설계하기 위하여 판매 촉진 전문가를 고용한다든가, 아니면 기업이미지를 개발하기 위해서 PR 전문가에게 용역을 주기도 한다. 대부분의 기업들에 있어서, 문제는 커뮤니케이션을 할 것인지의 여부에 있지 않고, 얼마나 많이 그리고 어떠한 방법을 통해서 효과적으로 커뮤니케이션을 할 것인지에 달려 있다고 보아야 한다.

기업의 통합 마케팅 커뮤니케이션(IMC: integrated marketing communication) 프로그램은 촉진믹스(promotion mix)라고도 불리는데 기업이 마케팅목표를 추구하는 데 사용되는 광고, 인적 판매, 판매 촉진, 그리고 홍보 혹은 PR(public relation) 등이 혼성된 형태로 구성되고 있다. 그러나 현실적으로는, 커뮤니케이션은 단지 특정 촉진 도구 혹은 그 결합에만 국한되지 않는다. 제품이나 서비스의 설계, 가격, 포장, 색깔, 점포 등 기업이 영업 활동을 하는 데 관여하는 모든 것들이 고객들과 커뮤니케이션을 갖는 데 사용된다. 따라서 비록 촉진믹스가 기업의 주요 커뮤니케이션 활동이라 하더라도 촉진을 포함한 제품/서비스, 가격, 유통 등 전체 마케팅믹스가 보다 효과적인 커뮤니케이션이 되기 위해서 상호 조정되어야 한다. 복합적인 마케팅 커뮤니케이션 시스템은 다음과 같다. 즉, 기업은 중간상, 소비자, 그리고 일반 대중과 커뮤니케이션을 갖는다. 중간상들은 소비자와 일반 대중들을 상대로 커뮤니케이션을 하며, 소비자들은 상호간에 혹은 다른 대중들과 구전 커뮤니케이션(word-of-mouth communication)을 갖게 된다. 또한 발생했던 커뮤니케이션은 상대방에게 피드백이 된다.

02 서비스 커뮤니케이션 프로세스 관리

1) 개관

일반적으로, 건전한 커뮤니케이션 전략의 개발은 효과적인 마케팅을 발전시키는 기본적인 핵심사항과 밀접하게 관련되어 있다. 즉, 표적시장을 결정하고, 적절한 포지셔닝 전략을 선정한 후, 바람직한 포지셔닝 전략을 강화시켜 주는 표적시장에 부합되는 커뮤니케이션 믹스를 맞춤화하는 것이다. 결과적으로, 서비스 커뮤니케이션 믹스를 관리하는 것은 단순히 광고를 개발하고, 광고시간대를 구입해서, 느긋한 자세로 그 효과를 지켜보는 것보다 훨씬 더 정교하게 이루어져야 한다. 원칙으로서의 마케팅은 효과적으로 사용될 때 의도된 목적의 성공가능성을 높여주는 수많은 프로세스로 구성되어 있다. 이를 위해서는 커뮤니케이션 프로세스 모델을 이해하는 것이 중요하다.

2) 커뮤니케이션 프로세스 모델

일반적으로 커뮤니케이션은 9가지 요소로 이루어져 있다. 메시지를 상대방에게 보내는 발신자(sender: source)와 이 메시지를 받아들이고 있는 수신자(receiver: audience)가 있으며, 발신자가 보내는 상징의 집합인 메시지(message)와 이 메시지를 전해주는 커뮤니케이션 통로인 매체(media)가 있다. 또한 발신자의 생각을 상징적 형태로 표현하는 과정인 부호화(encoding)와 이 상징적 형태로 된 메시지에 의미를 부여하여 해석하는 해석화(decoding), 수신자가 메시지를 받고 보이는 반응(response) 및 수신자가 발신자에게 보내는 반응인 피드백(feedback) 등의 커뮤니케이션 기능들을 생각해 볼 수 있다. 마지막 요소는 잡음(noise)인데, 이는 발신자가 전혀 의도하지 않았거나 왜곡된 메시지를 수신자가 받게 되는 커뮤니케이션 프로세스 동안 방해가 되는 요소인 것이다.

그림 12-2 커뮤니케이션 프로세스 모델

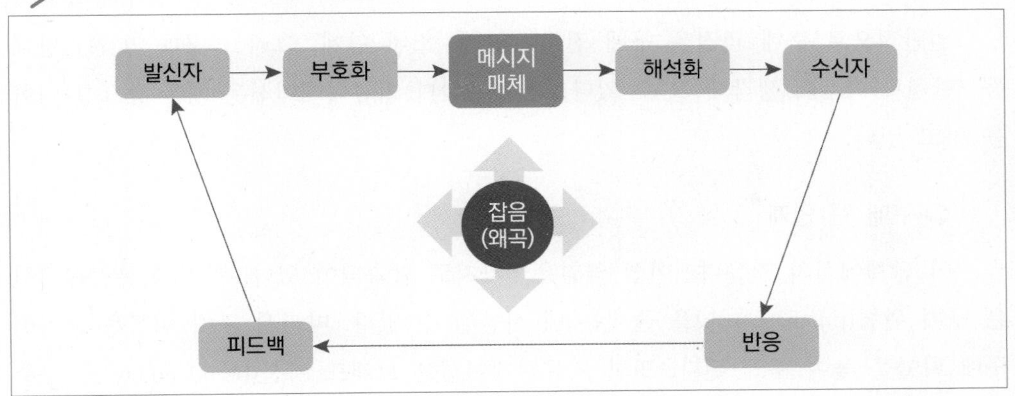

커뮤니케이션의 9가지 요소는 성공적인 커뮤니케이션을 위해서 핵심적인 기능을 하고 있다. 발신자는 자신이 접근하고자 하는 청중들이 누구이며 그들의 어떤 반응을 원하고 있는지를 알 필요가 있다. 또한 발신자는 수신자인 표적청중이 제대로 해석할 수 있도록 메시지를 알맞게 부호화시켜야 한다. 그리고 발신자는 효율적인 매체를 통해서 메시지가 제대로 표적청중에 도달될 수 있도록 하여야 한다. 그리고 발신자는 피드백 경로를 개발하여 전달된 메시지에 대한 청중의 반응을 평가할 수 있어야 한다. 따라서 마케터는 <그림 12-3>과 같은 과정을 밟아 커뮤니케이션을 효과적으로 수행할 수 있게 된다.

그림 12-3 효과적인 커뮤니케이션 수행

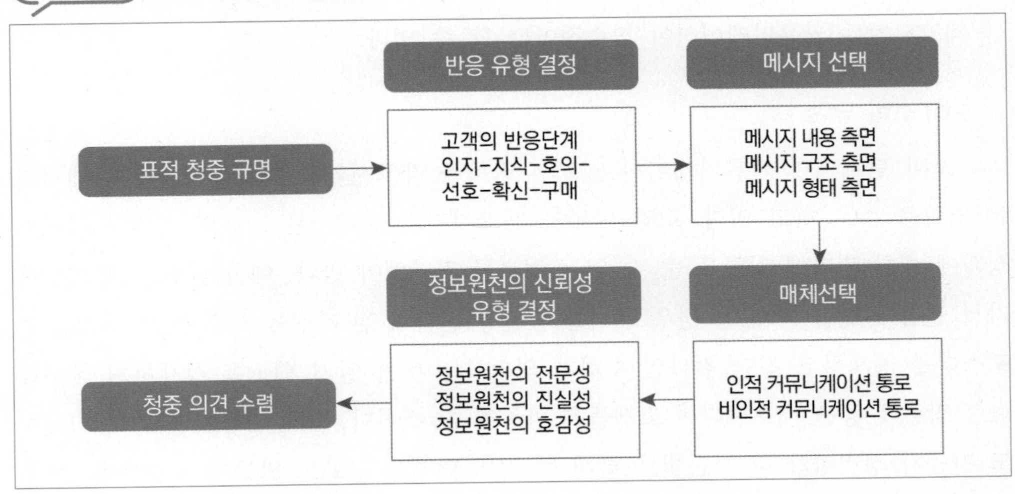

PART 03

3) 커뮤니케이션과 구매 과정

일반적으로 구매 과정은 구매 전(前) 단계, 소비 단계, 그리고 구매 후(後) 단계 등 3단계로 나누어 생각해 볼 수 있다. 각 단계마다 커뮤니케이션은 매우 중요한 역할을 하고 있다.

구매 전 단계

이 단계에서의 커뮤니케이션 역할은 5가지로 압축되어 있다. 먼저 커뮤니케이션은 구매 위험(purchase risk)을 줄이는 데 사용될 수 있다. 따라서 구매 위험을 줄이면 구매 확률을 높여 주게 된다. 또한 커뮤니케이션은 브랜드 자산(brand equity)을 구축하거나 브랜드 인지도를 증가시키기 위해서 특유한 기업이미지를 개발하는 데 사용될 수 있다.

독특한 기업이미지를 개발함으로써 서비스기업은 특정 표적시장에 소구할 수 있게 된다. 아울러 커뮤니케이션은 브랜드 자산을 구축하는 데 사용되고 있다. 증대되는 브랜드 파워는 소비자들에게 그 서비스가 보다 균일한 서비스 품질을 제공해 줄 수 있다는 믿음을 심어 주게 된다. 브랜드 자산은 구매 위험을 감소시키고 결과적으로 구매 확률을 높여 준다. 마지막으로 커뮤니케이션은 인지도를 제고시키는 데 사용될 수 있다. 거의 모든 구매 결정은 환기상표군(invoked set)으로부터 결정되기 때문에 서비스기업이 소비자의 환기상표군 속으로 들어간다고 하는 것은 매우 중요하다고 볼 수 있다. 소비자의 환기상표군 내에 있지 아니한 기업은 그만큼 선택될 확률이 낮은 것이다. 따라서 소비자의 환기상표군 속으로 편입되기 위해서는 기업이나 브랜드 인지도를 제고시키는 커뮤니케이션이 필수적이라 할 수 있다.

소비 단계

소비 단계에서 커뮤니케이션은 고객 만족을 제고시키고 재구매행동을 증대시키는 역할을 주로 하고 있다. 고객 만족을 제고시키기 위해서는 고객의 기대나 서비스 성과에 대한 평가에 영향을 줄 수 있는 정보를 전달해야 한다. 예를 들면, 종합병원에 가서 건강 진단을 받게 될 경우 고객들이 건강 진단의 전 과정을 사전에 알 수 있도록 포스터를 게시하고 진단 결과의 수치가 의미하는 바를 알기 쉽도록 상세하게 풀이해 놓은 팜플렛 등을 배포한다면 고객들은 만족해 할 것이다. 또한 자동차 수리 센터에서도 자동차 정비사가 각 부문별로 밟게 될 정비 단계를 도표로 만들어 고객들이 볼 수 있도록 게시해 놓는다면 역시 고객들의 만족을 얻을 수 있을 것이다. 놀이공원 등에서 다양한 방향으로 놀이 시설, 출구, 화장실, 스낵코너, 휴게실 등을 표시하여 어느 고객들이나 쉽게 정보를 알 수 있도록 해놓는 경우도 고객 만족을 제고시키기 위하여 설계된 것이라 할 수 있다.

그림 12-4 Hertz의 Car Rental Process를 알기 쉽도록 상세하게 풀이해 놓은 팜플렛

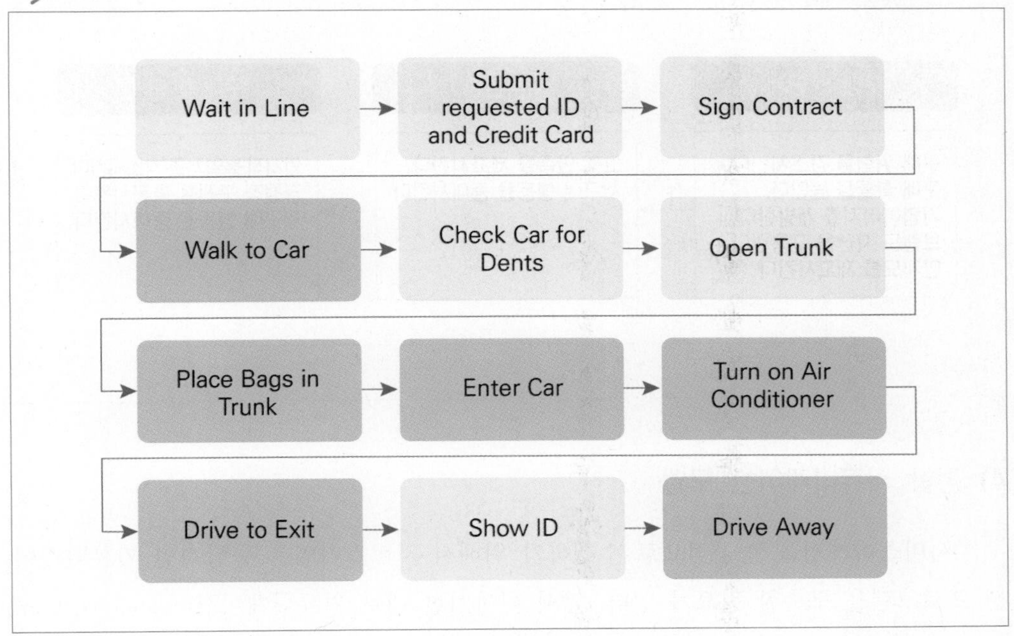

✔ 구매 후 단계

구매 후 단계에서의 커뮤니케이션은 인지적 불일치(cognitive dissonance)를 줄이고 긍정적인 구전(positive word-of-mouth)을 촉진시키며 재구매행동을 증대시키는 방향으로 설계되어야 한다.

여기서 인지적 불일치는 고객들이 자신들의 구매를 후회하지 않도록 하게 만들면 줄일 수 있게 된다. 이는 광고, 구매 시점의 디스플레이, 혹은 서비스제공자와의 인적 접촉을 통해서 이루어질 수 있다. 인지적 불일치가 줄어들게 되면 긍정적인 구전커뮤니케이션 및 재구매 가능성이 커지게 된다. 따라서 서비스의 무형성과 구매결정 시 고객들의 구전에 대한 신뢰 때문에 긍정적 구전커뮤니케이션은 매우 중요하다. 서비스기업은 고객들에게 인센티브를 제공함으로써도 구전 커뮤니케이션을 촉진시킬 수 있

다. 예를 들어서, 수영강습 학원에서는 고객들이 기초 과정을 마치고 곧바로 중급 과정에 들어가게 되면 수강료의 20%를 할인해 주고 있다. 또한 많은 실내 골프장에서 고객들이 다 사용한 쿠폰북 표지를 제시하게 되면 신규 쿠폰북 구매 시 쿠폰 10장을 더 얹어 주고 있다.

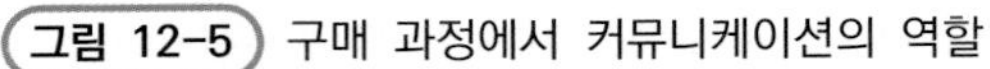
그림 12-5 구매 과정에서 커뮤니케이션의 역할

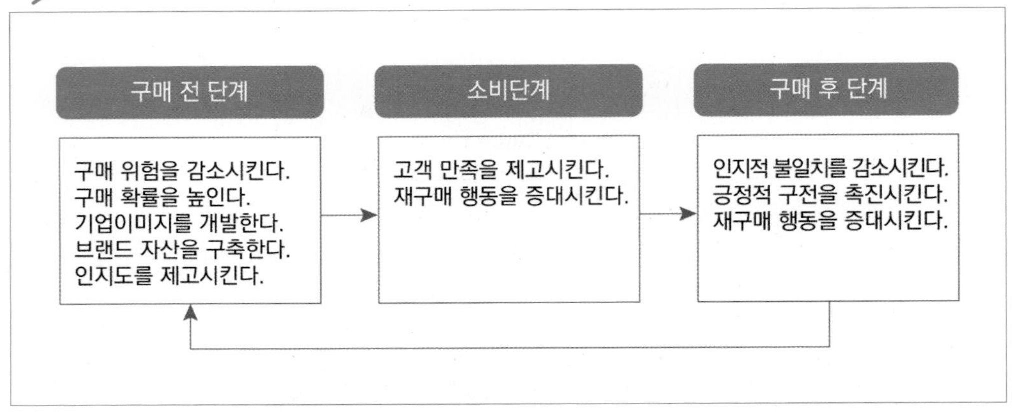

4) 종합 커뮤니케이션 모델

서비스마케팅을 성공적으로 수행하기 위해서 서비스기업은 종합적인 커뮤니케이션 프로그램을 구축할 필요가 있다. 앞서 이야기한 대로 커뮤니케이션(communication)이란 소비자행동에 정보를 제공하고 설득하며 영향을 주는 활동이라고 할 수 있다. 종합 커뮤니케이션(integrated communication) 프로그램이란 마케팅 목표를 달성하기 위해서 다양한 커뮤니케이션 매체들을 적재적소에 배치하고 그 사용을 조정하는 계획이라 할 수 있다.

커뮤니케이션은 촉진믹스 요소의 결합이나 각 요소형태로 나타내고 있으며 촉진믹스에는 광고, 인적 판매, 판매 촉진, 그리고 홍보 혹은 PR 등이 포함된다. 서비스마케팅전략에 영향을 주는 요인으로서는 서비스 수명주기(SLC: service life cycle), 경쟁, 그리고 환경 등이 있다. 마케팅전략은 자사의 경쟁우위(competitive advantage), 영업위치(operational position), 표적시장(target market), 그리고 소비자 위치(consumer position) 등을 감안해서 수립되게 된다. 이 마케팅전략은 마케팅믹스 사용을 통해서 구체화되고 마케팅믹스의 기조 내에서 촉진믹스가 형성되게 된다. 촉진믹스는 종합

그림 12-6 종합 커뮤니케이션 모델

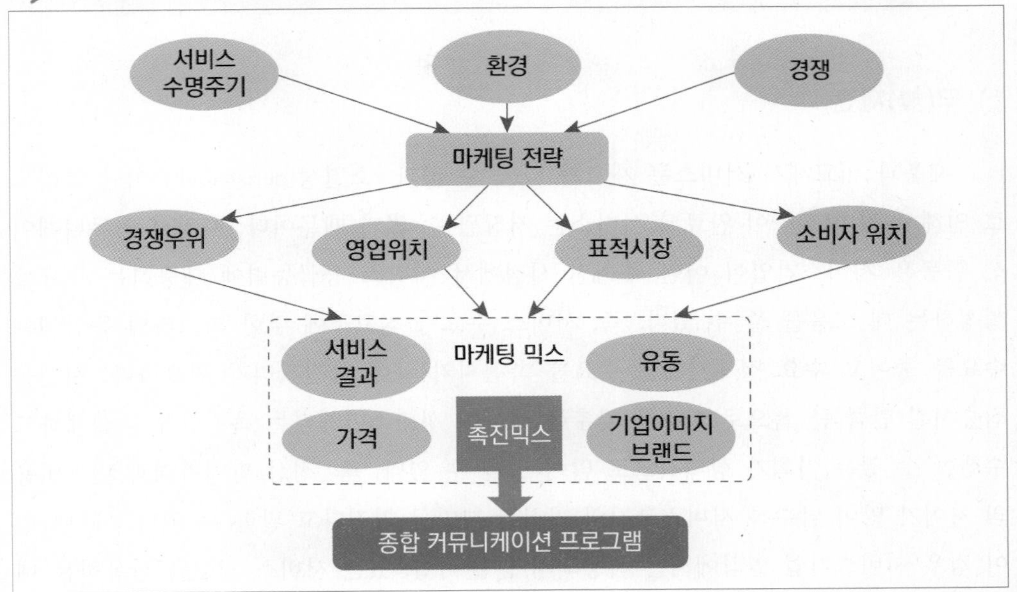

커뮤니케이션 프로그램을 통해서 구체적으로 시현된다. 촉진믹스를 좀 더 확장해 보면 다음과 같이 나타난다. 즉, 인적 판매, 고객 서비스, 광고, 판매 촉진, 홍보 및 PR(스폰서십 포함), 브로셔(brochures), 비디오, 소프트웨어와 같은 소개자료, 그리고 기업 이미지 등이다. 대부분 소비재 마케팅에서는 광고가 가장 두드러진 촉진요소이며 마케터와 잠재 고객들 사이에 최초의 접점을 제공해 주고 있다. 반면에 대부분의 산업재 마케팅에서는 인적 판매가 상대적으로 중요한 비중을 차지하고 있다. 특히 개별 고객당 구매 금액 규모가 클 경우 그 중요성은 더욱 커지고 있다.

03 서비스 커뮤니케이션 특징

1) 무(無)재고

제품과 비교해서 서비스는 재고가 있을 수 없다. 소멸성(perishability)이란 특성으로 인해서 이미 제공이 완료된 서비스는 저장될 수 없기 때문이다. 따라서 커뮤니케이션 활동은 서비스기업이 어떤 주어진 시점에서 서비스 공급능력에 대응하는 수요를 형성하는 데 도움을 줄 수 있다. 즉, 서비스 수요가 최고조에 달한 피크타임 동안에는 수요를 줄이고 수요 정체기에는 수요를 촉진시키는 데 촉진관리가 필요하다. 시선을 집중시킬 만큼 큰 폭으로 가격을 낮추는 경우에 서비스마케터는 촉진활동을 설계하고 수행할 수 있는 기회가 상대적으로 많이 있을 수 있다. 즉, 정상 판매가격과 변동비용의 차이가 많이 날수록 서비스촉진의 기회는 그만큼 커진다고 말할 수 있다. 왜냐하면 이 경우 서비스기업 입장에서는 사용되지 않을 수도 있는 서비스 시설을 활용하는 데 도움이 되는 대규모 할인이나 상당한 금전적 가치가 있는 판매 촉진 활동을 시행할 수 있기 때문이다.

제품의 경우는 서비스와는 반대로 거의 수요를 조절하려고 하지 않는다. 왜냐하면 제조업 부문의 기업이 제조역량을 관리하는 것이 호텔이나 항공회사 등과 같은 높은 고정비용을 요구하는 서비스기업이 생산역량에 변화를 주는 것보다 훨씬 더 용이하기 때문이다. 물론 제조업체들도 경쟁사 제품의 구매를 방해한다거나 자사 제품의 사용을 활성화시킨다거나 혹은 현금흐름을 제고시키고자 할 때 고객에 대한 촉진활동을 강화한다. 이 접근방법은 재고를 소비자들에게로 이전시키는 것인데 그 이유는 제조업체나 소매상들의 재고비용보다는 소비자들의 보관비용이 적게 들게 되기 때문이다. 재고가 없음에도 불구하고, 서비스기업들은 인센티브를 제공함으로써 효과적으로 소비자들에게 자사의 서비스를 확대 판매할 수 있게 된다. 즉, 일정기간 동안에만 대규모 할인가격으로 서비스 구매가 가능하다고 광고한다면 이는 바로 일종의 촉진인 것이다. 예를 들어서, 프로야구의 경우 시즌별 티켓을 할인된 가격으로 묶어서 판매할 경우 이 티켓을 구매한 고객들은 다른 곳에서 시간 및 돈을 사용하는 대신에 야구장을 더 많이 찾게 될 것이다. 프로야구단의 입장에서는 비수기와 성수기의 격차를 줄일 수 있게 되는 것이다.

촉진은 보통 제조업 부문에서보다는 서비스 부문에서 훨씬 신속하게 수행될 수 있다. 제조업체의 경우 예상되는 수요 증가분을 맞추기 위해서 추가물량을 소매상들에게 수송해 주어야 한다. 더욱이 많은 경우에 제조업체의 촉진은 특별가격이나 쿠폰을 나타내기 위해서 라벨이나 포장의 변화가 필요하게 된다. 그러나 서비스는 광범위한 구매시점 광고가 중간상들이나 다른 유통점들을 위해서 개발될 필요가 없으며 보통 제조업체의 경우와 같은 경과 시간을 필요로 하지도 않는다.

2) 줄어드는 중간상 역할

제품과 비교해서 보았을 때, 서비스는 대부분 유통경로상 중간상(intermediaries)을 경유하지 않는다. 제조업체의 경우 광고, 소비자 촉진, 거래 촉진 등에 예산을 어떻게 배분할 것인지에 대해서 의사결정을 하게 된다. 그러나 서비스를 직접 판매하고 있는 기업들은 말할 것도 없고 딜러 등 중간상들을 통해서 서비스를 판매하고 있는 기업들도 소비자 촉진이나 거래 촉진 등 유통경로상의 촉진에 상대적으로 적게 비용을 쓰고 있다. 물론 때때로 서비스의 경우에도 중간상들에게 인센티브를 제공하는 것은 필요하다. 여행이나 보험 산업에 있는 서비스기업의 경우 주로 독립적인 대리점들이나 브로커들을 광범위하게 이용하고 있는데, 물리적인 전시공간을 위해서뿐만 아니라 중간상을 통한 소비자의 최초 상기(top-of-mind recall) 브랜드가 되기 위해서도 경쟁사의 서비스와 경쟁해야만 한다.

자신의 고객들에게 직접 서비스를 제공하기 위해서 다량의 촉진을 사용하고 있는 서비스기업들은, 결과적으로 때때로 바로 자신들이 수행한 촉진활동 때문에 생겨나는 유통경로의 중간상들과 마주치게 된다. 예를 들어서, 영화관들이나 연극공연장의 경우, 특별 판매 촉진 기간을 통해서 할인된 가격으로 티켓묶음 판매를 했는데 원래의 구매자가 이들 티켓 중 일부를 재판매한다면 결과적으로 새로운 중간상을 창출하게 되는 셈이다.

3) 고객접촉 직원의 중요성

서비스의 경우 보통 중간상들이 없기 때문에 고객과 직접 접촉하고 있는 서비스 제공 직원들을 위한 인센티브 프로그램은 상당히 중요하다. 제조업의 경우에는 유통 점포의 개별 직원이 성공적인 거래를 위해서 그렇게 중요한 역할을 하지는 못하고 있다. 그러나 서비스의 경우에는 정반대이다. 서비스 제공 직원의 고객과의 상호작용이 종종 고객 만족에 결정적으로 영향을 미치기 때문이다. 서비스 제공 직원들을 위한 인센티브 프로그램은 서비스 시설에서 품질 통제를 확실히 하기 위한 내부 마케팅(internal marketing)의 일부분으로 사용되기도 한다. 현금 보너스, 포상, 회식, 그리고 특별상 시상 등은 내부 마케팅에 활용되고 있는 인센티브의 일종이다.

4) 고객 참여의 필요성

서비스기업들은 생산성을 향상시키기 위하여 종종 고객과 서비스제공자 간의 상호접촉이 발생하는 공간을 변화시킨다. 만약 고객들이 인간노동을 대체하는 차원에서 기술이나 장비를 사용한다거나 작업의 효율성을 제고시키는 차원에서 기술을 수용하게 되면, 그 서비스기업들은 여러 가지 비용을 상당부분 줄일 수 있게 된다. 그러나 만약 고객들이 기존의 접근방법에 그대로 남아 있어서 새롭고 기술에 근거한 서비스 제공 시스템을 거부하거나 셀프서비스 방법을 회피하게 되면 이러한 효익은 이루어질 수 없게 된다.

한 가지 중요한 문제는 단순한 관성(inertia)이다. 소비자들은 전환(switching)에 대한 인센티브가 없으면 굳이 자신들의 구매패턴에 변화를 주려고 하지 않는다. 또한 고객들이 첫 번째 시도에서 좋지 못한 경험을 하게 되면 연달아 문제가 발생할 수 있다. 서비스 혁신이 성공하기 위해서는 다음과 같은 세 가지 조건을 충족시켜야 한다.

- 고객들은 그 시스템이 변화되었음을 인식하고 있어야 한다.
- 고객들은 각자 새로운 시스템을 올바르게 사용하는 방법에 대해서 교육받을 필요가 있다.
- 고객들이 새로운 방법에 적응하고 그 이점을 인식하기 위해서는 충분히 새로운 접근방법을 경험할 수 있는 기회가 주어져야 한다.

가격할인이 셀프서비스를 지속적으로 수행하도록 권장하는 한 가지 방법이 될 수 있다. 예를 들면, 주유소에서 셀프서비스로 주유를 하는 경우 휘발유 가격을 할인해 주는 것이다. 그러나 프리미엄, 견본품, 그리고 경연 및 추첨 등도 마찬가지로 고객들이 서비스를 제공받을 때 기존 방법보다는 새로운 방법을 채택하도록 유인하는 역할을 할 수 있다.

04 서비스 커뮤니케이션 개발 지침

1) 구전(입소문) 커뮤니케이션 네트워크 개발

서비스를 구매하는 소비자들은 구매와 관련된 위험을 감소시키기 위해서, 매스미디어 등 비(非)인적 정보원(nonpersonal sources)보다는 가족, 친구, 직장 동료 등 인적 정보원(personal sources)에 보다 많이 의존하는 경향이 있다. 비(非)인적인 출처의 중요성을 고려할 때, 입소문 네트워크(word-of-mouth network)의 개발을 용이하게 하는 커뮤니케이션이 개발되어야 한다. 만족한 고객을 특징으로 하는 커뮤니케이션과 현재 고객들이 자신들 주위에 있는 사람들을 끌어들이는 것을 권장하는 촉진전략이 핵심이다. 공동체와 전문가 집단을 대상으로 하는 프레젠테이션 및 공동체와 전문가 활동을 후원하는 것과 같은 다른 커뮤니케이션 전략도 구전 커뮤니케이션을 자극하는데 매우 효과적이었음이 입증되고 있다. 특히, 최근에 인터넷이나 모바일 등 온라인 기술이 급속도로 발전하면서, 블로그, 소셜네트워크, 댓글 등 다양한 방식으로 고객들과 서비스 기업들은 정보의 보다 개인적인 출처에 접근하고 만들어 낼 수 있게 되었다.

2) 가능한 것만 약속하기

기본적으로, 고객 만족은 실제 서비스 제공과정에서 사전 기대와 사후 인식을 고객들이 비교하면서 만들어지는 것이다. 경쟁이 치열해지면서, 기업들은 커뮤니케이션을 하는 과정에서 때로는 고객들에게 과대 약속을 하고 싶은 유혹도 느낄 수 있을 것이다. 지킬 수 없는 과대 약속을 초기에 해서 고객들의 기대 수준을 증가시킬 수는 있어도 그러한 약속이 지켜지지 않았을 때 고객 만족은 이내 낮아지게 된다. 과대 약속은 두 가지 문제와 관련되어 있다. 첫째, 고객들은 실망한 상태로 떠나게 되고 고객들과 기업 간에 심각한 신뢰의 상실이 발생한다. 더욱이 실망한 고객들은 그들이 경험을 다른 사람들에게 말하게 되며, 이는 경험으로부터 얻어진 좋지 못한 결과를 증폭시킨다. 둘째, 이는 해당 서비스기업의 직원들에게 부정적 영향을 미친다. 일상적으로 거짓 약속을 하는 회사를 위해 일하는 것은 소속 직원들을 타협하고 종종 대립적인 입장에 처하게 만든다. 현장에 있는 직원들은 왜 기업이 약속을 지킬 수 없는지를 따져 묻는 고객들에게 반복적으로 설명해야만 상태에 내몰린다. 직원 만족도와 고객 만족도 사이의 연관성을 고려할 때, 충족될 수 없는 기대치를 창출하는 것은 장기적으로 엄청나게 부정적 효과를 가져 올 수 있다.

3) 무형성을 유형화시키기

서비스의 무형성 때문에, 서비스 상품은 종종 잠재적 고객들의 마음속에 추상적이 된다. 결과적으로, 서비스 광고의 주요 지침 중 하나가 광고를 보다 구체적으로 만드는 것이다. 예를 들면, 보험 서비스 상품과 같은 경우에 일상적으로 이러한 과제를 직면하고 있다-무형성을 어떻게 유형적으로 만들 것인가? 많은 보험회사들을 위한 한 가지 가능한 해법은 자사를 나타내기 위해서 푸르덴샬(Prudential)사의 바위(The Rock), 메릴린치(Merrill Lynch)사의 황소(The Bull), 가이코(GEICO)사의 도마뱀붙이(The Gecko)와 같은 유형적인 상징물을 사용하는 것이었다.

그림 12-7 GEICO의 유형적 상징, 도마뱀붙이(Gecko)

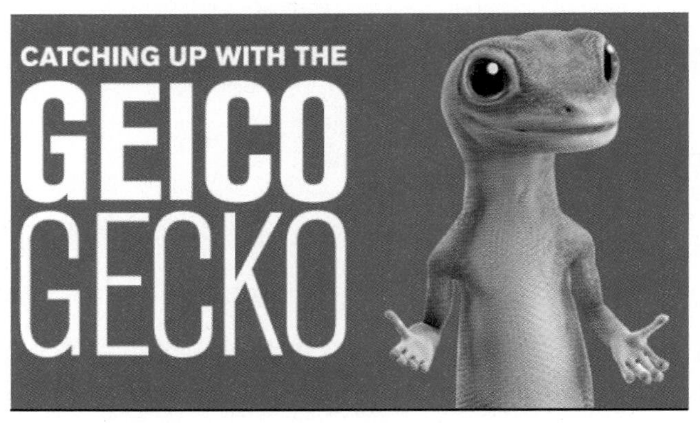

<그림 12-8>에서 나타나는 바와 같이, 무형성을 유형화시키는데, 시장 실체(market entities)의 척도가 그 목표에 따라 달라져야 한다. 즉, 특성상 향수와 같이 유형성이 우세한 시장 실체는 광고 전략을 구사할 때 이미지 개발을 사용한다. 기본적 관점에서 보았을 때, 향수는 단순히 용기 내에 있는 향기나는 액체인 것이다. 고객은 집어 들고, 바르고, 향수 냄새를 맡아 볼 수 있다. 따라서, 향수는 유형성이 강한 시장 실체인 것이다. 많은 유형성 우세 상품들 같이, 광고는 다른 상품들과 차별화시키기 위해서 보다 추상적인 경향을 띠게 된다. 대조적으로, 무형성 우세 상품들의 광고는 물리

적 단서(physical cue) 및 유형적 증거(tangible evidence)를 통해서 보다 구체성을 띠는 쪽에 집중해야 한다. 보험 상품은 이미 추상적이어서, 해당 서비스를 단순하고 구체적인 용어로 설명하는 커뮤니케이션 목적을 가지고 있다. 유형적 상징 외에, 다른 서비스 기업들은 "우리들은 이 비즈니스를 1925년부터 해 왔습니다"라든가 "10명 중 9명의 고객들은 저희 회사를 가까운 지인들에게 추천하고 있습니다"와 같이 광고 문안에 숫자를 이용함으로써 자신들의 서비스 상품을 유형화시켜 왔다. 마지막으로, 시장 실체(market entities)의 척도상에서 중간 지점에 위치한 상품의 커뮤니케이션 목표는 종종 두 가지 접근방법-추상적 요소와 구체적 요소-을 사용하고 있다. 예를 들어서, 맥도날드와 같은 패스트푸드 레스토랑은 "음식(food), 친구(folks), 그리고 재미(fun)"를 광고 카피에서 활용하고 있다. 여기서, 음식과 친구는 구체적이고, 재미는 추상적이다.

그림 12-8 유형성 효과

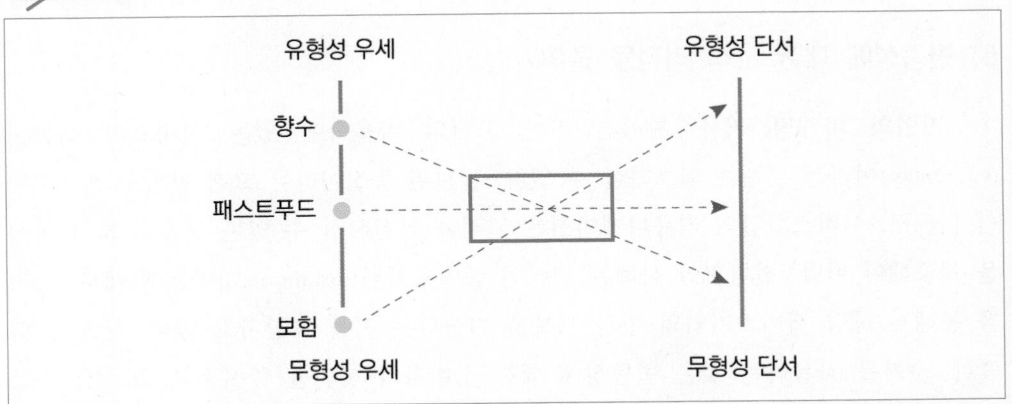

자료: Shostack, Lynn G.(1977), "Breaking Free from Product Marketing," *Journal of Marketing*, 41 (April). 73-80.

4) 고객과 서비스제공자 간 업무 관계 특화

원론적으로, 서비스 제공은 서비스제공자와 고객 간의 상호적 프로세스이다. 비(非)분리성(inseparability)이라는 특성 때문에, 기업의 커뮤니케이션에서 바람직한 결과를 달성하기 위해서 기업 대표와 고객 업무 담당 직원들이 함께 한다는 특징으로 하는 것은 중요하고 적절한 것이다. 세계적인 세금 회계법인인 에치앤알 블록(H&R Block)의 광고는 회사 대표와 고객이 친근하고 안심할 수 있는 방식으로 상호작용을 하는 것을 보여주고 있다. 많은 금융기관들, 법률기업, 그리고 보험회사들은 또한 동일한 모델을 따르고 있다. 특히, 서비스 광고는 고객들의 구매를 권장할 뿐만 아니라 직원들에게도 성과를 낼 것을 권장하는 쪽으로 초점을 맞추고 있다. 확실하게, 서비스 제공과정에서 비(非)분리성을 나타내고 있는 광고는 고객과 서비스접점 직원들 모두를 목표로 하고 있다.

5) 변동성에 대한 고객 걱정을 줄이기

기업의 마케팅 커뮤니케이션 또한 고객의 마음속에 있는 서비스의 변동성(variability)이라는 문제를 최소화할 수 있다. 일관된 품질이라는 고객 인식을 제고시키기 위해서, 서비스기업의 커뮤니케이션은 고객을 안심시킬 수 있는 일종의 문서 형식을 제공해야 한다. 전형적인 사례는 질적인 품질추천서(testimonials)와는 반대로, 숫자를 통해서 해당 서비스기업의 성과 기록을 기술하는 것을 포함하고 있다. 광고에 '딱딱한' 숫자를 사용하는 것은 변동성에 대한 소비자의 불안을 줄여주고, 또 서비스를 유형화해주고 있다. 예를 들어서, "10명의 의사들 중 9명은 서비스 'X'가 가장 좋다고 합니다"라든지 혹은 "우리 회사는 98%의 고객 만족 수준을 유지하고 있습니다"라는 광고 문안은 해당 서비스기업의 일관성에 대해서 고객들을 안심시키는 데 도움을 주고 있다.

6) 관련된 서비스 품질 차원을 결정하고 초점 맞추기

고객들이 많은 서비스들 중 해당 서비스를 선택한 이유는 종종 유형성(tangibility), 신뢰성(reliability), 반응성(responsiveness), 공감성(empathy), 확신성(assurance)으로 이루어지고 있는 서비스 품질 차원들과 밀접하게 관련되어 있다. 그러나 일부 차원들은 다른 차원들에 비해서 고객들에게 더 중요할 수 있다. 예를 들어서, 오늘날 항공서비스 고객들의 30%는 항공사를 선택할 때 상위 5개 고려사항들 중 하나로 '안전성(safety)'을 꼽고 있다.[1] 결과적으로, 항공사가 특정 항공사 운항의 인증된 측면들은 물론 자사의 안전성 기록, 유지보수 및 훈련 프로그램을 특징으로 하고 있는 서비스 품질의 확신성 차원을 강조하는 것이 적절해 보인다. 또한 역효과를 낸 한 마케팅 커뮤니케이션 캠페인은, 어떤 한 호텔을 세계에서 가장 높은 호텔 중 하나로 홍보한 것이었다. 비록 이러한 광고는 서비스 품질의 유형성 차원을 강화시킨 것이지만, 이러한 특정 유형성 요소는 호텔을 선택하는 데 있어서 고객들에게 매우 중요한 것은 아니다. 사실상, 조금이라도 고소공포증을 가지고 있는 고객들은 윗층에 배치될까 두려워해서 그 호텔을 피하고 있다. 여기서 학습된 교훈은 마케팅 커뮤니케이션을 개발할 때 커뮤니케이션의 내용은 고객들에게 실제로 중요한 특징과 혜택에 초점을 맞추어야 한다는 것이다.

7) 서비스 제공 과정을 통한 서비스 제품 차별화

서비스가 무엇을 제공할 것인가와 어떻게 제공될 것인가 사이에는 굉장한 차이가 존재한다. 경쟁우위나 품질우위에 기여하는 프로세스에 대한 다양한 투입변수를 식별하고, 기업의 광고에서 이러한 투입변수를 강조하는 것은 성공적인 접근방식이 될 가능성이 있다. 예를 들어서, 표면적으로, 한 세무 회계사를 다른 세무 회계사와 차별화시키는 것은 다소 어려워 보인다. 그러나 만약 예약을 하기 위해 전화하기, 프런트 데스크에 있는 직원과 상호작용하기, 고객들이 대기하고 있는 응접지역의 사무실 외관, 고객과 회계사와의 상호작용, 그리고 지불 절차 등으로 이루어지고 있는 상담 서비스 과정을 고려한다면, 차별화시킬 수 있는 몇 가지 잠재적 영역이 생겨난다. 서비스 제공 프로세스 내에서 다양한 입력 정보를 요약하는 것은, 전통적으로 간과되어 온 주요 경쟁우위점과 품질우위점을 나타낼 수 있다. 결과적으로, 이러한 경쟁적 차이점은 서비스기업의 마케팅 커뮤니케이션에서 강조될 수 있으며, 시장에서 핵심 포지셔닝 전략을 구축할 수 있게 되는 것이다.

---

1 Miller, Cyndee(1991), "Airline Safety Seen as New Marketing Issue," *Marketing News*, July 8, 1991, pp. 1, 11.

8) 서비스를 보다 쉽게 이해시키기

일련의 이벤트로 서비스를 제시함으로써 잠재 고객에게 커뮤니케이션 믹스를 통해 서비스를 보다 완벽하게 설명할 수 있다. 보통 질문을 받게 되면, 소비자들은 종종 서비스 경험을 일련의 순차적 이벤트로 구분한다. 그 순서를 이해하면 서비스제공자가 고객의 관점에서 서비스를 볼 수 있게 된다. 예를 들어서, 은행고객들은 밖에서는 처음으로 외부 건물을 보고, 주차 시설, 조경, 그리고 경내의 청결 순으로 살펴보게 된다. 은행에 들어가게 되면, 고객들은 인테리어, 가구, 냄새, 음악, 온도, 그리고 서비스 직원들을 주시한다. 은행 거래를 수행하는 동안, 고객들에게 담당자의 외모와 태도는 추가적인 품질 단서가 된다. 그러므로 서비스접점의 각 단계마다 특정 서비스 품질에 대한 인식은 이루어지는 것이다. 사건의 순서적 관점(sequence-of-events perspective)으로부터 개발된 커뮤니케이션 전략은 서비스 제공과정을 통해서 고객을 생각하게 되고 각 분야에서 해당 서비스기업의 강점을 강조하게 된다.

그림 12-9 세계 최대의 개인 자산관리(private banking) 기업인 UBS는 외부 건물부터 부자 고객들에게 소구하는 커뮤니케이션 수단으로 삼고 있다

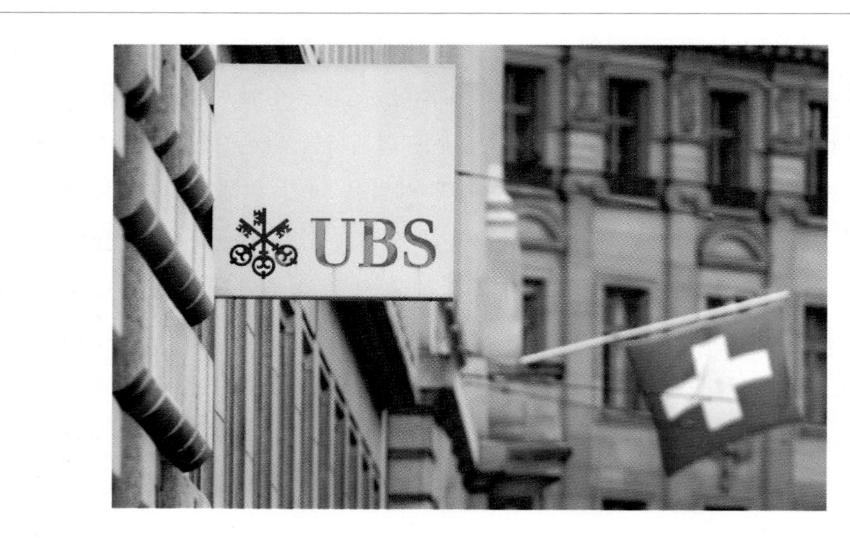

05 서비스 커뮤니케이션 믹스

1) 광고와 서비스 특성

오늘날 서비스 광고에 대한 지침은 제품과 비교해서 차별화되고 있는 서비스의 특성에 근거해서 만들어지고 있다. 여러 번 언급이 되었지만, 여기서 서비스의 특성은 무형성, 생산과 소비의 비(非)분리성, 이질성, 그리고 특정 고객에 대한 맞춤화 등을 생각해 볼 수 있다. Hill과 Gandhi(1992)는 이러한 서비스 특성과 광고의 요소들을 결부시켜 효과적인 서비스 광고지침을 내놓고 있다.[2] 서비스 광고를 하게 될 경우, 서비스 특성에 따라서 관리적 시사점들은 다음과 같이 나타내고 있다.

- 서비스가 무형적일수록, 그만큼 더 광고에서 구체적인 단서를 제공할 필요가 있다. 실제로, 서비스에 대한 광고는 유형적 단서, 생동감, 그리고 구전 커뮤니케이션 등을 사용해서 구체적으로 표현할 수 있다.
- 고객과 서비스제공자 사이의 비(非)분리성이 크면 클수록, 서비스 제공 시 고객의 참여를 보여줄 필요성은 그만큼 커진다. 광고에서는 서비스직원을 포함시키거나 고객과 서비스기업 대표와의 상호작용을 보여줌으로써 효과를 극대화시킬 수 있다.
- 서비스의 이질성이 커지면 커질수록, 품질을 강조할 필요도 그만큼 커지게 된다. 이 목적에 따라 서비스 광고에서 관련된 증거서류가 제공될 수 있다.
- 서비스가 제공되고 있는 상황과 고객 및 환경에 대한 특유성(specificity)이 커지면 커질수록, 서비스를 특화해야 할 필요성도 그만큼 커지게 된다. 이러한 서비스는 광고에서 서비스가 제공되는 일련의 과정을 보여줌으로써 특화될 수 있다.

따라서 서비스 특성과 관련된 광고 요소들은 다음과 같다. 첫째, 서비스가 무형적이기 때문에 유형적인 것을 통한 구체성(concreteness)이 제시되어야 한다. 둘째, 서비스의 비(非)분리성/소멸성 때문에 고객과 서비스제공자 사이의 상호작용에 대한 연출

2 Hill, Donna J. and Nimish Gandhi(1992), "Services Advertising: A Framework to its Effectiveness," *Journal of Services Marketing*, 6(4), 63–76.

(representation)이 이루어져야 한다. 셋째, 서비스는 제품에 비하여 상대적으로 이질성이 강하기 때문에 문서화(documentation)가 이루어져야 한다. 넷째, 서비스는 특성상 행위 과정이기 때문에 서비스 사건들의 순서(sequence of events)가 서비스 구매에 영향을 미칠 수 있다.

✔ 서비스 특성의 영향

서비스는 '행위, 활동, 혹은 성과'이기 때문에 서비스 광고가 서비스 제공 대상 및 서비스의 무형성 정도를 인식하고 있는 것은 매우 중요하다. 즉, 서비스 제공은 사람을 대상으로 하거나(예를 들면, 이발, 미용) 사물을 대상으로 하고(건물 청소), 또한 무형적일 수도 있고 아닐 수도 있다. 서비스를 보다 유형적으로 만들기 위해서 서비스기업은 다양한 방법으로 광고를 할 수 있다.

유형적 행동을 포함하고 있는 서비스는, 무형적 행동을 포함하고 있는 경우보다 소비자들이 연상하기가 훨씬 용이하다. 그리고 유형적 행동에는 서비스를 구체적으로 기술할 필요가 있다. 따라서 구전 커뮤니케이션을 권장하는 서비스의 유형적 단서를 생동감있게 보여 주는 광고가 상당히 효과적이다. 또한, 만약 서비스가 사물을 대상으로 한다면 구전 커뮤니케이션이나 생동감은 상대적으로 덜 중요해지게 된다.

그러나 사람을 대상으로 하는 서비스 광고와는 반대로 사물을 대상으로 하는 서비스 광고는 증거를 제시하는 것이 효과적이다. 또한 사람이 서비스의 수혜자인 경우 사물이 수혜자인 경우보다 서비스 절차를 묘사해 주는 광고가 훨씬 효과적이다. 이는 사람에게 서비스를 제공할 때 서비스 수준이 변동적이고 아울러 서비스 생산과 소비가 분리될 수 없기 때문이다.

표 12-1 서비스 특성 및 서비스 제공대상과 광고 요소의 강조

		서비스 제공 대상	
		사람	사물
서비스 특성	유형적 행동	구체성(강조), 상호작용(강조) 문서화(절제), 서비스 절차(강조) 예 이 · 미용	구체성(절제), 상호작용(강조) 문서화(강조), 서비스 절차(절제) 예 잔디관리
	무형적 행동	구체성(강조), 상호작용(강조) 문서화(강조), 서비스 절차(강조) 예 교육	구체성(강조), 상호작용(강조) 문서화(강조), 서비스 절차(절제) 예 자동차 정비

✔ 고객 관계의 영향

서비스의 또 다른 특성은 고객과의 관계에 있다고 할 수 있다. 대부분 비(非)정기적으로 구매되는 제조업 부문의 상품과는 달리 서비스는 비(非)연속적으로 구매될 수도 있고(예를 들면, 레스토랑), 혹은 연속적으로 구매될 수도 있다(예를 들면, 보험). 서비스는 공식적 관계(여기서 고객은 서비스제공자에 소속되어 서비스를 받는다)의 변화하는 수준에 따라 진전되어서 제공되기도 하고 어떤 때는 이와 같은 공식적 관계없이 제공되기도 한다.

만약 어떤 서비스가 고객과 서비스제공자 사이에 공식적인 관계없이 지속적으로 제공되는 경우, 그 서비스는 어떤 특정 회원들에게 주안점을 두는 것이 아니라 전체 고객들에게 동등하게 이용 가능한 것이다. 이와 같은 서비스는 광고의 필요성이 그다지 높지 않다. 그러나 만약 어떤 서비스가 어느 서비스제공자에게 소속된 고객들에게 지속적으로 제공되는 경우, 고객이 그 서비스 및 서비스제공자에 대해서 좋은 이미지를 갖는 것은 매우 중요하다고 할 수 있다. 이와 같은 좋은 이미지는 광고에서 고객들 사이의 커뮤니케이션을 권장하는 유형적인 면을 삽입시킴으로써 달성할 수 있다. 서비스를 제공하는 직원들을 포함시키고 성공적인 결과로 이끄는 서비스 제공절차를 보여줌으로써 서비스마케터의 이미지는 더욱 제고될 수 있다.

광고 요소들은 회원제 관계의 비(非)연속적 거래형태로 제공되는 서비스에 있어서는 다르게 나타나고 있다(예를 들면, 온라인 학습). 이때 광고에서 서비스의 구체성을 증대시켜 서비스를 제공받는 고객들이 회원제의 장점을 평가할 수 있도록 연출을 생동감 있게 하는 것은 매우 바람직스럽다고 할 수 있다. 회원제의 장점에 대한 증거를 제시하고 그 서비스를 제공받고 있는 고객들을 규명해 보이는 것은 광고의 신뢰도를 제고시키게 된다. 만약 서비스가 고객과의 공식적인 관계없이 비(非)연속적인 거래 형태로 제공된다면(예를 들면, 쿠폰제 헬스클럽 이용) 회원제의 장점에 대한 문서화나 서비스 제공직원과 고객과의 상호작용성을 연출하고 서비스 제공 절차를 보여 주는 것은 상대적으로 덜 효과적이게 된다.

표 12-2 서비스 제공의 성격 및 고객의 관계 유형과 광고 요소의 강조

		고객과의 관계 유형	
		회원관계	공식적 관계 없음
서비스 제공의 성격	계속적 제공	구체성(강조), 상호작용(강조) 문서화(강조), 서비스 절차(강조) 예 보험	구체성(무관), 상호작용(무관) 문서화(무관), 서비스 절차(무관) 예 경찰
	단속적 제공	구체성(강조), 상호작용(강조) 문서화(강조), 서비스 절차(강조) 예 온라인 학습	구체성(강조), 상호작용(강조) 문서화(강조), 서비스 절차(절제) 예 렌트카

✔ 서비스 개별화 및 직원 재량의 영향

서비스의 생산과 제공은 제품에 비해서 상당히 개별화되어 있다고 볼 수 있다. 왜냐하면 제품의 경우 생산된 상태로 고객에게 전달되지만, 서비스의 경우에는 생산과 소비가 동시에 일어나기 때문이다. 또한 서비스 생산에서 고객의 관여는 제품보다는 훨씬 높다. 결과적으로, 서비스는 제품보다 훨씬 더 고객의 니즈에 맞추어져야 한다. 따라서 서비스직원은 고객 니즈에 따라 판단하고 맞춤 서비스를 제공할 수 있는 재량권을 가지고 있어야 한다.

대중교통이나 대학교육과 같이 개별화 정도가 낮은 서비스는 제공되는 서비스의 유형적 단서를 통해서 광고 효과를 높일 수 있다. 그러나 개별화 정도가 높은 서비스인 경우에는 상황이 달라진다. 서비스제공자의 재량과는 관계없이 광고는 보다 구체적일 필요가 있으며 고객들에게 서비스 정보를 정교화시켜줄 수 있는 유형적 단서도 제공해 주어야 한다. 이와 같은 서비스에 대한 광고는 서비스의 다양한 단계에 대한 설명뿐만 아니라 서비스직원이나 고객들을 포함시키면 더욱 효과적일 수 있다. 또한 성공적인 서비스 제공에 대한 문서화는 상대적으로 절제할 필요가 있다. 왜냐하면 개별화 정도가 높은 서비스일수록 모든 고객들에게 동등한 서비스를 제공해 줄 수 있는 완벽한 보장이 없기 때문이다.

표 12-3 서비스 개별화 및 서비스제공자 재량과 광고 요소의 강조

		서비스 개별화 정도	
		높음	낮음
서비스제공자 재량정도	높음	구체성(강조), 상호작용(강조) 문서화(절제), 서비스 절차(강조) 예 법률서비스	구체성(강조), 상호작용(절제) 문서화(절제), 서비스 절차(절제) 예 교육
	낮음	구체성(강조), 상호작용(강조) 문서화(절제), 서비스 절차(강조) 예 호텔	구체성(강조), 상호작용(절제) 문서화(절제), 서비스 절차(절제) 예 대중교통

그림 12-10 Private Banking은 서비스 개별화가 가장 중시되는 분야 중 하나이기 때문에 이를 강조하는 커뮤니케이션은 필수적이다.

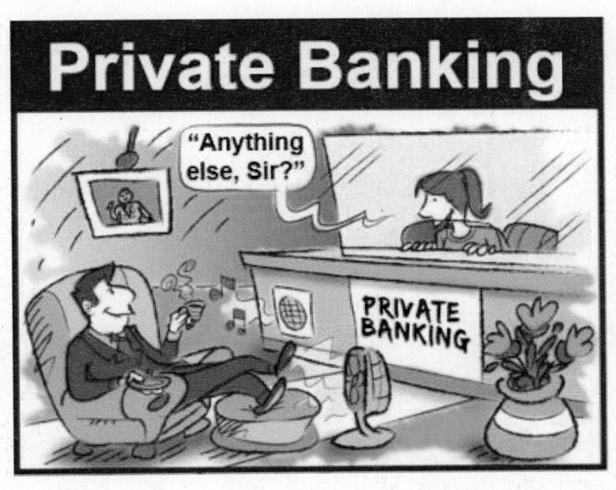

✔ 서비스 제공방식의 영향

서비스 제공방식이란, 서비스 유통점포의 이용 가능성 및 고객과 서비스기업 간의 관계를 규명하는 것으로서 광고를 할 경우 중요한 고려 요소가 되고 있다. 서비스 유통점포는 다시 단일입지와 복수입지로 나누어 볼 수 있으며 고객과 서비스기업 간의 관계에서는 고객이 서비스기업으로 가는 경우, 서비스기업이 고객에게 오는 경우, 혹은 고객과 서비스기업이 서로 떨어져서 거래를 하는 경우로 나누어 볼 수 있다.

고객이 서비스기업으로 가는 경우나 서비스기업이 고객에게 오는 경우 모두 유통

점포입지의 숫자와 관계없이 광고에서는 유형적 단서가 포함되며, 생동감 있게 서비스 제공을 묘사하고 고객과 서비스 제공 직원들과의 상호작용을 보여줄 경우, 그 광고는 보다 효과적일 수 있다. 고객과 기업이 서로 떨어져서 거래를 하는 경우, 서비스기업 입장에서는 보다 더 고객들에게 효과적으로 소구할 필요가 있다. 왜냐하면 고객의 참여가 최소화되면 제공되는 서비스를 쉽게 보여줄 수 없기 때문이다.

표 12-4 서비스 제공방식과 광고 요소의 강조

서비스 유통점포의 유형			
		단일입지	복수입지
고객과 서비스기업 간의 관계	고객이 서비스기업으로 감	구체성(강조), 상호작용(강조) 문서화(무관), 서비스 절차(무관) 예 영화관, 이 · 미용	구체성(강조), 상호작용(강조) 문서화(무관), 서비스 절차(무관) 예 패스트푸드 레스토랑
	서비스기업이 고객으로 옴	구체성(강조), 상호작용(강조) 문서화(무관), 서비스 절차(무관) 예 잔디관리	구체성(강조), 상호작용(강조) 문서화(무관), 서비스 절차(무관) 예 택배
	떨어져서 거래를 함	구체성(강조), 상호작용(절제) 문서화(강조), 서비스 절차(무관) 예 신용카드	구체성(강조), 상호작용(절제) 문서화(절제), 서비스 절차(무관) 예 온라인 서비스

수요와 공급의 영향

제품은 재고관리를 통해서 수요와 공급 간의 관계를 조절할 수 있지만 서비스의 경우에는 쉽게 보관하거나 재고로 쌓아 놓을 수 없다. 결과적으로, 서비스기업에 있어서는 수요관리가 핵심적인 문제가 되고 있다. 다시 말해서, 어떤 서비스에 대한 수요의 변동폭은 공급이 피크 수요를 얼마나 충족시킬 수 있느냐에 따라 달라지는 것이다. 수요의 변동폭이 크며 큰 과오 없이 피크 수요를 충족시킬 수 있는 서비스는 광고에 의존하는 정도가 그렇게 크지 않다. 왜냐하면 이와 같은 서비스는 일반적으로 경쟁자들이 제한적이거나 아니면 아예 없기 때문이다. 수요의 변동폭이 작은 서비스는 경쟁에 직면하게 되며 자신을 차별화하기 위해서 광고를 효과적으로 사용할 수 있다. 이 경우에 서비스기업은 광고에서 유형적 단서를 이용하거나 서비스직원과 고객 사이의 상호작용을 보여줄 수 있다. 마찬가지로, 수요의 변동폭이 크고 피크 수요에 비해 공급 능력이 작은 서비스는 고객들에게 신속하고 친절한 서비스를 확신시켜 줄 필요가

있다. 이러한 서비스에 대한 광고는 구체적일 필요가 있으며, 서비스직원과 고객 사이의 상호작용이 포함되면 더욱 효과적일 것이다.

표 12-5 공급의 개별화 정도 및 수요의 변동폭과 광고 요소의 강조

		서비스 개별화 정도	
		높음	낮음
공급의 개별화 정도	피크수요 충족	구체성(무관), 상호작용(무관) 문서화(무관), 서비스 절차(무관) 예 전기	구체성(강조), 상호작용(강조) 문서화(절제), 서비스 절차(절제) 예 은행
	피크수요 미(未)충족	구체성(강조), 상호작용(강조) 문서화(절제), 서비스 절차(절제) 예 세무 · 회계	구체성(절제), 상호작용(절제) 문서화(절제), 서비스 절차(절제) 예 빌딩청소 용역

2) 인적 판매와 서비스 특성

인적 판매의 중요성

판매원은 서비스기업에서 대단히 중요한 역할을 하고 있다. 판매원은 고객과 서비스기업 사이에서 연결고리 역할을 하는 것이다. 즉, 판매원은 고객에 대해서는 서비스기업을 대표하며, 서비스기업을 위해서 고객접촉 직원으로서의 역할도 하고 있다. 때때로, 고객들이 볼 수 있는 유일한 서비스직원이 될 수 있다. 따라서 판매원은 서비스기업이 수행하는 모든 커뮤니케이션 목적을 달성하는 데 이용될 수 있으며, 특히 고객과 판매원 사이에서 벌어지는 양방향 커뮤니케이션 특성으로 인하여 인적 판매(personal selling)는 커뮤니케이션 목적을 달성하는 데 뛰어난 방법으로 부상되고 있다.

단계별 역할

• 구매 전(前) 단계

서비스 구매에 관련된 위험을 줄이기 위하여, 판매원은 고객이 불량 서비스를 받게 될 가능성이나 실제로 발생한 부정적인 결과를 효과적으로 줄일 수 있다. 즉, 구매 위험이라고 하는 불확실성을 줄이기 위해서, 판매원은 잠재 고객들에게 불량 서비스를 받게 될 확률은 낮다고 하는 점을 주지시킬 수 있다. 이처럼 구매에 따른 불확실성

을 줄이기 위해서는 구매자와 판매자의 관계에서 신뢰가 생겨나야 한다. 이러한 신뢰관계를 구축하기 위해서는 어느 정도의 시간이 소요되며 고객을 자주 방문할 필요가 있다. 또한 부정적인 결과에 대한 위험을 줄이기 위해서 판매원은 고객들이 받은 서비스가 그들이 생각하는 것만큼 불량한 것이 아니라는 점을 확신시켜 줄 필요가 있다. 서비스기업 입장에서 이러한 위험을 줄이기 위해서는 고객들에게 서비스 품질에 대한 보증서를 제공해 줄 필요가 있다.

판매원은 구매가능성 증대라고 하는 커뮤니케이션 목적을 달성하는 데도 매우 효과적인 역할을 하고 있다. 잠재 고객들의 니즈에 부합되는 정보를 제공하는 것 외에도, 고객들의 거부반응을 잘 풀어나가는 역할도 하고 있다. 이처럼 거부반응을 잘 풀어나가면 나갈수록 잠재 고객들의 구매가능성은 그만큼 더 커지게 된다. 이렇게 되면 판매원은 그 자리에서 판매를 끝낼 수 있게 된다. 인적 판매는 또한 기업이미지를 제고시키고 브랜드 자산을 구축하는 데도 활용된다. 판매원의 활동은 부분적으로 강력한 기업이미지와 브랜드 자산을 구축하는 데 도움을 주기 때문이다.

• 소비 단계

소비 단계에서의 커뮤니케이션 목적인 고객 만족과 재구매 행동의 제고는 서비스를 수행하는 서비스직원에 의해 가장 잘 충족될 수 있다. 그러나 대부분의 서비스에 있어서 고객들이 볼 수 있는 서비스기업의 직원은 오로지 판매원인 경우가 많다. 예를 들어서, 패스트푸드 레스토랑에 갔을 때 고객들이 접촉하게 되는 직원은 오로지 카운터에서 근무하고 있는 판매원들이다.

특히 고객 만족은 고객의 기대를 명확하게 함으로써 높일 수 있는데, 판매원들은 제공되는 서비스 내용의 설명을 통해서 고객들이 나름대로의 기대를 갖도록 할 수 있다. 만약 판매원이 서비스를 판매할 욕심으로 과장되게 설명했다면 서비스 제공 직원이 그 서비스를 수행하기란 매우 힘들게 될 것이다. 과장되게 설명되어서 판매된 서비스에 대해서 대부분 고객들은 서비스 제공 후에 불쾌하게 느끼게 된다. 따라서 판매원은 고객들이 기대할 수 있는 것에 대해서 분명하고 정확한 설명을 해줌으로써 그들의 만족을 제고시켜야 한다. 고객의 기대가 충족되고 따라서 고객의 만족이 이루어지게 되면 그 고객의 서비스에 대한 재구매 확률은 더 커지게 될 것이다.

• 구매 후(後) 단계

구매 후 단계에서 수행되는 커뮤니케이션이 보다 효과적으로 이루어지기 위해서는 판매원의 역할이 중요하다. 판매원은 구매 후 고객들에게 발생할 수 있는 인지적 부조화의 수준을 낮출 수 있기 때문이다. 판매원은 고객들이 다른 고객들에게 자사 서비스에 대해서 긍정적 구전 커뮤니케이션을 수행하도록 만드는 데 핵심적 역할을 할 수 있다. 판매원에 의한 철저한 구매 후 서비스는 고객들의 재구매를 활성화시키는 데 중요한 수단이 되고 있다.

서비스기업과 고객 사이의 구매 후 커뮤니케이션은 장기적인 관계를 구축하는 데 핵심적이다. 고객이 계약서에 서명하거나 티켓을 구매한 것으로 판매가 종료된 것이 아니고 구매 후에도 고객들의 요구사항이나 불만에 대해서 지속적으로 사후처리를 해주어야 하기 때문이다. 이와 같이 구매 후 단계에서 효과적으로 커뮤니케이션이 수행된다면 고객들은 재구매 행동을 보이게 되며 아울러서 다른 고객들에게도 긍정적으로 구전 커뮤니케이션을 수행해 줄 가능성이 커지게 된다.

일반적으로 구매비용이 커지면 커질수록 그리고 구매의 중요성이 크면 클수록, 인지적 부조화의 수준도 커지게 된다. 이 경우에 구매자 입장에서는 당연히 자신의 의사결정에 대해서 확신을 못 가지게 된다. 이때 판매원 입장에서는 구매자가 자사서비스를 구매한 것이 올바른 결정이었음을 재확인시켜 줄 필요가 있다. 첫째, 개인적인 커뮤니케이션을 통해서 구매자는 자신의 결정이 올바르다는 것을 재확인할 수 있다. 둘째, 판매원은 구매자에게 서비스 품질 및 그 서비스가 구매자의 기대를 충족시켜 주었는지의 여부에 대해서 조회해 볼 수 있다. 셋째, 서비스기업은 서비스를 수행하는 직원이 구매자의 기대를 충족시켜 줄 것이라고 확인시켜 줄 수 있다.

✔ 서비스 영업방침과의 관계

인적 판매의 유형은 서비스기업이 정한 서비스영업방침에 따라 여러 가지 형태로 나타난다. 비용 효율성(cost efficiency)을 추구하는 서비스기업은 가격에 초점을 맞추게 된다. 기술적 서비스 품질(technical service quality)을 추구하는 서비스기업은 서비스 품질 제고에 초점을 맞춘다. 기능적 서비스 품질(functional service quality) 접근방법을 취하고 있는 서비스기업은 고객과의 장기적인 관계개발에 주안점을 두게 된다. 이러한 경우 판매원들은 고객들과 친숙하게 되고 사후관리도 제대로 해주기 위해서 보다 많은 시간을 보내게 된다. 맞춤화(customization) 영업방침을 강조하는 서비스기업은 고객니즈를 개별적으로 충족시켜 주기 위해서 제공되는 서비스를 해당 고객에게 맞추어 주고 있다. 이 경우 판매원들은 고객의 니즈가 무엇인지를 발견하고 이에 맞게 서비스를 설계하는 데 보다 많은 시간을 보내게 된다.

표 12-6 인적 판매와 서비스영업방침

서비스기업 유형	서비스 영업방침
비용 효율성 추구	가격에 초점
기술적 서비스 품질 추구	서비스 품질 제고에 초점
기능적 서비스 품질 추구	고객과의 장기적 관계에 초점
맞춤화 추구	개별적 고객니즈에 초점

3) 판매 촉진과 서비스 특성

판매촉진의 역할

판매촉진은 제품 및 서비스의 구매나 판매를 권장하기 위해서 행해지는 단기적인 인센티브라 할 수 있다. 광고가 제품/서비스를 구매하여야 하는 이유를 제공하는 반면에, 판매 촉진은 지금 당장(right now) 구매하여야 하는 이유를 제공해 주고 있다.

판매촉진은 상황 및 목적에 따라 달리 접근되고 있다. 예를 들어서, 무료 경영자문 서비스는 고객과의 장기적인 관계를 공고히 한다. 판매 촉진은 신규 고객을 끌어들이거나 단골 고객들에게 보상하기 위해서, 그리고 이따금씩 구매하는 고객들의 재구매율을 높이기 위해서 사용된다. 신규 고객은 3가지 유형, 즉 ①해당서비스 비(非)사용자, ②다른 브랜드의 충성적 사용자, 그리고 ③브랜드를 자주 변경하는 사용자 유형으로 나누어 볼 수 있다. 판매 촉진은 이 중 브랜드변경 사용자를 끌어들이는 데 자주 사용되는데, 그 이유로는 비(非)사용자나 다른 브랜드 사용자들은 촉진에 예민한 반응을 보이고 있지 않기 때문이다. 따라서 브랜드가 서로 유사한 시장에서 판매 촉진의 효과는 단기적으로는 높은 판매 반응을 창출하지만 장기적인 시장점유율은 거의 개선을 못시키고 있다. 일반적으로, 광고는 브랜드 로열티(brand loyalty)를 조성하는 수단이라고 평가되지만 판매 촉진은 브랜드 로열티를 파괴하는 수단이라고 평가되고 있다.

✔ 판매촉진의 중요성

기업들 간에 경쟁이 치열해지면서 과거에 비해 커뮤니케이션 믹스에서 판매 촉진이 차지하는 비중이 날로 증가하고 있다. 이러한 변화의 흐름에는 다음과 같은 이유가 있다.

- 광고가 매출에 대해서 효과를 나타내기 위해서는 장기적인 시간이 필요하지만, 판매 촉진은 보통 매출에 즉각적인 효과를 보이고 있다는 점이다.
- 너무나 많은 브랜드가 생겨나서 서비스 브랜드들 간에 차이가 거의 없다. 따라서 소비자들은 그 어느 때보다도 다양한 서비스 선택대안들을 가지고 있다는 점이다.
- 판매촉진에 익숙해져 가고 있는 소비자들이 증가하고 있고, 그들 중 상당수가 판매 촉진을 기다리고 있다는 점이다.
- 소비자들이 TV나 신문 등 매스미디어를 통한 광고를 보지 않거나, 아예 광고 없는 인터넷, 모바일 등 온라인을 주로 시청하는 등 광고의 역할이 줄어들고 있다는 점이다.

이상의 이유들을 통해서 판매 촉진이 매출을 자극시킬 수 있는 강력한 수단임에는 틀림없지만, 판매 촉진을 남용하게 될 경우 기업 및 브랜드 이미지가 손상될 수도 있다는 점을 알 수 있다. 서비스기업들은 판매 촉진의 각 유형에 대한 장점 및 단점을 신중하게 고려해서 자신들의 영업 방향, 기업이미지, 고객들의 가치 그리고 경쟁우위 확보 등에 부합되는 판매 촉진 방법을 선정해야 한다.

✔ 판매촉진의 유형

• 가격 할인

가격 할인(price-off)은 서비스의 소매가격에서 이루어지는 차감(差減)을 의미한다. 가격 할인은 제공되는 서비스로 소비자들을 보다 많이 끌어들이기 위하여 사용된다. 또한 가격 할인은 구매 위험을 줄여주기도 하며 구매가능성을 높여주기도 한다. 이처럼 가격 할인은 정해진 가격을 내고 서비스를 제공받아 오던 많은 고객들을 끌어들이는 효과는 있지만 만약 서비스기업이 이러한 가격 할인을 정기적으로 시행하게 되면 많은 소비자들이 그 서비스를 구매하기 위해서 가격 할인을 기다리게 될 것이다. 여행자들이 비행기 티켓을 구매할 때 항공사의 가격 할인을 기다린다든지 혹은 소비자들이 연중 가격 할인이 이루어지는 시점에 놀이공원 티켓을 구매하는 것이 바로 이러한 이유에서이다.

가격 할인은 많은 수요를 성수기에서 비수기로 돌리는 데도 도움을 줄 수 있다. KTX의 경우 주중에는 가격 할인을 하여 주말에 몰리는 여객 수요를 주중으로 이동시키고 있다. 또한 가격 할인은 수요를 자극하는 데도 활용된다. 예를 들어서, 공연회에 갈 계획이 없던 소비자가 가격 할인을 통해서 공연회에 입장하는 등 새로운 수요가 창출되는 것이다. 그러나 가격 할인을 시행하는 서비스기업들은 가격 할인이 정규가격을 통한 수요를 대체하지 않도록 각별히 주의를 기울여야 한다.

• 환불과 상환

엄밀히 이야기해서 환불(rebate)은 자동차나 가구 등 내구재 부문에서의 현금 반환을 의미하는 반면, 상환(refund)은 소비재 부문이나 서비스 부문에서의 현금 반환을 의미하고 있다. 그러나 최근에는 두 단어 모두 구매영수증이 있으면 수행되는 현금 반환(cash reimbursement)이라는 의미로 혼용되고 있다. 쿠폰을 대체할 수 있는 판매 촉진 수단이라고 할 수 있다.

환불과 상환은 구매증거를 토대로 구매자에게 주어지며, 기본적인 목적은 서비스를 이용하는 고객들에게 보상을 해주기 위함이다. 또한 기존 고객들의 브랜드 전환(brand switching)을 방지할 목적으로도 사용된다. 대부분의 신용카드사들은 환불과 상환이라고 하는 판매 촉진 방법을 매우 효과적으로 사용하고 있다. 즉, 많은 신용카드사들은 캐시백(cash back)이라는 이름으로 카드고객들의 사용 실적에 따라 일정 비율로 현금 상환을 해주어 대금 청구 시 상계할 수 있도록 해주고 있다. 많이 그리고 자주 신용카드를 사용할수록, 현금 상환 규모도 커지기 때문에 카드고객들은 브랜드 로열티가 있는 한 가지 카드를 주(主)카드로 삼아 집중적으로 사용하게 된다.

• 쿠폰

쿠폰(coupon)은 매출을 자극하는 데 매우 유용한 판매 촉진 수단이며, 특히 단기적으로 매출을 자극하는 데는 가장 효과적이라고 할 수 있다. 그러나 쿠폰은 장기적인 판매 촉진 전략으로는 사용될 수 없다. 쿠폰의 남용은 자칫하면 기업의 이미지와 브랜드 자산의 손상을 가져오게 된다. 쿠폰은 보통 비용 효율성을 중시하는 영업방침을 가지고 있는 서비스기업에게 상당히 유효하다. 비용을 줄이고자 하는 소비자들은 쿠폰을 적극적으로 사용하는 경향이 있다. 왜냐하면 이러한 소비자들은 낮은 가격을 기대하며 종종 쿠폰에 의한 할인 방법을 추구하기 때문이다. 따라서 서비스 품질이나 맞춤화 영업방침을 지향하는 서비스기업에서는 쿠폰을 이용하는 판매 촉진은 훌륭한 전략이 아닌 것이다.

• 상용고객 프로그램

판매촉진의 대부분 프로그램들은 일시적이며 또한 브랜드 전환을 권장하고 있다. 실제로 소수의 판매 촉진 프로그램들만이 재구매 행동을 권장하고 있을 뿐이다. 판매촉진 프로그램 중에서 과연 얼마나 브랜드 로열티를 구축하고 브랜드 및 기업 이미지에 긍정적인 효과를 거두는지는 의문시된다. 판매 촉진의 이러한 부정적인 측면을 극복하기 위해서 개발된 프로그램이 바로 상용고객 프로그램이다. 상용고객 프로그램(frequency program)은, 어떠한 형태로든지 간에 고객의 애호도(patronage)에 보답함으로써 재구매 행동을 지속적으로 유지하고 브랜드 로열티를 구축하기 위해서 설계되어 기존 고객들을 대상으로 하는 판매 촉진 방안이다.

상용고객 프로그램은 다음과 같은 특성을 가지고 있다.

- 일정기간 동안에 걸쳐 일정한 수준의 구매를 요구한다.
- 구매에 대한 평가 점수를 누적하는 공식적인 방법이 존재한다.
- 표준화된 보상처리 과정이 존재한다.
- 누적된 점수가 일정한 수준에 도달하게 되면 제품, 서비스, 할인, 혹은 현금 등의 추가적인 제공형태로 보상이 이루어진다.

상용고객 프로그램의 부수적인 효과로서는 서비스기업의 기존 고객들에 대한 데이터베이스 개발을 들 수 있다. 이러한 데이터베이스는 각 고객들의 니즈를 정확하게 대응할 수 있는 촉진방법을 개발하는 데 사용될 수 있다. 또한 자사의 우량 고객들을 위한 관계 마케팅(relationship marketing) 프로그램을 개발하는 데도 사용될 수 있다. 상용고객 프로그램에는 기간, 사용, 혹은 누적 점수에 한계를 두지 않는 개방형(open-ended)과 프로그램 시행에 한계를 두는 폐쇄형(fixed-ended)이 있다.

상용고객 프로그램의 대표적인 예로서는 상용항공여객 프로그램(frequent-flyer air

passenger program)과 이동통신 서비스 사용계획(mobile communication plan)을 들 수 있다. 상용항공여객 프로그램을 처음으로 도입한 항공사는 아메리칸 항공사(American Airlines)였다. 1981년에 아메리칸 항공사는 이른바 어드벤티지(advantage) 프로그램을 도입했다. 다른 항공사들도 경쟁에 뒤쳐지지 않기 위해서 재빠르게 유사한 프로그램들을 앞다투어 도입했다. 어떤 항공사들은 무료 좌석권을 나누어 주기도 했다. 항공사들이 무료로 나누어 준 좌석들은 그렇지 않으면 빈 좌석으로 운항될 수도 있었기 때문에 최소한의 비용만 추가로 발생하는 것이다. 미국의 경우, 사업상 여행을 하는 사람들의 70%가 1개 이상의 상용항공여객 프로그램에 가입한 것으로 추정되고 있다.[3]

많은 이동통신 서비스회사들은 자신들의 서비스를 이용하는 고객들에게 여러 가지 혜택들을 주고 있다. 서비스 사용을 통해서 획득한 점수가 누적되어 일정한 수준에 이르게 되면 소비자들은 이동통신 서비스회사들이 제공하는 여러 가지의 보상들을 받게 된다. 즉 놀이공원, 렌트카, 호텔, 항공사 이용에 가격 할인 등 특전을 제공받게 된다.

그림 12-11 어드벤티지(advantage) 프로그램을 만들어 상용항공여객 프로그램을 처음으로 도입한 아메리칸 항공사(American Airlines)

• 프리미엄

프리미엄(premiums)은, 서비스 구매를 통해서 소비자들이 무료로 제품이나 서비스를 제공받는 것을 말한다. 판매 촉진 사업으로서 프리미엄을 사용 하는 경우, 고객들은 항상 서비스를 정가로 구매하여야 한다. 예를 들어서, 프로야구 개막경기에 티켓을 구매하고 입장하는 고객들 중 선착순 10,000명에게 야구모자가 무료로 제공될 수 있다. 또 사무실을 개축할 경우 개축 완료 후에 시공업체에 의해서 페인트칠이나 가구

3 Kurtz, David L. and Kennelth E. Clow(2006), *Services Marketing,* New York: John Wiley & Sons.

가 무료로 제공될 수도 있다.

서비스마케터 입장에서 보았을 때, 프리미엄은 쿠폰이 제공할 수 없는 효익을 제공하고 있다. 고객들이 제공되는 서비스에 대하여 정해진 가격을 지불하기 때문에 기업 입장에서는 브랜드 자산 및 기업이미지에 부정적으로 영향을 받지 않는다. 따라서 서비스 품질 접근방법이나 맞춤화 영업방침을 고수하고 있는 서비스기업에게 프리미엄은 훌륭한 판매 촉진 전략이 될 수 있다.

일반적으로, 프리미엄은 정기적으로 거래하고 있는 고객들에 대해서 독점적으로 사용되고 있다. 왜냐하면 시도 구매(trial purchase) 권장 차원에서는 쿠폰만큼 효과적이지 못하기 때문이다. 만약 서비스기업이 충성 고객들에게 어떠한 형태로든지 보상을 해주고 싶다면, 프리미엄 제공은 이러한 목적을 달성시켜 줄 수 있는 효과적인 방법 중 하나가 될 것이다. 프리미엄이 보다 더 효과적이기 위해서는 고객에게 매력적이어야 한다는 것이다. 만약 선물이 무료로 제공되는 경우, 그 선물은 누구에게나 바람직스러운 물건이어야 한다. 왜냐하면 제공되는 선물은 해당기업의 이미지를 강화시키는 역할을 해야 하기 때문이다.

• 경연대회와 경품

경연대회와 경품은 소비자들에게 상품을 탈 수 있는 기회를 제공하게 되는데, 두 프로그램의 차이는 상품을 타기 위해서 소비자가 무엇을 해야 하는지에 따라 달라진다. 즉, 경연대회(contest)에서 소비자들은 상품을 탈 자격을 얻기 위해서 구매를 해야 하거나 어떤 활동을 수행해야만 하는 경우가 있다. 그러나 경품(sweepstake)에서는 소비자가 구매를 할 필요가 없고 단지 당첨을 기다리기만 하면 되는 것이다. 경연대회나 경품은 모두 사람들을 끌어 모으는 데 매우 효과적이다. 많은 기업들이 점포를 새로 개설하거나 새로운 서비스를 제공할 때 경연대회나 경품을 사용하여, 군중들이 모여서 자사 점포나 서비스 시설을 방문하도록 유도하고 있다.

경연대회나 경품이 효과적이기 위해서는 사용에 대한 절제가 반드시 필요하다. 너무나 많이 사용하면 고객들은 관심을 보이지 않게 되어 경연대회나 경품은 더 이상 매출을 증대시키거나 군중을 끌어 모으는 데 효과적인 수단이 못되는 것이다. 이러한 판매 촉진 활동은 남용되지 않는한, 쿠폰과는 달리 브랜드 자산이나 기업이미지에 부정적인 효과를 주는 경우는 거의 없다. 쿠폰이 가격에 민감한 소비자들에게 소구하는 반면, 경연대회나 경품은 흥분된 상태와 자극적인 것을 즐기는 소비자들에게 소구한다. 따라서 경연대회나 경품의 효과를 높이기 위해서 서비스기업은 재미, 흥분, 그리고 자극을 강조할 필요가 있다. 소비자들은 상품을 탈 희망으로, 그리고 재미나 흥분을 느끼기 위해서 경연대회나 경품에 참가하기 때문이다.

• 끼워팔기

끼워팔기(tie-in)란, 동일한 촉진 프로그램에 2개 이상의 제품이나 서비스를 포함시키는 것을 말한다. 끼워팔기 프로그램은 기업 내에서나 기업 간에서 시행될 수 있다. 기업 내 끼워팔기는 동일기업 내에서 2개 이상의 상이한 서비스들을 제공하고 있는 경우이다. 예를 들어서, 롯데칠성 음료에서 롯데리아 햄버거에 대한 20%할인 쿠폰을 1.5ℓ 칠성사이다에 부착할 수 있다. 기업 간 끼워팔기는 상이한 서비스기업끼리 상호보완적인 서비스를 제공하는 경우이다. 예를 들어서, 잠실야구장에 입장하는 고객들에게 그 입장 티켓으로 인근 한강유람선의 50% 할인쿠폰을 대체할 수 있도록 하는 경우이다.

끼워팔기는 특정 서비스에 대한 수요를 활성화시키는 데 매우 훌륭한 수단이 될 수 있다. 즉, 수요가 적은 특정 서비스를 수요가 많은 서비스와 연계시킴으로써 수요를 활성화시킬 수 있다. 가장 좋은 접근방법은, 수요가 적은 서비스를 구매할 경우 수요가 많은 서비스에 대한 인센티브를 소비자에게 제공하는 것이다. 또 다른 접근 방법은, 2가지 서비스를 보다 저렴한 가격으로 구매할 수 있도록 소비자에게 결합 티켓을 제공하는 것이다. 놀이공원에서 자유이용권을 구매하는 경우 놀이시설 각각에 대해서 티켓을 구매하는 것보다 훨씬 비용이 적게 든다.

기업 간 끼워팔기는 두 기업들이 촉진 방법에 대해서 동의해야 하기 때문에 조정하기가 훨씬 어려워진다. 양 서비스기업들이 공동촉진 방법의 세부사항에 대해서까지 수용을 해야 하기 때문에 어느 정도의 시간이 경과해야 하며 각 기업은 공동촉진 방안의 시행을 통해서 혜택을 보고 있다고 느껴야 하기 때문이다.

• 샘플링

샘플링(sampling)은, 실제 서비스나 서비스의 일부분을 소비자들에게 무료로 제공하는 것을 말한다. 원래 샘플링은 무료 견본품 제공이라 하여 소비재마케팅에서 폭넓게 이용되는 판매 촉진 기법이다. 그러나 1980년대 이르러 많은 서비스기업들이 신규고객들을 끌어들이는 수단으로 샘플링을 시도하면서, 최근에는 법률서비스나 컨설팅,

혹은 재무상담 서비스 등에서 잠재적 고객들을 대상으로 샘플링이 애용되고 있다.

샘플링은 서비스기업의 개업행사 때 사용되기도 한다. 새로이 개업한 패스트푸드 레스토랑에서 그날 방문한 모든 고객들에게 음료수, 더 나가서 햄버거까지 무료로 제공하고 있다. 이 경우 고객들은 무료로 제공받은 품목 외에도 추가로 다른 품목들을 주문하게 된다. 종종 샘플링은 고객들로 하여금 그 서비스를 이용하도록 만들어서 구매 위험을 줄이는 데 사용될 수도 있다. 인터넷 학습서비스나 학원 등에서 며칠간 무료강습회를 개최하여 정규 프로그램에 보다 많은 수강생들이 몰리도록 유도하기도 한다.

✔ 판매촉진 유형의 강 · 약점

구매 위험을 감소시키기 위해서 쿠폰, 샘플링, 그리고 가격할인 등이 효과적으로 사용되고 있다. 쿠폰과 가격할인은 재무적 위험을 감소시키면서, 소비자들이 서비스를 보다 더 낮은 가격으로 구매할 수 있도록 해주고 있다. 샘플링은 서비스를 구매하기 전에 성과 위험(performance risk)을 감소시키면서 어떠한 것인지를 알 수 있는 기회를 제공해 주고 있다. 끼워팔기도 구매 위험을 감소시키는 데 사용될 수 있다. 그러나 끼워팔기의 경우는 보통 가격할인, 쿠폰, 그리고 샘플링처럼 성공적이지는 않다. 구매 위험을 감소시킬 수 없는 판매 촉진 기법은 상용고객 프로그램 및 경연대회/경품을 들 수 있다.

수익성을 제고시키기 위해서도 쿠폰, 샘플링, 그리고 가격 할인이 효과적으로 사용되고 있다. 쿠폰과 가격 할인은 서비스의 금전적 비용을 감소시켜 주기 때문에 소비자들이 구매할 가능성은 그만큼 커지게 된다. 샘플링은 소비자들로 하여금 구매 전에 서비스를 제공받는 기회를 갖도록 해주기 때문에 그 서비스에 대한 구매가능성은 그만큼 커지게 된다. 상용고객 프로그램 및 끼워팔기 역시 수익성을 제고시킬 수 있는 좋은 판매 촉진 기법들이다. 맥도날드와 디즈니 사이의 끼워팔기 프로그램은 소비자들의 시선을 집중시키는 데 매우 효과적이다. 어린아이들은 특히 맥도날드에서 염가로 판매하고 있는 디즈니의 '백설공주'인형이나 '라이온 킹'이 그려진 음료수 잔, 그리고 '아기곰 푸우'가 그려진 머그컵 등을 사고자 하기 때문이다. 상용고객 프로그램은 주로 기존 고객들이 추가구매를 하도록 하는 데 목표를 두고 있다. 고객들이 구매하는 데 따른 인센티브를 갖고 있기 때문에 구매확률은 커지게 된다.

보통 판매 촉진을 통해서 기업이미지를 긍정적으로 개발하고 브랜드 자산을 구축하기란 어렵다. 이러한 면에서는 광고가 판매 촉진보다 훨씬 효과적이라고 할 수 있다. 판매 촉진은 브랜드 자산과 기업이미지를 제고시키기보다는 오히려 감소시키는 경향이 있기 때문이다. 이러한 부정적 효과는 특히 판매 촉진이 광범위하게 사용될 경우 더욱 심하게 된다. 따라서 기업들은 그들의 주요 커뮤니케이션 수단으로서 판매 촉진에 너무 의존하지 않도록 주의해야 한다.

프리미엄과 상용고객 프로그램은 기업이미지 및 브랜드 자산을 개발하고 구축하는 데 사용될 수 있다. 이 두 가지 방법 모두 현재 고객들을 대상으로 하게 되며 고객들에게 정가를 지불하고 서비스 제공을 받도록 하고 있다. 프리미엄은 소비자들에게 선물을 제공하거나 미래구매에 대해서 가격을 할인해 준다. 상용고객 프로그램은 소비자들에게 재구매에 대한 동기를 제공하고 과거 구매에 대한 동기를 제공하고 과거 구매에 대한 보상도 해주고 있다. 샘플링과 끼워팔기는 서비스기업이 신중하게 수행해 나가게 되면, 기업의 이미지개발과 브랜드 자산의 구축에 긍정적 효과를 거둘 수 있다. 초기에 시행되는 무료 법률서비스는 구매 강요가 없는 경우 법률서비스제공자의 이미지 개발에 유익하다고 할 수 있다.

서비스기업 및 제공되는 서비스에 대한 인지도를 제고시키기 위해서는 경연대회 및 경품이 가장 효과적이라고 할 수 있다. 경연대회 및 경품은 서비스기업 그 자체를 돋보이게 하는 경향이 있기 때문이다. 판매 촉진기법들은 서비스가 제공되는 동안 고객 만족을 제고시키는 데 그렇게 효과적인 것 같지는 않다. 그러나 프리미엄의 경우는 서비스가 제공되는 동안 선물이 주어진다면 고객 만족이 제고될 수도 있다. 예를 들어서, 어느 레스토랑에서 식사 후에 무료로 디저트가 나온다고 하면 고객 만족은 일반적으로 제고되게 된다. 샘플링의 경우에는 개별 고객들의 기대가 무엇인지를 분명하게 규명함으로써 고객 만족을 제고시킬 수 있다.

기존 고객들의 재구매 활동을 증대시키도록 하기 위해서 서비스기업은 쿠폰, 프리미엄, 상용고객 프로그램 및 가격 할인을 사용할 수도 있다. 이러한 방법들은 모두 기존 고객들이 자사에 대해서 로열티를 보일 수 있도록 하는 데 훌륭한 수단이 되고 있다. 쿠폰이나 가격할인은 금전적 비용을 감소시켜 소비자들의 재구매 위험을 낮추는 역할을 한다. 프리미엄과 상용고객 프로그램은 소비자들에게 무료 제품 및 무료 서비스를 제공하고 또한 할인된 가격으로 추가 서비스를 구매할 수 있도록 해 주고 있다. 판매 촉진을 통해서 인지적 불일치(cognitive dissonance)를 줄이는 것은 어려운 일이다. 인지적 불일치는 소비자들이 자신이 행한 구매에 대해 의문을 갖고 자신이 행한 구매결정이 옳았는지에 대해 확신이 서지 않을 때 발생하는 실질적 현상이다. 광고나 서비스 제공 직원들과의 상호작용이 인지적 불일치를 줄이는 데 가장 효과적이다. 판매 촉진은 긍정적인 구전 커뮤니케이션을 활성화시키는 데도 효과적이지 않다. 이러한 목적에 사용가능한 판매 촉진 기법으로서는 프리미엄과 상용고객 프로그램을 들 수 있다. 이 두 가지 판매 촉진 기법들은 모두 고객에게 서비스 구매에 따른 보상을 해주고 있기 때문이다.

표 12-7 판매촉진 유형의 강 · 약점

전략	쿠폰	프리미엄	경연대회/경품	끼워팔기	상용고객 프로그램	거격 할인	샘플링	환불/상환
구매위험 감소	매우 강함	약함	없음	강함	없음	매우 강함	매우 강함	약함
구매가능성 증대	매우 강함	보통	보통	강함	강함	매우 강함	매우 강함	보통
기업이미지 개발	없음	강함	그저 그럼	그저 그럼	강함	약함	그저 그럼	보통
브랜드자산 구축	없음	강함	약함	그저 그럼	강함	약함	그저 그럼	약함
인지도증대	약함	약함	매우 강함	강함	보통	약함	강함	약함
고객 만족 제고	약함	강함	없음	없음	보통	약함	강함	없음
재구매 증대	매우 강함	매우 강함	그저 그럼	그저 그럼	매우 강함	매우 강함	없음	강함
인지적 불일치 감소	없음	강함	없음	없음	보통	약함	없음	약함
긍정적 구전 활성화	약함	강함	약함	약함	강함	약함	없음	보통

4) 공중 관계와 서비스 특성

✔ 공중 관계의 역할

공중관계(PR: public relations)는 서비스 커뮤니케이션 믹스의 주요 4요소 중 마지막 요소로서 유리한 홍보활동을 벌이고 긍정적인 기업이미지를 구축하며 부정적인 소문이나 이벤트 등을 차단시킴으로써, 기업의 여러 소비 계층과 긍정적인 관계를 유지하는 촉진활동을 일컫는다. 주요 PR 수단으로서는 언론 관계, 상품 홍보, 기업 커뮤니케이션, 로비, 그리고 카운셀링 등이 있다. 특히, 홍보(publicity)는 협의의 PR이며 PR의 가장 대표적인 수단인데, 무료로 신문, TV 등 언론 매체를 통해서 기업 및 상품 서비스에 대한 내용을 뉴스화(化)함으로써 촉진활동을 하는 것을 말한다.

✔ 주요 PR 수단

PR에는 여러 가지 수단이 사용되고 있다. 가장 대표적인 수단이 뉴스(news)이다. PR담당 요원은 자기 기업 및 상품/서비스에 대해서 유리한 뉴스를 발굴하거나 만들어 낸다. 뉴스 내용은 자연적으로 발생할 수도 있지만 PR요원이 뉴스를 만들어낼 수 있는 이벤트나 활동을 제안할 수도 있다. 연설(speech) 또한 상품/서비스 및 기업 홍보를 창출해 낼 수 있다. 최근에는 기업의 임원들이 적극적으로 자사 PR차원에서 언론매체에 출연하고 관련 협회에 나가 연설한다거나 판매회의를 언론에 노출시키고 있다. 이러한 활동은 기업이미지 구축에 긍정적으로 작용할 수도 있으나 때로는 부정적으로 작용하기도 한다. 또 다른 PR 수단은 특별행사(special event)인데, 뉴스 컨퍼런스, 언론사 순방, 개점 행사, 불꽃놀이에서부터 레이저쇼, 대형풍선 띄우기, 멀티미디어를 이용한 시연, 그리고 연예인 출연행사 등이 포함되고 있다.

표적시장 청중에 도달하고 영향을 주기 위해서 PR요원들은 인쇄물을 이용하기도 하는데 연례보고서, 브로셔(brochures), 기고, 그리고 사내 뉴스나 잡지 등이 이에 포함된다. 슬라이드, 필름, 음향 프로그램, 홍보 USB 같은 비디오-오디오 디바이스, 혹은 블로그, 유튜브, 페이스북, 카카오 등의 소셜미디어와 같은 인터넷이나 모바일을 이용한 온라인 매체가 커뮤니케이션 수단으로서 이용되고 있다. CI(corporate identity)의 일환으로서 이용되고 있는 기업로고, 문구, 소개책자, 상징, 업무서식, 명함, 건물, 유니폼, 그리고 기업소유의 승용차 및 트럭 등은 독특하며 기억이 쉽게 될 수 있을 때 모두 마케팅 커뮤니케이션 수단으로서 활용할 수 있다.

브리핑사례 **북극곰 그려진 이마트 친환경 장바구니, 전통시장서도 만난다.**

이마트는 자사의 친환경 장바구니를 전통시장 상인들과도 공유한다고 12일 밝혔다. 전통시장과 상생하는 동시에 친환경 장바구니 사용을 확대하기 위한 '국민 장바구니 프로젝트'다. 이마트 친환경 장바구니는 대여 보증금 500원으로 매장에서 빌려주며, 쓰다가 반환하면 500원을 돌려받는다. 앞으로 전통시장에서도 장을 보고 똑같이 친환경 장바구니를 대여 · 반환할 수 있다. 오는 13일부터 전국 1,480개 전통시장(중소벤처기업부 등록 시장 · 지방자치단체 인정 시장)을 대상으로 장바구니 구매를 접수한다. 기본 단위는 500장, 개당 가격은 500원으로 구매를 원하는 상인은 상인회장이나 시장 매니저를 통해 이마트 매장이나 홈페이지에서 신청할 수 있다. 최초로 구매하는 전통 시장에 장바구니를 500장 무상으로 증정한다.

정부가 올해 1월부터 비닐봉투 사용을 억제하는 법령을 시행하면서, 매장에서 비닐봉투 사용이 금지됐다. 그러나 전통시장에서는 상인이 자체적으로 장바구니를 대량 제작해야 해 단가 등에서 부담을 느껴왔다. 이마트 관계자는 "자사가 제작한 장바구니를 전통시장 상인과 공유해서 상인들이 장바구니를 따로 제작해야 하는 단가 부담을 없앴다"며 "고객이 장바구니를 쓰다 반환하면 세탁을 해야 하는데, 세탁 비용도 이마트가 부담 한다"고 설명했다. 여기에 국민 장바구니 캠페인에 드는 거치대, 현수막 등 제작물 디자인도 이마트가 지원한다. 앞서 이마트는 올해 1월부터 부산 사상시장, 대구 월배시장 등과 친환경 장바구니 공유를 시범 운영했다. 고객에게 대여했다가 돌려받았는데 재사용이 어려운 상태인 장바구니는 상인회에서 인근 이마트에 전달하고, 이마트가 새 바구니로 교환했다.

한편 이마트 대여용 장바구니는 북극곰이 들어간 디자인과 저렴한 가격으로 인기를 끌고 있다. 일명 '세상에서 가장 싼 가방'으로 불린다. 2009년 2월 이마트가 업계 최초로 '비닐 쇼핑백 없는 점포'를 도입하면서 처음 제작 · 보급했고, 이후 몇 차례 변화를 거쳐 2016년부터 현재의 부직포 재질 장바구니 형태로 정착했다. 김맹 이마트 상무는 "이마트는 친환경 선도 기업으로서 고객과 함께 할 수 있는 다양한 친환경 캠페인을 적극적으로 실천하고 있다"며 "국민 장바구니 캠페인이 정착하도록 정부와 함께 다양한 노력을 계속 하겠다"고 말했다.

〈출처〉 뉴스1(2019년 5월 12일)

그림 12-12 친환경 장바구니 사용 확대로 긍정적인 기업 이미지를 심고 있는 이마트

생각해봅시다

01 서비스 커뮤니케이션이란 무엇인가?

02 효과적인 서비스 커뮤니케이션은 어떻게 이루어지는가?

03 커뮤니케이션 프로세스 모델을 중심으로 서비스 커뮤니케이션 프로세스 관리에 대해서 고찰해보자.

04 서비스 커뮤니케이션 특성에는 어떤 것들이 있는가?

05 서비스 커뮤니케이션 개발 지침을 구체적으로 생각해 보라.

06 광고와 서비스 특성은 어떻게 연관되어 있는가?

07 인적 관리와 서비스 특성은 어떻게 연관되어 있는가?

08 판매촉진과 서비스 특성은 어떻게 연관되어 있는가?

09 공중 관계와 서비스 특성은 어떻게 연관되어 있는가?

CHAPTER 13

서비스 직원 관리

학습목표

- 서비스 직원의 중요성을 학습한다.
- 서비스 직원이 느끼는 스트레스와 긴장감을 알아본다.
- 내부 마케팅의 개념과 목적을 학습한다.
- 내부 브랜딩에 대해서 학습한다.
- 동기부여를 통해서 전략적으로 직원을 관리할 수 있는 방법을 살펴본다.
- 서비스 직원을 대상으로 하는 권한 이양에 대해서 알아본다.
- 서비스 직원을 대상으로 하는 능력 배양에 대해서 알아본다.

도입사례 뉴욕 식당들 '노 팁' 실험 쓴맛… 팁 도로 받는다

레스토랑 경영자로 유명한 덴마크인 클라우스 마이어가 2016년 4월 미국 뉴욕에 스칸디나비아 음식점을 차렸을 때 그는 고국의 '노 팁'(no-tipping) 전통도 함께 들여왔다. 뉴욕 그랜드 센트럴 터미널에 있는 그의 식당 에이건은 팁을 받지 않는 대신 직원에게 급여와 혜택을 주기 위해 메뉴 가격을 높게 책정했다. 하지만 2년이 지나도록 장사는 신통치 않았다. 결국, 지난 2월 '노 팁' 정책을 버리고 관행대로 팁을 줄 수 있게 음식값을 약 20% 낮췄다. 이때부터 에이건에 손님이 늘었다. 이 식당에서 일하는 리처드 월시는 노 팁 정책 아래서 메뉴판에 적힌 높은 음식 가격 때문에 손님들이 단골이 되기 쉽지 않았다고 말했다. 그러나 이제는 손님이 늘고, 직원들도 더 많은 돈을 받는다. 서빙하는 직원들이 올여름 받은 돈은 이전보다 25~40% 많아졌다.

월스트리트저널(WSJ)은 29일(현지시간) 에이건 식당의 이야기를 소개하면서 이런 사례는 뉴욕에서 드물지 않다고 전했다. '노 팁'을 시도한 일부 식당은 쉐이크쉑 버거를 포함한 외식 브랜드를 많이 보유한 레스토랑 사업가 대니 마이어의 영향을 받았다. 마이어의 유니언 스퀘어 호스피탈리티 그룹이 운영하는 13개 식당은 팁을 받지 않는다. 마이어는 팁 관행 때문에 식당들이 임금을 충분히 주지 않는다고 본다. 그는 직원들이 더 안정적이고 공정한 임금을 받도록 2015년부터 팁을 없앴지만, 일부 직원들은 급여가 줄고 이직이 늘었다고 불평한다. 마이어는 "우리가 너무 야심만만했던 것 같다"고 말했다.

맨해튼 미드타운에 있는 미쉐린(미슐랭) 별 1개짜리 중국 식당 카페차이나와 다른 식당 차이나블루를 운영하는 왕이밍은 1년 넘게 '노 팁' 정책을 실험하다 팁을 부활했다. 그는 팁을 주지 않는 것이 관례인데도 서비스 수준이 높은 일본과 싱가포르에서 산 경험이 있다. "좋은 서비스는 마음에서 나오는 것이지 돈에 좌우돼서는 안 된다"는 게 그의 생각이었다. 고객들이 팁을 얼마 낼지 생각하게 하는 것에도 미안하게 여겼다. 카페차이나와 차이나블루에서 '노 팁'을 시도했을 때 메뉴 가격을 10% 올리고 서빙 직원들이 전에 팁을 받던 수준에 맞춰 급여를 지급했다. 이 실험으로 매상에 영향이 있지는 않았으나 직원들의 반발에 부딪혔다. 일부는 식당을 그만뒀다. 결국, 팁은 다시 생겼다. 왕이밍의 동업자인 장시안은 "(팁이 직원들에게) 동기를 더 부여할 수 있다"고 말했다.

〈출처〉 연합뉴스(2018년 9월 30일)

그림 13-1 팁은 서비스직원에게 동기를 더 부여할 수 있다

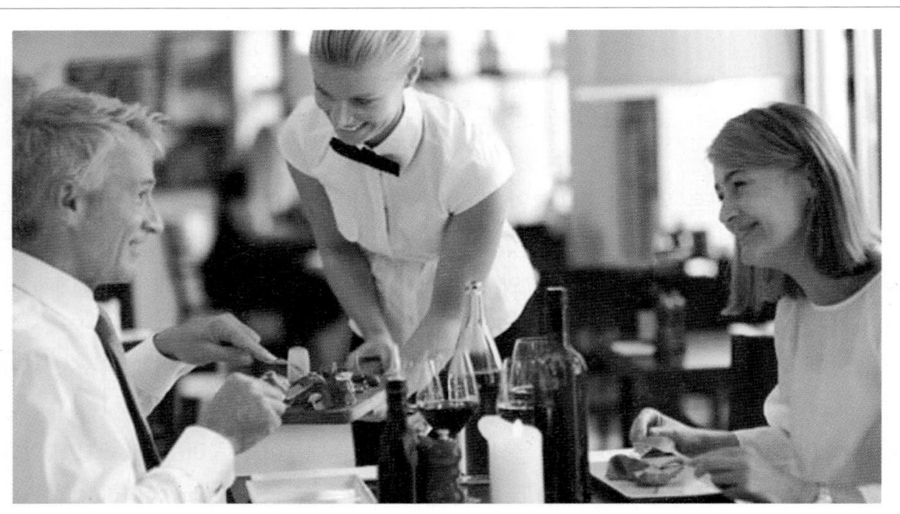

01 개요

직원 만족은 고객 만족과 분명히 관련이 있다. 서비스기업 입장에서 고객을 만족시키기를 원한다면, 먼저 해당 서비스를 제공하는 직원들을 만족시키는 것이 중요하다. 서비스기업을 대외적으로 대표하는 얼굴은 고객과 대면하면서 서비스를 제공하는 접촉 직원(contact personnel)이기 때문이다. 고객에게 서비스를 제공할 때 서비스직원은 때로는 생산 측면에서, 또는 관리측면에서, 아니면 봉사하는 측면에서 복잡하고 어려운 직무를 수행하고 있다. 이러한 활동들이 중요하고 복잡함에도 불구하고, 서비스에 종사하는 직원들은 기업 내에서, 혹은 사회적으로도 박봉의 월급을 받거나 아니면 대우를 제대로 못 받는 경우가 허다하다. 예를 들어서, 지역의 건강관리센터나 병원에서 간호사나 건강조무사들이 환자들을 돌보고 그들의 고충을 해결해 주지만 상대적으로 낮은 월급과 대우를 받고 있는 것이 현실인 것이다. 의료서비스 분야에서 뿐만이 아니라 호텔, 레스토랑, 항공기, 심지어 교육서비스 분야 등 많은 서비스의 현장에서 고객들과 접점에 있는 직원들은 육체적으로나 감정적으로 힘든 노동을 하고 있지만 다른 직종이나 관리직에 비해서 상대적으로 낮은 수준의 대우를 받고 있다.

<그림 13-2>에서 보여지는 '서비스-수익 사슬(service-profit chain)'은 이러한 양상을 여실히 보여주고 있다.[1]

그림 13-2 서비스-수익 사슬

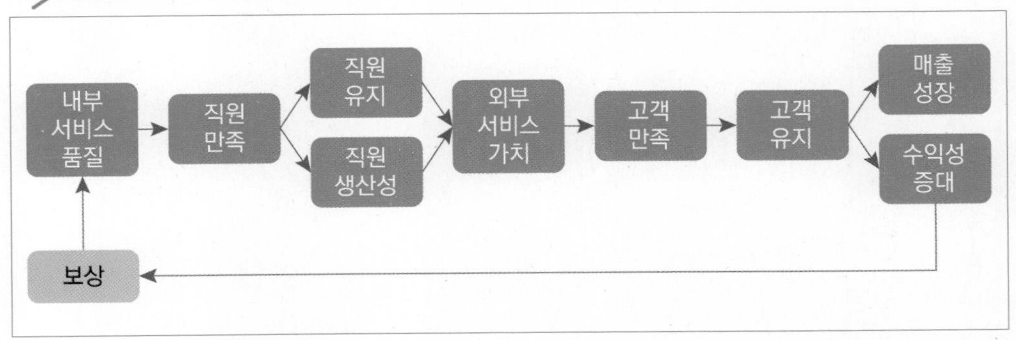

1 Heskett, James I., Thomas O. Jones, Gray W. Loveman, W. Earl Sasser, Jr, and Leonard A. Schlesinger(1994), "Putting the Service-Profit Chain to Work," *Harvard Business Review*, (March-April), 164-174.

사슬에서 연결고리는 직원 만족과 고객 만족은 직접적으로 비례하고 있음을 보여주고 있다. 만족한 직원들은 기업에 남아 있어서 각자의 생산성을 향상시키게 된다. 따라서 직원 만족은 기업 전체의 생산성을 높여주고 채용 및 연수비용을 줄여주게 된다. 채용 및 연수비용의 규모는 많은 기업들에 있어서 막대할 수 있다. 조직에 대한 직원 태도 및 신념은 종종 그들의 행동에서 반영되고 있다. 특히, 서비스기업은 종종 고객을 공동 생산자(co-producer)로 관여시키고 있기 때문에, 조직의 풍토뿐만 아니라 인적 자원 관행과 정책의 영향은 고객들의 눈에 보이게 되어 있다. 서비스 풍토에 대한 직원들의 인식은 서비스 품질에 대한 고객의 인식과 직결되어 있다. 고객 만족은 고객 유지와 직접적으로 관련되어 있고, 결과적으로 반복 구매(repeat purchase)와 다른 고객들을 대상으로 하는 긍정적 구전(positive word-of-mouth)으로 이어지게 된다. 고객 유지의 순(純)효과는 매출 및 수익 증가로 연결된다. 예를 들어서, 많은 연구들은 신규 고객 창출비용과 기존 고객 유지비용의 비율을 살펴보고 있는데, 미국 소비자국(局)이 언급한 비율은 5배 정도이며, 다른 학자들은 8배 정도로까지 추정하고 있다.[2] 동시에, 직원들 또한 그들의 노력에 따라서 보상을 받게 된다. 직원 만족과 관련된 결과-외부 서비스 가치, 고객 만족, 고객 유지, 매출 성장, 그리고 수익성 증대-는 내부 서비스 품질은 지속적으로 향상시키기 위해서 기업의 헌신을 강화시킨다. 내부 품질 향상과 긍정적 고객 반응의 수혜자로서, 직원들은 자신들의 노력에 대한 결실을 직접적으로 경험하게 된다. 직원 만족은 나중에 다시 강화되고, '서비스-수익 사슬'의 완전한 형태는 계속 유지되는 것이다.

2 Rust, R. and A. Zahorik(1993), "Customer Satisfaction, Customer Retention, and Market Share," *Journal of Retailing*, 69, 192–215.

02 서비스 직원의 중요성

1) 차별화 요소로서의 서비스직원

전략적으로, 서비스직원은 제품이나 서비스를 차별화시키는 데 중요한 원천이 되고 있다. 현실적으로, 서비스기업이 자사가 제공하는 혜택 묶음(benefit bundle)이나 제공 시스템에서 다른 경쟁사들과 차별화시키는 것은 핵심적인 도전 과제이다. 예를 들어서, 많은 항공사들은 비슷한 혜택 묶음을 제공하고 동일한 공항에서 동일한 목적지로 비슷한 비행기를 운항하고 있다. 그러므로 경쟁우위에 대한 이들의 유일한 희망은 모든 절차가 이루어지는 방식, 즉 서비스 수준으로부터 올 수밖에 없다. 차별화의 상당 부분은 직원의 수준 혹은 직원을 지원하는 시스템으로부터 올 수 있다. 종종 항공사들을 차별화시키는 결정적인 요인은 서비스제공자의 태도로부터 온다. 예를 들어서, 싱가포르 항공사(Singapore Airlines)는 승무원들의 아름다움, 우아함, 그리고 서비스지향성에 따라서 탁월한 명성을 구가하고 있다.

그림 13-3 싱가포르 항공사(Singapore Airlines) 승무원들의 아름다움, 우아함, 그리고 서비스지향성

종종 서비스 현장직원, 고객, 그리고 서비스기업이 추구하는 목적이 다르나 보니 마케팅, 인사관리, 그리고 영업 부문에서 전통적인 대립관계를 보이기도 한다. 서비스 현장에서, 충돌은 고객이 서비스기업을 바라보는 방식과 서비스 제공업자가 후속 거

래에서 고객을 보는 방식에 심각하게 장기적으로 영향을 미치는 경우에 발생한다. 서비스기업 입장에서는 어느 상황에서나 이러한 갭이 발생하지 않도록 모든 노력을 경주해야 할 것이다.

2) 서비스접점 직원의 자연적인 스트레스와 긴장감

기본적으로, 서비스접점 직원들의 일이 직무의 특성상 절대 쉽지가 않다는 점을 이해하는 것이 중요하다. 이들은 소위 말하는 경계확장자(boundary-spanners)이기 때문이다. 즉, 서비스접점 직원들은 기업의 외부 환경-특히 고객들-과 내부 조직구조와 상호작용하는 경계선상의 자리에 위치해 있다. 이들은 조직을 대표하기도 하고 서비스를 수행하기 위해 필요한 정보를 고객으로부터 수집할 것을 요구받기도 한다. 경계확장자 역할을 담당하고 있는 개인들은 하위 서비스 역할부터 전문 서비스 역할에 이르는 연속선(continuum)을 따라 분류될 수 있다. 하위 역할은 보통 조직과 고객 모두에게 종속된다. 일반적으로, 이들은 조직의 위계 내에서 최하층이라고 할 수 있다. 이들은 또한 고객들에 의해 종속적으로 취급되기도 하고, 종종 "고객이 항상 옳다"라고 쓰여진 표지판에 의해 강요되기도 한다. 이와 같은 경계확장자 역할은 개인에 따라 각기 다른 종류의 스트레스와 긴장감을 유발시킨다. 이들이 연기하라고 요구당하는 역할은 개인의 자아 인식과 상충되는 것일 수도 있다. 경계확장선상에 있는 직원들은 종종 개인적 감정을 억누를 것을 요구받기도 하고, 비참하고 공격을 당하는 동안에도 억지로 미소를 짓거나 도움을 줄 것을 강요받기도 한다. 이것이 바로 감정 노동(emotional labor)이라고 불려왔고 확실히 개인에게 스트레스를 줄 수 있는 것이다.

보다 문제가 있는 부분은 조직과 고객 간의 갈등이다. 예를 들면, 레스토랑에서 고객은 여분의 빵을 요구하는데 회사 정책은 한 고객당 한 개의 빵을 제공하는 것이라고 하자. 이것은 종종 상식의 적용에 의해 복잡해진다. 이 경우는 또한 종종 조직의 효율성과 고객 만족 사이의 다툼이고, 서비스접점 직원은 그 중간에 끼이게 된다. 어떤 면에서 빵 문제는 단순할 수 있지만, 만약 승객이 버스운전사에게 정해진 노선을 떠나서 자신의 집 앞에서 내려달라고 하면 어떻게 될까? 이러한 종류의 갈등에 대한 반응은 종종 그 역할이 조직 내에서 얼마나 종속적인가와 관련 있다. 낮은 수준의 하위 서비스 역할, 그리고 규칙이 작성된 이유에 대한 이해 부족은 종종 서비스접점 직원이 본의 아니게 조직에 대항하도록 만들기도 하고 고객 편을 드는 것처럼 보이게 만들 수도 있다. 반면에, 높은 직위에 있는 전문 서비스직원, 그리고 구체적인 규칙의 목적에 대한 분명한 이해는 어떤 일이 발생해도 보다 잘 통제할 수 있음을 의미한다.

고객들 사이의 갈등은, 많은 서비스 제공 시스템들이 상호 경험에 영향을 주는 다수의 고객들을 가지고 있기 때문에 발생한다. 상이한 고객들이 서로 다른 니즈를 가지고 있을 가능성이 높기 때문에, 이들은 자신들, 서비스접점 직원, 그리고 다른 고객들에 대해서 완전히 다른 대본(script)을 가지고 있는 경향이 있다. 고객들 사이에 갈등이 생겼을 때, 보통 경계확장 선상에 있는 직원들이 이 분쟁을 해결해줄 것을 요청받는다. 예를 들어서, 레스토랑의 비(非)흡연구역에서 담배를 피우는 고객들을 제지하는 역할은 보통 웨이터가 담당한다. 항상 모든 고객들을 만족시키기 위한 시도는 갈등을 고조시키거나 경계확장상에 있는 직원들을 다툼의 현장으로 끌어들이게 된다. 예를 들어서, 신속한 서비스를 요구해서 그것을 받는 레스토랑의 고객은 다른 테이블로부터 불공평한 서비스 수준에 대한 불평을 유발할 수 있다. 고객 간 갈등을 해결하는 데 있어서 직원 반응 및 효과성은 조직 내 직원의 역할 수준과 관계되어 있는 것처럼 보인다. 하위 역할을 하는 직원은 고객과의 관계에서 낮은 지위에 있기 때문에 가장 취약한 포지션에서 시작한다. 고객들은 하위 서비스제공자에 의해서 이루어지는 반응을 그냥 무시할 수도 있다. 전문직 서비스제공자도 동일한 문제에 직면할 수 있다. 예를 들어서, 병원 대기실에서 기다리며 특혜를 요구하는 환자를 생각해 보자. 그러나 이와 같은 경우에, 의사와 같은 전문직 서비스제공자는 자신의 지위와 전문지식을 발동하여 상황을 해결할 수 있다.

3) 서비스제공자의 스트레스와 긴장감에 미치는 마케팅 효과

때로는 마케팅이 역할에 대한 스트레스를 야기하거나 경감시킬 수 있다. 마케팅은 주요한 전략적 변화를 주지 않고서도 서비스직원의 스트레스 수준을 감소시킬 수 있고, 또 그렇게 하는 것이 마케팅의 최대 관심사이다. 확실히, 불행하고 좌절하고 동의하지 않는 서비스접점 직원들은 고객들의 눈에 띌 수밖에 없으며 궁극적으로 서비스 품질에 대한 고객의 인식에 영향을 주게 된다. 예를 들어서, 레스토랑에서 고객들은 당연히 웨이터에 의해서 무시당하거나 마치 그들이 무생물인 것처럼 취급되는 것을 좋아하지 않는다. 만약 서비스접점 직원들이 만나는 고객들에 대해서 자신들의 통제의식을 극대화하려고 시도한다면, 고객들도 자신들이 통제받는다는 것을 느낄 가능성이 커지게 된다. 게다가, 비록 고객들이 회사가 자신들이 탁월한 서비스를 방해하고 있다는 서비스제공자들의 설명에 공감하고 있다고 하더라도, 고객들은 여전히 회사에 대한 부정적 인식을 가질 수 있게 되는 것이다.

개인/역할 갈등 감소

마케팅은 단순히 민감함으로써, 그리고 특정 사안에 대해서 직원들로부터 의견을 구함으로써 개인과 할당된 역할 사이의 충돌을 줄일 수 있다. 본사에서 꿈꿨던 홍보 전략이 서류상으로는 훌륭해 보일지도 모른다. 예를 들어서, 어느 호텔에서 중세풍의 주제를 가지고 행사를 열 때 거의 틀림없이 큰 홍보 가치를 지니게 될 것이지만, 중세시대의 이상하고 어색한 의상을 입으라는 요청을 받았을 때 직원들은 어떻게 느낄까? 이러한 의상은 서비스접점에서 직원들의 고객들과의 관계에 어떻게 영향을 미칠까? 마케팅은 서비스 품질을 개선하기 위해서 영업절차에 변화를 줄 것을 추천할 수도 있다. 그러나 이를 위해서는 서비스제공자가 새로운 대본에 잘 훈련되어 있어야 한다는 점을 명심하는 것이 중요하다. 만약 그렇지 않다면, 서비스를 제공하는 직원들은 고객들 면전에서 상당히 당황해하는 것이 당연할 것이다. 만약 고객들이 직원들보다 서비스 제공에 대한 새로운 대본을 더욱 잘 인식하는 방식으로 새로운 서비스가 광고가 된다면, 이러한 상황은 더욱 악화될 수 있는 것이다.

회사/고객 갈등 감소

마찬가지로, 마케팅은 회사와 고객들 간의 갈등을 감소시킬 수 있다. 예를 들어서, 고객들의 기대가 서비스 시스템의 역량과 일치하는 것이 중요하다. 고객들은 해당 기업의 시스템이 제공할 수 없는 서비스를 요구해서는 안 된다. 광고는 부풀려진 기대를 만드는 주된 원인인데, 이는 효과를 극대화시키기 위해서 광고에서 과장된 내용을 넣고자 하는 유혹 때문에 발생한다. 예를 들어서, 운항 중에 어린아이들에게 책을 읽어주는 승무원을 묘사하는 광고를 생각해 보자. 이는 자사의 항공 서비스가 얼마나 친절하고 배려가 있는지를 보이려고 고안된 것이다. 많은 승객들은 그대로 믿기 때문에 혹은 유혹에 저항할 수 없고 자신들의 아이들에게 책을 읽어주는 승무원들에게 기대고 싶기 때문에 그 광고를 곧이곧대로 받아들인다. 결과는 승무원들과의 갈등이며 광고가 묘사하고자 했던 배려 있는 이미지와는 거리가 멀어지게 된다.

✔ 고객 간 갈등 감소

만약 고객들이 상대적으로 동질적인 기대를 가지고 있다면, 고객들 사이의 갈등은 피할 수 있게 된다. 서비스의 비(非)분리성 때문에, 고객들은 종종 자신들의 서비스 경험을 다른 고객들과 공유한다. 따라서, 성공적인 서비스기업은 2개 이상의 다양한 집단들이 서비스접점을 동시에 공유하는 가능성을 최소화시켜주는 효과적인 세분화의 중요성을 깨닫게 된다. 모든 고객들이 동일한 서비스 제공 대본을 공유하고 동일한 서비스 표준을 기대하는 한, 고객 간 갈등의 기회는 많이 줄어들게 된다.

03 내부 마케팅

PART 03

1) 개념

거의 모든 비즈니스에서 부상하는 서비스의 중요성은 원재료나 생산기술, 혹은 제품 그 자체보다도 잘 훈련된 서비스지향적인 직원들이 가장 중요한 원천이라는 생각을 고양시키고 있다. 이러한 직원들이야말로 미래에 부상하는 많은 산업들에서 더욱 중요해질 것이다. 서비스 프로세스에 더욱더 많은 정보기술, 자동화, 그리고 셀프서비스 시스템이 도입될수록, 남아있는 직원들의 서비스지향성과 고객 의식은 더욱 중요해질 것이다. 때때로 발생하는 고객 접촉은 고객들에게 일관되게 호의적으로 인식되어야만 할 것이다. 이와 같은 서비스 프로세스에서, 첨단 기술 프로세스는 당연한 것으로 받아들여지고 있고, 반면에 서비스직원들과의 접촉은 고객 관계를 만들 수도 있고 깰 수도 있다. 마케팅 부서에 있는 마케팅 전문 직원들만이 마케팅 분야에서 유일한 인적 자원은 아닌 것이다. 오히려 어떤 때는 가장 중요한 자원도 아닌 경우도 있다. 고객 접촉에서, 이러한 마케팅 전문 직원들은 거의 대부분의 경우에 생산과 영업, 배송, 수선 유지 서비스, 불평처리 혹은 전통적으로 마케팅 영역이 아닌 곳에서 일하는 직원들보다 숫자가 많다. 그러나 이러한 직원들의 고객 응대 기술, 고객 집중 그리고 봉사하는 마음가짐 모두는 서비스기업에 대한 고객 인식과 미래 애용(patronage)에 상당히 중요하다. 따라서 고객 집중과 마케팅지향성 방식으로 고객에게 봉사하고 고객 만족을 제공하고자 하는 분위기는 기업 전반에 걸쳐 모든 부서에 퍼져 나가야 한다.

• 내부 마케팅(internal marketing)의 개념은 다음과 같다.

"직원이라는 내부 시장은 봉사하는 마음가짐으로 동기가 부여되어야 하고 적극적이고 목표지향적인 방법에 의해서 고객중심적인 성과에 대한 준비가 되어있어야 하는데, 여기서 전략적 수준은 물론 영업적 수준에서 다양한 활동과 과정들이 적극적이고 마케팅스럽게, 그리고 조정하는 방식으로 내부적으로 사용되어야 한다. 이러한 방식으로, 다양한 부서들과 프로세스에 있는 사람들(고객접점 직원, 내부 지원 직원, 팀 리더, 감독관 및 관리자 등) 간의 관계는 서비스지향 경영과 고객 및 기타 당사자와의 외부 관계 구현에 초점을 맞추어 향상될 수 있다."[3]

내부 마케팅은 직원들을 고객으로 대우한다는 경영철학이다. 직원들은 한 조직으로서 고용주와의 관계는 물론, 자신들의 직무 환경과 모든 계층에 있는 동료 직원들과의 관계에 만족감을 느껴야 한다. 인사관리(HRM: Human Resources Management)와 내부 마케팅은 공통점이 많다고 하더라도 동일한 것이 아니다. 인사관리는 연수, 보상, 채용 및 직업 계획과 같이 내부 마케팅에 사용되는 수단들을 제공하고 어떤 때는 다른 수단들을 추가하기도 한다. 반면에, <그림 13-4>에서 보여지듯이, 내부 마케팅은 어떻게 이러한 수단들이 고객중심적이고 숙련된 직원들을 통해서 상호작용 마케팅 성과를 개선하기 위해서 사용되어야 하는지에 대한 지침을 제공한다. 성공적으로 수행된 내부 마케팅은 마케팅과 인사관리 업무를 동시에 요구하기도 한다. 내부 마케팅 개념에서 새로운 것은, 공통의 목적을 목표로 하는 전체 프로세스의 일부로서 여러 부서 간 잘 확립된 활동의 다양성을 보다 효과적으로 관리하기 위한 통일된 개념의 도입이라고 할 수 있다. 내부 마케팅의 중요성은 경영층이 보다 체계적이고 전략적인 방식으로 이러한 모든 활동을 접근할 수 있도록 해주고 있으며 기업의 외적 성과를 향하도록 해주고 있다는 사실에 있다. 내부 마케팅은 적용되는 방법에 의해 정당화되는 것은 아니며, 외부 고객중심 효과(external customer-focused effects)에 대한 내부 인력지향 프로세스(internal personnel-oriented process)를 측정하기 위한 목적으로 이루어진다.

3 Gronroos, Christian(2015), *Service Management and Marketing: Managing the Service Profit Logic*, 4th ed., Wiley.

그림 13-4 내부 마케팅과 상호작용 마케팅

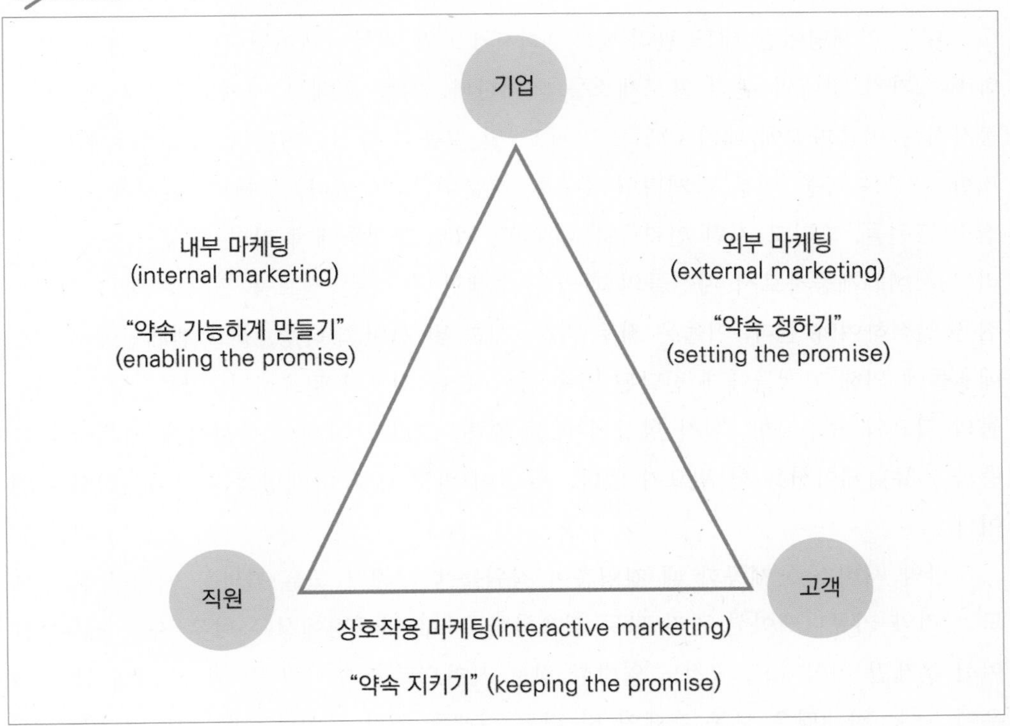

그림 13-5 내부 마케팅은 직원들을 고객으로 대우한다는 경영철학이다.

PART 03

2) 관리 프로세스

내부 마케팅이란 태도 관리(태도 변화시키기)와 커뮤니케이션 관리(커뮤니케이션 변화)의 2가지 형태의 관리 프로세스를 의미한다. 이를 위해서 첫째로, 고객중심적 및 봉사하는 마음가짐에 대한 직원들의 태도 및 그들의 동기부여는 관리되어야 한다. 이러한 사항은 종종 내부 마케팅의 주요한 부분이 되고 있다. 둘째로, 관리자, 감독관, 접점 직원들, 그리고 지원 인력들은 내부 및 외부 고객들에게 리더 및 관리자로서, 그리고 서비스제공자로서 자신들의 과업을 수행할 수 있는 정보를 필요로 하고 있다는 점을 인식하여야 한다. 이들은 직무 과정, 제품 및 서비스 특성, 광고 캠페인에서나 판매원들에 의해 고객들에게 전달된 약속 등에 관한 정보가 필요하다. 이들은 또한 자신들의 필요와 요구사항, 실적 향상에 대한 견해, 그리고 고객 요구사항에 대해서 경영층과 커뮤니케이션을 할 필요가 있다. 이 점이 바로 내부 마케팅의 커뮤니케이션 요건이다.

만약 서비스를 제공할 때 경영층이 직원들에 대해서 좋은 결과를 기대한다면, 태도 관리와 커뮤니케이션 관리 모두 필요하다. 내부 마케팅에서는 너무 자주 커뮤니케이션 문제만 인식되고, 그것도 일방향 정보 작업으로만 인식될 수 있다. 이와 같은 경우에, 내부 마케팅은 보통 캠페인 및 활동 형태를 취하고 있다. 내부 브로셔 및 소책자들이 직원들에게 배포되며 직원회의가 자주 열리는 가운데 서면 및 구두 정보가 참석자들에게 주어지고 상호 커뮤니케이션은 거의 발생하지 않는다. 또한, 관리자 및 감독관은 보통 자신들의 직원들에게 제한적으로만 관심을 두고 있으며 피드백 정보, 양방향 커뮤니케이션, 인식 및 격려에 대한 직원들의 필요성을 인식하지 못하고 있다. 이는 물론 자신들이 전달받은 정보의 많은 부분이 직원들에게 큰 영향을 주지 못하고 있음을 의미하기도 한다. 여기서 태도에 대한 필요한 변화, 훌륭한 서비스 및 고객 만족에 대한 동기부여 제고 의식이 결여되어 있다면, 당연히 직원들은 정보를 잘 받아들이지 않게 된다. 만약 내부 마케팅의 태도 관리 측면에 대한 필요와 특성이 인식되고 고려된다면, 내부 마케팅은 단편적인 캠페인 혹은 일련의 캠페인 대신에 지속적 프로세스(ongoing process)가 되어야 한다. 그리고 모든 수준에서 관리자나 감독관들은 더욱더 적극적이어야 한다. 왜냐하면 이를 통해서 훨씬 개선된 결과가 도출될 수 있기 때문이다. 태도 관리는 항상 새로 주입된 태도를 강화시키는 요소를 포함하게 되기 때문에 연속적 과정(continuous process)이 되는 반면에, 커뮤니케이션 관리는 적절한 시점에만 활동이 이루어지는 단속적 과정(discrete process)이 되는 경우가 많다. 그러나, 내부 마케팅의 이러한 2가지 측면은 대부분 서로 맞물려있다. 자연히, 직원들과 공유된 정보의 대부분은 태도에 영향을 주게 된다. 예를 들어서, 외부 광고 캠페인에 대한 정보를 미리 전달받은 고객 접촉직원들은 그 광고에서 약속한 내용을 완수할 수 있도록 보다 긍정적인 태도를 가지게 된다.

3) 목적

내부 마케팅은 서비스직원들에게 그들이 고객과 접촉할 때 고객중심적 및 봉사하는 마음가짐을 가질 수 있도록 동기부여해주는 수단으로서 설명되고 있다. 이러한 설명이 일리가 있어 보이지만, 내부 마케팅이 전략적인 이슈로서 최고 경영자의 의제에 올라야 하고, 최고 경영진이 대개 직원에게 동기를 부여하는 데 노골적인 관심을 갖지 않는다는 점을 감안할 때, 이러한 방식으로 내부 마케팅을 정의하는 것은 적절치 않아 보인다. 대신에, 직원들 간에 고객중심적 및 봉사하는 마음가짐 행동에 대한 동기부여가 제대로 이루어지지 않는 주된 이유로는 적절한 지식과 기술에 대한 결여가 내부 마케팅의 핵심적 주안점이 될 수 있다는 점이다. 따라서 역량 수준 및 직원들 사이의 적절한 지식, 기술 및 능력의 개발은 최고 경영진의 관심을 끌고 내부 마케팅을 전략적인 문제로 바꿀 수 있는 중요한 사안이다. 직원들이 어떤 행동 방식-이를테면, 고객중심적, 봉사하는 마음가짐 등-으로 동기부여가 되지 못하는 주된 이유는 서비스를 적절하게 제공하는 데 필요한 지식과 기술의 결여이다. 그러나 원하는 행동이 직원들이 일반적으로 받아들일 수 있는 것으로 간주되는 경우, 이러한 역량 격차(competence gap)를 해소하면 동기부여와 수행의지가 생길 수 있다. 여기서 이러한 역량 격차의 해소는 지속적 프로세스이며, 이 과정에서 수많은 전략적 및 전술적 사안들이 고려되어야 한다.

일반적 수준에서 내부 마케팅의 목적은 다음과 같이 정의될 수 있다:

"내부 마케팅의 목적은 고객들에게 훌륭한 서비스를 성공적으로 제공하기 위해서 직원들이 필요로 하는 기술, 지식 및 역량과, 현재 역량수준(지식 및 기술 등에서) 및 조직 내에서의 지원기능(관리, 정보 및 물리적 지원)과의 격차를 해소하는 것이다."[4]

---

4 Gronroos, Christian(2015), *Service Management and Marketing: Managing the Service*

PART 03

역량 격차의 해소는 직원들이 원하는 행동에 대해서 동기부여가 바람직스럽게 생기도록 기여할 수 있을 것이다. 물론 동기부여의 결여에는 다른 이유들도 존재할 것이다. 즉, 여기서 적절한 기술과 지식을 만들고 강화하고 유지하는 것은 직원들과 커뮤니케이션을 하고 정보를 전파하며 계획 과정에서 직원들을 참여시키는 등 경영층 및 임원들의 행동과 같은 다른 동기부여 요소들을 요구하고 있다. 조직 내에서 이와 같은 과정과 분위기가 어느 정도 정착이 되면, 내부 관계(internal relationship)가 생성된다. 즉, 만약 직원들이 자신들에게 요청되는 것에 대해서 마음이 편하고 동료들 간에 상호 신뢰할 수 있다고 느끼게 되면 내부 관계는 달성될 수 있을 것이다. 그러나 무엇보다 중요한 것은 직원들이 느끼기에 고객중심적인, 그리고 봉사하는 마음가짐을 가지고 서비스를 수행하기 위해서는 기업과 경영층이 지속적으로 물리적 및 정서적 지원을 제공해 줄 것이라는 강한 신뢰가 있어야 한다. 내부 마케팅의 관계 지향적 관점에서 보면, 다음과 같은 4가지 구체적인 목표가 파생된다:

- 직원들이 고객중심적 및 봉사하는 마음가짐이 반영되는 성과에 동기가 부여되고 따라서 상호작용적 마케팅 과정에서 파트타임 마케터(part-time marketer)로서의 성공적으로 임무를 완수한다는 자신감을 심어주기
- 좋은 직원들을 끌어들이고 유지시키기
- 내부 서비스가 조직 내에서 혹은 네트워크의 파트너 간에 고객지향적 방식으로 제공되고 있음을 확인하기
- 직원들이 파트타임 마케터(part-time marketer)로서의 자신들의 책무를 완수할 수 있도록 내부적으로나 외부적으로 적절한 관리적 및 기술적 지원을 제공해줄 수 있는 인력을 확보하기

여기서, 기존 종이 전단지의 불편함을 해소시켜줄 수 있는 솔루션으로서 주문과 결제가 동시에 가능해지는 배달 어플리케이션을 선보이며 단숨에 음식배달 서비스 시장의 강자로 우뚝 선 '배달의 민족'이라는 서비스업체의 사례를 생각해 보자. '배달의 민족'의 성공요인은 기존 시장의 틀을 깨는 돌파구, 분명한 브랜드 정체성과 일관성 있는 IMC, 뛰어난 광고 전략 등이 있으나 이에 못지않게 중요한 역할을 한 요인은 기

Profit Logic, 4th ed., Wiley.

업 비전을 내부적으로 직원들과 공유하고 함께 성장을 시도했다는 점이다. 그것은 다음과 같이 4가지로 요약될 수 있다:

- 관여시키기(Engage): 회사의 비전을 직원들에게 관여시키고 그 비전을 수행하게 하는 것이다. 사실 창업자의 비전과 직원의 비전은 다를 수밖에 없지만 그 비전의 격차를 줄이고 직원들이 주인의식을 가지고 일할 수 있도록 하는 것은 무엇보다 중요하다. 물론 이는 참 어려운 과제이다. 직원은 단지 시키는 일을 하는 존재가 아니라 같이 비전을 만들고 공유하고 함께 달려가는 공동체라는 생각을 가지게 하기 위해 비전의 정립에 직원들을 참여시키고 같이 공유하게 해서 그 비전의 자신들과 연관성이 있다는 점을 분명히 인식시키는 것이다.
- 권한 부여(Empower): 스타트업에서 직원들에게 권한을 부여해서 유연한 결정을 내릴 수 있고 의사결정이 빠르게 진행될 수 있도록 하는 것이다. 모든 의사결정을 경영층이나 윗선에서 움켜쥐고 휘두르는 많은 기업들과는 상당히 다른 문화라 할 수 있다.
- 능력을 키우기(Enable): 직원의 성장이 곧 회사의 성장으로 이어진다고 믿기에 할 수 있는 최대한의 지원을 아끼지 않는다. 예를 들면, 어떤 회사에서도 하지 못하는 원하는 책 구매는 모두 지원해 주고 있다. 지금까지 직원 한 명이 한 달에 백 만원 가까운 도서 구입비를 기록한 것이 최고인데, 이를 용인하고 장려할 수 있다는 점은 놀라운 문화라고 할 수 있다.
- 확신을 주기(Ensure): 업무에 대한 성과를 인정하고 그에 대한 분명한 보상을 제공하는 것이다. 이는 너무도 당연한 일이지만. 그러나 제대로 실천하기 어려운 항목이기도 하다.

그림 13-6 '배달의 민족'은 친근하고 재미있는 캐릭터들과 문구들을 이용해서 키치한 문화로 포지셔닝에 성공했다.

PART 03

4) 내부 마케팅의 3단계

서비스 문화 창조

조직 내에서 서비스지향성과 고객에 대한 관심이 가장 중요한 규범이 될 때, 서비스 문화가 존재하게 된다. 많은 기업들에서, 서비스 문화가 결여되어 있거나 취약하다. 내부 마케팅은 다른 활동들과 연계시켜서 서비스 문화를 발전시키는 데 강력한 수단이 되고 있다. 일반적으로, 이러한 경우에 내부 마케팅의 목표는 다음과 같다

- 첫 번째 목표: 직원들로 하여금 제품, 서비스, 외부 마케팅 캠페인과 기업의 영업 프로세스는 물론 서비스 관점과 기업의 미션, 전략 및 전술을 이해하고 수용하게 만든다.
- 두 번째 목표: 조직 내의 구성원들과 긍정적 관계를 만들어 준다.
- 세 번째 목표: 관리자와 감독관들 간에 서비스지향적 관리와 리더십을 발전시킨다.
- 네 번째 목표: 모든 직원들에게 서비스지향적 커뮤니케이션과 상호작용 기술을 교육한다.

이 중 첫 번째 목표를 달성하는 것이 필수적이다. 왜냐하면 직원들이 기업이 원하는 것이 무엇이고 왜 이것을 달성해야 하는지를 모른다면, 후속적으로 직원들은 왜 서비스지향성과 고객 의식이 중요하고 왜 자신들이 파트타임 마케터로서 책임감을 가져야 하는지를 이해한다고 장담할 수 없기 때문이다. 두 번째 목표 또한 중요하다. 왜냐하면 고객 및 다른 당사자들과의 양호한 관계는 조직 내의 내부 분위기에 달려 있기 때문이다. 세 번째 및 네 번째 목표는 서비스지향적 관리방법 및 커뮤니케이션과 상호작용 기술은 서비스 문화의 기본적 요건이기 때문에 중요하다고 할 수 있다.

서비스 문화 유지

내부 마케팅이 유용한 두 번째 상황은 서비스 문화가 유지될 때이다. 일단 이와 같은 문화가 조성되면 적극적인 방식으로 유지되어야 한다. 그렇지 않으면 직원들의 태도는 비(非)서비스 규범과 고객 집중 부족이 지배하는 문화로 쉽게 되돌아갈 것이기 때문이다. 서비스 문화를 유지하는 데 도움이 되는 내부 마케팅 목표는 다음과 같다:

- 첫 번째 목표: 관리 방식이 직원들에게 용기를 주는 것이며 직원들의 봉사하는 마음가짐과 고객 집중을 제고시킨다는 것을 보장한다.
- 두 번째 목표: 양호한 내부 관계를 유지하도록 보장한다.
- 세 번째 목표: 내부 대화를 유지하도록, 그리고 직원들이 지속적으로 정보와 피드백을 받을 수 있도록 보장한다.
- 네 번째 목표: 외부적으로 시장에 진입하기 전에 마케팅 캠페인과 프로세스는 물론 새로운 제품과 서비스를 직원들에게 지속적으로 마케팅한다.

여기서 가장 중요한 내부 마케팅 사안은 모든 관리자 및 상사 각자의 관리 지원(management support)이라고 할 수 있다. 이 점에서 관리 스타일과 관리 방식은 상당한 중요성을 지니고 있다. 직원들은 상사들이 기존의 규칙과 제도를 강요하는 것보다는 고객 문제의 해결 지원에 집중할 때 자신들의 직무에 더욱 만족스러워한다. 경영층이 서비스 프로세스와 서비스접점의 결정적 순간(moment of truth)을 직접적으로 통제할 수 있는 능력을 가지고 있지 않기 때문에, 간접적 통제(indirect control)를 개발하고 유지해야 한다. 여기서 간접적 통제는 직원들이 제공서비스가 자신들의 생각과 행동을 이끌고 있다고 느끼게 만드는 문화를 유지함으로써 구축될 수 있다. 이러한 연속적 과정에서 모든 관리자나 상사가 관련되어 있다. 만약 이들이 자신의 부하 직원들에게 격려해 줄 수 있다면, 만약 이들이 공식적이든 비(非)공식적이든지 간에 커뮤니케이션 채널을 개방할 수 있다면, 구축된 서비스 문화는 지속될 것으로 예상할 수 있다. 결국 관리자나 상사는 좋은 내적 관계를 유지하는 데 중요한 역할을 하게 된다.

✔ 새로운 제품, 서비스, 외부 마케팅 활동, 캠페인 및 프로세스 도입

초기에 내부 마케팅은, 기업이 직원들을 제대로 준비시키지 않은 상태로 새로운 제품, 서비스, 혹은 마케팅 캠페인을 계획하고 출시했을 때 파생되는 문제를 체계적으로 처리하는 방식으로서 부상하였다. 서비스접점 직원들은 특별히 자신들이 어떻게 상황이 전개되고 있는지 알 수 없을 때나, 새로운 제품, 서비스 혹은 마케팅 활동에 대한 정보를 충분하게 받지 못했을 때, 혹은 매체나 고객들로부터 새로운 서비스와 광고 캠페인에 대해서 학습하지 못했을 때, 파트타임 마케터로서의 역할을 제대로 수행할 수 없게 된다.

이러한 내부 마케팅의 3단계는 상호 관련되어 있고, 그리고 다른 두 단계를 강화시킨다. 그러나 이러한 새로운 제품, 서비스, 외부 마케팅 활동, 캠페인 및 프로세스 도입은 자체적인 관점에서 내부 마케팅 과제를 구성한다. 동시에, 이러한 도입은 기존 서비스 문화를 유지하는 데 도움이 되고 이러한 문화를 구축하는 데도 지원하게 된다. 새로운 제품, 서비스, 외부 마케팅 활동, 캠페인 및 프로세스 도입에 도움을 주는 내부 마케팅 목표는 다음과 같다:

- 첫 번째 목표: 직원들이 개발 중이거나 시장에 제공 중인 새로운 제품과 서비스를 인지하고 수용하도록 만든다.
- 두 번째 목표: 직원들이 새로운 외부 마케팅 캠페인과 활동을 인지하고 확신하도록 만든다.
- 세 번째 목표: 내부/외부 관계 및 상호작용적 마케팅 성과에 영향을 미치고 있으며 다양한 업무를 처리하고 새로운 또는 갱신된 기술, 시스템 등을 활용하는 새로운 방법을 직원들이 인지하고 수용하도록 만든다.

5) 내부 브랜딩

내부 브랜딩(internal branding)은 조직 내 구성원들을 대상으로 브랜드 및 그 브랜드가 나타내고자 하는 것이 무엇인지에 대해서 적절하게 각인시키고자 하는 활동이다. 그동안 브랜딩에 관한 많은 연구들은 기업이 고객들과의 브랜드 자산을 구축하고 관리하기 위하여 해야 할 전략과 전술에 초점을 맞추고 있는 외부 브랜딩(external branding)에만 집중하였다. 물론 당연히 브랜드를 포지셔닝하고 그 의미의 진수를 고객들에게 전달하는 것이 모든 마케팅 활동의 핵심이라고 할 수 있다. 그러나 브랜드를 내부적으로 포지셔닝하는 것도 똑같이 중요하다. 특히, 서비스기업에 있어서 모든 직원들이 자사 브랜드를 빠르게 받아들이고 깊게 이해하는 것이 중요하다. 최근에 많은 기업들이 내부 브랜딩에 대한 대책을 강구하고 있다. 미국 내에서 가장 빠르게 성장하고 최고의 성공가도를 달리고 있는 레스토랑 체인 중 하나인 판다 익스프레스(Panda Express)는 직원들을 위해서 내부적인 훈련 및 개발에 엄청난 자원을 쏟아 붓고 있다. 서비스 훈련 외에도, 사설기업인 판다 익스프레스는 건강하고 행복한 직원들이 매출과 수익을 증가시킨다는 신념으로 체중조절, 커뮤니케이션 기술 강화, 조깅, 그리고 세미나 참석 등 직원들의 개인적 향상 노력을 지원하고 있다.

그림 13-7 내부 브랜딩에 치중하는 판다 익스프레스(Panda Express)

싱가포르 항공사(Singapore Airlines) 또한 직원 훈련에 상당히 투자하고 있다. 신입 직원은 4개월 동안 훈련을 받는데, 이는 업계 평균의 2배 수준이다. 이 회사는 또한 14,500명이나 되는 기존직원 각각에 대해서 재훈련을 시키는데 1년에 7,000만 달러를 쓰고 있다. 훈련은 행실, 에티켓, 와인 감정 그리고 문화적 예민성에 초점을 맞추고 있다. 기내 승무원들은 승객들을 절대로 내려 보는 것이 아니라 눈높이를 맞추고 의사소통하는 것의 중요성을 인식하고 있으며, 한국, 일본, 중국, 그리고 미국 승객들을 다르게 상호작용하는 방법을 배우고 있다. 여기서 기업들은 자사 직원들과 지속적으로 개방적 대화를 나누는데 몰입할 필요가 있다. 브랜딩은 참여적인 것으로 인식되어야 하기 때문이다. 일부 기업들은 기업 내 인트라넷과 다른 수단들을 통해서 B2E(Business-to-Employee) 프로그램을 밀어붙이고 있다. 디즈니(Disney)는 내부 브랜딩에 아주 성공적인 것으로 간주되기 때문에 디즈니 연구소(Disney Institute)에서는 다른 기업들의 직원들을 위한 창의성, 봉사, 충성심에 대한 디즈니 스타일(Disney Style) 세미나를 연중 개최하고 있다. 요약한다면, 내부 직원들에게 동기를 부여하고 외부 고객들을 유치하기 위해서 내부 브랜딩은 중요한 관리 우선순위(management priority)를 차지하고 있다.[5]

5 Bird, Andy and Mhairi McEwan(2012), *The Growth Drivers: The Definitive Guide to Transforming Marketing Capabilities*, West Sussex, UK: John Wiley & Sons.

PART 03

그림 13-8 디즈니 연구소(Disney Institute)에서는 다른 기업들의 직원들을 위해서 디즈니 스타일(Disney Style) 세미나를 연중 개최하고 있다.

그동안 내부 브랜딩은 외부 브랜딩 프로그램이 받은 만큼의 시간, 돈, 노력을 받지 못했다. 그러나 지금은 비록 상당한 자원을 요구할 수는 있어도, 수많은 혜택을 창출하고 있다. 내부 브랜딩은 긍정적이고 보다 생산적인 작업 환경을 만들어낸다. 또한 변화의 플랫폼이 될 수 있으며 조직의 정체성 배양을 도와줄 수 있다. 예를 들어서, 직원들의 이탈이 가속화되자 한때 야후(Yahoo!)는 '정말 짜증나(What Sucks)' 프로그램을 만들고 거기서 직원들이 직접 최고경영자에게 자신들의 우려 및 관심사항을 보낼 수 있도록 하였다. 내부 브랜딩에서 가장 중요한 것은 직원들이 자사 브랜드의 열정적인 옹호자가 되는 것이다. 즉, 자사 브랜드가 무엇이며, 어떻게 구축되었고, 의미하는 것이 무엇이며, 브랜드 약속을 이행하는 데 있어서 자신들의 역할은 무엇인가를 아는 것이 무엇보다 중요하다. 일반적으로, 조직 입장에서 직원들이 브랜드와 동화되는 것을 도와주는 과정은 다음과 같은 3단계이다.

- 1단계: 브랜드를 알도록 해주자. 어떻게 하면 우리가 브랜드를 직원들의 손에 넣어 줄 수 있을까?
- 2단계: 브랜드를 신뢰하게 하자. 어떻게 하면 우리가 브랜드를 직원들의 머릿속에 집어넣을 수 있을까?
- 3단계: 브랜드를 생활화하게 하자. 어떻게 하면 우리가 브랜드를 직원들의 마음속에 각인시킬 수 있을까?

조직 내에서 브랜드 동화과정(brand assimilation process)을 안내하는 데 사용되는 6개 핵심 원칙들은 다음과 같다:

• ① 브랜드를 관련시켜라.

각 직원은 브랜드의 의미를 이해하고 수용해야 한다. 예를 들어서, 최고급 서비스 브랜드를 표방하는 노드스트롬(Nordstrom) 백화점은 판매원들이 상사의 승인 없이 교환을 허용하도록 권한을 부여하였다.

• ② 브랜드를 접할 수 있게 하라.

직원들은 어디서 브랜드 지식과 브랜드 관련된 질문에 대한 답변을 얻을 수 있는지 알아야 한다. 어네스트앤영(Ernst & Young)은 직원들에게 자사의 브랜딩, 마케팅, 그리고 광고 프로그램에 대한 정보를 쉽게 접근할 수 있도록 인트라넷에 'The Branding Zone'이라는 소프트웨어를 깔아 주었다.

• ③ 브랜드를 지속적으로 강화하라.

경영층은 내부 브랜딩 프로그램의 초기 출시 이후 직원들에게 브랜드 의미를 강화시켜야 한다. 사우스웨스트 항공사(Southwest Airlines)는 자유를 주제로 하는 지속적인 프로그램과 활동을 통해서 '자유의 상징'이라는 자사의 브랜드 약속을 지속적으로 강화시켜 왔다.

• ④ 브랜드 교육을 지속적인 프로그램으로 만들어라.

신입 직원들에게 영감을 주고 정보제공적인 훈련을 제공하라. 리츠칼튼(Ritz-Carlton)은 서비스 제공을 향상시키고 고객 만족을 극대화시키는 원칙들을 포함하고 있는 '골드 스탠다드'라고 불리는 집중 훈련 프로그램에 각 직원들을 확실하게 참여시키고 있다.

• ⑤ 브랜드 행동에 보상하라.

직원들이 브랜드 전략을 예외적으로 지원하도록 보상하는 인센티브 시스템은 내부 브랜딩 프로그램의 배포와 일치해야 한다. 유나이티드 항공사(United Airlines)와 합병하기 전에, 컨티넨탈 항공사(Continental Airlines)는 매달 직원들에게 현금 보너스로 보상했는데, 그 당시 항공사는 정기운항 항공사 상위 5위 안에 들었다.

• ⑥ 채용 관행을 정비하라.

인사 부서와 마케팅 부서는 신입 채용이 자사의 브랜드 문화에 부합되도록 채용 기준과 선발 절차를 함께 수립해야 한다. 프레아망거(Pret A Manger) 샌드위치 샵은 정확하고 투명하게 선발하는 시스템이 있어서 매년 오직 상위 20%의 지원자들만이 고용된다.[6]

04 전략적 직원 관리

1) 동기부여 리더십과 관리 지원

훈련(training)은 중요한 내부 마케팅 활동이다. 그러나 특정 훈련 프로그램 한 가지만 가지고는 내부 마케팅 프로세스에서 충분하지 않다. 이와 같은 프로세스에서 연속성을 달성하기 위해서, 최고 경영자, 중간 관리자 및 상사의 역할은 상당히 크다. 관리자, 감독관과 팀리더는 '관리하고 통제하는 것'이 아닌 진정한 리더십을 보여야 한다.

관리 지원은 다음과 같이 다양한 형태를 지닐 수 있다.

- 일상적인 관리 조치에 의한 공식 교육 프로그램의 연속성
- 고객에 대한 적극적인 관심과 좋은 서비스 제공에 대한 관심을 나타내기
- 일상적인 관리 업무의 일환으로 직원들을 적극적으로 격려하기
- 의사 결정에 대해서 직원에게 권한을 부여하고 그에 대한 신뢰를 표시하기
- 기획 및 의사결정에 직원 참여시키기
- 직원들에 대한 피드백, 정보의 흐름과 공식 및 비공식적 상호작용에서의 양방향 커뮤니케이션
- 개방적이고 고무적인 내부 풍토 확립
- 직원 상호간 신뢰 관계 형성

---

6 David, Scott M.(2002), *Building the Brand-Driven Business: Operationalize Your Brand to Drive Profitable Growth*, San Francisco, CA: Jossey-Bass.

빈번하게 발생하는 일이지만, 연수나 교육과정에서 돌아온 직원들은 특정 과정에 대해서는 사후관리가 안 되고 있다. 상사들 또한 자신들의 부하 직원들이 무엇을 학습했고 어떻게 새로운 아이디어와 지식을 활용할 것인지에 대해서 관심이 없는 경우가 다반사이다. 직원들은 보통 자신들이 학습했던 것을 혼자서 수행하게 된다. 어떤 때 직원들은 자신들이 훈련을 받을 기회가 없다보니 역량 부족이라는 문제가 발생한다는 인상을 갖기도 한다. 아무도 어떤 긍정적이고도 잠재적으로 유용한 학습에 대해서 배려해 주지 않는 것처럼 보인다. 이와 같은 상황에서, 직원들은 외로워지고 새로운 아이디어나 호감을 갖던 태도도 빠르게 망가지게 된다. 따라서 관리자나 상사는 직원들이 새로운 아이디어를 수행할 수 있도록 격려해주고 이들의 구체적인 상황 속에서 이러한 아이디어가 어떻게 적용될 수 있는지를 깨닫도록 도와주어야 한다. 인지(recognition)는 관리 지원의 중요한 부분이다. 관리자나 상사에 의해서 일상적으로 나타나는 관리 스타일은 직무 환경과 내부 분위기에 직접적인 영향을 미치게 되고, 이에 따라 관리 스타일은 내부 마케팅 사안이 되는 것이다.

관련된 직원들과 함께 하는 공동계획(joint planning)과 의사결정은 계획과정에서 나오는 추가 조치에 대한 사전 약속을 달성하는 수단이다. 고객접촉 직원들은 고객들의 필요와 욕구에 대해서 가치있는 정보와 지식을 가지고 있어서 계획과정에 이러한 직원들을 포함시키는 것은 향상된 의사결정으로 연결된다. 앞서 언급한 대로 정보와 피드백에 대한 필요는 반드시 숙지되어야 한다. 여기서 관리자 특히, 상사는 핵심적 역할을 하게 된다. 게다가, 이들은 관계를 제고하고자 하는 내부 대화(internal dialogue)에서 서비스 관련 및 고객 관련된 사안들이 제기되고 토의될 수 있도록 하는 개방적 분위기를 조성할 책임이 있다. 관리 지원과 내부 대화는 내부 마케팅의 태도 관리 측면에서 보았을 때 주요 도구가 되고 있으며, 커뮤니케이션 관리의 핵심 요소가 되기도 한다. 전략적 내부 마케팅의 일부분으로써 동기부여하는 리더십과 관리 지원의 핵심 요소들은 <그림 13-9>에 정리되어 있다.

그림 13-9 전략적 직원 관리: 동기부여 리더십과 관리 지원

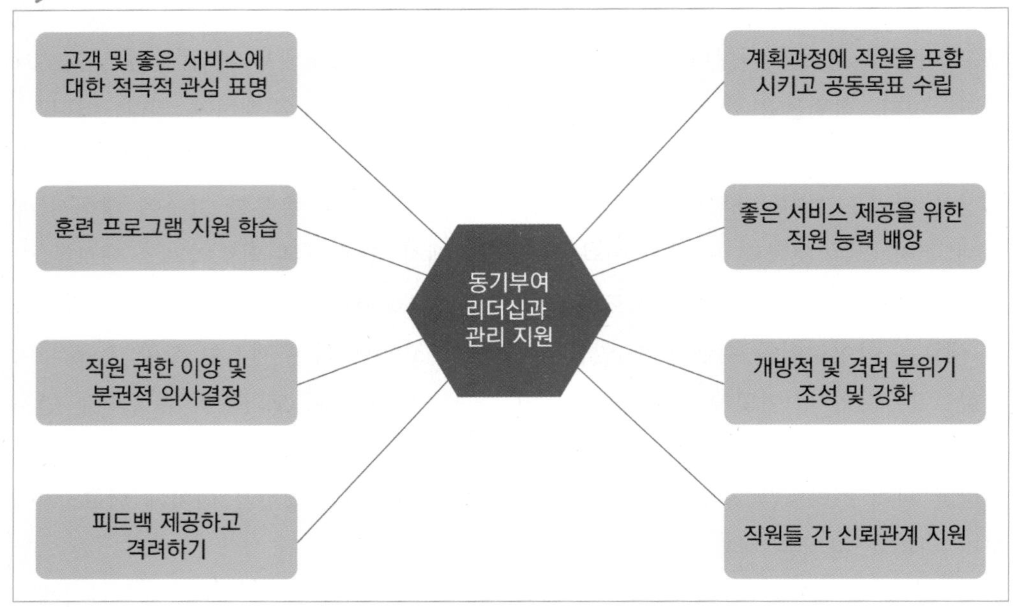

2) 동기부여 인적 자원 정책

인사관리 접근방법은 직원들이 자신들의 과제를 추구할 때 고객중심적 및 서비스 지향적 접근방식을 취할 수 있도록 동기를 부여해야 한다. 이러한 방법에는 다음과 같은 접근방식이 있다.

- 서비스지향적 사람들이 응시할 수 있도록 권장하는 채용 정책
- 서비스지향성 및 고객 집중을 장려하는 직무분석표
- 서비스지향성 및 고객 집중을 장려하는 경력설계
- 서비스지향성 및 고객 집중 행동을 평가하는 보상시스템
- 서비스지향성 및 고객 집중을 장려하는 동기부여 훈련시스템과 프로그램

이러한 인사관리 측면은 서비스 문화와 내부 및 외부 고객에 대한 관심을 지원하는데 목표를 두고 있다. 만약 잘못 관리되면, 이 문화는 성공적인 상호작용 마케팅과 고객 중심의 파트타임 마케터 행동을 위한 필수 조건인 서비스지향성과 고객에 대한 관심을 가능하게 만들지 못한 것이다. 서비스기업에 알맞은 직원들을 채용하고 유지

하는 것은 필수적이다. 성공적인 내부 마케팅은 제대로 된 직원들의 모집과 채용에서 시작된다. 이는 고객접촉 및 고객지원 직원들의 파트타임 마케터 과제가 인정되는 적절한 직무분석표를 필요로 한다. 인사관리 도구는 물론 직무분석표, 채용 절차, 경력계획, 봉급, 보너스 시스템 및 인센티브 프로그램 등은 내부 마케팅 목표를 추구하기 위해서 조직에 의해서 적시에 사용되어야 한다. 그리고 동기부여 훈련 시스템과 프로그램도 효과적으로 사용되어야 한다.

인사관리와 관련된 과제들은 어떤 것도 새롭지는 않다. 그러나 현실적으로 이러한 과제들은 내부 목표를 달성하기 위한 적극적 마케팅 도구라기보다는 오히려 관리적 수단으로서 수동적으로 사용되어 왔다. 이러한 과제들의 외부 마케팅 시사점은 너무 자주 무시되어 왔다. 전통적 관리 기법에서는, 대부분의 직원들은 수익 창출 원천보다는 오직 비용으로 간주되어 왔으며, 이를 기본으로 해서 인적 자원 정책도 개발되었다. 훌륭한 서비스를 제공한 데 대해서 직원들에게 보상하는 것 또한 중요한 내부 마케팅 도구이다. 경영층은 훌륭한 서비스 제공이 기업에 의해서 평가되어야 하고 보상 시스템에서 인정되어야 함을 알고 있어야 한다. 그동안 너무나 자주 비용 효율성 달성 및 다른 내부 효율성 요인들이 보상 시스템에 대해서 기준이 되어왔다. 만약 콜센터 서비스에서 고객들이 자신들의 통화가 제대로 응대를 못 받았다고 느껴서 불만스럽게 생각하고 있다는 사실에도 불구하고 취급된 많은 수의 통화 횟수가 훌륭한 서비스로 평가되고 보상이 이루어진다면, 진정 훌륭한 서비스가 장려되는 것은 아닌 것이다. 많은 서비스 경영에서, 중요한 고객 접촉이라는 직무는 대개 새로 입사해서 덜 훈련된, 그리고 종종 파트타임 베이스로 채용된 직원들의 차지가 된다. 이들의 직무는 보통 단조로운 것이다. 비록 이와 같은 직원들이 서비스 품질에 대한 고객 경험에 주요한 영향을 미칠 수 있다고 하더라도 이러한 여건 하에서는 고용주와 어떠한 긍정적 관계도 발전시킬 수 없을 것이다. 훈련은 가장 빈번하게 사용되는 내부 마케팅 활동이다. 전략적으로 훈련시스템과 프로그램은 서비스 문화를 조성하고 유지하는 방향으로 이루어져야 한다. 전략적 내부 마케팅의 일부분으로서 동기부여 인적 자원 정책의 핵심 요소들은 ＜그림 13－10＞에 정리되어 있다.

그림 13-10 전략적 직원 관리: 동기부여 인적 자원 정책

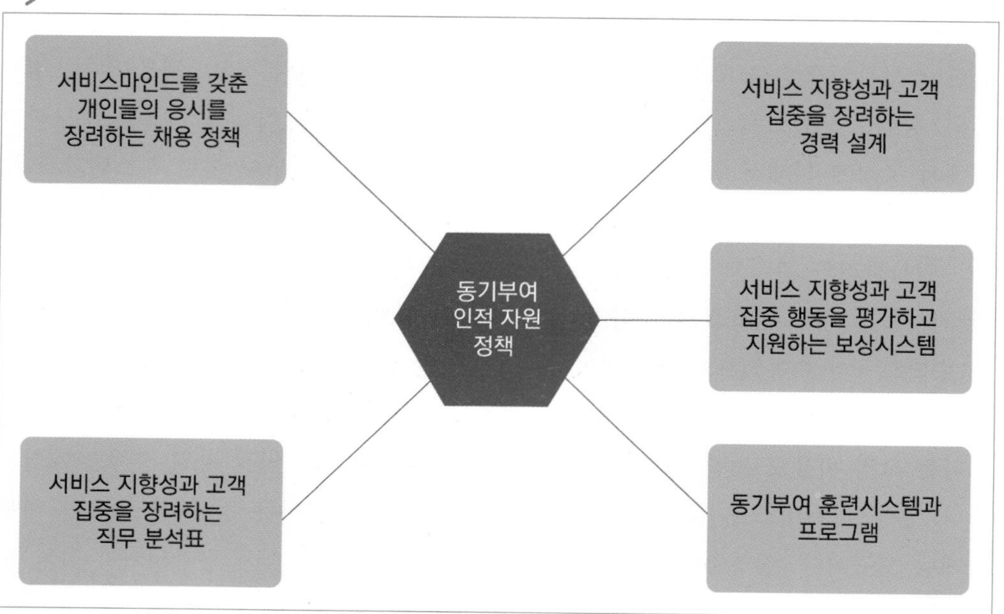

브리핑사례 **진에어 승무원, 스키니진 대신 치마도 입는다…새 근무복 공개**

진에어(20,200원▲ 150 0.75%)가 임직원들의 참여를 통해 새로 제작한 객실승무원 근무복을 30일 공개했다. 기존에 여성 승무원들이 입었던 스키니진 형태의 청바지 근무복이 업무 효율을 떨어뜨린다는 의견을 반영한 것이다. 진에어는 새로운 객실승무원 유니폼을 6월 중 배포하고 7월부터 일괄 착용하도록 할 계획이다. 먼저 여성 객실승무원들의 상의는 팔을 뻗는 동작이 많고 장시간 서서 근무하는 기내 업무 환경을 고려해 셔츠 디자인으로 변경됐다. 또 기존 청바지와 함께 치마도 추가해 객실승무원들의 선택권을 넓혔다. 하의는 면과 재질과 성질이 비슷하나 통기성이 좋고 탄성 회복력이 높은 모달(Modal) 섬유를 혼방한 데님 원단을 적용했다. 구두는 편안함과 활동성에 대한 직원들 의견을 반영해 기내화, 램프화로 이원화했다. 이와 함께 스카프, 모직 코트, 카디건 등 다양한 아이템을 새로 추가했다.

지난 2008년 설립된 진에어는 그동안 국내 항공사 중 유일하게 객실승무원들의 근무복을 청바지로 유지해 왔다. 지난해 7월 취항 10주년을 맞아 근무복을 새롭게 교체했지만, 하의를 청바지만 입도록 하는 기준은 바뀌지 않았다. 진에어의 청바지 근무복은 일반적인 항공사들에 비해 산뜻하고 독특해 보인다는 평가도 받았지만, 한편에서는 승무원들

의 불편을 초래한다는 지적도 많았다. 승무원들은 몸에 달라붙는 청바지를 입고 장시간 비행을 하게 되면 신속하게 고객 응대를 하기 어렵고 건강도 악화될 수 있다며 치마도 허용해 줄 것을 요구해 왔다. 진에어의 청바지 근무복은 지난해 대한항공 일가의 '갑질 논란'의 대상 중 하나로 거론되기도 했다. 직원들은 인터넷 커뮤니티 등을 통해 조현민 전 진에어 부사장이 청바지를 좋아하기 때문에 회사가 치마 착용을 허용하지 않는다고 비판했다. 이 때문에 진에어 측은 새 근무복을 제작하는 데 직원들의 의견을 적극 반영했음을 강조했다. 진에어 관계자는 "새로운 유니폼은 실제 착용하는 현장 직원들의 의견을 최대한 반영해 직원들과 함께 발맞춰 나아가는 회사의 모습을 표현하고 착용 편의성을 강화했다"며 "고객과 직원 모두 행복한 즐겁고 일하기 좋은 항공사로 성장해 나가겠다"고 말했다.

한편 객실승무원을 제외한 나머지 직군은 지난해 하반기부터 새로운 유니폼을 착용하고 있다. 운항승무원은 조종석에 장시간 앉아 근무하는 업무 환경을 고려해 신축성이 좋은 원단의 블랙진을 토대로 한 정복 스타일로 변경했다. 운송서비스 직군은 고객과의 첫 접점이 이뤄지는 공항 업무 특성을 감안해 데님 소재를 활용한 상의 디자인을 적용했다. 항공 정비의 경우 다양한 작업 환경에 맞춰 티셔츠, 셔츠, 방한 조끼 등을 혼용해서 입을 수 있도록 유니폼의 아이템을 세분화했다. 또 빛이 반사되는 소재인 리플렉터를 안전 조끼와 겉옷에도 부착하는 등 착용감과 안전성을 높였다.

〈출처〉 조선비즈(2019년 5월 30일)

3) 동기부여 훈련 정책

직원교육 및 훈련 프로그램은 인사관리의 일부분이다. 그러나 성공적인 내부 마케팅을 위한 훈련의 중요성 때문에, 훈련 정책 및 프로그램은 별도로 다루어지는 것이 바람직스러울 것이다. 훈련은 가장 자주 사용되는 내부 마케팅 활동이며, 거의 언제나 요구된다. 그러나 훈련 정책은 전략적 중요성을 지니고 있다. 전략적으로, 훈련 정책은 조직 내에서 서비스 정신과 고객 집중을 배양하고 강화시키는 서비스 문화의 창조와 유지에 맞추어져야 한다. 현실적으로, 직원들의 기업 전략에 대한 이해 부족과 경영층의 파트타임 마케터 책임의 중요성에 대한 이해 결여는 거의 항상 존재한다. 서비스 지식과 이에 대한 적절한 기술이 부족하기 때문이다. 이는 서비스 전략의 의미, 서비스 및 관계 차원에서의 마케팅에 대한 특성과 범위, 그리고 기업 내에서 직원들의 역할과 책임 등에 대한 불충분한 지식에 상당 부분 기인하고 있다고 할 수 있다. 이러한 상황은 접촉 및 지원 직원들은 물론 모든 수준의 관리자들에게 적용된다. 부분적으로, 이는 태도 문제이기도 하다. 무관심하거나 부정적인 태도는 바뀌어야 한다. 한편, 태도 문제는 보통 사실에 대한 이해 부족과 적절한 기술의 결여에서 비롯된다. 그러므로 직원들의 지식을 향상시키고 태도를 바꾸는 과제는 서로 연결되어 있다고 할 수 있다.

내부적인이든 외부적이든지 간에 훈련은 내부 마케팅 프로세스의 가장 기본적인 요소로서 가장 자주 필요하다. 훈련 과제의 유형은 다음과 같다:

① 다른 직원들 및 고객과의 관계에서 직원 개개인의 역할에 대해서는 물론 서비스 전략과 전체 고객 관리 프로세스에 대한 전체론적 견해(holistic view) 개발
② 양질의 서비스 제공 방법과 고객접촉 상황관리에 대한 적절한 전문 지식과 기술 개발
③ 직원들의 서비스 전략, 고객 집중과 파트타임 마케터 성과를 향한 호의적인 태도 개발 및 제고
④ 직원들 간의 커뮤니케이션, 판매 및 서비스 기술 개발 및 제고

내부 커뮤니케이션 지원과 함께 하는 훈련은 내부 마케팅에서 커뮤니케이션 관리 측면의 지배적인 도구이다. 그러나 동시에 이러한 훈련은 태도 관리 프로세스(attitude management process)의 일부분이기도 하다. 만약 첫 번째 유형의 훈련 과제가 간과된다면, 서비스 및 파트타임 마케팅 책임을 향한 호의적인 태도 상황을 만드는 것도, 그리고 직원들이 훌륭한 파트타임 마케터로서 수행하는 데 요구되는 기술을 습득하는 데 관심을 기울이게 하는 것도 매우 어렵거나 불가능하게 될 것이다. 전체적인 그림을 인식하지도 못하고 평가할 수도 없는 직원은 동료 직원 및 고객들을 향한 자신의 행동을 왜 바꾸어야 하는지, 그리고 전통적인 과제와 관련이 없어 보이는 새로운 기술을 왜 습득해야 하는지 이해를 못하게 된다. 직원들이 고객들은 물론 동료 직원들과 경영층과도 신뢰관계가 있음을 느낄 필요가 있기 때문에, 훈련 프로그램은 직원들과 고객들 모두에게 공정하게 대우할 수 있는 데 초점을 맞추고 있는 요소들을 포함시켜야 한다. 전략적 내부 마케팅의 일부분으로서 동기부여 훈련 정책의 핵심 요소들은 <그림 13-11>에 정리되어 있다.

그림 13-11 전략적 직원 관리: 동기부여 훈련 정책

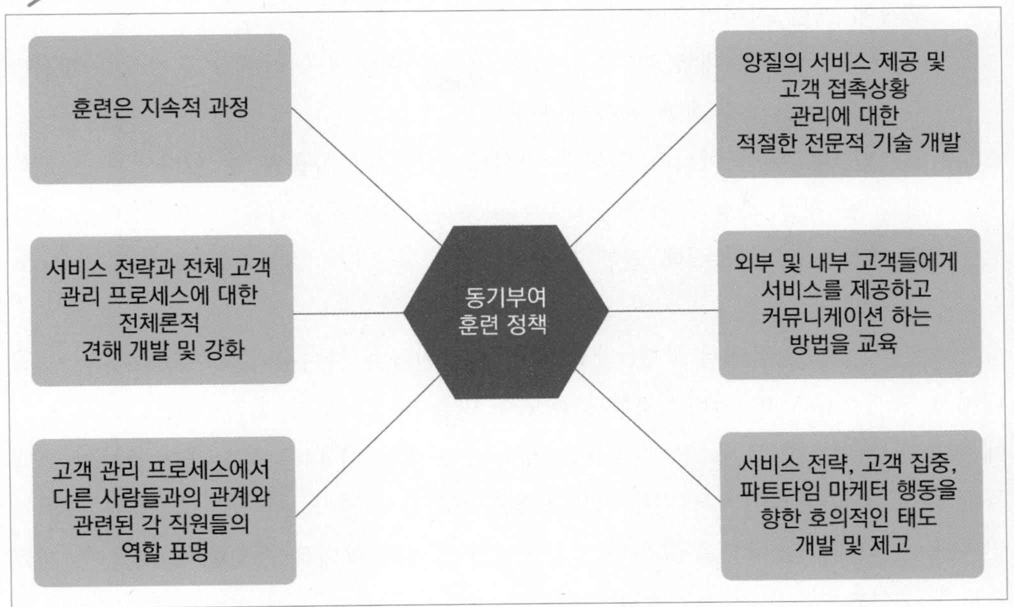

PART 03

4) 동기부여 계획 시스템

직원들은 직무 프로세스가 개발되는 데 영향을 미칠 수 없기 때문에 종종 좌절감을 느끼고는 한다. 이들은 경험과 직접적인 고객 접촉을 통해서 어떤 점들이 개선될 수 있을지를 알고 있다. 그러므로 조직 내 여러 수준에 있는 직원들은 자신들의 직무 환경 및 프로세스에 적극적으로 관여해야 한다. 직원들은 자신들의 직무를 계획하는 데 종종 가치있는 지식과 통찰력을 가지고 있다. 물론 이와 같은 지식에 근거한 제안들은 기업의 전략에 따라 평가되어야 한다. 기업들은 고객접촉 직원들이 보유하고 있는 고객 프로세스, 니즈 및 기대에 대한 직접적 지식을 거의 이용하지 않고 있다. 결과적으로, 서비스 프로세스와 직원 기술을 교정하거나 향상시키는 데 필요한 행동은 이루어지지 않고 있거나, 혹은 최적화되어 있지 않은 상태로, 그리고 어떤 때는 아예 역방향으로 프로세스나 기술이 개발되고 있다. 이것은 지원 인력의 통찰력이 제대로 드러나지 않는 내부 프로세스에서 나타나는 현상이라고 할 수 있다. 계획 과정에서 직원들을 포함시키는 것은 다음과 같은 이점이 있다:

- 서비스 처리 방법 및 실제 구현에 대한 문제, 그리고 이를 개선하기 위한 기회 포착에 대한 지식이 사용된다.
- 기존 프로세스의 내부 및 외부 고객 견해와 어떻게 이러한 프로세스가 개선될 수 있을 것인가에 대한 지식이 사용된다.
- 명시적 지식뿐만 아니라 암묵적 지식도 인정되며 사용될 수 있다.
- 계획 및 개발 과정에 적극적으로 관여해 온 직원들은 다른 직원들보다도 새로운 계획을 실행하는 데 쉽게 몰입한다.

내부 마케팅 관점에서 보면, 계획 과정에 직원들을 참여시키는 주요 이유는 조직 내에서 고객중심적 및 서비스지향적 태도를 만들고 강화하기 위함이다. 그러나 동시에 어떻게 서비스 프로세스가 작동하고 있는지에 대한 더 나은 통찰력과 자사의 고객들에 대한 지식이 얻어져서 기존 프로세스를 개선하게 된다. 이러한 통찰력은 고의적인 행동에 의해서만 밖으로 드러나는 암묵적인 지식의 형태로 존재한다. 더욱이, 계획 과정에 구성원으로서 참여해 왔던 직원들은 그렇지 않은 경우에 비해서 전심전력으로 이러한 서비스 제공 프로세스에 몰입할 것으로 예상되고 있다. 계획 과정에 직원들을 참여시키는 것은 공식적과 비공식 방식을 통해서 다양하게 이루어질 수 있다. 공식적인 계획 과정이 사용될 수 있을 때마다, 관리자나 상사와 고객 접점직원 간의 비공식적 접촉은 양질의 서비스에 대한 동기부여를 제고시키는 것은 물론 고객에 대해서와 어떻게 서비스 프로세스가 기능해야 하며 향상될 수 있을지에 대한 유용한 통찰력을 나타낼 수 있다. 전략적 내부 마케팅의 일부분으로서 동기부여 계획 시스템의 핵심 요소들은 <그림 13-12>에 정리되어 있다.

그림 13-12 전략적 직원 관리: 동기부여 계획 시스템

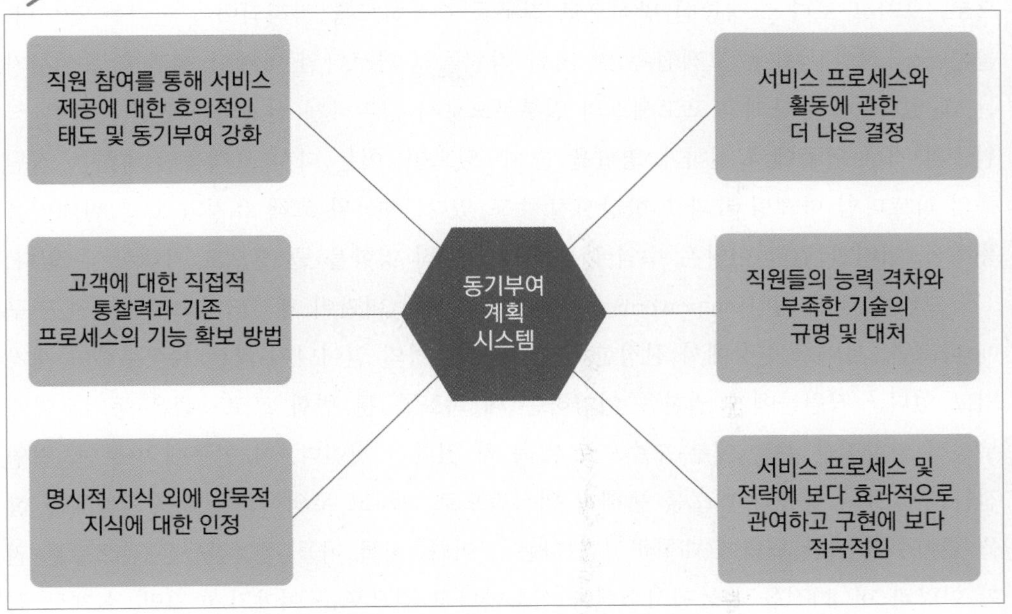

PART 03

05 권한 이양과 능력 배양

1) 권한 이양

내부 마케팅에서 상호 밀접하게 관련된 2가지 개념은 권한 이양(empowering)과 능력 배양(enabling)이다. 이 두 개념과 의미를 이해하는 것은 내부 마케팅을 효과적으로 수행하는 데 상당히 중요하다. 예를 들어서, 서비스접점 직원들에게 권한을 이양한다는 의미는 어떤 특정 상황에서 잠재적으로 문제가 될 수 있는 서비스 제공 현장에서 의사결정을 내리고 이에 부응하는 행동을 할 수 있는 권한을 주는 것이다. 이러한 권한이 어디까지 갈 수 있는지에 대해서는 제한이 있게 되며, 이러한 제한은 당연히 조심스럽게 결정되어야 한다. 예를 들어서, 법적인 문제가 심각하게 고려되어야 하거나 대규모의 금액이 걸려있는 의사결정은 고위 경영층 수준에서 이루어질 필요가 있다. 경영층은 현장 직원의 서비스 복구 부분에 대해서 분명하고 수용가능한 범위를 세

워주어야 한다. 주된 요점은 서비스접점 직원이 자신의 책임 범위를 알고 보다 효과적으로, 그리고 보다 고객중심 방식으로 직무를 수행하도록 격려되어야 한다는 점이다. 물론 궁극적인 목표는 고객접촉 및 지원 직원들의 파트타임 마케팅 성과를 향상시키는 데 있다. 내부 마케팅 프로세스의 일부분으로서 정확하게 실행되는 권한 이양은 직원들의 직무 만족에 확실하게 영향을 줄 수 있으며, 이는 다시 고객을 접촉하는 직원들의 파트타임 마케팅 효과를 향상시킬 수도 있다. 향상된 고객 유지와 교차 판매량을 통해서, 이러한 권한 이양은 수익에 대해서 긍정적 영향을 줄 것으로 기대할 수 있다.

그러나 권한 이양(empowerment) 개념에 대해서 비판이 제기되기도 한다. 한 연구에 따르면, 서비스 현장에서 진정한 권한 이양은 거의 일어나지 않는다는 주장이 제기되고 있다.[7] 직원들에게 권한을 이양하는 데 목표를 둔 변화 프로그램은 동기부여에 부정적 영향만을 주는 내부 모순으로 가득 차 있다는 것이다. 이 연구에 따르면, 경영진들은 그들의 행동과 태도를 통해서 의식적으로 그리고 무의식적으로 직원들에게 힘을 실어주기 위한 노력에 대항하고 있다는 것이다. 비록 이들 경영진들은 겉으로는 권한 이양과 비(非)전통적 통제시스템을 선호한다고 겉으로는 이야기 하지만, 실제로 직원들의 성과를 미리 예측한 방향으로 조정해 주는 표준화된 프로세스를 보다 신뢰하고 있다. 이러한 상황은 자기 통제(self-governance)가 되는, 그리고 동기가 부여된 직원들이 자신들의 행동, 특히 정상 경로에서 벗어난 행동에 대해서 책임을 질 수 있는 환경을 만들어주지 못하고 있다. 확실히, 권한 이양은 복잡한 사안이며, 그러기 때문에 성공하기 위해서는 경영층으로부터 진지한 성원을 받아야 한다. 그러나 만약 성공적으로 도입이 되는 경우, 결과는 매우 유리할 수 있다.

권한 이양은 경영층과 직원들 간에 신뢰 관계에 대한 지속적 몰입을 필요로 하고 있다. 때때로 관리자들은 서비스 제공 상황을 분석하고 의사결정을 내리는 직원들의 권한을 존중하고 있음을 보여 주어야만 한다. 이러한 방식으로, 경영층과 직원들 간의 상호 신뢰는 주입이 될 수 있다. 또한 권한 이양은 단시일 내에 이루어질 수 없음을 인식하는 것이 중요하다. 오히려, 경영층은 직원이 자신이 권한을 가졌고 그 권한을 고객과의 상호작용에서 사용할 수 있음을 느낄 수 있는 데 필요한 조건들을 만들어주고 유지해야만 한다. 결국, 직원들을 대상으로 하는 권한 이양은 다음과 같이 4가지로 요약할 수 있을 것이다:

---

7 Argyris, C.(1998), "Empowerment: the Emperor's New Cloths," *Harvard Business Review*, 76(May/Jun), 98−105.

- 직원들에게 조직의 성과에 대한 정보를 제공하는 것
- 조직의 성과에 기초해서 직원들에게 보상을 주는 것
- 직원들이 조직의 성과를 이해하고 그것에 기여할 수 있도록 하는 지식 기반을 만드는 것
- 직원들에게 조직의 방향성과 성과에 영향을 줄 수 있는 의사결정 권한을 부여하는 것

2) 능력 배양

능력 배양(enabling)의 개념은 권한 이양에 요구되는 조건을 만드는 프로세스의 일부분이라고 할 수 있다. 권한 이양은 권한과 함께 따르는 책임을 질 수 있도록 만드는 직원들의 능력 배양 없이는 기능할 수 없다. 능력 배양은 직원들이 서비스 프로세스에서 효과적으로 독립적 결정을 내릴 수 있도록 지원해야 함을 의미한다. 이와 같은 지원 없이는, 권한이 이양된 직원들을 위한 적절한 조건은 존재하지 않는다. 능력배양은 다음과 같은 3가지 지원을 포함하고 있다:

- 관리 지원(management support): 감독관이나 관리자가 정보를 주고 필요한 경우 의사결정을 할 수 있도록 해주지만 의사결정의 권한에 불필요한 간섭을 하지 않는 것
- 지식 지원(knowledge support): 직원들이 상황을 분석하고 적절한 의사결정을 내릴 수 있게 하는 기술과 지식을 갖도록 하는 것
- 기술 지원(technical support): 고객접촉 직원들이 상황 처리에 요구되는 정보 및 다른 서비스를 제공할 수 있도록 해주는 지원인력, 시스템, 기술 및 데이터베이스를 말함

능력 배양이 없는 권한 이양은 이미 직무 만족이 이루어지고 동기부여된 직원들에게 더 많은 혼란과 좌절을 야기시킨다는 사실을 깨닫는 것이 중요하다. 고객 업무를 책임지라고 요구받고 있지만 그 직무를 잘 수행할 수 있는 능력이 배양되지 않은 직원들은 애매모호함, 좌절, 그리고 분노를 느끼게 되며, 결국 좋지 못한 결정을 내릴 수도 있다. 권한 이양과 내부 마케팅 간의 연결은 쉽게 보여질 수 있다. 내부 마케팅의 목표 중 하나는 관리 지원, 지식 지원 및 기술 지원을 개발하여 권한이 위임된 직원들

이 필요한 도구와 지원을 갖추고 자신들이 파트타임 마케팅 담당자로서 효과적으로 업무를 수행하도록 동기를 부여하는 것이다.

3) 권한 이양의 장점

서비스 직원들의 권한 이양의 장점은 다음과 같다:

- 서비스 프로세스에서 고객들의 니즈에 대한 신속하고 직접적인 반응을 보여줄 수 있다: 서비스 현장에서 고객들은 비정상적인 상황이 발생했을 때 상사가 올 때까지 기다려주지 않는다. 동시에 고객들은 지각된 서비스 품질에 긍정적 효과를 주는 서비스제공자의 자발성 및 의지에 대한 공감을 경험하게 된다.
- 서비스 복구 상황에서 불만족한 고객들에게 신속하고 직접적인 반응을 보여줄 수 있다: 서비스 현장에서 고객들은 결정을 내려야만 하는 상황이 발생했을 때 상사가 올 때까지 기다려주지 않는다. 또한 해당 상황에서 문제 발생에 대한 공식적인 보고를 올리지 않아도 된다.
- 직원들은 자신들의 직무에 더욱 만족할 수 있고 자신들에 대해서도 자긍심을 가질 수 있다: 직원들은 기업에 대해서 주인의식을 가지며 자신이 신뢰를 받고 있는 직원임을 자각하게 된다. 이 점은 또한 결근 횟수나 이직률을 감소시킨다.
- 직원들은 고객들을 더욱 열정적으로 대접하게 된다: 직원들은 자신들의 직무에 동기가 크게 부여되어 있다. 이 점은 물론 자신들의 파트타임 마케팅 책임을 깨닫도록 만들어 주고 있다.
- 권한 이양이 된 직원들은 새로운 사업 아이디어의 원천이 될 수 있다: 서비스접점 직원들은 고객을 직접 접촉하고, 서비스접점에서 경험하게 되는 문제와 기회를 보며, 고객들의 행동, 필요, 욕구, 기대 및 가치를 느끼게 된다. 권한이 이양된 직원으로서, 이들은 이러한 문제와 기회를 보다 더 잘 인식하고 발견사항 및 아이디어를 상사나 관리자들과 보다 더 잘 공유하는 경향이 생기게 된다.
- 권한 이양된 직원들은 긍정적 구전을 만들어내고 고객 유지를 증가시키는 데 중요한 역할을 하고 있다: 이들은 고객들에게 신속하고 솜씨좋게, 그리고 서비스지향적인 방식으로 서비스를 제공하는 것으로 예상되고 있기 때문에, 고객들에게 감동을 주고 이러한 고객들이 더욱 긍정적 평가를 퍼뜨리고 오래 머무를 수 있도록 만들어주고 있다.

권한 이양은 관리자나 상사가 관리적 책임을 덜 갖는다는 의미가 아니다. 이러한 책임의 특성은 좀 다르다. 즉, 단순히 관리하기보다는 보다 큰 리더십을 갖는 것이며, 단순히 지침에 따라서 관리하기보다는 독립적인 판단을 요구하는 것이며, 관리자 혹은 상사 입장에서 확실한 행동이 요구될 때 분명하게 이해를 해야 하는 것이다. 어떤 때는 직원들에게 권한을 이양하는 것이 추가적인 비용을 유발시킬 수 있다. 추가적인 직원 훈련이 요구될 수도 있고, 권한 위임된 직원들에게 더 나은 보수를 주는 것이 필요할지도 모른다. 물론 권한이 이양된 고객접촉 직원들이 회사에게 비용을 발생시키거나 고객들에게 부정적 효과를 줄 수 있는 나쁜 의사결정을 내리는 위험이 있을 수 있다. 그러나 이러한 문제들은 직원들을 신중하게 채용하고 능력을 배양시켜줌으로써 얼마든지 극복해갈 수 있다. 그리고 모든 직원들에게 권한이 이양되는 것은 아니라는 점을 명심해야 한다. 이는 모든 사람들이 권한과 함께 부담하게 될 책임을 원하는 것은 아니기 때문이다. 예를 들어서, 서비스 복구 상황에서 고객들을 행복하게 만드는 얼핏 보면 불필요하게 보여 지는 추가적 비용도 장기적으로 보면 그만큼의 가치가 있는 것이다. 일반적으로 이야기해서, 권한이 이양되고 능력이 배양된 직원들에 의해서 파생되는 긍정적인 수익 증대 효과는 이러한 추가 비용보다 훨씬 더 클 것으로 예상할 수 있다. 더욱이, 감소되는 결근과 낮아지는 이직률 때문에 직무만족과 서비스 품질 제고를 통해서 비용 절감도 예상할 수 있다.

생각해봅시다

01 서비스 직원이 중요해지는 이유는 무엇인가?
02 내부 마케팅은 무엇인가?
03 내부 브랜딩은 무엇인가?
04 동기를 부여하는 리더십과 관리 지원은 직원들에게 어떤 영향을 주는가?
05 동기를 부여하는 인적 자원 정책은 서비스직원들에게 어떤 영향을 주는가?
06 동기를 부여하는 훈련 정책은 서비스직원들에게 어떤 영향을 주는가?
07 동기를 부여하는 계획 시스템은 서비스직원들에게 어떤 영향을 주는가?
08 권한 이양은 무엇이며 서비스직원 관리에 어떤 영향을 주는가?
09 능력 배양은 무엇이며 서비스직원 관리에 어떤 영향을 주는가?
10 권한 이양의 장점은 무엇인가?

REFERENCE

경향신문(2019년 5월 19일)

네이버 상담학 사전(2016)

뉴스1(2019년 5월 12일)

더벨(2018년 8월 16일)

머니투데이(2019년 1월 16일)

비즈한국(2019년 3월 18일)

소비자경제신문(2019년 3월 9일)

아시아경제(2019년 5월 12일)

아이뉴스24(2019년 3월 25일)

연합뉴스(2018년 5월 13일)

연합뉴스(2018년 9월 30일)

이데일리(2017년 8월 8일)

이데일리(2018년 9월 29일)

이데일리(2019년 5월 10일)

이명식(2013), "인터넷쇼핑 시 발생하는 서비스실패유형과 효과적인 서비스복구의 관계분석: 소비자 특성의 조절효과를 중심으로," **생산성논집**, 27(2), 38－59.

이명식(2016), "신용카드사의 웹사이트 서비스 품질이 e-로열티 및 가상공동체의식에 미치는 영향: 지각된 보안위험 조절효과를 중심으로," **서비스경영학회지**, 17(2), 1－22.

이명식(2018), "지불결제서비스 시장에서 지각된 가치가 고객 만족 및 고객 로열티에 미치는 영향: 전환비용의 조절효과를 중심으로," **서비스경영학회지**, 19(4), 47－71.

조선비즈(2019년 5월 9일)

조선비즈(2019년 5월 30일)

조선 위클리 비즈(2012년 11월 17일)

조선 위클리 비즈(2016년 8월 13일)

조선일보(2015년 02월 13일)

한경비즈니스(2019년 3월 16일)

한국경제신문(2019년 5월 1일)

한국경제신문(2019년 5월 31일)

한국은행(2015), "2014년 지급수단 이용행태 조사결과 및 시사점," **지급결제조사자료** 2015－1

한국일보(2016년 12월 2일)

한국일보(2017년 9월 30일)

한국일보(2018년 10월 3일)

헤럴드경제(2019년 5월 9일)

CBS노컷뉴스(2019년 3월 29일)

A. Parasuraman, Valarie A. Zeithaml, and Leonard L. Berry(1985), "A Conceptual Model of Service Quality and Its Implications for Future Research," *Journal of Marketing*, 49(Fall), 44－62.

Albrecht, Karl and Ron Zemke(1985), *Service America! Doing Business in the New Economy*, Homewood, IL: One Irwin.

Argyris, C.(1998), "Empowerment: the Emperor's New Cloths," *Harvard Business Review*, 76(May/Jun), 98－105.

Bagozzi, Richard(1986), *Principles of Marketing Management*, SRA.

Barlow, Jaqnelle and Claus Moller(2008), *A Complaint Is a Gift*, San Francisco: Berrett-Koefler Publisher, Inc.

Berry, Leonard L. A. Parasuraman, and Valarie A. Zeithaml(1994), "Improving Service Quality in America: Lessons Learned," *Academy of Management Executive*, 8(2), 32－52.

Berry, Leonard L., A. Parasuraman, and Valarie A. Zeithaml(1991), "Understanding Customer Expectations of Services," *Sloan Management Review*, 32(3), 24－45.

Bird, Andy and Mhairi McEwan(2012), The Groth Drivers: *The Definitive Guide to Transforming Marketing Capabilities*, West Sussex, UK: John Wiley & Sons.

Bitner, Mary Jo(1992), " Servicescape: The Impact of Physical Surroundings on Customers and Employee," *Journal of Marketing*, 56(April), 69－82.

Bonner, P and Nekon(1985), "Product Attributes and Perceived Quality: Foods," in *Perceived Quality*. ed., J. Jacoby and J. Olson, Lexington, Mass.: Lexington Books.

Boshoff, C. and J. Leong(1998), "Environment, Attribution and Apologizing as Dimensions of Service Quality," *International Journal of Service Industry Management*, 9(1), 24－47.

Brown, T. G., A. Churchill, Jr., and J. P. Peter(1993), "Improving the Measurement of Service Quality," *Journal of Retailing*, 69(1), 127－139.

Cai, S. and Jun, M.(2003), "Internet Usres' Perceptions of Online Service Quality," *Managing Service Quality*, 13(6), 504－519.

Charles L. Martin(1996), "Consumer-to-Consumer Relationships: Satisfaction with Other Consumers' Public Behavior," *Journal of Consumer Affairs*, 30(1), 146－148.

REFERENCE

Churchill, Gilbert A. Jr. and Carol Surprenant(1982), "An Investigation into the Determinants of Customer Satisfaction," *Journal of Marketing* Research, 19(November), 491－504.

Cronin, J. Joseph, Jr., and Steven A. Taylor(1992), "Measuring Service Quality: A Reexamination and Extension," *Journal of Marketing*, July, 55－68.

David, Scott M.(2002), *Building the Brand-Driven Business: Operationalize Your Brand to Drive Profitable Growth*, San Francisco, CA: Jossey-Bass.

Forbes, L. P., S. W. Kelly, and K. D. Hoffman(2005), "Typologies of e-Commerce Retail Failures and Recovery Strategies," *Journal of Services Marketing*, 19(5), 280－292.

Garvin, David(1987), "Competing on the Eight Dimensions of Quality," *Harvard Business Review*, November-December, 101－109.

Gilly, Mary C., William B. Stevenson and Laura J. Yale(1991), "Dynamics of Complaints Management in Service Organization", *The Journal of Consumer Affairs*, 25(2), p.296.

Gronroos, Christian(2015), *Service Management and Marketing: Managing the Service Profit Logic*, 4th ed, Wiley.

Grove, Stephen J. and Raymond P. Fisk(1997), "The Impact of Other Consumers on Service Experiences: A Crotical Incident Examination of Getting Along," *Journal of Retailing*, 73(1), 63－85.

Gummesson, E.(1999), *Total Relationship Marketing*: *Rethinking Marketing Management: From 4Ps to 30Rs*, London: Butterworth-Heinemann.

Gummesson, Evert and Jane Kingman-Brundage(1991), "Service Design and Quality. Analysis Service Blueprinting and Service Mapping," *Quality Management in Service*.

Harari, Oren(1992), "Thank Heaven for Complainers," *Management Review*, (Ianuary), 60.

Hart, C. W. and Johnson, M. D.(1999), Growing the Trust Relationship, *Marketing Management*, American Marketing Association, Spring.

Heskett, James I., Thomas O. Jones, Gray W. Loveman, W. Earl Sasser, Jr, and Leonard A. Schlesinger(1994), "Putting the Service-Profit Chain to Work," *Harvard Business Review*, (March-April), 164－174.

Hill, Donna J. and Nimish Gandhi(1992), "Services Advertising: A Framework to Its Effectiveness," *Journal of Services Marketing*, 6(4), 63－76.

Hoffman, K. D., S. W. Kelly, and H. M. Rotalsky, H. M.(1995), "Tracking Service Failures and Employee Recovery Efforts," *Journal of Services Marketing*, 9(2), 49－61.

Hoffman, K. Douglas(1995), "A Conceptual framework of the Influence of Positive Mood State on Service Exchange Relationships," *Marketing Theory and Applications*, Chris T. Allen, et al., eds.(San Antonio, TX: American Marketing Association Winter Educator's Conference), p.147.

Jarvis, C., MacKenzie, S. and Podsakoff, P.(2003), "A Critical Review of Construct Indicators and Measurement Model Misspecification in Marketing and Consumer Research", *Journal of Consumer Research*, Vol. 30 No. 2, 199－218.

Kelly, S. W. and M. A. Davis(1994), "Antecedents to Customer Expectations for Service Recovery," *Journal of the Academy of Marketing Science*, 22(1), 52－61.

Kotler, Philip and Gary Armstrong(1993), *Marketing: An Introdution*, 3rd ed., Englewood Cliffs, N.J.: Prentice-Hall.

Kotler, Philip and Gary Armstrong(2003), *Marketing: An Introduction*, 5th ed., Englewood Cliffs, N.J.: Prentice-Hall.

Kurtz, David L. and Kennelth E. Clow(2006), *Services Marketing,* New York: John Wiley & Sons.

Loiacono, E. T., Watson, R. T. and Goodhue, D. J.(2002), "WebQual: Instrument for Consumer Evaluation of Web Sites," *International Journal of Electronic Commerce*, 11(3), 51－87.

Lovelock, Christopher H.(1996), *Service Marketing*, 3rd ed., Prentice-Hall International Edition.

Lovelock, Christopher H.(2006), *Services Marketing,* 5th ed., Prentice-Hall International Editions.

Lowenstein, Michael W.(1993), "The Voice of Customer," *Small Business Reports,* December, 65－67.

Magnier, M. and John O'dell(2,000), "Mitsubishi Admit to Complaint Cover-Up," *Coloradoan*, August, 23, A1－A2.

Mattila, A. S. and D. Crantage(2005), "The Impact of Choice on Fairness in the Context of Service Recovery," *Journal of Services Marketing*, 19(5), 271－279.

Miller, Cyndee(1991), "Airline Safety Seen as New Marketing Issue," *Marketing News*, July 8, 1991, pp, 1, 11.

News Peppermint(뉴욕타임스)(2016년 3월 24일)

O'Cass, A. and . Carlson(2012), "An Empirical Assessment of Consumers' Evaluations of Web Site Service Quality: Conceptualizing and Testing a Formative Model," *Journal of Services Marketing*, 26(6), 419－434.

REFERENCE

Oliver, Richard L.(1980), "A Cognitive Model of the Antecedents and Consequences of Satisfaction Decisions," *Journal of Marketing* Research, November, 460–469.

Oliver, R. L. and Burke, R. R.(1999), "Expectation Processes in Satisfaction Formation", *Journal of Service Research*, 1(3), 196–214.

Parasuraman, A., Valarie A. Zeithaml, and Leonard L. Berry(1985), "A Conceptual Model of Service Quality and Its Implication the Future Research," *Journal of Marketing*, Fall, 41–50.

Parasuraman, A., Valarie A. Zeithaml, and Leonard L. Berry(1988), "SERVQUAL: A Multiple-Item Scale for Measuring Consumer Perception of Service Quality," *Journal of Retailing*, Spring, 12–40.

Parasuraman, A., Zeithaml, V. A. and Malhotra, A.(2005), "E-S-Qual: A Multiple-Item Scale for Assessing Electronic Service Quality," *Journal of Service Research*, 7(3), 213–233.

Peterson, Robert A. and William R. Wilson(1992), "Measuring Customer Satisfaction: Fact and Artifact," *Journal of the Academy of Marketing Science*, 20(1), p.61.

Phillips, L.W., D.R. Chang, and R.D Buzzell(1993), "Product Quality, Cost, Position and Business Performance: A Test of Some Key Hypothesis," *Journal of Marketing*, 2(Spring), 26–43.

Reichheld, Frederick F.(1996), "Learning from Customer Defections," *Harvard Business Review*, March-April, 56–69.

Richins, Marsha L.(1983), "Negative Word-of-Mouth by Dissatisfied Consumers: A Pilot Study," *Journal of Marketing*, 47(Winter), 68–78.

Robinson, Lawrence W.(1995), "Optimal and Approximate Control Policies for Airline Booking with Sequential Monotonic Fare Classes," *Operation Research*, 43(March/April), 252–263.

Rust, R. and A. Zahorik(1993), "Customer Satisfaction, Customer Retention, and Market Share," *Journal of Retailing*, 69, 192–215.

Rust, R. T. and R. L. Oliver(2,000), "Should We Delight the Customer?", *Journal of the Academy of Marketing Science*, 28(1), 86–94.

SBS Pick(2017년 10월 26일)

Shostack, G. Lynn(1977), "Breaking Free from Product Marketing," *Journal of Marketing*, 41(April), p.77.

Shostack, G. Lynn(1985), "Planning the Service Encounter," in *The Service Encounter*, John A. Czepiel, Michael. R. Solomon and Carol F. Suprenant, eds., Lexington, M.A.: Lexington Books, 243−254.

Suprenant, Carol F. and Michael R. Solomon(1987), "Predictability and Personalization in the Service Encounter," *Journal of Marketing*, 51(April), 73−80.

Tax, S. S. and S. W. Brown(2,000), Service Recovery: Research Insights and Practices, in Swartz, T. A. and D. Iacobucci(Eds.), *Handbook in Services Marketing and Management, Thousand Oaks*, CA: Sage Publications.

UPS website: http://www,ups.com, accessed 30 January 2005.

Zeithaml, Valarie A. Mary Jo Bitner, and Dwayne D. Gremier(2017), *Services Marketing: Integrating Customer Focus Across the Firm*, International Student Edition: McGraw-Hill Co.

Zeithaml, Valarie A.(1988), "Consumer Perceptions of Price, Quality, and Value: A Means-End Model and Synthesis of Evidence," *Journal of Marketing*, 52(July), 2−22.

Zeithaml, Valarie A. and Mary Jo Bitner(1996), *Service Marketing*, New York: McGrow-Hill Book.

Zeithaml, Valarie A., Leonard L. Berry, and A. Parasuraman(1988), "Communication and Control Processes in the Delivery of Service Quality," *Journal of Marketing*(52), p.46.

INDEX

(ㄱ)
가격결정 방식 395
가격결정의 삼각대(pricing tripod) 395
가격 묶음(price bundling) 412
가격 신호현상(pricing signaling) 402
가격-의미-반응 모델 383
가격-품질-가치 모델 382
가치 창출 70
감정 노동(emotional labor) 462
감정적 가치 44
갭분석 모형 161
결정적 순간(MOT: moment of truth) 343
결합형 접근방식 194
경계확장자(boundary-spanners) 462
경쟁중심 가격결정 401
경험품질(experience quality) 118
경험품질 속성 55
고객 가치의 통합적 관리 269
고객가치믹스(customer value mix) 269
고객 기대 모델 77
고객 만족(customer satisfaction) 183
고객 만족과 서비스 품질과의 관계 190
고객 유지(customer retention) 264, 266
고객의 기쁨(customer delight) 160
고객의 생애가치(lifetime value of customer) 275
고객이 불평하는 이유 216
고객이 불평하지 않는 이유 218
고객 이탈률(defection rate) 213
고객 인식 139
고객점유율(customer share) 202
고객 접촉의 수준 297
고객 흡인력(cumulative attraction) 373
고려상표군(consideration set) 48
공감성 124
공격적 마케팅(offensive marketing) 152
공동생산자 위험(co-producer risk) 55
공인된 서비스(recognized services) 11
공정성 이론(fairness theory) 227
관계 가격결정(relationship pricing) 414
광고와 서비스 특성 435
교차판매 가능성(competitive compatibility) 374
교환 가치(value-in-exchange) 70
구매자중심 가격결정 404
구체적 결과 보증 283
군중 효과 367
권한 이양(empowering) 487
기능적 가치 / 43
기능적 과정 품질(functional process quality) 120
기대 불일치 이론(expectancy disconfirmation theory) 63
기대-성과 불일치 모델(expectation-performance discon-firmation model) 126
기분전환 추구형(arousal seekers) 369
기분전환 회피형(arousal avoiders) 369
기술적 결과 품질(technical outcome quality) 120
기회비용에 대한 대가 385
깜짝 효과(surprise effect) 160
끼어들기 마케팅(interruption marketing) 260

(ㄴ)
내부 대화(internal dialogue) 479
내부 마케팅(internal marketing) 30, 466
내부 브랜딩(internal branding) 474
능력 배양(enabling) 487

(ㄷ)
5가지 형태의 지각된 위험(5 types of risk) 54
다속성 선택모델(multi-attribute choice model) 48

단정적 불평(ostensive complaints) 214
대량 맞춤화(mass customization) 257
대본 관점(script perspective) 67
동기부여 리더십과 관리 지원 478
동기부여 인적 자원 정책 480
드라마처럼 서비스 제공 61

(ㅁ)
마음점유율(mind share) 203
만족 기반 가격결정(satisfaction-based pricing) 413
매우 만족/매우 불만족 접근방식 193
맞춤화(customization) 추구방식 355
무반응 전략(unresponsive strategies) 243
무조건 보증 281
무형성 13

(ㅂ)
반사적 불평(reflexive complaints) 214
반응성 124
반응 편향(response bias) 196
방어적 마케팅(defensive marketing) 152
100점 척도 192
변제 전략(reimbursement strategies) 242
보상 전략(compensatory strategies) 241
보유물 처리과정(possession processing) 294
복원 전략(restoration strategies) 242
분배적 공정성(distributive fairness) 228
불평 결과 219
불평 고객 유형 215
불평 유형 213
불평 처리(complaints handling) 224
브랜드 동화과정(brand assimilation process) 477
비(非)수단적 불평(non-instrumental complaints) 214
비보완적 접근방식(non-compensatory approach) 50
비분리성 15
비용 효율성(cost efficiency) 추구방식 356

(ㅅ)
사과 전략(apologetic strategies) 242
사교자 역할 349
사람 처리과정(people processing) 294
사용 가치(value-in-use) 71
사회적 가치 44
사회적 호감도 편견(social desirability bias) 199
3단계 전략 276
상용 마케팅 278
상품의 3가지 수준 325
상호작용 마케팅(interactive marketing) 31
상호작용적 공정성(interactional fairness) 228
상황적 가치 43, 45
서비스 개발 과정 310
서비스 개발 유형 308
서비스 거래공간 372
서비스 경제의 성공 요인 24
서비스 경제의 성장 18
서비스 고객들의 양면성 62
서비스 보증(service guarantees) 281
서비스 복구(service recovery) 224
서비스 복구 과정 244
서비스 복구 관리 프로그램 개발 233
서비스 복구 전략 선택 241
서비스 부문의 경제적 중요성 17
서비스 수명 주기 320
서비스 수요관리 97
서비스 수요와 역량의 불일치 93
서비스 실패(service failure) 211
서비스 실패 규명 234
서비스 역량관리 104

INDEX

서비스 역량의 제한 여건 95
서비스 역할과 대본 61
서비스 제공방법(operational position) 371
서비스 청사진(service blueprint) 318
서비스 커뮤니케이션 믹스 435
서비스 포지셔닝 85
서비스 품질 118
서비스 품질과 이익전략 152
서비스 품질의 지표 384
서비스 품질 차원 121
서비스 품질(service quality) 추구방식 356
서비스-수익 사슬(service-profit chain) 459
서비스마케팅믹스 32
서비스마케팅 삼각형(service marketing triangle) 28
서비스마케팅 시스템 298
서비스스케이프(servicescape) 341
서비스스케이프 모델 360
서비스스케이프의 역할 348
서비스스케이프의 포지셔닝 354
서비스의 전략적 유형 296
서비스의 특성 13
선순환 효과(virtuous circle effect) 189
선형 보완적 접근방식(linear compensatory approach) 49
소멸성 14
소비가치 43
소비자 의사결정 모델 46
수단적 불평(instrumental complaints) 214
수요관리의 패턴 97
수요관리전략 99
수익관리(yield management) 411
순수 묶음(pure bundling) 412
시장대응 가격결정(going-rate pricing) 402
신뢰성 124
신용 품질(credence quality) 118
신용(credence품질 속성 56
심리자극 처리과정(mental stimulus processing) 294

(ㅇ)

암묵적 보증 283
애프터 마케팅 280
예상서비스 수준 80
외부 마케팅(external marketing) 29
원가중심 가격결정 396
위험과 브랜드 로열티(risk and brand loyalty) 56
위험과 정보(risk and information) 55
유보 가격(reservation price) 408
유형성 124
유형성 스펙트럼(tangibility spectrum) 9
유형성 효과 431
이질성 16
인식적 가치 45
인적 판매와 서비스 특성 441
인지된 가치(perceived value) 272
인지상표군(awareness set) 48
1:1 마케팅(one-to-one marketing) 258
e-서비스 품질 146
e-서비스 품질 차원 150

(ㅈ)

전략적 직원 관리 478
절차적 공정성(procedural fairness) 228
접근 행동 365
정보 처리과정(information processing) 295
정서와 분위기(emotion and mood) 59
지각된 가치에 의한 가격결정(perceived-value pricing) 404
지각된 위험(perceived risk) 53, 54

지각된 통제 관점(perceived control perspective) 65
지갑점유율(wallet share) 203
진귀적 가치 43

(ㅊ)
차별자 역할 349
차별적 가격결정 410
초과수요(excess demand) 93
초과역량(excess capacity) 94
촉진자 역할 349
최고서비스 수준 78
최저서비스 수준 79
최적 역량(optimal capacity) 93

(ㅋ)
커뮤니케이션 프로세스 모델 420

(ㅌ)
탐색 품질(search quality) 118
탐색(search)품질 속성 55
테일러 계수(Taylor Coefficient) 18
통행 차단(traffic interception) 372

(ㅍ)
파트타임 마케터(part-time marketer) 202, 470
판매촉진과 서비스 특성 444
판매촉진의 유형 445
퍼미션 마케팅(permission marketing) 260
포장 역할 348
표준화 위험(standardization risk) 54

(ㅎ)
허용구간 79
혼합 묶음(mixed bundling) 412
확장 상품의 개념 326
환경자극 비(非)투과형(environmental stimuli nonscreeners) 369
환경자극 투과형(environmental stimuli screeners) 369
환기상표군(evoked set) 48
회피 행동 365
효율성 가격결정(efficiency pricing) 414
효율적 수익관리(yield management) 102
희망서비스 수준 78
히트 앤 런 기쁨(hit-and-run delight) 161

(기타)
S-O-R 모델 358
SERVPERF 134
SERVQUAL 126
SERVQUAL의 문제점 130
SERVUCTION 모델 34

Strategic Service Planning Form

조별 활동 자료

INTRODUCTION

- 서로 둘러앉는다.
- 2분간 침묵하며 팀원들의 인상만 보고 칭찬을 할 준비를 한다.
- 단지 외모만 보고 칭찬을 해야 하며 아울러 칭찬의 이유를 설명한다.
- 우리 조의 이름을 정해 보자.
- 조원별 역할과 책임을 분담해 보자.
- 역할(조장, 발표자, 파워포인터 등)과 책임업무(미팅시간 정하기, 회의운영 등)를 결정하고 이를 어떤 사람이 맡으면 좋은지 토의하여 담당자를 정한다. 단, 일이 고르게 배분되도록 결정한다.

01 각 chapter별로 질문에 대해서 개인적으로 적어 본다.
02 다른 조원들에게 각자 자신이 작성한 내용을 설명해 본다.
03 조별 토의를 통하여 조별로 각 질문에 해당하는 해답을 만든다.
04 전지 혹은 PPT 등을 이용하여 발표준비를 한다.
05 조별로 발표를 한다.
06 수업 후에 개인자료를 제출하고 組발표내용은 까페에 올린다.
07 다음 시간에 피드백을 받는다.

CHAPTER

01 서비스 개념

01 서비스란 무엇이며 경제적으로 왜 중요한지 이야기 해보자(자신만의 생각을 토대로).

02 서비스마케팅과 제품마케팅의 차이를 특정 기업(브랜드)을 염두에 두고 규명해보자.

03 도입 사례를 활용해서, 만약 내가 서비스기업을 운영한다면 '서비스마케팅 삼각형'을 어떻게 이해하고 활용할 수 있을까?

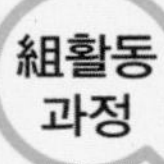

01 각 질문에 대해서 개인적으로 해답을 적어 본다.
02 다른 조원들에게 각자 자신이 작성한 내용을 설명해 본다.
03 조별 토의를 통하여 조별로 각 질문에 해당하는 해답을 만든다.
04 전지 혹은 PPT 등을 이용하여 발표준비를 한다.
05 조별로 발표를 한다.
06 수업 후에 개인자료를 제출하고 組발표내용은 까페에 올린다.
07 다음 시간에 피드백을 받는다.

CHAPTER

02 서비스와 소비자행동

01 유럽여행을 계획한다고 할 때, 대체안 평가는 어떤 단계를 밟아 이루어지는지 자신이 소비자가 되어 시나리오를 작성해 보자.

02 도입 사례를 활용해서, 각자가 서비스기업을 경영한다고 가정해 보고 '드라마처럼 서비스를 제공' 한다는 것을 구체적으로 묘사해 보라.

03 고객 가치는 무엇이며 서비스마케팅에 어떻게 적용될 수 있을까?

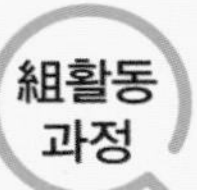

01 각 질문에 대해서 개인적으로 해답을 적어 본다.
02 다른 조원들에게 각자 자신이 작성한 내용을 설명해 본다.
03 조별 토의를 통하여 조별로 각 질문에 해당하는 해답을 만든다.
04 전지 혹은 PPT 등을 이용하여 발표준비를 한다.
05 조별로 발표를 한다.
06 수업 후에 개인자료를 제출하고 組발표내용은 까페에 올린다.
07 다음 시간에 피드백을 받는다.

CHAPTER

03 서비스마케팅의 기초

01 고객기대모델을 기본으로 해서 소비자로서 자신이 경험한 서비스를 이야기 해보자.

02 내가 서비스기업을 경영한다면, 구체적으로 서비스역량 관리를 어떻게 할 수 있을까?

제고방안	내용
노동생산성의 제고	
장비의 투자	
과업의 자동화	
고객과 서비스제공자의 상호작용 변경	
고객접촉기능과 지원기능의 분리	
셀프서비스 범위 확대	
아웃소싱 활용	

01 각 질문에 대해서 개인적으로 해답을 적어 본다.
02 다른 조원들에게 각자 자신이 작성한 내용을 설명해 본다.
03 조별 토의를 통하여 조별로 각 질문에 해당하는 해답을 만든다.
04 전지 혹은 PPT 등을 이용하여 발표준비를 한다.
05 조별로 발표를 한다.
06 수업 후에 개인자료를 제출하고 組발표내용은 까페에 올린다.
07 다음 시간에 피드백을 받는다.

CHAPTER

04 서비스 품질

01 서비스 품질에 대해 자신의 견해 및 경험을 이야기 해보자.

02 도입 사례를 활용해서, 서비스기업의 서비스 품질 향상에 대한 기존전략 및 개선전략을 제안해보자.

서비스품질 차원	기존전략	개선전략
유형성		
신뢰성		
반응성		
공감성		
확신성		

01 각 질문에 대해서 개인적으로 해답을 적어 본다.
02 다른 조원들에게 각자 자신이 작성한 내용을 설명해 본다.
03 조별 토의를 통하여 조별로 각 질문에 해당하는 해답을 만든다.
04 전지 혹은 PPT 등을 이용하여 발표준비를 한다.
05 조별로 발표를 한다.
06 수업 후에 개인자료를 제출하고 組발표내용은 까페에 올린다.
07 다음 시간에 피드백을 받는다.

CHAPTER

05 갭분석 모형

01 나는 갭(Gap)분석 모형을 어떻게 이해하고 있으며 활용할 수 있을까?

02 갭(Gap)분석 모형을 이용하여 도입 사례에서 나오는 서비스기업의 서비스 품질 향상을 위해서 기존전략을 분석해 보고 개선전략을 제안해 보자.

Gap	기존전략	문제점	개선전략
Gap1			
Gap2			
Gap3			
Gap4			
Gap5			

01 각 질문에 대해서 개인적으로 해답을 적어 본다.
02 다른 조원들에게 각자 자신이 작성한 내용을 설명해 본다.
03 조별 토의를 통하여 조별로 각 질문에 해당하는 해답을 만든다.
04 전지 혹은 PPT 등을 이용하여 발표준비를 한다.
05 조별로 발표를 한다.
06 수업 후에 개인자료를 제출하고 組발표내용은 까페에 올린다.
07 다음 시간에 피드백을 받는다.

CHAPTER

06 고객 만족

01 서비스마케팅에서 고객 만족은 왜 중요하고, 서비스 품질과는 어떻게 차이가 나는가?

02 도입 사례를 활용해서, 서비스 품질이 고객 만족으로 이어지는 과정을 나름대로 분석해 보라.

01 각 질문에 대해서 개인적으로 해답을 적어 본다.
02 다른 조원들에게 각자 자신이 작성한 내용을 설명해 본다.
03 조별 토의를 통하여 조별로 각 질문에 해당하는 해답을 만든다.
04 전지 혹은 PPT 등을 이용하여 발표준비를 한다.
05 조별로 발표를 한다.
06 수업 후에 개인자료를 제출하고 組발표내용은 까페에 올린다.
07 다음 시간에 피드백을 받는다.

CHAPTER

07 서비스 실패 및 복구전략

01 서비스 실패상황에서 고객이 불평하는 이유와 불평하지 않는 이유를 고찰해 보자.

02 도입 사례를 경우를 활용해서, 서비스 실패의 원인과 지각된 공정성을 바탕으로 효과적인 서비스 복구전략을 수립해 보자.

서비스 실패	서비스 복구전략		
원인	분배적 공정성	절차적 공정성	상호작용적 공정성
1. 2. 3. 4. 5.	1. 2. 3. 4. 5.	1. 2. 3. 4. 5.	1. 2. 3. 4. 5. . . . .

01 각 질문에 대해서 개인적으로 해답을 적어 본다.
02 다른 조원들에게 각자 자신이 작성한 내용을 설명해 본다.
03 조별 토의를 통하여 조별로 각 질문에 해당하는 해답을 만든다.
04 전지 혹은 PPT 등을 이용하여 발표준비를 한다.
05 조별로 발표를 한다.
06 수업 후에 개인자료를 제출하고 組발표내용은 까페에 올린다.
07 다음 시간에 피드백을 받는다.

CHAPTER

08 고객 유지

01 자신이 서비스기업을 경영한다고 가정한다면, 관계의 선순환(virtuous circle)을 어떻게 이용할 수 있을까?

02 도입 사례에 나오는 쉐이크쉑(Shake Shack)과 인앤아웃(IN-N-OUT)을 대상으로 관계 마케팅의 실행을 비교하고 분석해 보라.

서비스기업	관계 마케팅 목표	관계 마케팅 실행
쉐이크쉑	고객 창출	1. 2. 3.
	고객 유지	1. 2. 3.
	고객 관계 강화	1. 2. 3.
인앤아웃	고객 창출	1. 2. 3.
	고객 유지	1. 2. 3.
	고객 관계 강화	1. 2. 3.

組활동 과정

01 각 질문에 대해서 개인적으로 해답을 적어 본다.
02 다른 조원들에게 각자 자신이 작성한 내용을 설명해 본다.
03 조별 토의를 통하여 조별로 각 질문에 해당하는 해답을 만든다.
04 전지 혹은 PPT 등을 이용하여 발표준비를 한다.
05 조별로 발표를 한다.
06 수업 후에 개인자료를 제출하고 組발표내용은 까페에 올린다.
07 다음 시간에 피드백을 받는다.

CHAPTER

09 서비스 제공과정

01 자신이 새로운 서비스기업을 창업한다고 가정하고, 직접 개발한 서비스의 청사진(blue print)을 그려보자.

02 도입 사례를 활용해서, 서비스 수명주기(service life cycle)의 단계별 주안점과 마케팅전략에 대해서 논해보라.

01 각 질문에 대해서 개인적으로 해답을 적어 본다.
02 다른 조원들에게 각자 자신이 작성한 내용을 설명해 본다.
03 조별 토의를 통하여 조별로 각 질문에 해당하는 해답을 만든다.
04 전지 혹은 PPT 등을 이용하여 발표준비를 한다.
05 조별로 발표를 한다.
06 수업 후에 개인자료를 제출하고 組발표내용은 까페에 올린다.
07 다음 시간에 피드백을 받는다.

CHAPTER

10 서비스스케이프 관리

01 도입 사례를 활용해서, 스타벅스의 서비스스케이프(servicescape)에 대한 관리가 어떻게 이루어지는지를 분석해보자.

02 자신의 서비스 경험(호텔, 레스토랑, 여행사, 은행, 병원 등)을 토대로, 행동적 반응 중 접근행동과 회피행동이 어떻게 이루어지는지 설명해보라.

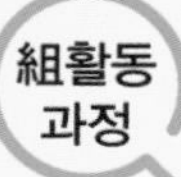

01 각 질문에 대해서 개인적으로 해답을 적어 본다.
02 다른 조원들에게 각자 자신이 작성한 내용을 설명해 본다.
03 조별 토의를 통하여 조별로 각 질문에 해당하는 해답을 만든다.
04 전지 혹은 PPT 등을 이용하여 발표준비를 한다.
05 조별로 발표를 한다.
06 수업 후에 개인자료를 제출하고 組발표내용은 까페에 올린다.
07 다음 시간에 피드백을 받는다.

CHAPTER

11 서비스 가격설정

01 도입 사례를 활용해서, 가격결정 요인을 내부 및 외부 요인으로 구분하여 고찰해보라.

02 원가, 경쟁, 고객에의 가치제공은 가격결정의 삼각대(pricing tripod)라고 한다. 자신이 선택한 OO 서비스기업(자사)과 주요 경쟁사 2개를 선정하여 가격설정에 대한 장 · 단점 분석을 해보자.

	브랜드명	목표세분시장	가격결정의 장·단점		
			원가	경쟁	고객가치
자사					
경쟁사1					
경쟁사2					

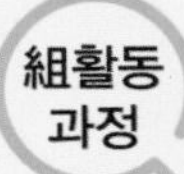

01 각 질문에 대해서 개인적으로 해답을 적어 본다.
02 다른 조원들에게 각자 자신이 작성한 내용을 설명해 본다.
03 조별 토의를 통하여 조별로 각 질문에 해당하는 해답을 만든다.
04 전지 혹은 PPT 등을 이용하여 발표준비를 한다.
05 조별로 발표를 한다.
06 수업 후에 개인자료를 제출하고 組발표내용은 까페에 올린다.
07 다음 시간에 피드백을 받는다.

CHAPTER

12 서비스 커뮤니케이션

01 도입 사례를 활용해서, 효과적인 서비스 커뮤니케이션이 어떻게 이루어지는지에 대해서 생각해 보자.

02 자신이 선택한 OO서비스기업(자사)과 주요 경쟁사 2개를 선정하여 광고, 판매촉진, 인적 판매, 그리고 PR 및 홍보에 대해 비교해서 분석해 보자.

	자사	경쟁사1	경쟁사2
광고			
판매촉진			
인적판매			
PR 및 홍보			

01 각 질문에 대해서 개인적으로 해답을 적어 본다.
02 다른 조원들에게 각자 자신이 작성한 내용을 설명해 본다.
03 조별 토의를 통하여 조별로 각 질문에 해당하는 해답을 만든다.
04 전지 혹은 PPT 등을 이용하여 발표준비를 한다.
05 조별로 발표를 한다.
06 수업 후에 개인자료를 제출하고 組발표내용은 까페에 올린다.
07 다음 시간에 피드백을 받는다.

CHAPTER

13 서비스 직원 관리

01 도입 사례를 활용해서, 서비스 직원이 중요해지는 이유에 대해서 생각해보자.

02 권한 이양과 능력 배양은 각기 무엇이며 서비스 직원 관리에 어떤 영향을 주는가?

03 '배달의 민족'과 주요 경쟁사 2개를 선정하여 내부 마케팅의 각 과정에 대해 비교해서 분석해 보자.

	배달의 민족	경쟁사1	경쟁사2
관여시키기			
권한부여			
능력을 키우기			
확신을 주기			

01 각 질문에 대해서 개인적으로 해답을 적어 본다.
02 다른 조원들에게 각자 자신이 작성한 내용을 설명해 본다.
03 조별 토의를 통하여 조별로 각 질문에 해당하는 해답을 만든다.
04 전지 혹은 PPT 등을 이용하여 발표준비를 한다.
05 조별로 발표를 한다.
06 수업 후에 개인자료를 제출하고 組발표내용은 까페에 올린다.
07 다음 시간에 피드백을 받는다.